渋谷教育学園幕張中学校

〈収録内容〉

JN078989

2024年度 ……………………… 1次（算・理・社・国）
2次（算・理・社・国）

2023年度 ……………………… 1次（算・理・社・国）
2次（算・理・社・国）

※2次国語の大問一は、問題に使用された作品の著作権者が二次使用の許可を出していないため、問題を掲載しておりません。

2022年度 ……………………… 1次（算・理・社・国）
2次（算・理・社・国）

DL 2021年度 ……………………… 1次（算・理・社・国）

DL 2020年度 ……………………… 1次（算・理・社・国）

DL 2019年度 ……………………… 1次（算・理・社・国）

DL 平成30年度 ……………………… 1次（算・理・社・国）

便利なDLコンテンツは右のQRコードから

解答用紙　過去年度　国語の問題は紙面に掲載 ⇒

※データのダウンロードは2025年3月末日まで。
※データへのアクセスには、右記のパスワードの入力が必要となります。 ⇒ 158247

〈合格最低点〉

	1　次	2　次		1　次	2　次
2024年度	185点	223点	2020年度	204点	203点
2023年度	187点	196点	2019年度	188点	227点
2022年度	209点	239点	2018年度	179点	221点
2021年度	182点	196点			

本書の特長

実戦力がつく入試過去問題集

- ▶ 問題 ……………… 実際の入試問題を見やすく再編集。
- ▶ 解答用紙 …… 実戦対応仕様で収録。
- ▶ 解答解説 …… 詳しくわかりやすい解説には、難易度の目安がわかる「基本・重要・やや難」の分類マーク つき（下記参照）。各科末尾には合格へと導く「ワンポイントアドバイス」を配置。採点に便利な配点つき。

入試に役立つ分類マーク

基本 確実な得点源！
受験生の 90%以上が正解できるような基礎的、かつ平易な問題。
何度もくり返して学習し、ケアレスミスも防げるようにしておこう。

重要 受験生なら何としても正解したい！
入試では典型的な問題で、長年にわたり、多くの学校でよく出題される問題。
各単元の内容理解を深めるのにも役立てよう。

やや難 これが解ければ合格に近づく！
受験生にとっては、かなり手ごたえのある問題。
合格者の正解率が低い場合もあるので、あきらめずにじっくりと取り組んでみよう。

合格への対策、実力錬成のための内容が充実

- ▶ 各科目の出題傾向の分析、合否を分けた問題の確認で、入試対策を強化！
- ▶ その他、学校紹介、過去問の効果的な使い方など、学習意欲を高める要素が満載！

解答用紙ダウンロード 解答用紙はプリントアウトしてご利用いただけます。弊社ＨＰの商品詳細ページよりダウンロードしてください。トビラのＱＲコードからアクセス可。

UD FONT 見やすく読みまちがえにくいユニバーサルデザインフォントを採用しています。

渋谷教育学園幕張中学校

生徒数　900名
〒261-0014
千葉県千葉市美浜区若葉1-3
☎043-271-1221
京葉線海浜幕張駅　徒歩10分
京成千葉線京成幕張駅　徒歩14分
総武線幕張駅　徒歩16分

「自調自考」の精神で いかに生きるか、自らに問う 県内トップの進学校

URL　https://www.shibumaku.jp

プロフィール　個性を引き出す独自の教育

自分で調べ考えることを意味する「自調自考」を建学の精神としている。1983（昭和58）年に高校、1986年には中学校を開校し、中学・高校の一貫教育体制がスタートした。現在では、県内トップの進学校としての地位を確立している。

コース別の授業や少人数制を取り入れて個性を引き出すと共に、帰国生の受け入れや海外との交流も積極的に行っている。しっかりと基本をおさえながらも、新しい試みをどんどん取り入れていく、エネルギーみなぎる活動的な教育が魅力の学校だ。

環境　県内屈指の充実した施設

恵まれた自然環境に加え、最新の設備も充実している。全教室空調完備で、50台のコンピュータを備えたマルチメディア教室や、コンピュータ室をはじめ、授業の内容を充実したものにするために、様々な特別教室があり、天文台やプラネタリウムも設置されている。さらに、物化生地合わせて６つの実験室を持つ理科棟もある。

そのほか、第１・第２体育館やナイター設備のある全天候型人工芝グラウンド、トレーニングルームも備えた室内温水プール棟など、体育施設も充実している。

幕張の文教エリアにあるキャンパス

カリキュラム　バランスのとれたきめ細かな教育

中・高６年間を２年ずつ３ブロックに分け、発達段階に応じた独自の一貫教育を推進している。中１・２では基礎学力の充実期間として、基本的な物事を理解する力を、中３・高１では発展期間として、理解したことを実行する力を養うことに重点を置いている。そして、最後の２年間では、生徒がそれぞれの適性や進路を見極め、自己の可能性を最大限に発揮できるよう、大幅な選択教科制や文系・理系別のコース制を採用し、大学進学を目指す。

また、学習の羅針盤として、“Syllabus（シラバス）”と呼ばれる「学習科目の内容と解説」を配布し、生徒は、この「解説」を手の届くところに置いて、今、何を学習しているのかを確かめ、学習効果を高めるよう活用している。そのほか、授業の充実度を高めるため、各種の補習も実施している。

さらに、英語を重視し、実際に役立つ英語力を養えるよう、外国人教師による丁寧な指導が行われている。また、国際教育の一貫として、中国語・スペイン語・フランス語・ドイツ語・ハングルの学習もできる（希望制）。

学校生活　楽しさいっぱいの学校行事

文化祭、スポーツフェスティバル、宿泊研修など、生徒主体の魅力あふれる行事が多数用意されている。中３では、ニュージーランドで約２週間のホームステイという大きな目玉行事もある。また、高１でも、アメリカやイギリスでのホームステイ（希望者）が実施され、英語力の向上はもちろん、文化の比較などを通して

帰国生の受け入れにも積極的

国際理解を深め、同時に日本の特質に気づく機会となっている。部活動・同好会の種類も多く、いずれも活発な活動を展開している。

進路　一流大学合格は目的ではなく結果

本校では、大学合格だけを目標にした受験本位の詰め込み教育は行っていない。一流大学への合格は目的ではなく結果で、高い合格率は生徒一人ひとりを大切にする教育の結果となっている。東大、一橋大、筑波大、千葉大などの国公立大に合格。また有名私立大には70校以上の指定校推薦枠がある。

2024年度入試要項

試験日　1/20（帰国生）　1/22（一次）
2/2（二次）

試験科目　国・算・理・社（一次・二次）
英＋面接〈英語・日本語〉（帰国生）

2024年度	募集定員	受験者数	合格者数	競争率
帰国生	約20	71/77	16/18	4.4/4.3
一次	約215	1377/592	508/157	2.7/3.8
二次	約45	349/172	53/15	6.6/11.5

※人数はすべて男子/女子

過去問の効果的な使い方

① **はじめに**　ここでは，受験生のみなさんが，ご家庭で過去問を利用される場合の，一般的な活用法を説明していきます。もし，塾に通われていたり，家庭教師の指導のもとで学習されていたりする場合は，その先生方の指示にしたがって，過去問を活用してください。その理由は，通常，塾のカリキュラムや家庭教師の指導計画の中に過去問学習が含まれており，どの時期から，どのように過去問を活用するのか，という具体的な方法がそれぞれの場合で異なるからです。

② **目的**　言うまでもなく，志望校の入学試験に合格することが，過去問学習の第一の目的です。そのためには，それぞれの志望校の入試問題について，どのようなレベルのどのような分野の問題が何問，出題されているのかを確認し，近年の出題傾向を探り，合格点を得るための試行錯誤をして，各校の入学試験について自分なりの感触を得ることが必要になります。過去問学習は，このための重要な過程であり，合格に向けて，新たに実力を養成していく機会なのです。

③ **開始時期**　過去問との取り組みは，通常，全分野の学習が一通り終了した時期，すなわち6年生の7月から8月にかけて始まります。しかし，各分野の基本が身についていない場合や，反対に短期間で過去問学習をこなせるだけの実力がある場合は，9月以降が過去問学習の開始時期になります。

④ **活用法**　各年度の入試問題を全問マスターしよう，と思う必要はありません。完璧を目標にすると挫折しやすいものです。できるかぎり多くの問題を解けるにこしたことはありませんが，それよりも重要なのは，現実に各志望校に合格するために，どの問題が解けなければいけないか，どの問題は解けなくてもよいか，という眼力を養うことです。

算数

どの問題を解き，どの問題は解けなくてもよいのかを見極めるには相当の実力が必要になりますし，この段階にいきなり到達するのは容易ではないので，この前段階の一般的な過去問学習法，活用法を2つの場合に分けて説明します。

☆偏差値がほぼ55以上ある場合

掲載順の通り，新しい年度から順に年度ごとに3年度分以上，解いていきます。

ポイント1…問題集に直接書き込んで解くのではなく，各問題の計算法や解き方を，明快にわかるように意識してノートに書き記す。

ポイント2…答えの正誤を点検し，解けなかった問題に印をつける。特に，解説の **基本** **重要** がついている問題で解けなかった問題をよく復習する。

ポイント3…1回目にできなかった問題を解き直す。同様に，2回目，3回目，…と解けなければいけない問題を解き直す。

ポイント4…難問を解く必要はなく，基本をおろそかにしないこと。

☆偏差値が50前後かそれ以下の場合

ポイント1～4以外に，志望校の出題内容で「計算問題・一行問題」の比重が大きい場合，これらの問題をまず優先してマスターするとか，例えば，大問2までをマスターしてしまうとよいでしょう。

理科

理科は1から順番に解くことにほとんど意味はありません。理科は，性格の違う4つの分野が合わさった科目です。また，同じ分野でも単なる知識問題なのか，あるいは実験や観察の考察問題なのかによってもかかる時間がずいぶんちがいます。記述，計算，描図など，出題形式もさまざまです。ですから，解く順番の上手，下手で，10点以上の差がつくこともあります。

過去問を解き始める時も，はじめに1回分の試験問題の全体を見通して，解く順番を決めましょう。得意分野から解くのもよいでしょう。短時間で解けそうな問題を見つけて手をつけるのも効果的です。くれぐれも，難問に時間を取られすぎないように，わからない問題はスキップして，早めに全体を解き終えることを意識しましょう。

社会

社会は1から順番に解いていってかまいません。ただし，時間のかかりそうな，「地形図の読み取り」，「統計の読み取り」，「計算が必要な問題」，「字数の多い論述問題」などは後回しにするのが賢明です。また，3分野（地理・歴史・政治）の中で極端に得意，不得意がある受験生は，得意分野から手をつけるべきです。

過去問を解くときは，試験時間を有効に活用できるよう，時間は常に意識しなければなりません。ただし，時間に追われて雑にならないようにする注意が必要です。“誤っているもの”を選ぶ設問なのに“正しいもの”を選んでしまった，“すべて選びなさい”という設問なのに一つしか選ばなかったなどが致命的なミスになってしまいます。問題文の“正しいもの”，“誤っているもの”，“一つ選び”，“すべて選び”などに下線を引いて，一つ一つ確認しながら問題を解くとよいでしょう。

過去問を解き終わったら，自己採点し，受験生自身でふり返りをしましょう。できなかった問題については，なぜできなかったのかについての分析が必要です。例えば，「知識が必要な問題」ができなかったのか，「問題文や資料から判断する問題」ができなかったのかで，これから取り組むべきことも大きく異なってくるはずです。また，正解できた問題も，「勘で解いた」，「確信が持てない」といったときはふり返りが必要です。問題集の解説を読んでも納得がいかないときは，塾の先生などに質問をして，理解するようにしましょう。

国語

過去問に取り組む一番の目的は，志望校の傾向をつかみ，本番でどのように入試問題と向かい合うべきか考えることです。素材文の傾向，設問の傾向，問題数の傾向など，十分に研究していきましょう。

取り組む際は，まず解答用紙を確認しましょう。漢字や語句問題の量，記述問題の種類や量などが，解答用紙を見て，わかります。次に，ページをめくり，問題用紙全体を確認しましょう。どのような問題配列になっているのか，問題の難度はどの程度か，などを確認して，どの問題から取り組むべきかを判断するとよいでしょう。

一般的に「漢字」→「語句問題」→「読解問題」という形で取り組むと，効率よく時間を使うことができます。

また，解答用紙は，必ず，実際の大きさのものを使用しましょう。字数指定のない記述問題などは，解答欄の大きさから，書く量を考えていきましょう。

渋谷幕張の算数

――出題傾向と対策　合否を分けた問題の徹底分析――

出題傾向と内容

出題分野1　〈数と計算〉

「数の性質」の問題が，ほぼ毎年，出題されている。「四則計算」は長年，出題されていない。

2　〈図形〉

「平面図形」の問題は毎年，出題されており，年度によって，難度にばらつきがあるが，型通りの出題内容にはなっていない。「立体図形」，「図形や点の移動」，「グラフ」の出題率も高い。なお，「作図」の出題が本校の図形問題には含まれており，三角形・四角形・正六角形・垂直二等分線・角の二等分線などの作図法は，マスターする必要がある。

3　〈速さ〉

「速さの三公式と比」の問題は，「図形」ほど出題率が高くない。

4　〈割合〉

「割合」独自の問題は，それほど出題率が高くないが，他の分野との融合問題として出題されることが多く，「速さの三公式と比」など，「比」の利用法に慣れておくと，解法が楽になる。

5　〈推理〉

「数列・規則性」の問題がよく出題されているほか，「場合の数」の問題もほぼ毎年，出題されており，特に，「場合の数」の問題は出題レベルが高く，過去問を利用して出題レベルを確認し，解法を研究するべきである。

6　〈その他〉

これといった分野は，近年，出題されていないが，「消去算」をこなす必要がある。

出題率の高い分野

❶平面図形・面積　❷割合と比　❸立体図形・体積　❹場合の数　❺相似

来年度の予想と対策

出題分野1　〈数と計算〉…奇数・偶数，約数・倍数，商・余りに関する「数の性質」が，「数列・規則性」の問題と組み合わされて出題される。

2　〈図形〉…「平面」「立体」「相似」の応用問題，融合問題を徹底して練習しよう。過去問で「図形」の問題だけ，連続して解いてみると，年度による難度の差が分かり，参考になる。特に，「作図」問題で着実に得点できるように，作図法をマスターしよう。

3　〈速さ〉…比を使う「旅人算」の解き方を練習しよう。近年，出題されていない「通過算」・「時計算」の応用レベルの練習も必要である。

4　〈割合〉…「速さの比」「面積比」「比の文章題」の応用問題を練習しよう。

5　〈推理〉…「論理・推理」・「場合の数」・「数列・規則性」，その他の応用問題を練習しよう。特に，「場合の数」の出題レベルが高いので，自分なりに研究する必要がある。

6　〈その他〉…「差集め算」「鶴カメ算」，その他，「消去算」の応用問題を練習しよう。

学習のポイント

●大問数5～6題　小問数15～20題前後　　●試験時間50分　満点100点

●「図形」・「作図」・「数列・規則性」・「場合の数」・「消去算」の問題がポイントになる。

年度別出題内容の分析表　算数

（よく出ている順に，☆◎○の3段階で示してあります。）

出題内容		27年		28年		29年		30年		2019年	
		1次	2次	1次	2次	1次	2次	1次	2次	1次	2次
数と計算	四則計算										
	単位の換算		○								
	演算記号・文字と式		☆	☆							☆
	数の性質	◎	☆	☆	☆	☆	○		☆	○	☆
	概　数										
図形	平面図形・面積	☆	☆	☆	☆	☆	☆	☆	☆	☆	☆
	立体図形・体積と容積	☆	☆	☆	☆	☆	☆	☆	◎	☆	◎
	相似（縮図と拡大図）	○	☆	☆		☆	☆	☆		☆	☆
	図形や点の移動・対称な図形	☆	☆	◎	○		◎		◎		
	グラフ	○			◎	◎		☆			○
速さ	速さの三公式と比	☆	◎	◎	○		☆	☆		☆	◎
	旅人算			◎							
	時計算										
	通過算										
	流水算										
割合	割合と比		☆		○	◎	◎	☆	☆	☆	☆
	濃　度								☆		
	売買算										
	相当算										
	倍数算・分配算							○			
	仕事算・ニュートン算										
	比例と反比例・2量の関係										
推理	場合の数・確からしさ	☆	☆	☆		☆	☆	○	☆	☆	☆
	論理・推理・集合				○			◎		○	☆
	数列・規則性・N進法		◎		☆	☆	○		☆	☆	
	統計と表										
その他	和差算・過不足算・差集め算	◎									
	鶴カメ算		○								
	平均算		◎								
	年令算										
	植木算・方陣算										
	消去算		○							○	

渋谷教育学園幕張中学校

年度別出題内容の分析表　算数

（よく出ている順に，☆◎○の3段階で示してあります。）

出題内容		2020年		2021年		2022年		2023年		2024年	
		1次	2次	1次	2次	1次	2次	1次	2次	1次	2次
数と計算	四則計算										
	単位の換算		○								
	演算記号・文字と式			☆							
	数の性質	☆	☆	☆	☆		☆		☆	☆	☆
	概　数										
図形	平面図形・面積	☆	☆	☆	☆	☆	☆	☆	☆	☆	☆
	立体図形・体積と容積	☆	◎	☆	☆	☆	☆	☆	☆	☆	☆
	相似（縮図と拡大図）	☆	☆	☆	☆	◎	◎		◎	☆	◎
	図形や点の移動・対称な図形		◎	☆					○		
	グラフ	◎			○	☆		◎		◎	○
速さ	速さの三公式と比		☆	☆	☆	☆	◎				☆
	旅人算			○		☆	○				
	時計算										
	通過算										
	流水算		☆								
割合	割合と比	☆	☆	☆	☆	☆	☆	◎	☆	☆	☆
	濃　度										
	売買算										
	相当算										
	倍数算・分配算										
	仕事算・ニュートン算										
	比例と反比例・2量の関係	◎									
推理	場合の数・確からしさ		☆	○	☆	☆	☆	◎	◎	☆	☆
	論理・推理・集合		○	☆							
	数列・規則性・N進法	☆			☆		☆	◎	☆		☆
	統計と表								◎		
その他	和差算・過不足算・差集め算										
	鶴カメ算	○									
	平均算										
	年令算										
	植木算・方陣算	○				☆					○
	消去算		○								◎

渋谷教育学園幕張中学校

2024年度 渋谷教育学園幕張中学校 合否を分けた問題 算数

1次　4　(1)　〈平面図形，相似，割合と比〉

> 簡単な問題ではないが，解ける問題でもある。
> 「円周角」の知識がなくても相似な三角形を見つけられる。

【問題】

右図のように円周を5つの点A，B，C，D，Eで区切ったとき，△をつけた3つの曲線部分AB，CD，AEの長さは等しく，○をつけた2つの曲線部分BC，DEの長さは等しくなった。AGの長さは1cm，ADの長さは4cm，FEの長さは2cmである。

(1)　FGの長さは何cmか。

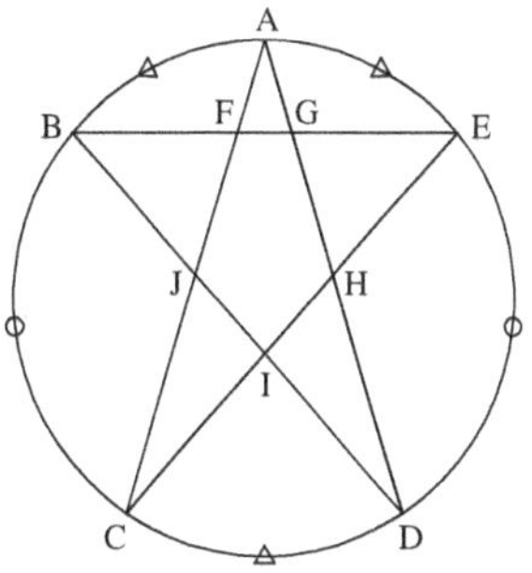

【考え方】

二等辺三角形ACDとCEA…右図より，合同

三角形EAF

…角FEA＝角CEA－角CEB＝角ACD－角ECD

　＝角ACE

　角EAF＝角EAC

二等辺三角形EAFとAFG…相似である三角形

FG…1÷2＝0.5(cm)

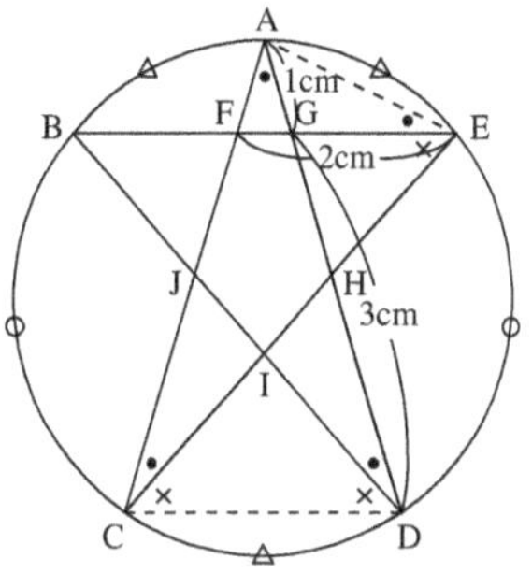

受験生に贈る「数の言葉」――――――――――「ガリヴァ旅行記のなかの数と図形」

作者　ジョナサン・スウィフト(1667～1745)

…アイルランド　ダブリン生まれの司祭

リリパット国…1699年11月，漂流の後に船医ガリヴァが流れ着いた南インド洋の島国

①人間の身長…約15cm未満　②タワーの高さ…約1.5m

③ガリヴァがつながれた足の鎖の長さ…約1.8m　④高木の高さ…約2.1m

⑤ガリヴァとリリパット国民の身長比…12：1　⑥ガリヴァとかれらの体積比…1728：1

ブロブディンナグ国…1703年6月，ガリヴァの船が行き着いた北米の国

①草丈…6m以上　②麦の高さ…約12m　③柵(さく)の高さ…36m以上

④ベッドの高さ…7.2m　⑤ネズミの尻尾(しっぽ)…約1.77m

北太平洋の島国…1707年，北緯46度西経177度に近い国

王宮内コース料理　①羊の肩肉…正三角形　②牛肉…菱形　③プディング…サイクロイド形

④パン…円錐形(コーン)・円柱形(シリンダ)・平行四辺形・その他

2023年度 渋谷教育学園幕張中学校 合否を分けた問題 算数

1次 [1] (2) 〈場合の数〉

> 簡単な問題ではないが，解ける問題でもある。どこでミスしやすいのか。ここが問題である。

【問題】

表に[し][ぶ][ま][く]の文字が書かれたカードが1枚ずつ，全部で4枚あり，すべて表向きにおいてある。サイコロを投げるたびに，次のルールにしたがってカードを裏返す。

ルール・1の目が出たら[し]のカードを裏返す。・2の目が出たら[ぶ]のカードを裏返す。

・3の目が出たら[ま]のカードを裏返す。・4の目が出たら[く]のカードを裏返す。

・5，6の目が出たら4枚のカードを裏返す。

(2) サイコロを4回投げて，4枚のカードがすべて表向きになるようなサイコロの目の出方は何通りか。

【考え方】

4回とも5か6…$2\times2\times2\times2=16$(通り)

2回が5か6，残り2回とも1か2か3か4…$2\times2\times(4\times3\div2)\times4=96$(通り)

4回とも1か2か3か4…4通り

2回とも1か2か3か4，残り2回とも前の2回と重複しない1か2か3か4

…$4\times3\div2\times(4\times3\div2)=36$(通り) ←――― ÷2でミスする！

したがって，全部で$16+96+4+36=152$(通り)

受験生に贈る「数の言葉」

バートランド・ラッセル(1872～1970)が語るピュタゴラス(前582～496)とそのひとたちのようす(西洋哲学史)

①ピュタゴラス学派のひとたちは，地球が球状であることを発見した。

②ピュタゴラスが創った学会には，男性も女性も平等に入会を許された。

財産は共有され，生活は共同で行われた。科学や数学の発見も共同のものとみなされ，ピュタゴラスの死後でさえ，かれのために秘事とされた。

③だれでも知っているようにピュタゴラスは，すべては数である，といった。

かれは，音楽における数の重要性を発見し，設定した音楽と数学との間の関連が，数学用語である「調和平均」，「調和級数」のなかに生きている。

④五角星は，魔術で常に際立って用いられ，この配置は明らかにピュタゴラス学派のひとたちにもとづいており，かれらは，これを安寧とよび，学会員であることを知る象徴として，これを利用した。

⑤その筋の大家たちは以下の内容を信じ，かれの名前がついている定理をかれが発見した可能性が高いと考えており，それは，直角三角形において，直角に対する辺についての正方形の面積が，他の2辺についての正方形の面積の和に等しい，という内容である。

とにかく，きわめて早い年代に，この定理がピュタゴラス学派のひとたちに知られていた。

かれらはまた，三角形の角の和が2直角であることも知っていた。

2022年度 渋谷教育学園幕張中学校 合否を分けた問題 算数

1次 [1] (3) 〈平面図形，規則性，割合と比，植木算〉

(3)簡単な問題ではないが，悩むほどの問題でもない。
当然，1からある整数までの数列の和を利用する問題であり，それほど大きい数ではない数までの和がヒントになるので，解ける可能性も大きい。

【問題】

(3) 図1のように，初めの白石をちょうど□周まで囲むように黒石を置いた。
次に，そこで用いた黒石をすべて使って，図2のように，初めの白石を正方形で囲むように置き直したところ，ちょうど何周かの正方形で囲むことができた。
□に入る最小の数を求めなさい。

図1
はじめ→1個 → 2個 → 3個

図2

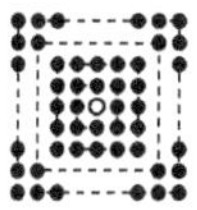

【考え方】

図2より，白石を囲む黒石の数は2×4，4×4，6×4，～と増え，これらの和は
$8\times(1+2+3+\sim)$となる。
(1)より，$6\times(1+2+3+\sim+\square)=8\times(1+2+3+\sim+\triangle)$のとき，$6:8=3:4$
$(1+2+3+\sim+\square):(1+2+3+\sim+\triangle)=4:3$ ←―ここがカギ
したがって，1から7までの整数の和28と1から6までの整数の和21の比が$28:21=4:3$であり，
求める周数は，図1のように7周まで黒石を置いたとき。
$\cdots 1+6\times(1+2+3+\sim+7)=169=13\times13$

受験生に贈る「数の言葉」

数学者の回想　　高木貞治1875～1960

数学は長い論理の連鎖だけに，それを丹念にたどってゆくことにすぐ飽いてしまう。
論理はきびしいものである。例えば，１つの有機的な体系というか，それぞれみな連関して円満に各部が均衡を保って進んでゆかぬかぎり，完全なものにはならない。
ある１つの主題に取り組み，どこか間違っているらしいが，それがはっきり判明せず，もっぱらそればかりを探す。神経衰弱になりかかるぐらいまで検討するが，わからぬことも多い。夢で疑問が解けたと思って起きてやってみても，全然違っている。そうやって長く間違いばかりを探し続けると，その後，理論が出来ても全く自信がない。
そんなことを多々経験するのである。(中略)
技術にせよ学問にせよ，その必要な部分だけがあればよいという制ちゅう(限定)を加えられては，絶対に進展ということはあり得ない。「必要」という考え方に，その必要な１部分ですらが他の多くの部分なくして成り立たぬことを理解しようとしないことがあれば，それは全く危険である。

渋谷幕張の理科

——出題傾向と対策
合否を分けた問題の徹底分析——

出題傾向と内容

例年，1次，2次ともに，大問数は3～4問，小問数は30問程度である。以下の4領域から1大問ずつ出題される年もあれば，さまざまな分野が横断的に出題されることもある。

各大問では，1つのテーマについて，長い問題文や実験観察等の手順を考え，データ，図表を丹念に分析して深く掘り下げていく形態をとっている。計算や作図を通して，法則性を見出す問題も多い。近年ではカラーの図や写真が使用されることも多い。つまり，ただ知識を蓄えているだけではなく，新たな知識を得てその場で応用する分析力や吸収力が求められている。そのため，解答形式は，文記述，描図，計算の割合が他校よりも多く，近年は1次，2次ともに，解答用紙が2面(表裏両面)となることも多い。小問数は少なめであり，じっくり時間を使って考えることができるが，1問1問が重いことは注意しておきたい。

生物的領域　身近な動植物の観察が素材になりやすい。多くの知識を蓄えておくのは有利であるが，それだけでは高得点にならない。試験の問題文が長く，図表も多いため，それらを素早く読解，分析し，新たな知識を吸収して解き進めるという学習能力が必須である。

地学的領域　生物的領域と同様に，問題文や図表を読解して新たな知識を活用する学力が必要である。身近な素材への関心を持っておくと有利である。また，物理的な考え方を必要とする設問も多く，柔軟な思考力も要求される。

化学的領域　水溶液の問題，気体の問題，ともに基本的な知識を自在に使いこなす力，および，論理的に考えて計算を実行する力が問われる。グラフの読み書きも重視される。

物理的領域　典型的な応用題のときもあるが，受験参考書などとは視点を変えて，把握力，論理力を使う問題が問われることもある。また，典型題では当たり前とされる内容について，あえて原因や理由を問う設問も見られ，単なる知識ではなく，深い理解や論理力を必要とすることがある。

学習のポイント

●問題文と図表から新たな知識を吸収し，論理的に考える力を身につけよう。

来年度の予想と対策

内容の深い大問や，長大な大問が今後も出題されるだろう。用語の暗記や典型パターンの訓練だけでは，合格点に届かない。上記のとおり，試験問題で新たな知識が提供され，それをもとに解き進める問題が多いので，日ごろから考察力を要する長めの問題をじっくり練習するのがよい。問題集では1大問が2ページかそれ以上に及ぶ問題を多く解くのがよいだろう。他の中学の過去問で傾向の似ている問題を解くのもよい。加えて，日ごろの科学的なニュース，科学の本などに触れ，科学的な思考に慣れておくと有利である。

文記述や描図の設問も多い。考えたことを文や図で説明できるような練習も必要である。特に，描図は意識して練習量を増やしておきたい。計算も型通りのものばかりではない。パターン訓練ばかりでなく，意味をしっかり理解したうえで立式する習慣をつけたい。

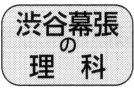

年度別出題内容の分析表　理科

（よく出ている順に，☆◎○の3段階で示してあります。）

	出題内容	27年 1次	27年 2次	28年 1次	28年 2次	29年 1次	29年 2次	30年 1次	30年 2次	2019年 1次	2019年 2次
生物的領域	植物のなかま				☆						○
	植物のはたらき				○	○			☆		☆
	昆虫・動物	☆	☆	○				☆			
	人　体						☆			☆	
	生態系			☆		◎			○		
地学的領域	星と星座										☆
	太陽と月	○	☆					☆	☆		○
	気　象	◎				◎		○			
	地層と岩石								○	☆	
	大地の活動				☆						
化学的領域	物質の性質			☆			◎	○		○	
	状態変化	○		○			○				
	ものの溶け方	◎	○								
	水溶液の性質	○	◎		○	○	○			☆	
	気体の性質	○			☆	○	○		○		○
	燃　焼								☆		☆
物理的領域	熱の性質	○		○						☆	
	光や音の性質		☆				☆			○	
	物体の運動			☆	○	☆			◎		
	力のはたらき			○	☆	◎		◎			
	電流と回路										
	電気と磁石										
その他	実験と観察	◎	◎	◎	◎	◎	◎	◎	◎	◎	◎
	器具の使用法	○	○		○	○			○		☆
	環　境	◎		○		○					○
	時　事	○		○	○				○		
	その他										

年度別出題内容の分析表 理科

（よく出ている順に，☆◎○の3段階で示してあります。）

出題内容		2020年		2021年		2022年		2023年		2024年	
		1次	2次	1次	2次	1次	2次	1次	2次	1次	2次
生物的領域	植物のなかま				○	○		○			
	植物のはたらき							◎			
	昆虫・動物	☆	☆	○			☆			☆	◎
	人　体					◎		○	☆		
	生態系	○	○	☆				○			◎
地学的領域	星と星座			○		◎					
	太陽と月			☆			☆			☆	☆
	気　象	☆							☆		
	地層と岩石		☆		☆						
	大地の活動		○					☆			
化学的領域	物質の性質			○	○	○				○	○
	状態変化	○	◎			☆			☆		
	ものの溶け方		◎								○
	水溶液の性質						◎			◎	◎
	気体の性質			◎	○		☆				
	燃　焼			◎				◎			
物理的領域	熱の性質				◎			○			
	光や音の性質	☆				☆	☆			☆	
	物体の運動			☆					○		
	力のはたらき		○					☆	☆		
	電流と回路					○					
	電気と磁石										☆
その他	実験と観察	◎	◎	◎	◎	◎	◎	◎	◎	◎	◎
	器具の使用法			○	☆		○	○			
	環　境			○							○
	時　事				○	◎	○				○
	その他		◎			◎					

渋谷教育学園幕張中学校

2024年度 渋谷教育学園幕張中学校 合否を分けた問題 理科

■1次：この大問で，これだけ取ろう！

[1]	日食の観察	やや難	金環日食と部分日食の光の進み方を学んだことがあればやや有利か。失点は4つ以内に。
[2]	植物の色素による染物	やや難	すべての情報は問題文中にあるが，短時間で読解するのはなかなかたいへんである。失点は3つ以内に。
[3]	時計を用いた方位計	標準	時計の短針の動きが，太陽の動きの2倍であることに気づき，簡単に図を描けば解きやすい。失点は2つ以内に。
[4]	テッポウウオの行動	標準	(2)は問題文とよく対照すること。(3)の仮説XとYの内容を正しく受け取って考えたい。失点は1つ以内に。

■鍵になる問題は[1]だ！

例年通り，1次，2次ともに，興味深い素材がそろい，解きごたえのある試験内容である。長い問題文とともに，多くの図表を読む必要がある。本年は珍しく，描図そのものが解答になる設問はなかったものの，1次[1]，[3]や2次[3]のように，自分で図を描いて考える設問はいくつもあった。

本年の1次は，[1]，[2]を中心に，読み解くのに多大な労力を要する設問が多く，例年よりもずいぶん難解な試験内容であった。[3]，[4]もやさしいわけではないが，まだ短時間で仕上げられる内容なので，これらを最初に終わらせてから[2]，[1]と取り掛かった方が，得点が高くなったことだろう。

1次の[1]は，日食を素材にした内容ながら，実質的には光の直進に関する問題であった。日食について，皆既日食，金環日食，部分日食のそれぞれの光の進み方まで学んで理解していれば，考えやすかっただろう。つまり，点光源からの光の進み方だけではなく，面光源(面積のある光源)からの光の進み方について考えたことがある経験は，本問で活きてきただろう。特に，日食のときに宇宙から地球を撮影した写真や映像を見たことがあれば，理解が進みやすい。

それでも，実験1，実験2，実験3のそれぞれの装置で，正しく作図をおこない，その結果を正しく理解するのは，なかなか難しい。しかし，作図が完成し，意味がわかれば，計算は単純な図形の相似を使えばよいので，本校受験生なら容易だろう。

実験1は，Aが金環日食が見える地域，Bが部分日食が見える地域と対応させればよい。Aからみると，光源のうち黒紙でかくされる部分が見えない。黒紙は光源の真ん中に見えたり端に見えたりするが，光源の範囲からは外れないので，どこも明るさは同じである。

実験2は，ピンホールカメラを作ったことがあれば直感的に理解しやすい。穴が小さい方が鮮明な像が得られる。穴が大きくなると，もはや光源の像ではなく，穴の形が映るだけである。

実験3は実験1と実験2の組合せである。黒紙のすぐ背後は光が届かないが，少し離れると金環日食や部分日食の領域になるので，光が届く。しかし，しぼりで外側の光をカットすると，再び真っ暗な領域が現れる。どの部分に光が当たり，どの部分で光が当たらないのか，作図から判断したい。線を引いた後に，領域内の点から光源が見えるかどうか，図に鉛筆などの直線を当てて確かめてみるとよい。

2023年度 渋谷教育学園幕張中学校 合否を分けた問題 理科

■1次：この大問で，これだけ取ろう！

[1]	地震計の記録	標準	(2)③で間違うと後の設問が続かない。検算をして自信をもって後の問いに挑もう。失点は2つ以内に。
[2]	Ⅰ．落花生の成長と養分	やや難	多数の図を読む必要があり，難度よりも手間と時間が勝負を分ける。失点は2つ以内に。
[2]	Ⅱ．落花生のエネルギー	やや難	問題文に大半の説明がなされているので，思い込みにとらわれず，問題文に沿って解こう。失点は2つ以内に。
[3]	丸太を持ち上げるモーター	標準	(4)は，(2)(3)がヒントになっていることに気付いて，手早く解きたい。(4)(ⅱ)以外は失点したくない。

■鍵になる問題は[2]だ！

例年どおり，長い問題文と豊富な図表を読解して思考するタイプの問題が並んだ。1次[2]の落花生，2次[1]の気圧の問題は，本校らしい長大な問題である。極端な難問は少ないものの，考える項目や作業量が膨大で，試験時間内に解くには厳しい試験である。丸暗記やパターン訓練のみに明け暮れた受験生には困難な試験である。問題文のうち，すでに持ち合わせている知識の部分は読み飛ばしてもよいが，解き進める鍵になる事項には印をつけておくなど，工夫が必要である。

日ごろから広く科学に関心を持つこと，結果だけを吸収するのではなく思考過程を重視する学習を心がけること，実験や観察にともなうグラフの読み書きや単純計算などの作業を怠らないこと，そして，作業量や考察量の多い本校や他校の過去問を積極的に練習することが重要である。

1次の[2]は，千葉県の特産品の落花生を題材に，生物と化学を横断した内容であった。実際の試験問題冊子では，実に13ページにも渡っていた長大な大問である。

Ⅰの(1)～(3)は，県内の受験生にはなじみのある内容でやさしかっただろうが，県外の受験生には難しく感じたかもしれない。(1)はマメ科で知っている他の植物を思い浮かべれば，見当はつく。

Ⅰの(4)，Ⅱの(5)の記述問題は，問題文中にかなりのヒントが書かれている。上手に活用できた受験生と，丸暗記に頼ってきた受験生では，差がつく設問である。

Ⅰの(5)～(9)は，グラフをていねいに読む問題が続く。肥料が多いN3がよく育つだろうといった先入観は持たず，字句に気を付けてグラフを素直に読むことである。特に(9)は，いくつものグラフを行ったり来たりする必要がある。選択肢の実験区がN0～N3のどれなのか，根拠となっているグラフはどれなのか，意識してていねいに検討する必要がある。

Ⅱの(1)～(3)は，表1の空欄を埋めればすべて解決する。(1)で計算の手間を惜しんで間違うと，3問とも失点してしまう。がんばって早く正確に計算を実行したい。

Ⅱの(4)と(6)は，燃焼についての基本的な知識があれば答えられるだろう。(4)は，熱を逃がさないことと，燃焼を止めないことを満たすような，さまざまな解答が考えられる。(6)は，炎についての基礎知識を思い浮かべることで正解できる。

2022年度 渋谷教育学園幕張中学校 合否を分けた問題 理科

■1次：この大問で，これだけ取ろう！

[1]	ポップコーンのでき方	標準	(2)～(4)で計算を含む作業が多いが，数字の意味をよく把握し，ていねいに解こう。失点は2つ以内に。
[2]	タンパク質の構造と変異	やや難	問題文が長く，理解するまでがひと苦労だが，表1を活用できれば解答は得られる。失点は2つ以内に。
[3]	星の表面温度と明るさ	標準	電圧の差→温度の差→色ごとの照度の差，という流れにうまく乗りたい。失点は2つ以内に。
[4]	音の伝わる時間	やや難	(1)～(3)は標準的な問題で，取りこぼしたくない。一方，(4)(5)は難問。失点は3つ以内に。

■鍵になる問題は[2]だ！

1次，2次とも4つずつのテーマに関して，数値計算や読図，作図などを交えて深く考える問題が並んだ。1次では[1]が化学と生物を横断した内容で，[3]が地学と物理を横断した内容であり，自然科学全体を総合的に見聞きし考える学力を持つ受験生を合格させたいという意図が感じられる。基礎的な知識は必要だが，丸暗記した知識をはきだすのではなく，問題にあるデータをもとに考える習慣をつけるよう，過去問の学習でも新しい知識を楽しむくらいの気持ちで取り組んで欲しい。

以下では，1次[2]を取り上げる。新型コロナウイルスという，たいへん身近な題材が取り上げられてはいるが，実質は生体内でのタンパク質の合成に関する内容である。詳しいことは高等学校の生物で学ぶが，本問で必要な知識は問題文で充分な説明がなされているので，高度な予備知識は必要なく，むしろ，新しい知識を学び吸収する柔軟な姿勢が必要である。

内容を整理すると，

- RNAは，4種類の物質(記号)◎，×，□，△が多数並んでいる。
- RNAのうち，3つの記号の並びが，それぞれのアミノ酸に対応する(表1)。
- アミノ酸が多数つながるとタンパク質になる。生物のからだはタンパク質でできている。

記号－RNA－アミノ酸－タンパク質の流れが理解できれば，あとは表1を読み取ることで，ほとんどの設問に解答できる。

(3)は，新型コロナウイルスのRNAに3万個の記号が並んでいることから，1万個のアミノ酸の並びができる。タンパク質はアミノ酸1000個がつながったものだから，1万個を1000個ずつに分ければ，10個のタンパク質となる。この10個がすべて別々の種類であれば10種類となる。なお，アミノ酸の並び順は決まっているので，1万個のアミノ酸を並べ変える必要はない。

(4)(5)は変異体のでき方である。問題文の例では，N501Yが，アミノ酸Nがアミノ酸Yに変わることだと書かれている。これにならって，表1を調べることで，変異の実態を知ることができる。

(6)については，世の中にさまざまな情報が流れているが，本文に即して答えることが重要であり，先入観で答えることがないようにする。

渋谷幕張の社会

——出題傾向と対策　合否を分けた問題の徹底分析——

出題傾向と内容

例年，1次・2次ともに大問は3題で小問数は35問前後であることが多い。数字で答える問題と語句を書く問題が合わせて25問前後，記述問題が10問前後である。記述問題は字数指定がなく，1行～2行分の解答らんに書く問題が多いが，字数指定のある問題もある。字数指定がある場合は8割以上書かなければならず，字数調整に時間をかけすぎないように注意したい。時間のかからない選択問題・語句記入問題を優先的に解き，その後で記述問題に取り組むといいだろう。

地　理　さまざまな分野から出題されるが，日本の国土や自然，産業についての問題が多い。地図や表・グラフ，写真をふんだんに使った問題が本校の特色である。本年は[3]で出題。1次では，等温線を地図に書き込む問題が，2次では紙・パルプ産業の地域別自動車輸送量に関する問題が特にユニークな問題だった。

歴　史　特定の時代が集中的に出るのでなく，独特なリード文から派生して幅広い時代を網羅した問題が出題される傾向が強い。本年は[2]で出題。1次では小倉百人一首を，2次では2023年に話題となった歴史的発見をテーマにした問題だった。用語記述や数字選択問題は難易度が比較的低いものの，80字以内という長い記述問題は難しかっただろう。

政　治　日本の政治に関する問題も出題されるが，経済問題や時事問題，国際系の問題の割合が多い。本年は[1]で出題。1次では裁判所や内閣をテーマにした問題，2次では砂糖をテーマにした問題で，2023年の時事問題やライドシェアなど，近年話題になっているものも出された。

学習のポイント

- ●地理：資料の読み取りでは特徴的な部分を探し，そこから答えを出す。
- ●歴史：全時代を網羅した学習が必要。資料集などで写真なども押さえよう。
- ●政治：日本の政治だけでなく，世の中の仕組みや伝統，時事問題にも関心を。

来年度の予想と対策

地　理　地図や資料，グラフを読み取って考える問題が来年度も出ると思われる。都道府県ごと，地方ごとで盛んな農業・工業を知っておくのは当然ながら，リード文や設問内のヒントを手がかりに考える問題も出る。考えるのに時間がかかると思ったらいったん後回しにすること。農産物や工業，貿易についてのデータは常に最新のものにアップデートしておくこと。

歴　史　歴史的な出来事の年号はもちろん，その出来事の前後関係，因果関係を押さえた学習を日ごろから心がけよう。特にこの時代が出やすい，ということはないので，どの時代もまんべんなく学習すること。写真やイラストなどを読み取る問題も出るので，日ごろから資料集に目を通しておくとよい。今まで見たことのない資料が出てきた場合，その資料の中に必ずと言っていいほど手がかり・ヒントがあるはず。解くのに時間がかかるので後回しにしたうえで，時間をかけてその手がかりを見抜く練習をしておこう。

政　治　日本の政治の仕組みや憲法の条文などの問題は定番。経済問題としては日本と外国との貿易について，円安ドル高など為替相場について理解を深めよう。時事問題については入試の前年に話題となった出来事も要注意で，特に入試の1年前からの日本のニュース・世界のニュースに敏感になろう。2025年度入試では，日本の政局や2024年に開催される夏季オリンピック，2025年開催予定の大阪万博について特に細かくチェックしておこう。地球温暖化やSDGsなどの環境問題についても確認しておく。

年度別出題内容の分析表 社会

（よく出ている順に，☆◎○の3段階で示してあります。）

出題内容				27年		28年		29年		30年		2019年	
				1次	2次	1次	2次	1次	2次	1次	2次	1次	2次
地理	日本の地理	テーマ別	地形図の見方										
			日本の国土と自然	◎	◎	○	◎	○	○	☆	☆	○	☆
			人口・都市	○	○		○	○	◎			◎	
			農林水産業	○	◎	☆	○		○	○	○	○	○
			工　業	○					◎				○
			交通・通信					○	○			○	
			資源・エネルギー問題	○	○						○		
			貿　易										
		地方別	九州地方										
			中国・四国地方										
			近畿地方										
			中部地方										
			関東地方										
			東北地方										
			北海道地方										
	公害・環境問題			○			○	○		○			
	世界地理					○				○			
日本の歴史	時代別	旧石器時代から弥生時代							○	○	○	○	○
		古墳時代から平安時代			◎	○	○	○	○	○	◎	◎	○
		鎌倉・室町時代		◎	◎		○	○	○	◎	○	○	○
		安土桃山・江戸時代		◎	◎	○	◎	○	◎	◎	○	○	○
		明治時代から現代		◎	○	☆	◎	☆	◎	☆	☆	◎	○
	テーマ別	政治・法律		◎	◎	◎	☆	☆	◎	☆	☆	◎	◎
		経済・社会・技術		◎	○	○	○	◎	◎	◎	◎	○	◎
		文化・宗教・教育			◎	◎			○	◎	○	○	○
		外　交			○			○	○	○		◎	○
政治	憲法の原理・基本的人権			◎		○	◎	◎		○		○	
	国の政治のしくみと働き				◎	○	◎	○	☆	○	◎	○	☆
	地方自治			○				○	○		○	○	
	国民生活と社会保障				◎								
	財政・消費生活・経済一般				◎			○			○	○	
	国際社会と平和					○							
時事問題				○	◎	◎	◎	○	◎	○	◎	○	◎
その他				◎	○	☆	○	◎	○	◎		◎	○

渋谷教育学園幕張中学校

年度別出題内容の分析表 社会

（よく出ている順に，☆◎○の3段階で示してあります。）

出題内容				2020年		2021年		2022年		2023年		2024年	
				1次	2次	1次	2次	1次	2次	1次	2次	1次	2次
地理	日本の地理	テーマ別	地形図の見方							○			
			日本の国土と自然	☆	☆	◎	○	☆	◎	☆	◎	◎	
			人口・都市	◎	○		☆	○	○			○	
			農林水産業	○	○	○	○	◎	○	○			○
			工　業			○				○	○	○	◎
			交通・通信	◎						○			
			資源・エネルギー問題			○	○		○		◎		☆
			貿　易				○						○
		地方別	九州地方							○	○		
			中国・四国地方							○		○	
			近畿地方										
			中部地方										
			関東地方										
			東北地方									○	
			北海道地方								○	○	○
	公害・環境問題					○			☆		◎	○	○
	世界地理				◎						☆	○	○
日本の歴史	時代別	旧石器時代から弥生時代		○	○			○			☆		○
		古墳時代から平安時代		◎	○	◎	◎	○	○	○	○	☆	○
		鎌倉・室町時代		○	○	○	○	○	○	○	○	◎	
		安土桃山・江戸時代		○	◎	◎	◎	○	◎			◎	☆
		明治時代から現代		☆	◎	◎	◎	◎	◎	☆	☆	◎	☆
	テーマ別	政治・法律		☆	☆	◎	◎	◎	◎	○		○	☆
		経済・社会・技術		☆	◎	◎	☆	◎	☆	○	◎	○	○
		文化・宗教・教育		○	○	◎	○	○	○	☆	○	☆	◎
		外　交					○	○				○	◎
政治	憲法の原理・基本的人権						○			◎			○
	国の政治のしくみと働き			○	○	○	◎	◎	◎	☆		☆	○
	地方自治					○			○				
	国民生活と社会保障									○			○
	財政・消費生活・経済一般			○		○		☆		☆		◎	○
	国際社会と平和				○		○		◎		◎		
時事問題				○	○	◎	☆	○	○	○	☆	○	○
その他				◎	◎	☆				◎	◎	☆	☆

渋谷教育学園幕張中学校

2024年度 渋谷教育学園幕張中学校 合否を分けた問題 社会

1次　1　問12，2　問3

1の問12に関して，民営化で重要なのは1980年代の中曽根康弘内閣と，2000年代の小泉純一郎内閣が行ったものである。

・中曽根康弘内閣

1985年	日本電信電話公社（電電公社）	→	NTT
	日本専売公社	→	JT
1987年	日本国有鉄道（国鉄）	→	JR

・小泉純一郎内閣

2005年　郵政民営化法案成立

2007年　日本郵政グループ発足（民営化の実現）

続いて，2の問3に関して，鎌倉時代の仏教については，種類が多い分頻出の内容である。

宗派名	開祖	寺院	教え
浄土宗	法然	知恩院	阿弥陀仏にすがり，「南無阿弥陀仏」と念仏を唱える。
浄土真宗（一向宗）	親鸞	東・西本願寺	
時宗	一遍	清浄光寺	
法華宗	日蓮	久遠寺	「南無妙法蓮華経」の題目を唱える。
臨済宗	栄西	建仁寺，建長寺	座禅を組み，自ら悟りを開く。
曹洞宗	道元	永平寺	

また，元の皇帝フビライが2度にわたって日本に攻めてきた元寇は，

1274年　文永の役

1281年　弘安の役

であるが，まぎらわしい名称としては，16世紀末の朝鮮出兵がある。

1592年　文禄の役

1597年　慶長の役

以上のように，名称が似ているものは本校に限らず難関中では頻出である。自分で表を作ったり，年表にまとめたりして知識を整理していこう。

2023年度 渋谷教育学園幕張中学校 合否を分けた問題 社会

1次 1 問5

この問題は，Yの方はすぐに正しいと判断できても，Xの方は迷った人も多かったのではないだろうか。Xの文について，日本国憲法の該当部分と照らし合わせてみよう。

> 問5 下線部dに関する日本国憲法の規定を説明した次の文X・Yについて，その正誤の組合せとして正しいものを，下記より1つ選び番号で答えなさい。
>
> X 法律案は，憲法に特別の定めのある場合を除いては，両議院で可決したとき法律となります。
>
> Y 法律は内閣の助言と承認により，天皇が公布します。

日本国憲法第59条

第1項 法律案は，この憲法に特別の定のある場合を除いては，両議院で可決したとき法律となる。

第2項 衆議院で可決し，参議院でこれと異なった議決をした法律案は，衆議院で出席議員の3分の2以上の多数で再び可決したときは，法律となる。

第3項 前項の規定は，法律の定めるところにより，衆議院が，両議院の協議会を開くことを求めることを妨げない。

第4項 参議院が，衆議院の可決した法律案を受け取った後，国会休会中の期間を除いて60日以内に，議決しないときは，衆議院は，参議院がその法律案を否決したものとみなすことができる。

このように，問5のXの文と第59条第1項はほとんど同じ文となることから，正しいと判断できる。また，第1項の「この憲法に特別の定(さだめ)のある場合」というのが第2項～第4項であり，「法律案は原則として衆議院と参議院のどちらでも可決した場合は法律となるが，参議院が60日以内に議決しなかったり法律案を否決したりした場合は，両院協議会を開いても意見が一致しなかった場合も含め，その後衆議院で出席議員の3分の2以上の賛成があった場合も法律となる」という意味になる。

なお，Yにある天皇の国事行為については憲法の第3条と第7条に記されている。第7条には以下の10の行為が明記されている。

1 憲法改正，法律，政令及び条約を公布すること。

2 国会を召集すること。

3 衆議院を解散すること。

4 国会議員の総選挙の施行を公示すること。

5 国務大臣及び法律の定めるその他の官吏の任免並びに全権委任状及び大使及び公使の信任状を認証すること。

6 大赦，特赦，減刑，刑の執行の免除及び復権を認証すること。

7 栄典を授与すること。

8 批准書及び法律の定めるその他の外交文書を認証すること。

9 外国の大使及び公使を接受すること。

10 儀式を行うこと。

2022年度 渋谷教育学園幕張中学校 合否を分けた問題 社会

1次 2 問7

米騒動に関する正誤判定問題であるが，知識の有無を確かめる問題ではなく，図の読み取り問題となっていた。知識に頼って答えようとすると，失敗してしまう。ここでは，A～Dのそれぞれの選択肢について，下の図5を見ながら解説することにより，受験生の理解を助けたい。

A 「名古屋でも，女性を中心とする人々が，米の安売りを求めて米屋に押しかけました。」

→確かに，米騒動が始まった富山県の魚津では，漁村の主婦が米屋に押しかけた。しかし，図5から読み取れるように，名古屋で起こった米騒動では，参加者の多くが男性であった。よって，Aの記述は誤りである。

B 「米騒動が起きた当時，名古屋などの都市では電灯が普及し，夜になると電灯の明かりが街を照らしました。」

→図5中のPは電柱で，この電柱にQの電灯が設置されていることが読み取れる。よって，Bの記述は正しい。

C 「米騒動を鎮めるために，警官だけでなく，軍隊も出動しました。」

→図5中のXは警官であるが，Yは軍人である。よって，Cの記述は正しい。

D 「米騒動は，米が不足する12月から翌年の3月に起きました。」

→図5中のZ の人々(米騒動への参加者)は，薄着(大半が浴衣姿)である。到底，12月から翌年の 3月(冬季)とは考えられない(実際，米騒動は，1918年の7月～9月の夏の盛りに起こった)。よって，Dの記述は誤りである。

図5

※.「米騒動絵巻」(徳川美術館ウェブサイト　特別展・企画展「タイムスリップ1918 大正の名古屋」より転載)

渋谷幕張の国語

――出題傾向と対策　合否を分けた問題の徹底分析――

出題傾向と内容

文の種類：物語文，論説文・説明文

物語文が一題，論説・説明文が一題の出題構成が続いている。文章はかなり長くなることがある。難度は高い。時間内に解き終えるためには，すばやく正確な読解力が必要なので，さまざまなタイプの文章を読み慣れておかなければならない。

解答形式：選択式・抜き出し式と記述式の併用

50字以上の解答になるであろう記述問題が物語文・論説文合わせて1次では4問，2次でも4問出題された。単に傍線部前後の語句をつなぎ合わせるのではなく，文章全体の話題，主張などを意識してまとめるものが含まれていて，難度は高い。このほかに漢字の読み書き，文学史関連問題などでも難問が出題されている。また選択式もそれぞれの選択肢が非常に紛らわしく，本文の正確な読み取りに基づいて，詳細な分析力を必要とするものが多い。

漢字：基本～応用レベル。小学校で学習する漢字以外からも出題されることがある。難度の高いものも出題されるので，油断できない。慣用表現に関連したものや同音異義語などは，文の意味を正確にとらえて解答することが要求される。

出題頻度の高い分野

❶論説・説明文　❷物語　❸国語知識(慣用句の完成，漢字の読み書きなど)
❹主題・心情・細部表現の読み取り　❺文脈の把握と理由説明　❻記述問題

来年度の予想と対策

出題分野　文学的文章，論理的文章

1　本年度と同様に，物語文，論説・説明文の二題構成が予想される。それぞれ難度の高い素材文を採用した読解問題になるだろう。

2　長文読解では，文章全体の話題，趣旨・筆者がこの文章を書いたねらい，登場人物の関係やそれぞれの心情などを正確に把握することが求められる。日頃からハイレベルな内容の文章に慣れ親しんでおかなければならない。

3　3～5題程度出題される記述問題は配点も高いと予想される。設問を熟読して，何が問われているのかを読み取ったうえで，文章全体の内容を念頭に置き，必要な要素を過不足なくまとめる必要がある。多数の記述練習によって自分なりの具体的な方法を確立しておかなければならない。

学習のポイント

- 本校の過去問や類似問題を多数練習して，内容読解と表現の両面に積極的に取り組むこと。
- まぎらわしい選択肢の検討のしかた，本文との対照のしかたなどの練習を積む。
- 漢字は小学校で学習する範囲を基本に，全常用漢字まで範囲を広げて練習しておく。
- 慣用句や慣用表現などをできるだけたくさん身につけ，その意味も覚えよう。

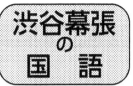

年度別出題内容の分析表 国語

（よく出ている順に，☆◎○の3段階で示してあります。）

出題内容			27年		28年		29年		30年		2019年	
			1次	2次	1次	2次	1次	2次	1次	2次	1次	2次
設問の種類		主題の読み取り	○				○				○	
		要旨の読み取り		○	○	○	○	○	○	○	○	○
		心情の読み取り	☆	☆	☆	☆	☆	☆	☆	☆	☆	☆
		理由・根拠の読み取り	○	○	○	○	○	○	○	○	○	○
		場面・登場人物の読み取り	◎	○	○	○	○	○	○	○	○	○
		論理展開・段落構成の読み取り										
		文章の細部表現の読み取り	☆	☆	☆	☆	☆	☆	☆	☆	☆	☆
		指示語										
		接続語										
		空欄補充	○	○	○	○	○	○	○	○	○	○
		内容真偽										○
	根拠	文章の細部からの読み取り	◎	◎	◎	◎		◎	◎	◎	◎	◎
		文章全体の流れからの読み取り	◎	◎	◎	◎		◎	◎	◎	◎	◎
設問形式		選択肢	☆	☆	☆	☆	☆	☆	☆	☆	◎	◎
		ぬき出し						○	○		○	
		記　述	☆	☆	☆	☆	☆	☆	☆	☆	☆	☆
記述の種類		本文の言葉を中心にまとめる	☆	☆	☆	☆	☆	☆	☆	☆	☆	☆
		自分の言葉を中心にまとめる	◎	◎	◎	◎	○	○	○	○	○	○
		字数が50字以内	◎	☆		○			○	○	○	
		字数が51字以上	◎		☆	◎	☆	☆	☆	☆	☆	☆
		意見・創作系の作文										
		短文作成										
語句・知識		ことばの意味		○				○	○		○	
		同類語・反対語										
		ことわざ・慣用句・四字熟語	○	○	◎	○	○	○	○	○		
		熟語の組み立て										
		漢字の読み書き	◎	◎	◎	◎	◎	◎	◎	◎	◎	◎
		筆順・画数・部首										
		文と文節										
		ことばの用法・品詞	○			○						
		かなづかい										
		表現技法										
		文学史	○		○	○	○		○	○	○	
		敬　語										
文章の種類		論理的文章(論説文，説明文など)	○	○	○	○	○	○	○	○	○	○
		文学的文章(小説，物語など)	○	○	○	○	○	○	○	○	○	○
		随筆文										
		詩(その解説も含む)										
		短歌・俳句(その解説も含む)										
		その他										

渋谷教育学園幕張中学校

年度別出題内容の分析表 国語

（よく出ている順に，☆◎○の3段階で示してあります。）

出題内容			2020年		2021年		2022年		2023年		2024年	
			1次	2次	1次	2次	1次	2次	1次	2次	1次	2次
設問の種類		主題の読み取り	○	○	○	○	○	○	○	○	○	○
		要旨の読み取り	○	○	○	○	○	○	○		○	○
		心情の読み取り	☆	☆	☆	☆	☆	☆	☆	☆	☆	☆
		理由・根拠の読み取り	○	○	○	○	○	○	○	○	○	○
		場面・登場人物の読み取り	○	○	○	○	○	○	○	○	○	○
		論理展開・段落構成の読み取り			○							
		文章の細部表現の読み取り	☆	☆	☆	☆	☆	☆	☆	☆	☆	☆
		指示語										
		接続語										
		空欄補充	○	○	○	○	○	○	○		○	○
		内容真偽	○	○	○	○	○	○	○	○	○	
	根拠	文章の細部からの読み取り	◎	◎	◎	◎	◎	◎	◎	◎	◎	◎
		文章全体の流れからの読み取り	☆	☆	☆	☆	☆	☆	☆	◎	◎	◎
設問形式		選択肢	◎	◎	◎	◎	◎	◎	◎	◎	◎	◎
		ぬき出し		○	○		○	○				○
		記　述	☆	☆	☆	☆	☆	☆	☆	☆	☆	☆
記述の種類		本文の言葉を中心にまとめる	☆	☆	☆	◎	☆	☆	☆	☆	☆	☆
		自分の言葉を中心にまとめる	○	○	○	○	○	○	◎	◎	◎	◎
		字数が50字以内			○	○		○		◎	○	
		字数が51字以上	☆	☆		◎	☆	◎	☆	◎	☆	☆
		意見・創作系の作文										
		短文作成										
語句・知識		ことばの意味	○	○		○	○			○	◎	○
		同類語・反対語					○					
		ことわざ・慣用句・四字熟語	○		○	○	○	○	○	○	○	
		熟語の組み立て										
		漢字の読み書き	◎	◎	◎	◎	◎	◎	◎	◎	◎	◎
		筆順・画数・部首										
		文と文節										
		ことばの用法・品詞					○					
		かなづかい										
		表現技法										
		文学史	○	○	○	○	○	○	◎	○	○	○
		敬　語										
文章の種類		論理的文章（論説文，説明文など）	○	○	○	○	○	○	○	○	○	○
		文学的文章（小説，物語など）	○	○	○	○	○	○	○	○	○	○
		随筆文										
		詩（その解説も含む）										
		短歌・俳句（その解説も含む）					○					
		その他										

2024年度 渋谷教育学園幕張中学校 合否を分けた問題 国語

1次 三 問六

★合否をわけるポイント(展開をおさえて，適切にまとめる)

設問には，「祖母のどのような行動に対して」とある。祖母の行動をしっかりおさえて，記述して欲しい。また，その祖母の行動が，信太郎の気持ちを変化させるきっかけになっていることも意識して，書くべき内容を整理していきたい。

★展開をおさえて，記述する。

展開は右の図のようになる。矢印のように話は進む。最初，信太郎は旅行をして祖母を心配させようとした。だが，祖母の仲直りをしようと振る舞う姿や信太郎の言葉を素直に受け入れる様子を見て，ばからしくなり，また，申し訳ないという思いも抱くようになる。文章を読み，この展開をおさえることができれば，合格できる答案をまとめられる。

【信太郎の，最初の思い】
旅行をして，祖母を心配させてやろう。

【祖母の行動(変化のきっかけ)】
仲直りしようと振る舞う。

【祖母の行動(変化のきっかけ)】
信太郎の言葉を素直に受け入れる。

【信太郎の変化】
ばからしくなった。申し訳ない。

1次 三 問八

★合否をわけるポイント(基礎的な文学史の知識が問われる)

渋谷幕張では頻出の文学史の設問。今年度は，文学史の説明をした文章の空欄に，適する言葉をあてはめる形式だった。文学史の基礎的な知識を身につけていれば，十分に解答できる問題である。合格のためには，このような問題で落とさないようにしたい。

★手がかりを正確におさえる。

「江戸時代・空想の物語」「明治維新以降・俳句」「明治維新以降・小説」「戦後(太平洋戦争後)」が解答の手がかりになる。この言葉に対応する言葉(人物名)を選択肢の中から選ぶことができれば，すべて解答できる問題である。

★これで「合格」！

「江戸時代・空想の物語」は滝沢馬琴，「明治維新以降・俳句」は正岡子規，「明治維新以降・小説」は，志賀直哉，「戦後(太平洋戦争後)」は三島由紀夫である。紫式部は，平安時代の人。松尾芭蕉は江戸時代の俳人。時代，作者名，文学作品の種類。文学史の基礎的な知識があれば，この設問で落とすことはない。

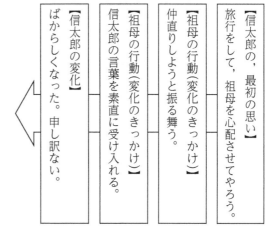

2023年度 渋谷教育学園幕張中学校 合否を分けた問題 国語

1次 一 問七，三 問八

★合否をわけるポイント（文学史の深い知識が問われている。）

今年度も文学史が出題された。その難度はかなり高い。一問七，三問八ともに選択式問題ではあったが，出題された選択肢のすべてをおさえている受験生はまれだと思われる。国内の作品，海外の作品，過去の作品，現在の作品と，問われるものは多岐にわたる。塾の授業などで出会った作品については，確実におさえておきたい。

★出題された内容！

一問七では『星の王子様』『イワンのばか』『ハムレット』『世界の終わりとハードボイルド・ワンダーランド』『不思議の国のアリス』『若草物語』の中から，ロシアの作品とアメリカの作品を見つける問題が出題された。

三問八では太宰治に関する，深い知識が求められる問題が出題された。ただし，太宰に関する知識のみが問われたのではない。選択肢の中には，夏目漱石，谷崎潤一郎，川端康成，芥川龍之介，志賀直哉，三島由紀夫，村上春樹，大江健三郎，中島敦が含まれていた。
少しでも多くの知識を持ち，誤答の選択肢を見つけ出し，正解を選びやすくして取り組むとよい。

1次 三 問四

★合否をわけるポイント（比ゆ表現の解答の手がかりを正確に把握する）

比ゆ関連の，難度の高い設問である。文章中の手がかりになる表現をおさえ，「幼い弟」が「首なし鳥」になった理由を正確に把握する必要がある。また首なし鳥が羽ばたき続けるとは，どういうことなのか。その点もおさえる。

★これで「合格」！

読み取れることは，右図のような状況である。「首なし鳥の話が記憶の中にあった」のである。「早くに亡くした弟の姿と首なし鳥の様子が結びついて現れた」のである。この点までおさえれば，「想像することになった」理由はわかりやすくなる。また，「弟を失った深い悲しみがいつまでも『私』を苦しめ続けている」という様子も書き加える。「羽ばたき続ける」という表現は，苦しみ続けるということにつながる。

【なぜ、弟が首なし鳥】
○首なし鳥の話が記憶の中に。
○弟が早くに亡くなった。
○首なし鳥の話と弟が結びつく

【羽ばたき続けるとは？】
○弟を失った悲しみ。
○悲しみがいつまでも続く。
○「私」を苦しめ続ける。

2022年度 渋谷教育学園幕張中学校 合否を分けた問題 国語

1次 一 問八，三 問十一

★合否をわけるポイント(文学史は毎年出題されている)

毎年，文学史が出題されている。文学史を意識して学習した受験生にとっては，それほど難度が高くない問題も出題される。基本的には選択式問題の形で出題されているので，例えば，わかるものだけでも正誤の判断がつけば，正解の確率は上がる。手を抜かないで，準備をして欲しい。

★出題された内容！

一では，松尾芭蕉の作品を選ぶ問題が出題された。イが正解になる。松尾芭蕉，与謝蕪村，小林一茶，正岡子規。俳句の学習では，基礎的な人物である。おさえておきたい。

三では，芥川賞の創設を提唱した人物が問われている。解答は，アの「菊池寛」になる。ウの「川端康成」が芥川賞の選考委員であり，エの「太宰治」は第一回の芥川賞を希望していたが受賞できなかった。さまざまなエピソードとともに学習ができれば，選択肢もより，見分けやすくなる。

1次 三 問十

★合否をわけるポイント(登場人物の葛藤を読み取る)

難度の高い物語文であり，問十の難度も非常に高い。だが，文章中のさまざまな手がかりから，VFを手に入れることに対する「僕」の思いを読み取って欲しい。

★これで「合格」！

傍線⑦を含む場面で，「僕」は右の図のように，異なる二つの方向の感情を抱いている。一つは，VFを受け容れていいのかと悩む否定的な感情である。もう一つはVFをやむを得ず受け容れる方向の感情である。

【VFを受け容れていいのか】
○本当の母は帰って来ない
○絶対的な幸せは無理
○VFに惹かれる自分が嫌だ

【VFを受け容れよう】
○今より相対的な幸福
○だまされることの受け容れ
○VFを認める

記述の際には，「本当の母は戻って来ない」「絶対的な幸せは手に入れられない」「それでもVFを手に入れようとする自分への嘆き」という，VFに対する否定的な感情を書き，「今よりも相対的な幸せを得たい」「わかった上でだまされ続ける」などVFをやむを得ず受け入れようという相反する方向の感情を書く。相反する感情を並べて，記述内容をまとめるとよい。

MEMO

大切なことはメモしておこうネ！

2024年度
★★★★★★★★★★★★★★★★★★★★★★★
入　試　問　題

2024年度

渋谷教育学園幕張中学校入試問題（１次）

【算　数】（50分）　＜満点：100点＞

【注意】 コンパス，三角定規を使用できます。

1　１から９までの数字が書かれたカードがそれぞれ１枚ずつ，全部で９枚あり，２つの空の袋《ふくろ》Ａ，Ｂがあります。次の各問いに答えなさい。

(1)　はじめに，９枚のカードから１枚のカードを選び，袋Ａに入れます。次に，残ったカードから３枚のカードを選び，袋Ｂに入れます。袋Ａ，Ｂからカードをそれぞれ１枚ずつ取り出すとき，どのカードを取り出しても，取り出した２枚のカードに書かれている数の積が10の倍数となるような，袋Ａ，Ｂに入れるカードの入れ方は，何通り考えられますか。

(2)　はじめに，９枚のカードから１枚以上４枚以下の好きな枚数のカードを選び，袋Ａに入れます。次に，残ったカードから１枚以上４枚以下の好きな枚数のカードを選び，袋Ｂに入れます。袋Ａ，Ｂからカードをそれぞれ１枚ずつ取り出すとき，どのカードを取り出しても，取り出した２枚のカードに書かれている数の積が10の倍数となるような，袋Ａ，Ｂに入れるカードの入れ方は，何通り考えられますか。

(3)　はじめに，９枚のカードから１枚以上３枚以下の好きな枚数のカードを選び，袋Ａに入れます。次に，残ったカードから１枚以上３枚以下の好きな枚数のカードを選び，袋Ｂに入れます。袋Ａ，Ｂからカードをそれぞれ１枚ずつ取り出すとき，どのカードを取り出しても，袋Ａから取り出したカードに書かれている数が，袋Ｂから取り出したカードに書かれている数より６以上大きくなるような，袋Ａ，Ｂに入れるカードの入れ方は，何通り考えられますか。

2　次の各問いに答えなさい。

(1)　縦の長さも横の長さも，それぞれ２㎝，３㎝，４㎝，…，99㎝，100㎝のいずれかとなるような，長方形や正方形のタイルを考えます。このようなタイルとして考えられるものをすべて，面積が小さい順に左から一列に並べます。ただし，同じ面積のタイルは，縦の長さが最も短いタイルのみを並べます。次に，あるタイルＸが，並べられている他のタイルのうちいずれか１種類を，何枚かつなげて作ることができる場合は，タイルＸを列から取り除きます。例えば，縦の長さが２㎝，横の長さが４㎝のタイルは，縦の長さが２㎝，横の長さが２㎝のタイルを２枚つなげて作ることができるので，列から取り除きます。このようにして取り除けるタイルをすべて取り除いたところ，下のようなタイルの列ができました。

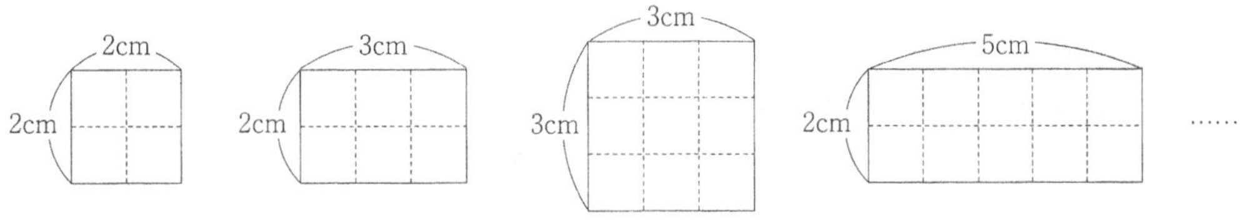

①　左から７番目にあるタイルの面積は何㎝^{2}ですか。

② タイルの列に，面積が60cm^{2}以下のタイルは何枚ありますか。

(2) どの面の形も(1)の列にあるタイルのいずれかと同じ形であるような，直方体や立方体を考えます。ただし，体積が同じ立体がいくつか考えられるときは，向きが違うものは区別しないで，そのうち一つだけ考えるようにします。こうして考えられる立体をすべて，体積が小さい順に左から一列に並べます。左から10番目にある立体の体積は何cm^{3}ですか。

3 【図１】のように，２つの円柱の形をしたおもりＡ，Ｂがあります。ＡとＢの体積は等しく，Ａの高さはＢの高さの３倍です。

【図２】のように，四角柱の形をした空の容器Ｃの中に，おもりＡ，Ｂを置きます。

【図１】

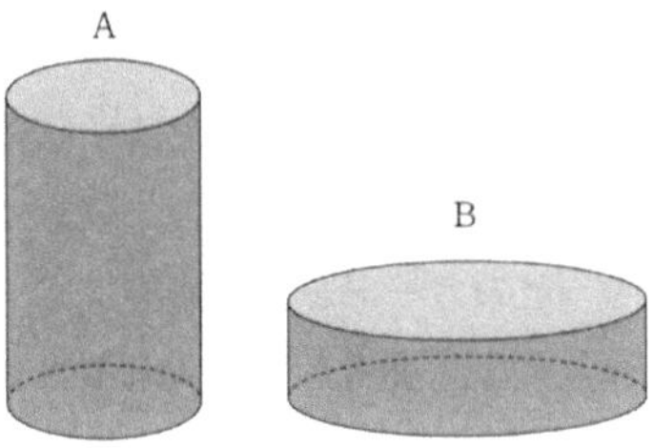

【図２】

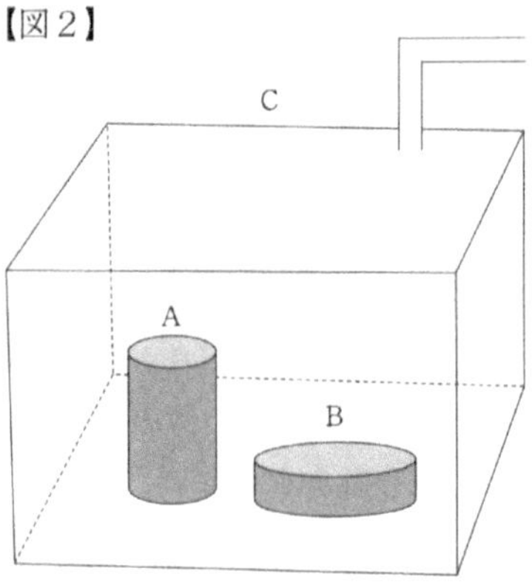

容器Ｃの中に，１秒あたり同じ量の水を静かに入れ続けたとき，水を入れ始めてからの時間と，容器Ｃの底面から水面までの高さの関係は，下のグラフのようになりました。

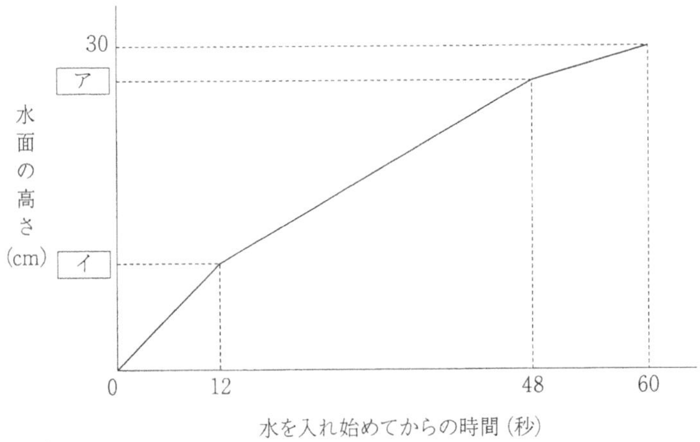

次の各問いに答えなさい。

(1) Ｃの底面積は，Ａの底面積の何倍ですか。

(2) グラフの ア ， イ にあてはまる数を答えなさい。

4 図のように，円周を5つの点A，B，C，D，Eで区切ったとき，△をつけた3つの曲線部分AB，CD，AEの長さは等しく，○をつけた2つの曲線部分BC，DEの長さは等しくなりました。また，直線AGの長さは1㎝，直線ADの長さは4㎝，直線FEの長さは2㎝です。次の各問いに答えなさい。

(1) 直線FGの長さは何㎝ですか。

(2) 直線HIと直線ICの長さの比（HIの長さ）:（ICの長さ）を，最も簡単な整数の比で答えなさい。

(3) 五角形FGHIJの面積は，三角形AFGの面積の何倍ですか。

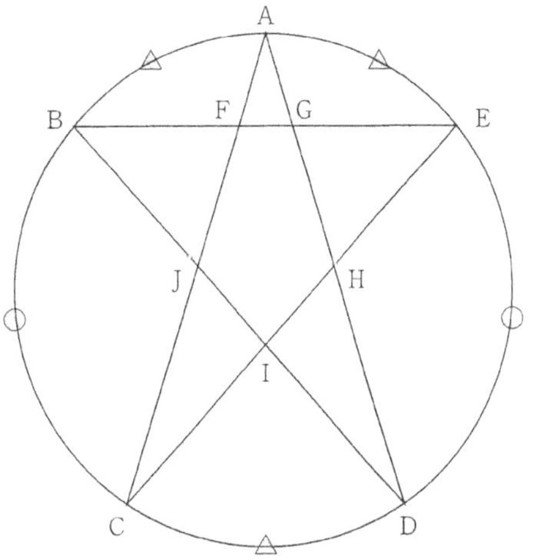

5 次の各問いに答えなさい。

ただし，角すいの体積は，（底面積）×（高さ）÷3 で求められるものとします。

(1) 【図1】のように，立方体の展開図に点線をひきます。もとの折り目に加え，点線部分も折り目とし，すべての折り目が立体の辺になるようにして，この展開図を組み立てると，【図2】のような立体ができました。この立体の体積は何㎝^{3}ですか。

【図1】

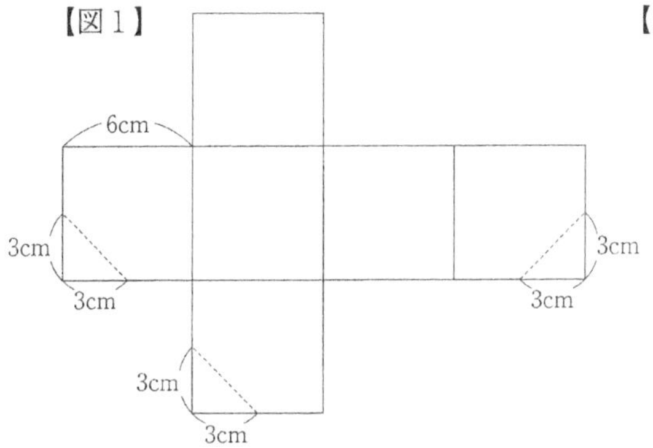

【図2】

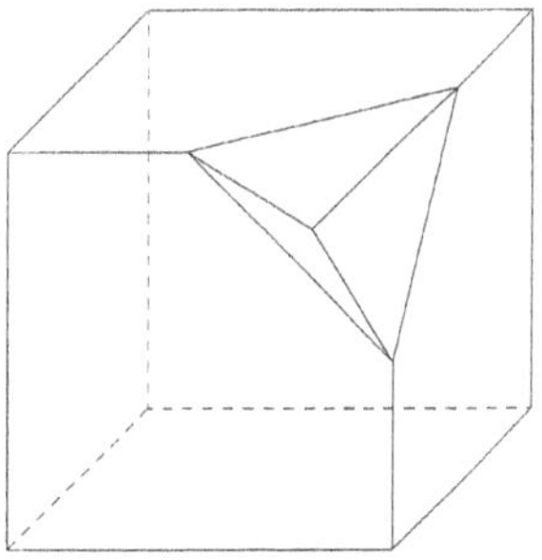

(2) 【図3】のように，正方形BECDの対角線を一辺とする正三角形ABCを考えます。【図4】の展開図において，(あ)～(え)は合同な二等辺三角形で，(お)～(く)は【図3】の正三角形ABCと合同です。この展開図を組み立てて立体を作ると，二種類の立体が作れます。そのうち，体積が大きい方の立体を立体A，体積が小さい方の立体を立体Bとします。立体Aの体積は，立体Bの体積より何㎝^{3}大きいですか。

【図3】

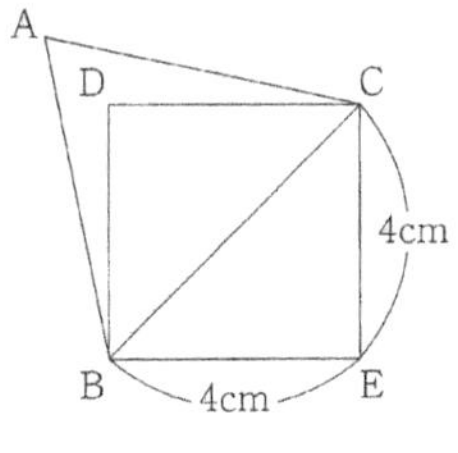

【図4】

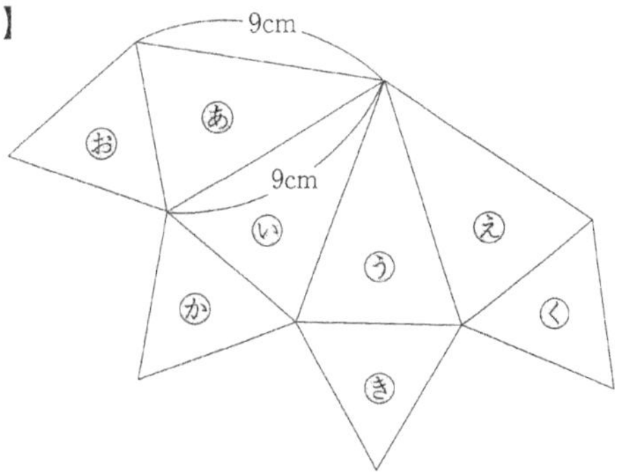

(3) 【図５】の展開図において，㋐～㋓は合同な台形で，㋔～㋗は合同な正三角形です。この展開図を組み立てて立体を作ると，二種類の立体が作れます。そのうち，体積が大きい方の立体を立体C，体積が小さい方の立体を立体Dとします。２つの立体C，Dの体積の比（立体Cの体積）：（立体Dの体積）を，最も簡単な整数の比で答えなさい。

【図５】

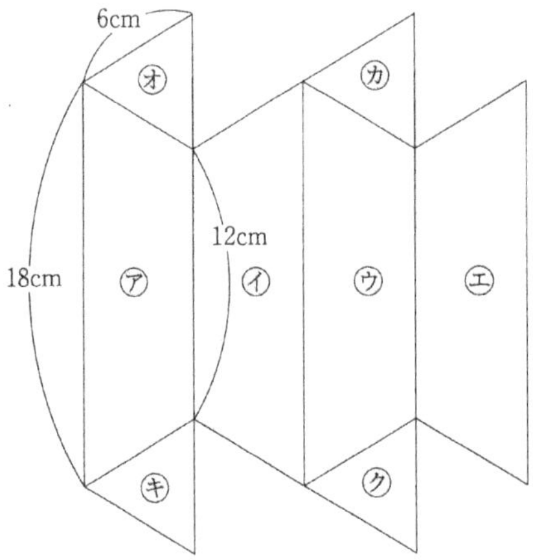

【理　科】（45分）　＜満点：75点＞

【注意】・必要に応じてコンパスや定規を使用しなさい。
・円周率は3.14とします。
・小数第１位まで答えるときは，小数第２位を四捨五入しなさい。整数で答えるときは，小数第１位を四捨五入しなさい。指示のない場合は，適切に判断して答えなさい。

1　てつお君が日食時に公園の地面を見ると（図１），木の葉のすき間を通った日光（木もれ日）が照らしているところのいくつかで，太陽の一部が欠けている様子が見られました。木もれ日で日食の様子が観測できる条件を考えるために，次の実験を行いました。

図１　日食の観測

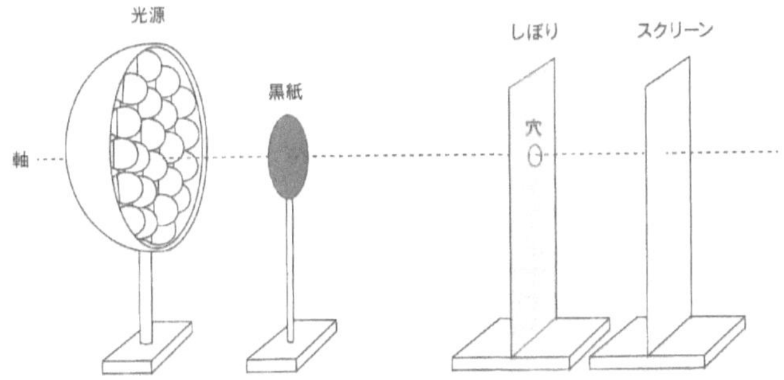

図２　日食時の様子の再現

てつお君は，観測した日食時の様子を再現するために，以下の道具を用意して実験を行いました（図２）。

光源　　　：直径24cmの円形。
LEDをすきまなくしきつめており，各LEDからは放射状に光が出る。

黒紙　　　：円形の黒い紙。光を通さない。

しぼり　　：円形の穴の開いた黒い紙で穴の大きさを変えることができる。紙の部分は光を通さない。

スクリーン：光源から光が届く部分が明るくなる。光源以外の光は考えなくてよいように，暗い部屋で実験を行う。

実験道具を並べるとき，軸《じく》となる直線を決めて，その軸にそれぞれ垂直になるように並べました。また光源の中心，黒紙の中心，しぼりの中心が軸に重なるようにしました。穴の大きさを変えたり，スクリーンを動かしたりするときにスクリーン上の変化の様子を調べました。

(1)　図２の黒紙としぼりの穴は，てつお君が見た日食の現象のうち何を表しているか，それぞれ答えなさい。

以下の条件で現象を考えます。

・光は全て直進するものとします。
・光源，黒紙，しぼり，スクリーンの厚さは全て無視できるほど小さいとします。
・光源とスクリーンの２つだけ並べてスクリーンの様子を見ると，スクリーンの全面が同じ明るさになり，光源の一部を黒紙でおおうとスクリーンは少し暗くなりました。スクリーン中央とスクリーン端では，光源からのきょりが異なるにもかかわらず同じ明るさに見えたことから，ここでは，スクリーン上のある一点の明るさは，光源からのきょりにはよらず，光源からの光の一部がさえぎられるときに暗くなるものとします。

【実験１】　はじめに光源，黒紙，スクリーンを使って実験を行いました。図３はその軸を通る断面を表しています。光源とスクリーンの間を50㎝，黒紙とスクリーンの間を20㎝，黒紙の直径を６㎝とします。

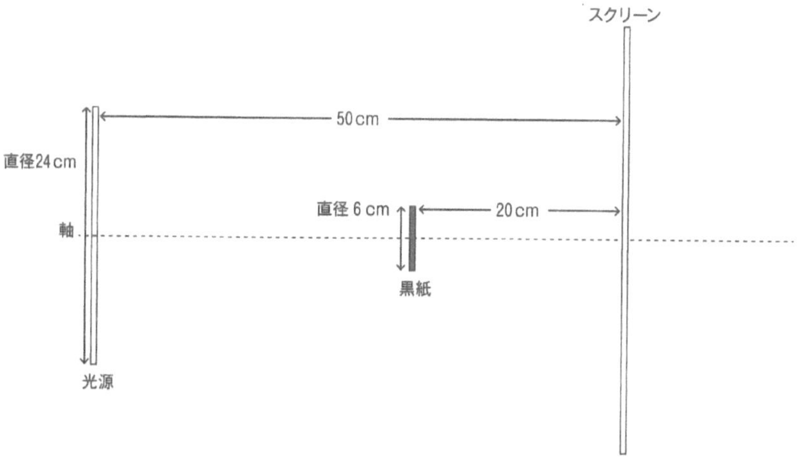

図３　実験１の断面図

(2)　図３のとき，スクリーン上には図４のように明るさの異なる円の形が現れました。下線部に注意して各問いに答えなさい。

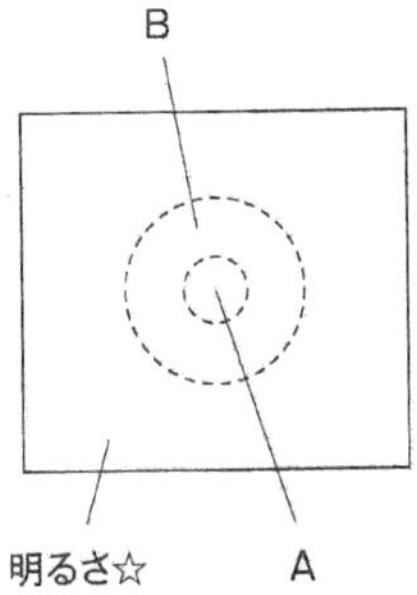

図４　スクリーンの様子

①　Aの領域とBの領域の明るさの説明として最も適切なものをそれぞれ次の中から選び，記号で答えなさい。ただし，光源の全てのLEDからの光が当たっている領域の明るさを☆とします。

㋐　光は当たっているが，☆より暗く，内側ほど暗くなっている。

㋑　光は当たっているが，☆より暗く，外側ほど暗くなっている。

㋒　光は当たっているが，☆より暗く，一定の明るさになっている。

㋓　光が全く当たらず影になっている。

②　A，Bそれぞれの直径を整数で答えなさい。

【実験２】　次に，光源，しぼり，スクリーンを次のページの図５のように並べ，実験を行いました。光源からしぼりのきょりをX，穴の直径をD，しぼりからスクリーンのきょりをLとします。X，D，Lの値を変えたときの，スクリーン上の模様について調べました。図５ではX＝50㎝，D＝４㎝，L＝５㎝にしており，このときスクリーン上には円形の模様が映りました。

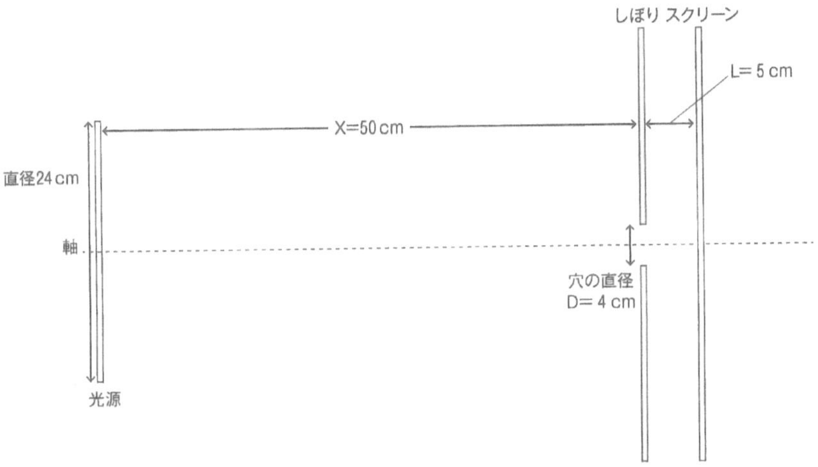

図５　実験２の断面図

(3)　下の文は実験結果とその考察を説明したものです。空らんをうめなさい。①②は下の選択肢《せんたくし》から１つ選び記号で答えなさい。③⑤は小数第一位までの数値で答えなさい。ただし，整数で求まる場合は整数で，そうでない場合は小数第１位まで答えなさい。④⑥は解答らんの適切なものに○をつけて答えなさい。下線部に注意して答えなさい。

【結果１】　X＝50㎝，D＝４㎝にしてLを変えるとき，スクリーンの中央（軸上）の明るさの様子を調べた。L＝０での明るさを☆とする。Lを０から大きくしていくと（①），その後（②）。

【結果２】　X＝50㎝，L＝５㎝にして，Dを非常に小さくすると，スクリーン上の円の直径は（③）㎝に近づいた。この円の形は④[光源の形・穴の形］に関係すると考えられる。

【結果３】　D＝４㎝，L＝５㎝にして，Xを非常に大きくすると，スクリーン上の円の直径は（⑤）㎝に近づいた。この円の形は⑥[光源の形・穴の形］に関係すると考えられる。

（①）の選択肢
　(ア)　☆よりもだんだん暗くなり
　(イ)　はじめは☆の明るさのままで，あるところからだんだん暗くなり

（②）の選択肢
　(ア)　あるところからだんだん明るくなり，その後また暗くなっていった。
　(イ)　さらに暗くなり，あるところで完全に光が届かなくなった。
　(ウ)　さらに暗くなったが，完全に光が届かなくなることはなかった。

【実験３】　次に，光源，黒紙，しぼり，スクリーンを次のページの図６のように並べて実験を行いました。光源からしぼりのきょりは50㎝，黒紙の直径は６㎝，黒紙としぼりのきょりは20㎝です。穴の直径をD，しぼりからスクリーンのきょりをLとします。D，Lの値を変えたときの，スクリーン上の模様について調べました。図６ではD＝２㎝，L＝15㎝にしています。

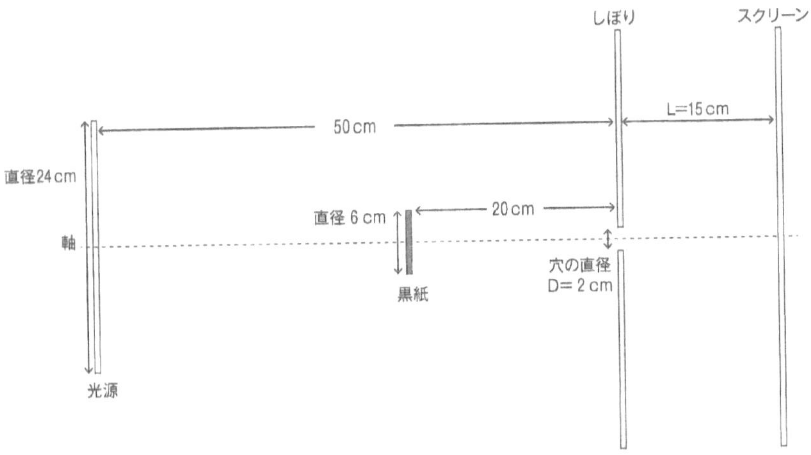

図６　実験３の断面図

(4)①　D＝２㎝，L＝15㎝のとき，スクリーン上に光源からの光が全く届かない部分が円形に映ります。D＝２㎝のままにして，スクリーンを動かしてLをいろいろと変えてみると，Lがある値より小さいとき，スクリーン上の光が全く届かない部分が無くなりました。このときのLをL’とします。L’の値を整数で答えなさい。

②　Dを小さくするとき，L’の値がどのように変化するか調べました。その結果として最も適切なグラフを右から選び記号で答えなさい。

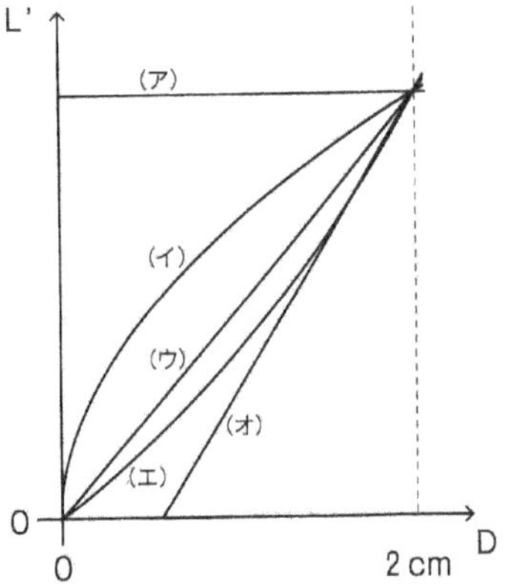

(5)　下の文の空らんについて，[　]は，正しいものを選び○をつけなさい。また，(　)は下の選択肢から正しいものを選び記号で答えなさい。

実験結果より，木もれ日で日食の太陽が欠けて見える様子を観測できる木の特ちょうは，葉のすき間が①[大きく・小さく]，木の背が②[高い・低い]と考えられます。

日本の千葉で太陽が南にあるときに日食が起こり，このとき地上から直接太陽の方を向いて日食を観測すると図７のようになるとします。そのとき，木もれ日で地面に現れる日食の形は，(　③　)になります。

図７　地上から見た日食中の太陽の様子

(③) の選択肢

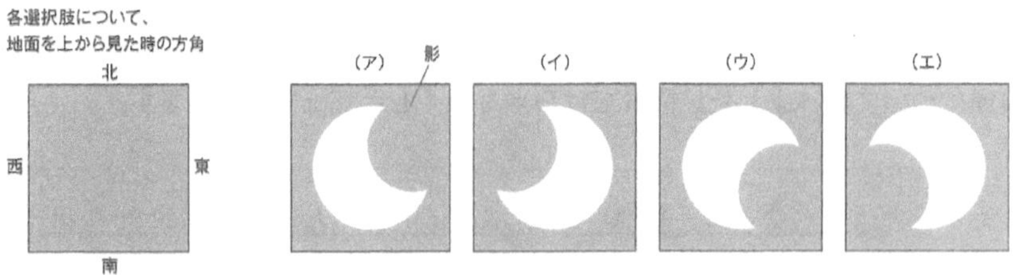

2 昔は各家庭にかまどがあり，燃え残った灰を買い集めて売る「灰屋《はいや》」という商売がありました（図１）。灰には様々な使い方があり，例えば，農業では（　Ｘ　）として，また衣類を洗うための洗剤として，そして草木染めのときに使う試薬としても使われていました。灰を水に浸して上ずみをすくった液のことを「灰汁《あく》」といいます。灰汁は植物が土から吸収した金属成分が豊富に溶けている，アルカリ性の水溶液です。

図１

植物の色素を用いて布を染めることを草木染めといいます。染め物は，色素を布にしっかり吸着させて水で洗っても落ちないようにすることが大切です。そのような方法は主に二つあります。一つは，水に溶かした色素をいったん布にしみこませた後，①化学変化を起こして水に溶けにくい形に変えてしまう方法です。もう一つは，金属成分を仲立ちさせて布と色素の結びつく力を強くする方法です。

赤系統の天然染料として代表的なのがベニバナ（写真１）とアカネ（写真２）ですが，それぞれの赤色色素の性質は異なるので，染める方法も異なります。ふつうは染色液に布を浸して煮ると色素が布にしみこんでよく染まるのですが，高温にすると壊れて色あせてしまう色素もあるので，色素の性質に適した温度管理が大切です。また，木綿《もめん》のような植物せんいを染めやすい色素もあれば，絹のような動物せんいを染めやすい色素もあるので，布の種類と色素の相性も重要です。

草木染めは古くから人間の生活とともにあり，人間の心情を染め物の色に例えた和歌がたくさん詠《よ》まれてきました。例えば，次の歌に出てくる「くれない」はベニバナを指します。

> ②「くれないに　染めし心も　たのまれず　人をあくには　うつるてふなり」
> 訳：真っ赤に染めたと言ったあなたの心も，今では頼《たよ》りにはできません。
> 　　私への想いが消えてしまって，他人に心が移るでしょう。

ベニバナは咲き始めのときは黄色ですが，次第に赤色に変わっていきます（写真３）。この変化は，最初にサフラワーイエローという黄色色素が生成されて，次にカルタミンという赤色色素が増えるために起こります。赤くなったベニバナの花弁には，サフラワーイエローとカルタミンの両方が含まれています。カルタミンは水に不溶性ですが，アルカリ性の水溶液のみに溶ける性質を持ちます。

Ａ君はベニバナを使った染め物をやってみることにしました。ベニバナの花弁を冷水の中でよくもむと水が黄色に染まりました。ベニバナの花弁を取り出して，黄色く染まった水だけを鍋に移して沸とうさせて，あらかじめ灰汁をしみこませておいた白い木綿と絹の布を浸してしばらく加熱すると，木綿は全く染まらず，絹はこい黄色に染まりました。取り出したベニバナの花弁を，今度は灰汁の中に移してよくもむと，灰汁が茶色に染まりました。この中に，先程とは別の白い木綿と絹の布を浸して，食酢を加えて灰汁を中和すると，木綿と絹はどちらも赤色に染まりました。Ａ君はもっとこい赤色にしたいと思い，灰汁を沸とうさせながら布を染め続けたところ，かえって赤色がうすくなってしまいました。

次にＡ君はアカネ染めにも挑戦しました。アカネの赤色はプルプリンという色素の色です。アカネで染料になるのは花弁ではなく根です（写真４）。アカネの名称は，その根が赤いことに由来します。アカネの根を鍋に入れて熱水で煮出し，これを染色液としました。染色液を鍋に移して沸とうさせ，白い木綿と絹を染色液の中で加熱すると，どちらもうすい赤色に染まりました。それらを灰汁に浸してから再び染めると，木綿と絹はともに朱赤色に染まりました。

A君が本を読んで調べたところ，アカネ染めではアカネらしい朱赤色を強く出すために昔からツバキの灰が使われてきたことや，ツバキの葉は他の植物と比べてアルミニウムを多く含むことを知りました。A君は，灰汁がアカネ色素の色合いに与える影響を調べたいと思い，アジサイの葉の灰，マツの葉の灰，ツバキの葉の灰から作った灰汁をアカネ色素水溶液に加えて，水溶液の色の変化を【観察記録①】にまとめました。また，A君は灰汁の代わりに③アルミニウム，銅，鉄が溶けている水溶液を使って，同様の実験を行い，【観察記録②】にまとめました。

【観察記録①】

植物灰の種類	アジサイの葉の灰	マツの葉の灰	ツバキの葉の灰
アカネ色素水溶液の色	橙赤色	橙赤色	朱赤色

【観察記録②】

水溶液に溶けている金属	アルミニウム	銅	鉄
アカネ色素水溶液の色	朱赤色	赤茶色	赤褐色

A君は，灰に含まれる金属成分の種類が染め物の色に影響するのだと考えました。

写真１

写真２

写真３

写真４

(1)　空らん（X）に入る適切な用語を答えなさい。

(2)　文章から，サフラワーイエロー，カルタミン，プルプリンの性質として推測できることを，あとの選択肢《せんたくし》から３つずつ選んで記号で答えなさい。ただし同じ記号を２回以上選んでもよいものとします。

(ア) 植物せんいを染めやすく，動物せんいを染めにくい。
(イ) 動物せんいを染めやすく，植物せんいを染めにくい。
(ウ) 植物せんいと動物せんいのどちらも染めやすい。
(エ) 高温で壊れやすい。
(オ) 高温でも壊れにくい。
(カ) 酸性または中性の水溶液に溶けにくい。
(キ) 中性の水にもよく溶ける。

(3) 下線部①に関する以下の問いに答えなさい。
(i) 下線部①に相当する操作を，本文から抜き出して答えなさい。
(ii) 水に溶けていたものが水に溶けにくいものになる変化として，染め物の他にどのような具体例がありますか。自分で考えて例を一つ挙げなさい。

下線部②の和歌について，「あく」は「飽く」と「灰汁」の両方の意味を含んでいると解釈できます。つまり，赤く染めた衣服を灰汁で洗たくしたときの変化を，人の心情の例えとして詠んだ歌であると推測できます。

(4) ベニバナで赤く染めた衣服を灰汁で洗たくすると，どうなると予想できますか。科学的な理由と合わせて説明しなさい。

(5) アカネ染めではどのような目的で灰汁を使うのですか。以下の選択肢から２つ選びなさい。
(ア) 黄色の色素を完全に除くため。
(イ) 布についていた汚れを落とすため。
(ウ) 赤色の色素をあざやかに発色させるため。
(エ) 金属成分を介して布と色素を強く結びつけるため。
(オ) より多くの植物の色素を加えるため。

(6) 下の文章の空らんに当てはまる組み合わせを以下の選択肢から選び，記号で答えなさい。

下線部③について，金属はそのままでは水に溶けませんが，ある水溶液と反応して別のものに変わることで水に溶けるようになります。アルミニウム・銅・鉄を塩酸と水酸化ナトリウム水溶液に入れると，（　A　）は塩酸だけに溶けて，（　B　）はどちらにも溶けます。（　C　）はどちらにも溶けませんが，他の強い酸を使って溶かすことができます。

灰汁に溶けている金属成分も，もとの金属とは別のものになって溶けています。

〔選択肢〕

	A	B	C
（ア）	アルミニウム	銅	鉄
（イ）	アルミニウム	鉄	銅
（ウ）	銅	アルミニウム	鉄
（エ）	銅	鉄	アルミニウム
（オ）	鉄	アルミニウム	銅
（カ）	鉄	銅	アルミニウム

(7) 実験の観察記録は，自分以外の人が読んでも分かるように残さなければいけませんが，A君が行った実験の【観察記録①】,【観察記録②】の表には，実験の目的を達成するために必要なある

記録が共通して不足しています。何についての記録が不足していますか。答えなさい。

(8) 草木染めでは，水に溶けやすい植物色素を水に溶かし出すことで，他の水に溶けにくい成分と分けています。このように，ある特定の成分を水や油に溶かして分離する操作のことを一般に「抽出《ちゅうしゅつ》」といいます。以下の選択肢から，抽出に当てはまらない操作を２つ選んで記号で答えなさい。

(ア) すりおろしたじゃがいもをガーゼで包んで水中でもむと，デンプンが沈んだ。

(イ) 茶葉を入れたポットに湯を注いで，しばらく蒸らすと温かいお茶ができた。

(ウ) みそ汁を作る下ごしらえとして，煮干しから出汁《だし》をとった。

(エ) 油にニンニクを加えて加熱すると，ニンニク風味の油になった。

(オ) 塩水を加熱すると，食塩の結晶が出てきた。

(引用文献)

・図１「江戸あきない図譜」(高橋幹夫) 青蛙房

・写真１～４「有職植物図鑑」(八條忠基) 平凡社

3 太陽の位置の観察を，兵庫県明石市で秋分の日に行いました。図１は太陽の動きと時計の関係を表したものです。観察する人から見て，太陽は空に円を描くように動くとします。時計の針は，長針と短針がありますが，ここでは短針のみに注目します。太陽は12時頃の位置を示しています。時計の文字盤《ばん》は水平にして，12時は南の方向に向けてあります。

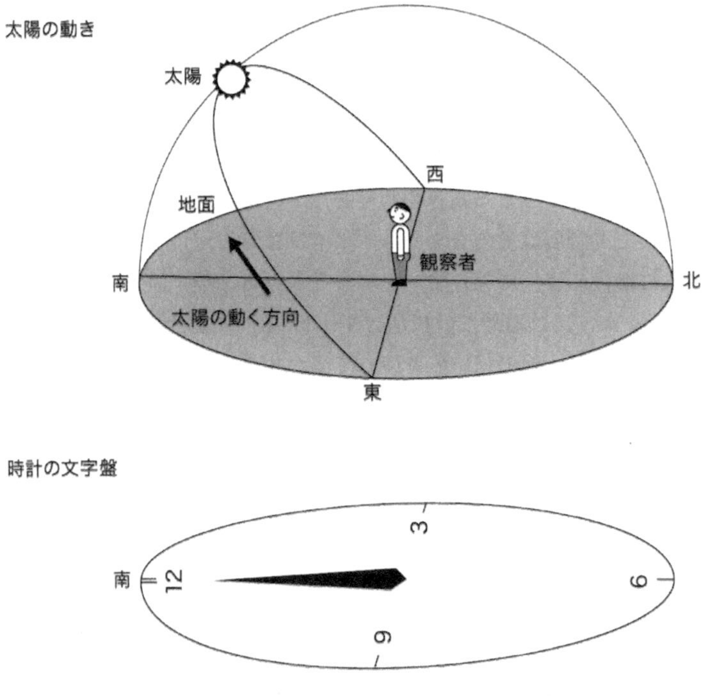

図１　太陽の動きと時計の文字盤および短針

(1) 次の文の［　］に適するものを○で囲みなさい。

秋分の日の太陽は，空に約12時間見えている。太陽のみかけの動きは地球の①［自転・公転］によるものだから，その速さが一定だとすると，1時間におよそ②[10°・15°・20°・30°]動いている。時計の短針は，③[6・12・24]時間で一回転をするため，1時間に④[10°・15°・20°・30°・60°]動いている。

図2は，同じ秋分の日15時の太陽の位置と時計の文字盤および短針の関係を表したものです。また，その時の文字盤を正面から見たものです。

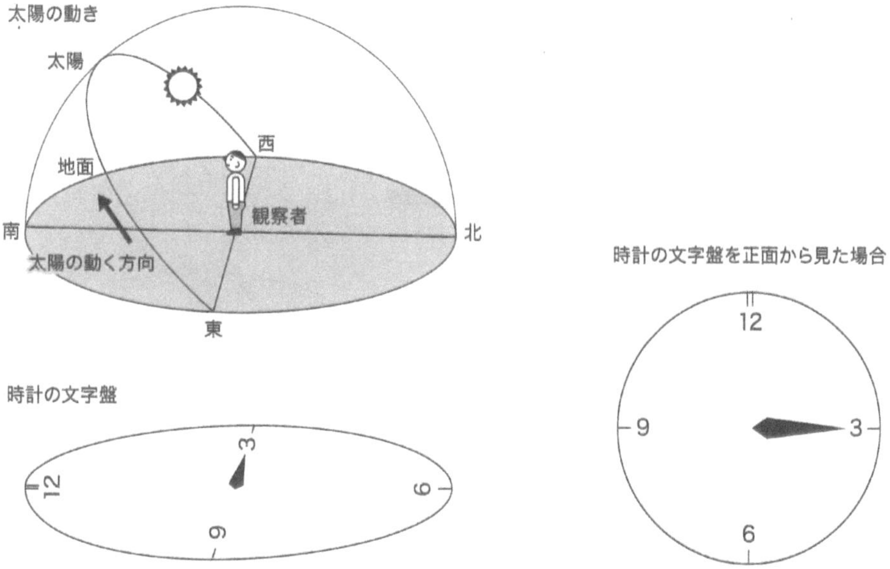

図2　15時の太陽の位置と時計の文字盤および短針

(2)　次の文の［　］に適するものを○で囲みなさい。

図2の太陽は12時から15時までに，およそ①[15°・30°・45°・60°・90°]動くが，時計の短針は②[15°・30°・45°・60°・90°・180°]動く。時計の文字盤を水平にしたまま，この角度の差の分だけ，時計の針が動く向きと逆に時計の文字盤を回転させると，短針は太陽の方向を向く。すると，文字盤の12時と短針の真ん中の方向が③[東・南・西・北]の方角となる。このようにして，時計の文字盤を使って方角を求められる。

(3)　図3は，秋分の日に明石市で，時計の文字盤を水平にして，短針を太陽の方向に向けたようすを示しています。この時の，時計の文字盤の12時はどの方角をさしていますか。次より記号で答えなさい。

(あ)　北　　(い)　北東
(う)　東　　(え)　南東
(お)　南　　(か)　南西
(き)　西　　(く)　北西

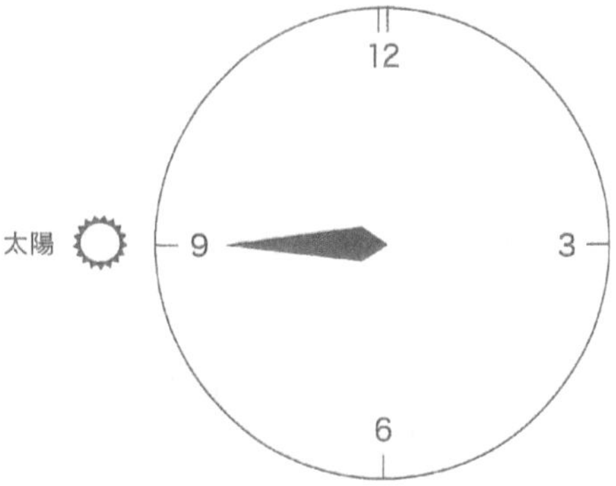

図3　太陽の方向と時計の文字盤および短針

(4)　図４には，秋分の日に明石市で観察した太陽の動きを示す破線に加えて，同じ明石市で観察した夏至の日の太陽の動きを示す線が実線で示されています。次より正しいものを選び記号で答えなさい。

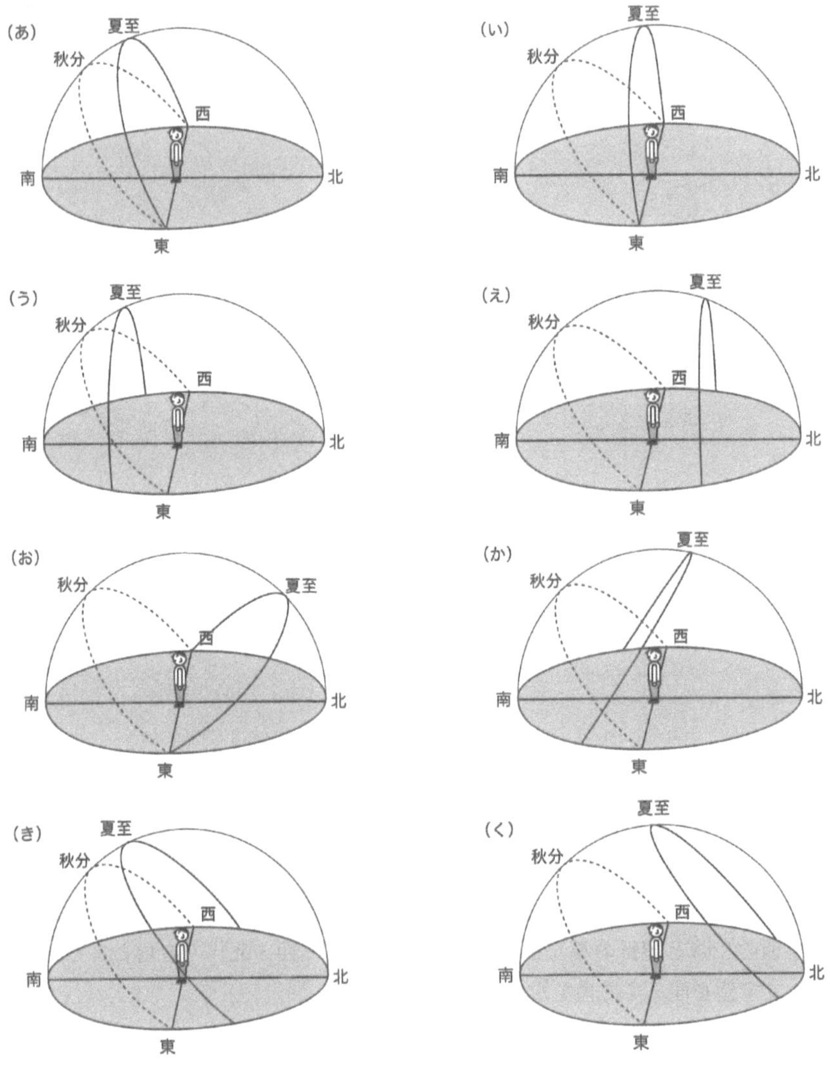

図４　夏至の日の太陽の動き

(5)　時計の文字盤を使って方角を求める方法を夏至の日の午前９時に明石市で適用すると，どのようなずれ方をすると考えられますか。次の文の［　］にふさわしいものを選び○で囲み，（　）に方角を入れて完成させなさい。

午前９時における夏至の日の太陽の位置は，同じ時刻における秋分の日の太陽よりも方角が①[東・西] にある。そのため，時計の文字盤を使って求めた（　②　）は，実際の（②）より（　③　）にずれる。

4 次の文章を読み，あとの問いに答えなさい。

物体の見た目の大きさは，見方によって変化します。例えば，物体の位置が観察者から近づいたり離れたりすると，物体は大きくなったり小さくなったりして見えます。

テッポウウオという魚は水中のエサを食べて生活しているだけでなく，水上の葉にいる昆《こん》虫に，勢いのある水を口から発射し（以下，水鉄砲《てっぽう》），当たって落ちてきた昆虫を食べます。テッポウウオの名前はこの行動に由来しています。テッポウウオが狙《ねら》う対象をどのように判断し決めているのかを調べるために，以下の装置を用いて実験１，２を行いました。

【装置】

全長約150mm のテッポウウオが１匹《ぴき》飼われている水槽《そう》に，それぞれ異なる大きさの黒い円（直径２，６，10，14，18，22mm）が描かれた実験板Ａを図１のように配置した。実験板Ａの高さは水面から200，400，600，800mm の位置にそれぞれ変更できる。

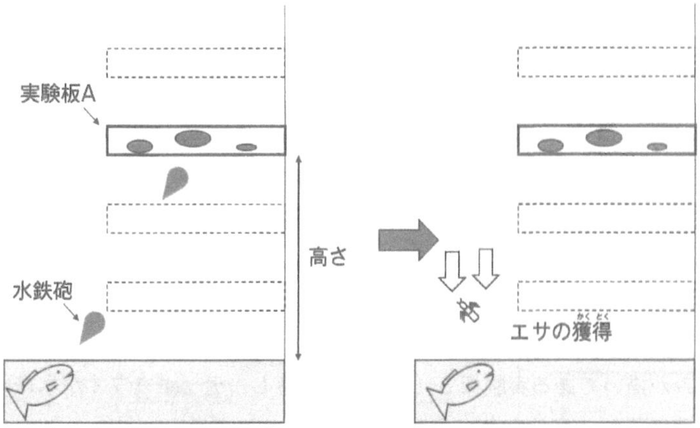

図１　装置と実験１の様子

テッポウウオが水鉄砲を実験板Ａの円のいずれかに当てると，当てた円の大きさに関わらず決まった大きさの昆虫がエサとして水槽に落ち，テッポウウオはエサを食べることができる。また，実験板Ａの円と円は十分離れたきょりにあり，テッポウウオの狙いが外れて水鉄砲が別の円に当たることはないものとする。

実験は以下の①～③に注意して行いました。

①実験で用いたテッポウウオは実験前までは水鉄砲の経験がなく，水中のエサばかりを食べていた。

②実験１と２では別々の個体のテッポウウオを用いた。

③実験板Ａの円の配置を毎回規則性なく決めて実験を行った（図２）。

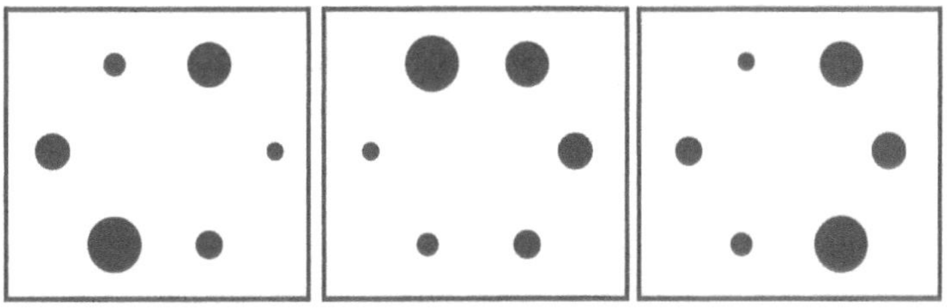

図２　真下から見た実験板Ａの例

【実験１】

装置に実験板Ａを置き，テッポウウオがどの円に水鉄砲を当てるかを観察した。実験板Ａの高さを毎回規則性なく決めてくり返し行い，水鉄砲がそれぞれの高さにおいて，いずれかの円に当たった総数に対する各円に当たった数の割合を求め，グラフにまとめた（図３）。

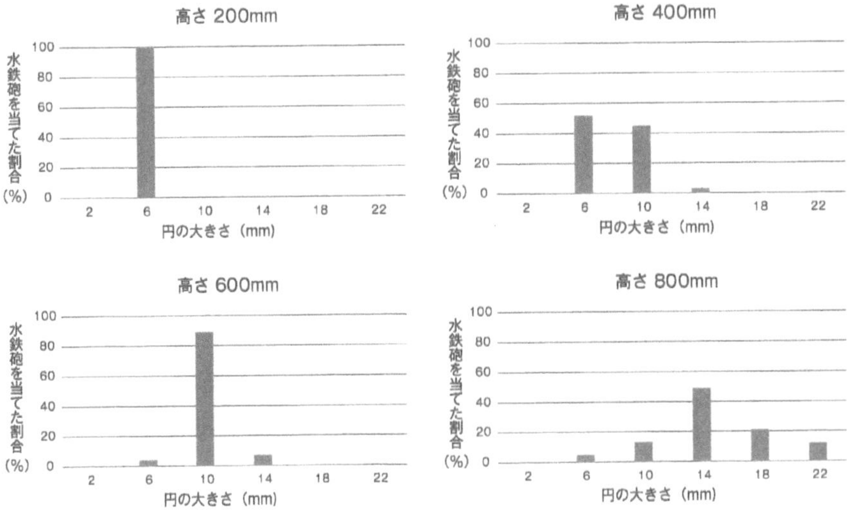

図３　実験１の結果

【実験２】

直径６㎜の円のみが描いてある実験板Ｂ（図４）を用意し，テッポウウオが水鉄砲を円に当てるとエサの昆虫が水槽に落ち，それを食べるというトレーニングを１ヶ月行った。トレーニングでは，実験板Ｂは実験１と同様に，高さを毎回規則性なく決めてくり返し行った。

トレーニングの後，実験１と同様の実験を行い，グラフを作成した（図５，６（次のページ））。

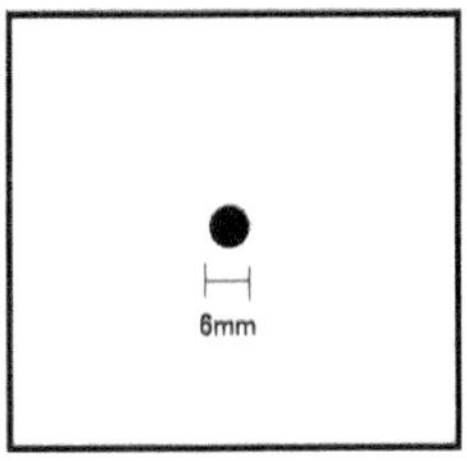

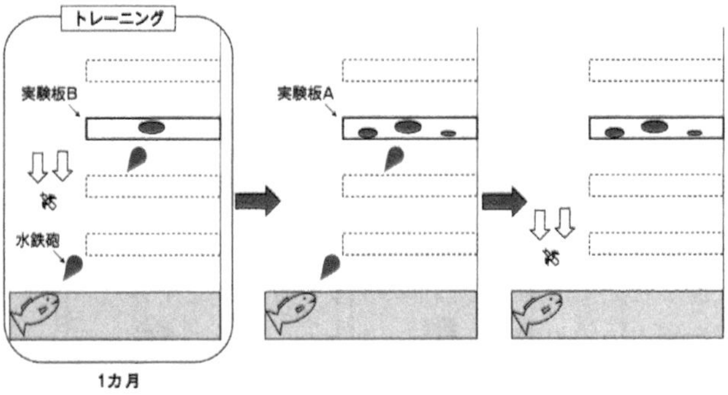

図４　真下から見た実験板Ｂ　　　　図５　実験２の様子

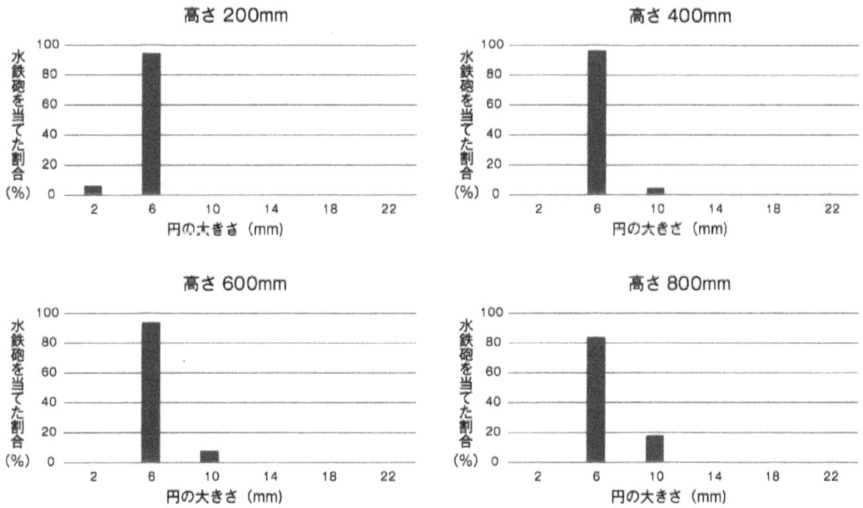

図６　実験２の結果

(1)　テッポウウオ，コイ，メダカをそれぞれ次より１つずつ選び，記号で答えなさい。ただし，写真は実際の大きさとは異なります。

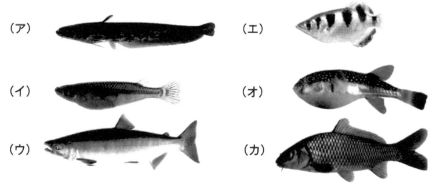

(ア) 

(エ) 

(イ) 

(オ) 

(ウ) 

(カ) 

（『山渓カラー名鑑 日本の淡水魚』山と溪谷社 より）

(2)　実験１の方法および結果から考えられることとして，適切なものを２つ選び，記号で答えなさい。

(ア)　円が水面から離れると，このテッポウウオが狙った円とは異なる円に水鉄砲が当たるようになる。

(イ)　このテッポウウオは実際の大きさではなく，見た目の大きさで狙う円を判断している。

(ウ)　水面から高いところほど大きい虫がいる。

(エ)　それぞれの高さにおけるグラフの割合を足すと，100％になることから，このテッポウウオは狙った円に対して水鉄砲を外すことはない。

(オ)　200㎜の高さのときが水鉄砲の精度が高いことから，実験前にこのテッポウウオは200㎜の高さにいる虫を水鉄砲で打っていた可能性が高い。

(カ)　もし実験板Ａに８㎜の円もあれば，実験板の高さが400㎜のときは，８㎜の円に水鉄砲が当たる割合が一番高くなると考えられる。

(キ)　大きな円に当てたほうが大きなエサがもらえるので，この実験をさらにくり返すと大きな円を狙うようになる。

(3)　実験２では，テッポウウオは実際の大きさが６㎜の円を狙う割合が，実験１と比べて増えました。そこで，以下の２つの仮説を立てました。

仮説Ｘ：トレーニングで行われた，４通りの高さと円の見え方の組み合わせであれば，６㎜の円を特定できるようになった。

仮説Ｙ：トレーニングによって，円までの高さと円の見え方との関係をもとに，高さに応じて実際の円の大きさが６㎜であることを特定できるようになった。

２つの仮説のどちらがより適切かを調べるためには，どのような実験を行うとよいですか。

また，仮説Ｙの方が正しいとすれば，どのような結果になると予想されますか。それぞれ説明しなさい。

【社　会】（45分）　＜満点：75点＞

【注意】・句読点は字数にふくめます。

・字数内で解答する場合，数字は1マスに2つ入れること。例えば，226年なら[22][6][年]とすること。字数は指定の8割以上を使用すること。例えば，30字以内なら24字以上で答えること。

・コンパス・定規は必要ありません。

[1]　次の文章を読み，下記の設問に答えなさい。

刑事裁判の傍聴《ぼうちょう》と総理大臣官邸《かんてい》（首相官邸）を見学する社会科巡検《じゅんけん》に参加するため，午前9時に東京・霞《かすみ》が関《せき》にある裁判所合同庁舎の前に集合しました。この建物には東京地方裁判所やその他の$_a$下級裁判所が入っていますが，最高裁判所はここから約1キロメートル離れた場所にあります。

庁舎玄関で所持品検査を受けてから，1階ホールでその日に開廷する裁判を確認しました。$_b$裁判は原則として公開され，誰でも傍聴することができます。また，裁判は平日の日中に開廷しますが，$_c$休日や深夜にも裁判官が裁判所に宿直しているのだそうです。

午前10時に開廷する刑事事件を傍聴するために$_d$法廷に入りました。約5分前までに，検察官と弁護人，刑務官に連れられた被告人が着席し，定時に裁判長が着席して開廷しました。

最初に裁判長が被告人を証言台に呼んで氏名や生年月日などを尋《たず》ねたあと，検察官が起訴状を朗読し，被告人を詐欺《さぎ》罪で起訴したことを述べました。続いて裁判長が被告人に「[　ア　]」と伝えたうえで，起訴状の内容に間違いがないか尋ねました。被告人は「間違いありません」と起訴内容を認めていました。

検察官は冒頭陳述《ぼうとうちんじゅつ》で「被告人はレストランで飲食をしたものの，代金を支払わずに店から出たところを店員に呼び止められ，警察官が逮捕《たいほ》した」と述べました。弁護人による被告人質問では，犯行に至った経緯や罪の意識などについて尋ね，被告人は二度と同じ罪を犯《おか》さないと誓っていました。

検察官による論告《ろんこく》では「被告人を懲役2年に処するのが相当であると思料《しりょう》します」と求刑しました。これに対する弁護人の最終弁論では，執行猶予《しっこうゆうよ》付きの寛大《かんだい》な判決を求めました。最後に裁判官・検察官・弁護人が今後の日時を打ち合わせ，約2週間後に判決を言い渡すことが決まり，閉廷しました。

裁判所地下の食堂で昼食を摂《と》ってから，次の見学地である首相官邸へ徒歩で移動しました。国道1号線を南下して霞が関二丁目交差点を右折し，右手に外務省，左手に[　イ　]の庁舎を見ながら潮見《しおみ》坂を上がります。[　イ　]には，国の予算や税金，為替《かわせ》や関税などに関する仕事をしていますが，$_e$時期によっては，深夜でも多くの部屋に明かりがともり，職員が残業しているのだそうです。そして終電を逃した職員を乗せるために多数の$_f$タクシーがこのあたりに待機していると聞きました。潮見坂を[　イ　]上交差点まで上がると$_g$国会議事堂が見えてきますが，その南側の坂をさらに上がると首相官邸に到着しました。

首相官邸は内閣総理大臣が執務《しつむ》するための建物で，2002年に現在の官邸庁舎が完成しました。3階の正面玄関から入り，まず1階の記者会見室を見学しました。ここでは平日の午前と午後の2回，内閣官房長官の定例記者会見が行われます。2階には会議に使用したり国賓《こくひん》などを迎える大小2つのホールがあり，ホワイエ（ロビー）から3階のエントランスホールを結ぶ階段では，$_h$組閣や内閣改造の際に赤絨毯《じゅうたん》を敷《し》いて記念写真を撮ります。

その後，４階に上がり閣僚応接室を見学しました。内閣総理大臣を中心に国務大臣が並んで座っている場面をテレビのニュースでよく見かけますが，これはｉ閣議が始まる前にこの部屋で撮影されるもので，閣議は奥にある非公開の閣議室で行われます。その他に特別応接室や会議室があり，最上階の５階には内閣総理大臣や内閣官房長官などの執務室があります。

最後に内閣総理大臣が日常生活を送る首相公邸や官邸前庭を見学し，ｊ東京メトロ国会議事堂前駅で解散しました。

問１　空らん ア に入る最も適当な文を，下記より１つ選び番号で答えなさい。

1　あなたには黙秘権《もくひけん》があります。この法廷で聞かれたことに対して始めから終わりまでずっと黙《だま》っていることもできるし，答えたくない質問には答えない，ということもできます。答えた以上は有利にも不利にも証拠になります。

2　あなたには裁判所で迅速《じんそく》な公開裁判を受ける権利があります。傍聴している人もいますので，この裁判では聞かれたことに対して正直に答えてください。そうしないと，あなたに不利な判決になってしまう可能性があります。

3　あなたには嘘《うそ》を言わないという宣誓をしてもらいます。この裁判で聞かれたことに対して嘘をつくと，偽証罪《ぎしょうざい》という罪で処罰されることがありますから注意してください。

4　あなたは弁護人を選任することができます。また，あなたが貧困その他の事由《じゆう》により自ら弁護人を選任することができないときは弁護人の選任を請求することができます。

問２　空らん イ に入る日本の中央官庁名を漢字で答えなさい。

問３　下線部ａを説明した次の文Ｘ・Ｙについて，その正誤の組合せとして正しいものを，下記より１つ選び番号で答えなさい。

Ｘ　高等裁判所は，札幌・東京・名古屋・大阪・福岡のみに設置されています。

Ｙ　地方裁判所・家庭裁判所・簡易《かんい》裁判所は，すべての都道府県に設置されています。

1	Ｘ	正	Ｙ	正	2	Ｘ	正	Ｙ	誤
3	Ｘ	誤	Ｙ	正	4	Ｘ	誤	Ｙ	誤

問４　下線部ｂについて，裁判の公開に関して説明した次の文Ｘ・Ｙについて，その正誤の組合せとして正しいものを，下記より１つ選び番号で答えなさい。

Ｘ　日本人は誰でも裁判を傍聴できますが，外国人には認められていません。

Ｙ　法廷では撮影や録音，描画《びょうが》やメモをとることは一切認められていません。

1	Ｘ	正	Ｙ	正	2	Ｘ	正	Ｙ	誤
3	Ｘ	誤	Ｙ	正	4	Ｘ	誤	Ｙ	誤

問５　下線部ｃについて，どのような目的で宿直していると考えられますか。解答用紙のわく内で説明しなさい。

問６　下線部ｄに関連して，次のページの図は日本の下級裁判所と最高裁判所における刑事裁判の法廷の見取り図です。下級裁判所のものを，**すべて選び**番号で答えなさい。

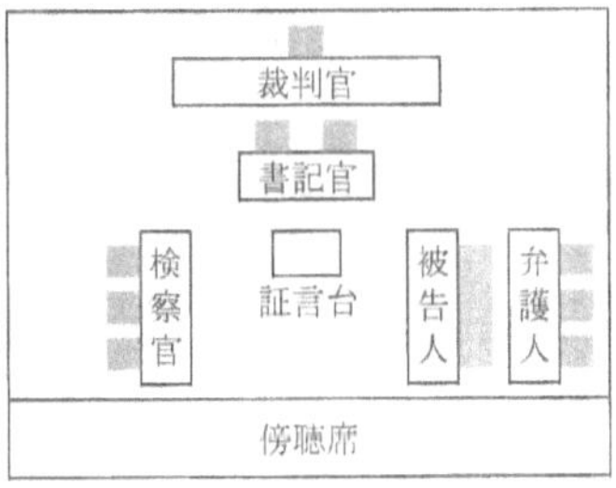

1

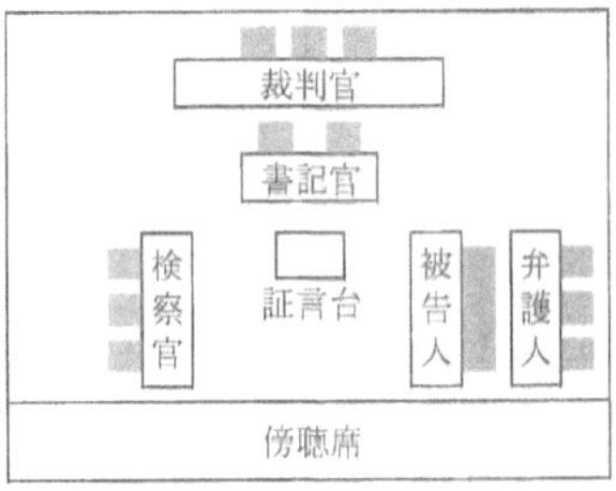

2

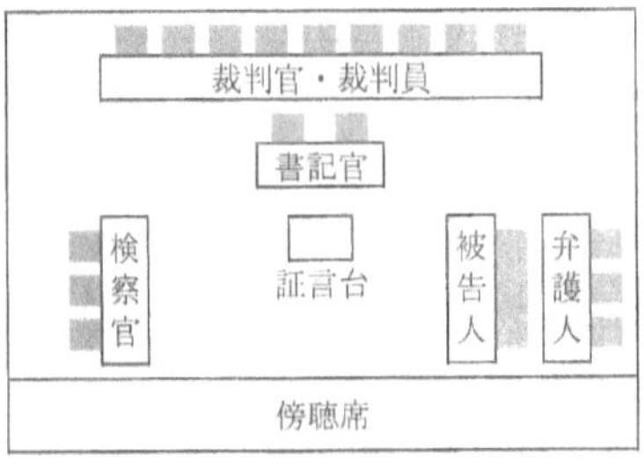

3

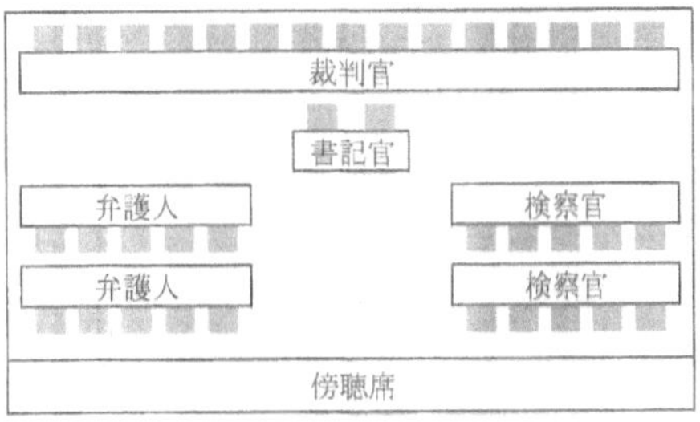

4

問７　下線部ｅについて説明した次の文Ｘ・Ｙについて，その正誤の組合せとして正しいものを，下記より１つ選び番号で答えなさい。

Ｘ　毎年１月から国会では常会が開かれているため，国会議員への説明や法改正の準備，国会答弁の作成などを行っています。

Ｙ　毎年１月に政府予算案を国会に提出するため，前年９月から12月にかけて次年度予算の編成作業や各府省と予算折衝《せっしょう》をしています。

1	Ｘ	正	Ｙ	正	2	Ｘ	正	Ｙ　誤
3	Ｘ	誤	Ｙ	正	4	Ｘ	誤	Ｙ　誤

問８　下線部ｆについて，近年，日本ではタクシーが不足している地域があるため，タクシーに関する規制を緩和《かんわ》して，一般ドライバーが自家用車を使って有料で人を運ぶ「ライドシェア」の解禁を求める意見があります。ライドシェアを実現するためには，どのような規制の緩和が必要ですか。解答用紙のわく内で答えなさい。

問９　下線部ｇに関連して，国会にはある目的のために裁判所が設置されています。その裁判所の目的を解答用紙のわく内で答えなさい。

問10　下線部ｈについて，日本国憲法の規定を説明した次の文Ｘ・Ｙについて，その正誤の組合せとして正しいものを，下記より１つ選び番号で答えなさい。

Ｘ　内閣総理大臣は衆議院議員の中から国会の議決で指名し，天皇が任命します。

Ｙ　すべての国務大臣は国会議員の中から内閣総理大臣が任命し，天皇が認証します。

1	Ｘ	正	Ｙ	正	2	Ｘ	正	Ｙ　誤
3	Ｘ	誤	Ｙ	正	4	Ｘ	誤	Ｙ　誤

問11　下線部ｉについて説明した次の文Ｘ・Ｙについて，その正誤の組合せとして正しいものを，下記より１つ選び番号で答えなさい。

Ｘ　閣議は内閣の意思決定機関として，内閣総理大臣と国務大臣のほか，衆参両院の議長が出席します。

Ｙ　閣議決定は全員一致であるため，内閣総理大臣は反対する国務大臣を罷免《ひめん》して閣議決定することができます。

１　Ｘ　正　　Ｙ　正	２　Ｘ　正　　Ｙ　誤
３　Ｘ　誤　　Ｙ　正	４　Ｘ　誤　　Ｙ　誤

問12　下線部ｊについて，東京メトロ（東京地下鉄株式会社）は，営団地下鉄（帝都高速度交通営団）が2004年に民営化して発足しました。民営化の事例を説明した次の文Ｘ・Ｙについて，その正誤の組合せとして正しいものを，下記より１つ選び番号で答えなさい。なお，年号に誤りはありません。

Ｘ　中曽根《なかそね》康弘内閣は郵政民営化を公約に掲《かか》げ，2007年に日本郵政公社が民営化して日本郵政グループが発足しました。

Ｙ　2011年に発生した福島第一原子力発電所の事故を受けて，東京電力株式会社が民営化されました。

１　Ｘ　正　　Ｙ　正	２　Ｘ　正　　Ｙ　誤
３　Ｘ　誤　　Ｙ　正	４　Ｘ　誤　　Ｙ　誤

2　次の文章を読み，下記の設問に答えなさい。

2022（令和４）年７月に近江《おうみ》神宮で開催された小倉百人一首競技かるた第44回全国高等学校選手権大会の団体戦において，千葉県代表として出場した本校のかるた部が初出場で初優勝をしました。1979（昭和54）年に始まるこの大会は「かるたの甲子園」とも呼ばれています。この大会の会場となった近江神宮は，1940（昭和15）年に創建された比較的新しい神社ですが，そのほか「競技かるた名人位・クイーン位決定戦」など様々なかるた競技の大会や行事が行われています。このように小倉百人一首の競技かるたに関する大会や行事が，滋賀県大津市にある近江神宮で開催されているのは，近江神宮に神としてまつられている a天智天皇の和歌が小倉百人一首の最初の一首であるからだということです。

小倉百人一首は，b鎌倉時代の前期に活躍した藤原定家によってつくられたといわれています。小倉百人一首は，天智天皇から順徳院《じゅんとくいん》までの百人の和歌で構成されており，競技かるたでは，読手が読む読み札《ふだ》を聞き，その読まれた和歌の取り札を，対戦相手よりも早く取れるかどうかを競い，取った取り札の枚数で勝敗を決めます。また，中学校や高校の中には小倉百人一首を授業などに取り入れている学校もあります。競技かるたにおいても，学校でも，和歌を百首も覚えるなど，和歌そのものに関心が向かう一方で，和歌の作者の表記についてはあまり関心が払わられていないようにも思います。

小倉百人一首の和歌の作者の表記に注目すると，c平安時代の勅撰《ちょくせん》和歌集『　ア　』の編纂《へんさん》の中心人物でもあった紀貫之《きのつらゆき》は「紀貫之」と表記されているのに対し，鎌倉幕府の第３代将軍となった源実朝は「鎌倉右大臣」と表記されています。また小倉百人一首の作者とされる藤原定家は「権《ごんの》中納言《ちゅうなごん》定家」と表記されています。貴族などの歌だけでなく防人《さきもり》の歌なども収録した『 イ 』を編纂したといわれる d大伴家持《おおとものやかもち》も「中納言家持」と似たような表記がされています。㋐その他にも小倉百人一首では，人の名前が色々な形で表記されています。

本格的な競技かるただけでなく，日本各地の中学校や高校では，お正月の行事として小倉百人首のかるたを実施しているところもあります。そしてこのかるたは実は e ポルトガル語で，安土・桃山時代に㋑南蛮貿易を通じてかるた（carta）が日本に伝わったとされています。その後，日本では様々なかるたが考案され，その１つが小倉百人一首のかるたであり，f 江戸時代には庶民の間で親しまれるようになりました。

そして競技かるたは，1904（明治37）年に，g 新聞『萬朝報《よろずちょうほう》』を主宰《しゅさい》する黒岩涙香《くろいわるいこう》が第１回の競技会を東京の日本橋の常盤木倶楽部《ときわぎくらぶ》で開催し，その際に現在行われているルールになったと言われています。その後，h 大正時代から昭和初期にかけて競技かるたは全国的に広がりました。

問１　空らん ア ・ イ に入る語句をそれぞれ漢字で答えなさい。

問２　下線部ａに関連して，天智天皇が活動した７世紀に関して述べた次の文Ａ～Ｄについて，正しいものの組合せを，下記より１つ選び番号で答えなさい。

Ａ　日本各地で，前方後円墳がつくられるようになりました。

Ｂ　蘇我蝦夷《さがのえみし》・入鹿《いるか》の父子が滅ぼされました。

Ｃ　聖徳太子（厩戸《うまやと》王）が冠位十二階の制を定めました。

Ｄ　大宝律令が編纂されました。

1　Ａ・Ｃ	2　Ａ・Ｄ	3　Ｂ・Ｃ	4　Ｂ・Ｄ

問３　下線部ｂの時期における出来事に関して述べた文として正しいものを，下記より１つ選び番号で答えなさい。

1　執権の北条義時は，承久の乱で後鳥羽上皇側を破ると御成敗式目を制定し，武士だけではなく，貴族や農民などすべての人が従うべき基本法に位置づけました。

2　日蓮（蓮）は，「南無妙法蓮華経《なむみょうほうれんげきょう》」と題目《だいもく》を唱えれば，法華経《ほけきょう》（妙法蓮華経）の力によって救われると説きました。

3　元の皇帝フビライは，２度にわたって日本を攻撃しましたが，２度目の攻撃は，「文禄の役」と呼ばれています。

4　永仁の徳政令が出され，御家人だけではなく，百姓や町人も，その借金が帳消しとされました。

問４　下線部ｃに関連して，平安時代に建てられた建築物として正しいものを，次のページの図から１つ選び番号で答えなさい。

1

2

3

4

※，1～4の写真は作問者が撮影

問5　下線部dが活動した奈良時代に関して述べた次の文X・Yについて，その正誤の組合せとして正しいものを，下記より1つ選び番号で答えなさい。

X　政府は，各国に命じて風土記《ふどき》を編纂させました。

Y　墾田永年私財法が出されると，貴族や大寺院は私有地を広げました。

1	X　正	Y　正	2	X　正	Y　誤
3	X　誤	Y　正	4	X　誤	Y　誤

問6　下線部eに関連して，現在，ポルトガル語を公用語としている国として正しいものを，下記より1つ選び番号で答えなさい。

1　スリナム　　2　ニジェール　　3　フィリピン　　4　ブラジル

問7　下線部fに関連して，江戸時代の出来事や文化などに関して述べた文Ⅰ～Ⅲについて，古いものから年代順に正しく配列したものを，下記より1つ選び番号で答えなさい。

Ⅰ　葛飾北斎《かつしかほくさい》の浮世絵版画集『富嶽三十六景《ふがくさんじゅうろっけい》』が刊行されました。

Ⅱ　動物の保護を命じる生類憐《しょうるいあわれ》みの令が出されました。

Ⅲ　キリスト教信者への迫害《はくがい》や厳《きび》しい年貢の取り立てに対し，島原や天草《あまくさ》の人々は一揆《いっき》を起こしました。

1	Ⅰ－Ⅱ－Ⅲ	2	Ⅰ－Ⅲ－Ⅱ	3	Ⅱ－Ⅰ－Ⅲ
4	Ⅱ－Ⅲ－Ⅰ	5	Ⅲ－Ⅰ－Ⅱ	6	Ⅲ－Ⅱ－Ⅰ

問８　下線部ｇに関連して，下の図１の新聞記事に関して述べた次の文Ｘ・Ｙについて，その正誤の組合せとして正しいものを，下記より１つ選び番号で答えなさい。

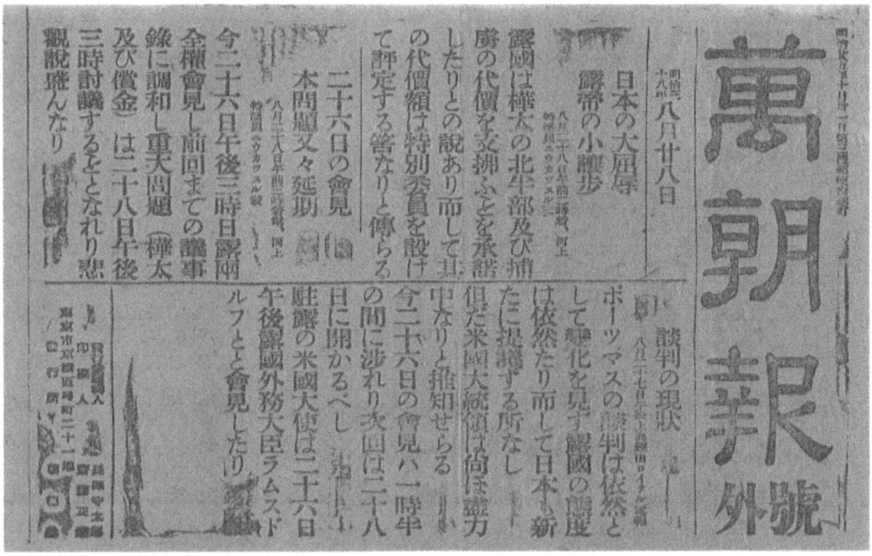

萬朝報 號外

八月廿八日

日本の大屈辱
露帝の小讓歩

露國は樺太の北半部及び捕虜の代價を支拂ふことを承諾したりとの說あり而して其の代價額は特別委員を設けて評定する筈なりと傳らる

二十六日の會見
本問題又々延期

今二十六日午後三時日露兩全權會見し前回までの議事錄に調和し重大問題（樺太及び償金）は二十八日午後三時討議することとなれり悲觀說盛んなり

談判の現狀

ポーツマスの談判は依然として變化を見ず露國の態度は依然たり而して日本も新たに提議する所なし但だ米國大統領は尙ほ盡力中なりと推知せらる

今二十六日の會見は一時半の間に渉れり次回は二十八日に開かるべし

駐露の米國大使は二十六日午後露國外務大臣ラムスドルフと會見したり

図１

※．東京大学大学院法学政治学研究科附属近代法政史料センター
「明治新聞雑誌文庫所蔵新聞号外コレクション」より転載

Ｘ　日清戦争後，遼東半島を清国に戻すように要求するロシアと日本の交渉に関する記事です。
Ｙ　日本はロシアと交渉した結果，この記事の後日にポーツマス条約を結びました。

1	Ｘ 正	Ｙ 正	2	Ｘ 正	Ｙ 誤
3	Ｘ 誤	Ｙ 正	4	Ｘ 誤	Ｙ 誤

問９　下線部ｈの時期の出来事に関して述べた文Ⅰ～Ⅲについて，古いものから年代順に正しく配列したものを，下記より１つ選び番号で答えなさい。

Ⅰ　日本が国際連盟から脱退しました。
Ⅱ　五・一五事件では犬養毅《いぬかいつよし》首相が暗殺されました。
Ⅲ　衆議院議員選挙の結果，３つの政党が連立して内閣を組織しました。

1	Ⅰ－Ⅱ－Ⅲ	2	Ⅰ－Ⅲ－Ⅱ	3	Ⅱ－Ⅰ－Ⅲ
4	Ⅱ－Ⅲ－Ⅰ	5	Ⅲ－Ⅰ－Ⅱ	6	Ⅲ－Ⅱ－Ⅰ

問10　波線部㋐に関連して，次のページの表は小倉百人一首の人物の表記の一部です。表の①～⑤の人物は，すべて名前（今で言う，名字をのぞいた下の名前。以下同じ）が表記されていません。それに対して⑥～⑪の人物は，すべて名前が表記されています。なぜ①～⑤の人物は名前が表記されていないのでしょうか。表を見て，その基準と理由を40字以内で説明しなさい。

	百人一首での表記	人名	最終的な官職	最終的な位階	何番歌
①	貞信公	藤原忠平	太政大臣	従一位（贈正一位）	26
②	謙徳公	藤原伊尹	太政大臣	正二位（贈正一位）	45
③	法性寺入道前関白太政大臣	藤原忠通	太政大臣	従一位	76
④	河原左大臣	源融	左大臣	従一位（贈正一位）	14
⑤	鎌倉右大臣	源実朝	右大臣	正二位	93
⑥	大納言公任	藤原公任	権大納言	正二位	55
⑦	従二位家隆	藤原家隆	宮内卿	従二位	98
⑧	中納言家持	大伴家持	中納言	従三位	6
⑨	参議篁	小野篁	参議	従三位	11
⑩	紀貫之	紀貫之	木工権頭	従五位上	35
⑪	清原元輔	清原元輔	肥後守	従五位下	42

問11　波線部㋑に関連して，下の文Ⅰ～Ⅴを読み，16世紀後半の南蛮貿易において，中国産の生糸《きいと》や絹《きぬ》織物が大量に輸入された背景を80字以内で説明しなさい。

Ⅰ　14世紀に中国を統一した明は，中国人が海外に行くことを禁止しました。また，周辺の国々に対しても，民間人が海を渡って明に来て貿易をすることを認めず，明の皇帝に従う姿勢を示した国の長にのみ明との貿易を認めました。

Ⅱ　16世紀，中国人を中心とする倭寇《わこう》が明の沿岸地域をおそいました。これに対して明は倭寇の拠点だった地域を攻撃するなどしたため，倭寇の一部は九州に逃れました。

Ⅲ　倭寇の拠点攻撃後，明は1567年に中国人が海外に行くことを一部認めましたが，日本に渡ることの禁止は続けました。

Ⅳ　16世紀前半，中国地方の戦国大名の大内氏が勘合《かんごう》貿易を担《にな》っていましたが，1557年に大内氏が滅亡したために，勘合貿易は途絶えました。

Ⅴ　1550年代に明から居住を認められたマカオを拠点に，ポルトガルはアジアでの貿易を展開しました。

※この大問2は，主に以下のものを参考にして作成しました。

・近江神宮公式ホームページ

・一般社団法人全日本かるた協会のウェブサイト

・高知市歴史散歩のウェブサイト

・飯沼賢司「名を憚ること」（『鎌倉遺文付録月報』28，東京堂出版，1985年）

3　次の文章を読み，下記の設問に答えなさい。

2023年の夏は猛暑が話題になりました。猛暑は世界的な傾向であり，国際連合のアントニオ・グテーレス事務総長は「a地球温暖化の時代は終わり，地球沸騰《ふっとう》化の時代が到来した」と警鐘《けいしょう》を鳴らしました。

現在の日本における気象観測はアメダス（AMeDAS：「地域気象観測システム」）によって行われています。アメダスは1974年11月に運用を開始し，現在，全国に約1,300か所設置されています。つまり，私たちが普段目にする気象データはアメダスの設置されている場所で観測されたデータということになります。

アメダスの設置されている場所の周辺環境は，観測データに多少なりとも影響を及ぼします。例えばb市街地では高い気温が観測されやすいですが，農地や草地に囲まれた場所では低い気温が観測されやすくなります。

日本の観測史上最高気温は長い間，1933年７月にc山形で記録された40.8℃でした。これは，暖かく湿った空気が山脈を越えたときに，風下側で気温が上昇する［ Ａ ］現象が発生したことが原因でした。これを2007年８月に熊谷（埼玉県）とd多治見《たじみ》（岐阜県）が40.9℃を記録して，74年ぶりに更新しました。この記録も2013年にe江川崎《えかわさき》（高知県四万十市）が41.0℃を記録して更新しましたが，2018年にはf熊谷で41.1℃を記録し，再び１位となりました。2020年８月にはg浜松でも41.1℃を記録し，hこの２つが現在の観測史上最高気温の記録となっています。

最高気温の高さだけでなく，最低気温の高さも大きな話題となりました。2023年８月10日に糸魚《いとい》川《がわ》（新潟県）で31.4℃を記録し，最も高い最低気温の記録を更新しました。この同じ日には，高田（新潟県上越市），松江，米子《よなご》（鳥取県）などで30℃を超える最低気温を記録しています。これは日本海に抜けたi台風に向かって湿った風が吹き込み，［ Ａ ］現象が発生したことが原因です。

一方で，観測史上最低気温は1902年１月に旭川（北海道）で観測された−41.0℃が100年以上更新されていません。北海道ではほかにも，j帯広や名寄《なよろ》など内陸部を中心に−35℃を下回る気温を記録しています。しかしそのほとんどは2000年以前に記録されたものであり，こういった観点からも，近年の温暖化は顕著《けんちょ》であると言えます。

問１　下線部ａに関して，次の**表１**に示す通り，1923年と2023年の東京のデータを比較すると，２月・８月ともに，明らかに気温が上昇していることが分かります。しかし，このデータだけでは地球温暖化が進行していると言い切ることはできません。それはなぜですか。解答用紙のわく内で説明しなさい。

表１　1923年と2023年の東京の平均気温

	２月の平均最高気温（℃）	２月の平均最低気温（℃）	８月の平均最高気温（℃）	８月の平均最低気温（℃）
1923年	7.6	−1.0	31.7	23.6
2023年	12.1	3.0	34.3	26.1

気象庁ウェブサイトより作成

問２　下線部ｂの理由として**誤っているもの**を，下記より１つ選び番号で答えなさい。

１　エアコンや自動車などからの人工排熱《はいねつ》が多いこと。

２　海に面していることが多く，湿った風が入りやすいこと。

３　地面がアスファルトやコンクリートに覆《おお》われていること。

４　中高層の建物が多く，風通しが悪いこと。

問３　下線部ｃに関して，山形盆地を説明した次の文Ｘ・Ｙについて，その正誤の組合せとして正しいものを，下記より１つ選び番号で答えなさい。

Ｘ　東北地方最長の河川である北上川が南に向かって流れています。

Ｙ　周囲の扇状地では，みかんの栽培がさかんです。

１	Ｘ　正	Ｙ　正	２	Ｘ　正	Ｙ　誤
３	Ｘ　誤	Ｙ　正	４	Ｘ　誤	Ｙ　誤

問4　下線部dに関して，多治見市では伝統工芸品として，美濃《みの》焼の生産がさかんです。下記の伝統工芸品とその産地である県の組合せのうち，**誤っているもの**を1つ選び番号で答えなさい。

1　有田焼－佐賀県　　2　信楽焼－滋賀県　　3　瀬戸焼－広島県　　4　備前焼－岡山県

問5　下線部eに関して，四万十市を流れる四万十川は大雨で急に増水することがしばしばあります。四万十川には**写真1**のような橋が多く架《か》けられており，この橋には欄干《らんかん》（手すり）がなく，橋脚《きょうきゃく》も低く設計されています。これはどのような効果を期待しているからですか。解答用紙のわく内で説明しなさい。

写真1

四万十市ウェブサイトより

問6　下線部fに関して，次の**図1**はこの日の午後2時に関東地方で観測された気温を示しています。解答用紙の図中に**36.0℃の等温線**を記入しなさい。

※実線ではっきりと記入すること。

※線は始まりと終わりがつながった1本の曲線とすること。

図1

『高等学校 新地理総合』（帝国書院、2023年）より作成問７　下線部ｇに関して，浜松市は県庁所在地ではありませんが，政令指定都市の１つです。次の**表２**は同様に都道府県庁所在地ではない政令指定都市である，堺市，北九州市と浜松市を比較したものです。表中のＡ～Ｃと都市の組合せとして正しいものを，下記より１つ選び番号で答えなさい。

表２

	政令指定都市になった年	鉄鋼業の製造品出荷額等（億円）	輸送用機械器具製造業の製造品出荷額等（億円）
A	2006年	4666	2702
B	2007年	463	8173
C	1963年	8439	1756

データは2019年
『データブック オブ・ザ・ワールド2023年版』（二宮書店）より作成

1　A　北九州市　B　堺市　C　浜松市
2　A　北九州市　B　浜松市　C　堺市
3　A　堺市　B　北九州市　C　浜松市
4　A　堺市　B　浜松市　C　北九州市
5　A　浜松市　B　北九州市　C　堺市
6　A　浜松市　B　堺市　C　北九州市

問８　下線部ｈに関して，厳密《げんみつ》に言うと，熊谷や浜松が日本一暑い地点であると言い切ることはできません。それはなぜですか。解答用紙のわく内で説明しなさい。

問９　下線部ｉに関して，気象庁では，**台風の中心が北海道，本州，四国，九州の海岸線に達した場合を「日本に上陸した台風」**と定義しており，**小さい島や小さい半島を横切って短時間で再び海に出る場合は「通過」**としています。台風の上陸回数が多い都道府県は鹿児島県や高知県などですが，一方で海に面しているにもかかわらず，統計開始以来，台風が上陸したことがない都道府県もあります。該当する都道府県として正しいものを，下記より１つ選び番号で答えなさい。

1　千葉県　2　香川県　3　和歌山県　4　宮崎県

問10　下線部ｊについて述べた次の文の空らん X ・ Y に適する語句の組合せとして正しいものを，下記より１つ選び番号で答えなさい。

帯広市は北海道の X 側に位置しており， Y によって北西の季節風がさえぎられるため，北海道の中では降雪量は少ない方である。

1　X　オホーツク海　Y　天塩山地
2　X　オホーツク海　Y　日高山脈
3　X　太平洋　Y　天塩山地
4　X　太平洋　Y　日高山脈

問11　空らん A に適する語句を答えなさい。

問五　――部③「故意に冷かな顔をして横になったまま見ていた」とあるが、このときの信太郎の心情を説明しなさい。

問六　――部④「旅行もやめだと思った」とあるが、このとき信太郎は、祖母のどのような行動に対して、どのような気持ちになっているのか。――部④までの範囲で説明しなさい。

問七　本文の説明として**適当でないもの**を一つ選びなさい。

ア　日常の何気ない一場面に、信太郎の心情の変化が細かく表現されている。

イ　けんかをしつつも親しい感情を抱く信太郎と祖母の交流が描かれている。

ウ　妹や弟が元気に遊んでいる様子によって、家族の明るさを表現している。

エ　急かされながら起きる朝の風景のゆううつな感じがテーマとなっている。

オ　祖母が、祖父の法事にきちんと備えようとしている様子が表われている。

問八　次の〈文章〉は、江戸時代から現代にかけての日本の文学の歴史について説明したものである。空欄 [1] ～ [4] に入る説明として適当なものを選びなさい。

〈文章〉

江戸時代から近代にいたる中で、文学は「何をどう書くか」ということが変わっていった。江戸時代まで物語は、現実世界のことを描くものだけではなく、現実ばなれした空想の物語が語られるなどしていた。江戸時代には例えば、[1]。しかし明治維新以降、近代になると、現実の世界や人の気持ちをありのままに書く「リアリズム」という西洋の理念が入ってきて、俳句では、[2]。小説では、[3]。戦後になると、文学の書き方はさまざまに変わっていき、例えば、[4]。

ア　三島由紀夫《みしまゆきお》が『金閣寺《きんかくじ》』などで、日本の伝統美を美しい文章にこだわって表現した

イ　滝沢馬琴《たきざわばきん》が八犬士たちの戦いを描く壮大な長編である『南総里見《なんそうさとみ》八犬伝《はっけんでん》』を書いた

ウ　松尾芭蕉《まつおばしょう》が奥州・北陸などを旅して、『奥《おく》の細道』を書いた

エ　志賀直哉が『和解《わかい》』など、実体験にもとづいた小説を発表した

オ　紫式部《むらさきしきぶ》が『源氏物語《げんじものがたり》』を記し、のちの物語作品に影響を与えた

カ　正岡子規《まさおかしき》が「写生《しゃせい》」という考え方にもとづいて創作をした

仕舞《しま》って出て行った。

信太郎は急に可笑《おか》しくなった。④旅行もやめだと思った。彼は笑いながら、其処に苦茶々々《くちゃくちゃ》にしてあった小夜着を取り上げてたたんだ。敷蒲団も。それから祖母のもたたんでいると彼には可笑しい中《うち》に何だか泣きたいような気持が起って来た。涙が自然に出て来た。物が見えなくなった。それがポロポロ頬《ほお》へ落ちて来た。彼は見えない儘《まま》に押入れを開けて祖母のも自分のも無闇に押し込んだ。間もなく涙は止った。彼は胸のすがすがしさを感じた。

彼は部屋を出た。上の妹と二番目の妹の芳子とが隣の部屋の炬燵《こたつ》にあたって居た。信三だけ炬燵櫓《やぐら》（＊9）の上に突っ立って威張って居た。信三は彼を見ると急に首根を堅くして天井の一方を見上げて、

「銅像だ」と力んで見せた。上の妹が、

「そう云えば信三は頭が大きいから本当に西郷《さいごう》さんのようだわ」と云った。信三は得意になって、

「偉いな」と臂《ひじ》を張って髭《ひげ》をひねる真似《まね》をした。和《やわら》いだ、然し少し淋しい笑顔をして立って居た信太郎が、

「西郷隆盛《たかもり》に髭はないよ」と云った。妹二人が、「わーい」とはやした。

信三は、

「しまった！」といやにませた口をきいて、櫓を飛び下りると、いきなり一つでんぐり返しをして、おどけた顔を故意《わざ》と皆の方へ向けて見せた。

《注》

＊1　擦筆画……鉛筆、コンテ、チョーク、パステルで描いたうえに、擦筆でぼかしをつけた画。擦筆は、吸い取り紙やなめし革を巻いて筆状にしたもの。

＊2　南京玉……陶製《とうせい》やガラス製の小さい玉。糸を通す穴があり、指輪や首飾り、刺繍《ししゅう》の材料などにする。ビーズ。

＊3　福吉町……現在の東京都港区赤坂二丁目。

＊4　唐紙……中国から伝わった紙。ここでは、唐紙を使用した襖《ふすま》を指す。

＊5　大夜着……大型で袖のある、厚い綿入れの寝具。

＊6　諏訪……長野県の諏訪湖。

＊7　伊香保……群馬県の温泉地。

＊8　お塔婆……卒塔婆《そとば》。主に法事の時、供養のためにたてる細長い木片。

＊9　炬燵櫓……こたつの、熱源の上に置き蒲団をかける、木製の枠組み。

問一　＝＝部（a）～（c）のカタカナを漢字に、漢字をひらがなに直しなさい。

問二　〰〰部（ⅰ）～（ⅳ）の本文中での意味として最も適当なものをそれぞれ選びなさい。

ア　悪い　　イ　強い　　ウ　怒った

エ　おそらく　　オ　じきに　　カ　粗末な

問三　――部①「あまのじゃく」とは、信太郎のどのような点をいっているのか。説明しなさい。

問四　――部②「信太郎は黙って居た」とあるが、このときの信太郎の心情として最も適当なものを選びなさい。

ア　何を言っても説教をする祖母に愛想をつかしている。

イ　返事をするのが面倒になって再び寝ようとしている。

ウ　返事をしないことで祖母をあせらせようとしている。

エ　何度も起こしにくる祖母に我慢の限界を迎えている。

オ　正論を言われたので言い返すことができないでいる。

「もう七時になりましたよ」祖母はこわい顔をして反《かえ》って叮嚀《ていねい》に云った。

信太郎は七時の筈《はず》はないと思った。彼は枕の下に滑り込んで居る(b)**懐中**時計を出した。そして、

「未だ二十分ある」と云った。

「どうしてこう(ii)**やくざ**だか……」祖母は溜息《ためいき》をついた。

「一時にねて、六時半に起きれば五時間半だ。やくざでなくても五時間半じゃあ眠いでしょう」

「宵《よい》に何度ねろと云っても諾《き》きもしないで……」

②**信太郎は黙って居た。**

「直ぐお起き。(iii)**おっつけ**福吉町《ふくよしちょう》(＊3)からも誰か来るだろうし、坊さんももうお出《い》でなさる頃だ」

祖母はこんな事を言いながら、自身の寝床をたたみ始めた。祖母は七十三だ。よせばいいのにと信太郎は思っている。

祖母は腰の所に敷く羊の皮をたたんでから、大きい敷蒲団《しきぶとん》をたたもうとして息をはずませて居る。祖母は信太郎が起きて手伝うだろうと思って居る。ところが信太郎はその手を食わずに③**故意に冷《ひや》かな顔をして横になったまま見ていた。**とうとう祖母は怒り出した。

「不孝者」と云った。

「年寄の云いなり放題になるのが孝行なら、そんな孝行は真っ平だ」彼も負けずと云った。彼はもっと毒々しい事が云いたかったが、失策《しくじ》った。文句も長過ぎた。然し祖母をかっとさすにはそれで十二分だった。祖母はたたみかけを其処《そこ》へほうり出すと、涙を拭《ふ》きながら、烈《はげ》しく唐紙《からかみ》(＊4)をあけたてして出て行った。

彼もむっとした。然しもう起しに来まいと思うと楽々と起きる気になれた。

彼は毎朝のように自身の寝床をたたみ出した。大夜着《おおよぎ》(＊5)から中の夜着、それから小夜着《こよぎ》をたたもうとする時、彼は(c)**フイ**に「ええ」と思って、今祖母が其処にほうったように自分もその小夜着をほうった。

彼は枕元に揃《そろ》えてあった着物に着かえた。

あしたから一つ旅行をしてやろうかしら。諏訪《すわ》(＊6)へ氷滑りに行ってやろうかしら。諏訪なら、この間三人学生が落ちて死んだ。祖母は新聞で聴いている筈だから、自分が行っている間少くも心配するだろう。

押入れの前で帯を締めながらこんな事を考えて居ると、又祖母が入って来た。祖母はなるべく此方《こっち》を見ないようにして乱雑にしてある夜具のまわりを廻って押入れを開けに来た。彼は少しどいてやった。そして夜具の山に腰を下して足袋《たび》を穿《は》いて居た。

祖母は押入れの中の用簞笥《ようだんす》から小さい筆を二本出した。五六年前信太郎が伊香保《いかほ》(＊7)から買って来た自然木《しぜんぼく》の(iv)**やくざな**筆である。

「これでどうだろう」祖母は今迄の事を忘れたような顔を故意《わざ》として云った。

「何《なん》にするんです」信太郎の方は故意《わざ》と未だ少しむっとしている。

「坊さんにお塔婆《とうば》(＊8)を書いて頂くのっさ」

「駄目さ。そんな細いんで書けるもんですか。お父さんの方に立派なのがありますよ」

「お祖父《じい》さんのも洗ってあったっけが、何処《どこ》へ入って了《しま》ったか……」そう云いながら祖母はその細い筆を持って部屋を出て行こうとした。

「そんなのを持って行ったって駄目ですよ」と彼は云った。

「そうか」祖母は素直にもどって来た。そして叮嚀《ていねい》にそれを又元の所に

と、並んで寝て居る祖母が、

「明日《あす》坊さんのおいでなさるのは八時半ですぞ」と云《い》った。

暫《しば》くした。すると眠っていると思った祖母が又同じ事を云った。彼は今度は返事をしなかった。

「それ迄《まで》にすっかり支度《したく》をして置くのだから、今晩はもうねたらいいでしょう」

「わかってます」

間もなく祖母は眠って了《しま》った。

どれだけか(a)タった。信太郎も眠くなった。時計を見た。一時過ぎて居た。彼はランプを消して、寝返りをして、そして夜着《よぎ》の襟《えり》に顔を埋《うず》めた。

翌朝（明治四十一年正月十三日）信太郎は祖母の声で眼を覚《さま》した。

「六時過ぎましたぞ」驚かすまいと耳のわきで静かに云って居る。

「今起きます」と彼は答えた。

「直ぐですぞ」そう云って祖母は部屋を出て行った。彼は帰るように又眠って了《しま》った。

又、祖母の声で眼が覚めた。

「直ぐ起きます」彼は気安めに、唸《うな》りながら夜着から二の腕まで出して、のびをして見せた。

「このお写真にもお供えするのだから直ぐ起きてお呉《く》れ」

お写真と云うのはその部屋の床の間に掛《か》けてある擦筆画《さっぴつが》（＊1）の肖像で、信太郎が中学の頃習った画学の教師に祖父の亡くなった時、描いて貰《もら》ったものである。

黙っている彼を「さあ、直ぐ」と祖母は促した。

「大丈夫、直ぐ起きます。――彼方《むこう》へ行ってて下さい。直ぐ起きるから」そう云って彼は今にも起きそうな様子をして見せた。

祖母は再び出て行った。彼は又眠りに沈んで行った。

「さあさあ。どうしたんだっさ」今度は(i)角のある声だ。信太郎は折角沈んで行く、未《ま》だその底に達しない所を急に呼び返される不愉快から腹を立てた。

「起きると云えば起きますよ」今度は彼も度胸を据《す》えて起きると云う様子もしなかった。

「本当に早くしてお呉《く》れ。もうお膳《ぜん》も皆出てますぞ」

「わきへ来てそうぐずぐず云うから、尚起きられなくなるんだ」

「①あまのじゃく！」祖母は怒って出て行った。信太郎ももう眠くはなくなった。起きてもいいのだが余り起きろ起きろと云われたので実際起きにくくなって居た。彼はボンヤリと床の間の肖像を見ながら、それでもう起《おこ》しに来るか来るかという不安を感じて居た。起きてやろうかなと思う。然《しか》しもう少しと思う。もう少しこうして居て起しに来なかったら、それに免じて起きてやろう、そう思っている。彼は大きな眼を開いて未だ横になって居た。

いつも彼に負けない寝坊の信三《しんぞう》が、今日は早起きをして、隣の部屋で妹の芳子《よしこ》と騒いで居る。

「お手玉、南京《なんきん》玉（＊2）、大玉、小玉」とそんな事を一緒に叫んで居る。そして一段声を張り上げて、

「その内大きいのは芳子《よっこ》ちゃんの眼玉」と一人が云うと、一人が「信三さんのあたま」と怒鳴った。二人は何遍も同じ事を繰り返して居た。

又、祖母が入って来た。信太郎は又起きられなくなった。

問三　――部①「きわめて効率が悪い」とはどういうことか。最も適当なものを選びなさい。

ア　絶対に失敗しないように計画に従った行動ばかりをしていると、その場の状況に応じてどうするかを決めて修正を加える能力が育たず、行動全体をやり遂げるのが遅くなるということ。

イ　絶対に失敗しないようにすべきだと考えてどれだけ綿密な計画を立てても、事前に全ての状況を想定することはできず、納得がいくまで計画の修正を繰り返すことになるということ。

ウ　どのような状況が生じるかが確実にわからないうちに計画を立てても、結局はその場に合わせて新たに計画を立て直さなければならず、かえって時間の無駄が生じてしまうこと。

エ　綿密に立てられた計画はその場の状況に合わせて一部だけを変更することが難しく、万が一想定外の事態が生じた場合には、全てを一からやり直さなければならなくなるということ。

オ　緻密な計画を立てるには、起こりうる様々な状況を想定しなければならないため膨大な計画が必要であるが、そのほとんどは実際には起こらず、計画の大半が無駄になるということ。

問四　――部②「そのような病的な恐怖の克服にもつながる」とあるが、人が「そのような病的な恐怖」を「克服」しなければならないのはなぜか。その理由を説明しなさい。

問五　――部③「臨機応変の能力」とはどういうことか。Ａ～Ｃに分けた本文の、Ｂの範囲から説明しなさい。

問六　――部④「機転」のここでの意味として最も適当なものを選びなさい。

ア　計画の全体を見渡して、今必要とされる行動をとっさに選ぶこと。

イ　過去の経験をふまえて、その場にふさわしい行動をとること。

ウ　計画の細部にこだわらずに、その場に応じた対応をすること。

エ　トラブルの原因をすばやく見つけ出し、取り除いて解決すること。

オ　おおまかに立てた計画をもとに、相手の立場に立って判断すること。

問七　――部⑤「計画とアジャイルのよいバランスをとる」際に注意すべきことは何か。最も適当なものを選びなさい。

ア　様々な状況を想定し、最も成功率の高い計画とアジャイルのバランスを決定すること。

イ　計画を立てる力が足りないならば、事前に計画を立てずにその場で行動を決めること。

ウ　個人の能力に見合った適度な計画を立て、あとは状況に応じてその場で対応すること。

エ　臨機応変の能力が生まれつきの素質か、訓練や実地経験によるものかを自覚すること。

オ　自分の能力に自信がある場合のみ、一切の計画を立てずにアジャイルでやりきること。

二　次の文章は志賀直哉《しがなおや》「或《あ》る朝」の全文である。これを読んで、後の問いに答えなさい。なお、出題の都合上本文を一部改めている。

祖父の三回忌《き》の法事のある前の晩、信太郎《しんたろう》は寝床で小説を読んで居《い》る相手に応じて適切に挨拶を返すことができる。このような多面的身体知をほとんど無意識的に行使することで、私たちの日々の生活は成り立っている。

ところで、臨機応変の能力には、このように状況に応じて適切に「行動する」能力だけではなく、状況に応じて適切に「考える」能力も含まれる。こちらは身体を動かす能力ではないので、身体知ではないが、臨機応変の能力のひとつである。

たとえば、紅葉の季節に「そうだ、京都に行こう」と思い立ち、家を出る。計画と言っても、新幹線で行くというきわめておおまかな計画しか立てていない。駅に着いて、自由席にするか、それとも指定席にするか考える。混み具合を調べてみると、自由席は座れないようだが、指定席は一時間後にしか空いていない。早く行きたい。まあ、座れなくてもいいかと思って、自由席の切符を買う。

こんな調子で、その場、その場で、適当に考えて、やりくりしていく。そうすれば、たいした計画を立てなくても、無事に京都にたどりつける。ここでは、状況に応じて適切に考えるという臨機応変の能力が大きく物を言う。

C その場の状況に応じて考える能力も、行動する能力と同じく、訓練や実地経験によって鍛えることができる。人によって臨機応変の思考能力に違いがあるのも、生まれつきの素質の違いもあるだろうが、訓練や実地経験の違いによるところが大きい。

私が数人の友人と一緒に北京《ぺきん》に行ったとき、夕飯を食べに街中のレストランに入ったことがあった。私たちは誰も中国語ができなかったが、英語が多少通じるだろうと思っていた。しかし、残念ながら、英語もまったく通じなかった。そのとき、一人が紙に漢字を書いて店員に見せたところ、見事に通じた。私はそんなことを思いつきもしなかったので、彼の④機転におおいに感心した。どうしてそんな機転が(c)キいたのかと聞いてみたところ、彼は似たような状況を経験したことがあると言った。

思考における臨機応変の能力も、行動におけるそれも、訓練や実地経験によって育まれる。したがって、訓練や実地経験の違いによって、臨機応変の能力にも個人差がある。自分の臨機応変の能力を見誤ると、その場で適切に対処できず、[X]ことになる。アジャイルでやるときには、自分の臨機応変の能力を正しく自覚することが重要である。自分には臨機応変に対応する能力があまりないと思えば、アジャイルの部分を減らして、計画の部分を手厚くしなければならない。つまりは、臨機応変の能力を正しくわきまえたうえで、⑤**計画とアジャイルのよいバランスをとる**ことが肝心なのである。

（信原幸弘『「覚える」と「わかる」　知の仕組みとその可能性』による。
なお出題の都合上、本文を一部改めた。）

問一　═部（a）～（c）のカタカナを漢字に、漢字をひらがなに直しなさい。

問二　空欄[X]には「行き詰まってどうにもできなくなる」という意味の語句が入る。あてはまるものを一つ選びなさい。

ア　立ち往生する　　イ　立ち返る
ウ　目くじらを立てる　　エ　矢面に立つ
エ　水際立つ

しかし、危険でない状況で恐怖を抱くのは不適切である。それは害の未然の防止に役立たないどころか、有益な行動を妨げもする。飛行機への恐怖は、このような病的な恐怖である。

最近、「正しく恐れよ」とよく言われる。放射能に汚染された食品であっても、汚染度は低く、健康に影響はないのに、恐ろしくて食べられない人がいる。このような人は、危険度に見合った「正しい恐れ」ではなく、それに見合わない病的な恐怖を抱いているのである。

緻密な計画へのこだわりも、失敗への病的な恐怖に支配されている可能性が高い。緻密な計画を立てなくても、アジャイルでやっていけば、失敗することはほぼないにもかかわらず、失敗を恐れて、可能なかぎり緻密な計画を立てようとする。たとえ計画を立てるのが無駄であり、その場で適当にやってもうまくやれるということを頭でよく理解していても、どうしても失敗への恐怖がなくならない。こうして計画を立てずにはいられないのである。

アジャイルで行くことは、一見、いい加減で、行き当たりばったりのようにみえるかもしれないが、計画を立てるよりも、アジャイルで行くほうが効率的で、成功する確率が高い場合もある。だからこそ、アジャイルで行くのである。私たちがアジャイルではなく、しっかりした計画に向かいがちなのは、アジャイルがいい加減で失敗の可能性が高いからではなく、むしろ失敗への病的な恐怖があるからである。あえてアジャイルで行くことは、②**そのような病的な恐怖の克服にもつながる**。

もちろん、アジャイルが重要だと言っても、計画がいっさい無用だというわけではない。過度に緻密な計画は無用だが、適度な計画は効率の面でも、成功率の面でも、重要である。結局、適度な計画を立て、あとはその場のやりくりに任せることが大切だ。つまり、計画とアジャイルの適切なバランスが何と言っても重要なのである。

［B］ アジャイルでやっていくには、その場の状況に応じて的確に対処する能力、つまり③**臨機応変の能力**がなければならない。ヒーローはたいていこの能力に秀でている。『００７』のジェームズ・ボンドは、ビルの屋上や水上などでじつにスリリングな戦いを見せるが、どんなに窮地に陥っても、手持ちの小道具やその場にある物を巧みに利用して、きわどく危機を脱していく。そんなに都合よく小道具や物があるわけないだろうと思いつつも、俊敏な対応能力に感心させられる。

このような臨機応変の能力は身体知の一種である。それは身体で覚えた知であり、脳だけではなく、身体にも刻みこまれた知である。ただし、身体知のすべてが臨機応変の能力だというわけではない。たとえば、舗装した道路でしか自転車に乗れないとしよう。このとき、自転車に乗る身体知をもっていると言えるが、臨機応変の能力をもっているとは言えない。砂利道でも、芝生の上でも、でこぼこ道でも、それらに対応してうまく自転車に乗ることができてはじめて、臨機応変の能力があると言える。ボンドのような臨機応変の能力は、身体知のなかでも、多様な状況に対応できるようなタイプの身体知、すなわち「多面的身体知」なのである。

私たちは、ボンドには遠く及ばないにせよ、多少なりとも、このような多面的身体知をもっている。混雑した駅では、いろいろな人とさまざまな仕方でぶつかりそうになるが、たいていうまくよけることができる。会社にいけば、上司や同僚など、さまざまな人から挨拶されるが、

【国　語】〈五〇分〉〈満点：一〇〇点〉

【注意】記述は解答欄《らん》内に収めてください。一行の欄に二行以上書いた場合は、無効とします。

一　次の文章を読んで、後の問いに答えなさい。

A　完全な計画が不可能だとすれば、少なくともある程度は、その場で対処していくしかない。その場の状況を見ながら、その場で考え、その場でどうするかを決める。その場で考えていては間に合わないこともあるから、そのようなことについては、あらかじめ計画を立てる必要がある。しかし、その場で考えても間に合うことは、その場で対処すればよい。たとえば、複雑な迷路のようになった地下鉄の駅に初めて行くときは、あらかじめ地図を見て出口を調べておいたほうがよいだろうが、初めてでないときは、事前に調べなくても、たいていそれほど迷わずに出口を見つけることができる。

　どのような状況になるのかがよくわからないときに計画を立てるのは、起こりうるさまざまな状況を想定しなければならないから、本当にたいへんである。それぞれの状況のもとでいちいちどうするかを決めていかなければならないので、その計画は複雑かつ膨大なものとなろう。しかも、想定した状況のほとんどはじっさいには起こらないから、せっかく立てた計画も、その大部分は活用されず、無駄となる。

　そうだとすれば、むしろ計画を立てず、その場で対処するほうがよいのではないだろうか。たしかに事前の計画が必要な場合もあるが、積極的にその場の対処に任せるほうがかえって効率がよいことも多い。

　このような考えにもとづいて最近よく用いられるようになった言葉が「アジャイル（agile）」である。この言葉は、辞書的には「機敏な」とか「身軽な」を意味するが、コンピュータのソフトウェアの開発において、従来とは異なる新しい開発手法を表すのに用いられるようになった。すなわち、ソフトウェアを開発するさいに、初めからすべての(a)コウテイにかんして綿密な計画を立てるのではなく、まずは小さな単位で試しながら、試行と修正を繰り返してソフトウェアの全体を完成させていくという手法である。

　このソフトウェアの開発における用法が拡張されて、「アジャイル」という言葉は、いまでは行動一般にかんして用いられるようになった。すなわち、何らかの行動をしようとするとき、事前にきちんと計画するのではなく、進行中のその時々の状況に応じて適当にどうするかを決め、うまく行かなければ修正を行うといったことを繰り返して、行動全体を完遂するというやり方が「アジャイル」とよばれるようになったのである。

　仕事の打合せのなかで「アジャイルで行こう」と言われた場合、それはようするにその場でやりくりしようという意味である。私たちはついつい、しっかりした計画を立てて、絶対に失敗しないようにすべきだと考えがちであるが、そのような綿密な計画を立てることは、実際上ほとんど不可能であるか、あるいは①きわめて効率が悪い。綿密な計画にこだわるのは、失敗にたいする「病的な恐怖」によるところが大きい。

　たとえば、恐ろしくて飛行機に乗れない人がたまにいる。そのような人は飛行機の安全性を十分理解していても、飛行機に乗るのを恐れる。たしかに危険な状況で恐怖を抱くのは適切であり、それは逃げるといった行動を引き起こして、じっさいに害を(b)被ることを防いでくれる。

MEMO

大切なことはメモしておこうネ！

2024年度

渋谷教育学園幕張中学校入試問題（2次）

【算　数】（50分）　＜満点：100点＞

【注意】 コンパス，三角定規を使用します。

[1] 【図1】のように，マス目に1から順に，時計回りに整数を書いていきます。この問題では，例えば，1が書かれたマスを [1] のように表すことにします。次の各問いに答えなさい。

(1) [1] からみて，1マス右上のマスは [9]，2マス右上のマスは [25] です。[1] からみて，10マス右上のマスに書かれている整数は何ですか。

(2) [1|2] から上下左右にそれぞれ同じ個数のマスを空けて [1|2] を囲うような，枠《わく》状のマスの集まりを考えます。
例えば，[1|2] から上下左右にそれぞれ2個のマスを空けて [1|2] を囲うような，枠状のマスの集まりを考えると，【図2】の斜線部分のようになり，そこには [31]，[32]，…，[56] の，全部で26個のマスがふくまれています。
(1)の答えが書かれたマスがふくまれるように，枠状のマスの集まりを考えると，そこには全部で何個のマスがふくまれていますか。

(3) [2] からみて，1マス右下のマスは [12]，2マス右下のマスは [30] です。
[2] からみて，20マス右下のマスに書かれている整数は何ですか。

【図1】

	21	22	23	24	25	26	
	20	7	8	9	10	27	
	19	6	1	2	11	28	
	18	5	4	3	12	29	
	17	16	15	14	13	30	
					…	31	

【図2】

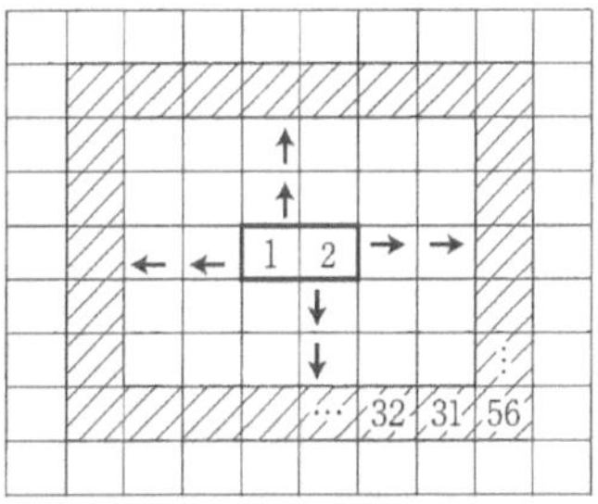

[2] 【図1】の四角形BCDGと四角形AFEGは長方形です。長方形BCDGから長方形AFEGを切り取り，【図2】のようにL字型の図形を作ったところ，辺AB，DEの長さがともに2㎝になりました。

【図1】

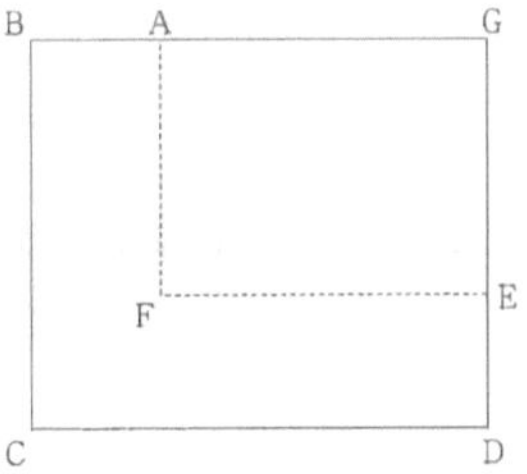

【図2】

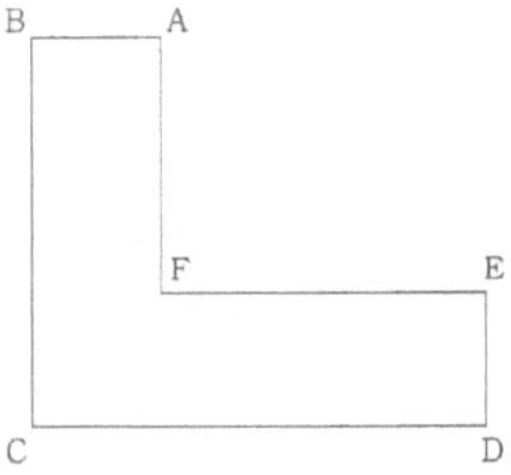

次の各問いに答えなさい。

(1)　【図２】のＬ字型の図形の辺上を，２点Ｐ，Ｑが次のように動くとします。

・ＰはＡを出発し，図形の辺上をＡ⇒Ｂ⇒Ｃまで毎秒１cmの速さで動く。
・ＱはＢを出発し，図形の辺上をＢ⇒Ｃ⇒Ｄ⇒Ｅまで毎秒２cmの速さで動く。
・２点Ｐ，Ｑは同時に出発する。

【図３】のように，２点Ｐ，Ｑが動いている間，ＦとＰ，ＦとＱそれぞれまっすぐな線でつないで，Ｌ字型の図形を３つの部分ア，イ，ウに分けます。
３つの部分ア，イ，ウの面積の変化を調べると，３点Ｅ，Ｆ，Ｐが一直線に並ぶとき，アとイとウの面積が等しくなりました。その後，ＰがＣに着くのと同時にＱはＥに着きました。

【図３】

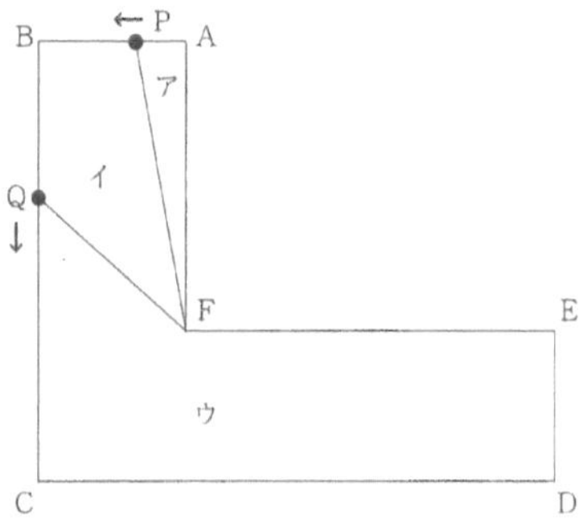

①　Ｌ字型の図形の面積は何cm^2ですか。

②　ＰがＡを出発してからＣに着くまでの，イの部分の面積の変化を表すグラフを，解答用紙の解答らんにかき入れなさい。

(2)　【図２】のＬ字型の図形の辺上を，３点Ｐ，Ｑ，Ｒが次のように動くとします。

・ＰはＡを出発し，図形の辺上をＡ⇒Ｂ⇒Ｃへと，毎秒１cmの速さで動く。
・ＱはＢを出発し，図形の辺上をＢ⇒Ｃ⇒Ｄ⇒Ｅへと，毎秒２cmの速さで動く。
・ＲはＥを出発し，図形の辺上をＥ⇒Ｄ⇒Ｃ⇒Ｂへと，一定の速さで動く。
・３点Ｐ，Ｑ，Ｒは同時に出発する。
・ＲがＱと重なると同時に，３点Ｐ，Ｑ，Ｒは動きを止める。

【図４】のように，３点Ｐ，Ｑ，Ｒが動いている間，ＦとＰ，ＦとＱ，ＦとＲをそれぞれまっすぐな線でつないで，Ｌ字型の図形を４つの部分ア，イ，ウ，エに分けます。
４つの部分ア，イ，ウ，エの面積の変化について，次の文中の［①］，［②］にあてはまる数を答えなさい。

「Ｒが毎秒［①］cmの速さで動くと，３点Ｐ，Ｑ，Ｒが動き始めてから［②］秒後に，イとウとエの面積が等しくなる。」

【図４】

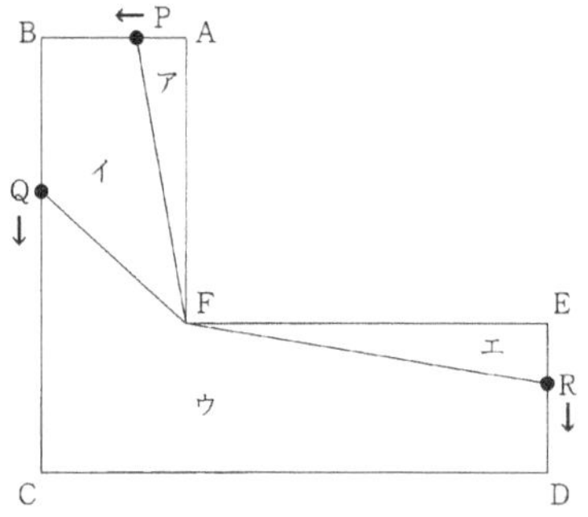

［3］　表面に１，２，３，４と書かれたカードがそれぞれ２枚ずつ，全部で８枚あります。カードの裏面はすべて白色で，裏からは表面の数字が見えないものとします。この８枚のカードを使って，真一さんと智子さんは，次のようなゲームをします。

【ゲームのルール】

①　真一さんと智子さんはお互《たが》いに，表面に１，２，３，４が書かれたカードを１枚ずつ，あわせ

て4枚を持つ。

② 【図1】のような8つの枠《わく》があるシートを机上におく。

③ 真一さんは4枚のカードをA，B，C，Dの枠に1枚ずつ，智子さんは4枚のカードをア，イ，ウ，エの枠に1枚ずつ，それぞれ裏面が上になるように置く。

④ Aとアに置かれたカードをそれぞれひっくり返し，次のように対戦の勝敗を決める。

・Aに置かれたカードに書かれた数がアに置かれたカードに書かれた数より大きい場合は，真一さんの勝ちとする。

・Aに置かれたカードに書かれた数がアに置かれたカードに書かれた数より小さい場合は，智子さんの勝ちとする。

・Aに置かれたカードに書かれた数がアに置かれたカードに書かれた数と等しい場合は，引き分けとする。

【図1】

A	ア
B	イ
C	ウ
D	エ

⑤ 以後，「Bとイ」，「Cとウ」，「Dとエ」に置かれたカードをそれぞれひっくり返していき，④と同様に各対戦の勝敗を決める。

⑥ 「Aとア」，「Bとイ」，「Cとウ」，「Dとエ」の4回の対戦の結果，勝った数の多い方をゲームの勝者とする。

⑦ 4回の対戦の結果，二人の勝った数が同じ場合，ゲームは引き分けとする。

例えば，【図2】のようにカードが置かれた場合，4回の対戦で真一さんは1回勝ち，智子さんは2回勝ち，1回引き分けるので，このゲームの勝者は智子さんとなります。

【図2】

真一さん	智子さん
1	2
2	3
3	1
4	4

次の各問いに答えなさい。

(1) 8枚のカードの置き方は，全部で何通り考えられますか。

(2) 真一さんが4回の対戦で1度も勝たないような8枚のカードの置き方は，全部で何通り考えられますか。

(3) 真一さんがゲームに勝つような8枚のカードの置き方は，全部で何通り考えられますか。

4 図のような長方形の紙ABCDがあります。BCの長さは4cm，CEの長さは3cm，BEの長さは5cmです。この長方形の紙を，BEを折り目として折ったら，点Cは図の辺AD上の点Fに重なりました。直線CFがBEと交わってできる点をGとします。次の各問いに答えなさい。

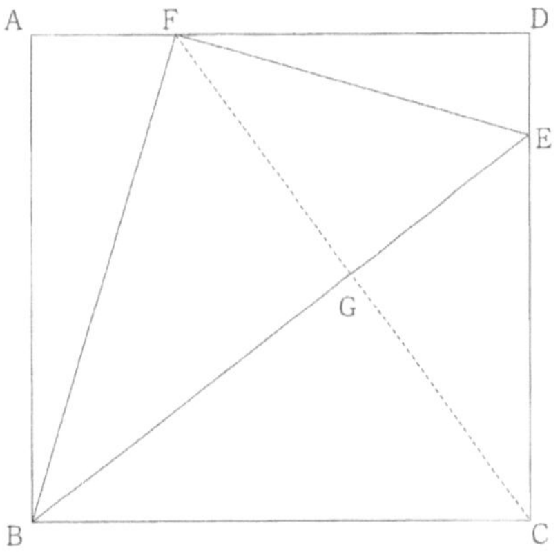

(1) EGの長さは何cmですか。

(2) ABとAFの長さの比AB：AFを，最も簡単な整数の比で答えなさい。

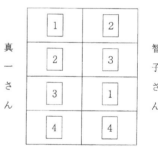

5　図のような１辺の長さが２㎝の立方体があります。この立方体を，４点A，B，G，Hを通る平面と，４点B，F，H，Dを通る平面と，４点A，F，G，Dを通る平面で切断したときにできる立体のうち，頂点Eをふくむ立体を（ア）とします。

次の各問いに答えなさい。

ただし，角すいの体積は，（底面積）×（高さ）÷３で求められるものとします。

(1)　立体（ア）には何個の面がありますか。

(2)　立体（ア）の面には何種類の図形がありますか。ただし，合同な図形はすべて１種類と数えることにします。

(3)　立体（ア）の体積は何cm^{3}ですか。

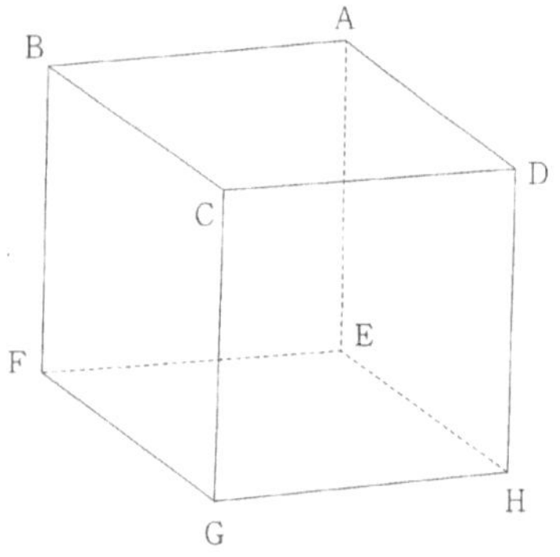

【理　科】（45分）　＜満点：75点＞

【注意】・必要に応じてコンパスや定規を使用しなさい。
・円周率は3.14とします。
・小数第１位まで答えるときは，小数第２位を四捨五入しなさい。整数で答えるときは，小数第１位を四捨五入しなさい。指示のない場合は，適切に判断して答えなさい。

1　次の手順でモーターを作りました。

段ボールと竹ひごが垂直になるようにする。
段ボールに目印としてA,Bの文字を書く。

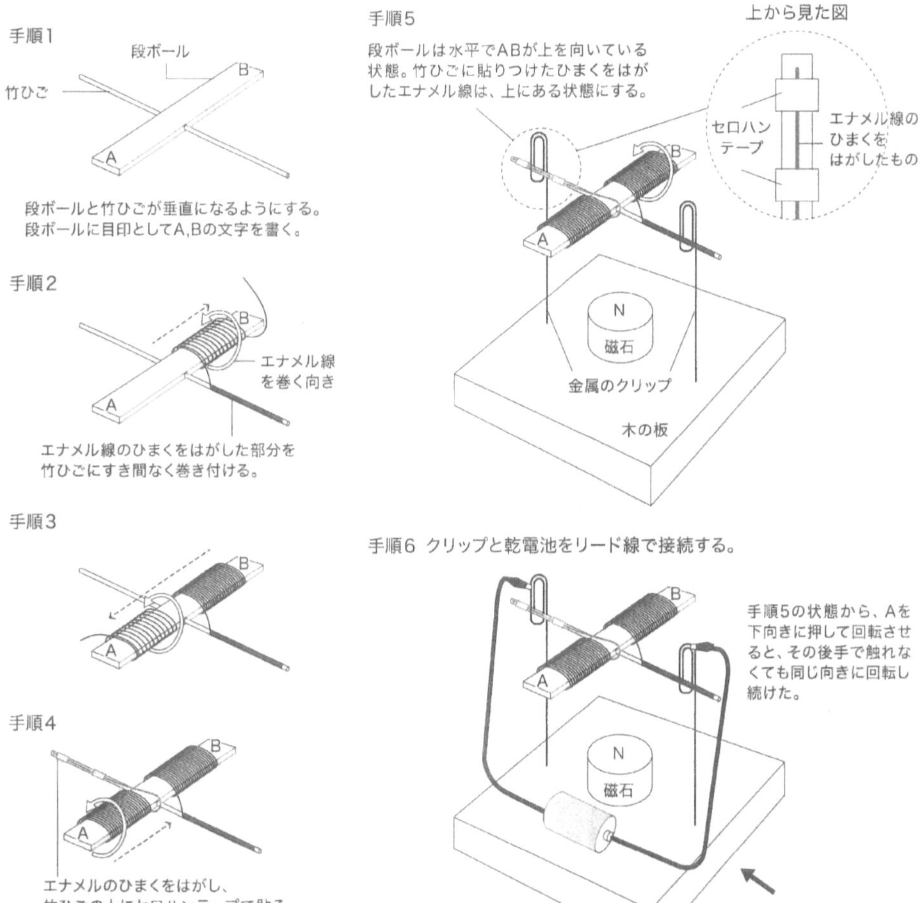
エナメルのひまくをはがし、竹ひごの上にセロハンテープで貼る。
上から見た図

金属のクリップ

手順6 クリップと乾電池をリード線で接続する。

(1)　モーターが回転する原理を説明した次の文について，［　］に適切なものをそれぞれ選び○で囲みなさい。

手順６の状態でAを下向きに押すと，その勢いで回転し，その後手で触れなくても同じ向きに回転し続けた。これは次のような原理だと考えられる。A，Bの面が下を向いたときに電気が流れ，段ボールのA側が①［N・S］極となり下の磁石と②［引き付けあい・反発し］，B側が③［N・S］極となり下の磁石と④［引き付けあう・反発する］。そのため，電気が流れるたびにモーターに回転する力が加わり回転し続けることができる。

⑵　手順4で竹ひごの上にひまくをはがしたエナメル線を貼るのではなく，図1のように竹ひごに巻き付けた上で他の操作は同様に行うと，モーターはある状態で静止しました。

手順6の矢印の向きに見て，静止した状態として最も適切なものを次の㋐～㋓から選び記号で答えなさい。ただし下の図はモーターの断面を表しており，A，B面が上を向いている場合は，下図の段ボールの上にA，Bと示しています。

また，そのような状態で静止する理由を説明しなさい。

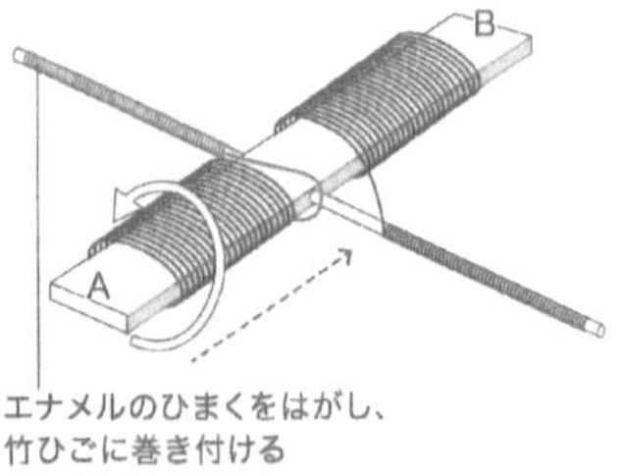

図1

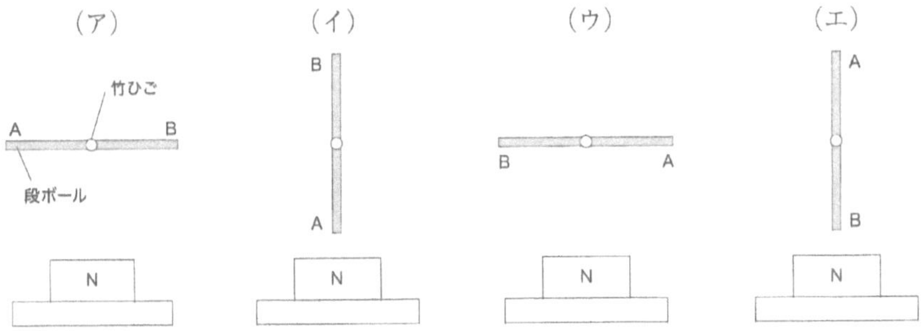

⑶　次の記述のうち間違っているものを2つ選び記号で答えなさい。

㋐　電池を2個直列にすることで，モーターの回転が速くなる。

㋑　段ボールにエナメル線を巻き付ける際は，エナメル線同士を接触させないように巻いた方が，モーターの回転が速くなる。

㋒　手順6の状態でAを押す勢いを強くしても，モーターの回転はしばらくするといつも同じ速さになる。

㋓　手順6の状態でAではなくBを下向きに押すと，モーターは押した方向に回転し続ける。

㋔　木の板の上の磁石のN極とS極を反対にして，手順6でAを下向きに押すと，モーターは押した方向に回転した後，反転して回転し続ける。

㋕　電池の代わりにコンデンサーをつなぎ，モーターを指で何度も回転させることでコンデンサーに電気をたくわえることができる。

⑷　竹ひごの代わりに針金を使おうとしたら，先生に「危険ですからやめてください。」と言われました。どのような危険があるか，説明しなさい。どのような怪《け》我《が》につながるのかわかるように示しなさい。

⑸　モーターの回転速度を測る実験を行いました。

①　図2のように竹ひごに糸の片方の端をとりつけ，その糸を巻き取るのにかかる時間で測定しようと考えました。糸を竹ひごに巻き付けると，10回巻き付けるのに必要な糸の長さは7.2㎝でした。モーターを回転させたところ，20㎝の糸を巻き取るのに1.5秒かかりました。モーターが1回転するのにかかる時間を小数第3位まで答えなさい。ただし糸の太さの影響は無視できるものとします。

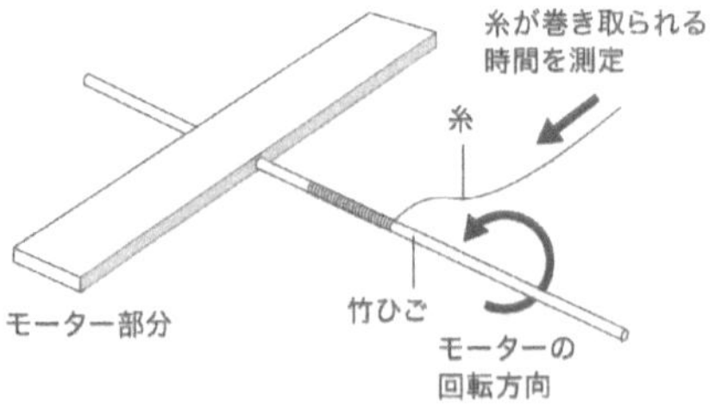

図2

② ①の方法だと，糸によって回転に負荷がかかり回転速度がわずかに変化している可能性があると考え，カメラで撮影する方法を考えました。１秒間に10枚の写真が撮れる連射モードにしたカメラで回転するモーターを横から写しました。結果は下図のような写真になりました。写真はモーターの断面を表しており，段ボールにＡが描かれている側に「Ａ」と表記しています。写真の左上に時刻が示されています。写真は0.1秒ごとのものですが，0.1秒の間にモーターは１回転以上しているものと考えられ，この結果からは１回転の時間が色々考えられます。それらのうち，①の結果に最も近い値を小数第３位まで答えなさい。

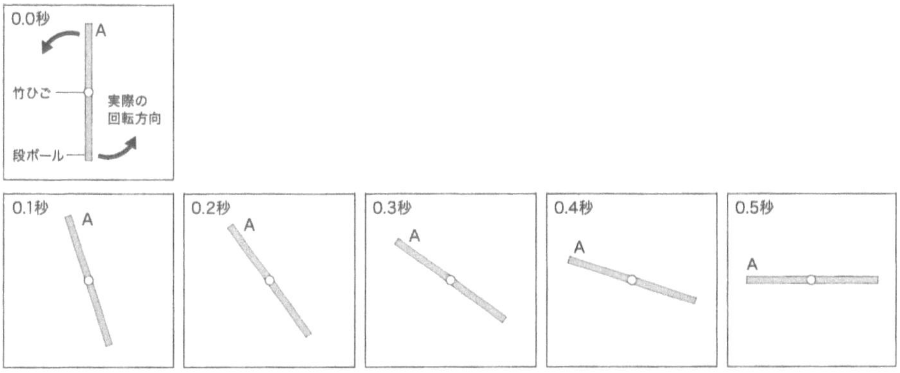

2 以下の会話文を読み，問いに答えなさい。

生徒：試験を受けたあとは，家に帰ってお菓子を食べながら紅茶を飲みたいな。

先生：イギリスではアフタヌーンティーといって，学校でも職場でも午後４時にお茶をする習慣がありますね。ところで，お茶の習慣はヨーロッパの水の性質と関係があると言われているのですよ。

生徒：どういうことですか？

先生：ミネラルウォーターのラベル（図１）を見ると，カルシウムやマグネシウムの含有量《がんゆうりょう》と一緒に「硬度《こうど》○○ mg/Ｌ」※という記載《きさい》がありますね。ヨーロッパの水は日本の水に比べて，硬度が高いのです。

※１mg（ミリグラムと読む）は１ｇの千分の一の重さ。また，「/Ｌ」（パーリットルと読む）は「１Ｌあたり」という意味。

栄養成分表示（100 mL あたり）
エネルギー 0 kcal
たんぱく質・脂質・炭水化物 0 g
ナトリウム 4.5 mg（食塩相当量 0 g）
カルシウム 5.4 mg
マグネシウム 3.6 mg
硬度 286 mg/L

図１

生徒：水に硬《かた》いとか軟《やわら》かいといった表現を使うのは，なんだか変ですね。

先生：カルシウムやマグネシウムといったミネラルがたくさん溶け込んでいる水を「硬い」と表現します。ヨーロッパの地質は（　Ｘ　）が多いため，地下水にミネラルが溶け出しやすいのです。お茶を入れるときにお湯をわかしますが，その際水に溶けていたミネラルは，炭酸カルシウムや炭酸マグネシウムといった水に溶けにくいものに変わり，沈殿《ちんでん》します。それからお茶を入れることで，茶葉と茶こしが沈殿を除くろ紙の役割を果たして，多くのミネラルを除くことができるのです。

生徒：ミネラルは体に悪いということですか？

先生：カルシウムもマグネシウムも生体に必要なので，悪いということではないのですが，飲み水の中にたくさん含まれているのはよくありませんね。水に溶けているカルシウムやマグネシウムは，食事と一緒にとると，食べ物の中の成分と結合して不溶性の物質を作って，腸での水の吸収を妨げてしまいます。つまりお腹を壊す原因になるのです。

生徒：ところで，水の硬度はどうやって計算するのですか？

先生：水の硬度とは，もともとは蒸気機関のボイラーで湯をわかすと析出《せきしゅつ》する，硬くて白い沈殿がどれくらいの重さになるのかを予想するための数値でした。つまり水の硬度は，水１Ｌに溶けているカルシウムとマグネシウムが全て沈殿に変化した場合に，その沈殿がどれだけの重さになるかという予測値なのです。水の中のカルシウムが全て炭酸カルシウムに変わると，生じた炭酸カルシウムの重さはもとのカルシウムの重さの2.5倍に増えます。例えば水１Ｌあたりにカルシウムだけが54mg 溶けている場合，その水の硬度は（　あ　）mg/Lであると計算できます。

生徒：マグネシウムについてはどのように考えるのですか？

先生：ここで少し複雑な話になります。マグネシウムは，実際には炭酸マグネシウムの沈殿に変化するのですが，その沈殿が全て炭酸カルシウムだと想定して重さを計算します。水に溶けているマグネシウムが全て炭酸マグネシウムに変わると，その重さはもとのマグネシウムの3.5倍に増えます。炭酸マグネシウムを炭酸カルシウムに置き換えて考える場合，想定する炭酸カルシウムの重さは，実際の炭酸マグネシウムの重さの1.2倍になると計算します。すると水１Ｌあたりにマグネシウムだけが36mg 溶けている場合，その水の硬度は（　い　）mg/Lとなります。

ミネラルウォーターには，マグネシウムとカルシウムの両方が溶けているので，硬度は（あ）と（い）を足し合わせた数値です。

生徒：ラベル（図１）に記載されている数値で試しに計算してみると，ぴったり合いました。

⑴　空らん（Ｘ）に当てはまる用語として適切なものを以下の選択肢《せんたくし》から１つ選び，記号で答えなさい。

㈠　れき岩　　㈡　砂岩　　㈢　よう岩　　㈣　石灰岩　　㈤　泥岩

⑵　空らん（あ）（い）に当てはまる数値を，整数で答えなさい。

カルシウム100mg/L，マグネシウム26mg/Lのミネラルウォーター１Ｌを沸とうさせて，生じた沈殿をろ過して全て除いたところ，ミネラルウォーターの硬度は254mg/Lとなりました。

ここでは，沈殿には炭酸カルシウムと炭酸マグネシウム以外のものは含まれないと仮定して考えます。また，蒸発やろ過による水の減少は無視できるとします。

⑶　沸とうさせる前のミネラルウォーターの硬度は何mg/Lですか。整数で答えなさい。

⑷　沸とうさせて生じた沈殿の全体の重さが101mgだった場合について考えます。

①　沸とうさせた後のミネラルウォーターに溶けているカルシウム濃度とマダネシウム濃度は，それぞれ何mg/Lですか。整数で答えなさい。

②　沈殿に占める炭酸カルシウムと炭酸マグネシウムの重さはそれぞれ何mgであったと予想できますか。整数で答えなさい。

3 地球の形が球形であると考えて，初めて地球の大きさの科学的な測定が行われたのは，今から2000年以上も前でした。ギリシャ人のエラトステネス（紀元前275年～紀元前194年）が，エジプトにわたって，この測定を初めて行ったのです。

(1) 次の文で，地球の形が球形である証拠としてふさわしいものを３つ選び，記号で答えなさい。

(ア) 船が沖合から陸地に向かうと，高い山の頂上から見えてくる。

(イ) 夜空の星は，円弧を描くように動いて見える。

(ウ) 高い場所に登るほど，より遠くの町や山が見えてくる。

(エ) 日食の時の太陽の欠け方は，つねに円弧の一部のように見える。

(オ) 月食の時の月の欠け方は，つねに円弧の一部のように見える。

エラトステネスは，アレクサンドリアとシエネという２つの都市に着目しました。シエネでは，夏至の日に太陽が南中したとき，太陽がほぼ真上に見えます。ところがアレクサンドリアでは，同じ日の同じ時刻の太陽は，真上より7.2度低い位置に見えます。地球の形が球形であると考えると，２つの都市の間の距離がわかれば，地球の大きさを求めることができます。当時使われていたエジプトの距離の単位はスタディオンでした。１スタディオンは185mです。

アレクサンドリアのほぼ真南にシエネがあるということは，同じ経度にあると考えることができます。また，太陽が南中したときの位置の差は，緯度の差です。

(2) アレクサンドリアとシエネの距離は，１スタディオンの5000倍でした。これは何km ですか，整数で答えなさい。

(3) アレクサンドリアとシエネとの太陽の位置の差は，360度の何倍になりますか。

(4) (2)と(3)をもとに，地球の全周の長さを求めると何km ですか。整数で答えなさい。

花子さんと太郎さんは，エラトステネスの方法で，地球の大きさを測定しようと考えました。図１に，渋谷教育学園幕張中学高校のグラウンドのコーナー（点A，点B）の経度と緯度が示されています。分や秒は角度の単位です。１度の$\frac{1}{60}$が１分，さらに１分の$\frac{1}{60}$が１秒です。したがって，１度は3600秒ということになります。

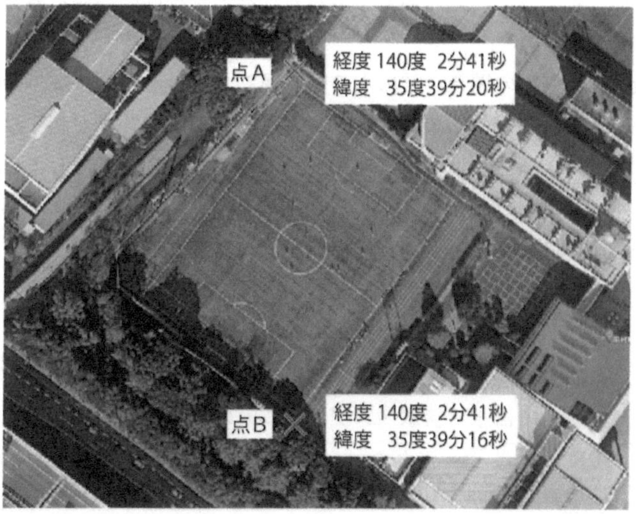

図１　渋谷教育学園幕張中学高校の地図（Google Earth）

花子さんは，自分が歩く歩幅で図１の点Ａと点Ｂの距離を求めることにしました。まず，歩幅を求めるために，まっすぐに20歩の距離を求めると14mでした。

(5) 花子さんが，点Ａから点Ｂまで歩いてみると180歩でした。このことから地球の全周の長さを求めると何㎞ですか。整数で答えなさい。

(6) 太郎さんも花子さんと同じ方法で地球の全周の値を計測しました。しかし，花子さんよりも大きな値になりました。その原因として考えられることを次の選択肢《せんたくし》の中から１つ選び，記号で答えなさい。

(ア) 花子さんの歩幅よりも，太郎さんの歩幅の方が長かった。
(イ) 花子さんの歩幅よりも，太郎さんの歩幅の方が短かった。
(ウ) 太郎さんは，歩幅を測る時よりも，点Ａから点Ｂを歩く時の歩幅の方が大きくなった。
(エ) 太郎さんは，歩幅を測る時よりも，点Ａから点Ｂを歩く時の歩幅の方が小さくなった。
(オ) 測定時間の差があったため，その間に地球が自転した。

(7) 地球が完全な球形だとすると，南北の方向に測定点を取らなくても，東西の方向に測定してもほぼ同じ結果を得られる場所があります。それは，次のうちのどの場所ですか。１つ選び記号で答えなさい。

(ア) 赤道上の地点
(イ) 緯度が南北23.4度の地点
(ウ) 緯度が南北45度の地点
(エ) 兵庫県明石市
(オ) グリニッジ天文台（イギリス　ロンドン市）

4 生物のからだは細胞でできています。細胞は，細胞膜《さいぼうまく》に囲われていて，この細胞膜が細胞内と細胞外の境界となります。細胞膜には，水は通すが，水に溶けた塩分は通さないという性質があります。細胞膜を通した水の移動のきっかけとなっているのは，塩分濃度の差です。細胞内は液体で満たされており，この液体には塩分が含まれます。しかし，塩分は細胞膜を通り抜けることができません。細胞内の液体と細胞外の液体の塩分濃度が異なると，細胞の内側と外側の塩分濃度が近づくように水が移動するのです。

今回の実験で扱うⓐメダカの場合，常に水の中で過ごしているため，体外の液体とからだの体表面が接してしまい，水の移動が生じます。メダカよりさらに水の移動が起こりやすいからだの構造をしているⓑナメクジに，塩をかけると大きくすがたかたちが変わってしまうのは，このような塩分濃度の差により水が移動した結果です。

水の移動が関わる国際問題として，海洋中の微小なマイクロプラスチック（以下ＭＰとする）による環境汚染《かんきょうおせん》があります。MPがメダカのからだに蓄積《ちくせき》されるようすを観察するために，【実験１】・【実験２】を行いました。表１は海水，淡水《たんすい》，メダカの体液，それぞれにおける塩分濃度を調べたものです。

表１　海水・淡水・メダカの体液の塩分濃度

	海水	淡水	メダカの体液
塩分濃度（%）	3.5	0.05	0.9*

＊メダカの体液の塩分濃度は淡水と海水、どちらの環境でも常に一定である。

【実験１】

同じ大きさの水槽《すいそう》Ⅰと水槽Ⅱを用意し，水槽Ⅰには海水を，水槽Ⅱには淡水を同じ量入れた。さらに，水槽Ⅰ・Ⅱの両方に１㎜の1000分の１の大きさである蛍光《けいこう》MP粒子《りゅうし》を同じ量，水中に均一に広がるように入れた。蛍光MP粒子は，青い光を当てることで緑に光り，蛍光顕微鏡《けんびきょう》にて観察できる。その後メダカの稚魚《ちぎょ》（図１左）を用意し，水槽Ⅰ・Ⅱにて１日間，３日間，７日間の飼育を行った。口から水を飲むときにメダカのからだに入る蛍光MP粒子の光の強さから，からだに蓄積している蛍光MP粒子数を算出した（図２）。

図１　メダカの稚魚（左）と成体（右）

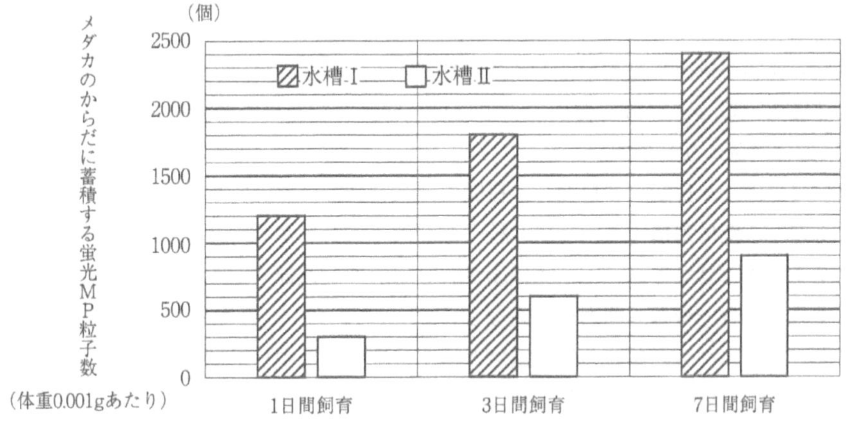

図２　メダカの体重0.001gあたりの蛍光MP粒子数

【実験２】

【実験１】の水槽Ⅰ・Ⅱで７日間飼育したメダカを，蛍光顕微鏡で観察したところ，以下の場所に蛍光MP粒子が蓄積していた（図３）。色が濃《こ》いほど高い蓄積が見られたことを示す。

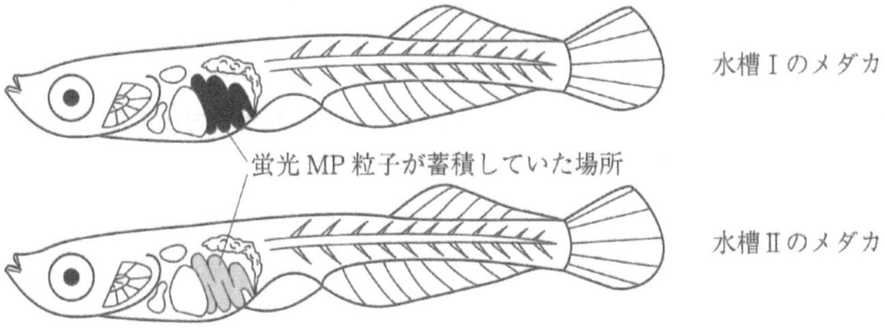

図３　水槽Ⅰ・Ⅱのメダカのからだにおける蛍光MP粒子蓄積場所

(1) 下線部ⓐが日本での実験でよく使われる理由として間違っているものを1つ選んで記号で答えなさい。

(ア) 日本全国に流通しており，入手が容易であるから。

(イ) 日本の四季の温度変化に耐えられるような温度耐性《たいせい》をもつから。

(ウ) 飼育費用が安価であるから。

(エ) 遺伝子の研究がされてこなかったため，新たな発見がしやすいから。

(オ) 条件を整えることで，年中繁殖《はんしょく》が可能であるから。

(2) 下線部ⓑのような水の移動を利用して作られる食べ物につけ物があります。野菜を塩づけすることでつけ物が作られますが，この塩づけには食べ物が腐《くさ》る原因となる腐敗菌《ふはいきん》の繁殖を抑《おさ》える効果もあります。高い塩分濃度のもとで，腐敗菌の繁殖が抑えられる理由を以下のキーワードを用いて簡潔《かんけつ》に答えなさい。

キーワード：細胞膜

(3) 【実験1】での7日間の飼育終了直後に水槽Ⅱのメダカを，蛍光MP粒子が含まれていない淡水が入った水槽Ⅲに移しました。メダカを移してから25時間で，からだに蓄積していた蛍光MP粒子のうちの95％が排出されていることがわかりました。1時間あたりの蛍光MP粒子排出量が一定だとすると，このメダカにおいて，水槽Ⅲに移してから18時間後にからだに残っていた蛍光MP粒子数は何個になりますか。整数で答えなさい。ただし，メダカの体重を0.1gとします。

(4) 【実験1】では，1日間，3日間，7日間のデータ全てにおいて水槽Ⅱのメダカより水槽Ⅰのメダカの方がからだに蓄積する蛍光MP粒子数が大きいことがわかります。この理由を説明した以下の文章を完成させなさい。①～④はふさわしいものを選び，○で囲みなさい。また，⑤は当てはまる文章を自分で考え，簡潔に答えなさい。

水槽Ⅱでは，メダカの体液の塩分濃度が淡水の塩分濃度より①［低い・高い］ため，体表面において水は②［体内から体外・体外から体内］に移動する。一方で，水槽Ⅰでは，メダカの体液の塩分濃度が海水の塩分濃度より③［低い・高い］ため，体表面において水は④［体内から体外・体外から体内］に移動する。水槽Ⅰのメダカは，常に変化するからだの水分量を調節するために，水槽Ⅱのメダカよりも積極的に［　⑤　］。

なお，からだに入り込んだ過剰《かじょう》な水は尿として体外に排出される。また，からだに入り込んだ過剰な塩分はえらから体外に排出される。

(5) 【実験2】において，蛍光MP粒子が大きく蓄積している部分が観察できる。この部位の名称として正しいものを1つ選んで記号で答えなさい。

(ア) かん臓　(イ) 心臓　(ウ) じん臓　(エ) 血管　(オ) 消化管

(6) 【実験1】と【実験2】において，メダカの成体ではなく稚魚の方がより実験に適している理由を図1と実験の操作の特徴《とくちょう》をふまえて簡潔に答えなさい。

【社　会】（45分）　＜満点：75点＞

【注意】・句読点は字数にふくめます。
・字数内で解答する場合，数字は１マスに２つ入れること。例えば，226年なら|22|6年|とすること。字数は指定の８割以上を使用すること。例えば，30字以内なら24字以上で答えること。
・コンパス・定規は必要ありません。

1　次の文章を読み，下記の設問に答えなさい。

a昨年（2023年）の夏は記録的な猛暑《もうしょ》となりました。そこで体を冷やすために，清涼《せいりょう》飲料水やアイスクリームなど冷たいものが多く消費されました。それらの商品にあるb原材料などの食品表示ラベルを見ると，砂糖《さとう》が使用されていることに気づきました。そこで，砂糖について調べてみました。

砂糖は清涼飲料水やアイスクリームにもあるように甘みを加えることで知られていますが，cそれ以外の幅広い用途《ようと》に対応でき，私たちの生活に不可欠な食材となっています。

砂糖のおもな原料は，サトウキビとてんさい（ビート）です。そのほか，サトウヤシやサトウカエデなどからも生産することが可能です。

dサトウキビの世界最大の生産国はブラジルで，それに次《つ》ぐのがインドです。一方，てんさいの世界最大の生産国はロシアで，それに次ぐのがフランスです（ともに2021年の数値）。

日本でもサトウキビは鹿児島県と沖縄県，てんさいは北海道で生産されています。これらを原料にして生産された砂糖は，国内供給《きょうきゅう》量の約４割を占めています。残りの約６割については，海外から輸入した原料を用いて日本の工場で精製され，砂糖が供給されています（2021年10月～2022年９月の数値）。

2022年の日本では，原材料や食品などの価格は，バブル崩壊以降，類《るい》を見ないe値上げラッシュとなりましたが，砂糖も例外ではありませんでした。砂糖の値上げは2023年も続き，42年ぶりの高値をつけたことが報道されていました。

砂糖の価格が高止まりすれば砂糖の消費量に影響を及ぼすことは想像できます。しかし，日本での一人あたりの砂糖消費量は1970年頃と比べると，今は半分程度に減っています。こうしたことからf日本における砂糖の消費量が減少している理由は価格以外にもあるように考えられます。

砂糖の歴史についても調べてみました。砂糖が日本へ伝わったのは奈良時代で，鑑真が唐から持参したといわれています。当時の砂糖は貴重品で，薬として扱われていました。平安時代以降も砂糖は高価な貴重品として扱われましたが，明治時代になり庶民にも行きわたるようになりました。それでもg砂糖はぜいたく品とみなされ課税対象となっていました。この砂糖への課税はその後も何度かの法改正を経て，h1989年の消費税導入まで続きました。

日本では，1930年代後半に入り砂糖の国内需要《じゅよう》をほぼまかなえるようになりましたが，その後戦時体制が進むと，砂糖は配給制になりました。戦後，1952年に配給制が廃止となり，その後砂糖のi輸入が自由化されました。j国内産の砂糖（と原料）は国際競争力が低いことから，政府は砂糖を安定した価格で供給できるように保護してきましたが，ここ数年は砂糖の原材料価格などの高騰《こうとう》により砂糖の値上げが生じています。

砂糖の消費量が減少したとはいえ，今でも砂糖は身近な生活必需品です。砂糖は多くの食品に使用され食生活を豊かにしてくれていることがわかりました。

問１　下線部ａに関して，2023年のできごとに関する次の文Ｘ・Ｙについて，その正誤の組合せとして正しいものを，下記より１つ選び番号で答えなさい。

Ｘ　2023年のＧ７サミット（主要国首脳会議）が広島で開かれ，フランス，アメリカ，イギリス，ドイツ，日本，イタリア，カナダの７か国及び欧州連合（ＥＵ）の首脳以外に，インドや韓国など招待国の首脳も参加しました。

Ｙ　地方公共団体の首長と議会の議員の選挙を，全国的に期日を統一しておこなう統一地方選挙は1947年から始まったので，2023年は19回目の実施になりました。

1	Ｘ	正	Ｙ	正		2	Ｘ	正	Ｙ	誤
3	Ｘ	誤	Ｙ	正		4	Ｘ	誤	Ｙ	誤

問２　下線部ｂについて，法律で定められている食品表示ですが，ケーキ屋での冷蔵ショーケースで販売される生菓子《なまがし》や，パン屋で購入時に袋などに入れられるパンに表示義務はありません。その理由を解答用紙のわく内で答えなさい。

問３　下線部ｃに関して，砂糖の用途《ようと》に関する次の文Ｘ・Ｙについて，その正誤の組合せとして正しいものを，下記より１つ選び番号で答えなさい。

Ｘ　厳冬地域では雪の積もった道路に砂糖を散布《さんぷ》して，道路が凍結《とうけつ》することを防いでいます。

Ｙ　羊かんは砂糖を多く使用して作るお菓子であり，砂糖の防腐《ぼうふ》効果により長期保存ができることからも，災害時の非常食として用いられています。

1	Ｘ	正	Ｙ	正		2	Ｘ	正	Ｙ	誤
3	Ｘ	誤	Ｙ	正		4	Ｘ	誤	Ｙ	誤

問４　下線部ｄについて，次の**表１**・**表２**も参考にして以下の問いに答えなさい。

表１　サトウキビの生産量（2021年）

順位	国名	生産量（千トン）	割合（%）
1	ブラジル	715,659	38.5
2	インド	405,399	21.8
3	中国	106,664	5.7
4	パキスタン	88,651	4.8
5	タイ	66,279	3.6
6	メキシコ	55,485	3.0
7	インドネシア	32,200	1.7
8	オーストラリア	31,133	1.7
9	アメリカ合衆国	29,964	1.6
10	グアテマラ	27,755	1.5
世界計		1,859,390	100.0

表２　てんさいの生産量（2021年）

順位	国名	生産量（千トン）	割合（%）
1	ロシア	41,202	15.3
2	フランス	34,365	12.7
3	アメリカ合衆国	33,340	12.3
4	ドイツ	31,945	11.8
5	トルコ	18,250	6.8
6	ポーランド	15,274	5.7
7	エジプト	14,827	5.5
8	ウクライナ	10,854	4.0
9	中国	7,851	2.9
10	イギリス	7,420	2.7
世界計		270,156	100.0

（東京法令地理Naviより作成）

（注意）

砂糖を製造する際に，サトウキビ１kgから約110ｇ，てんさい１kgから約170ｇの砂糖をつくることができるとします。

⑴　2023年はブラジルでのサトウキビの不作が砂糖価格の高騰《こうとう》に影響したと言われています。砂糖価格が高騰した理由について，**表１**・**表２**，さらに（**注意**）からわかることを解答用紙のわく内で答えなさい。

⑵　ブラジルでは砂糖の他に，サトウキビを原料にしてある燃料を生産しています。地球温暖化防止対策や，石油代替燃料として注目されているある燃料をカタカナで答えなさい。

⑶　⑵はカーボンニュートラルな燃料として知られていますが，どのような点でカーボンニュートラルな燃料と言えるのですか。**二酸化炭素**という語句を必ず用いて解答用紙のわく内で答えなさい。

問５　下線部ｅに対し，生活への影響を訴えた国民の声にこたえるべく，政府は経済対策をおこなってきました。国民が生活苦などを訴え，政府に要望を出すことができる基本的人権に請願権があります。請願権に関する次の文Ｘ・Ｙについて，その正誤の組合せとして正しいものを，下記より１つ選び番号で答えなさい。

Ｘ　請願権は年齢や国籍にかかわらず日本に住む誰もが持つ権利で，日本国憲法で保障されています。

Ｙ　請願権とは，国や地方公共団体に対して，災害や事故などによる損害の救済や法律・条例の制定などさまざまな要望を出すことができる権利です。

1	Ｘ	正	Ｙ	正	2	Ｘ	正	Ｙ	誤
3	Ｘ	誤	Ｙ	正	4	Ｘ	誤	Ｙ	誤

問６　下線部ｆについて，日本での砂糖の消費量が減少している理由として，砂糖に対するイメージが指摘されています。そのイメージとはどのようなものだと考えられますか。消費者の立場から解答用紙のわく内で答えなさい。

問７　下線部ｇについて，明治時代の日本政府がぜいたく品である砂糖に課税した目的として正しいものの組合せを，下記より１つ選び番号で答えなさい。

Ａ　戦費を調達するため　　Ｂ　国内の製糖業を保護するため

Ｃ　消費を節約させるため　　Ｄ　高所得者の税負担を減らすため

1　Ａ・Ｃ	2　Ａ・Ｄ	3　Ｂ・Ｃ	4　Ｂ・Ｄ

問８　下線部ｈについて，消費税など新しい税法を制定する際の国会の手続きを解答用紙のわく内で答えなさい。ただし，**衆議院**・**参議院**・**出席議員**の３語を必ず用いて答えること。

問９　下線部ｉに関する次の文Ｘ・Ｙについて，その正誤の組合せとして正しいものを，下記より１つ選び番号で答えなさい。

Ｘ　輸入の自由化とは，輸入品に対して関税を引き下げたり，輸入数量を制限するのをやめたりして，なるべく自由に取引できるようにすることを言います。

Ｙ　輸入の自由化には条約が必要であり，その発効には内閣の承認も得なければならないと日本国憲法で定められています。

1	Ｘ	正	Ｙ	正	2	Ｘ	正	Ｙ	誤
3	Ｘ	誤	Ｙ	正	4	Ｘ	誤	Ｙ	誤

問10　下線部ｊの理由に関する次の文Ｘ・Ｙについて，その正誤の組合せとして正しいものを，下記より１つ選び番号で答えなさい。

Ｘ　2022年については円安ドル高の傾向が強く，日本で生産した砂糖の海外における販売価格が上昇したから。

Ｙ　日本産のサトウキビやてんさいは狭《せま》い土地と高い労働賃金により，海外に比べると生産コストが高くなるから。

1	Ｘ　正	Ｙ　正	2	Ｘ　正	Ｙ　誤
3	Ｘ　誤	Ｙ　正	4	Ｘ　誤	Ｙ　誤

2　次の文章を読み，下記の設問に答えなさい。

日本では毎年膨大《ぼうだい》な数の遺跡や古墳が発見・発掘されていますが，㋐2023（令和５）年においても，いくつかの古墳の発掘ばかりでなく，歴史に関する様々なことが新聞やaテレビなどで世間に数多く伝えられました。

６月には，佐賀県の吉野ヶ里《よしのがり》遺跡において，弥生時代後期の有力者の墓の可能性がある石棺墓《せっかんぼ》が見つかったことが報道されました。これに関し，佐賀県知事が「調査の結果，石棺墓はヤマタイコクの時代の有力者の墓と裏付けられた」とコメントするなど，話題となりました。ちなみに，この吉野ヶ里遺跡はb1986（昭和61）年から本格的な調査が始められた弥生時代の最大級の環濠《かんごう》集落の遺跡です。

９月には，c法隆寺の参道脇の観光バス用の駐車場にある植え込みが古墳であったことが報道されました。この植え込みは，直径約8.5m，高さ1.5mのどこにでもあるような円形の植え込みだということです。地元には「㋑クスノキの舟」が出土したという言い伝えがあったため，船塚《ふなづか》古墳と呼んでいたそうですが，2022年から翌年にかけての調査で，横穴式石室が見つかり，副葬品などから６世紀後半の古墳だということが判明しました。また石室の石が抜き取られており，お寺の建設などに再利用された可能性があるとのことでした。

古墳の石室の石が違うものに再利用された例は，他にもいくつかの事例が知られています。三重県松阪市の松坂城の天守台には，古墳の石棺のふたが用いられています。d戦国時代からe江戸時代にかけて，石垣をともなうお城が日本各地につくられましたが，その際に古墳の石を利用した事例が数多く知られています。近年では，f愛知県豊橋市の馬越長火塚《まごしながひづか》古墳群にある古墳の石室の石が，大量に運び出されていたことが2021年の調査で明らかになりました。同じ豊橋市にある吉田城に関して，「古墳の石は吉田城の石垣に使われた」と言い伝えがあり，注目されています。

そのほか2023年の９月には，g関東大震災から100年ということで，当時の映像をただ流すばかりでなく，中には陸軍被服廠《ひふくしょう》跡において約３万８千人もの死者が出た原因を追究したテレビ番組などもありました。現在の両国駅近くで，江戸東京博物館やh両国国技館のすぐ北側にある横網町《よこあみちょう》公園は，悲劇の現場となった陸軍被服廠跡があった所です。この公園には，大震災の際にここで亡くなって火葬された遺骨を，i第二次世界大戦の戦災の際の身元不明の遺骨とともに収容する東京都慰霊《いれい》堂や東京都復興記念館があり，当時の悲劇を現在に伝えています。

問１　二重下線部の「ヤマタイコク」を漢字で答えなさい。

問２　下線部ａに関連して，日本におけるテレビ放送は1953（昭和28）年に始まりましたが，その前後の1950年から1955年の間におきた出来事に関する文として正しいものを，下記より１つ選び番号で答えなさい。

1　日本国憲法が帝国議会で審議され，成立しました。

2　サンフランシスコ平和条約が結ばれ，その翌年には連合国軍による占領が終わりました。

3　アジア初となるオリンピックが東京で開催されました。

4　日本と中華人民共和国との国交が正常化しました。

問３　下線部ｂに関連して，1980年代の日本の出来事に関して述べた次の文Ｘ・Ｙについて，その正誤の組合せとして正しいものを，下記より１つ選び番号で答えなさい。

Ｘ　高度経済成長の中，白黒テレビ・電気洗濯機・電気冷蔵庫は，「三種の神器《じんぎ》」と呼ばれました。

Ｙ　男女雇用《こよう》機会均等法が成立しました。

1	Ｘ　正	Ｙ　正	2	Ｘ　正	Ｙ　誤
3	Ｘ　誤	Ｙ　正	4	Ｘ　誤	Ｙ　誤

問４　下線部ｃに関連して，法隆寺が建てられた７世紀の日本に関して述べた次の文Ａ～Ｄについて，正しいものの組合せを，下記より１つ選び番号で答えなさい。

Ａ　推古《すいこ》天皇のもとで，遣隋使が派遣されました。

Ｂ　蘇我馬子が，中大兄《なかのおおえ》皇子らによって滅ぼされました。

Ｃ　白村江の戦いで，日本軍は唐と新羅の連合軍に敗北しました。

Ｄ　天武天皇の没後，壬申《じんしん》の乱が起きました。

1　Ａ・Ｃ	2　Ａ・Ｄ	3　Ｂ・Ｃ	4　Ｂ・Ｄ

問５　下線部ｄに関連して，戦国時代の出来事に関して述べた次の文Ｘ・Ｙについて，その正誤の組合せとして正しいものを，下記より１つ選び番号で答えなさい。

Ｘ　ポルトガル船が長崎などに来航し，中国産の生糸《きいと》などをもたらしました。

Ｙ　南無妙法蓮華経《なむみょうほうれんげきょう》を唱えながら，多くの人々が一向一揆に加わり，戦国大名に抵抗しました。

1	Ｘ　正	Ｙ　正	2	Ｘ　正	Ｙ　誤
3	Ｘ　誤	Ｙ　正	4	Ｘ　誤	Ｙ　誤

問６　下線部ｅに関連して，江戸時代の出来事について述べた次の文Ⅰ～Ⅲについて，古いものから年代順に正しく配列したものを，下記より１つ選び番号で答えなさい。

Ⅰ　公正な裁判の基準として公事方御定書《くじかたおさだめがき》が定められました。

Ⅱ　大塩平八郎が反乱を起こしました。

Ⅲ　重い年貢《ねんぐ》やキリスト教への迫害《はくがい》に苦しんだ島原や天草の百姓たちが大規模な一揆を起こしました。

1　Ⅰ－Ⅱ－Ⅲ	2　Ⅰ－Ⅲ－Ⅱ	3　Ⅱ－Ⅰ－Ⅲ
4　Ⅱ－Ⅲ－Ⅰ	5　Ⅲ－Ⅰ－Ⅱ	6　Ⅲ－Ⅱ－Ⅰ

問７　下線部ｆに関連して，幕末，現在の豊橋市あたりから「ええじゃないか」が始まったといわれています。この「ええじゃないか」を描いたものとして正しい絵を，下記より１つ選び番号で答えなさい。

1

2

3

4

問８　下線部ｇに関連して，1920年代～1930年代の出来事について述べた次の文Ⅰ～Ⅲについて，古いものから年代順に正しく配列したものを，下記より１つ選び番号で答えなさい。

Ⅰ　世界恐慌《きょうこう》の影響もあり，日本も深刻な不況におそわれました。

Ⅱ　二・二六事件が起こりました。

Ⅲ　満25歳以上の成年男性が，衆議院議員選挙の普通選挙権を認められました。

1　Ⅰ－Ⅱ－Ⅲ	2　Ⅰ－Ⅲ－Ⅱ	3　Ⅱ－Ⅰ－Ⅲ
4　Ⅱ－Ⅲ－Ⅰ	5　Ⅲ－Ⅰ－Ⅱ	6　Ⅲ－Ⅱ－Ⅰ

問９　下線部ｈに関連して，両国国技館では大相撲の本場所などが開催されています。相撲の歴史に関して述べた次の文Ｘ・Ｙについて，以下に掲げる平安時代の宮中《きゅうちゅう》における主な年中行事の**表１**や江戸時代の浮世絵（**図１・２**）を参考に，その正誤の組合せとして正しいものを，次のページより１つ選び番号で答えなさい。

表１

区分	主な年中行事の名前（時期）
政務	叙位《じょい》・縣召除目《あがためしのじもく》（１月）
神事	四方拝《しほうはい》（１月）、賀茂祭《かものまつり》（４月）
仏事	灌仏会《かんぶつえ》（４月）、御仏名《おぶつみょう》（12月）
学問	釈奠《せきてん》（２月・８月）
農事	祈年祭《としごいのまつり》（２月）、新嘗祭《にいなめのまつり》（11月）
武芸	賭弓《のりゆみ》（１月）、競馬《くらべうま》（５月）、相撲節《すまいのせち》（７月）
遊興《ゆうきょう》	踏歌節会《とうかのせちえ》（１月）、曲水宴《きょくすいのえん》（３月）、七夕（７月）
除災《じょさい》など	白馬節会《あおうまのせちえ》（１月）、重陽《ちょうよう》（９月）

『最新日本史図表』の年中行事の表を改変（第一学習社、2023年）

図１

図２

※．**図１**と**図２**は、同じ場所を描いた浮世絵です。

X　平安時代には，宮中における年中行事の１つとして相撲が行われていました。

Y　江戸時代，相撲はお寺や神社の境内《けいだい》で行われていました。

1	X	正	Y	正	2	X	正	Y　誤
3	X	誤	Y	正	4	X	誤	Y　誤

問10　下線部ｉに関連して，第二次世界大戦に関して述べた次の文X・Yについて，その正誤の組合せとして正しいものを，下記より１つ選び番号で答えなさい。

X　日本は，ヒトラーの率いるドイツや，スターリンの率いるイタリアと軍事同盟を結びました。

Y　日本はアメリカだけでなく，東南アジアに植民地を有するオランダやイギリスとも戦いました。

1	X	正	Y	正	2	X	正	Y　誤
3	X	誤	Y	正	4	X	誤	Y　誤

問11　波線部㋐に関連して，平成の天皇から現在の天皇（今上《きんじょう》天皇）への交代は，これまでの明治時代以降の天皇の交代とは異なるものでした。どのような点で，明治以降のこれまでの天皇の交代と異なりますか，80字以内で説明しなさい。

問12　波線部㋑に関連して，2023年には植物学者の牧野富太郎をモデルとしたテレビドラマが放送されましたが，その中で南方熊楠《みなかたくまくす》という人物が登場しました。江戸時代や明治時代には，南方熊楠のように，男の子の名前に「楠」（クスノキ）を用いることが，現在よりも多かったことが分かっています。男の子の名前を付ける際に，「楠」の字を使うことが多かった理由を，10～20字で説明しなさい。

※１．本文や問題文などは以下のものを参考にして作成しました。

・読売新聞オンライン2023年６月18日配信記事

・朝日新聞デジタル2021年１月23日配信記事

2023年９月７日配信記事

・豪商のまち松阪　松阪市観光プロモーションサイト

・内閣府防災情報のページ

・瀬田勝哉『木の語る中世』（朝日新聞社，2000年）

※２．図版は以下のものを利用しました。

・「米騒動絵巻」（徳川美術館蔵，坂上康俊など『新編　新しい社会　歴史』〈東京書籍，2016年〉）

・「樹上商易諸物引下図」（日本銀行金融研究所　貨幣博物館　常設図録）

・「幕末江戸市中騒動図」（東京国立博物館　画像検索）

・「豊饒御蔭参之図」（国文学研究資料館　WEB会議などで使える背景画像）

・「両国大相撲繁栄図」（江戸東京博物館　企画展「相撲の錦絵と文化」ウェブサイト）

・「東都名所　両国回向院境内全図」（東京都立図書館　江戸・東京デジタルミュージアム）

3　一つの企業を中心にその取引先の関連企業が集積することによって，経済・社会の基盤が構成された都市を企業城下町と呼ぶことがあります。日本の企業城下町に関する以下の設問に答えなさい。

問１　**表１**は関東地方にある，いくつかの企業城下町を表にまとめたものです。**表１**の①と同じ製品を主に生産する企業城下町として適当な都市を，下記より１つ選び番号で答えなさい。

表１

都道府県名	市区町村名	企業が作る主な製品
茨城県	日立市	電機機械など
茨城県	鹿嶋市	①
群馬県	太田市	②
千葉県	君津市	①
千葉県	③市	醤油など
東京都	日野市	②

1　室蘭市　　2　諏訪市　　3　久留米市　　4　宇部市

問２　**表１**の②に当てはまる製品を答えなさい。

問３　**表１**の③の都市では醤油《しょうゆ》の生産が盛んです。次の**表２**は都道府県別の醤油の出荷量を示しており，千葉県は全国で最も醤油を出荷しています。千葉県では③市の他にも銚子市や成田市にも醤油工場があります。

表２

順位	都道府県名	出荷量（kℓ）
1	千葉県	274,184
2	A	119,192
3	群馬県	45,077
4	愛知県	42,397
5	香川県	39,763

2019年実績

(1)　**表１**の③の市の名称を答えなさい。

(2)　次の４つの文は，**表２**のAでつくられている醤油について説明しています。これらの文を参考にして，Aに当てはまる都道府県名を，下記より１つ選び番号で答えなさい。

・　東日本で主に消費される濃口《こいくち》醤油ではなく，西日本で主に消費されている淡口《うすくち》醤油の生産が盛んです。

・　醤油もろみに米を糖化した甘酒を添加して搾《しぼ》ったところ，色がうすく香りの良い淡口醤油が発明され，独自の風味が京都，大阪（坂）の上方の嗜好《しこう》に合い，人気を得ました。

・　江戸時代は揖保《いぼ》川を利用した舟便で，京都や大阪（坂）などの大消費地に輸送していました。

・　江戸時代に，平野部で生産される良質の大豆，小麦，米と瀬戸内地方で生産される赤穂《あこう》の塩など，必要な原料が手に入れやすかったことも，醤油生産が盛んになった要因です。

1　鳥取県　　2　愛媛県　　3　岐阜県　　4　兵庫県

(3)　醤油は大豆・小麦・食塩などを主な原料とした発酵食品です。世界各地で様々な発酵食品がありますが，日本など東アジアでは醤油や味噌といったカビでつくった麹《こうじ》を用いた発酵食品の多いことが特徴です。その理由を，気候的な側面から解答用紙のわく内で説明しなさい。

(4)　次の**表３**中**１**～**４**は千葉県で生産がさかんな，落花生，日本なし，キャベツ，ねぎ，いずれかの農作物における農業産出額の順位と，千葉県が全国に占める割合を表しています。キャベツを表したものを，下記より１つ選び番号で答えなさい。

表３

	1	2	3	4
第１位	千葉県	埼玉県	千葉県	群馬県
第２位	長野県	千葉県	茨城県	愛知県
第３位	福島県	茨城県	神奈川県	千葉県
千葉県が全国に占める割合	12%	11%	85%	8%

（令和２年）

問４　企業城下町の中には製品や企業の名称がそのまま地名となることもあります。例えば以下の**図１**は北海道旭川市のものですが，その中央部にはパルプ町という地名が見られます。

図１

（地理院地図）

(1)　**図１**の旭川市には，明治時代に北海道の警備と開拓にあたった人達によって整備された地域があります。この人達のことを何と言いますか。漢字で答えなさい。

(2)　**図１**のパルプ町と同様に，山口県山陽小野田市では次のページの**写真１**のように，製品名が町名になっています。町の名称の由来となった製品の原料で，山口県内で多く産出される天然資源の名称を答えなさい。なお，この天然資源は日本で完全に自給できています。

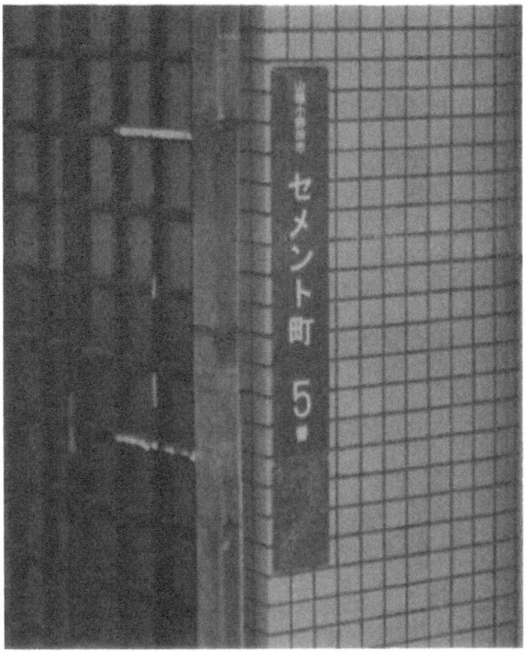

写真１

（グーグルストリートビューより）

問５　**図１**中の工場で生産されている紙製品は，軽くて薄い「紙」と，厚くて硬い「板紙」の２つに大別されます。次の**表４**は日本における紙と板紙の生産量の推移を示しています。

表４

単位：千トン	90年	95年	00年	05年	10年	15年	17年	18年	19年	20年	21年	22年
新聞用紙	3,479	3,098	3,419	3,720	3,349	2,985	2,779	2,594	2,422	2,061	1,978	1,854
印刷・情報用紙	9,251	10,565	11,756	11,503	9,547	8,384	8,242	7,871	7,512	5,877	6,314	5,997
包装用紙	1,185	1,089	1,049	975	904	891	896	897	899	759	831	842
衛生用紙	1,366	1,558	1,735	1,764	1,792	1,766	1,786	1,776	1,831	1,833	1,797	1,872
雑種紙	1,148	1,157	1,078	939	794	804	877	870	838	681	760	708
紙計	16,429	17,466	19,037	18,901	16,387	14,830	14,581	14,008	13,502	11,212	11,681	11,273
段ボール原紙	8,275	9,019	9,676	9,311	8,647	9,187	9,682	9,765	9,658	9,701	10,131	10,201
紙器用板紙	2,242	2,135	2,097	1,891	1,673	1,570	1,597	1,615	1,599	1,378	1,501	1,562
その他板紙	1,140	1,039	1,019	850	656	642	652	668	642	579	625	624
板紙計	11,657	12,193	12,791	12,051	10,977	11,398	11,931	12,048	11,899	11,657	12,258	12,388
紙・板紙計	28,086	29,659	31,828	30,952	27,363	26,228	26,512	26,056	25,401	22,869	23,939	23,661

経済産業省「生産動態統計」

(1)　次の文１～４のうち，近年「紙」の生産量が減少している要因として**適当でないもの**を，**表４**の内容をふまえて，下記より１つ選び番号で答えなさい。

1　雑誌や新聞の販売部数が減少しているため。

2　物価が上昇し，ティッシュペーパーやトイレットペーパーなどの販売が減少しているため。

3　ペーパーレス化が進み，企業や学校などで使用される紙の量が減少しているため。

4　人口減少社会や少子化によって，日本全体として紙の需要が低下しているため。

⑵　次の**図２**は，紙・パルプ産業の地域別自動車輸送量を示しています。地域別自動車輸送量とは，それぞれの地域を発着する自動車貨物の輸送量のことです。この図を見ると，関東の輸送量が最も多く，次いで四国の輸送量の多いことが読み取れます。関東，四国それぞれの地域の輸送量が多い理由を，解答用紙のわく内で説明しなさい。

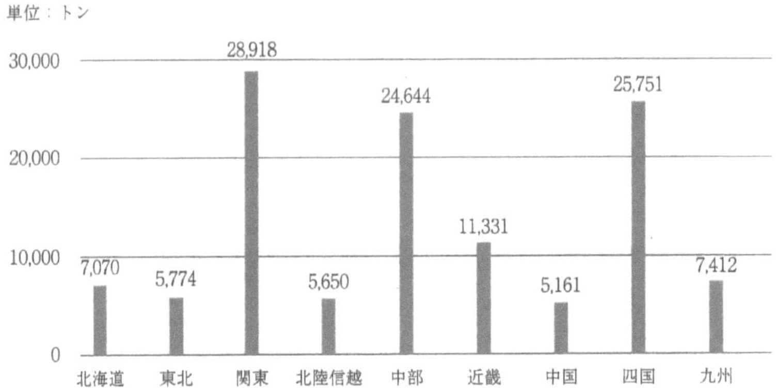

国土交通省「自動車輸送統計年報　2017年」

図２　紙・パルプ製品の地域別自動車輸送量（2017年）

問６　企業城下町と同様に，かつては炭鉱のあった都市でも，炭鉱を所有する企業や，その関連会社が，まちづくりに大きく関わってきました。しかし，現在ではほとんどの炭鉱が閉山しました。

⑴　国内の炭鉱のほとんどが閉山した理由として適当なものを，下記より１つ選び番号で答えなさい。

1　海外から石炭を輸入することが増え，採掘コストが高い日本の石炭が不利になったため。

2　石油が多く使われるようになり，火力発電などでも石炭の利用がなくなったため。

3　石炭を採掘する際に排出される二酸化炭素が，地球温暖化に悪影響を与えると問題視されたため。

4　石炭を主に用いていた鉄鋼業が衰退して，日本ではほとんど鉄鋼を生産しなくなってしまったため。

⑵　次のページの**図３**を参考にして，石炭が原油やLNG（液化天然ガス）と比べて，エネルギー源として優れている点を，解答用紙のわく内で説明しなさい。

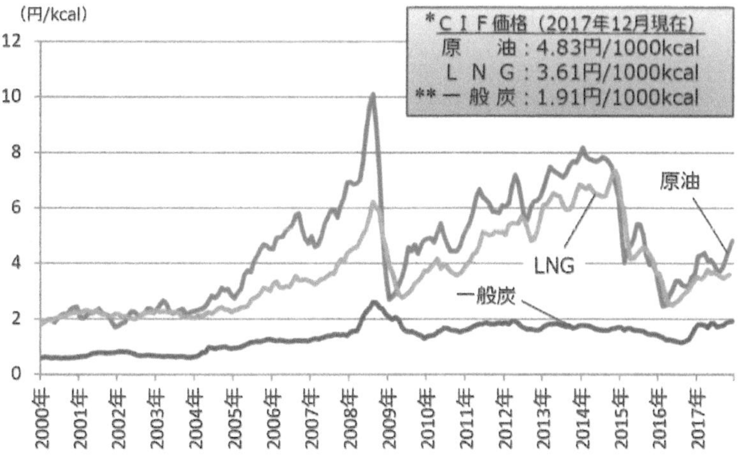

図３　日本の燃料価格の推移

＊CIF価格：卸売価格に運賃、保険料その他加算要素を加算した合計額。

＊＊一般炭：発電燃料用の石炭のこと。

問題の作成にあたっては，以下の論文や資料を使用しました。

・一般財団法人日本エネルギー経済研究所　統計資料
・国土交通省　自動車輸送統計年表
・ＪＡ全農ちば　ウェブサイト
・醤油の統計資料
・鈴木茂「紙パルプ産業の地域集積」(『松山大学論集』25(1), 2013年)
・日本製紙連合会　ウェブサイト

ウ　「吾輩《わがはい》は猫である」　　エ　「蜘蛛《くも》の糸」
オ　「海底二万マイル」　　カ　「銀河鉄道の夜」
キ　「飛ぶ教室」　　ク　「屋根の上のサワン」
ケ　「走れメロス」　　コ　「小さき者へ」

で丁寧に説明する対応よりも、八っちゃんの元へ急ぐことを優先したから。

エ　むやみに暴力を振るって八っちゃんをいじめて傷付けたばかりか、命が危うくなるような状況にまで追い込んだ「僕」に心底から腹を立てており、その場から「僕」を追い払ってしまおうと思ったから。

オ　急いでいる状況において、水を茶碗に入れるのも水をこぼさずに持っていくのも自分の方が早いにもかかわらず、自分と競い合おうとする幼い「僕」に腹を立て、力の差を示したくなったから。

問六　――部⑤「お母さんを見たら、その眼に涙が一杯たまっていた」とあるが、このときの「お母さん」の心情の説明として最も適当なものを選びなさい。

ア　我が子が何とか助かったらしいとは思ったものの、異物がお腹の中に入っているという予断を許さぬ状況であることに変わりはなく、子供の病を完全に治すためにはまだすべきことがあるため、悲しみで涙があふれそうになるのを必死にこらえて気丈に振る舞おうと思っている。

イ　我が子が何とか助かったことの喜びで夢中になって八っちゃんを抱きしめてしまったが、母親としてしっかりしているべきこの状況で本来はすべきではなかったと反省し、主人そして親として、婆やや「僕」のいる前では涙を見せるまいと泣きそうになるのを必死にこらえている。

ウ　我が子が何とか助かったことの喜びで一杯になっていたが、先程までの手遅れになって八っちゃんが死んでしまうのではないかという恐怖と苦しがる我が子への同情で自らも苦しんでいた気持ちを思い出し、軽率な行動から弟を命の危機に陥れた「僕」を情けなく思っている。

エ　我が子が何とか助かったことに安心するとともに、先程までの我が子を助けようと懸命になっている緊張と手遅れになって我が子が死んでしまうのではないかという恐怖、および自分のことのようにつらく感じて張り詰めていた気持ちが緩んで、感情があふれそうになっている。

オ　我が子が何とか助かったとは思ったものの、先程までの手遅れになって八っちゃんが死んでしまうのではないかという恐怖や苦しがる我が子への同情からくる心の痛みがよみがえり、悲しみの気持ちがあふれ出し、子供のように泣きじゃくってしまいたい気持ちになっている。

問七　作者・有島武郎《ありしまたけお》に関する以下の問いに答えなさい。

㈠　有島武郎が属した、明治四十三（一九一〇）年に武者小路実篤《むしゃのこうじさねあつ》、志賀直哉《しがなおや》らと創刊した同人雑誌名に由来し、自分たちが生育する中で培った西洋に由来する人道主義・理想主義・個人主義を追求し、〈恋愛〉や人間の〈個性〉といったその後、日本人にとっても当然になる理念を表現して広め、今でもその作品が読まれている文芸流派の名前を選びなさい。

ア　無頼《ぶらい》派　イ　古典《こてん》派　ウ　古学《こがく》派
エ　白樺《しらかば》派　オ　印象《いんしょう》派

㈡　有島武郎の作品を二つ選びなさい。

ア　「一房の葡萄《ぶどう》」　イ　「山椒大夫《さんしょうだゆう》」

清正《きよまさ》が祀《まつ》られ、「白金の清正公《せいしょうこう》さま」として人々に親しまれている。

＊2　かったい……ハンセン病患者のこと。差別によって正業に就けなくなった患者が、当時、路上で物乞《ものご》いをしていたという。

＊3　乞食……食物や金銭を人から恵んでもらって生活する人。

問一　═══部（a）～（d）のカタカナを漢字に、漢字をひらがなに直しなさい。

問二　――部①「僕は八っちゃんと喧嘩《けんか》しなければよかったなあと思い始めた」とあるが、それはなぜか。説明しなさい。

問三　――部②「八っちゃんは婆やのお尻の所で遊んでいたが真赤な顔になって、眼に一杯涙をためて、口を大きく開いて、手と足とを一生懸命にばたばたと動かしていた」とあるが、このときの「八っちゃん」はどうなっており、何をしているのか。説明しなさい。

問四　――部③「僕にはそこがそんなに静かなのが変に思えた」とあるが、どういうことか。説明として最も適当なものを選びなさい。

ア　八っちゃんの緊急事態にもかかわらず、茶の間があまりにも静かでお母さんも落ち着いていたため、驚いて、もう八っちゃんの病気をお母さんが治してしまったのではないかという錯覚にとらわれたということ。

イ　八っちゃんの緊急事態にもかかわらず、茶の間ではお母さんが落ち着いて縫物をしていたため、違和感を覚え、この平和な日常が現実で、緊急事態などなかったかのような不思議な錯覚にとらわれたということ。

ウ　八っちゃんの緊急事態にもかかわらず、茶の間ではいつものように鉄瓶が沸いていてお母さんが静かに縫物をしていたため、混乱し、この平和な茶の間が夢の中であるかのような錯覚にとらわれたということ。

エ　八っちゃんの緊急事態にもかかわらず、茶の間にはいつも通りの平和な日常があったため、あ然として、自分が八っちゃんが病気になったとお母さんに伝えにきたことを一瞬忘れそうになったということ。

オ　八っちゃんの緊急事態にもかかわらず、茶の間ではお母さんがひなたぼっこをしながら縫物をしていたため、あきれて、そののんきさに腹が立ち、頭に血が上ってすっかり動転してしまったということ。

問五　――部④「婆やは怒ったような声を出して、僕がかかって行くのを茶碗を持っていない方の手で振りはらって」とあるが、「婆や」が「僕」に向かってこのようにしたのはなぜか。説明として最も適当なものを選びなさい。

ア　本来、八っちゃんの世話や看護をすべきなのは自分なのに、自分の見当違いの発言によって信頼を失い、「僕」が水を持ってくるように命じられたことに焦り、評価を挽回《ばんかい》しようとやっきになっているから。

イ　幼い子供の世話を任されている身であるにもかかわらず、八っちゃんの命が危うくなる状況を招いたうえ、適切な対処もできなかったため、命を救おうと気が動転して暴力的になってしまったから。

ウ　一刻を争う状況であるため、誰が水を持っていくかは重要でないにもかかわらず、そこにこだわる幼い「僕」に苛立《いらだ》ち、子供に言葉お母さんの声は怒った時の声だった。そしていきなり婆やからひったくるように八っちゃんを抱き取って、自分が苦しくってたまらないような顔をしながら、ばたばた手足を動かしている八っちゃんをよく見ていらしった。

「象牙のお箸《はし》を持って参りましょうか……それで喉を撫《な》でますと……」

婆やがそういうかいわぬに、

「刺《とげ》がささったんじゃあるまいし……兄さんあなた早く行って水を持っていらっしゃい」

と僕の方を御覧になった。婆やはそれを聞くと立上ったが、僕は婆やが八っちゃんをそんなにしたように思ったし、用は僕がいいつかったのだから、婆やの走るのをつき抜《ぬけ》て台所に駈けつけた。けれども茶碗を探してそれに水を入れるのは婆やの方が早かった。僕は口惜しくなって婆やにかぶりついた。

「水は僕が持ってくんだい。お母さんは僕に水を……」

「それどころじゃありませんよ」

と④**婆やは怒ったような声を出して、僕がかかって行くのを茶碗を持っていない方の手で振りはらって、**八っちゃんの方にいってしまった。僕は婆やがあんなに力があるとは思わなかった。僕は、

「僕だい僕だい水は僕が持って行くんだい」

と泣きそうに怒って追っかけたけれども、婆やがそれをお母さんの手に渡すまで婆やに追いつくことが出来なかった。僕は婆やが水をこぼさないでそれほど早く駈けられるとは思わなかった。

お母さんは婆やから茶碗を受取ると八っちゃんの口の所にもって行った。半分ほど襟頸《えりくび》に水がこぼれたけれども、それでも八っちゃんは水が飲めた。八っちゃんはむせて、苦しがって、両手で胸の所を引っかくようにした。懐《ふとこ》ろの所に僕がたたんでやった「だまかし船」が半分顔を出していた。僕は八っちゃんが本当に可愛そうでたまらなくなった。あんなに苦しめばきっと死ぬにちがいないと思った。死んじゃいけないけれどもきっと死ぬにちがいないと思った。

今まで口惜しがっていた僕は急に悲しくなった。お母さんの顔が真蒼《まっさお》で、手がぶるぶる震えて、八っちゃんの顔が真紅で、ちっとも八っちゃんの顔みたいでないのを見たら、一人ぼっちになってしまったようで、我慢のしようもなく涙が出た。

お母さんは僕がべそをかき始めたのに気もつかないで、夢中になって八っちゃんの世話をしていなさった。婆やは膝をついたなりで覗《のぞ》きこむように、お母さんと八っちゃんの顔とのくっつき合っているのを見おろしていた。

その中に八っちゃんが胸にあてがっていた手を放して驚いたような顔をしたと思ったら、いきなりいつもの通りな大きな声を出してわーっと泣き出した。お母さんは夢中になって八っちゃんをだきすくめた。婆やはせきこんで、

「通りましたね、まあよかったこと」

といった。きっと碁石がお腹《なか》の中にはいってしまったのだろう。お母さんも少し安心なさったようだった。僕は泣きながらも、⑤**お母さんを見たら、その眼に涙が一杯たまっていた。**

（有島武郎《ありしまたけお》「碁石を呑《の》だ八っちゃん」による）

《注》

＊1　清正公……東京都港区白金《しろかね》台にある覚林寺のこと。戦国武将の加藤《かとう》

た。

　僕は気味が悪くなって来た。八っちゃんが急に怖《こ》わい病気になったんだと思い出した。僕は大きな声で、

「婆や……婆や……八っちゃんが病気になったよう」

と怒鳴ってしまった。そうしたら婆やはすぐ自分のお尻の方をふり向いたが、八っちゃんの肩に手をかけて自分の方に向けて、急に慌てて後から八っちゃんを抱いて、

「あら八っちゃんどうしたんです。口をあけてごらんなさい。口をですよ。こっちを、明《あか》い方を向いて……ああ碁石を呑んだじゃないの」

と云うと、握り拳をかためて、八っちゃんの背中を続けさまにたたきつけた。

「さあ、かーっといってお吐きなさい……それもう一度……どうしようねえ……八っちゃん、吐くんですよう」

　婆やは八っちゃんをかっきり膝の上に抱き上げてまた背中をたたいた。僕はいつ来たとも知らぬ中に婆やの側に来て立ったままで八っちゃんの顔を見下していた。八っちゃんの顔は血が出るほど紅《あか》くなっていた。婆やはどもりながら、

「兄さんあなた、早くいって水を一杯……」

　僕は皆まで聞かずに(d)<u>縁側</u>に飛び出して台所の方に駈《か》けて行った。水を飲ませさえすれば八っちゃんの病気はなおるにちがいないと思った。そうしたら婆やが後からまた呼びかけた。

「兄さん水は……早くお母さんの所にいって、早く来て下さいと……」

　僕は台所の方に行くのをやめて、今度は一生懸命でお茶の間の方に走った。

　お母さんも障子を明けはなして日なたぼっこをしながら静かに縫物をしていらしった。その側で鉄瓶のお湯がいい音をたてて煮えていた。

　③<u>僕にはそこがそんなに静かなのが変に思えた</u>。八っちゃんの病気はもうなおっているのかもしれないと思った。けれども心の中は駈けっこをしている時見たいにどきんどきんしていて、うまく口がきけなかった。

「お母さん……お母さん……八っちゃんがね……こうやっているんですよ……婆やが早く来てって」

といって八っちゃんのしたとおりの真似を立ちながらして見せた。お母さんは少しだるそうな眼をして、にこにこしながら僕を見たが、僕を見ると急に二つに折っていた背中を真直《まっすぐ》になさった。

「八っちゃんがどうかしたの」

　僕は一生懸命真面目になって、

「うん」

と思い切り頭を前の方にこくりとやった。

「うん……八っちゃんがこうやって……病気になったの」

　僕はもう一度前と同じ真似をした。お母さんは僕を見ていて思わず笑おうとなさったが、すぐ心配そうな顔になって、大急ぎで頭にさしていた針を抜いて針さしにさして、慌てて立ち上って、前かけの糸くずを両手ではたきながら、僕のあとから婆やのいる方に駈けていらしった。

「婆や……どうしたの」

　お母さんは僕を押しのけて、婆やの側に来てこうおっしゃった。

「八っちゃんがあなた……碁石でもお呑みになったんでしょうか……」

「お呑みになったんでしょうかもないもんじゃないか」

ら、いきなり立って来て八っちゃんを抱き上げた。婆やは八っちゃんにお乳を飲ませているものだから、いつでも八っちゃんの(b)**カセイ**をするんだ。そして、

「おお　おお可哀そうにどこを。本当に悪い兄さんですね。あらこんなに眼の下を蚯蚓《みみず》ばれにして兄さん、御免《ごめん》なさいとおっしゃいまし。おっしゃらないとお母さんにいいつけますよ。さ」

誰が八っちゃんなんかに御免なさいするもんか。始めっていえば八っちゃんが悪いんだ。僕は黙ったままで婆やを睨みつけてやった。

婆やはわあわあ泣く八っちゃんの背中を、抱いたまま平手でそっとたたきながら、八っちゃんをなだめたり、僕に何《な》んだか小言《こごと》をいい続けていたが僕がどうしても詫《あやま》ってやらなかったら、とうとう

「それじゃようござんす。八っちゃんあとで婆やがお母さんに皆《み》んないいつけてあげますからね、もう泣くんじゃありませんよ、いい子ね。八っちゃんは婆やの御秘蔵《ごひぞう》っ子。兄さんと遊ばずに婆やのそばにいらっしゃい。いやな兄さんだこと」

といって僕が大急ぎで一かたまりに集めた碁石の所に手を出して一摑《つか》み摑もうとした。僕は大急ぎで両手で(c)**蓋**をしたけれども、婆やはかまわずに少しばかり石を拾って婆やの坐《すわ》っている所に持っていってしまった。

普段なら僕は婆やを追いかけて行って、婆やが何んといっても、それを取りかえして来るんだけれども、八っちゃんの顔に蚯蚓ばれが出来《でき》ていると婆やのいったのが気がかりで、もしかするとお母さんにも叱《しか》られるだろうと思うと少しくらい碁石は取られても我慢する気になった。何しろ八っちゃんよりはずっとたくさんこっちに碁石があるんだから、僕は威張《いば》っていいと思った。そして部屋の真中に陣どって、その石を黒と白とに分けて畳の上に綺麗《きれい》にならべ始めた。

八っちゃんは婆やの膝に抱かれながら、まだ口惜しそうに泣きつづけていた。婆やが乳をあてがっても呑《の》もうとしなかった。時々思い出しては大きな声を出した。しまいにはその泣声が少し気になり出して、①**僕は八っちゃんと喧嘩《けんか》しなければよかったなあと思い始めた**。さっき八っちゃんがにこにこ笑いながら小さな手に碁石を一杯握って、僕が入用《いら》ないといっても僕にくれようとしたのも思い出した。その小さな握拳《にぎりこぶし》が僕の眼の前でひょこりひょこりと動いた。

その中《うち》に婆やが畳の上に握っていた碁石をばらりと撒《ま》くと、泣きじゃくりをしていた八っちゃんは急に泣きやんで、婆やの膝からすべり下りてそれをおもちゃにし始めた。

（中　略）

「八っちゃん」

といおうとして僕はその方を見た。

そうしたら②**八っちゃんは婆やのお尻の所で遊んでいたが真赤な顔になって、眼に一杯涙をためて、口を大きく開いて、手と足とを一生懸命にばたばたと動かしていた**。僕は始め清正公様(＊1)にいるかったい(＊2)の乞食(＊3)がお金をねだる真似《まね》をしているのかと思った。それでもあのおしゃべりの八っちゃんが口をきかないのが変だった。おまけに見ていると、両手を口のところにもって行って、無理に指の先を口の中に入れようとしたりした。何んだかふざけているのではなく、本気の本気らしくなって来た。しまいには眼を白くしたり黒くしたりして、げえげえと吐きはじめ

エ　一見無駄な時間が奪われたことにより、子供が本来持っていた予期しないことに対応できる柔軟さが消えてしまったから。

オ　目的地への到達を重視するスクールバスを使うことで、大人も子供も「途中」を大切にする気持ちを失ってしまったから。

問六　――部④「ありがたくなっている」とあるが、ここで傍点がふられているのは、どのような意味を強調するためか。本文中から十字以上十五字以内で抜き出しなさい（句読点は含まない）。

問七　本文の内容に合致しているものとして、最も適当なものを選びなさい。

ア　筆者は、目的を決めることなく訪れたフランスで思いがけぬ出逢いがあり、パッケージ旅行とは違う旅の素晴らしさに気づいた。

イ　「旅に出たいの」というつぶやきは、すべてが先送りされる現実から逃避し、自暴自棄になって暴走したい気持ちの表れである。

ウ　目的地まで最短距離で進むとその過程で学びえたものを取りこぼしてしまうため、時には遠回りする心の余裕を大事にすべきだ。

エ　あてもなく歩き回ることは、現在は痴呆でどこかへ行くことのように否定的なイメージでしか捉えられなくなってしまっている。

オ　現在は何でもインターネットで検索できるようになり、旅行の前に目的地を調べることで知らないことに出逢えなくなっている。

問八　〰〰部「旅行あるいは生活で、といえば抵抗はないのだが、旅をしたとはどうも言いにくいのだ」とあるが、筆者は「旅行」と「旅」の特徴をそれぞれどういうものだと考えているか。本文全体を踏まえ、対比を明確にして説明しなさい。

二　次の文章を読んで、あとの問いに答えなさい。

八《や》っちゃんが黒い石も白い石もみんなひとりで両手でとって、股《また》の下に入れてしまおうとするから、僕は怒ってやったんだ。

「八っちゃんそれは僕んだよ」

といっても、八っちゃんは眼ばかりくりくりさせて、僕の石までひったくりつづけるから、僕は構わずに取りかえしてやった。そうしたら八っちゃんが(a)ナマイキに僕の頬ぺたをひっかいた。お母さんがいくら八っちゃんは弟だから可愛がるんだとおっしゃったって、八っちゃんが頬ぺたをひっかけば僕だって口惜しいから僕も力まかせに八っちゃんの小っぽけな鼻の所をひっかいてやった。指の先きが眼にさわった時には、ひっかきながらもちょっと心配だった。ひっかいたらすぐ泣くだろうと思った。そうしたらいい気持ちだろうと思ってひっかいてやった。八っちゃんは泣かないで僕にかかって来た。投げ出していた足を折りまげて尻を浮かして、両手をひっかく形にして、黙ったままでかかって来たから、僕はすきをねらってもう一度八っちゃんの団子鼻の所をひっかいてやった。そうしたら八っちゃんはしばらく顔中《かおじゅう》を変ちくりんにしていたが、いきなり尻をどんとついて僕の胸の所がどきんとするような大きな声で泣き出した。

僕はいい気味で、もう一つ八っちゃんの頬ぺたをなぐりつけておいて、八っちゃんの足許《あしもと》にころげている碁石《ごいし》を大急ぎでひったくってやった。そうしたら部屋のむこうに日なたぼっこしながら衣物を縫っていた婆やが、眼鏡をかけた顔をこちらに向けて、上眼で睨《にら》みつけながら、

「また泣かせて、兄さん悪いじゃありませんか年かさのくせに」

といったが、八っちゃんが足をばたばたやって死にそうに泣くものだか

＊2　僥倖……思いがけないしあわせ。偶然の幸運。

＊3　漂泊……流れただようこと。居所を定めずに、さまよい歩くこと。さすらうこと。

＊4　唐木順三……日本の文芸評論家、哲学者（一九〇四～一九八〇）。著書に『中世の文学』、『無常』、『日本人の心の歴史』など。

問一　══部（a）～（c）のカタカナを漢字に、漢字をひらがなに直しなさい。

問二　本文中の語句について、以下の問いに答えなさい。

（1）　‐‐‐部（X）「しがらみ」の意味として最も適当なものを選びなさい。

ア　面倒な人間関係のように、自由な行動を束縛するもの。

イ　親孝行や恩返しなど、周囲に礼儀を尽くす姿勢のこと。

ウ　地域の伝統行事など、人々が共有して残してきたもの。

エ　年齢の上下関係だけを良しとする風習にこだわること。

（2）　空欄 Y に入るのに適当な言葉を、漢字二字で答えなさい。

問三　――部①「旅先ではたしかにいろいろなありがたい想いをする」とあるが、このあと記されている筆者の経験として最も適当なものを選びなさい。

ア　バスに乗り合わせた男が会ったばかりの筆者に宿を案内し、つたないフランス語に耳を傾け大切にもてなしてくれたこと。

イ　ドムレミでホテルや修道院を案内してくれたぶっきらぼうだが心優しい男と、後にストラスブールで偶然再会したこと。

ウ　行き当たりばったりでバスを降りたら、まるでジャンヌ・ダルクの導きのように、奇跡的に修道院に辿り着いていたこと。

エ　ジャンヌ・ダルクゆかりの地を回っている際に、守役をする現地の人と思いもかけない出逢いがあり意気投合したこと。

オ　田舎町で夜に迷子になり途方に暮れていたら、助けてくれた初老の男が修道院を案内してくれる幸運に恵まれたこと。

問四　――部②「現在が未来に拉致されている」とはどういうことか。最も適当なものを選びなさい。

ア　現在の自分が未来へと無理に連れていかれた状態なので、真の自分らしさをなくして死んだように生きているということ。

イ　すべてが先送りされているため、過去・現在・未来の時間感覚が失われ、リアリティを感じにくくなっているということ。

ウ　現在がすべて未来のために効率的に使われるようになり、人生から無駄を省く風潮が世間に広まってきているということ。

エ　本来は今を最大限生きるために未来があるのに、未来のために現在があるような矛盾が起こってしまっているということ。

オ　将来の目的など未来のために現在が使われることで、今を今として感じることができなくなってしまっているということ。

問五　――部③「気の毒なものだなあ」とあるが、そう感じたのはなぜか。最も適当なものを選びなさい。

ア　学校や家庭だけでなくスクールバスの中でも、子供の作る秩序が失われ、大人の秩序が押しつけられるようになったから。

イ　出発地点と目的地が最短距離で結ばれて、学校へは早く到着できる一方、勉強ばかりで遊びの時間が減ってしまったから。

ウ　バス送迎での便利さの代わりに、たわいもない遊びの場や、多様な人間関係を培って人生経験を積む時間が失われたから。

ういうところから零《こぼ》れてくる。

唐木順三(＊4)は昭和三十五年、彼の住んでいる相模原《さがみはら》にアメリカ人子弟のためのスクールバスが走り出したときに、「便利なものだなあ、という感嘆よりも、③**気の毒なものだなあ**、という実感が先に来た」として次のように書いていた。

家庭から学校までバスではこばれる学童たちは、途中というものを喪《うしな》ってしまった。……私たちの子供の頃は途中で友だちを誘い合いさんざんに［Y］を食って学校へいった。学校へついても授業の始まるまでに三十分も一時間もあるという具合であった。学校までの［Y］、ふざけたり、けんかをしたり、空想を語り合ったり、かけたり、ころんだりした［Y］、この一見無駄な途中によって、ほのぼのとしたものではあるが、さまざまな人生経験がつまれていったように思う。途中は目的地への最短距離ではなくて、少年たちの共通の広場であり、空想の花園でもあり、遊びの場所でもあった。ときには上級生の下級生への(c)**セイサイ**の場所にもなり、教室から開放された悪童の腕のふるい場所でもあったが、それはそれなりの秩序をもっていた。教室で学びえないものを、おのずからにして学びとる場所でもあったわけである。

（『現代史への試み』）

目的地よりもそこに行き着くまでの途中のほうが大事、そこに、目的地にたどり着くよりももっと大事なものがあるということなのだろう。［Y］、あるいは目的地のないぶらぶら歩き、それをフランス語ではランドネという。英語のランダムと同じ語源の言葉、予測ができないという意味からきた言葉だ。旅と旅行の違いもそこにあるとおもう。トンネルを掘り、橋を渡した、目的地にまで最短の距離で進む「最適」の道よりも、山沿い、川沿いにくねくねうねりながら、ジグザグ折れ曲がりながら進む気ままな道、そのなかで起こる予期しない出来事のなかに、じぶんひとりではとても紡ぎだせないような別の人生の意味が浮かび上がるというわけなのだろう。

これはパッケージされた旅行、プログラムされた旅行、テーマパークへの旅行の対極にあるものだ。つまり、あらかじめ知っていることしか起こらない旅行の対極にあるものだ。旅は日常の裏返しであるはずなのに、その裏返しまでパッケージされているのがいまの旅行だ。あるいは、日常じたいがすでに隙間だらけになっているので、逆に旅のほうにまとまったイメージを求めるようになっているのだろうか。観光、行楽、遠足、慰労……そんなあらかじめ意味づけのわかっている旅しかイメージできなくなっているようにおもう。知らないことに出会えなくなっているように、わからないことにわからないままにつきあえなくなっているようにおもう。

徘徊《はいかい》はいまでは「痴呆《ちほう》」という、ネガティヴな意味づけのなかでしか可能でなくなった。そういう意味で、いま、旅はとてもむずかしくなっている。④**ありがたくなっている**。

（鷲田清一『想像のレッスン』による）

《注》

＊1　ジャンヌ・ダルク……フランス北東部ドムレミの農民の娘。百年戦争の末期に軍を委ねられ、イギリス軍の包囲を突破してオルレアンを解放したが、異端の宣告を受け、火刑となった（一四一二～一四三一）。

りの地を回ったのだった。修道院で、別れ際に、遠回りになるけどよかったら帰りにストラスブールの学校を見においでと誘われた。翌日はドイツに戻らなければならなかったが、後でストラスブールを訪れたときはもちろんこの学校に寄って、こんどはアルザスのワインで、再会に乾杯したのだった。

ひとのありがたみに身がつまされた、そんな経験である。

けれど、わたしがここで記したいのは、そういうありがたさではない。わたしが言いたいのは、めったにないという意味での、旅のありがたさだ。

じぶんはほんとうは旅をしたことがないのではないかとおもうことがある。月に何度か東京に出る。仕事で。中国にもベトナムにも行った。オーストラリアにも行った。旅行者として。ヨーロッパもいろいろな国を経巡《へめぐ》った。長期滞在者として。**旅行あるいは生活で、といえば抵抗はないのだが、旅をしたとはどうも言いにくいのだ。**旅という言葉にいろいろなものを託《たく》し過ぎているのかもしれない。

たぶんそうなのだろう。わたしにとって、旅には、（＊3）漂泊《ひょうはく》や放浪のイメージと切り離しがたいものがある。どこどこに行くとか、そこで何をするかというふうに、目的を設定することじたいが旅に反しているとおもうのだ。「旅に出たいの」と、つぶやく女性がいる。「どこかに行きたい」と、つぶやくひともいる。それはどこどこに行きたいということではない。目的地というものがとくにあるわけではない。ふっと、いまここから消えたい、そんな想いから漏れてくる言葉なのだ。(X)**しがらみ**を切りたい、ガス抜きをしたい、いのちの洗濯をしたい、窒息状態から抜け出したいという想いもあるだろう。明日のわからぬ身になりたい、冷たさに身を晒《さら》したい、おもいがけぬ出逢いというものにふれたいという想いもありうるだろう。とにかくここではない別の場所に身を置いてみたいのである。

ここという場所からじぶんを外すのにもっとも手っ取り早い方法は、スピードである。どこに行ってもいまじぶんがいるのはここである。だからここからじぶんを外すということはありえないことなのだが、それでもやむにやまれずそういう想いにかられたとき、ひとはじぶんを地面から切り離すようなスピードに賭《か》ける。むやみやたらに暴走したくなるのだ。

その無益さを思い知らされたとき、こんどはひとは漂泊や放浪に賭ける。生きることから目的というものを解除したくなるのだ。会社での生活ひとつとってもいい。先に指摘したとおり、そこではすべて未来との関係でいまというものが規定されている。ひとつのプロジェクトを立ち上げるのに、まず利益（プロフィット）の見込み（プロスペクト）を考える。見込みが立てば、プログラミングに入る。そして生産（プロダクション）へ。販売がうまくいけば約束（プロミス）手形で支払いを受ける。これが全体として会社の前進（プログレス）につながれば、あとは昇進（プロモーション）が待っている……。前へ、先へ、プロ、プロのオンパレードだ。現在はことごとく未来に呑《の》み込まれてしまっている。②**現在が未来に拉致《らち》されている**のだ。すべてが先送りされる生活。

そういう生活に埋もれていると、ひとはいまをいまとして解き放ちたくなる。目的地ではなく、そこへ至る途中を途中のままで輝かせたくなるのだ。目的から外れたぶらぶら歩き、行き当たりばったりの世界に、ふと身を(b)**浸**してみたくなるのだ。「旅に出たいの」という言葉は、そ

【国　語】（五〇分）〈満点：一〇〇点〉

【注意】記述は解答欄《らん》内に収めてください。一行の欄に二行以上書いた場合は、無効とします。

一　次の文章を読んで、あとの問いに答えなさい。

アートとは、存在を移動させるそのきっかけを与えてくれるものである。存在のチャンネルを変えるチャンスのことである。旅もまた、その存在の移動を駆《か》るものであった。そうであるはずであった。

①旅先ではたしかにいろいろなありがたい想いをする。道を親切に教えてもらう、ついでにそのひとのお家に招待される、などというのも、異国ではめずらしいことではない。

わたしのばあい、ドイツから国境を渡ってフランスの田舎町（ドムレミという、（＊1）ジャンヌ・ダルクが生まれ育った町というよりは村だ）に行ったときに、ひとの温かみというものにとことんふれたという想いをした。ドイツのマンハイムという街から列車でフランスに向かう。何度か乗り換え、バスも乗り継いで、終点のその町に着いたのは、マンハイムを出てから六時間余、夜も更けて八時をまわっていた。宿の予約はしていない。あたりは都会では想像できないような暗闇で、人影はない。同じバスに乗っていたのは三人。ひとりは足早に消え、もうひとりの初老の男が、きょろきょろしている極東の男に声をかける。「何しに来たんだ」。「ジャンヌ・ダルクの故郷を見に来た」と、わたしはたどたどしいフランス語で答える。おどろいたというより、あきれたような表情を見せたその男は、「で、泊まるところはあるのか」と訊《き》いてくれる。「ない、予約してこなかった」とわたし。ほんとはそもそも宿があるのかさえも知らなかった。旅行書にはデータが出ていない、そんなうらびれた村だったのだ。「夕食もまだか」。「はい」。男はとりあえず俺についてこいと言う。黙って後を追う。

男が連れていってくれたのは山際の古いホテル、片田舎のホテルとしては異様に立派な佇《たたず》まいだった。部屋を用意してもらうから、とりあえずここで飯を食え、とホテルのレストランに案内してくれた。ビールを飲んでいた地元の男連中が、あいつどこの骨だ、といった冷ややかなまなざしをわたしに向ける。でも、あの初老の男はちがった。こちらの言葉をていねいに聴いてくれる。そして、じぶんはここの出身で、ストラスブールで職業学校の校長をしているが、週末はこの村に帰ってくる。ジャンヌ・ダルクを祀《まつ》っている修道院の守役をしており、あした案内してやるという。なんのことはない、わたしはその修道院の真ん前のホテルにいるのだった。いきなり矢が的に適中したようなものだった。（＊2）僥《ぎょう》倖《こう》とはこのことかとおもった。

レストランにはもう残り物しかなかったが、それでも腹をすかした旅人にはじゅうぶんな料理だった。で、部屋に入って荷物をほどいて驚いた。ベッドが湿っぽいのだ。相当に。あとで聴けば、かれこれ四十日間客がないという。でも、夜露に濡《ぬ》れるわけではなし。それよりこのありがたい出逢《であ》いがあったことをジャンヌ・ダルクの思《おぼ》し召しとおもい、とにかく旅の疲れを癒《いや》させてもらった。

翌朝起きたら、もうホテルの前にあの初老の男が来ていて、ホテルのひとたちとおしゃべりに（a）キョウじていた。大事にしてくれているんだな、とわたしは心のうちで手を合わせていた。そして修道院に連れていってもらい、そこでいただいた地図を片手に、ジャンヌ・ダルクゆか

1次

2024年度

解　答　と　解　説

《2024年度の配点は解答欄に掲載してあります。》

＜算数解答＞ 《学校からの正答の発表はありません。》

1　(1)　4通り　(2)　30通り　(3)　17通り

2　(1)　①　21cm^2　②　21枚　(2)　45cm^3

3　(1)　10倍　(2)　ア　25　イ　$8\frac{1}{3}$

4　(1)　0.5cm　(2)　4：7　(3)　$5\frac{50}{77}$

5　(1)　207cm^3　(2)　$85\frac{1}{3}$$cm^3$　(3)　8：7

○推定配点○

1(1)，2(1)①，3(1)，4(1)，5(1)　各6点×5　他　各7点×10　計100点

＜算数解説＞

重要　1　(場合の数，数の性質)

カード…1，3，5，7，9の数字が書かれた5枚のカードと

2，4，6，8の数字が書かれた4枚のカード

(1)　Aに入れるカード…5のカード

Bに入れるカード…2，4，6，8のカード

したがって，カードの入れ方は4通り

(2)　Aに入れるカードが5のカードの場合

Bに入れるカード

偶数のカード1枚の場合…4通り

偶数のカード2枚の場合…4×3÷2＝6(通り)

偶数のカード3枚の場合…4通り

偶数のカード4枚の場合…1通り

合計…4×2＋6＋1＝15(通り)

Bに入れるカードが5のカードの場合

…15通り

したがって，全部で15×2＝30(通り)

(3)　Aに入れるカードが9のカードの場合

Bに入れるカードが1～3までのカードのうち1枚…3通り

Bに入れるカードが1～3までのカードのうち2枚…3通り

Bに入れるカードが1～3までのカード3枚…1通り

Aに入れるカードが8のカードの場合

Bに入れるカードが1，2のカードのうち1枚…2通り

Bに入れるカードが1，2のカードの2枚…1通り

Aに入れるカードが7のカードの場合

Bに入れるカードが1…1通り

Aに入れるカードが8, 9のカードの場合

Bに入れるカードが1, 2のカードのうち1枚…2通り

Bに入れるカードが1, 2のカードの2枚…1通り

Aに入れるカードが7, 9のカードの場合

Bに入れるカードが1…1通り

Aに入れるカードが7, 8のカードの場合

Bに入れるカードが1…1通り

Aに入れるカードが7, 8, 9のカードの場合

Bに入れるカードが1…1通り

したがって, 全部で(3＋2)×2＋1×7＝17(通り)

重要 2 (数の性質)

タイルの縦・横の長さ…2cm～100cmまでの整数値

タイルの面積…小さい順に並べ, 同じ面積の場合は縦の長さが最短のものだけ並べる

面積がすでに並んでいるタイルの面積の倍数になる場合…このタイルを除去する

(1) ① ①4cm^2＝2cm×2cm ②6cm^2＝2cm×3cm ③9cm^2＝3cm×3cm ④10cm^2＝2cm×5cm

⑤14cm^2＝2cm×7cm ⑥15cm^2＝3cm×5cm

したがって, 7番目の面積は21cm^2

② 8番目から後の面積…(1)より, 以下の通り

⑧22cm^2 ⑨25cm^2 ⑩26cm^2 ⑪33cm^2 ⑫34cm^2 ⑬35cm^2 ⑭38cm^2 ⑮39cm^2 ⑯46cm^2

⑰49cm^2 ⑱51cm^2 ⑲55cm^2 ⑳57cm^2 ㉑58cm^2

したがって, 求める枚数は21枚

(2) (1)のタイルを使ってできる立方体や直方体の体積…以下の通り

①8cm^3＝4cm^2×2cm ②12cm^3＝4cm^2×3cm ③18cm^3＝6cm^2×3cm ④20cm^3＝10cm^2×2cm

⑤27cm^3＝9cm^2×3cm ⑥28cm^3＝4cm^2×7cm ⑦30cm^3＝6cm^2×5cm ⑧42cm^3＝14cm^2×3cm

⑨44cm^3＝22cm^2×2cm ⑩45cm^3＝15cm^2×3cm

したがって, 求める体積は45cm^3

重要 3 (平面図形, 立体図形, グラフ, 割合と比)

おもりA…おもりBの高さの3倍で底面積は$\frac{1}{3}$

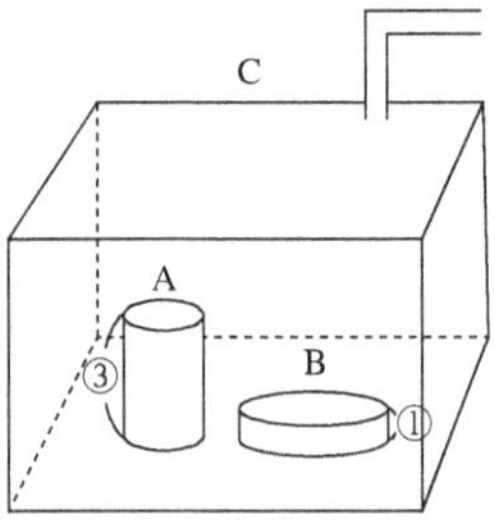

(1) 図1 おもりAの底面積…1

おもりBの底面積…3

高さ②までたまった水の体積

…グラフより, $\boxed{12}$

高さ②＋④＝⑥までたまった水の体積

…グラフ48－12＝36より, $\boxed{12}$×3

おもりBの上の部分に高さ④までたまった水の体積

…$\boxed{12}$

アイの部分の底面積

…$\boxed{12}$÷④＝3より, $\boxed{12}$÷②＝6

したがって, Cの底面積は1の1＋3＋6＝10(倍)

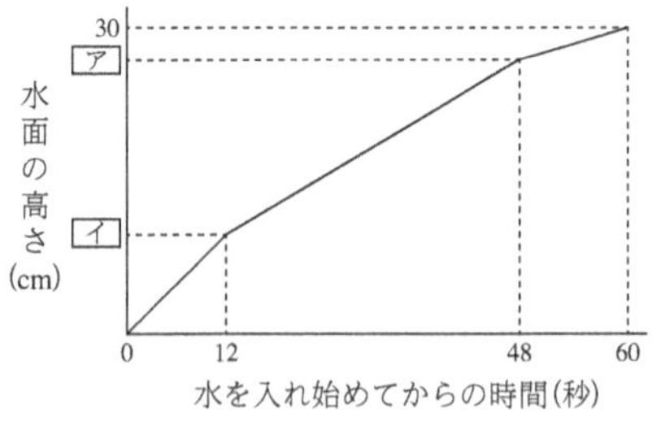

(2)　[ア]の高さよりも上にたまった水の高さ

…(1)より，[12]÷10＝$\textcircled{1.2}$

[ア]の高さ

…30÷(1.2＋4＋2)×6＝25(cm)

[イ]の高さ

…$\dfrac{25}{3}$cm

図1

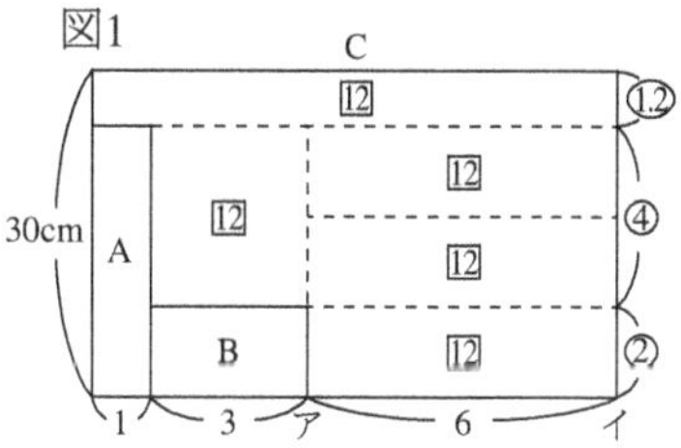

[4]　**(平面図形，相似，割合と比)**

二等辺三角形ACDとCEA

…右図より，合同

三角形EAFとAFG

…角FEA＝角CEA－角CEB＝角ACD－角ECD

＝角ACE

角EAF＝角EAC

二等辺三角形EAFとAFG

…相似である三角形

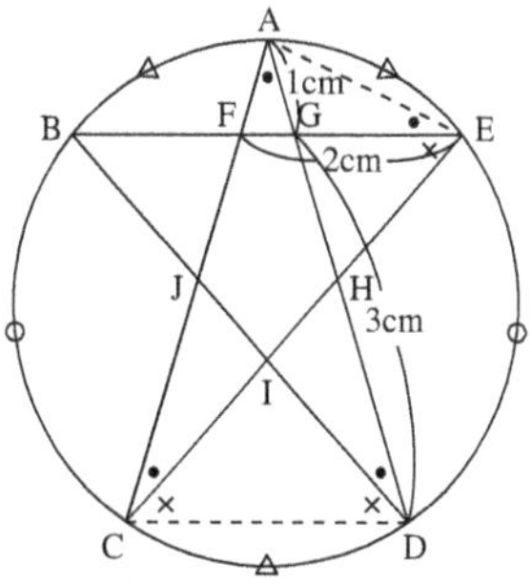

重要　(1)　FG…1÷2＝0.5(cm)

(2)　二等辺三角形ACDとDAB

…合同

二等辺三角形IEBとICD

…右図より，相似比が(1.5×2＋0.5)：2＝7：4

三角形GHEとDHC

…相似比が1.5：2＝3：4

CE…7＋4＝11と3＋4＝7の最小公倍数77

HI…77÷(7＋4)×7－77÷(3＋4)×3＝49－33＝16

IC…77－(33＋16)＝28

したがって，HI：ICは16：28＝4：7

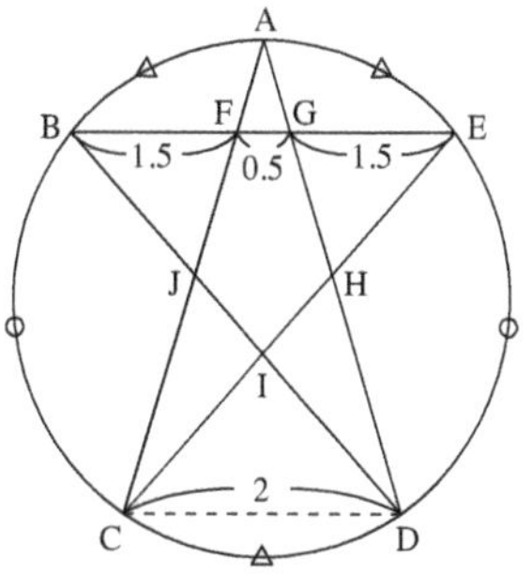

やや難　(3)　AG…1cm

GH…(2)より，3÷(3＋4)×3＝$\dfrac{9}{7}$(cm)

AG：AH…1：$\left(1+\dfrac{9}{7}\right)$＝1：$\dfrac{16}{7}$＝7：16

三角形AFGの面積…7×7＝49

三角形AJHの面積…16×16＝256

AJ：JC…$\dfrac{16}{7}$：$\left(4-\dfrac{16}{7}\right)$＝4：3

三角形JCHの面積…256÷4×3＝192

三角形JIHの面積…192÷(7＋4)×4＝$\dfrac{768}{11}$

したがって，求める割合は

$\left(256-49+\dfrac{768}{11}\right)$÷49＝$\dfrac{435}{77}$(倍)

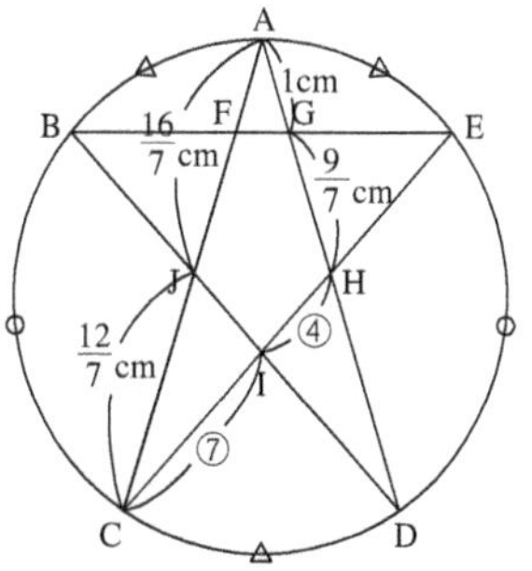

やや難 5 (平面図形，立体図形)

(1) 図1・図2・図ア

$\cdots 6\times6\times6-3\times3\div2\times3\div3\times2$

$=207(\mathrm{cm}^3)$

(2) 正四角錐O－PQRS(図イ)の

底面の面積

…図ウより，1辺がカcmの

正方形の面積は

$4\times4\times2=32(\mathrm{cm}^2)$

正四角錐O－PQRSの高さ

…図イより，4cm

したがって，図エ・イより，体積の差は$32\times4\div3\times2=\dfrac{256}{3}(\mathrm{cm}^3)$

(3) 立体Dの体積

$\cdots$断面積$\times\dfrac{1}{2}\times3\div3\times4+$断面積$\times12$

$=$断面積$\times14$

立体Cの体積

$\cdots$断面積$\times\dfrac{1}{2}\times3\div3\times2\times4+$断面積$\times12$

$=$断面積$\times16$

したがって，立体CとDの体積比は

16：14＝8：7

図1

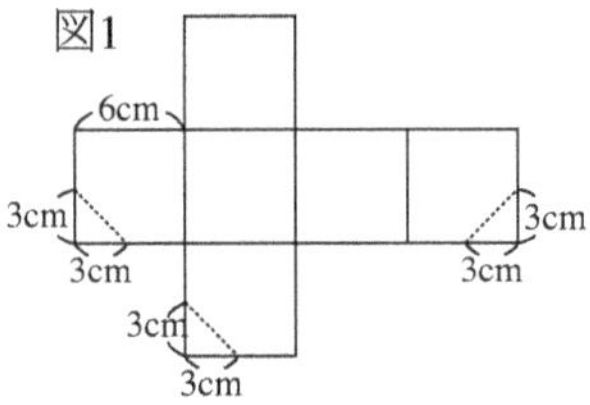

図2

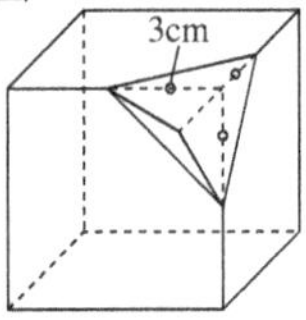

図ア

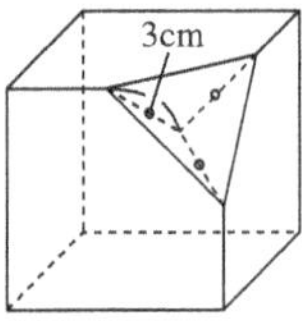

図イ

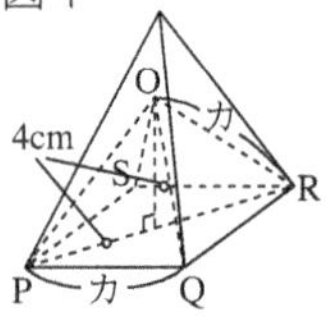

図ウ

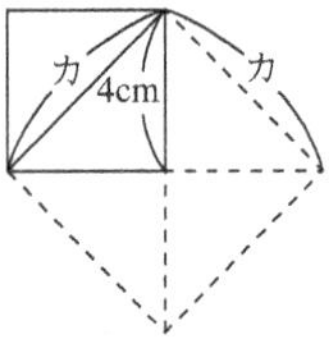

図4

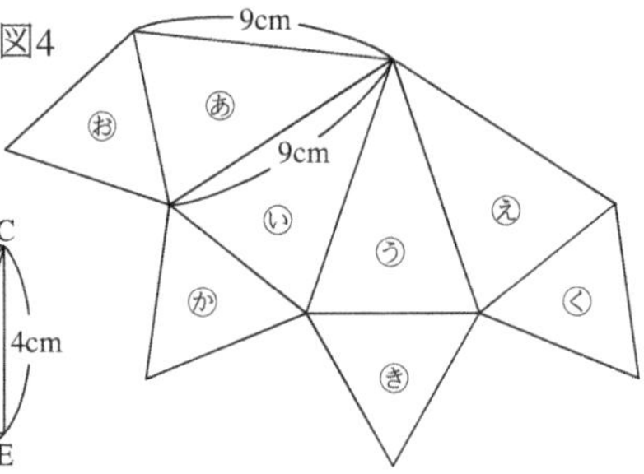

図3

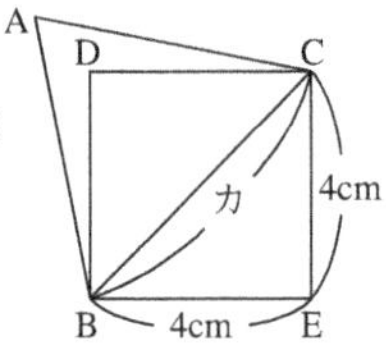

図5

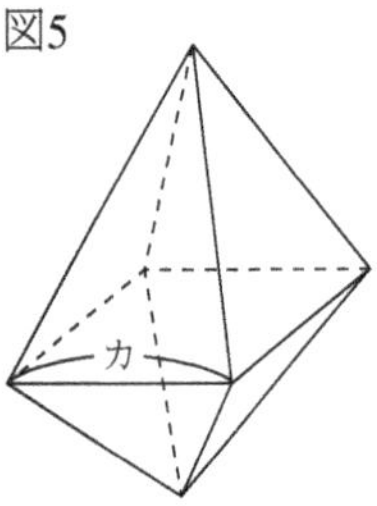

立体C

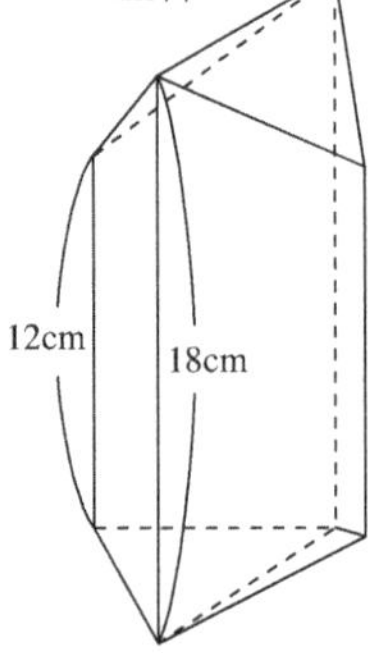

立体D

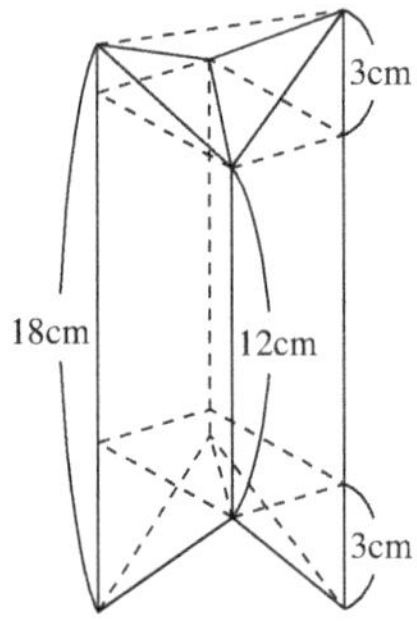

★ワンポイントアドバイス★

2「同じ面積のタイルは，縦の長さが最も短いタイルのみ並べる」の意味を，明確につかまないと問題を解けないことになる。4は「円周角」の知識がなくても相似な三角形を見つけられるが簡単ではない。5は，簡単そうで難しい。

＜理科解答＞ 《学校からの正答の発表はありません。》

1 (1) (黒紙) 月 (しぼりの穴) 木の葉のすき間 (2) ① A (ウ) B (ア)
② A 6cm B 26cm (3) ① (イ) ② (ウ) ③ 2.4cm ④ 光源の形
⑤ 4cm ⑥ 穴の形 (4) ① 10cm ② (エ) (5) ① 小さく
② 低い ③ (ウ)

2 (1) 肥料 (2) (サフラーイエロー) (イ)・(オ)・(キ)
(カルタミン) (ウ)・(エ)・(カ) (プルプリン) (ウ)・(オ)・(キ)
(3) (i) 食酢を加えて灰汁を中和する (ii) (例) セメントが固まってコンクリートになる。 (4) 赤い色素のカルタミンは，アルカリ性の水溶液に溶けるため，繊維の色が落ちる。 (5) (ウ)・(エ) (6) (オ) (7) アカネ色素水溶液のもとの色
(8) (ア)・(オ)

3 (1) ① 自転 ② 15° ③ 12 ④ 30° (2) ① 45° ② 90°
③ 南 (3) (か) (4) (き) (5) ① 東 ② 南 ③ 東

4 (1) (テッポウウオ) (エ) (コイ) (カ) (メダカ) (イ) (2) (イ)・(カ)
(3) (実験) 実験2と同じトレーニングのあと，トレーニングした高さ以外の高さで実験1と同様の実験を行なう。 (結果) どの高さでも，直径が6mmの円に水鉄砲が当たる割合が最も高くなる。

○推定配点○

1 各2点×16((1)完答) 2 各2点×11 3 各1点×12 4 (1) 各1点×3
他 各2点×3 計75点

＜理科解説＞

1 (光の性質―日食の観察)

(1) 図2の実験は日食をモデルにしたものである。面積のある光源は太陽を，光源を隠す黒紙は月を表している。また，しぼりは光の量を少なくする役割があり，問題文や図1のことから，木の葉のすき間を再現したものである。

重要 (2) ① 次ページの図は，光源の両端から出る光の進み方を示したものである。AやBの外の領域からは，光源が黒紙に全く隠されることがなく見えるので明るい。Aの領域から見ると，黒紙の円の全部が光源の一部に重なり，光源が隠れて見える。これは，金環日食のようすを表している。Aの中のどこから見ても隠れる面積は同じなので，明るさは同じである。Bの領域から見ると，黒紙の円の一部が光源の一部と重なり，光源が隠れて見える。これは，部分日食のようすを表している。Bの中では内側にいくほど重なる面積が大きくなるので，暗くなる。

② 次ページの図で，黒紙から光源までの長さは50－20＝30(cm)である。Pから黒紙までの長さと，Pから光源までの長さの比は，三角形の相似から6：24＝1：4で，その差が30cmだから，Pから黒紙までの長さは10cmである。よって，Pからスクリーンまでの距離は20－10＝10(cm)である。Pの左右の三角形は合同となり，Aの直径は6cmである。また，Bの片側の幅は，三角形の相似から30：50＝6：□ より，□＝10cmである。よって，Bの直径は10×2＋6＝26(cm)となる。

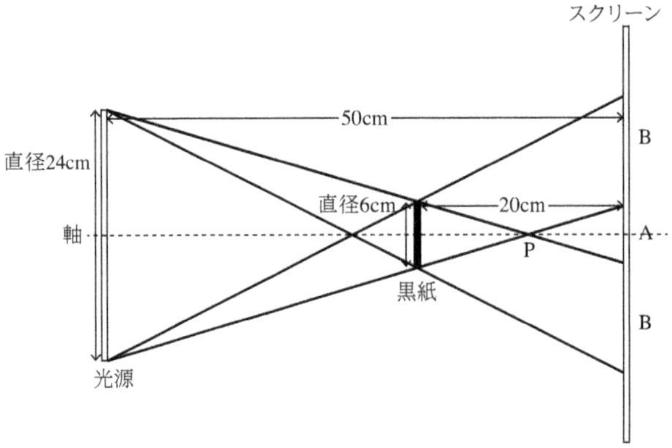

重要　(3)　①・②　下図は，光源の両端から出る光の進み方を示したものである。Aの領域からは，光源の端から端まですべて見えるので，Aの中のどこでも明るさは一定である。Lを5cmから大きくしていくと，やがてAの領域がなくなってしまい，光源の一部が見えなくなるので暗くなる。ただし，しぼりを通った光が全くなくなるわけではないので，真っ暗にはならない。

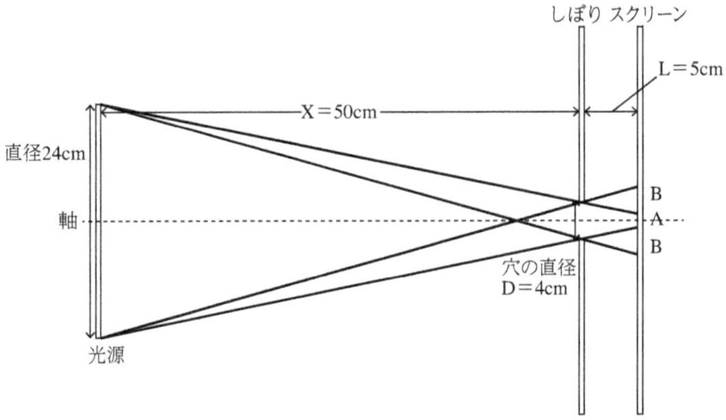

③・④　穴の直径Dを非常に小さく，点とみなせるようにすると，光源の上端からの光と下端からの光が穴のところで交わる形になる。スクリーンに映る光の直径は，光源の大きさに関係し，三角形の相似を使って，50：5＝24：□　より，□＝2.4cmとなる。

⑤・⑥　光源から穴までの距離Xを非常に大きくすると，光源からの光は平行に近づいていく。そのため，スクリーンに映る光の直径は，穴の直径4cmに近づいていく。

(4)　①　次ページの図は，光源から出る光のうち，黒紙で隠れる部分を示したものである。Sの領域から見ると，黒紙が光源のすべてを隠せず，黒紙の外側に光源の一部が見える。しかし，Tの領域から見ると，黒紙の外側がしぼりで隠れているため，光が届かない。Tの領域をなくすには，しぼりとスクリーンの距離をL′以下にすればよい。このとき，三角形の相似より，2：6＝L′：(L′＋20)だから，L′＝10cmとなる。

やや難　②　穴の直径Dが0cmに近づくと，L′も0cmに近づいていくので，グラフは(イ)・(ウ)・(エ)のどれかである。そこで，穴の直径Dが①の半分の1cmのときのL′を求めると，三角形の相似より，1：6＝L′：(L′＋20)　だから，L′＝4cmとなる。これは，①で求めた値10cmの半分未満である。よって，(エ)が正しい。

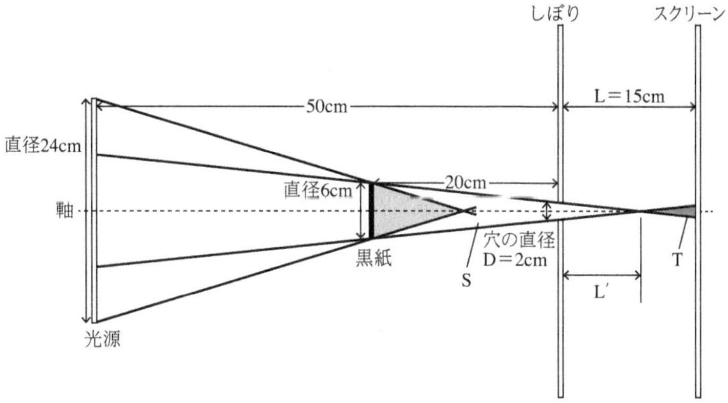

(5)　①　(3)③・④のことから，穴Dを小さくすると像の形は光源の形をよく表す。逆に，穴Dが大きくなると，像の形は穴の形を表してしまい，日食の様子はぼけて見える。よって，木の葉のすき間は小さい方が鮮明な像を見ることができる。

②　(4)①・②のことから，穴とスクリーンの距離Lが小さい方が像ができやすく，大きすぎると像ができない。よって，木の葉から地面までの距離が小さい方が鮮明な像を見ることができる。

③　図7では，下が南の地平線であり，上側に進むと北になる。つまり，このときの日食は，北西側が欠けている。像は上下左右が逆になるため，南東側が欠けている。ただし，自分の向きも変わっているため，選択肢の方位に注意すると，(ウ)が適当である。

2　(水溶液の性質―植物の色素による染物)

(1)　草木の灰に含まれるカリウムが肥料に適している。

(2)　サフラーイエローを含むベニバナの花弁を水中でもむと水が黄色になることから，中性の水に溶けやすいことがわかる。高温にして，灰汁などのアルカリ性の水溶液が混ざると，植物繊維の木綿は染まらないが，動物繊維の絹は染まる。

カルタミンは，灰汁などのアルカリ性の水溶液にのみ溶ける。植物繊維の木綿，動物繊維の絹ともに染まる。しかし，温度が上がると赤色は薄くなる。

プルプリンは，中性の熱水で煮出すことで使用でき，特に灰汁などのアルカリ性の水溶液が混ざると，植物繊維の木綿，動物繊維の絹ともに染まる。

(3)　(i)　本文中で，色素を布にしみこませた後，化学変化がおこる記述を探す。ベニバナの花弁に含まれるカルタミンは，アルカリ性の水溶液に溶けるため，花弁から取り出すときは灰汁などのアルカリ性の水溶液を混ぜる。しかし，その後に繊維を染めるときには逆に食酢など酸性の水溶液を混ぜて中和する。

(ii)　世の中で実用的に使われている例としては，水と混ざって流動性のあるセメントに砂や砂利などを混ぜ，変化して固めたものが水に溶けないコンクリートである。あるいは，火山から流出する酸性の強い河川水に消石灰(水酸化カルシウム)などを混ぜて水に溶けない物質をつくり沈殿させる例もある。小学校でも学ぶ実験としては，石灰水(水酸化カルシウム水溶液)に二酸化炭素を通じると白色の沈殿(炭酸カルシウム)ができる例が思い浮かびやすい。これらの中から1つ述べればよい。

重要　(4)　ベニバナの赤い色素であるカルタミンは，アルカリ性の水溶液に溶けるため，洗濯に灰汁などのアルカリ性の水溶液を使ってしまうと，繊維の色素が溶け出して色が落ちてしまう。

(5)　アカネ染めのプルプリンは，中性の熱水で煮出すが，そのまま染めるとうすい赤色になり，灰汁を使うと朱赤色になる。また，アルミニウムをふくむ灰汁を使うと，アカネらしい朱赤色になる。つまり，灰汁はよい色を出すのに効果的であり，(ウ)・(エ)があてはまる。(ア)・(イ)は問題文にはない。また，(オ)は灰汁の中に色素があるという記述もない。

基本 (6) アルミニウムは，強い酸，強いアルカリの両方に溶ける。鉄は，強い酸には溶けるが，強いアルカリには溶けない。銅はどちらにも溶けない。

(7) 実験の目的は，灰汁が色合いに与える影響を調べることである。つまり，アカネ色素水溶液のもともとの色と，さまざまな灰汁を混ぜたときの色を比較しなければならない。観察記録には，もともとの色も，その色との比較も書かれておらず，実験の目的を達成できない。さらに，色素のはたらきは温度によって異なるので，どのような温度で実験をおこなったのか記録しておく必要もある。また，アカネ色素水溶液に対し，灰汁をどのくらいの割合で加えたのか量の記録も必要である。

(8) 抽出は，混合物からある特定の成分を水や油に溶かして分離し取り出すことである。(ア)ではデンプンは水に溶けないので，抽出にはあたらない。(オ)は，もともと溶けていたものを結晶にしただけである。

3 (太陽―時計を用いた方位計)

(1) 太陽の1日の動きは，地球の自転によるものである。24時間でおよそ360°回るので，1時間あたりおよそ15°動く。一方，時計の短針は，12時間で360°回るので，1時間あたり30°動く。

(2) 太陽は1時間あたりおよそ15°動くので，12時から15時までの3時間では，15×3＝45°動く。時計の短針は，1時間あたり30°動くので，3時間では，30×3＝90°動く。太陽と時計の短針の差は90－45＝45°である。「3」を指した時計の短針を南西にある太陽の方に向けると，「12」の目盛りは南東に向き，その真ん中の方角が南を向く。

重要 (3) (2)の手順のとおりに作業すると，「9」を指した時計の短針と「12」の目盛りの真ん中，つまり，「10」と「11」の間が南である。よって，「12」は南西を指す。あるいは，9時に太陽が南東にあることから，その90°右を考えて南西と考えてもよい。

基本 (4) 夏至の日では，春分や秋分の日に比べて，日の出や日の入りの位置がやや北寄りになり，南中高度が23.4°高くなる。

(5) 夏至の日では，春分や秋分の日に比べて，日の出の位置がやや北寄りになるため，午前9時の太陽の位置もやや東寄りになる。そのため，時計の短針を太陽の向きに合わせたとき，「12」との間の角度は，春分や秋分の日に比べて大きい。よって，時計の短針と「12」の目盛りの真ん中の位置も，真南よりやや東にずれる。

4 (動物―テッポウウオの行動)

(1) (ア)はナマズ，(イ)はメダカ，(ウ)はベニザケ，(エ)はテッポウウオ，(オ)はクサフグ，(カ)はコイである。テッポウウオは日本では西表島に生息している。

(2) (ア) 誤り。この実験では，テッポウウオが何を狙ったのか不明である。 (イ) 正しい。板が高くなるほど，より大きな円に命中していることから，見た目の大きさが同じ程度の円を狙っていると推測できる。 (ウ) 誤り。この実験では，どの円に当たっても，同じ大きさの昆虫が落ちるしくみである。 (エ) 誤り。いずれかの円に当たった総数に対する割合なので，外れた分は含まれていない。 (オ) 誤り。この実験では，実験前までは水鉄砲の経験のないテッポウウオを用いている。 (カ) 正しい。高さ200mmのときは6mmの円に最もよく当たり，高さ600mmのときは10mmの円に最もよく当たっている。これらの間の高さ400mmのときは8mmの円に最もよく当たった可能性は十分に考えられる。 (キ) 誤り。この実験では，どの円に当たっても，同じ大きさの昆虫が落ちるしくみである。

(3) 仮説Xが正しいのであれば，テッポウウオは4通りの高さについて6mmの円を特定できるが，それ以外の高さについては特定できない。仮説Yが正しいのであれば，テッポウウオは高さと見かけの大きさの関係を知ったのだから，他の高さでも6mmの円を特定できる。

★ワンポイントアドバイス★

長い問題文のうち解答に必要となる情報は，印を付けたり簡潔に書き出したりして，見やすく工夫しよう。

＜社会解答＞ 《学校からの正答の発表はありません。》

1 問1 1 問2 財務省 問3 3 問4 4 問5 (例) 令状をいつでも必要な時に発行できるようにするため。 問6 1，2，3 問7 1 問8 (例) 一般の乗客を乗せて運ぶために必要な資格を緩和する。 問9 (例) 不正が疑われる裁判官をやめさせるかどうかを決めるため。 問10 4 問11 3 問12 4

2 問1 ア 古今和歌集 イ 万葉集 問2 3 問3 2 問4 1 問5 1
問6 4 問7 6 問8 3 問9 6 問10 (例) 大臣職の人物は役職が特に高いため，名前を表記することは失礼なことにあたるから。 問11 (例) 明は民間人の海外交流を禁止し，倭寇対策のために特に日本との交流を厳しくした。そのため，勘合貿易が途絶えた後はポルトガルを仲介して中国の貿易品を入手した。

3 問1 (例) 東京だけでは地球全体の温暖化が進行しているとは言い切れないうえ，1年単位でなく，より長期間のデータで比べないといけないから。 問2 2 問3 4 問4 3
問5 (例) 増水時に水没し，水の抵抗を少なくすることで水の流れが悪くなったり橋が破損したりするのを防ぐため。 問6 解説参照 問7 4 問8 (例) アメダスはすべての地点に置かれているわけではないので，アメダスのないところで最高気温が高い可能性もあるから。 問9 2 問10 4 問11 フェーン(現象)

○推定配点○

1 問8 3点 他 各2点×11 2 問1 各1点×2 問10・問11 各3点×2
他 各2点×8 3 問1・問5・問6・問8 各3点×4 他 各2点×7 計75点

＜社会解説＞

1 (政治―日本の裁判所や内閣，民営化など)

問1 裁判の開始後，裁判長は被告人に対して黙秘権を行使することができることを伝えて裁判を進行する。

基本 問2 国の予算や税金，為替や関税など，お金に関連する仕事を行う役所は財務省である。

基本 問3 X 高等裁判所は，札幌・仙台・東京・名古屋・大阪・広島・高松・福岡の8都市に設置されているので誤り。 Y 地方裁判所と家庭裁判所は，北海道は4ヶ所，他の都府県には1ヶ所ずつの合計50ヶ所，簡易裁判所は全都道府県に合計438ヶ所設置されているので正しい。

問4 X 裁判の傍聴は外国籍の人も含め，特別な手続きなく誰でもすることができるので誤り。
Y 法廷では，撮影や録音は認められていないが，イラストの描画やメモをとることは認められているので誤り。

やや難 問5 裁判所が発行する令状がなければ，現行犯以外で逮捕したり家の中を捜査したりすることができない。この令状をいつでも発行するために裁判所は宿直を置いている。

やや難 問6 最高裁判所には，裁判官の定員が15名の大法廷と，定員が5名の小法廷がある。よって4は最高裁判所の大法廷であるが，他の3つは下級裁判所の見取り図である。なお，原則として高等裁判所は3名，地方裁判所と家庭裁判所は1名か3名，簡易裁判所は1名の裁判官が裁判を行う。なお，3は裁判員制度を行った場合の地方裁判所の見取り図である。

問7 X 毎年1月から150日間，通常国会(常会)が行われる。開会中は，各省庁の官僚が国会議員への説明や法改正の準備，国会答弁の作成などを行うので正しい。 Y 通常国会では，次年度予算案を審議・議決するが，1月の予算案提出に向けて，財務省は前年9月から12月にかけて予算案の作成を行っているので正しい。

やや難 問8 タクシー運転手の不足に対応するため，2024年からライドシェア制度が始まった。従来は，有料で人を運ぶためには特別な運転免許証が必要だったり，業務を行うために国の認可が必要だったりしたが，これらの規制を緩和することで一般の人が参入しやすくなる。

基本 問9 不正が疑われたりあやまちを犯したりなどし，裁判官として適任かどうか，やめさせるかどうかを判断する裁判を弾劾裁判といい，そのための弾劾裁判所は国会が設置する。

基本 問10 X 内閣総理大臣は，衆議院議員だけでなく参議院議員を含めた国会議員の中から国会が指名して天皇が任命するので誤り。 Y 国務大臣は内閣総理大臣が任命するが，過半数を超えなければ国会議員以外の人を任命することができるので誤り。

問11 X 閣議には，内閣総理大臣とすべての国務大臣が参加するが，衆参両議院の議長は参加しないので誤り。 Y 閣議決定は全員一致を必要とするが，内閣総理大臣は国務大臣の罷免も自由に行えるため，閣議で意見が分かれ，決定できないということはない。よって正しい。

重要 問12 X 郵政民営化を公約に掲げ，2007年に日本郵政公社の民営化を実現させたのは小泉純一郎内閣であるので誤りである。なお，中曽根康弘内閣は1985年に日本電信電話公社をNTT，日本専売公社をJTとし，1987年に日本国有鉄道(国鉄)をJRにそれぞれ民営化した。 Y 東京電力株式会社は，1951年に設立された民間会社なので誤り。

2 (日本の歴史―小倉百人一首をテーマにした古代から近代の総合問題)

基本 問1 ア 平安時代，紀貫之が編さんに関わったのは古今和歌集である。なお，古今和歌集は，醍醐天皇の命令によって作られた最初の勅撰和歌集である。 イ 奈良時代，貴族だけでなく民衆の歌なども収録した和歌集は万葉集である。

基本 問2 7世紀は，西暦601年から700年の100年間である。Bの蘇我蝦夷・入鹿父子が滅ぼされたのは645年の乙巳の変である。また，Cの冠位十二階の制を聖徳太子(厩戸王)が定めたのは603年のことである。なお，Aの前方後円墳がつくられるようになったのは古墳時代の3世紀半ばからであり，Dの大宝律令が編さんされたのは701年で，8世紀のことである。

問3 鎌倉時代，法華宗を開いた日蓮は，「南無妙法蓮華経」と題目を唱えれば救われると説いた。よって2が正しい。なお，1の御成敗式目は1232年に3代執権の北条泰時が制定した武家法である。3の元寇は，1274年の文永の役，1281年の弘安の役の2つである。4の永仁の徳政令は元寇後の1297年に出された，御家人の借金を帳消しにする法令である。

問4 寺社の創建でなく，図の建築物が平安時代に建てられたものを選ぶ。1は厳島神社で，創建は飛鳥時代だが，図の社殿は平安時代末期に平清盛によって建てられた。2は慈照寺の銀閣で，室町時代に建てられた。3は薬師寺の東塔で，創建は飛鳥時代，東塔は奈良時代に建てられた。4は清水寺の舞台で，清水寺の創建は奈良時代末から平安時代初めだが，図の本堂(清水の舞台)は江戸時代に徳川家光によって建てられた。

基本 問5 X 713年，元明天皇は各国に風土記の編さんを命じたので正しい。 Y 743年，聖武天皇が墾田永年私財法を出すと，経済力のある貴族や大寺院は私有地を広げていったので正しい。なお，この私有地はのちに荘園と呼ばれるようになった。

重要 問6　南アメリカ大陸のブラジルは，かつてポルトガルの植民地だった影響で，現在も公用語としてポルトガル語が使われている。なお，同様の理由で1のスリナム(南アメリカ)はオランダ語，2のニジェール(アフリカ)はフランス語，3のフィリピンは英語をそれぞれ公用語としている。

基本 問7　Ⅰは19世紀前半の化政文化，Ⅱは17世紀後半の5代将軍徳川綱吉の政治，Ⅲは17世紀前半の1637年の島原天草一揆である。よって，古い順にⅢ→Ⅱ→Ⅰとなる。

問8　X　新聞記事内に，「樺太の北半部」，「ポーツマスの談判」とあるので，日清戦争後の1895年に起こった三国干渉のことではなく，誤り。　Y　新聞記事下段の見出しに「談判の現状」とあるので，この時点でポーツマス条約は結ばれておらず，後日締結されたと判断できるので正しい。

重要 問9　Ⅰは1933年，Ⅱは1932年，Ⅲは1924年のことである。よって，古い順にⅢ→Ⅱ→Ⅰとなる。なお，Ⅲの3つの政党とは，立憲政友会，憲政会，革新倶楽部のことで，内閣とは加藤高明内閣のことである。

やや難 問10　本大問の参考資料の一つ，『名を憚ること』がヒントになる。表内の最終的な官職が太政大臣・左大臣・右大臣になっている①から⑤までの人物は名前が表記されていない。これは，大臣という高い官職の人物については，名前を表記することが「憚られる」，つまり失礼にあたるので表記していない，と判断できる。なお，最終的な位階は，⑥の人物のように，正二位であっても名前が表記されている人物がいるので基準とは言えない。

問11　16世紀後半の南蛮貿易において，日本がポルトガル船を仲介して中国産の生糸や絹織物を輸入していた背景を述べる。これは，日本が中国と直接的に貿易が行えなかった背景とも考えられる。Ⅰより明が中国人の海外渡航や貿易を禁止していたこと，Ⅱより明が倭寇の取りしまりを強化していたこと，Ⅲより中国人の海外渡航を一部認めたものの日本との交流禁止は続けたこと，Ⅳより大内氏が滅亡した後は勘合貿易が途絶えたこと，Ⅴよりポルトガルは明に貿易を許可されていたこと，が読み取れる。これをまとめればよい。

3　(日本の地理―地球温暖化など気温をテーマにした総合問題)

やや難 問1　東京の1923年と2023年のデータを比較すると，2月・8月ともに気温が上昇していることがわかる。しかし，①東京のデータだけでは世界的規模で温暖化が進行しているとは言い切れないこと，②気温は年によって変動が大きいため，単年のデータを比較しただけでは正確な判断ができないこと，の2点をまとめるとよい。

基本 問2　都市部では，熱源が多いことや緑地が少ないこと，風通しが悪いことなどの理由で周辺部よりも気温が高くなるヒートアイランド現象が見られる。一方で，昼間に海から吹きつける風は，陸地の気温よりも温度が低く，陸地の気温上昇を防ぐ効果があるため，2は誤りである。

基本 問3　X　北上川は，岩手県を南下し，宮城県の仙台平野を経て太平洋に注ぐ川で，山形盆地を通る川は最上川なので誤り。　Y　みかんは和歌山県や愛媛県など，温暖な気候の土地での栽培が盛んなので誤り。なお，山形盆地では，おうとう(さくらんぼ)や西洋なしなどの栽培が盛んである。

基本 問4　瀬戸焼は，愛知県瀬戸市やその周辺で作られる伝統的工芸品である。なお，広島県の伝統的工芸品として，熊野筆などがある。

重要 問5　高知県を流れる四万十川には，「沈下橋」と呼ばれる橋が多く架けられている。沈下橋は，橋脚が低いことで増水時には川に水没し，欄干がないことで水流が滞るのを防ぐうえ，橋が破損しづらいようになっている。また，万一破損した場合も修理や建て替えが容易にもなっている。

問6　等温線の内側には36.1℃以上の点を，外側には35.9℃以下の点が入るように線を描く。そのさい，栃木県の中央部と南東部にある36.0℃を必ず通るようにすること。それ以外の部分は，36.0℃より高い点と低い点の間を通るように右図のように描く。

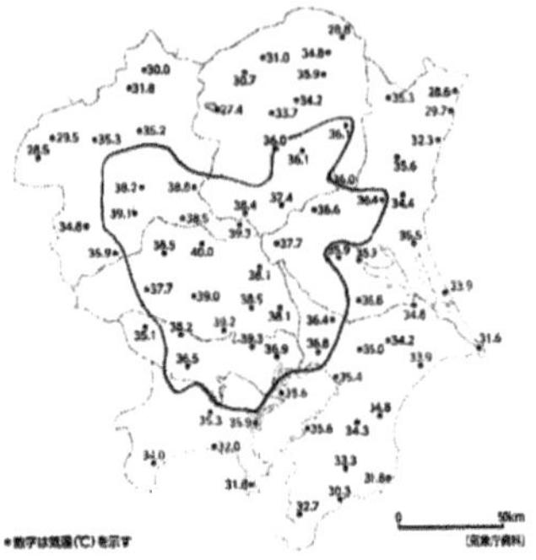

基本　問7　3つの都市のうち，輸送用機械器具の出荷額が最も高いBが浜松市，政令指定都市になった年が最も古く，鉄鋼業の製造品出荷額が最も高いCが北九州市，残るAが堺市である。なお，政令指定都市のうち，都道府県庁所在地ではない都市は，他に神奈川県の川崎市と相模原市がある。

問8　アメダスは2024年現在約1300か所設置されており，そのうち熊谷市と浜松市で最高気温を記録したが，日本のすべての土地にアメダスが設置されているわけではなく，アメダスの設置されていない地点でその記録を上回る気温になっている可能性もあるため，厳密には日本一暑い地点であると言い切ることはできない。

問9　台風が日本列島に接近する場合，台風は南から北へ，西から東へ動くのが一般的である。香川県の海岸線は，四国の北東側にあり，台風の通常の動きとは逆の位置になるので，統計開始以来上陸したことがないことになる。

基本　問10　帯広市は北海道南東部の，太平洋に面している十勝平野の中心都市である。帯広市の西側には日高山脈があり，冬の北西の季節風がさえぎられるため，北海道の中では降雪量は少ない。

基本　問11　湿った風が山を越えて反対側に吹き下りたとき，風が高温となって風下の気温が上昇する現象をフェーン現象という。なお日本では，夏の南東の季節風が山を吹き下りるさい，風下の日本海側でフェーン現象が起きやすい。

★ワンポイントアドバイス★

例年，記述問題は難易度が高く解きづらい。数字選択や語句記入の問題を優先的に解いたうえで，記述問題に取り組むとよい。資料を読み取って書く問題は資料内の言葉を使うように心がけると採点されやすい。

＜国語解答＞《学校からの正答の発表はありません。》

一　問一　(a)　工程　(b)　こうむ(る)　(c)　利　問二　ア　問三　オ
問四　(例)　危険のない状況で抱く病的な恐怖は，綿密な計画へのこだわりにつながり，未然に害を防止するために役立たないどころか，効率が悪く，有益な行動を妨げもするから。
問五　(例)　そのときどきの多様な状況に対応して適切に行動する多面的身体知と，適切に考える能力。　問六　イ　問七　ウ

二　問一　(a)　経　(b)　かいちゅう　(c)　不意　問二　(ⅰ)　ウ　(ⅱ)　ア　(ⅲ)　オ　(ⅳ)　カ　問三　(例)　祖母が起きるように言うのに，いつまでも起きずにいて祖母を困らせ怒らせるところ。　問四　オ　問五　(例)　手伝わせて信太郎を起こそうとする祖母の思惑に気づき，絶対に起きるものかと意地を張る，ひねくれた気持ち。
問六　(例)　仲直りをしようとわざとらしく振る舞う祖母の姿や素直に自分の言葉を受け入

れる祖母の様子を見て，旅行してまで心配させようとした自分のおろかさをばかばかしく思うとともに，ここまでの自分の反発に申し訳なさも感じている。　問七　エ

問八　1　イ　　2　カ　　3　エ　　4　ア

○推定配点○

一　問一　各2点×3　　問二　3点　　問二・問六・問七　各5点×3　　問四　12点
問五　8点　　二　問一・問二　各2点×7　　問三・問五　各8点×2　　問四・問七　各5点×2
問六　12点　　問八　各1点×4　　計100点

＜国語解説＞

一　(論説文―要旨・理由・細部表現の読み取り，空欄補充，記述，漢字の読み書き)

基本　問一　(a)　物を生産するときの手順のこと。「行程」は，旅行の日程などを意味する。　(b)　ここでは良くない結果がもたらされること。こうむった害のことを，「被害(ひがい)」という。
(c)　機能が働いたという意味。「機転が利く」で，状況を適切に判断できることを意味する。

問二　アの「立ち往生する」は，物ごとが行き詰って身動きが取れなくなること。イの「立ち返る」は，出発点に戻ること。ウの「目くじらを立てる」は，ささいなことを取り上げて注意したり責めたりすること。エの「矢面に立つ」は，抗議や非難などを受ける立場に立つこと。オの「水際に立つ」は，ひときわ目立つこと。ここでは「その場で適切に対処できず」とあるのだから，物ごとが行き詰ってしまうのである。

問三　Aの文章の最初の方には「どのような状況になるのかがわからないときに計画を立てるのは……本当にたいへんである」「計画は複雑かつ膨大なものとなろう」と書かれている。また，「想定した状況のほとんどはじっさいには起こらないから，せっかく立てた計画も，その大部分は活用されず，無駄となる」ともある。綿密な計画は，①作るのにたいへんで，②大部分は活用されない。だから，そのような計画を立てることが非効率であると筆者は考えている。「起こりうる様々な状況を想定しなければならないため，膨大な計画が必要」「計画の大半が無駄になる」とある，オが解答になる。オは，筆者が非効率と考える「計画を立てることの大変さ」「計画が無駄になる」という二点の理由を正確におさえている。ア～エはいずれも，筆者が非効率と考える二点の理由をしっかりとはおさえていない。

やや難　問四　傍線部①から傍線部②までの部分に，「病的な恐怖」が引き起こす問題点が書かれている。傍線部①直前などにあるように，「病的な恐怖」は綿密な計画へのこだわりにつながり，効率を悪くさせる。また，「たとえば，恐ろしくて……」で始まる段落にあるように，危険でない状況で恐怖を抱くことは，害の未然の防止に役立たないどころか，有益な行動を妨げもするのだ。以上のような問題点があるからこそ，病的な恐怖は克服しなければならない。このような内容を読み取り，解答をまとめていく。記述の際には，「病的な恐怖」＋「綿密な計画へのこだわりにつながる／効率が悪い」＋「未然に害を防止することに役立たない／有益な行動の妨げになる」という内容を中心にして，最後は理由を表す「から。」で終わらせる。

重要　問五　Bの範囲には，臨機応変に関係する二つの能力が説明されている。一つは，「このような臨機応変の能力……」で始まる段落内にある「多面的身体知」である。これは多様な状況に対応して，適切に行動する能力のことである。さらに「ところで，臨機応変の能力には……」で始まる段落内には，「状況に応じて適切に『考える』能力」が挙げられている。以上の二点が，Bの範囲内に書かれた，「臨機応変の能力」である。この二点を解答欄にまとめる。

基本　問六　傍線部④直後に「彼は似たような状況を経験したことがあると言った」と書かれている。

「彼」はトラブルに対して,過去の経験をもとに対応したのである。「過去の経験をふまえて」「その場にふさわしい対応」とある，イが解答になる。アは「問題の全体を見渡して」とあるが，レストランで問題があったとき，「彼」が計画の全体を見渡したかどうかはわからない。ウは「計画の細部にこだわらずに」とあるが，そもそも，細部まで計画をつめていない。「英語が多少通じるだろう」程度の認識である。エは「トラブルの原因」「取り除いて」とあるが，必要な対応はしたがトラブルの原因を取り除いてはいない。オは「相手の立場に立って」とあるが，紙に漢字を書いたがその行動が相手の立場に立ったものかどうか，断定はできない。

問七　Cの文章の中に，解答の手がかりがある。Cの前半には，実地経験があれば何かのときに臨機応変に対応できることを示す北京における具体例が書かれていた。だが，適切に対応できるかどうかは，訓練や実地経験の違いによって個人差が生じる。そのためCの後半では，個人差に応じて，アジャイルの部分と計画の部分の量を調整すべきだと述べられている。「個人の能力に見合った適度な計画を立て」「あとは状況に応じてその場で対応」とある，ウが解答になる。ウに書かれた「適度な計画を立てる」とは，個人差に応じて，アジャイルと計画のバランスをとるという意味になる。ア，イは，訓練や実地経験の違いによって生じる能力についてふれていない。エは「臨機応変の能力」が，生まれつきの素養か訓練や実地経験によるものかを自覚することとあるが，文章で述べられていることに合わない。オは「アジャイルでやりきる」などの表現があるが，文章で述べられていることに合わない。

二　**(物語一主題・心情・登場人物・細部表現の読み取り，記述，漢字の読み書き，文学史)**

問一　(a)「経つ」とは，ここでは時間が過ぎていくこと。二字熟語で表すと，時間が「経過」したのである。　(b)　ふところやポケットの中を意味する。懐中時計とは，ふところやポケットに入れて携帯する小型の時計のこと。　(c)　突然という意味。「不意打ち」とは，思いがけないときに突然行われる攻撃のこと。

重要　問二　(i)「角」とは，ここでは，円満ではなくとげとげしい様子を意味する。起こしても起きない信太郎に対して，祖母の声が「角のある」ものになったという状況からも考えることができる。ウの「怒った」が解答になる。　(ii)　ここでは，素直に言うことをきかない悪い奴という意味で「やくざ」が使われているのである。アの「悪い」が解答になる。　(iii)「おっつけ」とは，今すぐにという意味。オの「じきに」が今すぐにという意味になる。波線iiiの部分で，祖母は福吉町からすぐに誰かが来るだろうと考え，起こそうとしているのである。　(iv)「やくざ」という表現が否定的な意味を持っていることから，考えることもできる。五六年前に信太郎が買った，たいしたことのない筆という意味である。カの「粗末な」の意味が近く，解答になる。

重要　問三　傍線部①までの場面で，祖母は何度も信太郎に起床をうながす。だが，祖母のくり返しの試みにもかかわらず，信太郎は床から離れる気配を見せない。信太郎は「わかってます」「直ぐ起きます」といった言葉を返す一方で，実際には行動に移さず，「彼方へ行ってて下さい」「そうぐずぐず云うから，尚起きらせなくなるんだ」と反抗的な態度まで取る。その結果，祖母の心情は変化する。初めは静かな声で起こそうとした祖母も，信太郎の反抗的な態度を受け，次第に言葉が角のあるものへと変化する。祖母の困惑と怒りは増したのである。以上のような展開を読み取り，信太郎の反抗的な態度とそれによって引き起こされた祖母の心情の変化を記すと，設問の要求に合った解答になる。記述の際には「いつまでも起きずにいる点」(信太郎の反抗的な態度)＋「困らせ怒らせる点」(祖母の心情への影響)という内容を中心にする。

問四　傍線部②直前に「やくざでなくても五時間半じゃあ眠いでしょう」「宵に何度ねろと云っても諾きもしないで……」とある。この部分で，信太郎は眠いのである。そして，その原因は祖母の言う通り，何度ねろと言われても寝なかったことにあるのである。祖母の言う通りであるから，まるで反論を言うことができなかった。「正論を言われた」「言い返すことができない」とある，オが解答になる。アは「愛想をつかしている」とあるが，黙ったままの信太郎に，愛想をつかした様子は読み取れない。イは「再び寝よう」とあるが，傍線部②の表現から，再び寝ようとしている様子は読み取れない。ウは「祖母をあせらせようとしている」とあるが，信太郎の様子として，読み取れない。エは「祖母に我慢の限界」とあるが，傍線部②の表現に，我慢の限界，つまり怒りにつながる感情は読み取れない。

問五　傍線部③を含む場面から，解答の手がかりを読み取ることができる。すでに高齢である祖母は，わざわざ信太郎の前で，大きな敷布団をたたもうとした。傍線部③直前にあるのように，祖母は信太郎が起きて手伝うだろうと予想していた。そして，そのまま起こしてしまおうと企んでいたのだとも考えられる。だが，その手は食うものかと，信太郎はあえて反抗する。「冷かな顔」とは，「その手は食うか」という信太郎の思いが現れた表情である。だから信太郎は，横になったままでいたのである。記述の際には，「手伝わせてそのまま起こそうとする祖母の思惑に気づいた」という内容に，「起きるものかと意地を張る／ひねくれる」という気持ちの部分を加えるとよい。

やや難　問六　「不孝者」と云って出ていった祖母に対して，信太郎は「あしたから一つ旅行をしてやろうかしら」と考える。旅行をして，祖母を心配させてやろうという考えである。だがその後，祖母は筆を取り出しに来る。そして，今迄の事を忘れたような顔をわざとして，信太郎に「お塔婆」を書いてもらうための筆について「これでどうだろう？」と確認する。祖母がわざと今迄の事を忘れたような顔をしたのは，信太郎と仲直りしたかったからだと読み取れる。信太郎は「駄目さ」「立派なのがありますよ」「そんなのを持って行ったって駄目」などと，祖母に指示をくり返す。その指示を「そうか」と，祖母は素直に受け入れる。このような祖母の様子を見て，信太郎は旅行を計画したことをばからしく思い始め，そこまで祖母を困らせようとした自分をおろかだと感じるのである。そして，小夜着を取り上げてたたみ始める。祖母のものも含めて敷布団もたたみ始める。寝具をたたみ始めたのは，これまでの行動に対して申し訳なく感じたからであろう。以上の点を整理してまとめるとよい。記述の際には「仲直りをはかる祖母のわざとらしい振る舞い」「素直に言葉を受け入れる祖母の様子」を見て，「旅行しようとしたことがおろかだと思った」「これまでの反抗に申し訳なさを感じた」という方向でまとめる。

問七　ア　特に，何か大事件が起こった訳ではない。「日常の何気ない一場面」といえる状況設定である。そして，信太郎の心情は祖母とのやり取りを通して，様々な形に変化する。「心情の変化が細かく表現されている」と表現できる。アは適切。　イ　寝床をたたもうとする祖母に対して「よせばいいのに」と思うなど，けんかをしても信太郎は祖母に対して親しい感情を抱いている。イは適切。　ウ　文章後半の妹と弟は，無邪気であり，家族の明るさを感じさせる。ウは適切。　エ　祖母と信太郎のやり取りは，「ゆううつ」というよりもユーモラスに書かれているといえる。エは適切ではない。　オ　祖母は，信太郎を早く起こして，事の支度をしっかりしようとしていた。オは適切。

基本　問八　1　「空想の物語」「江戸時代」という点から，解答を考えることができる。「滝沢馬琴」「南総里見八犬伝」とある，イが解答になる。滝沢馬琴は，江戸時代後期の作家である。「南総里見八犬伝」は，滝沢馬琴が著した空想物語である。

2　「明治維新以降」「俳句」という点から，解答を考えることができる。「正岡子規」とある，カが解答になる。正岡子規は明治時代の日本の俳人であり，夏目漱石との交友でも有名である。

3　「明治維新以降」「小説」という点から，解答を考えることができる。「志賀直哉」とある，エが解答になる。志賀直哉は明治時代の作家で，「和解」「小僧の神様」などの作品が有名である。

4 「戦後になると」という点から，解答を考えることができる。「戦後」とは，太平洋戦争後という意味である。「三島由紀夫」とある，アが解答になる。三島由紀夫は，昭和時代に活躍した作家で，「金閣寺」「仮面の告白」などの作品が有名である。
ウの松尾芭蕉は江戸時代の俳人。オの「紫式部」は平安時代の作家。どちらも文章の条件には合わない。

★ワンポイントアドバイス★

はっきりと明示されていなくとも，登場人物の言動から心情は読み取れる。それぞれの登場人物がどのような気持ちであるのか，注意深く意識しながら，物語文の展開を読み進めたい。

2次

2024年度

解 答 と 解 説

《2024年度の配点は解答欄に掲載してあります。》

＜算数解答＞ 《学校からの正答の発表はありません。》

1 (1) 441 (2) 82個 (3) 1722

2 (1) ① $24cm^2$ ② 解説参照 (2) ① 0.5 ② 4

3 (1) 576通り (2) 24通り (3) 120通り

4 (1) 1.8cm (2) 24：7

5 (1) 6個 (2) 2種類 (3) $2cm^3$

○推定配点○

4 各8点×2 他 各7点×12(2(2)完答) 計100点

＜算数解説＞

重要 1 (数の性質，規則性，平面図形，方陣算)

(1) 1マス右上のマス…3×3＝9

10マス右上のマス…11番目の奇数の平方数

11番目の奇数…2×11－1＝21

したがって，求める整数は21×21＝441

(2) 縦の個数－1…図2・3より，10×2＋1－1＝20(個)

横の個数－1…11×2－1＝21(個)

したがって，求める個数は(20＋21)×2＝82(個)

(3) 1マス右下のマス…3×4＝12

2マス右下のマス…5×6＝30

3マス右下のマス…7×8＝56

20マス右下のマス…(2×20＋1)×2×21＝1722

[図1]

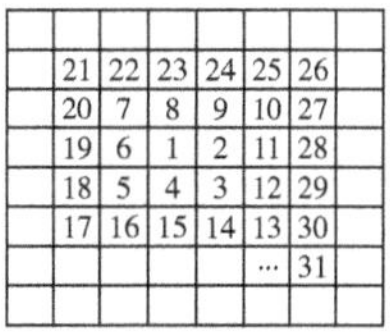

[図2]

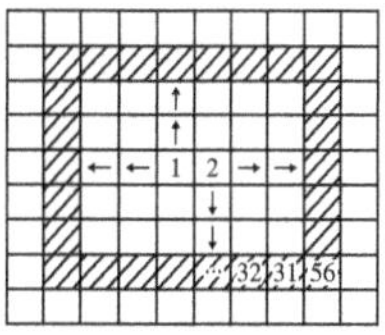

[図3]

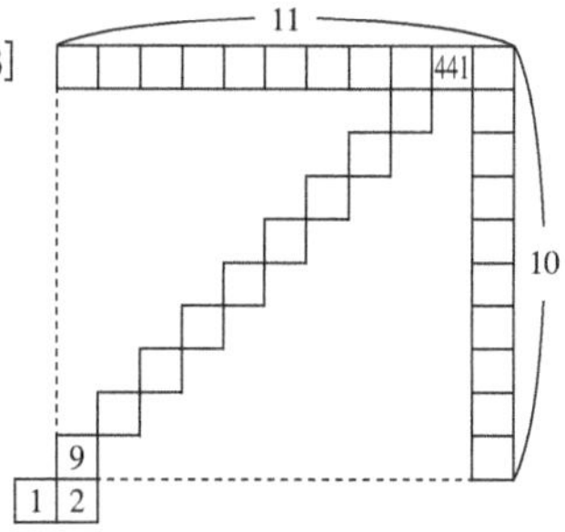

重要 2 (平面図形，速さの三公式と比，割合と比，消去算)

(1) ・PはAを出発し，図形の辺上をA⇒B⇒Cまで毎秒1cmの速さで動く。

・QはBを出発し，図形の辺上をB⇒C⇒D⇒Eまで毎秒2cmの速さで動く。

・2点P，Qは同時に出発する。

E，F，Pが一直線に並ぶとき

…ア・イ・ウの面積が等しい

P，Q…この後，それぞれがC，Eに着いた

① Pが動いた距離…右図より，2＋△

Qが動いた距離…△＋4＋○

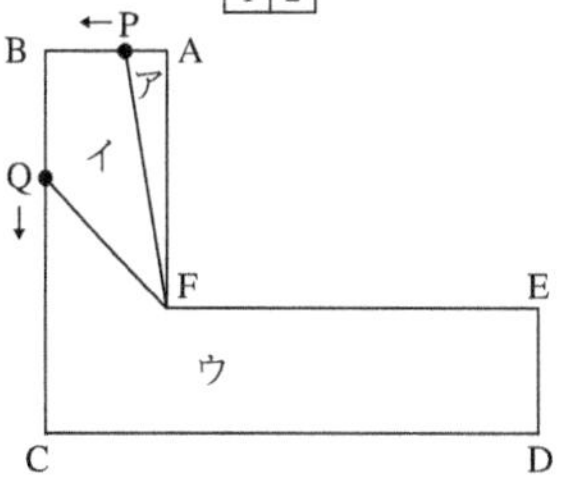

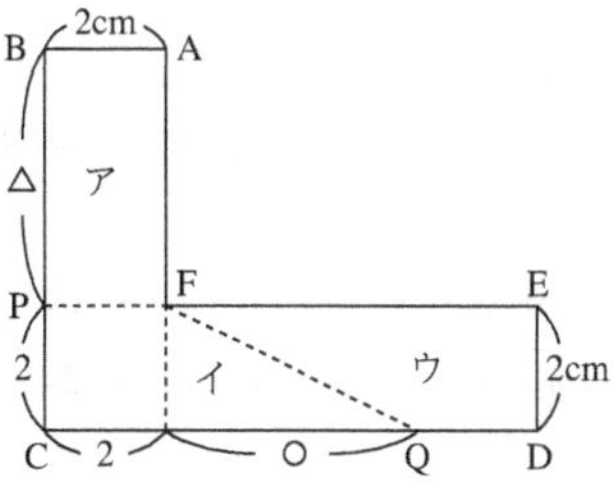

動いた時間の式

…2＋△＝(△＋4＋○)÷2より，△＝$\frac{\triangle}{2}+\frac{\bigcirc}{2}$

△＝○

AF＋BP＝PF＋CQ

…△×2＝2＋2＋△より，△＝4

したがって，図形の面積は4×2×3＝24(cm^2)

イの面積

2秒後…4×2÷2＝4(cm^2)

3秒後…5×2÷2＝5(cm^2)

7秒後…(2＋8－1)×2÷2＝9(cm^2)

8秒後…(6＋8)×2÷2＝14(cm^2)

したがって，グラフは下図のようになる

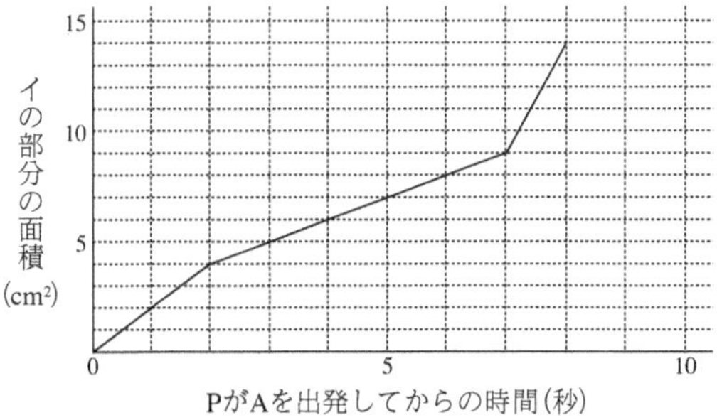

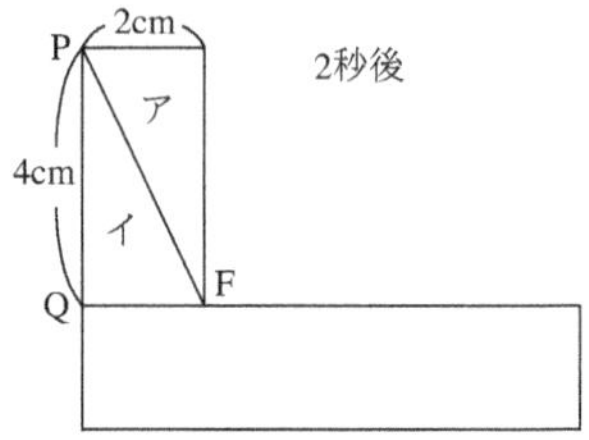

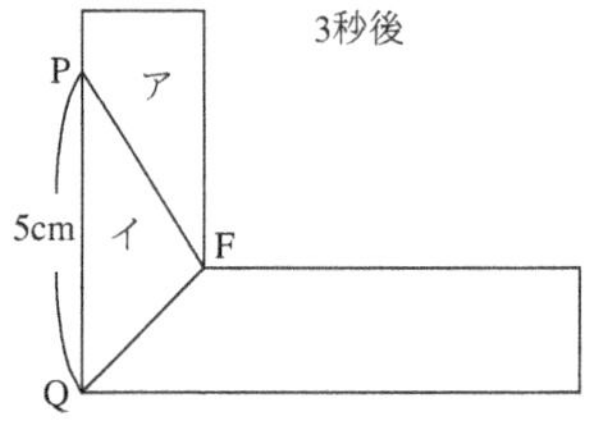

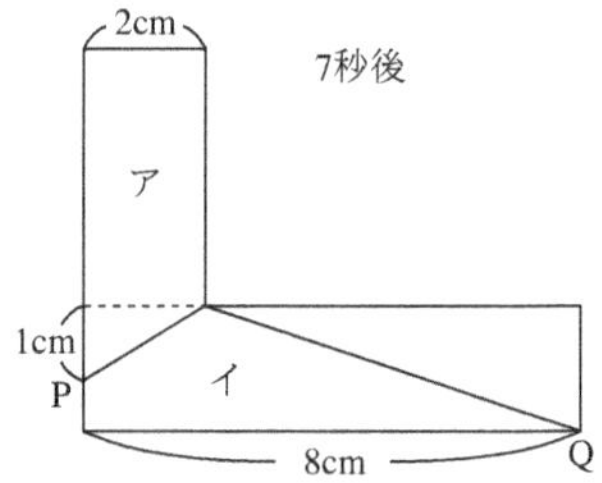

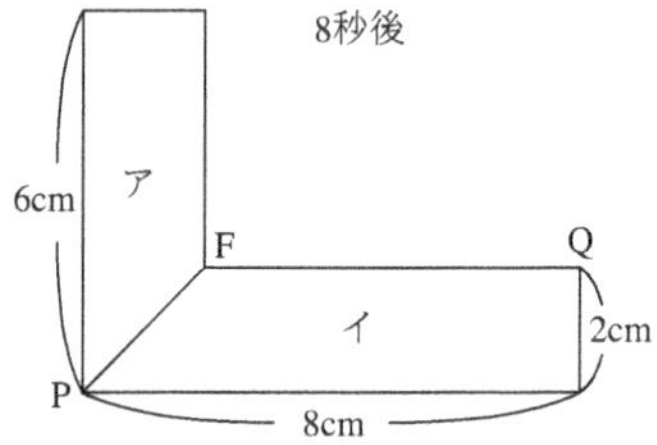

(2)　・PはAを出発し，図形の辺上をA⇒B⇒Cへと，
毎秒1cmの速さで動く。

・QはBを出発し，図形の辺上をB⇒C⇒D⇒Eへと，
毎秒2cmの速さで動く。

・RはEを出発し，図形の辺上をE⇒D⇒C⇒Bへと，
一定の速さで動く。

・3点P，Q，Rは同時に出発する。

・RがQと重なると同時に，3点P，Q，Rは動きを止める。

①・②

4秒後のイの面積…右図より，6cm^2

4秒後のウ・エの面積…それぞれ6cm^2

したがって，Rの秒速は2÷4＝0.5(cm)

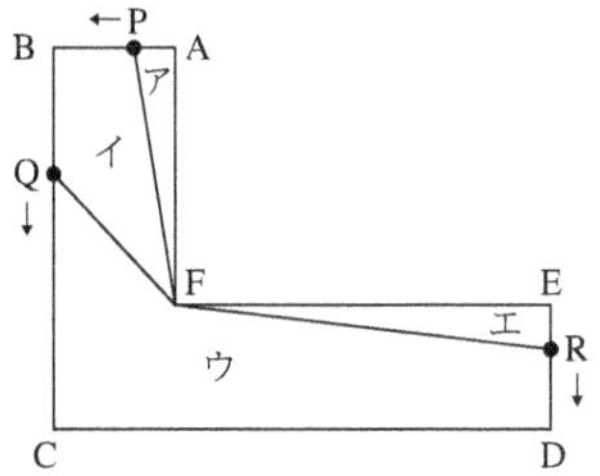

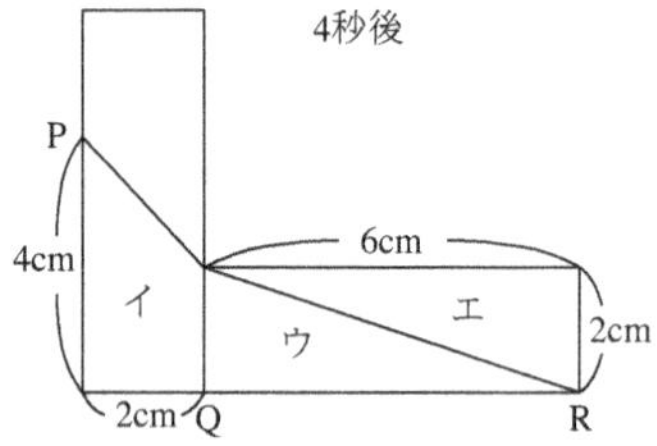

重要 3 **(場合の数)**

真一さんの勝ち…自分のカードの数が相手の数よりも大きい場合

真一さんの負け…自分のカードの数が相手の数よりも小さい場合

引き分け…両者のカードの数が等しい場合

(1)　4×4×3×3×2×2×1×1＝24×24＝576(通り)

(2)　真一さんが(1，2，3，4)と置いて1度も勝たない場合の智子さんの置き方

(1, 2, 3, 4)…真一さんの勝ち負け△△△△
したがって，全部で1×24＝24(通り)

(3) 真一さんが(1, 2, 3, 4)と置いて勝つ場合の智子さんの置き方
① (1, 4, 2, 3)…真一さんの勝ち負け△×○○
② (3, 1, 2, 4)…真一さんの勝ち負け×○○△
③ (4, 1, 2, 3)…真一さんの勝ち負け×△○○
④ (4, 1, 3, 2)…真一さんの勝ち負け×○△○
⑤ (4, 2, 1, 3)…真一さんの勝ち負け×△○○
したがって，全部で5×24＝120(通り)

A	ア
B	イ
C	ウ
D	エ

4 (平面図形，相似，割合と比，消去算)

重要 (1) 直角三角形EBCとECG
…それぞれの3辺の長さの比が3：4：5
EGの長さ
…3÷5×3＝1.8(cm)

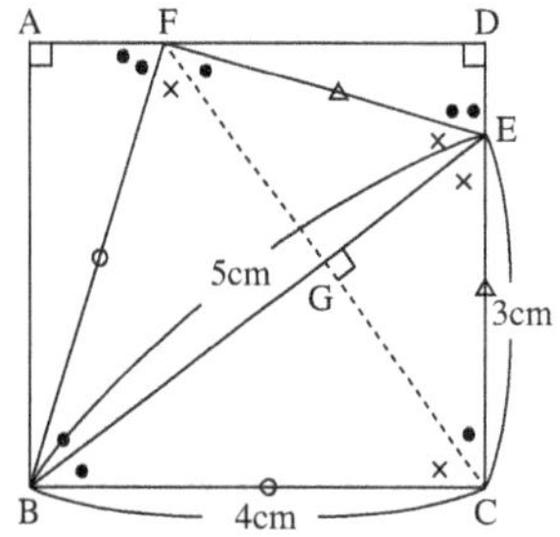

やや難 (2) ●＋×…90度
角FED…180－××＝●●
角BFA…●●
したがって，直角三角形FEDとBFAは相似であり，
これらの相似比は3：4
AD…右図より，$\boxed{4}$＋③＝4 －ア
AB…④＝$\boxed{3}$＋3より，③＝$\boxed{3}\times\frac{3}{4}+3\times\frac{3}{4}=\boxed{\frac{9}{4}}+\frac{9}{4}$ －イ
アとイ…$\boxed{4}+\boxed{\frac{9}{4}}+\frac{9}{4}=\boxed{\frac{25}{4}}+\frac{9}{4}=4$，$\boxed{\frac{25}{4}}=4-\frac{9}{4}=\frac{7}{4}$，$\boxed{25}=7$
$\boxed{1}$…7÷25＝0.28(cm)
したがって，AB：AFは(0.28×3＋3)：(0.28×4)＝24：7

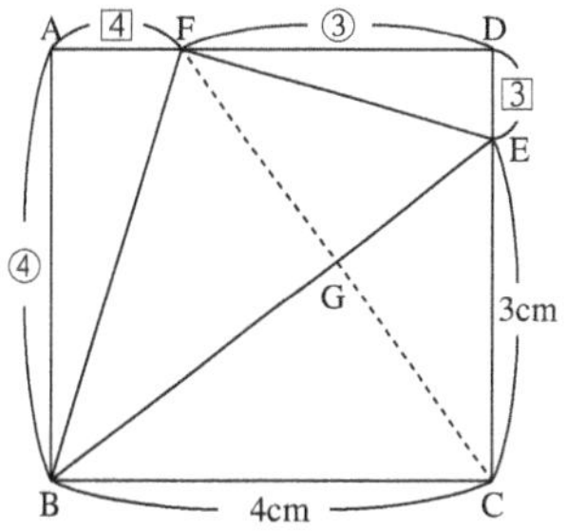

重要 5 (平面図形，立体図形)

(1) 立体(ア)
…合同である直角二等辺三角形3面と
合同である二等辺三角形3面でできた
6面体

(2) (1)より，2種類

(3) 四角錐A－EFGH
…$2\times2\times2\div3=\frac{8}{3}$(cm^3)
三角錐M－FGH
…$2\times2\div2\times1\div3=\frac{2}{3}$(cm^3)
したがって，求める体積は
$\frac{8}{3}-\frac{2}{3}=2$(cm^3)

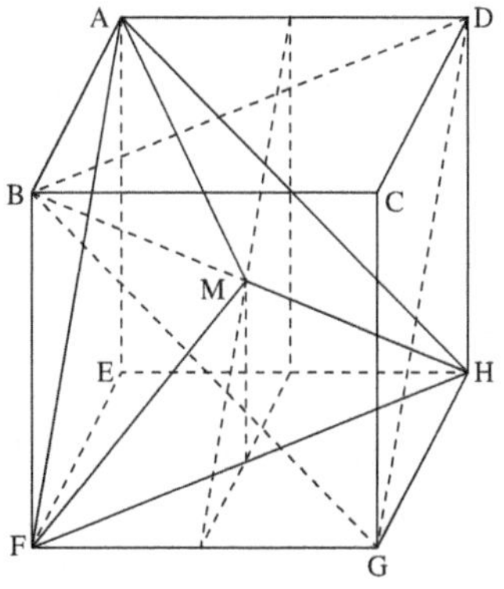

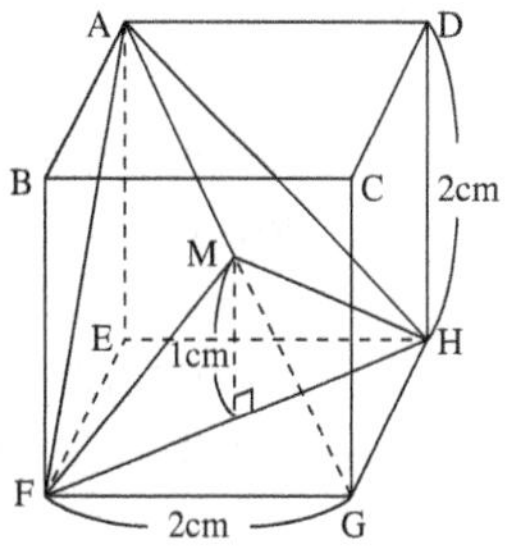

★ワンポイントアドバイス★

比較的，取り組みやすいと思われる問題は1「マス目に整数を書込む」問題であり，3「カードの置き方」は，簡単そうでいてミスしやすい。4(1)「EGの長さ」は落とせない。5「立方体の切断」も,簡単そうでミスしやすい。

＜理科解答＞ 《学校からの正答の発表はありません。》

1 (1) ① N ② 反発し ③ S ④ 引き付けあう (2) (エ)，段ボールのまわりに電流が流れ続け，磁石の力がはたらき続けるため。 (3) (イ)・(エ)
(4) 針金に大量の電流が流れて発熱し，やけどをする危険がある。 (5) ① 0.054秒 ② 0.049秒

2 (1) (エ) (2) (あ) 135 (い) 151 (3) 359mg/L
(4) ① (カルシウム濃度) 68mg/L (マグネシウム濃度) 20mg/L
② (炭酸カルシウム) 80mg (炭酸マグネシウム) 21mg

3 (1) (ア)・(ウ)・(オ) (2) 925km (3) 0.02倍 (4) 46250km
(5) 40824km (6) (エ) (7) (ア)

4 (1) (エ) (2) 腐敗菌が塩に取り囲まれると，体内の水が細胞膜を通り抜けて体外へ移動するため， (3) 28440個 (4) ① 高い ② 体外から体内 ③ 低い
④ 体内から体外 ⑤ 水を飲む (5) (オ) (6) 稚魚の方がからだが透き通っており，蛍光MP粒子が出す光を観察しやすいから。

○推定配点○
1 (1) 各1点×4 他 各3点×5((2)，(3)完答) 2 各3点×6((4)各完答)
3 (1)・(2) 各2点×2((1)完答) 他 各3点×5 4 (1) 2点 (4) 各1点×5
他 各3点×4 計75点

＜理科解説＞

1 (電気と磁石―モーターの原理)

重要 (1) 竹ひごのうち，段ボールの左側の部分は，上側にエナメル線がはり付けられ，エナメル線のひまくがはがされている。そのため，AやBの面が上を向いているときには，左側のクリップとエナメル線は接しておらず，電流は流れない。一方，AやBの面が下を向いているときだけ，左側のクリップとエナメル線は接して，電流が流れる。つまり，段ボールの1回転のうち半分だけは電流が流れ，あと半分は電流が流れないしくみがつくられている。

A，Bの面が下を向いたとき，そのままの向きで回転を続けたことから，下の磁石のN極と反発するAがN極となっており，下の磁石のN極と引き合うBがS極となっている。なお，図の段ボールに巻いたエナメル線に流れる電流の向きを右手の四本指に合わせると，親指がA側に向くので，AがN極，BがS極と判断することもできる。

(2) エナメル線に電流が流れているとき，(1)のとおりAはN極，BはS極となっている。そのため，B側が下の磁石のN極に引き付けられる。本来の手順4だと，途中で電流が流れなくなるので，段ボールは電磁石のはたらきを失い，回転してきたいきおいで回り続ける。しかし，図1ではずっと電磁石の力がはたらくため，回転せず静止してしまう。

(3) (ア)：正しい。流れる電流が増え，電磁石が強くなると，回転が速くなる。

(イ)：誤り。エナメル線にはひふくがされているので，接しているかどうかは関係がない。

(ウ)：正しい。電磁石の強さが同じなので，最終的な回転の速さも同じになる。

(エ)：誤り。Bが真下を通り過ぎた後，AやBの面が下を向いているときに，AはN極，BはS極となるため，下の磁石のN極にBが引き付けられ，逆向きに回転をはじめる。

(オ)：正しい。Aが真下を通り過ぎた後，AやBの面が下を向いているときに，AはN極，BはS極となるため，下の磁石のS極にAが引き付けられ，逆向きに回転をはじめる。

(カ)：正しい。モーターに力を加えると，発電機として電気をつくることができる。

(4) 竹ひごは電流を通さないので，電流はエナメル線を流れる。しかし，針金を使うと，＋極→クリップ→針金→クリップ→－極の順にショートして大量の電流が流れ，エナメル線の方には電流があまり流れない。針金は大量の電流によって発熱するため，手指が触れてやけどをする可能性がある。

(5) ① 20cmの糸を巻き取るのにかかった時間が1.5秒間だから，7.2cmの糸の場合の時間は，20：1.5＝7.2：□ より，□＝0.54秒である。よって，1回転にかかる時間は，0.54÷10＝0.054(秒)となる。

やや難 ② 図の記録で，0.1秒間で1周と少し回転しているとすれば，0.5秒間に$5\frac{1}{4}$回転している。0.1秒間で2周と少し回転しているとすれば，0.5秒間に$10\frac{1}{4}$回転している。このように，0.5秒間での回転数は，$15\frac{1}{4}$回転，$20\frac{1}{4}$回転，…などが考えられる。①の0.5秒間での回転数は0.5÷0.054＝9.2…回なので，最も近いのは$10\frac{1}{4}$回転である。1回転の時間は，0.5÷$10\frac{1}{4}$＝0.0487…で，四捨五入により0.049秒となる。

2 (水溶液の性質―水の硬度)

(1) 地下水にカルシウムやマグネシウムが溶け込みやすいのは，地層中にカルシウムやマグネシウムが多いためである。その代表が，炭酸カルシウムを主成分に炭酸マグネシウムも含む石灰岩である。また，玄武岩の多い火山周辺でも硬度が高い。

(2) (あ) カルシウムが炭酸カルシウムになると，重さが2.5倍になるので，カルシウムが54mgの場合は，炭酸カルシウムが54×2.5＝135(mg)となり，硬度は135mg/Lとなる。

(い) マグネシウムが炭酸マグネシウムになると，重さが3.5倍になるので，マグネシウムが36mgの場合は，炭酸マグネシウムが36×3.5＝126(mg)となる。これを炭酸カルシウムに置き換えるには，1.2倍すればよいので，126×1.2＝151.2(mg)で，四捨五入により硬度は151mg/Lとなる。

(3) カルシウム100mgからは，炭酸カルシウムが100×2.5＝250(mg)生じる。また，マグネシウム26mgからは，炭酸マグネシウムが26×3.5＝91(mg)生じる。これを炭酸カルシウムに置き換えると，91×1.2＝109.2(mg)となる。よって，硬度は250＋109.2＝359.2で，四捨五入により359mg/Lである。

やや難 (4) ① (3)の計算から，沸騰させる前のミネラルウォーターのカルシウムとマグネシウムをすべて沈殿させたとすると，250＋91＝341(mg)となる。沸騰させたときに101mgの沈殿ができているので，もし水中に残っているカルシウムとマグネシウムをすべて沈殿させたとすると，341－101＝240(mg)となる。一方，沸騰後の硬度は254mgである。その差254－240＝14(mg)は，炭酸マグネシウムを炭酸カルシウムに置き換えるときの1.2倍の計算で増えた分である。よって，炭酸マグネシウムの重さは14÷(1.2－1)＝70(mg)とわかる。もとになる水中のマグネシウムは70÷3.5＝20

(mg)である。また，カルシウムから生じた炭酸カルシウムは240−70＝170(mg)だから，もとになる水中のカルシウムは170÷2.5＝68(mg)である。

② カルシウムとマグネシウムの重さは，沸騰させる前のミネラルウォーターではそれぞれ100mgと26mgであり，沸騰後はそれぞれ68mgと20mgだから，沸騰させたときの沈殿に含まれた重さはそれぞれ100−68＝32(mg)，26−20＝6(mg)である。カルシウム32mgからは，炭酸カルシウムが32×2.5＝80(mg)生じる。また，マグネシウム6mgからは，炭酸マグネシウムが6×3.5＝21(mg)生じる。合計101mgは問題文とあっている。

3 (太陽と月—地球の全周の測定)

(1) (ア)：正しい。もし地球が平らならば，遠くからは山の全体が小さく見えるはずである。

(イ)：誤り。空の星や太陽の動きが円を描いているのは，地球の形と関係ない。

(ウ)：正しい。もし地球が平らだったならば，高さに関わらず遠くが見えるはずである。

(エ)：誤り。日食のときの影の丸い形は，月そのものの形である。

(オ)：正しい。日食のときの影の丸い形は，地球がつくった影の形である。

(2) 1スタディオン＝185m＝0.185kmだから，5000スタディオン＝0.185×5000＝925(km)である。

(3) シエネでは太陽の南中高度が90°であり，アレクサンドリアでは7.2°低いので，位置の差は7.2°であり，360°に比べると，$\frac{7.2}{360}=\frac{1}{50}$，つまり，0.02倍にあたる。

重要 (4) 地球の全周の長さの0.02倍が925kmだから，全周は925÷0.02＝46250(km)である。

(5) 点Aから点Bまでの緯度差は角度の4秒＝$\frac{4}{60}$分＝$\frac{4}{3600}$度である。また，花子さんの20歩の距離が14mだから，180歩の距離は，20：14＝180：□ より，□＝126m＝0.126kmである。よって，地球全周は0.126÷$\frac{4}{3600}$×360＝40824(km)となる。

(6) (ア)・(イ)では，歩幅が長くても短くても，正しく測定されていれば値は変わらない。(ウ)では，少ない歩数で歩けるために，点Aと点Bの距離が本来より小さく計算され，地球全周の値も小さくなる。逆に，(エ)では歩数が増えるため，地球全周の値も大きくなる。(オ)は，測定した場所も自転とともに動いているので，値は変わらない。

(7) 地球が完全な球形だとすると，赤道(緯度0°)の東西方向の全周は，南北方向の全周と等しい。それ以外の緯度での，緯線に沿った全周の長さは，赤道一周に比べて短い。なお，地球は丸いため，(イ)や(ウ)でその緯度に1地点を取ったとき，その東や西に2地点目を取ろうとすると，2地点目の緯度は1地点目の緯度よりも低くなってしまう。

4 (生態系—魚類が取り込むマイクロプラスチック)

(1) メダカは，日本に広く生息したり飼育されたりしており，入手しやすい。また，環境の変化にも比較的強い。品種改良などの目的で，遺伝的な特性もよく知られている。

(2) 野菜を塩漬けにすると，もし腐敗菌がいた場合でも，腐敗菌の体内の塩類の濃度に比べ，体外の塩類の濃度が高いため，濃度を近づけるように体内の水が細胞膜を透過して体外へ出ていく。そのため，腐敗菌は生きていくことができない。

(3) 図2より，水槽Ⅱで7日間飼育したメダカでは，体重0.001gあたり900個の蛍光MPが蓄積している。体重0.1gのメダカでは，100倍の90000個である。水槽Ⅲに移して25時間で蛍光MPの95％が排出されるので，18時間であれば，25：95＝18：□ より，□＝68.4％が排出される。体内に残っているのは100−68.4＝31.6(％)である。よって，体重0.1gのメダカの体内に残っている蛍光MPの数は，90000×0.316＝28440(個)である。

重要 (4) 塩類の濃度は，海水＞体液＞淡水である。淡水の水槽Ⅱでは，メダカの体内の方が濃度が高いため，体表面で水は体外から体内へ移動する。一方，海水の水槽Ⅰでは，メダカの体内の方が濃度が低いため，体表面で水は体内から体外へ移動する。そのため，水槽Ⅰでは失われた水を補うため，メダカは積極的に口から水を飲むと考えられる。

(5)　図3で蛍光MPが蓄積している場所は消化管である。これは，口から飲み込んだ水とともに蛍光MPが体内に入ってきたことを示している。

(6)　図1の特徴から見て，稚魚の方が体が透き通っており，体内の蛍光MP粒子が放つ緑色の光が観察しやすい。

★ワンポイントアドバイス★

各分野の学習内容は，身近な現象でどのように活きているのか，つねに観察眼を磨いておこう。

＜社会解答＞ 《学校からの正答の発表はありません。》

1　問1　2　　問2　(例)　初めから包装されておらず，消費期限も明らかに短いから。
問3　3　　問4　(1)　(例)　サトウキビの生産量の約4割をブラジルが占めているうえ，ウクライナ紛争によりてんさいの生産量も減少したから。　　(2)　バイオエタノール
(3)　(例)　排出される二酸化炭素は，サトウキビが吸収したものと同量だから。
問5　1　　問6　(例)　砂糖は虫歯や肥満などの原因となり，健康に悪いというイメージ。
問7　1　　問8　(例)　法律案を議長が委員会へ送り，委員会で審議したあと，本会議で出席議員の過半数が賛成することを衆議院，参議院でそれぞれ行う。　　問9　2　　問10　3

2　問1　邪馬台国　　問2　2　　問3　3　　問4　1　　問5　2　　問6　5　　問7　1
問8　5　　問9　1　　問10　3　　問11　(例)　明治以降のこれまでの天皇の交代は，当時の天皇が亡くなると次の天皇へ交代したが，平成の天皇は亡くなる前に現在の天皇へ交代するという，生前退位が行われた点。　　問12　(例)　まっすぐ太く成長する願いをこめたから。

3　問1　1　　問2　輸送用機械[自動車]　　問3　(1)　野田(市)　　(2)　4
(3)　(例)　高温多湿の気候下で，食品が腐るのを防ぐため。　　(4)　4
問4　(1)　屯田兵　　(2)　石灰石　　問5　(1)　2　　(2)　(例)　関東は出版・印刷業が盛んで，新聞や雑誌の輸送量が多く，四国は製紙業が盛んで，紙製品の輸送量が多いから。
問6　(1)　1　　(2)　(例)　CIF価格が低いうえ，価格の変動も少ないという点。

○推定配点○

1　問8　3点　　他　各2点×11　　2　問11　3点　　他　各2点×11　　3　問5(2)　3点
他　各2点×11　　計75点

＜社会解説＞

1　(政治・地理―砂糖をテーマとした日本の政治や世界地理，時事問題など)

問1　X　2023年のG7サミット(主要国首脳会議)は広島で行われ，正式参加国7か国とEU首脳のほかに韓国や，グローバルサウスと呼ばれるインド，ベトナム，インドネシアの国々，さらにウクライナのゼレンスキー大統領などが参加したので正しい。　Y　1947年に1回目の統一地方選挙が行

われた以降，4年ごとに統一地方選挙が行われている。2023年は20回目の統一地方選挙の実施年であるので誤り。

やや難 問2　販売される食品は，賞味・消費期限や保存方法，添加物などを包装部分に表示することが原則だが，ショーケースで販売される生菓子やパン屋で購入時に袋などに入れられるパンなど，販売されている時点で包装されていないものは表示義務がない。また，包装されていない食品は，賞味・消費期限が短いことが明らかだから，などの理由を書いてもよい。

問3　X　道路の凍結を防ぐためには，砂糖よりも塩(塩化ナトリウムや塩化カルシウム)を散布することの方が一般的なので誤り。なお，塩の散布により道路が腐食したり，周りの植物が枯れたりする塩害が問題になっている。　Y　砂糖は水分を吸収する性質を持っているため，砂糖を多く使用して作る羊かんは，常温でも長期保存ができる食品である。よって正しい。

重要 問4　(1)　表1より，ブラジルはサトウキビの生産量の約4割を占めていることがわかる。そのため，ブラジルでのサトウキビの不作はそれだけで砂糖価格高騰の原因となる。また，(注意)の文からは，てんさいがサトウキビよりも砂糖生産の効率がよいことがわかる。さらに表2より，てんさいの生産上位国のロシアとウクライナが，2022年より続いている紛争によりてんさいの生産が滞っていることも推測できる。これらの理由から，砂糖価格が高騰したことをまとめるとよい。

(2)　ブラジルでは，サトウキビを原料にしてバイオエタノールという燃料が生産されている。また，アメリカでは，トウモロコシを原料にしたバイオエタノールの生産が行われている。

(3)　カーボンニュートラルとは，排出される二酸化炭素が実質ゼロであることを表す言葉である。植物は，生長するさいに大気中の二酸化炭素を吸収する。よって，その植物を燃やした場合に排出される二酸化炭素は，もともと大気中にあった二酸化炭素であるので，排出量は差し引きゼロということになる。

問5　X　請願権とは，年齢や国籍にかかわらず日本に住む誰もが持っている権利であり，日本国憲法第16条で保障されているので正しい。　Y　請願権とは，法律や条例の制定や公務員の罷免，損害の救済などの要望を国会や地方議会に対して出せる権利のことなので正しい。

問6　砂糖に対するイメージとして，「肥満や病気の原因となる」「虫歯になる」など，否定的なものがあり，それが日本での砂糖の消費量が減少している理由の一つだと考えられる。

問7　明治政府が砂糖をぜいたく品として課税したのは，富国強兵政策に基づく軍備拡張費や，戦争を行うための戦費を調達するためと，供給量の少ない砂糖の消費量を節約するためである。よってAとCの組み合わせが正しい。

重要 問8　法律案は，内閣もしくは国会議員によってまず各院の議長に提出される。議長はそれを委員会へ送り，委員会で審議を行った後，本会議で採決する。採決には出席議員の過半数の賛成が必要になる。これを衆議院と参議院の両院で行うことで法律が成立する。

重要 問9　X　輸入の自由化とは，関税の引き下げや撤廃を行ったり，数量制限をなくしたりすることを言うので正しい。なお，逆に高い関税をかけたり数量制限をしたりする貿易を保護貿易という。

Y　輸入の自由化に条約が必ずしも必要とはいえないうえ，条約が締結されても承認をするのは内閣ではなく国会なので誤りである。

問10　X　2022年から2024年2月にかけて，日米の金利差などを原因に円安傾向が続いている。円安の状態では，日本からの輸出品の現地での販売価格は安くなるので誤り。　Y　サトウキビやてんさいに限らず，日本の農業は海外に比べると生産コストが高くなるので正しい。

2　**(日本の歴史―2023年に話題になった事項をテーマとする各時代の総合問題)**

基本 問1　弥生時代後半の3世紀，邪馬台国が存在したということが魏志倭人伝に記されている。

基本 問2　1951年，サンフランシスコ平和条約が結ばれ，翌年に日本は独立を回復したので2が正しい。

なお，1は1946年，3は1964年，4は1972年の出来事である。

基本 問3　X　高度経済成長とは，1950年代後半から1973年の間の好景気を指すので誤り。なお，1950年代後半には「三種の神器」，1960年代半ばには「3C」がそれぞれ各家庭に普及した。　Y　男女雇用機会均等法が成立したのは1985年のことなので正しい。

基本 問4　Aの遣隋使の派遣は607年，Cの白村江の戦いは663年のことで，どちらも7世紀のことである。なおBについて，中大兄皇子らによって滅ぼされたのは蘇我馬子でなく，蘇我蝦夷・入鹿父子で，645年の乙巳の変である。Dについて，壬申の乱は，天智天皇没後の672年に起きた争いで，勝利した大海人皇子が天武天皇として即位した。

重要 問5　X　安土桃山時代，日本に来航したポルトガル船が，中国産の生糸などをもたらした南蛮貿易が盛んに行われたので正しい。　Y　一向一揆とは，浄土真宗の信者が中心となって起こった一揆のことである。浄土真宗は，念仏の「南無阿弥陀仏」を唱えるため，誤っている。なお，「南無妙法蓮華経」の題目を唱えるのは法華宗である。

基本 問6　Ⅰの公事方御定書は1716年，Ⅱの大塩平八郎の乱は1837年，Ⅲの天草・島原一揆は1637年のことであるので，古い順にⅢ・Ⅰ・Ⅱとなる。

問7　江戸時代末期，生活の不満や世直しへの期待をこめて「ええじゃないか」と叫びながら踊り狂うという民衆の行動が東海・近畿を中心に各地に広まった。天からお札が降ってくるなか，人びとが踊っている1の絵が正しい。なお，2は江戸時代に人びとが米屋を襲っている打ちこわし，3は1918年の米騒動，4は開国直後の物価高をそれぞれ描いたものである。

基本 問8　Ⅰの世界恐慌は1929年，Ⅱの二・二六事件は1936年，Ⅲの男子普通選挙実現は1925年のことであるので，古い順にⅢ・Ⅰ・Ⅱとなる。

問9　X　表1より，7月に相撲節という武芸に関する年中行事が行われていたことがわかるので正しい。　Y　図1と2は，江戸の回向院の境内で相撲が行われている様子を描いた絵である。江戸時代は，相撲を行う常設の施設はなく，寺院や神社の境内で行われていたので正しい。

基本 問10　X　1940年，日本はドイツ・イタリアと日独伊三国同盟を結んだが，当時のイタリアの指導者はムッソリーニであるので誤り。なお，スターリンは当時のソビエト連邦の指導者である。
Y　日本は，アメリカだけでなく，インドネシアを植民地とするオランダや，マレー半島などを植民地とするイギリスとも戦ったので正しい。

重要 問11　皇室典範第4条では，皇位を継承するのは天皇が亡くなった時のみと定めているため，明治以降のこれまでの天皇は，前の天皇が亡くなった時に交代し，年号も変更された。しかし，2019年に平成の天皇が現在の天皇(今上天皇)に変わり，年号が令和に変わった時は，皇室典範を特例的に変更し，前の天皇が生存したまま交代するという，生前退位が行われた。

やや難 問12　楠(クスノキ)は，太くまっすぐ伸びる木であることから，江戸時代や明治時代には健康や長寿の願いをこめて，男の子の名前に使われることが現在よりも多かった。

3　**(日本の地理―企業城下町をテーマにした工業や農業，エネルギーの問題など)**

基本 問1　茨城県鹿嶋市と千葉県君津市に共通する工業は鉄鋼業(製鉄業)である。選択肢のうち，鉄鋼業の盛んな都市は，1の室蘭市(北海道)である。なお，2の諏訪市(長野県)は，以前は精密機械工業，現在は電子部品の製造が，3の久留米市(福岡県)はゴム工業が，4の宇部市(山口県)はセメント工業がそれぞれ盛んである。

基本 問2　群馬県の太田市は，自動車(輸送用機械)の生産が盛んな都市である。

重要 問3　(1)　千葉県では醤油の生産が盛んで，県内では銚子市や成田市のほかに，野田市にも醤油工場が立地している。　(2)　4つの文で，「西日本」「上方」「揖保川」「良質の大豆」「瀬戸内地方で生産される赤穂の塩」という部分から，醤油の生産が全国2位の県は兵庫県であるとわかる。

(3)　カビの一種である麹を用いて発酵させた食品は，長期保存に適したものが多い。日本など東アジアの気候は，高温多湿のところが多く食品が傷みやすいため，さまざまな種類の発酵食品がつくられたと考えられる。　(4)　キャベツの生産量は愛知県，群馬県，千葉県の順番に多い。なお，落花生は千葉県が全国生産量の8割以上を占める。日本なしは千葉県，長野県，福島県の順に多く，ねぎは埼玉県，千葉県，茨城県の順である(2020年)。

基本　問4　(1)　明治時代，北海道の警備と開拓にあたった人のことを屯田兵という。なお，初期のころは失業した士族が屯田兵になることが多かった。　(2)　山口県で多く産出され，日本で完全に自給できるセメントの原料は石灰石である。なお，山口県には石灰岩質の土地が多くあり，カルスト地形の秋吉台が有名である。

問5　(1)　ティッシュペーパーやトイレットペーパーは，軽くて薄い紙の「衛生用紙」に分類される。1990年から2022年にかけて，衛生用紙の生産量は全体的に増えているため，2が適当でない。なお，ペーパーレス化やIT化により新聞用紙や印刷・情報用紙の生産量は減少傾向にあり，全体的に紙の需要が低下しているのは人口減少社会や少子化も影響していると考えられる。

(2)　紙・パルプ産業の自動車輸送量が特に多い関東地方と四国地方のうち，関東地方には出版社や新聞社などが多くあり，出版・印刷業が盛んなことから，新聞や雑誌など印刷物の輸送量が多い。一方，四国地方は，愛媛県の四国中央市などパルプ・製紙工業が盛んであることから，紙製品の輸送量が多い。

重要　問6　(1)　かつて日本国内には数多くの炭鉱が存在していたが，採掘コストが外国に比べて高く，しだいに海外からの輸入が増えていき，現在ではほとんどの鉱山が閉山した。なお，2について，火力発電で利用される化石燃料は石油よりも石炭や天然ガスの方が多い。3について，二酸化炭素の排出量は採掘する時よりも燃焼させた時の方が多い。4について，国内では鉄鋼の生産が現在でも行われており，生産量は中国，インドに次いで世界で3番目に多い(2021年)。　(2)　石炭は原油やLNG(液化天然ガス)と比べて，CIF価格が安いうえに価格の変動が小さい点で優れていることを記述するとよい。

★ワンポイントアドバイス★

入試のある前年の時事問題や，それに関わる問題が出題されることが多いので，日ごろから時事的なニュースに関心を持っておきたい。記述問題は難度が高いが，部分点も期待できるため，必ず書ききろう。

＜国語解答＞ 《学校からの正答の発表はありません。》

一　問一　(a)　興　(b)　ひた(して)　(c)　制裁　問二　(1)　ア　(2)　道草
問三　ア　問四　オ　問五　ウ　問六　めったにないという意味　問七　ウ
問八　旅行　(例)　日常に結びつき，目的や計画が十分に決まっており，そこで観光などを予定通りこなしていくものであり，あらかじめ知っていることしか起こらないというもの。
旅　(例)　束縛するものから解き放たれるため行う非日常的なものであり，目的地などの計画を設定しないため，予期しない出来事を体験することになり，人生の別の意味などに気づくことにつながるもの。

二　問一　(a)　生意気　(b)　加勢　(c)　ふた　(d)　えんがわ　問二　(例)　けんか

のときは，泣いた八っちゃんを見ていい気味だと思ったが，時間がたち，八っちゃんが「僕」に碁石をくれようとしたときの愛らしい姿を思い出したりして，泣かしたことを後悔するようになったから。　問三　(例)　碁石を呑んでつまらせてしまい，息ができなくなり，口もきけずに，碁石を吐き出そうともがき苦しんでいる。　問四　イ　問五　ウ
問六　エ　問七　(一)　エ　(二)　ア，コ

○推定配点○
一　問一・問二　各2点×5　問八　旅行　8点　旅　10点　他　各5点×5
二　問一　各2点×4　問二　10点　問三　8点　問七　各3点×2　他　各5点×3
計100点

＜国語解説＞

一　(論説文―要旨・理由・細部表現の読み取り，空欄補充，記述，漢字の読み書き)

問一　(a)　楽しんでいたということ。「興」には，おもしろいと感じるという意味がある。その意味で，「余興」「遊興」などの言葉がある。　(b)　「浸す」は，主に，物を液体の中につけるときに用いる言葉。ただし，二重傍線bでは，自分の身を行き当たりばったりの世界の中に浸すという文脈で使われている。　(c)　悪いことをした相手をこらしめること。こらしめのつもりで殴ることを「鉄拳制裁」という。

問二　(1)　「しがらみ」とは，まとわりついて関係を絶ちがたいものを意味する。しがらみを切るとは，そのような面倒な関係から自分を解き放つこと。Xの直後に「ガス抜きをしたい」「いのちの選択をしたい」「窒息状態から抜け出したい」とある。すべて面倒な関係から離れて，自分のストレスを和らげたいという意味につながる。以上の点をふまえて，選択肢を見ていくとよい。「面倒な人間関係」「自由な行動を束縛」とある，アが解答になる。そこから解き放たれることにより，人はストレスから解放される。イの「恩返しなど……礼儀を尽くす姿勢」，ウの「伝統行事など……共有して残してきたもの」，エの「風習にこだわること」などは，その個人にまとわりついて関係を絶ちがたいものとは異なる。

基本　(2)　最初の空欄Yから，学校に行くまでに「食う」ものだとわかる。そして，二つ目の空欄Yから「ふざけたり，けんかをしたり，空想を語り合ったり」するものだとわかる。三つ目の空欄Yから「ほのぼのとしたもの」だとわかる。四つ目の空欄Yから「目的地のないぶらぶら歩き」に関係するものだとわかる。空欄Yにあてはまる言葉は「道草」である。「道草を食う」とは，目的地に行く途中で，本来の目的から離れて時間を使うことを意味する。

問三　ア　「わたしのばあい……」で始まる段落以降の内容から，バスに同乗していた男のひとりが，「山際の古いホテル」に連れて行ってくれたことがわかる。その男は「こちらの言葉をていねいに聴いてくれる」とあり，その後も親切だった。「バスに乗り合わせた男が……筆者に宿を案内」「つたないフランス語に耳を傾け大切にもてなしてくれた」とある，アが適切。イは「ストラスブールで偶然再会」とあるが，筆者は学校まで訪問に行ったと読み取れる。偶然ではない。ウは「行き当たりばったりでバスを降りた」とあるが，「行き当たりばったり」とは，その場その場のなりゆきにまかせてという意味。バスを降りたことに関しては，目的地は定まっていたので，行き当たりばったりとはいえない。エは「ジャンヌ・ダルクゆかりの地を回っている際に……出逢いがあり」とあるが，出逢いがあったのは，ゆかりの地を回る前日である。オは「迷子になり途方に暮れていた」とあるが，バスを降りてきょろきょろしているときに声をかけられたのである。迷子ではない。オは状況が異なる。

重要 問四 「現在が未来に拉致されている」とは，傍線部②よりも前にあるように，「すべて未来との関係でいまというものが規定されている」ということ。そこでは「すべてが先送りされる生活」になっていて，「いまをいまとして解き放ちたくなる」「途中を途中のままで輝かせたくなる」ことができなくなってしまうのである。「将来の目的など未来のために現在が使われる」「今を今として感じることができなくなって」とある，オが解答になる。アは「自分が未来へと無理に連れていかれた」とあるが，文脈に書かれた内容に合わない。イは「過去・現在・未来の時間間隔が失われ」とあるが，感じられなくなるのは「今」である。文脈に合わない。ウは「人生から無駄を省く風潮が世間に広まってきている」とあるが，現在が拉致されているという話に合わない。エは「本来は今を最大限に生きるために未来がある」とあるが，文脈の内容と異なる。

問五 傍線部③以降の文脈から，解答を考えることができる。スクールバスのため，「学童たちは途中を喪ってしまった」とある。この部分の「途中」で，学童たちはけんかをしたり，空想を語り合ったりして，無駄に見えても教室で学びえないものを自ら学びとっていたのである。それは，その後の文脈に書かれた「別の人生の意味」にもつながる体験だったのである。学童たちは，自分たちの人生経験につながる貴重なものを喪ったことになった。「バス送迎での便利さの代わり」「多様な人間関係を培って人生経験を積む時間が失われた」とある，ウが解答になる。アは失ったものの説明が，ウに比べて明確ではない。イは「勉強ばかりで遊びの時間が減ってしまった」とあるが，傍線部③以降の文章の内容に合わない。エは「子供が本来持っていた予期しないことに対応できる柔軟さ」とあるが，子供が失ってしまう，人生経験を積む時間に関する説明もない。オは「大人も子供も『途中』を大切にする気持ちを失ってしまった」とあるが，ここで「気の毒」なのは，子供である。

やや難 問六 筆者のフランスでの体験の説明の後，二重傍線aよりも後の部分に，「けれど，わたしがここで記したいのは，そういうありがたさではない」とある。その後，「めったにないという意味での，旅のありがたさだ」ともある。筆者は「めったにない」という意味をこめて，ありがたいという表現を使っているのだ。そのように特別の意味をこめているため，傍点をつけて，意味を強調しているのである。二重傍線aの「めったにないという意味」を書き抜く。

問七 ア 「目的を決めることなく」とあるが，筆者にはジャンヌ・ダルクの故郷を見るという目的はあった。アの表現は正確ではない。 イ 「たぶんそうなのだろう……」で始まる段落内に，「いのちの洗濯をしたい」「窒息状態から抜け出したい」などの思いが書かれている。だが，自暴自棄になって暴走したいという気持ちが表れているわけではない。 ウ 複数の空欄Y以降の表現に着目する。「最短の距離で進む『最適』の道よりも……予期しない出来事のなかに……別の人生の意味が浮かび上がる」とある。筆者は，最短距離を進むことで，学びえたはずの予期しない出来事を取りこぼしていると主張しているのだ。そして，遠回りする心の余裕を重視しているのである。ウは筆者の主張に合っている。 エ 文章中には「徘徊は『痴呆』という，ネガティブな意味づけのなかでしか可能でなくなった」とある。つまり，基本的には徘徊ができなくなったという意味である。エは，あてもなく歩きまわること，つまり，徘徊の意味のとらえ方が異なってきたことを表している。意味合いが異なる。 オ 「旅行の前に目的地を調べることで知らないことに出逢えなくなっている」とある。知らないことに出逢えなくなっている理由は，目的地を調べることだけではない。

やや難 問八 設問には「本文全体を踏まえ」「対比を明確にして」とある。その点を意識して，書くべき内容を整理したい。その際，筆者は特に旅に心を動かしているおり，旅に関する記述もそれなりに多い。旅からまとめていくとまとめやすいとも考えられる。

旅の特徴 波線以降の「たぶんそうなのだろう……」で始まる段落に着目する。「旅に出たいの」

という言葉が「いまここから消えたい」「しがらみを切りたい」「いのちの洗濯をしたい」という思いに関係することがわかる。旅とは，日常生活にあるさまざまな束縛から離れ，非日常に向かうものだと読み取れる。また，「たぶんそうなのだろう……」で始まる段落から，旅が「目的を設定することじたい」から離れているため，「思いがけない出逢い」につながっていることが読み取れる。この「思いがけない出逢い」は，複数の空欄Y以降では「予期しない出来事」と表現されている。旅は，目的を設定しないものなので，「予期しない出来事」にもつながるのである。そして，複数の空欄Y以降を読み進めると，「予期しない出来事」から，「別の人生の意味が浮かび上がることもある」と書かれている。「予期しない出来事」は，その人に新たな人生の意味を教えてくれるのである。以上のことを踏まえて，書くべき内容を考える。

①束縛から解放/非日常なもの　②行き先などの目的を設定しない　③予期しない出来事を体験できる　④人生の別の意味に気づくことができるという①～④の要素を中心にまとめると良い。

旅行の特徴　旅をもとに，旅行に関して，対比を明確にして書くことができる。旅のように日常から離れていないものが，旅行なのである。「しがらみ」や「いまここ」という日常に結びついているのである。そして，旅行はパッケージ化されており，つまり，十分に目的地などの計画が練られている。パッケージ化され，プログラム化されているため，予定通りものごとが進んでいく。そして，複数の空欄Y以降にあるように，あらかじめ知っていることしか起こらない。

まとめると，①日常に結びついている　②目的や計画が決まっている　③予定通りこなしていく　④知っていることしか起こらない

以上の①～④の要素になる。これを，解答欄に合わせてまとめる。

二 **(物語—主題・心情・登場人物・細部表現の読み取り，記述，漢字の読み書き，文学史)**

基本　問一　(a)　他の人より自分をすごく見せたり，年上の人に対して思いやりがない態度を取ったりすること。生意気な言動が目立つ年ごろを，「生意気盛り」という。　(b)　力を出して，助けること。助太刀(すけだち)などと言うこともできる。　(c)　おおって，ふさぐもの。イベントなどを開始することを「蓋開け」ということもある。　(d)　家の座敷の外側に設けた，細長い板敷の部分のこと。和風家屋独特のものである。

やや難　問二　八っちゃんとけんかしているとき，「僕はいい気味で……なぐりつけておいて」とあるように，泣き出した八っちゃんを見ていい気味だと思っていた。だが，「八っちゃんは婆やの膝に……」で始まる段落以降にあるように，時間がたって，「僕」はだんだん八っちゃんの泣き声を気にするようになる。泣き声を気にして，八っちゃんがにこにこしながら僕に碁石をくれると言ったことや，八っちゃんの小さな握拳が僕の眼の前でひょこひょこ動く愛らしい様子を思い出すようにもなる。僕の気持ちは，後悔を抱くように変わったと類推できる。後悔する気持ちになったため，傍線部①のように「喧嘩しなければよかったなあ」と思い始めたのだ。記述の際には，「泣いた八っちゃんをいい気味だと思った」＋「時間がたち」＋「八っちゃんの愛らしい様子を思い出した」「後悔するようになった」という方向で書く。

問三　傍線部②以降の表現に着目する。「口をきかないのが変だった」とある。「両手を口のところにもって行って，無理に指の先を口の中に入れよう」としている。婆やは「ああ碁石を呑んだじゃない」と言う。「八っちゃんの顔は血が出るほど紅くなっていた」ともある。碁石を呑んでつまらせたことがわかる。息ができず，口もきけないことがわかる。そして，もがき苦しんでいることもわかる。以上の内容をまとめて記述する。

重要　問四　傍線部③を含む場面の中に，解答の手がかりを見つけることができる。また，各選択肢の前半部分が同じような内容で，後半部分に違いがあることに着目すると，取り組みやすい。

八ちゃんの緊急事態のため，「僕」はお母さんに知らせに来た。だが，何も知らないお母さんは，

日なたぼっこをしながら，静かに縫物をしていたのである。緊急事態と静かな縫物。この両者の違いに，「僕」は違和感を抱いて，「変に思えた」というようになる。以上の内容をおさえて，選択肢を比較する。「緊急事態」「お母さんが落ち着いて縫物」「違和感」「緊急事態などなかったかのような不思議な錯覚」とある，イが解答になる。アは「お母さんが治してしまったのではないかという錯覚」とあるが，傍線部③を含む場面からは，まるで読み取れない内容である。ウは「平和な茶の間が夢の中であるかのような錯覚」とあるが，傍線部③直後に「八っちゃんはもうなおっているのかもしれない」とあるように，緊急事態の方が夢のように感じているのである。エは「一瞬忘れそうになったということ」とあるが，違和感を抱いてはいるが，用件を忘れたわけではない。オは「あきれ」「腹が立ち」「動転」とあるが，違和感を抱いているが，選択肢に示されているような心情の動きがあったわけではない。

問五　傍線部④を含む場面で，何が起きているのかを正確におさえて，選択肢の内容を分析する。碁石を呑み込んでしまった八っちゃんが，極めて危険な一刻を争う状況である。「僕」はお母さんから水を持ってくるのを命じられた。婆やは，「僕」が命じられたのを聞いて立ち上がり，台所に向かった。「僕」もまた台所に向かう。二人は，競い合うように水を手に入れて，お母さんのもとに運ぼうとしている。そのとき僕は「僕が持っていくんだい。お母さんは僕に水を……」と口にする。婆やは「それどころじゃない」と「怒ったような声」で「僕」を振り払う。以上の展開をおさえ，八っちゃんの危機に対して，婆やがとにかく水をすばやく運ぶことを優先していることが読み取り，選択肢を比較する。「一刻を争う状況」「誰が水を持っていくか……こだわる幼い『僕』に苛立ち」「急ぐことを優先」とある，ウが解答になる。アは「評価を挽回しようとやっき」，イは「幼い子供の世話を任されている身……適切な対処もできなかった」とある。どちらも，自分の評価を挽回しようという婆やの意図が読み取れる。この場面では，婆やがとにかく八っちゃんのもとに急ぐ様子は読み取れるが，評価を挽回しようという意図は明確には読み取れない。エは「その場から『僕』を追い払ってしまおう」とあるが，八っちゃんのもとに急ごうとしているが，「僕」を追い払いたい訳ではない。オは「力の差を示したくなったから」とあるが，それが婆やの意図だとは読み取れない。

問六　この場面の「お母さん」の心情の手がかりをおさえ，選択肢を比較する。傍線部⑤より前の部分で，危機的状況に陥っていた八っちゃんは助かった。だから，お母さんは八っちゃんを抱きしめた。母親として自然の喜びの表現であろう。八っちゃんがたいへんなことになるかもしれないという恐怖，八っちゃんの状況は一刻を争うという緊張感。そのような感情も薄れていったと読み取れる。そのような感情の変化をすべて含めて，出てきたのが涙なのである。「我が子が何とか助かったことに安心」「死んでしまうのではないかという恐怖……張り詰めていた気持ちが緩んで」とある，エが解答になる。アは「完全に治すためにはまだすべきことがある」とあるが，この場面から読み取れない。イは「八っちゃんを抱きしめてしまった……反省」とあるが，抱きしめてしまったことを反省している様子は読み取れない。ウは「弟を命の危機に陥れた『僕』を情けなく」とあるが，「僕」に対する批判的な心情はこの場面で読み取れない。オは「子供のように泣きじゃくってしまいたい」とあるが，読み取れない様子である。

問七　(一)　アの「無頼派」とは，第二次世界大戦後に反権威・反道徳的言動で時代を象徴することになった作家たちのこと。織田作之助，太宰治らが有名である。イの「古典派」は，18世紀後半から19世紀にかけての西洋音楽の形式。モーツァルト，ベートーヴェンらが有名である。ウの「古学派」は，江戸時代におこった儒学の一派。「論語」「孟子」などの古くからの書籍を直接研究して，その真意を解明しようとした。エの「白樺派」は，同人雑誌「白樺」から始まった文学の流れ。志賀直哉，有島武郎，武者小路実篤らが代表的な作家である。エが解答になる。オの「印象派」は，19世紀後半のフランスでおこった芸術の流れ。色彩や光の印象を大胆に表現して，見る者に直接的な「印象」を伝えることを試みた。モネ，ルノワール，セザンヌらが代表的な人物である。

(二)　アの「一房の葡萄」は有島武郎の作品である。イの「山椒大夫」は森鷗外の作品である。
ウの「吾輩は猫である」は夏目漱石の作品である。エの「蜘蛛の糸」は芥川龍之介の作品である。
オの「「海底二万マイル」は，フランスの作家ジュール・ヴェルヌのSF小説である。
カの「銀河鉄道の夜」は宮沢賢治の作品である。キの「飛ぶ教室」はドイツの作家，エーリッヒ・ケストナーの作品である。クの「屋根の上のサワン」は井伏鱒二の作品である。
ケの「走れメロス」は太宰治の作品である。コの「小さき者へ」は有島武郎の作品である。

★ワンポイントアドバイス★

「本文全体を踏まえ」「対比を明確にして」などの条件が設けられている記述問題がある。条件をふまえて，必要な解答の手がかりを整理して，さらに解答欄の大きさを意識して，進めて欲しい。

MEMO

大切なことはメモしておこうネ！

2023年度

入　試　問　題

2023年度

渋谷教育学園幕張中学校入試問題（１次）

【算　数】（50分）　＜満点：100点＞

【注意】 コンパス，三角定規を使用します。

[1] 下の図のように，表にそれぞれ「し」，「ぶ」，「ま」，「く」の文字が書かれたカードが１枚ずつ，全部で４枚あり，すべて表向きにおいてあります。どのカードも裏には何も書いてありません。さいころを投げるたびに，次のルールにしたがってカードを裏返します。

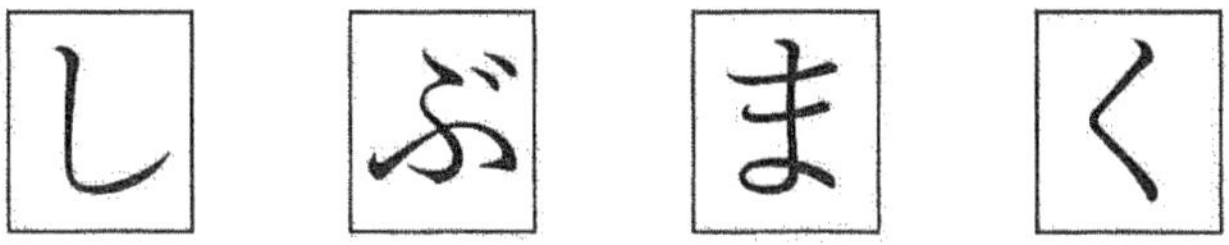

＜ルール＞

・１の目が出たら，「し」のカードを裏返す。

・２の目が出たら，「ぶ」のカードを裏返す。

・３の目が出たら，「ま」のカードを裏返す。

・４の目が出たら，「く」のカードを裏返す。

・５，６の目が出たら，4枚のカードをすべて裏返す。

次の各問いに答えなさい。

(1) さいころを２回投げて，どれか２枚のカードだけが表向きになるような，さいころの目の出方は何通りありますか。

(2) さいころを４回投げて，4枚のカードがすべて表向きになるような，さいころの目の出方は何通りありますか。

[2] 次の①～③のルールにしたがって整数をつくって，左から右へ順番に並べていきます。

＜ルール＞

① １番目の数を０とする。

② ２番目の数を a とする。（a は１けたの整数とする。）

③ ３番目からあとの数は，１つ前につくった数と２つ前につくった数をたした数の１の位の数とする。

このルールで整数を並べたときの n 番目の数を，$(a,\ n)$ と表します。たとえば，$a=1$ とすると，数が 0，1，1，2，3，5，8，3，…… と並ぶので，$(1,\ 8)=3$ となります。

次の各問いに答えなさい。

(1) $(1,\ n)=0$ にあてはまる n のうち，２番目に小さい数を求めなさい。

(2) $(1,\ 2023)+(a,\ 2023)=10$ にあてはまる a をすべて求めなさい。

3　下の図のように，縦45㎝，横60㎝，高さ30㎝の直方体から，縦，横，高さがすべて異なる長さの直方体を切り取った形をした容器があります。

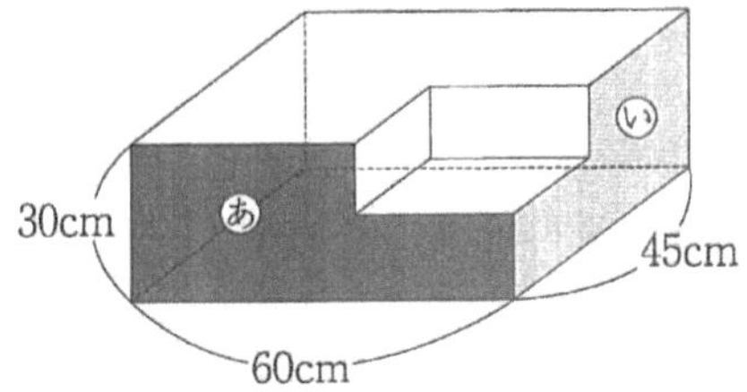

いま，この容器に水が入っています。面あを下にすると，水の深さは５㎝になります。
これから，次の２つの方法で，この容器に毎分1000㎤の割合で水を加えていきます。

方法①　面あを下にして，上になった面に穴をあけて水を入れていく。
方法②　面いを下にして，上になった面に穴をあけて水を入れていく。

（グラフ１）は，①の方法で容器に水を入れていったときの，水の深さ（㎝）と，水が容器にふれている部分の面積（㎠）の関係を表したものです。
（グラフ２）は，②の方法で容器に水を入れていったときの，水を加え始めてからの時間（分）と，水が容器にふれている部分の面積（㎠）の関係を表したものです。

（グラフ１）

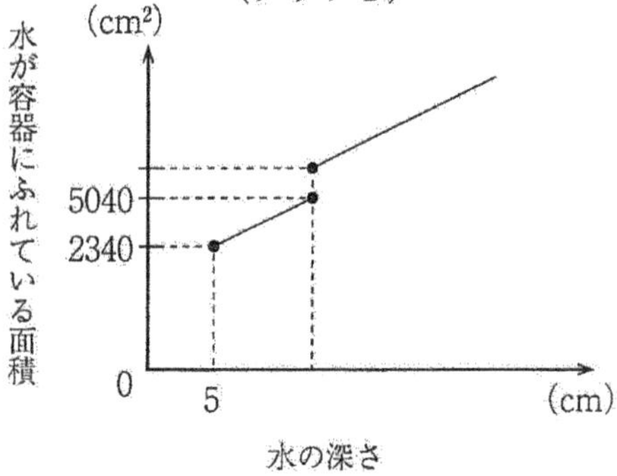

（グラフ２）

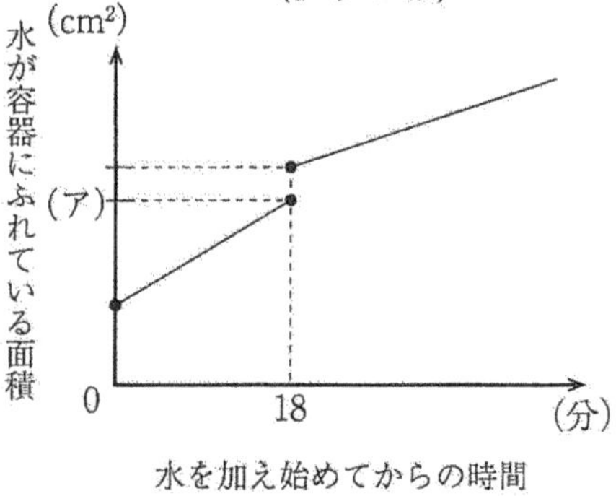

次の各問いに答えなさい。
⑴　面あの面積は何㎠ですか。
⑵　（グラフ２）の（ア）にあてはまる数は何㎠ですか。

4　次の各問いに答えなさい。
（図１，図２は次のページにあります。）
⑴　２つの合同な二等辺三角形をくっつけて，（図１）のような四角形ABCDをつくりました。
AB＝AD＝４㎝，BC＝CDで，BCの長さはABの長さより短いとします。
①　（図１）で，角アの大きさを求めなさい。
②　（図１）で，四角形ABCDの面積を求めなさい。
⑵　（図２）で，三角形ABCはAB＝AC＝６㎝の直角二等辺三角形，BD＝DE＝ECとします。（図２）の色をつけた部分の面積を求めなさい。

（図１）

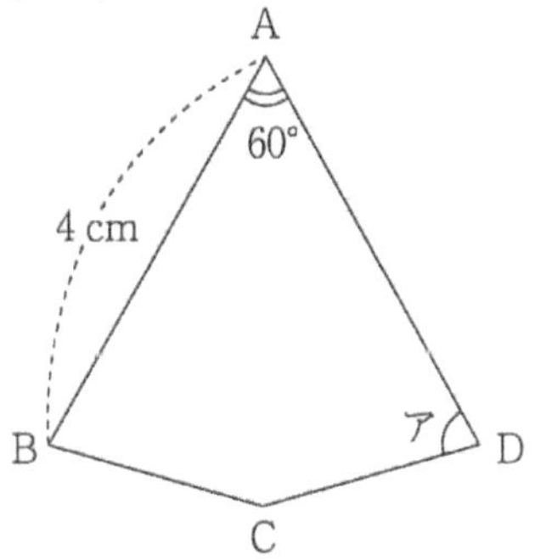

（図２）

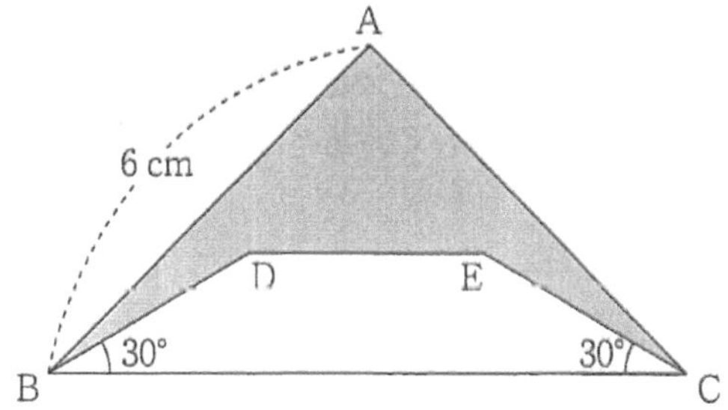

5　（図１）のような，すべての辺が３cmの正方形１つと正三角形４つでできた展開図があり，そこからつくられる立体Ａがあります。また，（図２）のような，すべての辺が３cmの正三角形４つでできた展開図があり，そこからつくられる立体Ｂがあります。

（図１）立体Ａの展開図

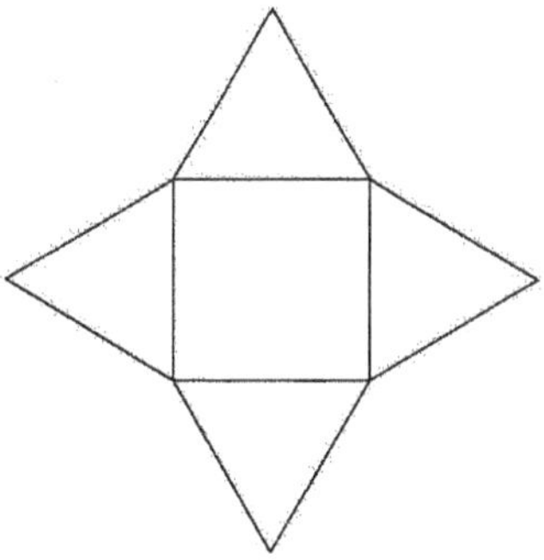

（図２）立体Ｂの展開図

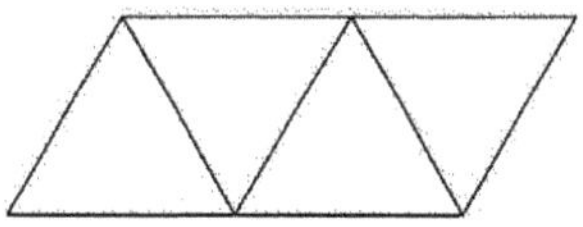

次の各問いに答えなさい。

⑴　（図３）のように，立体Ｂの展開図の各頂点をそれぞれＰ，Ｑ，Ｒ，Ｓ，Ｔ，Ｕとして，辺UQの真ん中を点Ｍとします。立体Ｂを，３点Ｐ，Ｍ，Ｔを通る平面で切断したときの切断面の形を，次の（ア）～（カ）の中から最も適するものを選んで記号で答えなさい。

（図３）

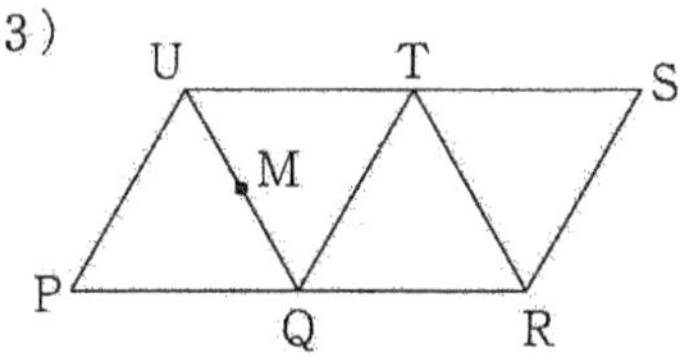

（ア）正三角形　　（イ）直角三角形　　（ウ）二等辺三角形
（エ）正方形　　（オ）台形　　（カ）平行四辺形

⑵　立体Ａと立体Ｂを１つずつ使って，それらをくっつけて立体Ｃを作ります。ただし，立体と立体をくっつけるときは，正三角形どうしの面をぴったりと重ねることにします。立体Ｃの面の数はいくつですか。

⑶　立体Ａを２つと立体Ｂを１つ使って，それらをくっつけて立体Ｄを作ります。ただし，立体と立体をくっつけるときは，正三角形どうし，または正方形どうしの面をぴったりと重ねることに

します。考えられる立体Ｄの中で最も面の数が少ない立体の展開図を，解答用紙にある１辺が３㎝の正方形を利用してかきなさい。

注意：作図にはコンパスと定規を使い，作図に用いた線は消さずに残しておくこと。また，定規は直線をひくためだけに使い，三角定規の角や分度器は使わないこと。

【理　科】（45分）　＜満点：75点＞

【注意】・必要に応じてコンパスや定規を使用しなさい。
・円周率は3.14とします。
・小数第１位まで答えるときは，小数第２位を四捨五入しなさい。整数で答えるときは，小数第１位を四捨五入しなさい。指示のない場合は，適切に判断して答えなさい。

1　図１は，1990年代頃まで使用されていた地震《しん》計です。地震計は，東西，南北，上下の３方向の地面のゆれを記録することができます。そのうち上下方向のゆれだけを記録する地震計のしくみを図２に模式図として示します。地面に固定された地震計の支柱の先にはおもりがばねにつるされています。実際の地震計では，おもりが前後左右に動かないように工夫されています。おもりにはペンが付いていて，回転ドラムに取り付けた記録用紙に地面の動きを記録できるようになっています。

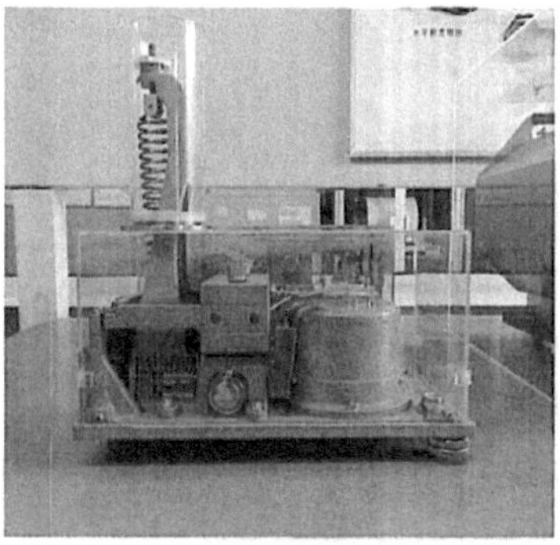

図１　気象庁59式地震計

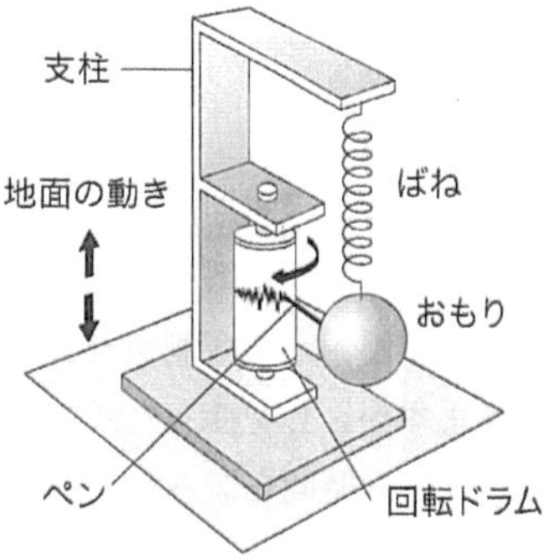

図２　上下方向のゆれを記録する地震計の模式図

⑴　図２のような地震計で，地面の上下のゆれを記録できるしくみを説明した次の文の（　）に適する語句を答えなさい。また，［　］に適する語句を選び○で囲みなさい。

地面が上に動き始めたとき，（　①　）は地面とともに動かないので，記録用紙には②［上・下］向きに線が記録される。

図３は，地震が起きた場所の地表から地下にかけての断面図です。地下で地震が起きた場所を「震源《しんげん》」，地表における震源の真上の場所を「震央《しんおう》」，観測点から震源までの距離《きょり》を「震源距離」といいます。

地震が発生したとき，震源からＰ波と呼ばれる波とＳ波と呼ばれる波が同時に発生してすべての方向に進み始めます。しかし，Ｓ波よりもＰ波の方が速いため，観測点にはＰ波の方が先に到達《とうたつ》（地震波が観測点に着くこと）します。小さなゆれのＰ波（初期微動《びどう》）が観測点に到達してから大きなゆれのＳ波が到達するまでの時間差を，ＰＳ時間（初期微動継続《けいぞく》時間）といいます。

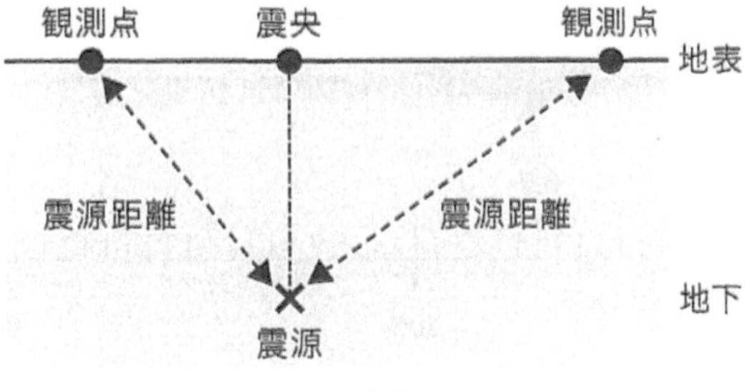

図３

ある日，地震が発生しました。平野にある観測点Ａに地震が到達し，地震計により図４のような上下方向の地震波の波形が記録されました。図４では左から右に時間の経過を示しています。上下のふれ幅が大きいほど大きなゆれを表しています。

観測点Ａには，Ｐ波が午前10時30分４秒に到達し，次に遅《おく》れてＳ波が到達しました。観測点Ａの地域では，Ｐ波の速さは秒速６㎞，Ｓ波の速さは秒速３㎞であることがわかっています。

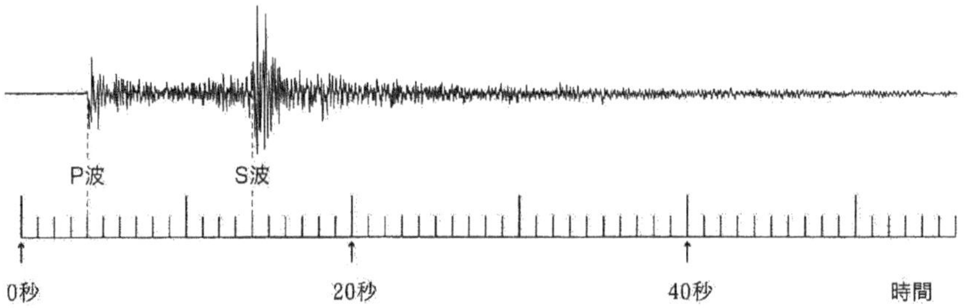

図４

以下の問いでは，図４に示す地震波の地震について考えます。

⑵　観測点Ａにおける震源距離をＬ(㎞）とします。Ｌ(㎞）を以下の手順で求めます。

①　Ｐ波とＳ波が震源から観測点Ａまで伝わるのにかかった時間（秒）は，どのような式で表すことができますか。Ｌを使った式でそれぞれ答えなさい。

②　図４から，ＰＳ時間を読み取り何秒か答えなさい。

③　Ｌ(㎞）を求めなさい。

⑶　震源で地震が発生した時刻を求めなさい。

⑷　観測点Ａの地域において，震源距離（㎞）とＰＳ時間（秒）の関係を，震源から震源距離70㎞までグラフをかきなさい。

⑸　図５（次のページ）は観測点Ａの地域の地表面を示しています。平野にあるこの地域では，観測点Ａで地震波が記録されたときに，観測点Ｂと観測点Ｃでも同じ地震の地震波が記録されました。観測点Ｂと観測点ＣでのＰＳ時間は，観測点Ａと同じでした。

①　震央の位置を解答用紙の地表面の図上に×印で記入しなさい。作図に用いた線は消さなくてもかまいません。

②　震央から震源までの深さは，震央から観測点Ａまでの距離の何倍になるか答えなさい。

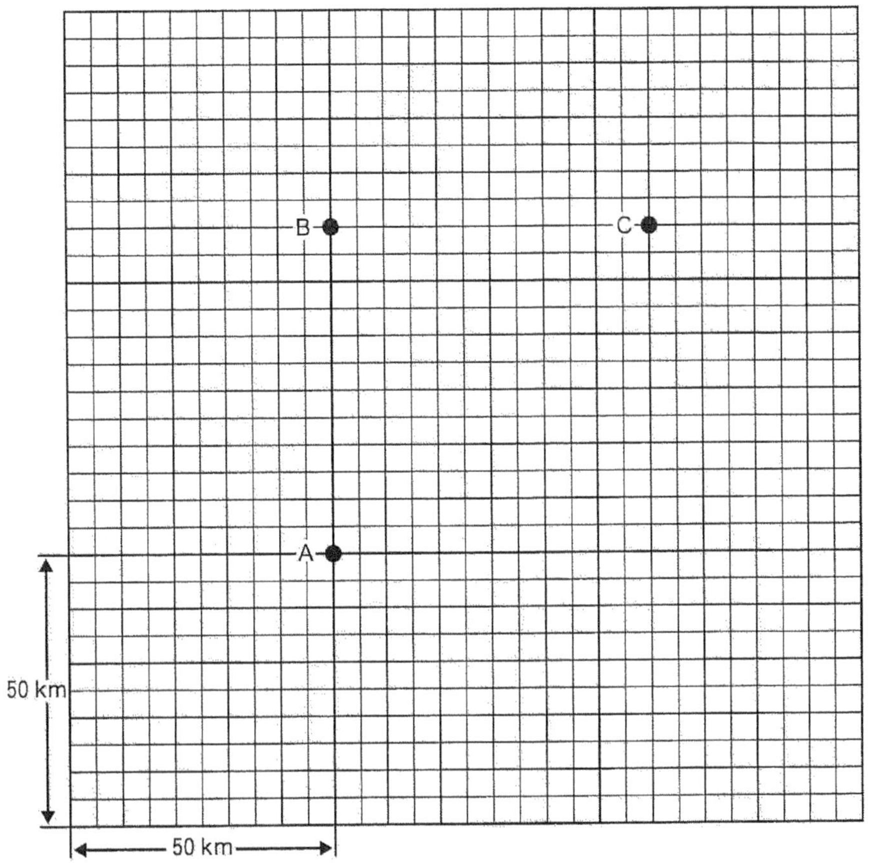

図５　観測点Ａの地域の地表面
観測点の位置は●印で示している。

2　落花生について，次のⅠ，Ⅱを読み，問いに答えなさい。

Ⅰ　落花生は千葉県を代表するマメ科作物で，水はけのよい畑で育ちます。普段《ふだん》，私たちが食べているのは落花生のタネです。タネまきは５月中旬《じゅん》ごろで，７～10日もすると発芽します。タネまきから１か月半～２か月で茎《くき》の地面に近い方から花が咲《さ》き始めます。早朝に咲いて昼にはしぼみますが，花びらが袋《ふくろ》状で，自分の花粉が自分のめしべにつきやすい形なので，開花時間は短くても充《じゅう》分受粉できます。受粉した花の一部は１週間もすると，子房《しぼう》のもとが伸《の》びて“子房柄《へい》”になります。子房柄の先がふくらんで実ができます。開花最盛期までに咲いた花は実になる場合が多く，早い時期に咲いた花ほどよく成長した実になります。開花から70～80日で，実は収穫《しゅうかく》できるまで育ちますが，多くの花は実になれずに終わります。収穫後は，ゆっくり乾燥《かんそう》させてから出荷します。

⑴　落花生の花はどれですか。次のページから１つ選び，記号で答えなさい。

ア

イ

ウ

エ

オ

カ

⑵　落花生の全体のようすを図１に示します。落花生が実ったときのようすを解答用紙にかき込《こ》みなさい。実は黒丸●で３つ示しなさい。

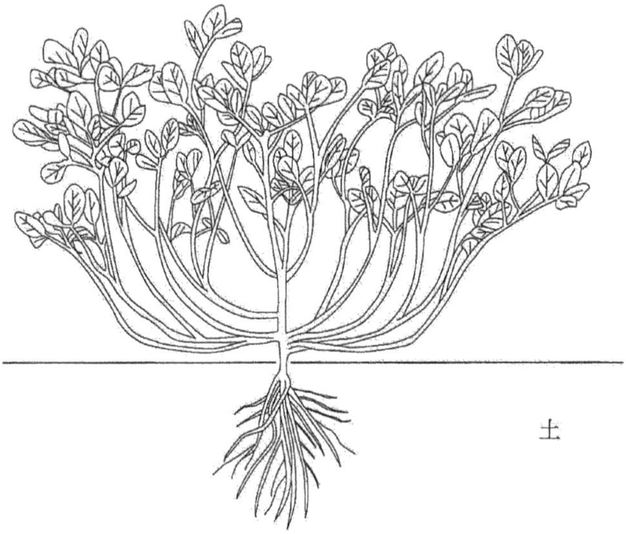

図１

⑶　充分乾燥した落花生の実を図２に示します。実の殻《から》の部分にあるしわは何ですか。次のから１つ選び，記号を答えなさい。

ア　小さな根

イ　水を運ぶ管

ウ　表皮の裂《さ》けたあと

エ　がく

オ　葉が付いていたあと

図２

植物は，根から取り入れた水と，気孔《きこう》から取り入れた二酸化炭素から，生育に必要なデンプンなどをつくる光合成を行います。さらに，光合成でつくった物質と，水に溶《と》けたちっ素を含む化合物（ちっ素化合物と呼びます。化合物については，参考を読んでください）から，生育に必要なタンパク質をつくります。

植物が外界から物質を取り入れる方法は２つです。１つは気孔から取り入れる方法です。気孔から入った二酸化炭素は専用のしくみでとらえられ，別の化合物に変化します。もう１つは，根で水とともに溶けた物質を吸収する方法です。一般《ぱん》に，作物を育てる時，ちっ素，リン，カリウムなどを含む化合物の肥料を定期的に与《あた》えます。ふつうの植物は，空気の80％近くを占める気体のちっ素を利用できないためです。

一方，落花生はちっ素化合物を多く与えなくても育つ作物と言われます。落花生は，根りゅうと呼ばれる小さなコブに，ある種の細菌《きん》を住まわせています。気体のちっ素はとても安定していて，簡単に化合物に変化できませんが，この細菌は，気体のちっ素をアンモニアなどのちっ素化合物に変えることができます。ちっ素化合物を多く含んだ畑より少ない畑の方が，この関係が活発に行われます。生育初期の落花生は，土の中のちっ素化合物も利用しますが，やがて細菌からのちっ素化合物を多く利用してタンパク質をつくるようになります。このように，落花生は細菌に助けてもらいながら育つ作物です。

（参考）物質は，原子と呼ばれる粒《つぶ》でできています。気体の水素とは水素原子２つが結びついた物質，気体のちっ素とはちっ素原子２つが結びついた物質です。異なる種類の原子が結びついた物質を化合物と呼びます。例えば，気体の水素と気体のちっ素に高温と高圧を加えてアンモニアというちっ素化合物をつくることができます。

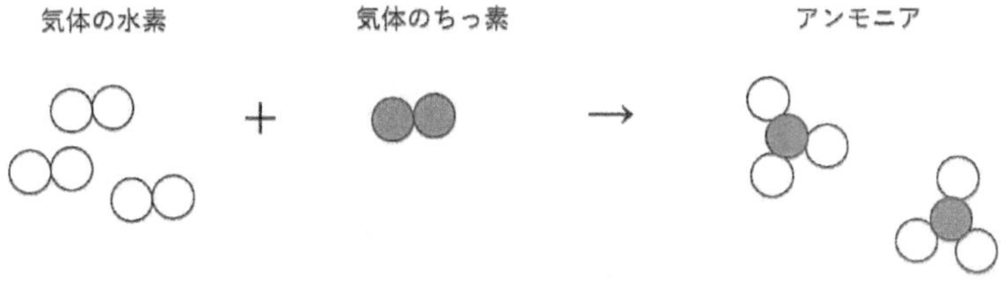

⑷　細菌を根りゅうに住まわせていないふつうの植物が，気体のちっ素を利用できないのはなぜですか。植物が外界から物質を取り入れる２つの方法に注意して，気体のちっ素の性質を２つ述べなさい。

落花生を育てるのに，元肥《もとごえ》のちっ素化合物がどのように影響《えいきょう》するのでしょうか。元肥とは，植え付け前に土に混ぜ込む肥料を指します。

＜実験＞

落花生の苗《なえ》を準備した。１つの植木鉢《ばち》あたり土６㎏を入れ，1株植え付けた。このような植木鉢を複数準備した。与える肥料は元肥のみで，含まれるちっ素化合物量の条件は，実験区Ｎ０（１鉢あたり０ｇ），Ｎ１（同１ｇ），Ｎ３（同３ｇ）の３種類とした。ちっ素化合物以外の肥料は，どの落花生も同じくらい吸収できるように調整し，生育を調査した。なお，測定した値はすべて平均値を示す。

＜結果１＞実験区Ｎ０，Ｎ１，Ｎ３について，１株あたりの毎日の開花数を図３に示します。矢印（↓）は開花最盛期の８月中旬の調査日を示します。

⑸　これまでの内容と図３をふまえて，次の(i)～(iii)において最も適切な選択肢《せんたくし》をそれぞれ選び，記号を答えなさい。

(i)　合計の開花数の多い順にN0，N1，Ｎ３を並べるとどのような関係になりますか。ただし，Ｎ０＞Ｎ１とは，開花数はＮ０の方がＮ１よりも多かったという意味です。

ア　Ｎ０＞Ｎ１＞Ｎ３　　イ　Ｎ０＞Ｎ３＞Ｎ１　　ウ　Ｎ１＞Ｎ３＞Ｎ０

エ　Ｎ１＞Ｎ０＞Ｎ３　　オ　Ｎ３＞Ｎ１＞Ｎ０　　カ　Ｎ３＞Ｎ０＞Ｎ１

(ii)　開花最盛期以降に開花した花が一番多いのはどれですか。

ア　Ｎ０　　イ　Ｎ１　　ウ　Ｎ３

(iii)　全ての花のうち，実になる場合が多いのはどちらですか。

ア　開花最盛期以前の花　　イ　開花最盛期以降の花

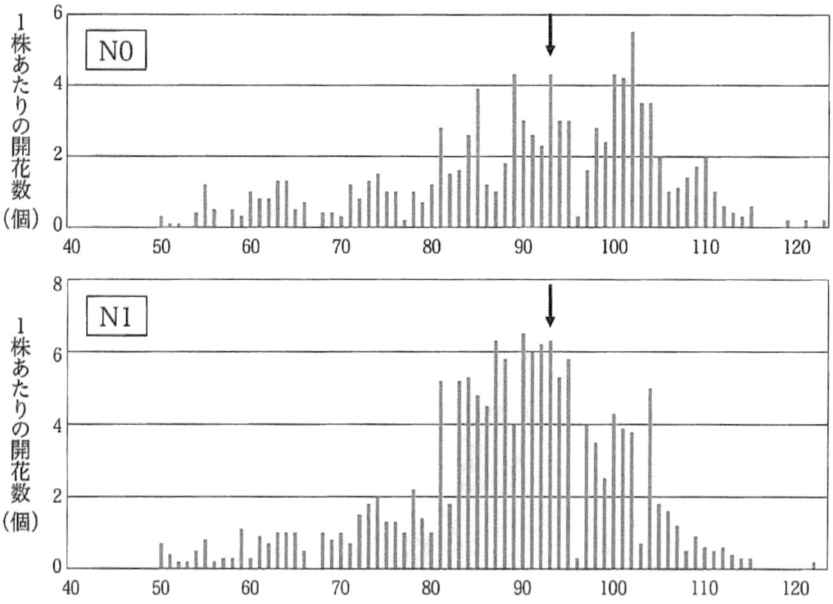

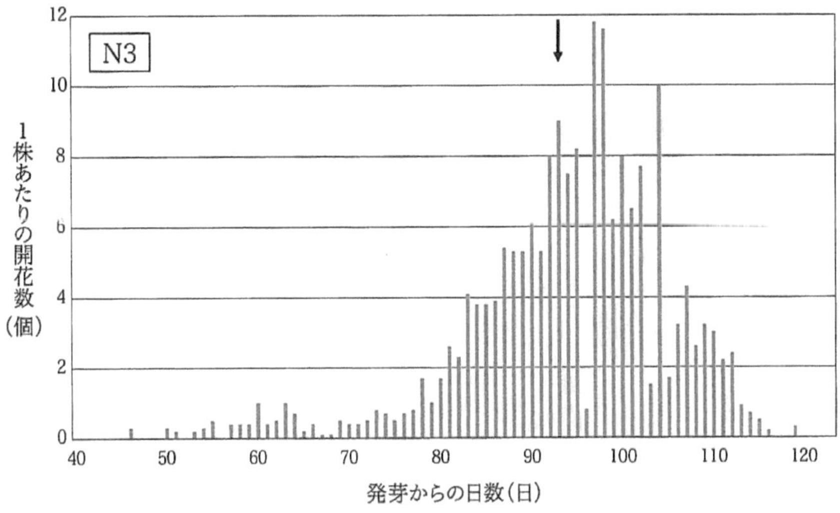

図３　各実験区の１株あたりの開花数

＜結果２＞乾燥させてはかった１株あたりの全体の重さと部位別の重さを，開花最盛期（８月中旬），成熟期（９月中旬），収穫期（10月中旬）に調べました。結果を図４に示します。

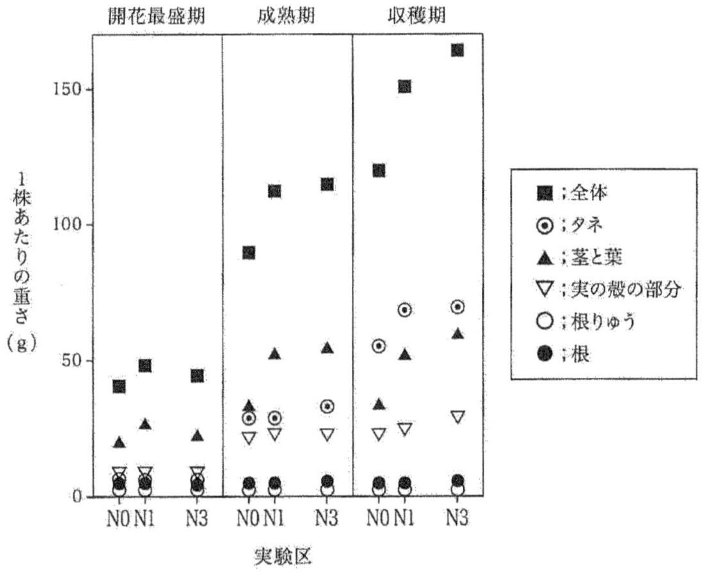

図４　各実験区の１株あたりの全体の重さと部位別の重さ
（乾燥させてはかった重さ）

⑹　図４をふまえて，あとから適切な文を２つ選び，記号を答えなさい。

ア　１株全体の重さは，いずれの時期もＮ３が最も重かった。

イ　Ｎ１とＮ３の茎と葉の重さは，成熟期から収穫期にかけて全く変化しなかった。

ウ　Ｎ０とＮ１の１株全体の重さで，成熟期よりも収穫期が重くなったのは，タネの成長によるところが大きい。

エ　全ての実験区で，根の重さはどの時期も大きな差はなかった。

オ　全ての実験区で，実の殻の部分の重さは，成熟期から収穫期にかけて大きく成長した。

＜結果３＞１株あたりの根りゅうの数と，乾燥前にはかった根りゅうの重さを，開花最盛期，成熟期，収穫期に調べました。結果を図５に示します。

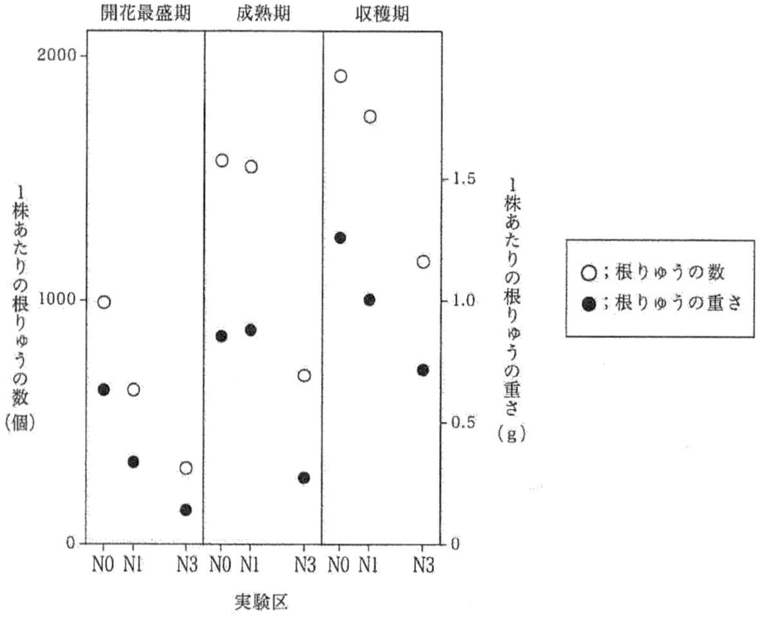

図５　１株あたりの根りゅうの数と乾燥前の根りゅうの重さ

⑺　図５をふまえて，次から適切な文を２つ選び，記号を答えなさい。

ア　全ての実験区で，開花最盛期から収穫期まで根りゅうの数は増加しつづけた。

イ　どの時期でも，Ｎ０の根りゅうの数はＮ３の２倍以上だった。

ウ　どの時期でも，根りゅうの数はＮ０が最も多かった。

エ　どの時期でも，根りゅうの重さはＮ０が最も重かった。

オ　成熟期から収穫期にかけての根りゅうの重さが，最も大きく変化するのはＮ１だった。

＜結果４＞１株にできた子房柄が実になった割合（％）を収穫期に調べました。結果を図６に示します。

＜結果５＞収穫期に実を採り，乾燥前の１個あたりの重さを調べました。結果を図７に示します。

（図６，図７は次のページにあります。）

⑻　図６，７をふまえて，次の(i)，(ii)において最も適切な選択肢をそれぞれ選び，記号を答えなさい。

(i)　子房柄が実になった割合が最も大きい実験区はどれですか。

ア　Ｎ０　　イ　Ｎ１　　ウ　Ｎ３

(ii)　収穫期で，乾燥前の実１個あたりの重さが最も重い実験区はどれですか。

ア　Ｎ０　　イ　Ｎ１　　ウ　Ｎ３

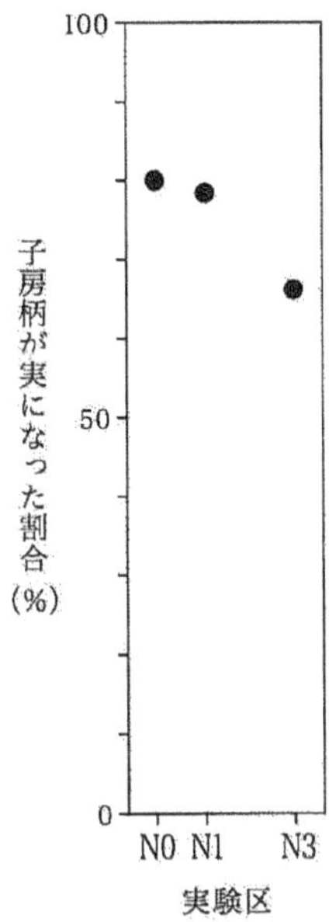

図6　1株にできた子房柄が実になった割合

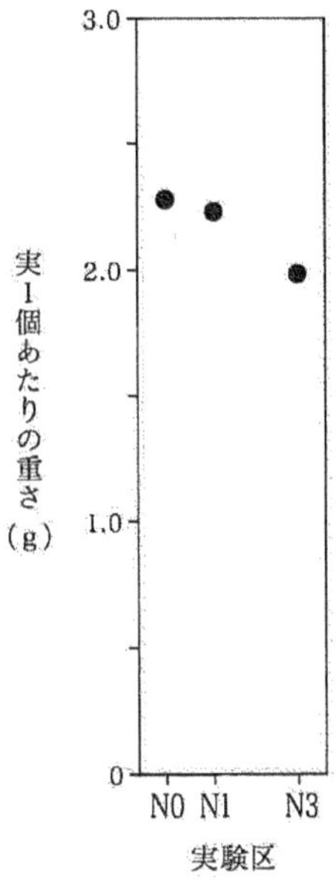

図7　乾燥前の実1個あたりの重さ

(9)　実験結果からわかることを説明する文として適切なものを2つ選び，記号を答えなさい。

ア　1株全体が重かった実験区の落花生は，子房柄が実になった割合が大きく，実も重かった。

イ　合計の開花数が多かった実験区の落花生は，根りゅうの数が多く，根りゅうも重かった。

ウ　開花最盛期以降の花が多かった実験区の落花生は，子房柄が実になった割合が大きく，実も重かった。

エ　ちっ素化合物の元肥を与えなかった実験区の落花生は，根りゅうの数が少なく，根りゅうも軽かった。

オ　ちっ素化合物の元肥を多く与えた実験区の落花生は，根りゅうの数が少なく，根りゅうも軽かった。

カ　根りゅうの数が多かった実験区の落花生は，子房柄が実になった割合が大きく，実も重かった。

Ⅱ　購《こう》入した食用の落花生の袋《ふくろ》には，図8のような表記がされていました。図8の可食部とは，落花生のタネを指します。

栄養成分表示	可食部100g当たり
エネルギー	621 kcal
たんぱく質	23.3 g
脂《し》質	51.4 g
炭水化物	20.6 g
—糖質	12.0 g
—食物繊維《せんい》	8.6 g
食塩相当量	0.0 g

図8

図8中にあるkcalという単位はキロカロリーと読み，1kgが1000gを表すように，1kcalは1000calを表しています。カロリーは日常生活でよく使われるエネルギーの単位です。1calは，1gの水

の温度を1℃上昇させるのに必要なエネルギーと定義されます。私たちの体を動かすにはエネルギーが必要で，その源は食品です。私たちは，食品を消化・吸収した栄養成分を利用してエネルギーを取り出しています。このエネルギー量は，食品に含まれる栄養成分が燃焼したときに生じるエネルギーと同じ量です。次のような実験を行って落花生1gがどれぐらいエネルギーをもつか確かめてみます。図8のエネルギーは，ヒトが消化・吸収できる栄養成分がすべて利用されたときに得られる量を示しています。

＜実験＞表面のコーティングをはがした乾《かわ》いたアルミ缶《かん》を用意し，図9のようにアルミ缶のタブにひもを通してつるし，中に水50gを入れ，温度計で初めの水の温度を測ります。そのとき，温度計の先端《たん》がアルミ缶の底に触《ふ》れないように，温度計も糸でつり下げておきます。

次に薄《うす》皮をむいた落花生のタネ1粒の重さをはかり，図9のように柄《え》つき針の先端に落花生を突《つ》き刺《さ》して固定し，ガスバーナーであぶって引火させます。引火したらすぐにガスバーナーから離《はな》し，つってあるアルミ缶の底の中央に燃えている落花生の炎《ほのお》を当て，温め始めます。

炎が消えるまで2分以上燃え続けました。燃焼後すぐにアルミ缶の水の温度を測定しました。その結果が表1です。

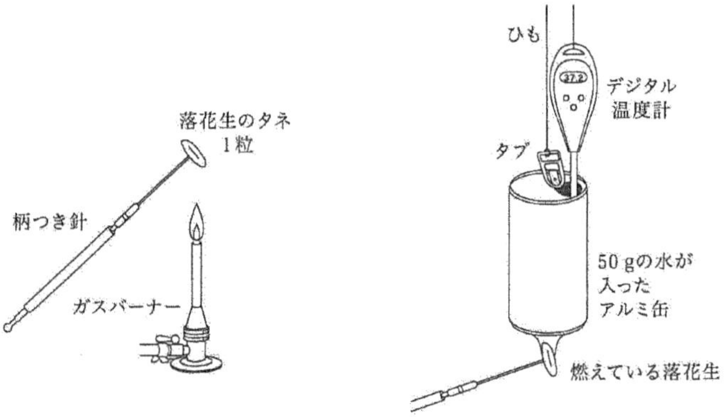

図9

落花生の燃え方をよく観察すると，引火した直後はろうそくと同じような黄色い弱々しい炎でしたが，すぐに落花生全体をおおう大きな炎となりました。途《と》中から黒いすすが多く発生し，燃え切った後の落花生は黒い炭となりました。その炭はさわるとすぐ割れて，割れ目を虫眼鏡で観察すると小さな無数の穴が空いていました。

＜結果＞落花生のタネ1gあたりから発生するエネルギーとは，水が吸収したエネルギーを落花生のタネ1gあたりに換《かん》算したものです。

表1

	落花生のタネ1粒の重さ	初めの水温	終わりの水温	水の上昇温度	水が吸収したエネルギー	タネ1gあたりから発生するエネルギー
1回目	0.70g	28℃	69℃	℃	kcal	kcal
2回目	0.98g	29℃	76℃	℃	kcal	kcal
3回目	0.66g	29℃	67℃	℃	kcal	kcal
4回目	0.81g	28℃	73℃	℃	kcal	kcal
5回目	0.63g	26℃	62℃	℃	kcal	kcal

⑴　１回目から５回目のデータの中で，柄つき針の固定が不十分で，燃焼中に落花生を落としてしまい，また刺し直して燃やしたデータが１つあります。何回目のデータか答えなさい。

⑵　残りの４つのデータより，落花生のタネ１ｇあたりから発生するエネルギーの平均値（kcal）を小数第１位まで答えなさい。

⑶　図８のエネルギーの量に対して，⑵のデータでは何％のエネルギーを取り出せましたか。整数で答えなさい。

⑷　⑶の数値をより高くするために，この実験を改良することにしました。どのように改良したらよいですか。具体的な方法を説明しなさい。

⑸　改良した実験装置で，落花生から発生したエネルギー量を計算すると，図８のエネルギー量より大きくなりました。これはなぜですか。最も影響《えいきょう》を与えた栄養成分を次から１つ選び，その栄養成分について他の栄養成分との違いがわかるように説明しなさい。

［たんぱく質　　脂質　　糖質　　食物繊維］

⑹　落花生は一度火がつくと２分以上燃え続けてやがて炭になります。この現象を説明した次の文の（　）に適する語句を答えなさい。また，［　］に適する語句を選び○で囲みなさい。

落花生をガスバーナーであぶるとすぐに引火します。落花生には（　①　）が50％以上含《ふく》まれています。あぶられた落花生では，表面の（　①　）がとけだしてすぐに，ガスバーナーの熱で（　②　）して（　③　）と触れて引火します。引火後は，落花生内部の（　①　）が植物の繊維組織を④［気体・液体・固体］の状態で外へ向かって通過していき，表面で燃えます。落花生の燃焼は（　①　）がなくなるまで続きます。これはろうそくのろうがとけ，芯《しん》を通過する現象と似ています。燃焼後の落花生は炭になり，その内部には無数の穴が見られます。

３　この問いでは数値を答える際，特に指示がない場合は整数で答えなさい。

としさんは，図１のように天井に滑車《かっしゃ》を取り付けて，ひもの片方の端《はし》を丸太に付け，もう片方の端をモーターで巻き取って丸太の片側を引き上げるとき，できるだけ短い時間で引き上げるには，どのようなモーターを選ぶとよいか考えることにしました。

そこで，まずはてこの原理と重心について調べ，実験１～３を行いました。

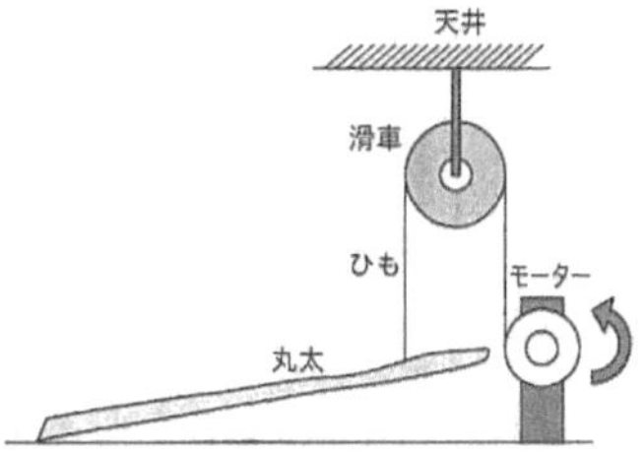

図１

<てこの原理>

図２の重さの無視できる軽い棒がつりあっているとき，支点を中心に時計回りに回転させようとする力Ａと反時計回りに回転させようとする力Ｂは，以下の関係式が成り立ちます。

「力Ａの大きさ」×「支点から力Ａがかかる位置までの距離《きょり》」
＝「力Ｂの大きさ」×「支点から力Ｂがかかる位置までの距離」

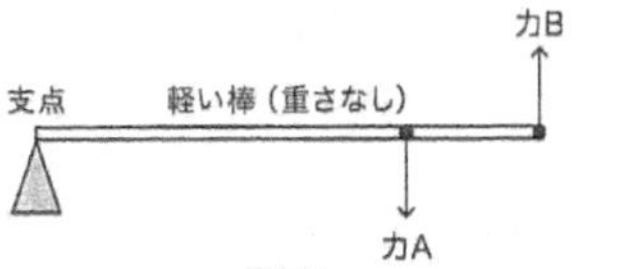

図２

＜重心＞

重心とは，その物体の重さが一点にかかっていると考えたときの位置のことです。

例えば，図３の太さの一様でない棒Ａは，重さの無視できる軽い棒の一点に棒Ａと同じ重さのおもりがつり下げられていると考えることができます。重心の位置は物体の形で決まります。

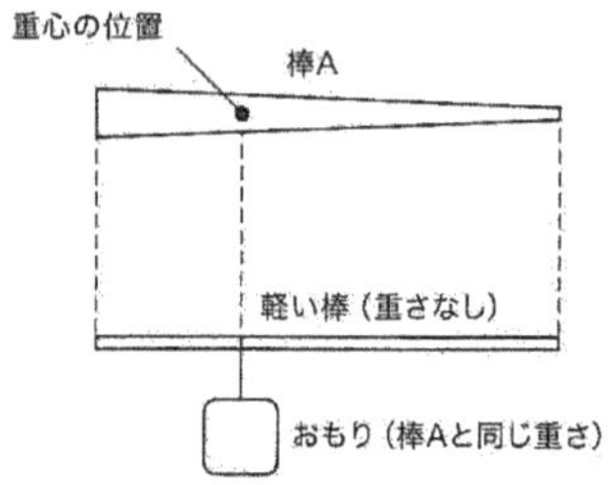

図３

［実験１］

図４のような太さの一様でない長さ40㎝，重さ500ｇの棒Ａを用意します。この棒Ａの右端にひもを付けて，わずかに引き上げます。ひもの反対側に取り付けたおもりの重さを100ｇにするとつりあいました。

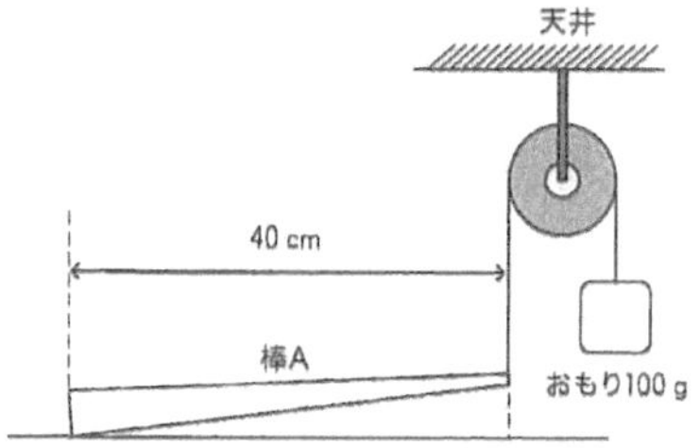

図４

⑴ (i) 図５のように棒Ａの左端にひもを取り付けておもりをつるすとき，何ｇのおもりをつるすとつりあうか答えなさい。

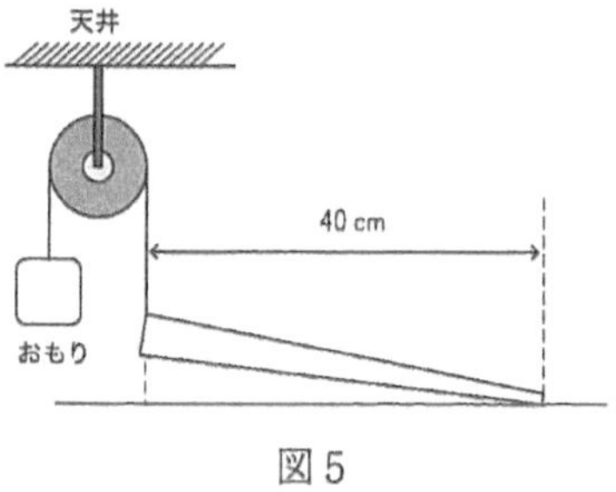

図５

(ii) 図６のように棒Ａを水平につるしました。このときのひもの位置から棒Ａの左端までの距離は何㎝か答えなさい。

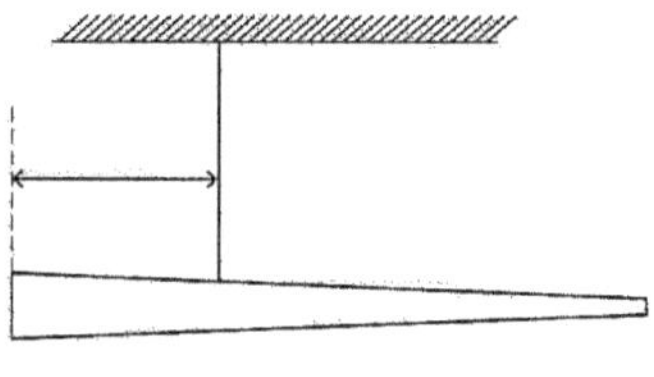

図６

［実験２］

長さ400㎝，重さ300㎏の丸太を用意します。実験１の方法で重心の位置を調べると，丸太の端（図７（次のページ）のＰ）から100㎝の位置にあることがわかりました。

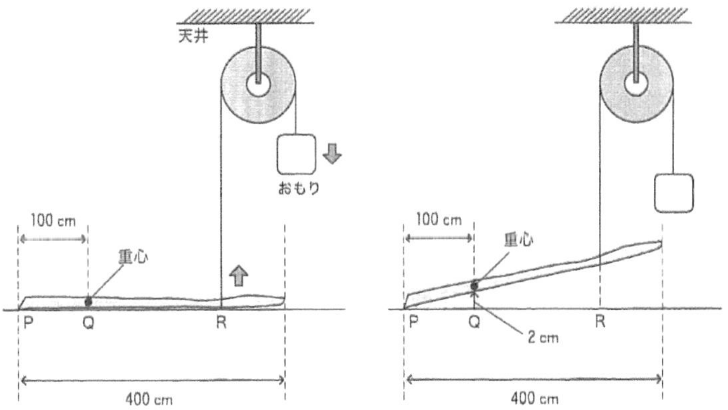

図７

丸太の重心よりも右側にひもを取り付け，ひもの反対側を滑車に通し，丸太がつりあうようにおもりを取り付けます。このとき，丸太は点Ｐで地面と接しています。このおもりを引き下げることで，丸太を引き上げます。

としさんは，図７のように丸太の重心を地面から２㎝引き上げるときに，ひもを取り付ける位置によって次の①，②，③の値がどのように変化するか調べました。

①：丸太がつりあうおもりの重さ。単位は㎏。

②：重心を地面から２㎝引き上げるとき，おもりを引き下げる距離。単位は㎝。

③：①と②を掛《か》け算した値。仮に①が４㎏，②が３㎝のとき12となる。

図７のように，地面に常に触《ふ》れている丸太の左端をＰ，重心から地面に下ろした点をＱ，ひもを取り付けた部分から地面に下ろした点をＲとします。引き上げられた丸太の地面に対する傾《かたむ》きは非常に小さいため，丸太の重心が２㎝地面から離れるまで，ＰＱとＰＲの距離はそれぞれ変わらないものとします。

例えば図８のように丸太の端にひもを取り付けて重心を２㎝引き上げる間，常にPQは100㎝，PRは400㎝とみなせるので，おもりを８㎝引き下げればよいことになります。

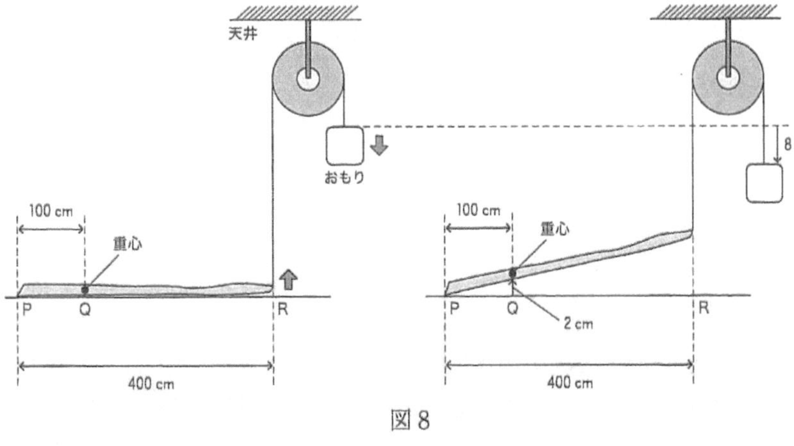

図８

⑵　PR＝200㎝のときの①，②，③の値を答えなさい。

⑶　PRの長さを100～400㎝の範囲《はんい》で変えたとき，PRの長さと①，②，③の関係を表すグラフとして

最も適切なものを次からそれぞれ選び，記号を答えなさい。ただし，同じグラフを選んでよいものとします。

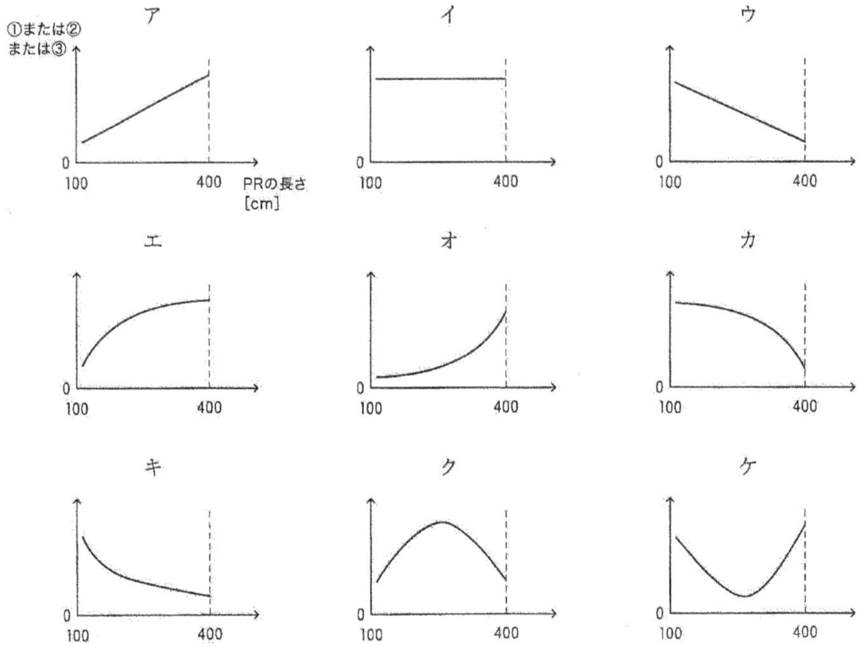

［実験３］

としさんは複数のモーター（あ）～（け）を用意し，図９のようにおもりを持ち上げるときの以下の２つの値を調べました。

・モーターが引き上げることのできるおもりの重さの最大値 M［kg］

・モーターが１秒間に巻き取るひもの長さ L［cm / 秒］

これらのモーターは，おもりの重さが M［kg］を超《こ》えると動かなくなります。M［kg］以下のとき L［cm / 秒］は一定です。各モーターの性能を表１に示します。

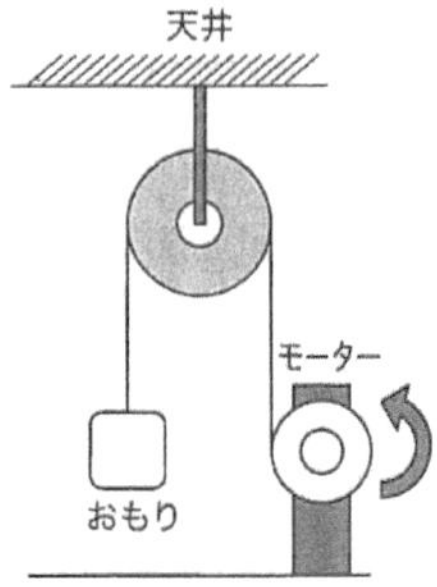

図９

表１

モーターの種類	（あ）	（い）	（う）	（え）	（お）	（か）	（き）	（く）	（け）
M［kg］	280	260	240	220	200	180	160	140	120
L［cm/ 秒］	0.2	0.3	0.4	0.5	0.6	0.7	0.8	0.9	1.0

としさんは実験２の丸太を，おもりの代わりにモーターで持ち上げました。図10（次のページ）のようにモーターを使い，重心を２cm引き上げるのにかかる時間ができるだけ短くなる位置にひもを取り付けて，モーターごとにこの時間を測定しました。この時間を T 秒とします。

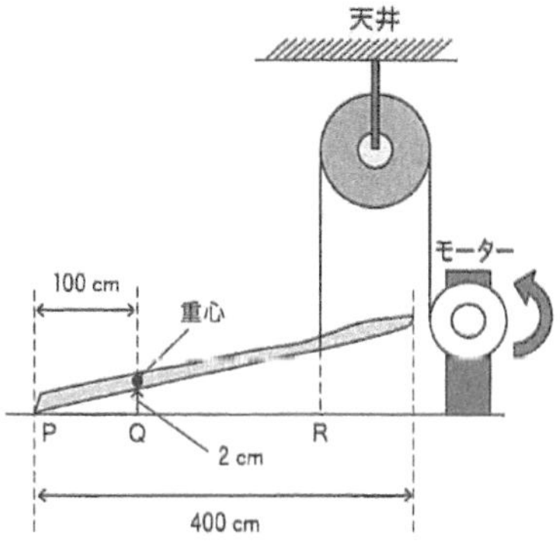

図10

⑷ (i) モーター (お) を用いるときの，Tの値を答えなさい。

(ii) (あ) ~ (け) の各モーターのうち，Tが最も小さくなるモーターと，最も大きくなるモーターをそれぞれ1つ選び，記号を答えなさい。

【社　会】（45分）　＜満点：75点＞

【注意】・句読点は字数にふくめます。

・字数内で解答する場合，数字は１マスに２つ入れること。例えば，226年なら[22][6][年]とすること。字数は指定の８割以上を使用すること。例えば，30字以内なら24字以上で答えること。

・コンパス・定規は必要ありません。

[1]　次の文章を読み，あとの設問に答えなさい。

昨年（2022年）は，新橋駅と a 横浜駅（現在の桜木町駅）の間に日本初の鉄道が開業してから150年の節目で，様々な記念行事が行われました。

最初の鉄道は官営（国営）でしたが，1884（明治17）年に日本鉄道会社が上野駅－高崎駅間を開業してからは全国で民営鉄道の建設ブームが起き，鉄道網が拡大しました。その後は民営鉄道の一部が国営化されるなど，戦前の交通は鉄道が中心でした。「省線」などと呼ばれた国営鉄道は，1949（昭和24）年に日本国有鉄道（国鉄）になりました。

鉄道建設当初は車両，レールなどの資材や鉄道技術を外国から b 輸入していましたが，技術を蓄積して国産化を進め，日本は世界有数の鉄道大国になりました。その象徴が1964（昭和39）年に開業した東海道新幹線です。新幹線の利便性や高速性は多くの国民に知られ，全国で新幹線の建設を求める動きが活発になりました。そのため，c 国会は1970年代に全国的な新幹線網を整備するための d 法律を制定しました。昨年９月に部分開業した西九州新幹線もその計画の一つです。

しかし，高度経済成長期以降は自動車の保有台数が急増し，高速道路や空港，港湾が整備されたため，鉄道の輸送量は旅客・貨物ともに減少しました。そのため，国鉄は地方路線の赤字や非効率な経営，労働問題などから経営の再建が課題となりました。その結果，国鉄は1987（昭和62）年にＪＲ各社へ分割民営化されました。国鉄の長期債務《さいむ》（借金）の総額は37兆1000億円に達し，その一部は国民負担として新たな e 税金「たばこ特別税」が創設されました。

ＪＲ各社は列車のスピードアップや増発などのサービス向上に努めました。大都市が多い本州のＪＲ各社の経営は順調でしたが，人口が減少し旅客の少ないＪＲ北海道やＪＲ四国では，当初から経営が不安定でした。

人口減少は鉄道利用客の減少のほか，鉄道を支える労働者の確保も課題となります。鉄道の運行や保守には多くの人手を必要とします。また，鉄道の職員は男性が多いですが，これは重労働を伴うことや深夜勤務が多いなどの労働環境が背景にあります。しかし機械化が進んだことや，f 労働に関する法律の改正で女性が深夜に働くことが一般的になり，女性の駅員や乗務員を見かけることも多くなりました。

一方で，鉄道の安全運行や，g バリアフリー化を進めるための費用は年々増加する傾向にあります。例えば，最近は利用者の多い駅にホームドアの設置を進めています。そのため，[　ア　]はバリアフリー化費用を運賃に上乗せできる新制度を一昨年に創設し，すでに h 値上げの届出をした鉄道会社もあります。しかし，i ホームドアの普及《ふきゅう》にはまだ時間がかかりそうです。

新型コロナウイルス感染症の拡大で，多くの鉄道会社では通勤客や旅行客が減少し，経営が悪化しました。そのため，列車の減便や最終列車の時刻を繰り上げました。利用者が特に少ない路線を公表し，沿線の地方自治体と路線の廃止を協議することを求める鉄道会社もあります。[　ア　]が設置した検討会は，利用者が一定の数より少ない区間を対象に国が協議会を設けて，鉄道会社，沿線の地方自治体が鉄道の廃止，バスへの転換も含めて，話し合うべきだという提言をまとめました。一方で，鉄道会社も j 新駅を設置したり，経営を多角化したりして収入を拡大することにも努めています。また，輸送量の減少が続いていた鉄道貨物も，環境意識の高まりや，k ある問題を解決するために鉄道の特長である省エネルギー・大量輸送を生かして，トラックから鉄道へ再び移行する動きもあります。

私たちの生活に欠かせない公共交通機関を維持するために，住民と地方自治体，国，鉄道会社が望ましい地域の交通の姿を議論し，実現に向けて協力することが求められます。

問１　空らん ア には，日本の中央省庁名が入ります。この中央省庁の仕事を説明した次の文Ｘ・Ｙについて，その正誤の組合せとして正しいものを，下記より１つ選び番号で答えなさい。

Ｘ　生活に必要な木材を植林し，国土や自然を守る仕事をしています。

Ｙ　沖縄や北方領土に関する問題を解決するための仕事を行っています。

１　Ｘ　正　Ｙ　正　　２　Ｘ　正　Ｙ　誤

３　Ｘ　誤　Ｙ　正　　４　Ｘ　誤　Ｙ　誤

問２　下線部ａに関連して，横浜駅や桜木町駅のある神奈川県横浜市は政令指定都市（「指定都市」「指定市」ともいいます）です。このことについて説明した次の文Ｘ・Ｙについて，その正誤の組合せとして正しいものを，下記より１つ選び番号で答えなさい。

Ｘ　政令とは，地方議会で制定された法のことです。

Ｙ　政令指定都市は，都道府県が行う仕事の一部を市が担《にな》います。

１　Ｘ　正　Ｙ　正　　２　Ｘ　正　Ｙ　誤

３　Ｘ　誤　Ｙ　正　　４　Ｘ　誤　Ｙ　誤

問３　下線部ｂに関する次の文Ｘ・Ｙについて，その正誤の組合せとして正しいものを，下記より１つ選び番号で答えなさい。

Ｘ　外国為替《かわせ》相場が円安になると，日本では輸入製品の価格が下落します。

Ｙ　日本では農産物や工業製品を輸入するとき，必ず関税をかけます。

１　Ｘ　正　Ｙ　正　　２　Ｘ　正　Ｙ　誤

３　Ｘ　誤　Ｙ　正　　４　Ｘ　誤　Ｙ　誤

問４　下線部ｃに関する次の文Ｘ・Ｙについて，その正誤の組合せとして正しいものを，下記より１つ選び番号で答えなさい。

Ｘ　常会は予算の議決を行うため，毎年４月に召集されます。

Ｙ　特別会では，必ず内閣総理大臣を指名します。

１　Ｘ　正　Ｙ　正　　２　Ｘ　正　Ｙ　誤

３　Ｘ　誤　Ｙ　正　　４　Ｘ　誤　Ｙ　誤

問５　下線部ｄに関する日本国憲法の規定を説明した次の文Ｘ・Ｙについて，その正誤の組合せとして正しいものを，下記より１つ選び番号で答えなさい。

Ｘ　法律案は，憲法に特別の定めのある場合を除いては，両議院で可決したとき法律となります。

Ｙ　法律は内閣の助言と承認により，天皇が公布します。

１　Ｘ　正　Ｙ　正　　２　Ｘ　正　Ｙ　誤

３　Ｘ　誤　Ｙ　正　　４　Ｘ　誤　Ｙ　誤

問6　下線部eに関する説明として**誤っているもの**を，下記より1つ選び番号で答えなさい。

1　消費税は，税の負担者と納税者が同じである直接税に分類されます。

2　住民税は，地方公共団体が徴収する地方税です。

3　新しく税金を課すときは，法律や条例を制定します。

4　日本国憲法では，国民は納税の義務を負うことを定めています。

問7　下線部fに関して説明した次の文X・Yについて，その正誤の組合せとして正しいものを，下記より1つ選び番号で答えなさい。

X　日本では，性別によって賃金や定年を差別することは禁じられています。

Y　日本では，外国人はすべての職種で日本人と同じ条件で働くことができます。

1　X　正　Y　正　　2　X　正　Y　誤

3　X　誤　Y　正　　4　X　誤　Y　誤

問8　下線部gに関して説明した次の文X・Yについて，その正誤の組合せとして正しいものを，下記より1つ選び番号で答えなさい。

X　バリアフリーとは，生活の中や様々な活動をしようとするときに感じる不便や障壁《しょうへき》（バリア）をなくすことです。

Y　バリアフリーとは，段差をなくすことやエレベーターを設置するなど，施設面での障壁をなくすことだけを指します。

1　X　正　Y　正　　2　X　正　Y　誤

3　X　誤　Y　正　　4　X　誤　Y　誤

問9　下線部hに関連して，日本では商品の価格は売り手である会社が自由に決められるのが原則です。しかし鉄道の運賃や料金については，鉄道会社が政府から認可を受けたり，政府に届出をすることが定められています。この理由を解答用紙のわく内で説明しなさい。

問10　下線部iの理由として，ホームドアの製造や設置の費用以外にどのようなことが考えられますか。解答用紙のわく内で説明しなさい。

問11　下線部jに関連して，下の新聞記事はＪＲ京葉線に今春開業予定の「幕張豊砂駅《まくはりとよすな》」の建設費用について報じたものです。ＪＲ東日本が建設費用の負担を受け入れるために，千葉市はどのような主張をしたと考えられますか。鉄道会社は原則として請願《せいがん》駅の設置費用を負担しない，という点を踏まえて記事内の空らん［イ］に入る最も適当な文を，次のページより1つ選び番号で答えなさい。

> **幕張新駅(注1)，ＪＲが費用負担に合意　駅舎建設で22億円**
>
> 県(注2)と千葉市，イオンモールの3者がＪＲ京葉線新習志野－海浜幕張駅間に設置を求めている新駅の建設費用の負担をめぐり，市は20日，ＪＲ東日本と費用負担の割合について合意し基本協定書を締結した。地元が設置を求める請願駅では，費用負担を行わないのが原則の中，異例となる。
>
> （中略）
>
> 協定によると，ＪＲ東(注3)が負担するのは，約130億円と見積もられる駅舎建設費の6分の1に相当する約22億円。請願駅をめぐっては，ＪＲ東が管内でこれまで開設した3駅について，いずれもＪＲ東の負担は3億～5億円程度だった。幕張新駅への支出は突出することに

なる。

（中略）

３年(注４)に県企業庁による地元負担の請願駅構想が発端の幕張新駅だが，10年には景気の悪化に伴い，周辺企業からなる期成同盟準備会の活動も休止。27年に市などが新駅設置に向けた調査会を立ち上げるなど紆《う》余《よ》曲折《きょくせつ》をたどった。市は「新駅開業で［ イ ］」としてＪＲ東に一定の費用負担を要求。ＪＲ東が難色を示すなか，市側が先行して負担割合を決め，水面下で協議をしていた。

（以下略）

（注１）「幕張新駅」：幕張豊砂駅の仮称　　（注２）「県」：千葉県

（注３）「ＪＲ東」：ＪＲ東日本　　（注４）「３年」：平成３（1991）年

出典：産経新聞　2018年４月21日

1　近くの住民が便利になる　　2　隣の駅の利用客が新駅を利用する

3　京葉線の停車駅が増える　　4　一定の利益が見込まれる

問12　下線部ｋについて，「ある問題」とはどのようなことが考えられますか。次の点をふまえて，解答用紙のわく内で説明しなさい。

・トラックの運行に関することです。

・環境問題に関することは除きます。

・渋滞や到着時間の正確さに関することは除きます。

2　次の文章を読み，あとの設問に答えなさい。

「最初はグー！」の掛《か》け声で始めるジャンケンなど，現在，日本各地で様々なジャンケンが行われています。そしてａ今から40年近く前，ある地方の子どもたちの間で，「ハワイジャンケン」と呼ばれるジャンケンがはやりました。パーを出す時には「ハワイ」と掛け声を出し，同様にグーを出す時には「軍艦」，チョキを出す時には「沈没」と声に出すというジャンケンです。当時，その地方だけでなく日本中に同じようなジャンケンがあり，多くの地域で「軍艦ジャンケン」と呼ばれていたほか，その掛け声も地域によって様々だったようです。この「ハワイ」・「軍艦」・「沈没」という掛け声からすると，このジャンケンは，ｂ太平洋戦争に関係するある歴史的事件が，ｃ戦時下の子どものジャンケンに取り入れられたものであると推測され，そのジャンケンが戦後も長い間，日本各地で様々な形で続けられていたと考えられます。

その他にも，ジャンケンの際，グーで勝つと「グリコ」と声に出して３歩進み，チョキで勝つと「チヨコレイト」と声に出して６歩，パーで勝つと「パイナツプル」と声に出して６歩進むことが出来るというジャンケンがあります。このジャンケンを「グリコ」と呼んでいる地域が多いようです。前述のある地方では「ハワイジャンケン」をしてグーで勝つと，「グリコ」と声を出しながら３歩進む…というように，「ハワイジャンケン」と「グリコ」が一つになっていました。この「グリコ」というジャンケンについては，ｄ1933（昭和８）年のお菓子メーカーの新聞広告に記載があり，少なくとも90年ぐらいの歴史があることがわかります。

先程と同じ40年近く前のある地方では，ｅ小学校の登下校の最中に，道端《みちばた》にあった㋐犬の糞《ふん》を気づかずに踏んでしまうと，それを目撃した子どもたちが一斉《いっせい》に「ビンビ」と言って，糞を踏んだ子を遠ざけました。その際，指でブイ（V）の字を作った両手を，胸の前でクロスしながら，「ビンビ」と言う地域もありました。一方，踏んでしまった子は，㋑鬼ごっこの「鬼」のような存在になり，「ビンビ」とまだ言っていない子を見つけてタッチしないと，その状態がしばらく続いてしまうのでした。

これに似たようなものとして，血や死のケガレが自分の身に及ぶことをいやがったり，避けたりする行為や習慣があり，それには長い歴史があります。f 鎌倉時代に作成された「平治物語絵巻」（図１）では，藤原信西《しんぜい》の生首《なまくび》を見る人々の中に，その生首（死体）の㋒ケガレから身を守ろうとして，両手の中指と人差し指を交差させている人の姿を何人か見ることが出来ます。

図１

※「平治物語絵巻　信西ノ巻（模本）」（東京国立博物館　画像検索より）

問１　下線部 a に関連して，40年前は1983年になりますが，1980年代の出来事に関して述べた文として正しいものを，下記より１つ選び番号で答えなさい。

1　国交を結んだ中華人民共和国から，初めてパンダが日本におくられました。

2　アメリカとの間で沖縄返還協定が結ばれ，沖縄の日本復帰が実現しました。

3　第一次石油危機が起こったこともあり，国内の物価が急激に上がりました。

4　男女雇用機会均等法が制定されました。

問２　下線部 b に関連して，1945（昭和20）年８月15日，昭和天皇はラジオ放送を通じて終戦を国民に伝えました。この玉音放送では，「堪《た》へ難《がた》キヲ堪《た》へ忍《しの》ヒ難《がた》キヲ忍《しの》ヒ」という一節が有名ですが，その前後を含めた文として正しいものを，下記より１つ選び番号で答えなさい（カッコ内は，現代の言葉に訳したものです）。

1　朕《ちん》カ帝国政府ハ堪《た》へ難《がた》キヲ堪へ忍《しの》ヒ難キヲ忍ヒ東亜《とうあ》ノ解放《かいほう》ニ協力ス

（我が帝国政府は，堪《た》え難《がた》くまた忍《しの》び難《がた》い思いを堪《た》え，東アジアの解放に協力した）

2　忠良《ちゅうりょう》ナル爾臣民《なんじしんみん》ハ堪へ難キヲ堪へ忍ヒ難キヲ忍ヒ今次《こんじ》ノ大戦ニ奮闘《ふんとう》ス

（忠義を尽くした善良な国民は，堪え難くまた忍び難い思いを堪え，今回の大戦で奮闘した）

3　朕ハ時運《じうん》ノ趨《おもむ》ク所堪へ難キヲ堪へ忍ヒ難キヲ忍ヒ以《もっ》テ萬世《ばんせい》ノ為《ため》ニ太平ヲ開カムト欲《ほっ》ス

（私は時の流れに従い，堪え難くまた忍び難い思いを堪え，今後永く平和な世の中を開こうと思う）

4　朕カ陸海将兵《りくかいしょうへい》ハ堪へ難キヲ堪へ忍ヒ難キヲ忍ヒ勇戦スルモ戦局必《かなら》スシモ好転セス

（我が陸海軍の兵たちは，堪え難くまた忍び難い思いを堪え，勇敢に戦ったが，戦局は必ずしも好転しなかった）

問３　下線部ｃに関連して，太平洋戦争の時期，朝鮮半島は日本の植民地でした。この朝鮮半島と日本との関係について述べた文Ⅰ～Ⅲについて，古いものから年代順に正しく配列したものを，下記より１つ選び番号で答えなさい。

Ⅰ　滅亡した百済を復興するために派遣された日本の軍が，唐と新羅の連合軍と白村江で戦って敗れました。

Ⅱ　新たに将軍が就任すると，朝鮮から通信使が日本に派遣されました。

Ⅲ　日本から渡海してきた軍が，好太王の率いる高句麗の軍と戦いました。

1　Ⅰ－Ⅱ－Ⅲ　　2　Ⅰ－Ⅲ－Ⅱ　　3　Ⅱ－Ⅰ－Ⅲ

4　Ⅱ－Ⅲ－Ⅰ　　5　Ⅲ－Ⅰ－Ⅱ　　6　Ⅲ－Ⅱ－Ⅰ

問４　下線部ｄに関連して，1930年代の出来事に関して述べた次の文Ａ～Ｄについて，正しいものの組合せを，下記より１つ選び番号で答えなさい。

Ａ　陸軍の青年将校らが首相官邸などをおそい，一時，東京の中心部を占領しました。

Ｂ　関東地方をマグニチュード7.9の大地震がおそい，多くの人が亡《な》くなりました。

Ｃ　日本の関東軍によって満州国が建国されました。

Ｄ　日ソ共同宣言に調印し，ソビエト社会主義共和国連邦との国交を回復しました。

1　Ａ・Ｃ　　2　Ａ・Ｄ　　3　Ｂ・Ｃ　　4　Ｂ・Ｄ

問５　下線部ｅに関連して，下の図２・３は，1877（明治10）年に出版された本の中にあるもので，当時の小学校における授業の様子が描かれています。この図２・３からわかることを述べた次の文Ｘ・Ｙについて，その正誤の組合せとして正しいものを，下記より１つ選び番号で答えなさい。

図２

図３

Ｘ　当時の小学校では男女共学の形で授業を受けていたことがわかります。

Ｙ　どの子どもたちも，洋服ではなく，和服を着ていたことがわかります。

1　Ｘ　正　　Ｙ　正　　　2　Ｘ　正　　Ｙ　誤

3　Ｘ　誤　　Ｙ　正　　　4　Ｘ　誤　　Ｙ　誤

※図２・３ともに「小学入門教授図解」

（国立教育政策研究所　貴重資料デジタルコレクションより）

問６　下線部ｆに関連して，鎌倉時代につくられたものとして正しいものを，次のページの図から１つ選び番号で答えなさい。

1

2

3

4

※1～4は、作問者撮影

問7　二重下線部の「ある歴史的事件」とは何ですか。解答らんに従って答えなさい。

問8　波線部㋐に関連して，日本でも江戸時代の途中まで犬を食べる習慣がありました。この習慣がなくなる原因となった政策について40字以内で説明しなさい。その際，その政策を進めた人物の名前にもふれること。

問9　波線部㋑に関連して，鬼退治で有名な昔話に「桃太郎」があります。この昔話の「桃太郎」の冒頭では，おじいさんは山にシバかりに，おばあさんは川へ洗たくに行きます。このおじいさんが山でかりとった「シバ」は，どのようなことに使われたと考えられますか。 20字以内で説明しなさい。

問10　波線部㋒に関連して，現在でも，お葬式やお通夜に参加した人が，死のケガレを自宅に持ちこまないようにする習慣は，広く各地で見られます。多くの地域で家の中に死のケガレを持ち込まないようにするため，どのようなことをしていますか。 10～20字で説明しなさい。

※2は江崎グリコ株式会社ウェブサイト（お問い合わせ・Q&A）などを参照して作成しました。

3　次の文章を読み，あとの設問に答えなさい。

島国である日本は周囲を海に囲まれているため，多彩《たさい》な海岸のようすを見ることができます。日本全体の海岸線の総延長は35,649kmで，これは地球一周の約 A %の長さです。

海に面している39都道府県のうち，海岸線延長が最も長いのは，面積も広い北海道で4,461kmです。2位の B は面積では北海道の20分の1程度ですが，海岸線は4,183kmあり，北海道とほとんど変わらない長さです。これはａ九十九島《くじゅうくしま》など離島の数が多く，全体的に複雑な海岸線が伸びていることが理由です。2,666kmで３位のｂ鹿児島県，2,037kmで４位の沖縄県も離島が多い都道府県です。1,716kmで５位の愛媛県はｃ宇和海沿岸にリアス海岸が広がっています。

一方で海岸線が短い都道府県は順に，133kmの鳥取県，135kmの［ C ］，147kmの富山県となります。いずれも離島が少なく，直線的な海岸線が伸びている共通点があります。鳥取県は東部のｄ鳥取砂丘に代表されるように，直線的な砂浜海岸が発達しています。

海岸の長さは常に一定というわけではありません。山地面積の割合が高い日本では，利用可能な土地を拡大するために干拓《かんたく》や埋め立てを何度も行い，海岸の地形を改変してきました。干拓では九州の有明海や岡山県のｅ児島湾が有名です。埋め立ては，東京湾や大阪湾の沿岸，ｆ瀬戸内海沿岸などで行われ，臨海型の工業地帯が形成されている場所も多くあります。ｇ埋め立てには大量の土砂を必要とするため，山地や丘陵地を削ることから，環境への影響も大きくなります。渋谷教育学園幕張中学校のある辺りも埋め立てによってつくられた土地であり，ｈ昔の海岸の風景は失われています。

このほか，地震や火山活動などの地殻《ちかく》変動によっても海岸線は変化します。そして，ｉ海岸線の変化は都道府県の面積の増減にも影響します。例えば，沿岸部の埋め立てを行った結果，大阪府の面積が香川県を上回ったことはよく知られた例です。

文中の海岸線に関する数値は国土交通省「海岸統計　平成28年度版」（小数第１位を四捨五入）による

問１　空らん［ A ］に適する数値を，下記より１つ選び番号で答えなさい。

１　30　　２　50　　３　70　　４　90

問２　空らん［ B ］・［ C ］に適する都道府県の組合せとして正しいものを，下記より１つ選び番号で答えなさい。

１　Ｂ　熊本県　　Ｃ　東京都　　　２　Ｂ　長崎県　　Ｃ　山形県

３　Ｂ　熊本県　　Ｃ　山形県　　　４　Ｂ　長崎県　　Ｃ　東京都

問３　下線部ａは**写真１**のように多くの島々がみられる地形で，多島海《たとうかい》と呼ばれます。これらの島々はどのようにして形成されましたか。解答用紙のわく内で説明しなさい。

写真１

※該当する自治体のウェブサイトより

問４　下線部bに関して，次の１～３はいずれも鹿児島県にある島です。このうち2021年に周辺の複数の島とともに世界自然遺産に登録された島を，下の図から１つ選び番号で答えなさい。なお縮尺はすべて同じです。

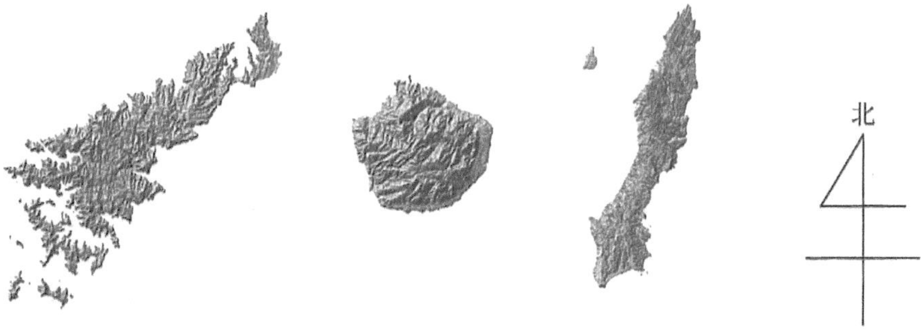

1　　2　　3

問５　下線部cに関して，同様にリアス海岸が特徴的にみられる地域として**誤っているもの**を，下記より１つ選び番号で答えなさい。

1　福井県の若狭湾
2　岩手県の三陸海岸
3　愛知県の渥美半島
4　三重県の志摩半島

問６　下線部dに関連して，砂丘地帯でも様々な工夫をすることによって農業が可能となります。鳥取砂丘での農業について述べた文のうち**誤っているもの**を，下記より１つ選び番号で答えなさい。

1　風で砂が飛ばされることを防ぐため，防砂林（砂防林）の設置が必要です。
2　ほとんど雨が降らないため，スプリンクラーを使って散水しています。
3　らっきょう，スイカなどが栽培されています。
4　砂地は水はけが良いため，稲作には不向きです。

問７　下線部eに関して，**図１**（次のページ）のように，児島湾の干拓地と海の間には締切《しめきり》堤防が設けられ，人造の淡水《たんすい》湖である児島湖がつくられています。児島湖の役割は何ですか。この干拓地の産業と関連付けて，解答用紙のわく内で説明しなさい。

図１

※「地理院地図」より作成

問８　下線部 **f** に関して，次の**表１**のＡ～Ｃには瀬戸内海に面した愛媛県，広島県，山口県のいずれかが当てはまります。Ａ～Ｃと県名の組合せとして正しいものを，下記より１つ選び番号で答えなさい。

表１　2018年の工業生産額（億円）

	化学	輸送機械	パルプ・紙	鉄鋼
A	30,556	11,225	1,026	6,810
B	4,559	35,141	1,123	13,237
C	8,711	4,866	5,427	1,141

※『グラフィックワイド地理2022～2023』（とうほう）より作成

1　Ａ　愛媛県　　Ｂ　広島県　　Ｃ　山口県
2　Ａ　愛媛県　　Ｂ　山口県　　Ｃ　広島県
3　Ａ　広島県　　Ｂ　愛媛県　　Ｃ　山口県
4　Ａ　広島県　　Ｂ　山口県　　Ｃ　愛媛県
5　Ａ　山口県　　Ｂ　愛媛県　　Ｃ　広島県
6　Ａ　山口県　　Ｂ　広島県　　Ｃ　愛媛県

問９　下線部 **g** に関連して，兵庫県淡路島の北東部にある淡路夢舞台国際会議場（**写真２**（次のページ））は山の斜面から土砂を削り取った跡地に建設されています。その土砂は，大阪湾を挟《はさ》んで対岸に位置する，ある海上施設建設のための埋め立てに使われました。1994年にオープンしたこの施設の正式名を答えなさい。

写真２

※淡路夢舞台国際会議場ウェブサイトより

問10　下線部**h**に関して，幕張周辺の埋め立ては終戦後から段階的に進められてきました。下記の＜解答のヒント＞を参考に，埋め立て前の海岸線を**解答用紙の地図中に書き込みなさい。**

※「地理院地図」より作成

＜解答のヒント＞

・埋め立て前の海岸線は，現在道路になっています。

・埋め立て前の海岸線を境にして，道幅や建物の広さが大きく異なっています。

問11　下線部ｉに関して，海岸線の長さは人工的な埋め立てや干拓，地震などの地殻変動以外の**ある理由**でも変動します。次の**表２**は**ある理由**により，測定された海岸線の長さが変動したために，高知県内の自治体（市町村）の面積が変動したことを示しています。**ある理由**を解答用紙のわく内で説明しなさい。

表２

県内自治体の面積		2014年10月（㎢）	2022年１月（㎢）	増減（ha）
縮小した自治体	土佐清水市	266.34	266.01	－33
	大月町	102.94	102.73	－21
	黒潮町	188.58	188.46	－12
	須崎市	135.44	135.35	－9
	中土佐町	193.28	193.21	－7
	安芸市	317.20	317.16	－4
	東洋町	74.06	74.02	－4
	宿毛市	286.19	286.17	－2
	香南市	126.48	126.46	－2
	四万十町	642.30	642.28	－2
拡大した自治体	室戸市	248.18	248.22	＋４
	高知市	308.99	309.00	＋１
	土佐市	91.49	91.50	＋１
	奈半利町	28.36	28.37	＋１
高知県		7103.91	7103.03	－88

※「高知新聞ウェブサイト」（2022年４月25日）より

つ死ぬのかわからない運命だと悟り、自分のルーツである貴重なアイヌの民話を伝えておきたいと思っている。

問七　この文章の構成の特徴を説明したものとして、最も適当なものを選びなさい。

ア　最初は、謎の子守り歌として「鳥の話」から本文が始まり、その後、「私」が青森やアイヌの民話を調べたことで、「私」の母や祖母がなぜ「鳥の話」を子供たちに話したのかが最後になってわかる構成になっている。

イ　何の断りもなく、いきなり「おまえのお父さんはまだ帰らない」という「鳥の話」から本文が始まることで、読者もまた父親の死に直面して、登場人物の「私と弟」と同じレベルで恐怖を感じる構成になっている。

ウ　最終的に「私」は、民話や歌を調べたことで「鳥の話」の由来を知っているのだが、幼い頃に母から聞いた謎の子守り歌の思い出から語り始めることで話の衝撃的な内容が読者の印象に強く残る構成になっている。

エ　「母」が「お父さん」が殺されて「首なし鳥」になる話を子守り歌として語っていたことから本文をはじめ、のちに実の父が浮気をして去ったことを語ることで深い恨みが込められているとわかる構成になっている。

問八　この小説の作者・津島佑子の父親は、青森県北津軽郡金木《かなぎ》出身で、たびたび自殺・心中未遂を起こしたり、薬物中毒になったりという乱脈な生活をしたことから、戦後「無頼派」と呼ばれた日本文学史を代表する著名な作家であり、Ⓐは彼の代表作の冒頭部分である。以下の問題に答えなさい。

Ⓐ　朝、食堂で、スウプを一さじ、すっと吸ってお母さまが、

「あ。」

と幽《かす》かな叫び声をお挙げになった。

「髪の毛？」

スウプに何か、イヤなものでも入っていたのかしら、と思った。

「いいえ。」

お母さまは、何事も無かったように、またひらりと一さじ、スウプをお口に流し込み、すましてお顔を横に向け、お勝手の窓の、満開の山桜に視線を送り、そうしてお顔を横に向けたまま、またひらりと一さじ、スウプを小さなお唇のあいだに滑り込ませた。ヒラリ、という形容は、お母さまの場合、決して誇張では無い。婦人雑誌などに出ているお食事のいただき方などとは、てんでまるで、違っていらっしゃる。

㈠　Ⓐの作品を書いた作家の名前を選びなさい。

ア　夏目漱石　イ　谷崎潤一郎　ウ　川端康成
エ　芥川龍之介　オ　太宰治　カ　志賀直哉
キ　三島由紀夫　ク　村上春樹　ケ　大江健三郎
コ　中島敦

㈡　Ⓐの作品名を選びなさい。

ア　「坊っちゃん」　イ　「春琴抄《しゅんきんしょう》」　ウ　「伊豆の踊子」
エ　「蜘蛛《くも》の糸」　オ　「津軽」　カ　「暗夜行路」
キ　「金閣寺」　ク　「走れメロス」　ケ　「人間失格」
コ　「斜陽」

死んでしまうところ。

問三　――部②「父という言葉とは無縁の、ただのきっかけだ」とあるが、どういうことか。説明として最も適当なものを選びなさい。

ア　「父」は、法律上の父ではないために、家族の一員として感じることができず、他人としてしか意識できないが、確かに自分がこの世に生まれてくるのに必要な存在だということ。

イ　「父」は、自分たちを裏切って別の女を作って家を出てしまい、「私」はそれを恨んでいるために、自分が生まれるのに必要だっただけの存在で父親とは認められないということ。

ウ　「父」は、「私」が生まれたときにはもういなかった人であり、その不在を物足りなく思ったこともない生物学上「私」となる受精卵を誕生させただけの無関係な存在だということ。

エ　「父」は、物心のつかないうちにいなくなっており、親子らしい交流の記憶は特になく、自分がこの世に生まれるのに必要だっただけの愛憎の感情すら湧かない存在だということ。

オ　「父」は、「私」の弟が生まれて間もなく母のもとから去った、お父さんと呼んだことも口ゲンカをしたこともない関心の持てない存在であり、父親とは認められないということ。

問四　――部③「寝床で聞きながら手をつないでいた幼い弟が、私の頭のなかで、首なし鳥の姿になって羽ばたきつづけている」とあるが、どういうことか。「私の頭のなか」で想像されていることを、なぜ、それを想像することになったのかという理由も含めて具体的に説明しなさい。

問五　――部④「子どもが生まれたときに、私は夫の顔を見て泣いた」とあるが、このときの「私」はどういう心情になっているのか。説明しなさい。

問六　――部⑤「泣く代りに、私は母から聞いた「お話」をそのころから、私の子どもに聞かせはじめた。九歳になろうとする私の子どものために聞かせておきたかった」とあるが、このときの「私」の心情の解釈として適当なものを二つ選びなさい。

ア　これまでの「私」は息子の誕生を素直に喜べなかったが、順調に成長した息子が、いずれ直面する死に向き合えるように、祖母から母へ、母から自分へと代々語り継がれてきた「鳥の話」を、途絶えさせずに受け継がせたいと思っている。

イ　これまでの「私」は不気味な「鳥の話」を素直に受け容れられなかったが、話の由来がはっきりしたことで幼い頃の家族の思い出と結びついて愛着が芽生え、話の内容が理解できる年頃までに成長した息子にも語って聞かせたいと思っている。

ウ　これまでの「私」は夫に裏切られて別れた母が、夫が強制連行されて殺される話を、子供に語る意味がわからなかったが、子供が生まれて自分も母になったことから理解できるようになり、母と同じように子供に語って聞かせたいと思っている。

エ　これまでの「私」は弟の死を十分に受容できなかったが、息子の順調な成長によって徐々に受け容れられるようになり、「鳥の話」を息子に語り継ぐことで、理不尽な死を迎えた弟の存在を、息子とともに感じつづけていたいと思っている。

オ　これまでの「私」は祖母や母とは違って夫を失ってはいないために、「鳥の話」を語る気にもならなかったが、夫も子供も自分もいけます。白い羽根が大きくはばたいている。だけど、白い胴からまっすぐ伸びているはずの頭がない。……

……首のない鳥になってしまった私の弟！　私の弟がようやく、私のもとに戻ってきてくれた。翼の羽ばたく音が、私の耳にひびいてくる。首のない鳥は私の頭上をまわりはじめる。真白な翼がまぶしい。翼の風が、私のまわりに渦巻く。まだ、死ぬはずじゃなかったのに死んでしまったので、首のない鳥の神さまになった私の弟！　ねえ、聞いて、お姉ちゃん、聞いて、といつも私から離れずにしゃべりつづけていたから、今でも私に言いたいことが多すぎて、だからいっそ、首を捨ててしまった私の弟！　首のない鳥の翼から大粒の涙が光りながらしたたり落ちてくる。その涙で、私の頭、肩、胸、手が濡れていく。翼の風が、私の体を凍らせる。羽音が耳にひびく。弟の声が羽音とともに聞こえてくる。

お姉ちゃん！　お姉ちゃん！

私も叫ぶ。

私はここだよ！

そのとたん、首のない鳥の神さまになった私の弟は空高く舞いあがり、沖のほうにまっすぐ飛び去っていく。弟の涙に濡れたまま、私は砂浜で泣きつづける。……

そうして、私の子どもは九歳になった。弟のようには死ななかった。私の子どもは十歳を過ぎても十二歳になっても死ななかった。そして、首のない鳥になった私の弟は沖のほうに飛び去って行った。

でも、ときどきあの翼の音が今でも私の耳を打つ。すると、私の体は翼からしたたり落ちる弟の涙でびしょ濡れになる。翼の風で凍りつく。

お姉ちゃん！　お姉ちゃん！

弟の声が聞こえてくる。弟の声は変わらない。首のない鳥の神さまになった弟の幼い呼び声がなつかしくて、私は微笑を浮かべ、耳を傾ける。

弟はもう戻ってこないのかもしれない。でも、私にはまだわからない。私の子どもがこの先いつ死ぬのか、夫が、私自身が、いつ死ぬのか、だれにもわからないように。

《注》

＊　アイヌ……現在、主として北海道に居住する少数民族。

問一　===部（a）・（b）のカタカナを漢字に直しなさい。

問二　——部①「とてもこわいお話だった」とあるが、どのようなところが「こわい」のか。説明として**適当でないものを二つ**選びなさい。

ア　「お父さん」が強制的に連れて行かれ、暴力で脅《おど》されて無理やり奴隷として魚を捕らされた挙げ句、殺されて首のない鳥になってしまうところ。

イ　自分の住んでいる国のとなりに、自分たちを突然拉致《らち》するうえに、そこに行けば必ず死んでしまうというおそろしい国があると知らされたところ。

ウ　若くして夫を亡くした「お話」の中の母の、ときが経《た》っても癒《い》えることなく、毎日悲嘆に暮れて泣きながら子供を育てる悲しみが強く伝わってくるところ。

エ　「となりの国の人たち」が、父親に食事の間も寝る間も許さず、海の冷たさで手足から出血しても、倒れ、病気になっても棒で殴って働かせるところ。

オ　棒で殴られて体中から血を流した「お父さん」が、人間の血のにおいが大好きなサメのいる海の中に入れられて、サメに食べられて

「おまえのお父さん」と自分で語ってみても、自分の夫のことなど思い浮かべはしない。私の父や祖父を思ってみるわけでもない。この「お話」をかつて、③**寝床で聞きながら手をつないでいた幼い弟が、私の頭のなかで、首なし鳥の姿になって羽ばたきつづけている。**

④**子どもが生まれたときに、私は夫の顔を見て泣いた。**夫がそのとき考えたような、うれし涙などではなかった。

――この子も死ぬ、きっと死んじゃう。そう決まっているの。弟も九歳で死んだ。おじいさんも三十三歳で死んだ。父は姿をけした。男はみんな、私のまわりからいなくなる。だから、あなただって死ぬかもしれない。でも、あなたはもうおとなだから、いつか、あきらめがつく。せっかく生まれたこの子が死ぬのは、どうしたってあきらめられない。どうしよう。この子が弟のように死ぬのを待ちながら育てるなんて、そんなこと、できない。どうして男の子なんか生まれてきたの。男の子なんか欲しくなかったのに。

　長い間忘れていた、弟と遊んだときの喜びが大きな波になって、産後の私に押し寄せてきたのだった。父のいない家で、忙しい母の代りに私は弟のオムツを取り替えてやっていたし、御飯も食べさせ、洋服も着せてやった。お風呂に入ったあと、真裸で弟とふとんの上を転がりまわるのが、大好きだった。弟が小学生になってからは、一年生の教室を必ず、私が毎日、見まわりに行った。弟に友だちができると、私も一緒に遊んだ。私の弟！　私の弟！　私がいつも言いつづけるので、私のクラスの全員が弟をよく知るようになった。おまえの弟！　あんたの弟！　クラスのみんなが、そう言って、私をからかう。それでも私は弟のそばから離れなかった。運動の苦手な弟のために、家で体操のコーチになってやったこともある。学年の代表に弟が選ばれて、終業式に生徒全員の前で、転任になった先生のための「送る言葉」を弟が読んだとき、私は心配のあまり、気分が悪くなってしまった。私の弟。私だけの弟なのだった！

　この子は死なないよ、死ぬはずがないんだよ。私の夫は辛棒強く、まるでちょうど子守り歌をうたうように、私に言い聞かせつづけた。私は信じなかった。弟だって、死ぬはずがなかったのだ。でも三年経って、私の泣く回数は減りはじめた。六年経って、たまにしか泣かなくなった。⑤**泣く代りに、私は母から聞いた「お話」をそのころから、私の子どもに聞かせはじめた・九歳になろうとする私の子どものために聞かせておきたかった。**

――おまえのお父さんはまだ帰らない。……

すると、子どもは変な顔をしてつぶやく。

――ぼくのお父さん、いっつも帰ってくるよ。

私は無視して、「お話」をつづける。

――……毎日、私はおまえを泣きながら育てています。おまえのお父さんはとなりの国の人たちに連れられて行きました。……

――それ、だれの話？　おまえって、ぼくのことじゃないね。

私はなにを言われても知らんふりをしている。

――……でも、おまえのお父さんが言い残していった通りに、今、気持のいい軽い風が海から吹いてきた。なんてさわやかないい風なんでしょう。私は急いで、海辺に走って行きます。沖のほうから、鳥の群れが飛んできます。私は息もできなくなり、鳥の群れを見つめます。ようやく先頭の鳥が見えてきた。私は心臓も止めて、先頭の鳥を見つめつづくれた母は父と別れてからまだ、四年しか経っていなかったのだし、たったの三十歳だったのだ。母こそ心細い思いで、「お話」の私と自分を重ね合わせ、でも自分の相手はだれかに強制されて離れていったのではなく、殺されて首のない鳥になったのでもない、と溜息《ためいき》をついていたのではなかっただろうか。それとも、当時の母は生活費をだれにも頼れなかったから、私たちの世話をしながら働くのに忙しすぎて、なんの感傷もなく、自分も一日の疲れで半分眠りながら、子どもたちのために「お話」を寝言のように語っていただけだったのか。

（中　略）

　最近になって、私は母から聞いたこの話がどこから来たのか気になりだし、あれこれと民話の本をのぞきはじめた。中学生になった私の子どもに、あの「首なし鳥」の話さ、あれ、だれに聞いても、知らないっていうよ、なんで、あんな話を知ってたんだよ、とあるとき、言われて、本当になぜなんだろう、とうろたえてしまった。老いた母にも、なにげなく聞いてみた。母はいとも簡単に答えただけだった。

　私のお母さんが話してくれたから、私もあんたに話してやったんですよ。

　私の祖母は青森から東京に出てきた人だった。祖父は埼玉に生まれ、東京の学校を卒業して以来、東京の会社で働き、私の母がまだ赤ん坊のころに、事故で死んでしまった。それだけのことを思い出し、私はまず青森に伝わる民話の本を買ってきた。私の探す「鳥の話」は見つからなかった。つづけて、埼玉の民話集を買い求めた。やはり、「鳥の話」は見当たらない。岩手、秋田の民話も同じように調べてみた。どこにも、「鳥の話」に似通った話すら見つけることができなかった。

　祖母が自分で作りあげた「お話」だったのだろうか、とも考えてみた。それとも、祖母の近くにいただれかが創作したのか。でも、私にはどうしても、そのようには思えなかった。だれかの思いつきで作られたにしては、あまりに風変わりな「お話」ではないか。なぜ、「ある男が」と言わずに、わざわざ「おまえのお父さんは」と言わなければならないと決められているのだろう。なぜ、首を失った海鳥が悠々と空を飛びつづける姿を想像できたのだろう。ふつうに考えれば、こんな残酷な姿はないのに、どうして「お話」のなかでは、それが美しい姿にさえ感じられてしまうのだろう。

　祖母の生まれた青森のすぐ北には、北海道という、島とは呼べないほどに大きな島が存在していることに、私はふと気がつかされた。祖母の家は太平洋に面した古い漁村の(b)アミモトだったという。それならば、北海道の海辺になんらかのつながりがあったのではないか。北海道は、(＊)アイヌの人たちの土地だった。

　もしかしたら、という思いで、私はアイヌの民話集を図書館で探して、眼を通してみた。アイヌの歌を集めた本も調べてみた。そして、私はとうとう、あのなつかしい「お話」とそっくりな話と巡り合うことができたのだった。

（中　略）

　祖母のこの「お話」を聞いて育った私は、夫を失ってはいないから、それで自分の記憶をすりかえてしまっているようにも思える。弟に念のために聞ければいいのだけれど、弟はずっと前に死んでいる。

――おまえのお父さんはまだ帰らない。……

母は話しはじめる。

――……毎日、私はおまえを泣きながら育てています。おまえのお父さんはとなりの国の人たちに連れられて行きました。そこに行けば必ず死んでしまうと言われる、おそろしいところ。冷たい海には、たくさんのさかなたちがいます。そのさかなを一日中、おまえのお父さんは集めつづける。海の波。お父さんは転ぶ。となりの国の人たちがお父さんを棒で打つ。体から血が流れる。足も手も海の冷たさでぼろぼろになって、血だらけになっている。お父さんは食べるものももらえない。寝る時間ももらえない。お父さんは病気になる。となりの国の人たちは病気になったお父さんを棒で打つ。病気のお父さんは体中に血を流しながら、冷たい海のなかに戻って行く。海のなかには、人間の血のにおいが大好きなサメもいる。そんなおそろしいところ。

おまえのお父さんは行きたくなかったのに、命令に従わないと殺されてしまうので、ある日、船に乗って、となりの国の人たちの村へ出かけて行きました。そのとき、おまえのお父さんはおまえを抱いて泣いている私に言いました。

「もし私がずっと帰って来なかったら、気持のいい軽い風が海から吹いてこないか、気をつけるんだよ。そうしたらおまえは海辺に出て、遠い沖を見つめるんだ。すると鳥の群れが陸に向かってくるのが見えてくる。いいね、その先頭に首のない鳥が一羽飛んでいる。それが私なんだ。ちゃんとその私を見つけて、拝んでくれるね。」

それにしても父親のいない私たちに、母はなにも思わずにこの「お話」を聞かせていたのだったろうか。私たちの父は弟が赤ん坊のころに母のもとを去って、母よりもっと若い女と暮らし、そうして、当時、東欧と呼ばれていた国のひとつに行って、それ以来、(a)**ショウソク**がわからなくなった。父と母は結婚していなかったので、私たちはもともと、法律上、父のいない子どもたちだった。父は私が生まれたころ、まだ学生だったという。私が大学に入ったとき、母が父との生活のありのままを、でも最低限の範囲で教えてくれた。それから十年以上経《た》っているけれど、私は父について母になにも聞かないし、母も言わない。三歳までの父親が父と言えるのかどうかさえ、私にはわからない。少なくとも、私はその存在を、自分がこの世に生まれてくるきっかけとしか感じなくなっている。②**父という言葉とは無縁の、ただのきっかけだ。**まして、母は私が大学を卒業してからある年上の男と生活をともにしはじめ、今でも老夫婦として一緒にいるので、私にも母たちに対して家族らしい思いが育ち、父という言葉を聞くと、今の母の相手を自分から思い浮かべるようにさえなっている。と言って、お父さんと呼んだこともないし、遠慮のない口ゲンカをしたこともないのだけれど。

なにしろ自分でさえ首をかしげたくなることがあるほど、私は自分の父についてなにも特別な思いを持たずに、この年まで過ごしてきた。結婚して、子どもを持っても、その無関心は変わらなかった。子どものころ、父がいなくて心細いとか、物足りない、と感じたおぼえがない。でも、母はどうだったのだろう。このごろになって、そんなことが気になりだしている。私と弟を寝かしつけるときに、あの「お話」を聞かせて

問六　――部④「そのひまを、今のこどもは、どのようにしてつくることができるか？　こどもだけではなく、親は、どのようにひまをつくることができるか」とあるが、この部分とも関連した、本文全体の内容についての解釈として適当なものを次の中から二つ選びなさい。

ア　品物がない時代におけるこどもたちは、ものをつくることに、大人たち同様時間がとられるため、かえって「ひま」という、人間にとって非常に大切なものを持ちえたが、現代社会では、それが困難になっていると筆者は考えている。

イ　「ひま」の中で、こどもたちがそれぞれの世界を持とうとして冒険へと乗り出すことに対して、社会常識にしばられた大人たちが寛容になる場面がないという点では、現代社会も『トム・ソーヤー』の世界も同じだと筆者は考えている。

ウ　「ひま」の中を生きることができた時代のこどもたちは、おとなたちと関わることなく、こどもだけの閉じた世界の中で生きていけたが、今日の社会においては、そのような閉じた世界の中で生きることは難しいと筆者は考えている。

エ　「ひま」を持たないために子供たちが、外での活動を縮小せざるをえない現代において、学校の重要度は高まっており、社会的責任も重くなっていると筆者は考えており、そうである以上、人々は学校の方針に従うべきだと主張している。

オ　筆者は親が「ひま」を持たず、それゆえに社会常識が支配する世界を外から見るような余裕がないことをも問題視しており、親が「ひま」を確保し、自らの世界を「ねぶみ」することが大事だと考えつつも、それは難しいとみている。

問七　本文中で言及されている「マーク・トウェーン」および「シクロフスキー」と同じ国の作家が書いた作品をそれぞれ選びなさい。

ア　『星の王子さま』

イ　『イワンのばか』

ウ　『ハムレット』

エ　『世界の終わりとハードボイルド・ワンダーランド』

オ　『不思議の国のアリス』

カ　『若草物語』

二　次の文章は津島佑子《つしまゆうこ》「鳥の涙」の、中盤と最終盤を部分的に省略したものである。これを読んで、後の問いに答えなさい。

――おまえのお父さんはまだ帰らない。……

こんな言葉から、私の母の「お話」ははじまった。私と弟は二つ並んだふとんに寝ている。私が七歳のころ、とすると弟は四歳だったことになる。①**とてもこわいお話だった**ので、私と弟は眼をつむり手をつないで聞いていた。眠る前の子どもに聞かせるにはあまりにこわいお話だと母もやがて気がついたのか、いつの間にか、私たちは別のお話しか聞かなくなっていた。

――これは子守り歌だったっていうんだけど、どんな歌だったのか、わたしにはさっぱりわからない。あんたたちのおばあさんにも、もう、わからなくなっていた。子守り歌だったから、自分の赤ちゃんに聞かせるお話なの。

お話をはじめる前に、母はこのようなことを言ったような気がするのだが、これもはっきりしない。あとから私がこのお話のもとを知って、この本は、今の日本のこどもにとって参考になるものではなさそうだ。ここにいるこどもたちには、ひまがある。ひまの中で、学校は自然に小さいものになる。こどもはこどもそれぞれの世界をもち、そこから自信をもっておとな（親と先生）をねぶみすることができる。甘えておとなにぶらさがりながら（ということは親と先生の価値基準をうけいれて）の批判ではないのだ。④**そのひまを、今のこどもは、どのようにしてつくることができるか？　こどもだけではなく、親は、どのようにひまをつくることができるか。**

（鶴見俊輔「おとなをねぶみするひま　マーク・トウェーン『トム・ソーヤー』の冒険」全文）

《注》

＊1　『少年倶楽部』……少年のための月刊総合雑誌。大正三年創刊。
＊2　佐々木邦……静岡県出身の小説家。
＊3　シクロフスキー……ロシア、ソ連の批評家。

問一　＝＝部（a）～（c）のカタカナを漢字に直しなさい。

問二　【X】に入るひらがな二字の言葉を答えなさい。

問三　――部①「小泉八雲とはまた別種の怪談じみたもの」とはどういうものだと考えられるか。その解釈として最も適当なものを次の中から選びなさい。

ア　非現実的なものが現実にあらわれ人間を苦しめるという怪談の恐怖とは異質な、現実の中に非現実的なものが侵入しているにも関わらず、それが非現実だと理解されていないという底知れぬ不気味さ。

イ　苦しみが長時間続くわけでもなく、やがては終わりへと向かうという怪談における恐怖とは異質な、人間をその人生の途中から終わりまで、長期に渡って苦しめ続けるという、救いの訪れない絶望的な恐怖。

ウ　日常目にせぬものが日常に現れ人間を苦しめるという怪談の分かりやすい不気味さとは異質な、日常に既にあって実は個々の人間の生の歩みを損なっているのに、当の人間は損なわれていることに自覚的ではないという不気味さ。

エ　人間の世界を超越した霊的な存在が人間世界に現れて人間を苦しめるという怪談の持つ恐ろしさとは異質な、およそ超越的とは言えないものが人間の健全な精神を破壊し、苦しみの感情から逃れられないようにするという不気味さ。

オ　物質的な性質を帯びて人間の身体性を破壊するものが現れるという怪談の怖さとは異質な、一切の物質性を持たない純粋な理念が、人間の均質的な精神のありかたを破壊してしまうという、得体の知れない恐怖。

問四　――部②「『トム・ソーヤー』には、これとはちがう世界がある」とあるが、本文において筆者は他の世界との比較を通じて『トム・ソーヤー』の世界の特徴を説明している。その特徴とは何か。――部②よりも前の内容をふまえて説明しなさい。ただし、比較されている他の世界の特徴については説明しないでよい。

問五　――部③「その萌芽」とあるが、物語における二人の少年のどのような様子に「別れ」の「萌芽」が見いだせるというのか。簡潔に説明しなさい。

トムは紙きれを取りだして、用心しながらそれをひろげた。ハックルベリーは、ほしそうな目でながめた。ⓑ**ユウワク**はたいそう強かった。ついに、彼はいった。

「これ、本物か？」

トムは唇をあげて、抜けあとを見せた。

「そうか、よし」ハックルベリーはいった。

「取引しよう」

（大塚勇三訳、福音館書店発行）

そこで二人はわかれたが、それぞれがまえより物もちになったような気がしていた。それぞれの少年が、自分のねぶみに自信をもっているからで、自分で価値をつくっているからだろう。あかんぼうの世界にはそういう側面がある。その方法が、幼年時代、少年時代にもちこされ得る。ところがそこに学校がわりこんでくる。学校の先生は、一つの価値尺度があると信じており、それを親たちも、それぞれの家庭で信じている。そこで、こどもが、ダニではなく、カブトムシぐらいをもっているとしても、

「それ、いくら？」

というところから、おたがいの話がはじまる。その取引は、デパートとおなじⓒ**コウテイ**相場によることになり、日本全国一律ということになる。この価値のエスカレーターにのって、男女とも定年に達し、墓場までゆくことになると、定年から墓場までに普通にゆるされている老夫婦の家庭内の会話も、デパートのねだん表どおりということになろう。そこには、①**小泉八雲《こいずみやくも》とはまた別種の怪談じみたもの**がありはしないか。

②**『トム・ソーヤー』には、これとはちがう世界がある。**

男女共学は日本でひろくおこなわれているが、成果をあまりあげていないようだ。この小説の中のトム・ソーヤーとベッキー・サッチャーは、たがいに学校でも道でも家の前でもハチのダンスやクジャクの羽ひろげまがいの見せびらかしをさかんにして、それをやりすぎたため、ピクニックに行った洞穴《ほらあな》の中で一行からはぐれて、三日三晩をすごす。それでも、救いだされた時には、セント・ピーターズバーグ村をあげての大歓迎だ。

洞穴の中で、トム・ソーヤーは、殺人犯のかくした宝を見つけて、追跡してきた仲間のハックルベリー・フィンと山わけして、ともに自立の道を見つけるのだが、両者の交友が、そのまま墓場までつづいたわけではない。おなじセント・ピーターズバーグという名前をもつ、ロシアの本場の都市に育ったシクロフスキー（＊3）は、『革命のペテルスブルク』で、成人後のハックルベリーのトム・ソーヤーとの気まずい出会いと別れに言及したが（ソヴィエト・ロシアにとっても『トム・ソーヤー』は魅力があるらしい）、③**その萌芽《ほうが》**はすでに、この第一作にある。

宝を山わけして金持ちになった浮浪児ハックルベリーは、ある未亡人の家にひきとられるが、そこでナイフとフォークを使って食べるのや、学校に行くのにたえられない。彼は家を出て、道端のタルの中でくらす。トム・ソーヤーが、さがしにやってきて、

「でも、みんな、そうやってるんだぜ、ハック」

「トム、それだって、おんなじこったよ。おれはみんなじゃねえから、がまんできねえんだ。あんなにしばられるなんて、やなこったよ。それに食いものが、わけなく手にはいりすぎる」

【国　語】〈五〇分〉〈満点：一〇〇点〉

【注意】 記述は解答欄《らん》内に収めてください。一行の欄に二行以上書いた場合は、無効とします。

一　次の文章を読んで、後の問いに答えなさい。

これはマッチもまだあまりないころのアメリカの話で、ちょうど「悪魔印」のマッチというのが出はじめたころなのだが、それは簡単にこどもの手に入る品物ではなかった。

だからこそ、こどもが深夜に墓地にゆくなどというのは大へんな冒険で、ピクニックに洞窟《どうくつ》に入って迷ってしまうと、こどもの力では、もどってくるのが大仕事で、三日三晩も、少年少女が二人きりで洞窟にとじこめられてしまうことになった。

品物がない時代には、大人だけでなく、こどももものをつくりださなくてはならず、相当な時間をそれにさくことになる。したがって、学校に行く時間をそれほどとらなくてもよいということになり、こどもたちには、ひまがたくさんあった。

今の日本には、品物が出まわっており、こどももひまがないのだから、この小説の時代とはがらりとちがっていて、つながりがほとんどない。この小説に入りこむことはむずかしいだろう。

私は、小学生のころ、『少年倶楽部《くらぶ》』(＊1)などにのっている佐々木邦(＊2)の小説が好きで次々に読み、佐々木邦が訳しているので、マーク・トウェーン作の『トム・ソーヤの冒険』と『ハックルベリー・フィンの冒険』とを読んだ。『ハックルベリー』のほうが名作だと言うことをきいており、その後そだつにつれて私の記憶の中では、『ハックルベリー・フィン』のほうがだんだんに『トム・ソーヤー』よりも大きくなったが、それでも、小学生の私にとっては『トム・ソーヤー』のほうがおもしろかったし、ここから入っていって『ハックルベリー』にゆきついた。

なぜこの本にひきよせられたかというと、私が学校が好きでなかったからで、学校にも家庭にもおちついていられなかったこどもには、今でも『トム・ソーヤー』は魅力があるだろう。

道であった二人の少年の(a)ショウダン。

「それ、なんだい？」（トム・ソーヤー）

「なあに、ダニさ」（ハックルベリー）

「どこで手にいれた？」

「森の中」

「それ、なんとだったら、とっかえる？」

「わからねえ、売るつもりはないんだ」

「ああ、いいさ。なにしろちっちゃなダニだよな」

「ほう、ひとのダニに【　X　】をつけるんなら、だれだってできらあ。おれは、こいつで満足さ。おれにとっちゃ、じゅうぶんけっこうなダニなんだ」

「ちぇっ、ダニなんか、いくらでもいらあ。その気になれば、千匹だってとれるさ」

「ほう、じゃ、なぜとらない？　それはな、とれっこないのが、すごくよくわかってるからさ。こいつは、どうやら、はしりのダニなんだぜ。おれは、今年、はじめて見たやつさ」

「なら、ハック、……そいつのかわりに、ぼくの歯をやるよ」

「見せてみな」

MEMO

大切なことはメモしておこうネ！

2023年度

渋谷教育学園幕張中学校入試問題（2次）

【算　数】（50分）　＜満点：100点＞
【注意】 コンパス，三角定規を使用できます。

1 　ある整数が3で割りきれる数のときはその数を3で割り，3で割って1あまる数のときはその数に2を加えて，3で割って2あまる数のときはその数に1を加える，という操作を，計算の答えが1になるまでくり返します。
たとえば，ある整数が7のときは，7→9→3→1となり，3回の操作で1になります。
次の各問いに答えなさい。
(1)　213は何回の操作で1になりますか。
(2)　4回の操作で1になる整数は何個ありますか。
(3)　ある回数の操作で1になる整数の個数が，はじめて50個以上になりました。
この50個以上の整数のうち，いちばん大きい数といちばん小さい数は何ですか。

2 　(図1)，(図2）のように，正方形と長方形を並べて，その辺の途《と》中にカードを置くための枠《わく》□を書いておきます。また，左下の点をA，右上の点をBとします。(図3）のように，1から4までの数字が書かれたカードを1つの枠に1枚ずつ置いていきます。点Aから点Bまでの正方形と長方形の辺上を最短経路で移動し，そのとき通った辺に置かれたカードの数字の和を計算します。そして，考えられる最短経路ごとに計算した和を，すべてたした数を＜AB＞とします。
たとえば，(図3）で＜AB＞を考えると，(図4）のように正方形と長方形の頂点をそれぞれC，D，E，F，Gとすれば，考えられる最短経路は，

A→C→D→B，A→C→F→G→B，A→E→F→G→B

の順に頂点を通る3通りがあり，置かれたカードの数字の和はそれぞれ

1＋2＋3＝6，1＋3＋1＋2＝7，4＋1＋1＋2＝8

となるので，＜AB＞は

＜AB＞＝6＋7＋8＝21

となります。　((図3)，(図4）は次のページにあります。)

(図1)

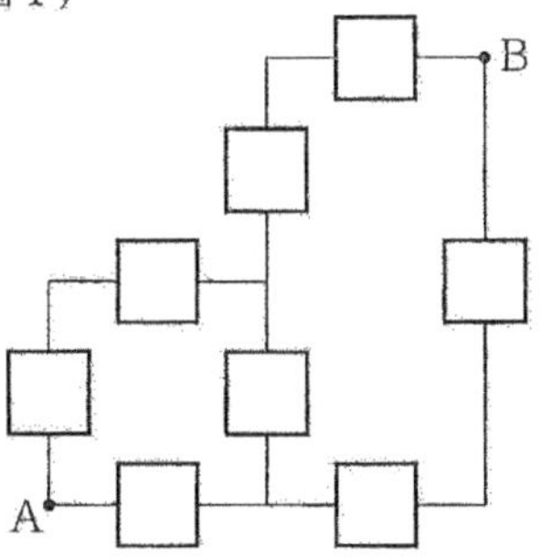

(図2)

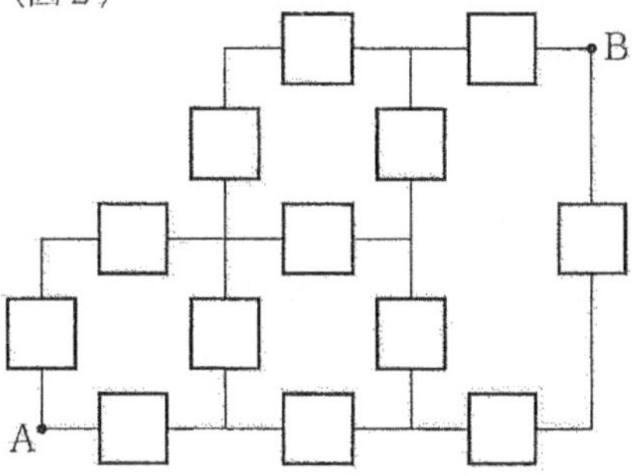

（図３）

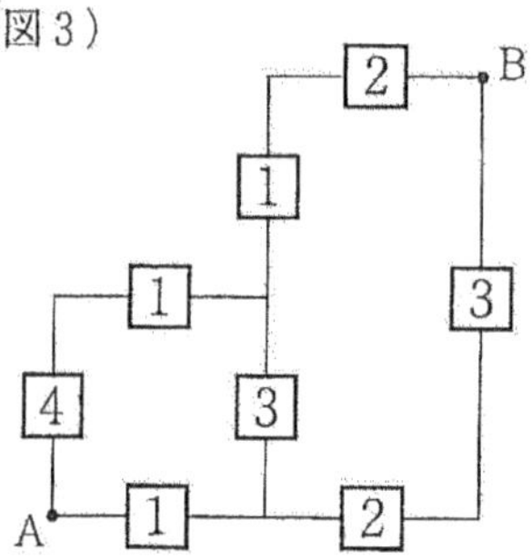

（図４）

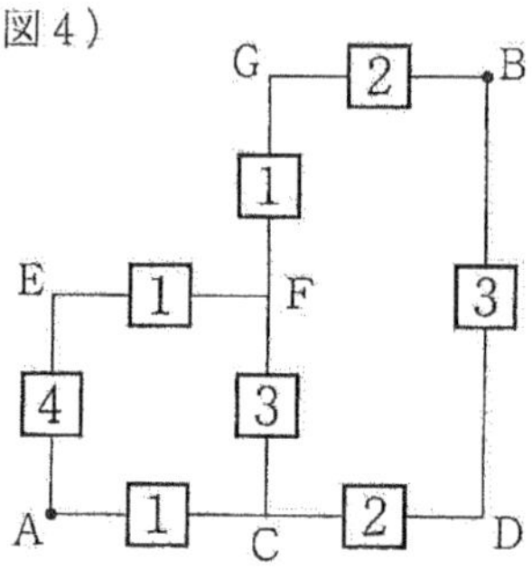

次の各問いに答えなさい。

⑴　（図１）の枠に，＜AB＞がいちばん大きくなるように，[1]を３枚，[2]を２枚，[3]を２枚，[4]を１枚置きます。

①　（図５）は，＜AB＞がいちばん大きくなるように，途中までカードを置いた１つの例です。解答用紙の空いている□の中に数字を入れて，＜AB＞がいちばん大きくなる例を１つ作りなさい。

（図５）

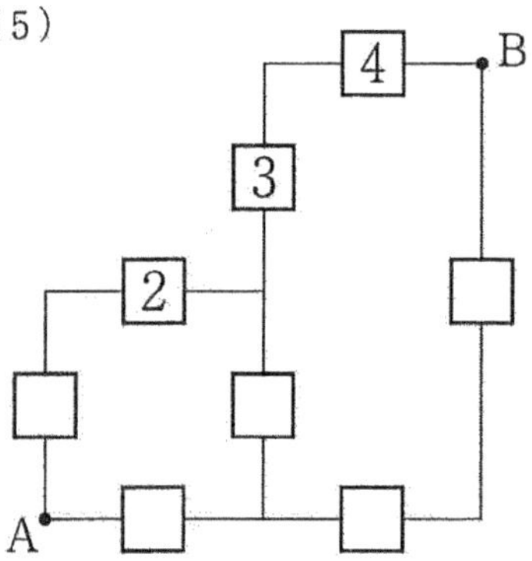

②　＜AB＞がいちばん大きくなる場合，＜AB＞はいくつになりますか。

③　＜AB＞がいちばん大きくなる場合，カードの置き方は何通りありますか。

⑵　（図２）の枠に，＜AB＞がいちばん大きくなるように，[1]を１枚，[2]を７枚，[3]を４枚，[4]を１枚置きます。

①　＜AB＞がいちばん大きくなる場合，＜AB＞はいくつになりますか。

②　＜AB＞がいちばん大きくなる場合，カードの置き方は何通りありますか。

[3]　Ａ駅から500mの距《きょ》離《り》にあるケーキ屋さんで，１個300円のシュークリームを売っています。これが人気商品となり，１日に500個売れるようになりました。

そこで店長の真一さんは，別の駅の近くにお店をもう１つ作ることにしました。

真一さんは，駅を利用する人数と駅からお店までの距離が売り上げに関係すると考えて，いろいろと調べた結果，あとのことがわかりました。

①　シュークリームが１日に売れる個数は，駅を利用する人数が５人増えると１個増えて，５人減ると１個減る。

②　シュークリームが１日に売れる個数は，駅からの距離を２ｍ遠くすると１個減って，２ｍ近く

　　すると１個増える。

鉄道会社のホームページで，真一さんが新しいお店を作ろうとしているＢ駅，Ｃ駅，Ｄ駅と，いまお店があるＡ駅について調べると，各駅の利用人数がわかりました。さらに，駅周辺の様子によって，お店を作ることができる駅からの最短距離が決まっていることがわかりました。たとえば，いまお店があるＡ駅では，駅から300ｍより近いところにお店を作ることはできません。

表にまとめると，それぞれ以下の通りです。

	Ａ駅	Ｂ駅	Ｃ駅	Ｄ駅
駅の利用人数	5000人	6000人	5500人	4500人
駅からの最短距離	300ｍ	400ｍ	50ｍ	50ｍ

次の各問いに答えなさい。

⑴　Ｄ駅から400ｍ離《はな》れたところにお店を作ると，シュークリームが１日に売れる個数は何個になりますか。

⑵　シュークリームの売り上げ額を，1日にちょうど24万円にするためには，どの駅から何ｍのところに新しいお店を作ればよいですか。

4　図のような正六角形ABCDEFがあります。辺BC上に点Ｐ，辺DE上に点Ｑをとり，三角形APQを作ります。三角形APQの３辺の長さの和が最も小さくなるように点Ｐ，Ｑをとるとき，次の各問いに答えなさい。

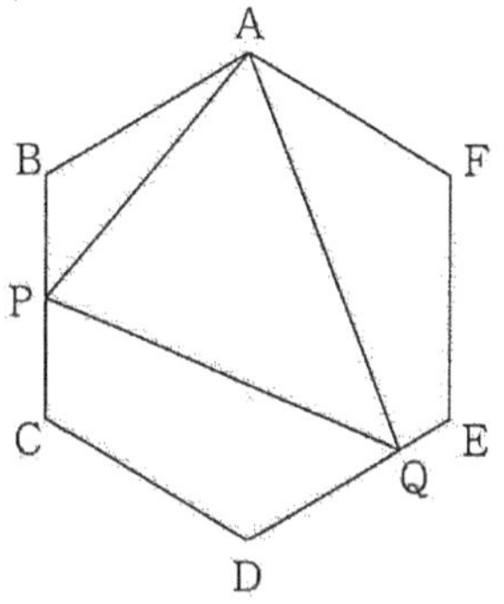

⑴　次の①，②の比を，最も簡単な整数の比で表しなさい。

　①　BP：PC　　②　DQ：QE

⑵　三角形APQの面積は，正六角形ABCDEFの面積の何倍ですか。

5　図のような直方体ABCD-EFGHがあります。辺AB，辺BC，辺EH上に，それぞれBP＝BQ＝ER＝２㎝となるような点Ｐ，点Q，点Ｒをとり，３点Ｐ，Q，Ｒを通る平面で直方体を切りました。
このとき，次の各問いに答えなさい。
ただし，角すいの体積は，

　(底面積)×(高さ)÷３

で求められるものとします。

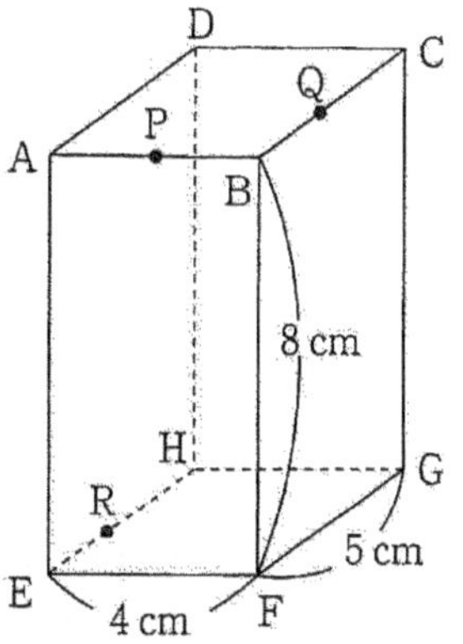

⑴　点Ｆを含む方の立体の体積は何cm^3ですか。

⑵　切断面の面積は何cm^2ですか。

⑶　点Ｄを含む方の立体を，切断面を下にして平面上に置きます。このとき，点Ｄの平面からの高さは何㎝ですか。

【理　科】（45分）　＜満点：75点＞

【注意】・必要に応じてコンパスや定規を使用しなさい。
・小数第１位まで答えるときは，小数第２位を四捨五入しなさい。整数で答えるときは，小数第１位を四捨五入しなさい。特に指示のない場合は適切に判断して答えなさい。

1 気圧や気体の重さについて，次の（Ⅰ）（Ⅱ）の各問いに答えなさい。

（Ⅰ）

Ａさんは理科の実験で，密閉容器に少しだけ空気の入った風船を入れ，密閉容器の中の空気を掃除《そうじ》機のような装置で吸い出したところ，風船がふくらむことに気が付きました。そこでＢ先生に質問をしました。

図１

Ａ「なんで空気を抜《ぬ》くと風船がふくらんだのかな？」

Ｂ「それは気圧が関係しているんだよ。」

Ａ「気圧というのは天気予報に出てくる，高気圧とか低気圧のことですか？」

Ｂ「その通り。普段はあまり感じることはないけど，空気は物を押《お》しているんだ。空気が物を押す強さを気圧の大きさで表しているんだよ。同じ温度のとき，気圧は 1cm^3 あたりに含《ふく》まれる空気の量が多いほど大きくなるよ。はじめ，容器内の風船の外側と内側の気圧は同じだけど，容器内の空気が減って気圧が小さくなることで，風船の内側の気圧の方が外側よりも大きくなったからふくらんだのさ。登山に持って行ったお菓子《かし》の袋が山頂でふくらむのも同じ理由で，高いところほど気圧が低いんだね。①天気予報では地表付近の気圧が大きい時を高気圧，小さい時を低気圧というよ。」

Ａ「なるほど。風船の外と中で気圧の差が発生したんですね。身近な例で，この気圧の差を利用した現象はないですか？」

Ｂ「例えば，ストローでジュースを飲む時だね。ジュースの入ったコップにストローをさして飲む時の，ジュースの液面の気圧に着目してみよう。ストロー内の空気を吸い始めると，ストロー内の気圧はア[上がり・変わらず・下がり]，ストローの外側の気圧はイ[上がる・変わらない・下がる]。そのため，ストロー内の液面の気圧と外の液面の気圧に差が発生してストロー内のジュースが上がってくるんだね。
これに似た現象が台風の時に見られるよ。台風が発生する時，海面の水温がウ[高く・低く]なることで，水蒸気を多量に含んだ空気がエ[上昇《しょう》・下降]して雲ができる。②台風の中心はオ[高気圧・低気圧]になっていて，海面がカ[上昇・下降]するんだ。」

Ａ「ストローでジュースを飲むといえば，この間テレビで，図２や図３のようにすると，どんなに吸ってもジュースを飲めないというのをやっていたので，私もやってみました。図２ではストロー２本をくわえて片方をジュースに入れて２本同時に吸ったんです。空気は吸えたけどジュースは飲めませんでした。図３ではジュースを入れたガラスのビンに穴の開いたゴム栓《せん》をして，その穴にすき間がないようにストローをさして吸いました。ストロー内の液面が少しだけ上昇したけど，その後はどんなに頑張っても，何も吸えませんでした。」

B「それらの理由もストローの内側と外側の気圧の差で説明ができるよ。図２では，吸ってもストロー内の気圧は変わらず，ストローの外側の液面の気圧と等しいままで気圧の差ができないから，ジュースを飲むことができないんだ。図３でジュースを飲めないのは，③ビン内の気圧を考えることで説明ができるよ。④図３はガラスのビンを紙パックにすれば飲めただろうね。」

A「なるほど。そういえば，何で高い所へ行くほど気圧が下がるんですか？」

B「それは，ある高さの気圧は，その高さよりも上にある空気の重さが関係するからだよ。高いところほど空気が少なく，気圧も低くなる。空気のない真空では気圧もなくなるのさ。」

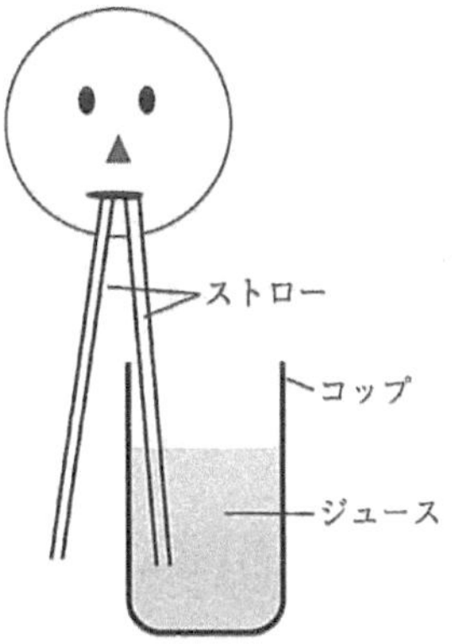

図２

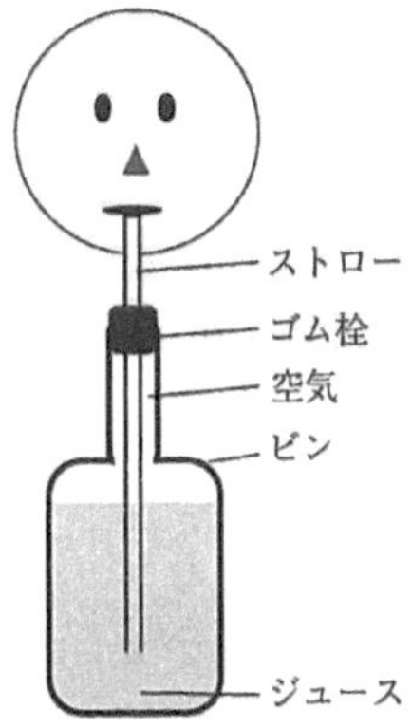

図３

(1)　下線部①について，天気図では高気圧を「高」，低気圧を「低」，熱帯低気圧を「熱低」と表し，同じ気圧の場所を線で結んでいます。風は，高気圧から低気圧へ向かって吹き，低気圧に吹き込んだ風は上昇気流となるため，一般的に低気圧では雲ができたり雨が降ったりします。次の天気図①，②と同じ日を示した雲画像として最も適当なものを，それぞれ次のページの（あ）～（え）の中から選び記号で答えなさい。

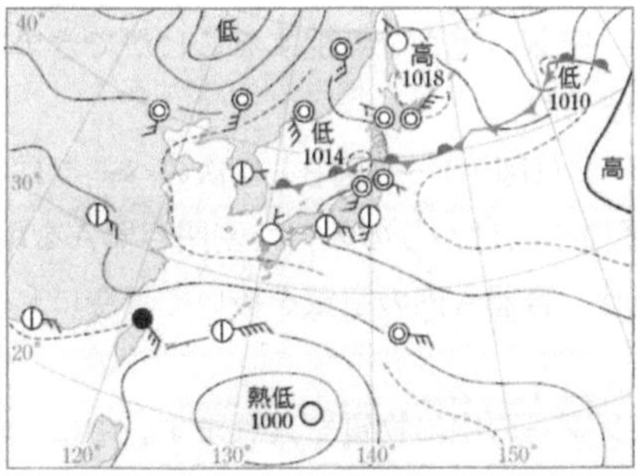

天気図①

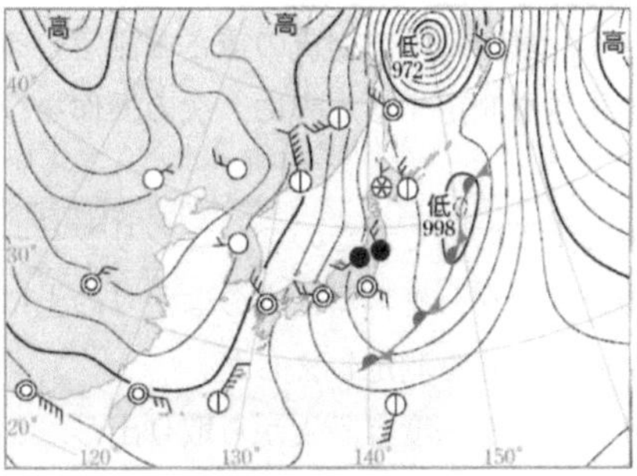

天気図②

（あ）

（い）

（う）

（え）

⑵　会話文中の［　］について，それぞれ適切なものに○をつけなさい。

⑶　下線部②の現象名を答えなさい。

⑷　下線部③について，図３でストローを吸うとビン内の気圧はどうなりますか。理由とともに答えなさい。

⑸　下線部④について，ガラスのビンの代わりに紙パックにすると，手を触《ふ》れずにストローを吸うだけで紙パックがつぶれてジュースを飲めるようになります。紙パックがつぶれる理由を説明しなさい。ただし，ストローの差込《さしこみ》口にはすき間がないものとします。

（Ⅱ）

空気中で物質の重さを測定した場合，常に空気の重さが影響《えいきょう》します。空気は軽いため普段は重さを無視できますが，気体のように軽い物質の重さを測定する場合には空気の重さを無視することはできません。真空の中で物質の重さを測定すると，空気の重さを無視することができます。

物質の重さを測定するために，次の操作を行いました。

（（図１）～（図３）は次のページにあります。）

①　自由に上下に動くふたのついたシリンダー（図１）とはかりの入った密閉容器Ａを用意します。このシリンダーを容器Ａ内のはかりの上にのせ，容器Ａ内の空気を抜《ぬ》いて真空にした後，シリンダーの重さを測定しました。

②　シリンダーを一度容器Ａから取り出し，シリンダーの中に物質を入れます。中に入れた物質は外にもれません。中の温度を一定にした後，ふたが動かないように固定しました（図２）。

③　シリンダーのふたを固定したまま，シリンダーを容器Ａに入れた後，再び容器Ａ内を真空にして重さを測定しました（図３）。この重さから①のシリンダーの重さを引けば物質の重さを測定

することができます。

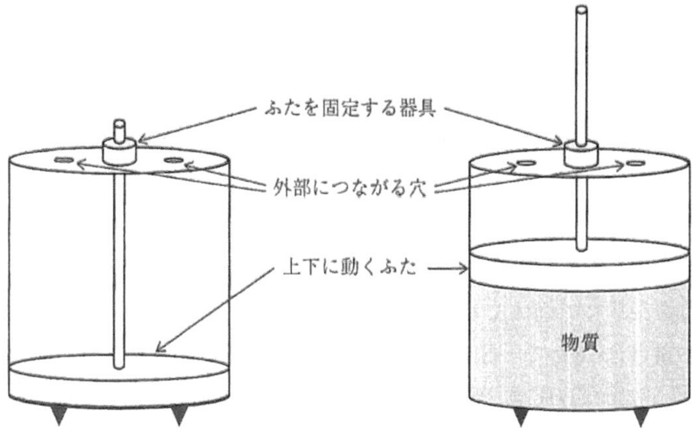

図1　空のシリンダー　　　図2　物質の入ったシリンダー

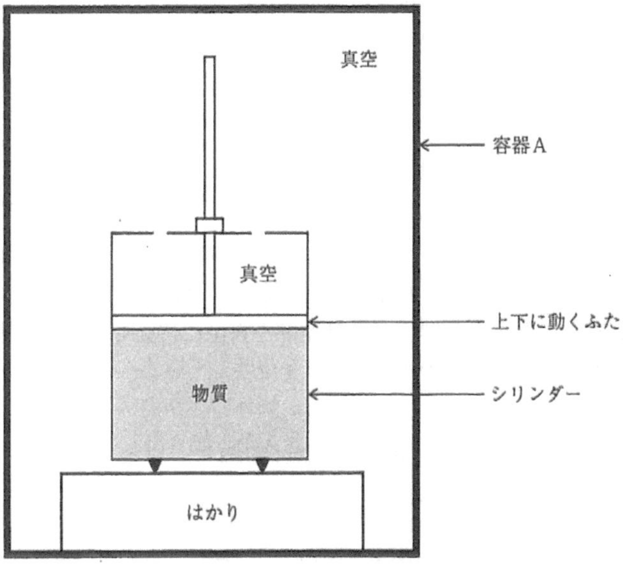

図3　装置の模式図

物質には，固体・液体・気体の3種類の状態があります。固体は，形も体積もほとんど変化しません。液体は，形は変化しますが，体積はほとんど変化しません。気体は，形も体積も変化します。

身のまわりの固体に保冷剤《ざい》として使われるドライアイスがあります。固体であるドライアイスと気体の二酸化炭素は同じ物質です。シリンダー内に二酸化炭素のみを入れ，ふたを押しながら冷却《きゃく》し，ドライアイスを作ります。このときのドライアイスの体積は1㎝^{3}でした。ふたを固定し，真空の容器A内で重さを測定すると，ドライアイスの重さは1.56gでした。容器Aからシリンダーを取り出し，シリンダーのふたが動くようにして，シリンダー内の温度を400℃にすると体積が大きくなり，2Lになりました。再び①ふたを固定し，真空の容器A内で重さを測定したところ，二酸化炭素の重さは1.56gであり，ドライアイスの重さと変わりませんでした。物質の状態が変わっても重さは変わらないことがわかりました。

⑴　下線部①において，もしもシリンダーのふたを固定せずに容器Aに入れ，容器A内を真空にした場合，どのような現象が起きますか。理由とともに答えなさい。

⑵　二酸化炭素の気体を検出するにはどのような方法がありますか。使用した薬品名がわかるように方法と結果を答えなさい。

⑶　ドライアイスの密度は，400℃の二酸化炭素の密度の何倍ですか。整数で答えなさい。ただし，密度とは一定体積あたりの重さです。

次に，加熱して液体にしたろうを空のシリンダーに流し込み，空気が入らないようにしてふたで密閉しました。ろうを冷却して固体にしてから，ふたを固定し，真空の容器A内で重さを測定しました。固体のろうの重さは0.8gで，そのときの体積は1 cm^3でした。シリンダーを容器Aから取り出し，ふたが動くようにして60℃まで加熱すると，ろうは固体から液体に変化しました。シリンダー内を400℃にすると，ろうは目に見えない気体となり，シリンダー内の気体の体積は150mLになりました。ふたを固定し，真空の容器A内で重さを測定すると，気体のろうの重さは0.8gで変わりませんでした。再び容器Aから取り出して室温に戻したところ，ろうは固体に戻り，シリンダー内の体積は1 cm^3になりました。このときのろうの重さは0.8gであり，最初の重さと同じでした。

⑷　400℃のろうの密度は，400℃の二酸化炭素の密度の何倍ですか。小数第1位まで答えなさい。

これまでの実験はすべての物質が目に見えない小さな粒《りゅう》子からできていることで説明できます。物質の状態が変化しても粒子自体は大きさも重さも変化しないことが分かっています。

一般《ぱん》的に，固体は多くの粒子が集まって，すき間なく規則正しく並んでいる状態です。固体を加熱すると配列が乱れてすき間ができ，粒子が移動できるようになり，液体になります。気体はそれぞれの粒子が完全に離《はな》れた状態であり，粒子は空間を自由に移動できます。そのため，②一般的に物質は固体，液体，気体の順で体積が大きくなります。

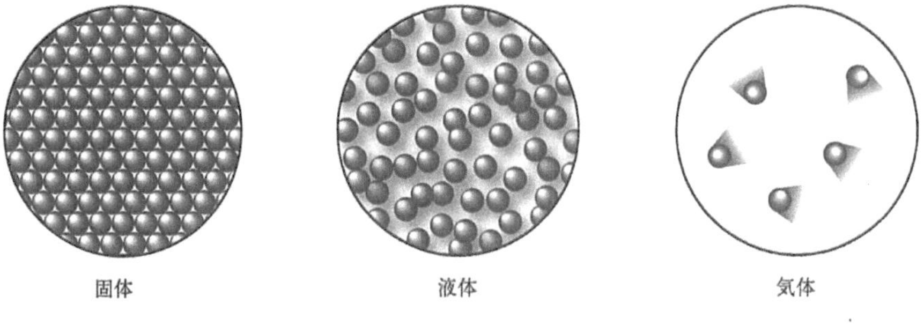

図4　固体・液体・気体の粒子モデル

⑸　次のものは，室温（25℃）ではどのような状態ですか。固体・液体・気体のいずれかに分類し，解答欄《らん》に記号で答えなさい。

（ア）　消毒用エタノール　　（イ）　ダイヤモンド　　（ウ）　水素

（エ）　塩酸　　（オ）　重そう

⑹　あとの文章のうち，正しいものをすべて選び記号で答えなさい。

（ア）　固体の二酸化炭素で満たしたシリンダー内を加熱すると，白い気体が見られる。

（イ）　ろうを状態変化させた場合，1 cm^3に含まれる粒子の個数が一番多いのは固体である。

（ウ） 雲は空気中の水蒸気が冷やされて，液体または固体になってできる。
（エ） 気体の粒子間の距離《きょり》が２倍になると，体積も２倍になる。
（オ） 気体の粒子は温めると軽くなる。
（カ） 気体の粒子は温めると大きくなる。

⑺ 水の場合は下線部②とは異なります。体積が小さい方から順に状態を並べなさい。また，図４の粒子モデルをもとに，水が他の物質とどのように異なるのかを答えなさい。

2 太郎さんはバケツに水を入れて振《ふ》り回しても，水がこぼれない現象を不思議に思い，遠心力に興味を持ちました。そこで先生に相談をして実験をしました。

先　生：今日は，キッチンでも使われる計量器（図１）を使って，遠心力の大きさを測定してみましょう。図２は計量器の断面図で，内部構造を模式的に表したものです。このような計量器では，測定部にかかる力の大きさを測定しています。測定部の上にのっている計量皿を，測定部に向かって押《お》したり，逆に引いたりすると，計量器は力の向きと大きさに応じた数値を表示します（注１）。水とバケツの代わりに，図３に示す実験道具セットを準備し，ヒモを持ってバケツと同じように縦方向に回転させます（図４）。そして，回転させている最中に計量器が示した数値を，カメラの動画で確認します。計量皿と分銅に遠心力がはたらくと，計量皿と分銅はカゴの底の方へと押し付けられます。すると，回転中に計量器が示す数値は，回転していないときと比べて遠心力がはたらいた分だけ異なる値になるはずです。

（注１）ここでは，表示された数値を力の大きさと考えます。例えば，計量器に［50ｇ］と表示された場合は，「測定部に50ｇの力がはたらいている」とみなします。

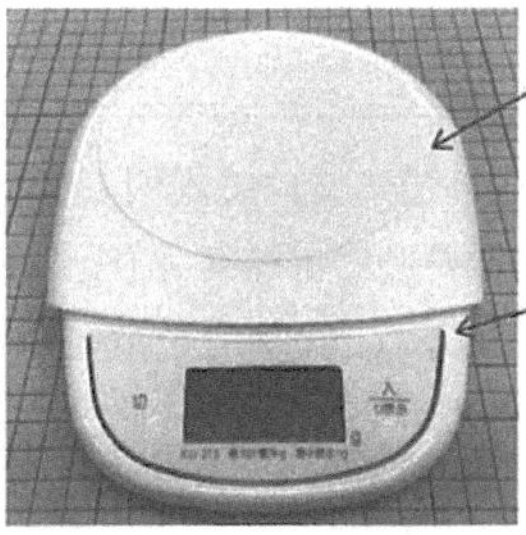

図１　計量器の写真

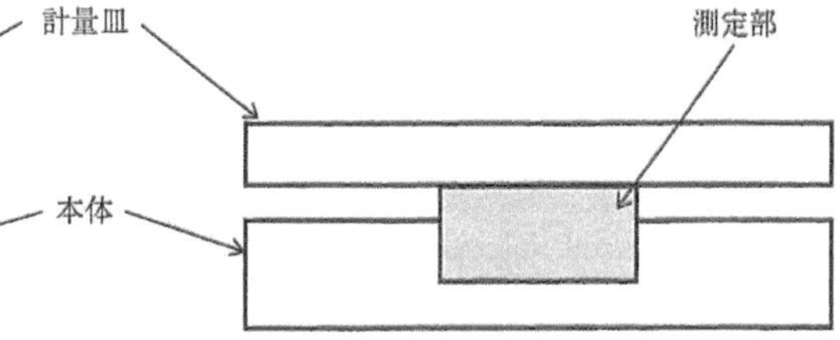

図２　計量器の内部構造の模式図

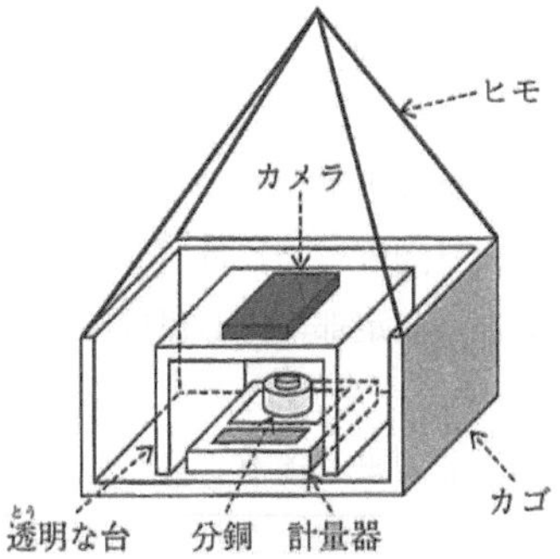

図３　実験道具セット

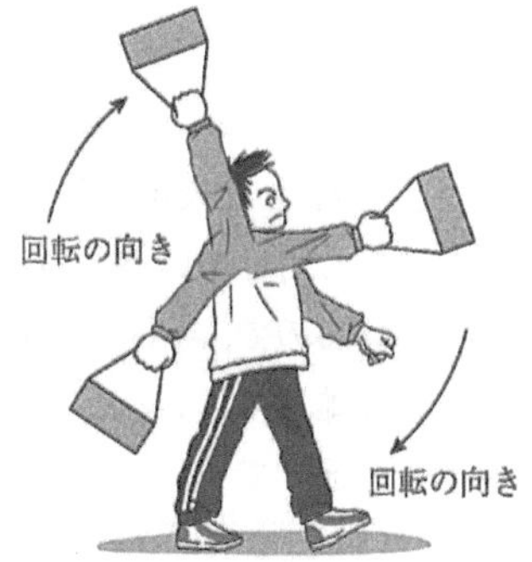

図４　実験の様子

＜実験１．計量器を用いた力の測定＞

先　　生：計量器を用いて力の大きさを測定する方法について説明します。まず，計量器を机に置き，計量皿をはずした状態で［０ｇ］を表示するように調整します（図５－ａ）。次に計量皿を取り付け，測定部には計量皿の重さ100ｇが加わった状態（図５－ｂ）で実験に用います。この状態で計量皿に触《ふ》れてみましょう（図５－ｃ）。

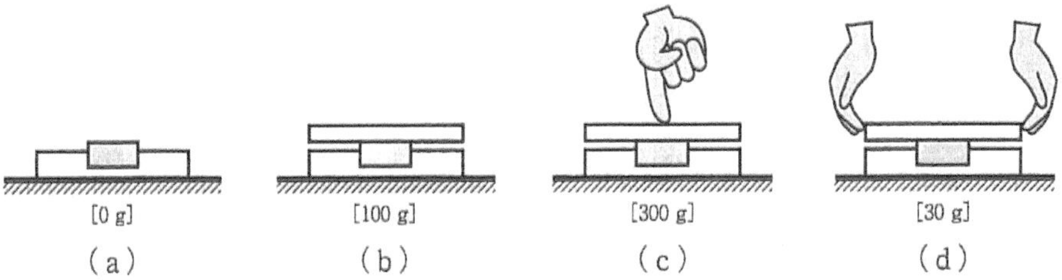

図５　計量器を用いた力の測定　その１

太郎さん：数値が［100ｇ］から［300ｇ］に増えたのは，手は200ｇの力で計量皿を測定部に押し付けているということですか？

先　　生：その通りです。次の場合（図５－ｄ）はどうでしょうか。

太郎さん：今度は数値が［100ｇ］から［30ｇ］に減ったので，手は70ｇの力で計量皿を測定部から引き離《はな》しているということですね。

先　　生：その通りです。今度は計量器を逆さまにし，本体を固定して試してみましょう。計量器を逆さまにすると，［－100ｇ］（マイナス100ｇ）と表示されます（図６－ａ）。これは，測定部が計量皿の重さの分だけ引っ張られたためです。この状態で計量皿に触れてみましょう。

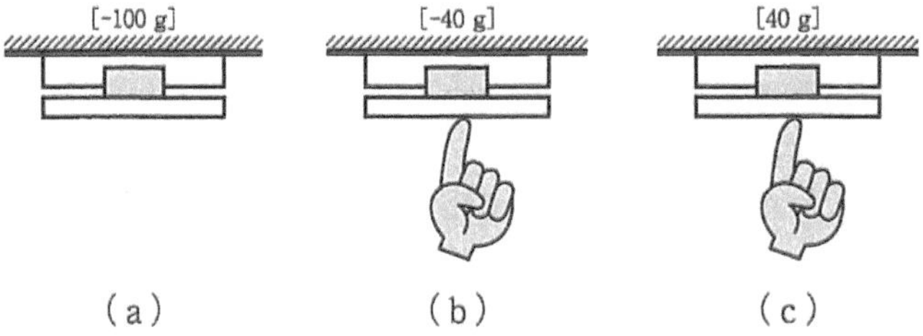

図６　計量器を用いた力の測定　その２

太郎さん：［－40ｇ］と表示されました（図６－ｂ）。つまり，手は60ｇの力で計量皿を測定部に押し付けているということになりますね。次（図６－ｃ）は［40ｇ］と表示されているので，手は（　①　）ｇの力で計量皿を②［測定部に押し付けて・測定部から引き離して］いるということになりますね。

先　　生：その通りです。これを利用して遠心力を測定してみましょう。

＜実験２．計量皿にはたらく遠心力の測定＞

計量皿にはたらく遠心力を測定するため，計量皿の上に分銅をのせない状態（図５－ｂ）で実験道具セットを準備しました。回転させていない状態では，計量器は［100ｇ］を示していました。実験道具セットを図４のように何度も回転させ，回転している最中の計量器の数値をカメラで確認しました。実験道具セットが最も低い位置での数値の平均値は300ｇ，最も高い位置での数値の平均値は100ｇでした。

太郎さん：結果から，計量皿にはたらく遠心力は最も低い位置で300ｇ，最も高い位置で100ｇということですか？

先　　生：いいえ，そうではありません。この実験では，計量器が示す数値は，計量皿の重さと計量皿にはたらく遠心力の合計になっています。

太郎さん：つまり，最も低い位置では（　③　）ｇの遠心力が計量皿を④［測定部に押し付ける・測定部から引き離す］向きにはたらいていて，最も高い位置では（　⑤　）ｇの遠心力が計量皿を⑥［測定部に押し付ける・測定部から引き離す］向きにはたらいているということですね！

先　　生：大正解です！よく分かりましたね。

(1)　会話文の（　）に適切な数値を整数で答えなさい。また，［　］に適切なものを選び○で囲みなさい。

＜実験３．条件を変えたときの遠心力の測定＞

遠心力は次の３つの量によって決まります。

１．物体の重さ（計量皿と分銅の重さの合計値）
２．回転半径（回転の中心から物体までの距離《きょり》）
３．物体の速さ

これらの量と遠心力の関係を調べます。

測　定１：物体の重さと遠心力の大きさの関係
実験条件：物体の速さは5.0m/s（注２），回転半径は90㎝で一定とする。
（注２）5.0m/sは秒速5.0ｍという意味です。
結　果：

重さ（g）	100	150	200	250
遠心力の大きさ（g）	283	425	567	708

測　定２：回転半径と遠心力の大きさの関係
実験条件：物体の重さは100ｇ，物体の速さは5.0m/sで一定とする。
結　果：

回転半径（cm）	50	70	90	110
遠心力の大きさ（g）	510	364	283	232

測　定３：物体の速さと遠心力の大きさの関係

実験条件：物体の重さは100ｇ，回転半径は90㎝で一定とする。

結　果：

物体の速さ（m/s）	4.0	5.0	6.0	7.0
遠心力の大きさ（g）	181	283	408	556

⑵　測定１～３の結果を表すグラフとして適切なものを選び，それぞれ記号を答えなさい。ただし，縦軸《じく》は遠心力の大きさ（ｇ）とします。横軸は，測定１では物体の重さ（ｇ），測定２では回転半径（㎝），測定３では物体の速さ（ｍ／ｓ）とします。

（ア）

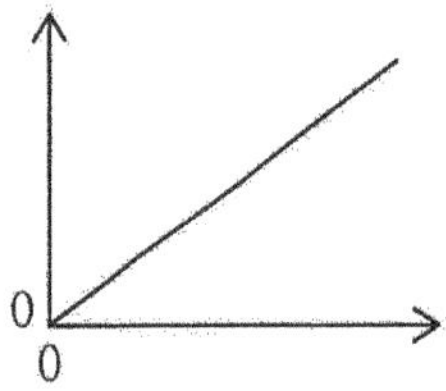

（イ）

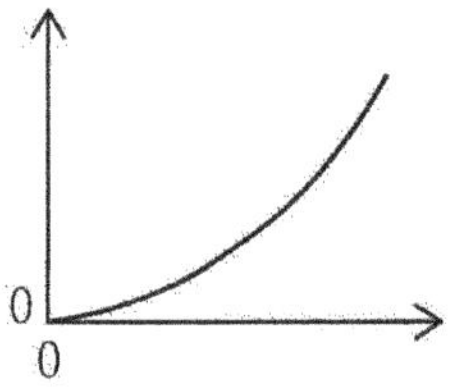

（ウ）

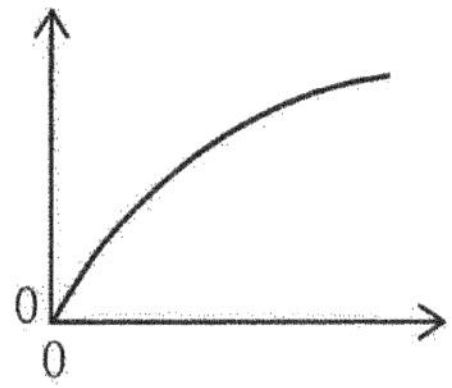

（エ）

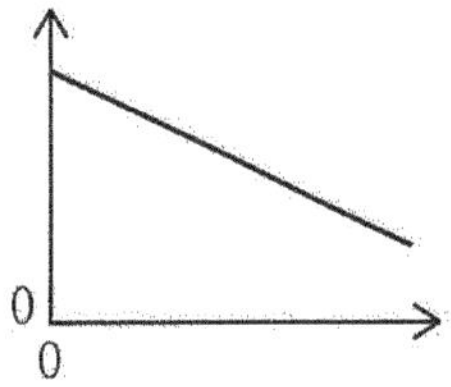

（オ）

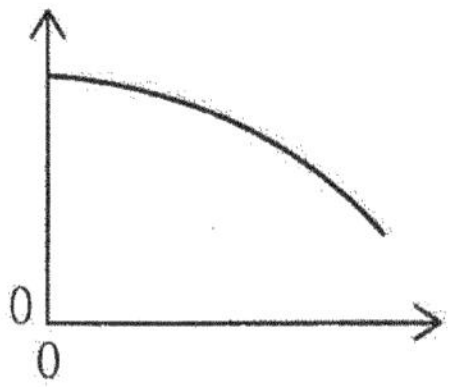

（カ）

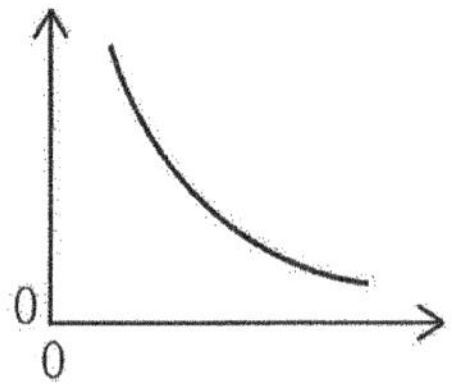

⑶　次の文は測定１と測定２の結果からわかることを述べています。（　）に適切なものを選択肢《せんたくし》より選び，それぞれ記号を答えなさい。

測　定１：物体の速さと回転半径を一定にして，物体の重さを変えていくとき，遠心力の大きさは（　①　）。

測　定２：物体の重さと物体の速さを一定にして，回転半径を変えていくとき，遠心力の大きさは（　②　）。

選択肢

ア．物体の重さに比例する　　イ．物体の重さに反比例する

ウ．回転半径に比例する　　エ．回転半径に反比例する

オ．物体の速さに比例する　　カ．物体の速さに反比例する

キ．変わらない

⑷　測定３の結果をもとに，縦軸「遠心力の大きさ（ｇ）」，横軸「速さ（m/s）×速さ（m/s）」のグラフをかきなさい。解答用紙に４つの●を示し，縦軸０・横軸０の点を通る直線を引くこと。

⑸　測定３において物体の速さを小さくしていくと，実験道具セットが最も高い位置を通過する瞬《しゅん》間に計量器が示す数値が［０ｇ］になりました。

①　この時の物体の速さは何m/sですか。整数で答えなさい。

②　①を解くのに使った⑷のグラフ上の点を×で示しなさい。

⑹　測定３の物体の重さを300ｇに変えて，物体の速さを小さくしていくと，実験道具セットが最も高い位置を通過する瞬間に計量器が示す数値が［０ｇ］になりました。この時の物体の速さは何m/sですか。整数で答えなさい。

3　ヒトは一生のうちにさまざまな物質に触《ふ》れ，それらを体内に取り込《こ》みます。体内に取り込む物質は，体にとって必要となる糖やタンパク質といった物質もあれば，体にとって不要な物質もあります。不要な物質の中には，今までヒトの体内に入ってきたことのない化学物質もあります。ヒトは取り込んだ不要な物質や体内でつくられた老廃《はい》物を尿《にょう》として排《はい》出します。また，体にとって必要な物質であっても，その量が多すぎる場合は排出し，体内の物質濃度を一定に保とうとしています。尿をつくって不要な物質を排出するはたらきをする臓器はじん臓です。じん臓は血液から尿をつくる臓器です。以下，健康な成人について考えます。

血液は全身をめぐり，さまざまな物質を運ぶはたらきをしています。血液１mLあたりの重さを１ｇとします。成人の体内に含《ふく》まれる血液は体重の８％で，体重が60kgの成人の体内にある血液の量は4.8Ｌです。血液は，心臓から送り出され１分間で全身を循環《じゅんかん》します。安静時には，多い順に肝《かん》臓に28％，じん臓に25％，脳に15％の血液が流れます。血液は赤血球などの固形成分と血しょうという液体成分からなります。血しょうは血液の55％を占《し》めます。

⑴　図１は人体の内臓の位置を示した図です。じん臓，心臓，肝臓を示しているのはそれぞれどれですか。記号で答えなさい。

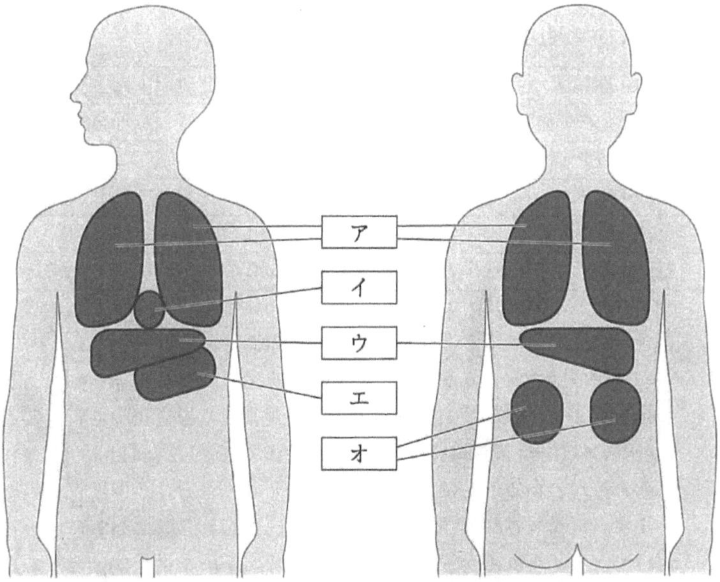

前から見たようす　　　後ろから見たようす

図１　内臓の位置を示した図

じん臓の内部のつくりを図２（次のページ）に示します。じん臓に入った血管は枝分かれして細い血管となり，毛糸玉のように密集した糸球体《しきゅうたい》を形成します（図２のＣ）。糸球体は袋《ふくろ》状のつくりに包まれています。袋状のつくりは尿細管という細い管につながっています。尿細管は集合管で他の尿細管と合流します。じん臓には図２のＣのようなつくりが約100万個あります。

じん臓に入った血液は，ろ過と再吸収という２つのはたらきを経て尿となります。それらのはたらきを図３（次のページ）に示します。ろ過とは，糸球体から袋状のつくりへ血しょうが血圧によって押し出されることです。血圧が高くなるほどろ過される量が増えます。糸球体の血管の壁《かべ》には小さな穴が開いており，この穴よりも小さな物質が袋状のつくりへ出ていきます。押し出された液体は原《げん》尿と呼ばれます。原尿には，水分の他に，糖，塩分，尿素などの水に溶けやすい物質が含まれます。今までヒトの体内に入ってきたことのない化学物質であっても，水に溶けやすい小さな物質であればろ過されます。血液の固形成分や血しょう中のタンパク質などの血管の壁の穴よりも大きな物質は，ろ過されません。

再吸収とは，尿細管から血管へ原尿に含まれる物質が戻《もど》されることです。尿細管の壁には原尿に含まれる物質をつかまえて血管に戻すしくみがあります。これはそれぞれの物質ごとに対応した専用のしくみであり，再吸収する物質を選んでいます。再吸収される物質の種類と量は，尿細管の壁にある専用のしくみにどれだけつかまえられるかによって決まります。その結果，体にとって必要な量の水分や糖，塩分が再吸収されます。原尿から再吸収されなかったものは尿としてぼうこうにためられ，やがて排出されます。じん臓では，体にとって必要な物質であっても，いったんろ過してから再吸収しています。

体内の物質濃度はさまざまな生命活動によって常に変動していますが，じん臓などのはたらきでその変動幅《はば》は一定の範囲《はんい》に保たれています。じん臓は，安定した生命活動を維《い》持する大切な臓器です。表は，血しょう，原尿，および尿に含まれる主な物質の濃度（％）を示したものです。なお，血しょう，原尿，尿のいずれも１mLあたりの重さは１ｇとします。

含まれている物質	血しょう（％）	原尿（％）	尿（％）
水分	92.0	99.0	95.0
タンパク質	7.1	0	0
塩分	0.7	0.7	1.23
糖	0.1	0.1	0
尿素	0.03	0.03	2.0

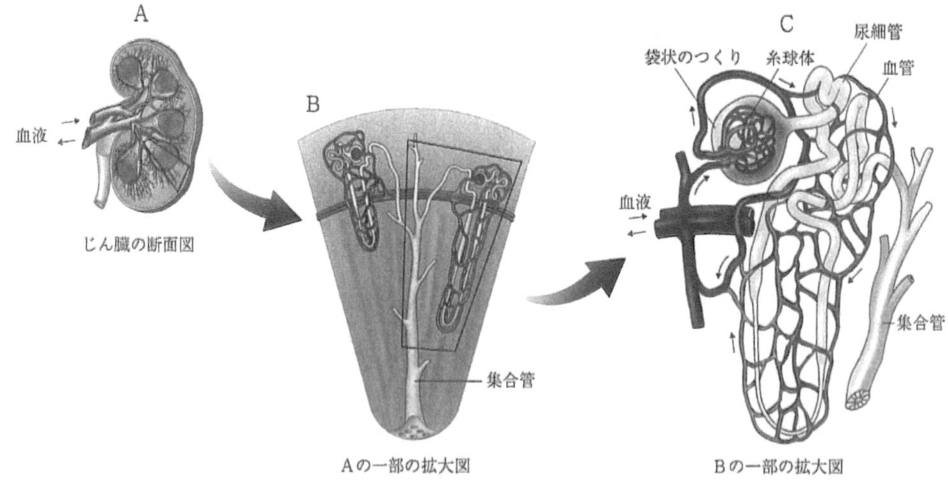

図２

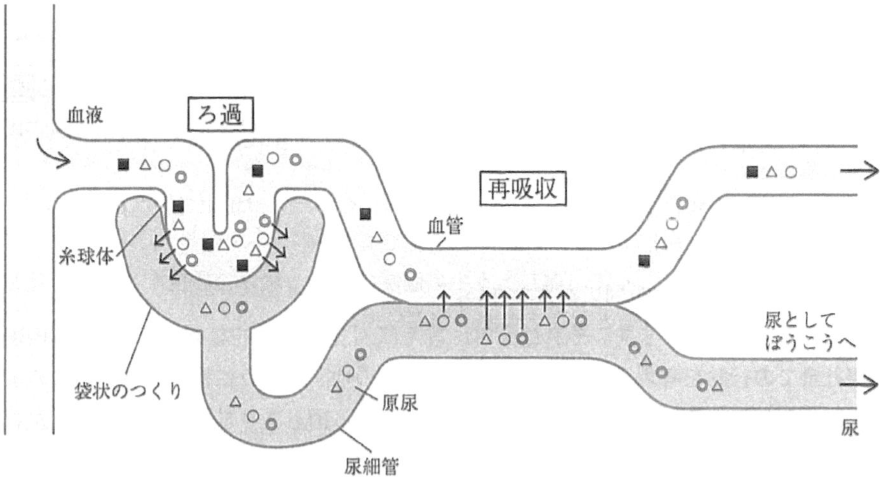

図３　じん臓のはたらきを示す模式図
■○◎△は物質を表している

⑵　図３の■○◎△は以下の４つの物質を表しています。図３の■，○は，それぞれ何の物質を示していますか。次から選び記号で答えなさい。

ア　タンパク質　　イ　塩分　　ウ　糖　　エ　尿素

⑶　安静時には，じん臓に流れ込んだ血しょうの20%がろ過されるとします。また，体重60㎏の成人の場合で，１分間あたりにつくられる尿量が１mLになるとします。本文中の数値を用いて，この成人における次の数値を求めなさい。なお，②と③は小数第１位まで求めなさい。

①　１分間あたりにつくられる原尿量　[mL]

②　１分間あたりにつくられる原尿中の水分の重さ　[ｇ]

③　１分間あたりの水分の再吸収量　[ｇ]

⑷　以下の文章は，500mLの水を一気に飲んだときのことを，飲む前と比べたものです。[　] に適する語を選びなさい。

飲んだ水は消化管で吸収される。血しょう中の水分量は増えて血液量が増え，血液中の物質濃度は①[上がる・下がる]。このとき，血圧は②[高く・低く] なり，じん臓ではろ過量が③[増える・減る]。また，再吸収する水分量を④[増やす・減らす] ことで血液中の物質濃度は一定に保たれる。そして，尿量は⑤[増え・減り]，うすい尿ができる。

⑸　以下の問いに答えなさい。

①　表において，塩分，糖，尿素について，それぞれの尿中の濃度は血しょう中の濃度の何倍ですか。小数第１位まで求めなさい。

②　ヒトの体にとって，血しょう中の濃度に対する尿中の濃度が高い物質ほど，どのような物質と言えますか。簡潔に述べなさい。

⑹　本文中の下線部に示した方法の代わりに，再吸収で用いる「物質ごとに対応した専用のしくみ」を応用して，排出したい物質をつかまえて尿細管に渡すしくみが血管の壁にあれば，血液から直接尿をつくることができそうです。しかし，実際はこのような方法ではなく，下線部の方法で尿をつくります。下線部で示した方法の利点について，本文の内容をふまえて説明しなさい。

【社　会】（45分）　＜満点：75点＞

【注意】・句読点は字数にふくめます。

・字数内で解答する場合，数字は１マスに２つ入れること。例えば，226年なら|22|6|年|とすること。字数は指定の８割以上を使用すること。例えば，30字以内なら24字以上で答えること。

・コンパス・定規は必要ありません。

1　次の文章を読み，下記の設問に答えなさい。

地政学という言葉があります。それは簡単に言えば，**「国の地理的な条件をもとに，他国との関係性や国際社会での行動を考えること」**をいいます。下の地図のように世界には，日本のように海に囲まれた国や，内陸部でたくさんの国と国境を接している国もあります。その国の置かれた環境によって，政治や経済などの考え方も変わってきます。

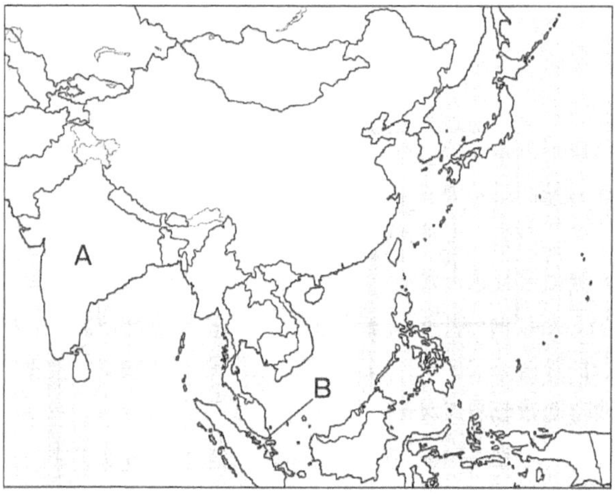

例えばAインドは，インド亜大陸のほとんどを領有する連邦共和制の国家です。世界では第７位の国土面積と第２位の人口を持つ国であり，南にはインド洋があり，南西のアラビア海と南東のベンガル湾に挟《はさ》まれています。都市部と農村部の経済格差は大きく，多くの人々が貧困に苦しんでいます。

Bシンガポールは，マレー半島先端部にある小さな島国です。少ない国土ではありますが，経済的には，アジア有数の豊かな国となっています。

問１　下線部Aインドについて

次の［文章１］は，インドで約三年間を過ごした，本校の卒業生・熊谷はるかさんが著した『JK，インドで常識ぶっ壊される』からの抜粋《ばっすい》です。この文章を読んで，以下の問に答えなさい。

［文章１］

日本で「メイド」というと秋葉原あたりの光景を浮かべたり，超大金持ちの家を想像したりするが，インドではお手伝いさんを雇うことは広く普及していて，aひとつの文化でもあった。

（中略）

わたしの家でも，女性のお手伝いさん，つまりメイドさんをひとり雇っていた。彼女はインド北東部の，紅茶で有名なダージリンの出身で，民族性でいうとネパール系だった。いわゆる「インド人」というよりかは，あっさりした東南アジア系の顔つきで，百五十センチくらいの小柄な体形をしていた。その姿は日本人にも近いようなところがあり，私たちは親しみを込めて「ブミちゃん」と呼んでいた。

（中略）

そんな彼女だが，他のインド人と比べて，また特にｂ彼女のような階級のなかでは，格段に英語がうまかった。仮住まいのサービスアパートメントではじめに出会ったハウスキーパーさんは，ほぼ「Thank you《サンキュー》」か「ＯＫ」しか言わず，何か伝えてもなかなか理解してもらえなかったのに対して，ｃブミちゃんとは難なく英語で会話できた。おどろくことに，それもまた北東部出身ゆえのことだという。

（中略）

「ニューデリーの街歩きとかに興味ない？」と母が誘ってきたのは，インドに来てから半年になる二月ごろのことだった。

「はぁ，まぁいいけど」

日本でなら，ただ街を歩くだけなんて老人向けかよと思って断っていたかもしれないが，こっちでは普段車での移動ばっかりで街を歩く機会なんて滅多にないので，自分の足で回ってみるのも悪くないかもと思ってオーケーした。

だが，母が話すところによると，どうやらただ街を歩くだけではないらしい。それを運営しているｄNGOは，子供を支援する活動をおこなっているんだとか。

（中略）

すこし遅れて，青いＴシャツを着た，わたしよりいくつか歳上に見える少女が現れて，自分が今日の案内役だと名乗った。「今日は，ニューデリー駅の周辺を一緒に歩きます。終着点は，わたしたちの団体の拠点になっている建物。そこまで，デリーの街の様子や，［　ア　］の生活について話しながら，案内します」

はきはきとした少女は，私とあまり変わらないくらいの身長だったが，真っ黒な瞳のうちにどこかしなやかながらも強さを秘めていて，その目でまっすぐに参加者ひとりひとりを見つめながら話していた。

（熊谷はるか『JK，インドで常識ぶっ壊される』河出書房新社　2021年）より抜粋

⑴　下線部ａに関して，ここでいう文化を，「社会全体のためになる生活様式」と考えた場合，それは具体的に，どのようなことを意味するのでしょうか。解答用紙のわく内で，適した内容を書きなさい。

※ただし**仕事**という言葉を必ず使用してください。

⑵　下線部ｂに関して，この昔からの階級制度による身分差別（現在は憲法で禁止）は，インドで多数派を占める，ある宗教に由来しています。その宗教名を答えなさい。

⑶　下線部ｃに関して，ブミちゃんが難なく英語で会話できる理由を，地政学から見たインド北東部の民族構成の特色をふまえて，解答用紙のわく内で説明しなさい。

※ただし，**コミュニケーション**という言葉を必ず使用してください。

⑷　下線部**d**に関して，NGOについて述べた次の文**X**・**Y**の正誤の組合せとして正しいものを，下記より1つ選び番号で答えなさい。

X　先進国の政府の資金で，発展途上国に対して国際協力活動を行う団体をいいます。

Y　様々な社会貢献活動を行っており，収益は団体の構成員に対し，公平に分配することを目的としています。

1　**X**　正　　**Y**　正　　　2　**X**　正　　**Y**　誤

3　**X**　誤　　**Y**　正　　　4　**X**　誤　　**Y**　誤

⑸　文中の空らん ア には，このNGOが支援している，貧困のため，「道ばたや路上で生活をしている子供たち」を意味する言葉が入ります。その言葉を**カタカナ**で答えなさい。

⑹　2022年2月に始まるロシアのウクライナ侵攻後，国際連合がロシアを非難する決議を重ねましたが，インドは全て棄権しました（2022年10月現在）。その理由を，インド北部の地政学的な要因と，それに関わる具体的な国名を1つあげて，解答用紙のわく内で説明しなさい。

※ただし，**けん制**という言葉を必ず使用してください。

⑺　日本とインドは，他の2か国と共に，「QUAD《クアッド》」と呼ばれる安全保障や経済を協議するための4か国間の会談を行っています。日本とインド以外の2か国の組合せとして正しいものを，下記より1つ選び番号で答えなさい。

1　イギリス・オーストラリア　　　2　イギリス・アメリカ

3　アメリカ・オーストラリア　　　4　アメリカ・シンガポール

5　インドネシア・シンガポール　　6　イギリス・フランス

問2　下線部**B**シンガポールについて説明した，次の［**文章2**］を読んで，以下の問に答えなさい。

［**文章2**］

シンガポールは，インド・中華などの多様な文化圏の重なる地域に多くの国々がひしめき合っているe東南アジアの国の一つです。国土の大きさも東京23区ほどで，石油などの天然資源もありません。それでも，シンガポールが繁栄した理由は，f地政学的な優位性にありました。

そして，建国の父と呼ばれたリー＝クアンユー氏（初代首相）は，「ガーデンシティ計画」を提唱し，g清潔で緑豊かな都市づくりや，犯罪の少ない安全な国づくり，※インフラ環境の整備などを積極的に進めました。その結果，この国は現在，国民一人当たりのGDPでは，日本を上回る豊かな国になりました。

1991年，渋谷教育学園はこの地に，渋谷幕張シンガポール校（現在は早稲田渋谷シンガポール校）を開校して，アジア地域の日本人子弟の教育を行っています。シンガポールには，他にも様々な国の教育制度に基づいた学校が存在しています。

※インフラ：電気，ガス，水道，道路，鉄道，電話など，日々の生活を支える基盤のこと

⑴　下線部**e**に関して，東南アジアの国で，第二次世界大戦前から欧米諸国の支配を受けずに独立を保った国があります。その国名を，下記より1つ選び番号で答えなさい。

1　マレーシア　　2　カンボジア　　3　インドネシア

4　タイ　　　　　5　フィリピン　　6　ラオス

⑵　下線部**f**に関して，シンガポールの地政学的な優位性について，具体的な内容を，解答用紙

のわく内で説明しなさい。

※ただし，**貿易**という言葉を必ず使用してください。

⑶　下線部**g**に関して，これらはリー＝クアンユー氏が，シンガポールの将来の経済的な繁栄に向けて，**ある事**を推進するための，世界に向けたアピールでもありました。この**ある事**とは何ですか。［**文章２**］の内容も参考にして，解答用紙のわく内で説明しなさい。

⑷　シンガポールには下のグラフのようにインド系の人々が一定の割合で居住しています。この人々のルーツは，19世紀にインドからシンガポールに移住してきたところにあります。その背景を説明している下記の文章の空らんに，適した語句をそれぞれ入れなさい。

・この時代は，インドもシンガポールも［ X ］の［ Y ］であり，労働者として，インドからシンガポールに移住してきました。

※ただし，［ X ］には国名が入ります。

参考資料　シンガポールの民族別人口の割合

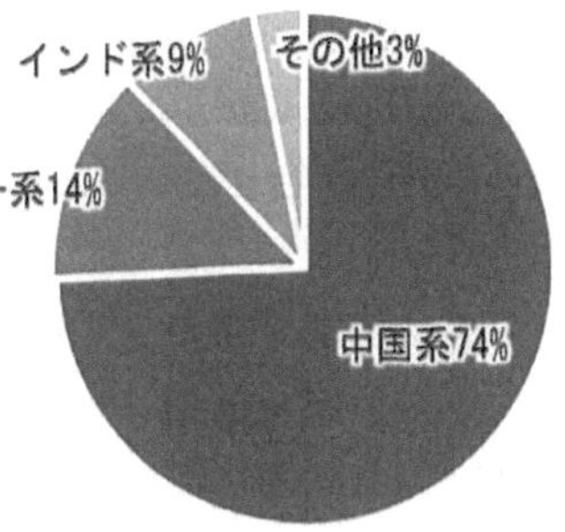

シンガポール統計局データ（2022.6）より

２　次の文章を読み，下記の設問に答えなさい。

科学的な歴史学や考古学は，大学などが整備されたa明治時代に本格化しますが，戦前の日本においては，縄文文化より古い文化，つまり旧石器文化は存在しなかったとする意見が一般的でした。ところが，b1949年に相澤忠洋《あいざわただひろ》の打製石器の発見をきっかけに，【　①　】遺跡（群馬県）の発掘調査が行われると，日本にも旧石器文化が存在した可能性が指摘されるようになりました。その後，さらに数多くの各地の遺跡の調査によって，日本にc旧石器時代（旧石器文化）が存在したことはほぼ確実となっています。

現在，日本で最も古い石器は約11～12万年前のものとされています。その一方で，人類が日本列島に渡って来たのは一般的に３万数千年前とも言われており，大きな時間のズレがあります。ただ，どちらの場合でも地球規模の時期区分で言えば，現在よりも寒冷な氷河時代の出来事になります。

かつて多くの研究者は，寒冷な氷河時代では海面が現在よりも約120mほど［ ア ］，日本列島も大陸と地《じ》続《つづ》きとなり，そのため人類が大陸から日本列島に来ることが可能になったと考えていました。しかし近年では，対馬海峡や，d北海道と本州の間の津軽海峡はともに最大水深が200mよりも［ イ ］，寒冷だった氷河時代でも大陸と地続きではなかったとする意見が多くなっています。それと同時に，人類は船で日本列島に渡って来たと考えられるようになりました。

旧石器時代に続く縄文時代については，船の使用が確認されています。日本における最古の丸木《まるき》船《ぶね》は，2014年に千葉県市川市の雷下《かみなりした》遺跡で発見されたもので，約7500年前の縄文時代早期のものだと考えられています。そして，ⓘその後の日本列島における弥生文化の成立については，船の利用ぬきには考えることが出来ません。

さらに古代の日本の歴史を見わたすと，e遣隋使や遣唐使といった船を利用した使者の派遣がありました。その一方，目を陸上に転じると，古代の律令国家のもとでは，都と各国の国府を結ぶ７つの幹線道路（官道《かんどう》）が整備されました。fその官道の具体的な様子は，近年の発掘によって次第に明らかになりつつあります。

g中世になると中国の宋や元との貿易がさかんに行われました。その様子の一部は，h1975年に大韓民国の新安の沖合《おきあい》で発見された沈没船からうかがうことが出来ます。この船は元から日本に向かう途中に沈没したと考えられ，２万点を超える陶磁器や，約800万枚，重量にして約28トンの銅銭などが見つかりました。また，この新安の沈没船ばかりでなく，様々な研究によって，ⓘⓘ13世紀には，日本からは硫黄《いおう》や木材が輸出された一方，宋や元からは銅銭や石材なども輸入されたことが知られています。

問１　空らん【①】に入る語句を，解答らんに従って答えなさい。

問２　空らん ア ・ イ に入る語句の組合せとして正しいものを，下記より１つ選び番号で答えなさい。

1　ア　高く　　イ　浅く　　　2　ア　高く　　イ　深く

3　ア　低く　　イ　浅く　　　4　ア　低く　　イ　深く

問３　下線部aに関連して，明治時代の出来事に関して述べた文として正しいものを，下記より１つ選び番号で答えなさい。

1　米価が上がったため，日本各地で米騒動が起きました。

2　夏目漱石が小説『吾輩は猫である』を発表しました。

3　千葉町が千葉市になったほか，東京市が廃止されて東京都が成立しました。

4　直接国税15円以上をおさめた満25歳以上の成年男子には，帝国議会（衆議院・参議院）の選挙権が認められました。

問４　下線部bに関連して，1940年代の出来事に関して述べた次の文A～Dについて，正しいものの組合せを，下記より１つ選び番号で答えなさい。

A　東京などでラジオ放送が始まりました。

B　内閣総理大臣を総裁とする大政翼賛会が成立しました。

C　サンフランシスコ平和条約が結ばれ，翌年に日本は独立国として主権を回復しました。

D　大日本帝国憲法が改正され，日本国憲法が公布されました。

1　A・C　　2　A・D　　3　B・C　　4　B・D

問５　下線部cに関連して，図１（次のページ）では，黒曜石《こくようせき》の原産地（図１中の○囲み）と，その黒曜石を用いて作られた石器（細石刃《さいせきじん》）が出土した遺跡（図１の左下の説明の消費地）とが線で結ばれています。この図１に関して述べた次の文X・Yについて，その正誤の組合せとして正しいものを，次のページより１つ選び番号で答えなさい。

X　旧石器時代にも広い範囲で石器の材料などの交易が行われたと考えることが出来ます。

Y　船を使って石器の材料などが運ばれた可能性を考えることが出来ます。

1　X　正　　Y　正　　　2　X　正　　Y　誤
3　X　誤　　Y　正　　　4　X　誤　　Y　誤

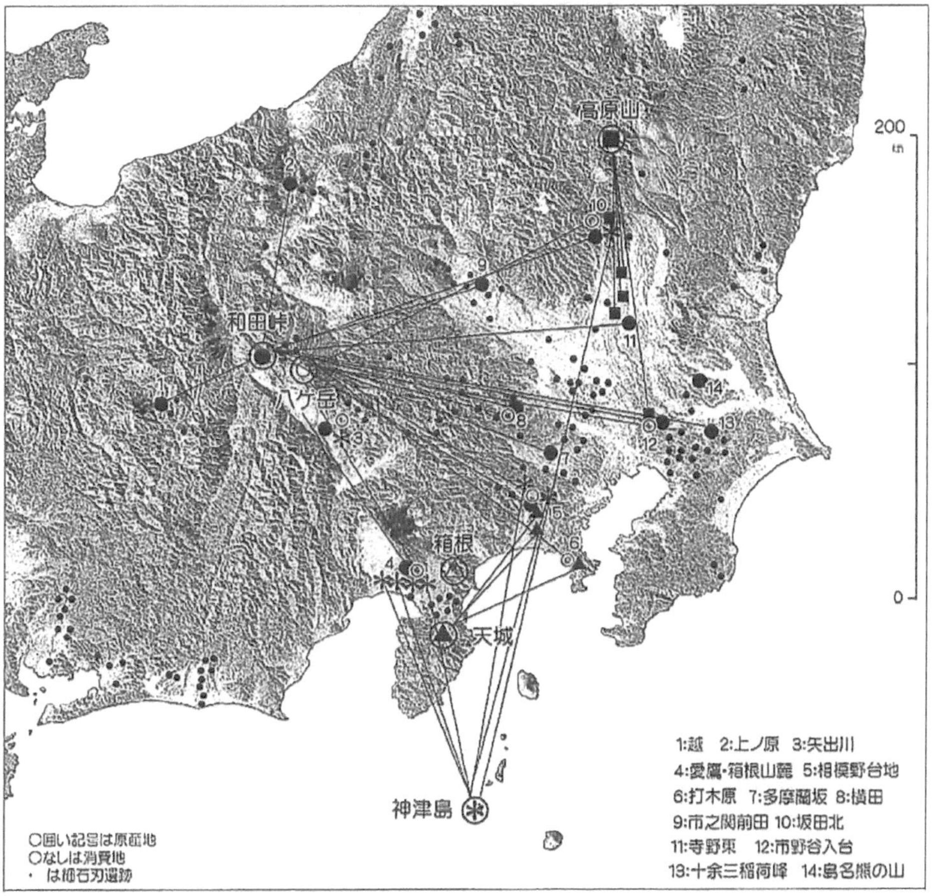

図１

※堤隆「信州黒曜石原産地の資源開発と供給をめぐって」

（『島根県古代文化センター研究論集』第19集、2018年）より転載

問６　下線部ｄに関連して，北海道の歴史に関して述べた次の文Ｘ・Ｙについて，その正誤の組合せとして正しいものを，下記より１つ選び番号で答えなさい。

Ｘ　日米和親条約では，現在の函館が開港地の１つとされました。

Ｙ　明治政府は，ロシアからクラークを招くなどして，寒冷地に適したロシア式の大規模農業を北海道に導入しようとしました。

1　X　正　　Y　正　　　2　X　正　　Y　誤
3　X　誤　　Y　正　　　4　X　誤　　Y　誤

問７　下線部ｅに関して述べたあとの文Ａ～Ｄについて，正しいものの組合せを，次のページより１つ選び番号で答えなさい。

Ａ　推古天皇の時期に，小野妹子らが遣隋使として派遣されました。

Ｂ　隋の皇帝は，遣隋使からの要求にこたえ，天皇を倭の国王に任じました。

C　藤原道長の進言により，遣唐使が停止されました。

D　空海や最澄は，遣唐使の船に乗って唐に渡りました。

1　A・C　　2　A・D　　3　B・C　　4　B・D

問８　下線部 f に関連して，下の図２に見える青色の線は，発掘調査などに基づいて想定されている奈良時代の官道（東海道）です。また，同じ図２に見える茶色の線は，江戸時代の東海道です。この図２を見て，奈良時代の官道（東海道）および江戸時代の東海道に関して述べた次の文X・Yについて，その正誤の組合せとして正しいものを，下記より１つ選び番号で答えなさい。

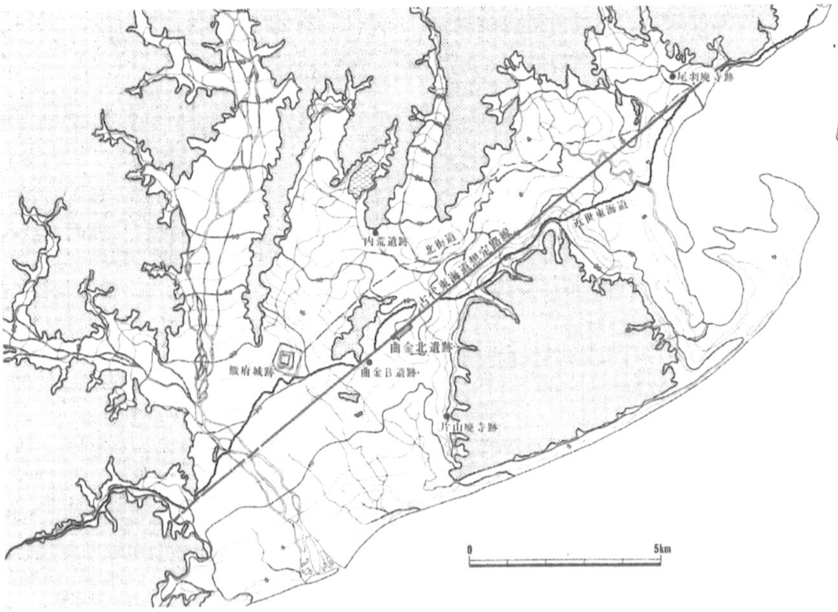

図2

※静岡県埋蔵文化財調査研究所報告　第68集　『曲金北遺跡（遺構編）』

（静岡県埋蔵文化財調査研究所、1996年）より転載・加筆

X　奈良時代の官道（東海道）は，ほぼ直線的につくられました。

Y　江戸時代の東海道は，地形におうじたルートを通っていることが多いです。

1　X　正　　Y　正　　　2　X　正　　Y　誤

3　X　誤　　Y　正　　　4　X　誤　　Y　誤

問９　下線部 g に関連して，日本における時期区分では，11世紀後半から16世紀末までの時期を中世とすることが比較的多いようです。この時期に関して述べた次の文A～Dについて，正しいものの組合せを，下記より１つ選び番号で答えなさい。

A　平清盛は，保元の乱で源義朝らを滅ぼしました。

B　御成敗式目は，執権の北条泰時らによって制定されました。

C　足利義満は，明の皇帝から日本国王に任じられました。

D　浄土真宗の信者を中心とする山城の国一揆は，100年近くにわたって，山城国の南部を支配しました。

1　A・C　　2　A・D　　3　B・C　　4　B・D

問10　下線部**h**に関連して，次の１～４の文の内，1975年に最も近い時期の出来事に関して述べた文として正しいものを１つ選び，番号で答えなさい。

1　新橋・横浜間で日本初となる鉄道が開業しました。

2　アジア初の開催となった東京オリンピックに合わせ，東海道新幹線が開業しました。

3　日本初の高速道路である名神高速道路の全線が開通しました。

4　新東京国際空港（現在の成田国際空港）が開港しました。

問11　波線部ⅰに関連して，どうして船の利用ぬきには弥生文化の成立を考えることが出来ないのでしょうか。50字以内で説明しなさい。

問12　波線部ⅱに関連して，12世紀前半，他国の攻撃を受けた宋が，都を開封《かいほう》から南方の臨安《りんあん》（現，杭州《こうしゅう》）に移すと，長江下流域では，臨安のほか，慶元《けいげん》（現，寧波《にんぽー》）や蘇州《そしゅう》などの都市が発達しましたが（下の**図３**を参照），その一方で，この地域では森林破壊が急速に進みました。この森林破壊は，日宋貿易において宋が日本から大量の木材を輸入した背景になったと考えられます。この地域において，12世紀に森林破壊が進んだ理由を30字以内で説明しなさい。

図３

※本文や問題の作成のため，主に以下のものを参照しました。

・「島根・出雲の砂原遺跡の石器，「日本最古」に修正」（日本経済新聞　2013年６月７日配信）

・「韓国・新安沖の海底沈船　日中韓　三国貿易の構造示す」

（水中考古学へのいざない（21）産経WEST　2018年３月24日配信）

・海部陽介『日本人はどこから来たのか？』（文春文庫，文藝春秋。2019年）

・高橋昌明「平家政権の日中間交渉の実態について」

（『専修大学古代東ユーラシア研究センター年報』第５号，2019年）

・羽田正（編）・小島毅（監修）『海から見た歴史』（東アジア海域に漕ぎ出す１，東京大学出版会，2013年）

3　次の文章を読み，あとの設問に答えなさい。

2022年は電力不足が懸念《けねん》され，政府が節電を呼びかける事態となりました。2021年のデータで，日本で最も発電量が多いのは火力発電で全体の78.8%です。次いで水力発電が9.9%，原子力発電が7.8%と続き，そのほかに太陽光発電，風力発電，地熱発電など新しい発電方式の導入も進んでいます。

1950年代前半までは最も発電量が多いのは水力発電でした。水力発電は水の落下エネルギーを利用して発電するため，大規模なダムを建設することが一般的です。a天竜川の佐久間ダム，b只見《ただみ》川の奥只見ダム，c黒部川の黒部ダムに代表されるように，山がちでd降水量の多い日本にはダム建設に向いている場所がたくさんありました。

1950年代後半から電力需要《じゅよう》が増えるにつれて，水力発電だけではまかないきれなくなり，日本各地に大型の火力発電所がつくられるようになりました。発電量も1955年頃から火力発電が水力発電を上回るようになりました。火力発電所は大容量の発電が可能で，発電量の調節もしやすいので，e千葉県，神奈川県，愛知県など電力需要の高い大都市近郊に多く立地しています。原料にはf石炭，石油，天然ガスといった化石燃料を使用しますが，特に石炭火力発電は二酸化炭素の排出量が多く，環境への負荷が大きいことから，世界的に廃止の動きがあります。しかし，g日本は全体の３割程度を石炭火力発電に頼っているのが現状です。

原子力発電所は1970年代の石油危機以降，建設が進みました。建設には広大な敷地が必要なこと，原子炉の冷却に大量の海水を使用することなどの理由から人口の少ない臨海部に建設されてきました。2000年頃には日本の発電の３割程度を占《し》めるまでになりましたが，h2011年以降は大きく割合が減少しました。

新しい発電方式のうち，地熱発電は火山大国である日本では多くのエネルギーを得られることが期待されます。東北地方やi九州地方を中心に分布していますが，全国的にみると開発が進んでいないのが現状です。一方で，現在では自治体や企業などが進める，j小規模な再生可能エネルギーの導入も注目されています。

問１　下線部aが流れ出す湖の名称を漢字で答えなさい。

問２　下線部bの源流に位置する尾瀬では，現在は貴重な高層湿原の自然保護が進んでいます。**写真１**から読み取ることができる，自然保護に対する工夫について，解答用紙のわく内で説明しなさい。

写真１

※環境省ウェブサイトより

問３　下線部cに関して，黒部川が水力発電に向いていた理由は何ですか。次のページの**図１**から読み取れることを解答用紙のわく内で説明しなさい。

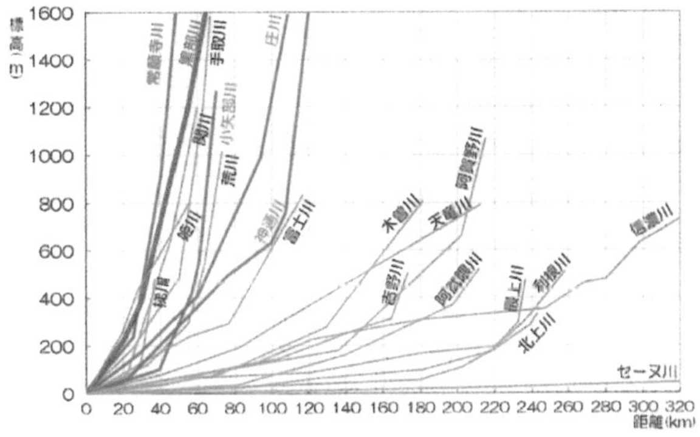

図１

※国土交通省ウェブサイトより

問４　下線部**d**に関して，次の**A**～**C**は２月，６月，10月のいずれかの日本の月降水量の平年値を示しています。その組合せとして正しいものを，下記より１つ選び番号で答えなさい。

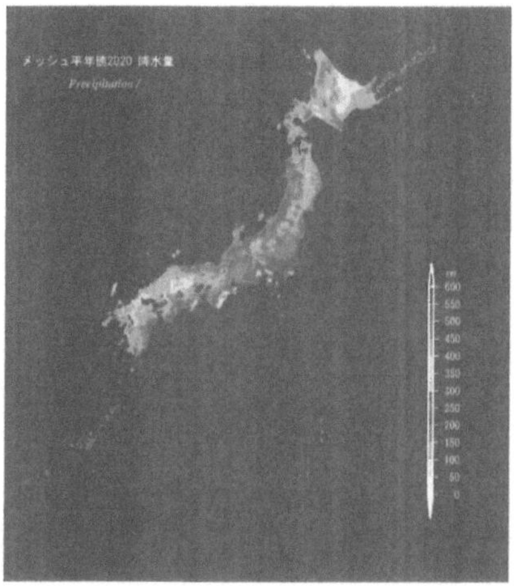

A

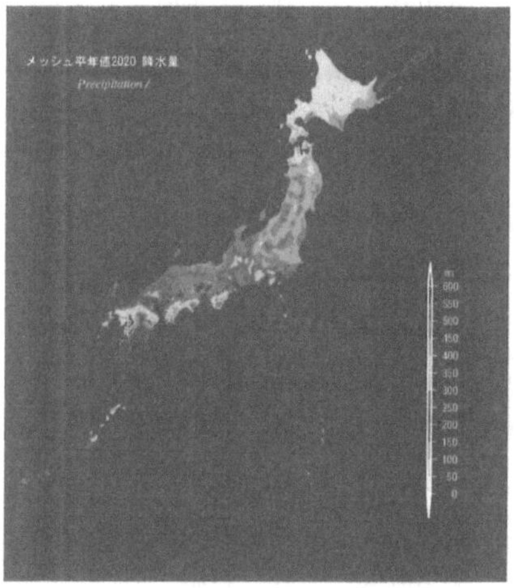

B

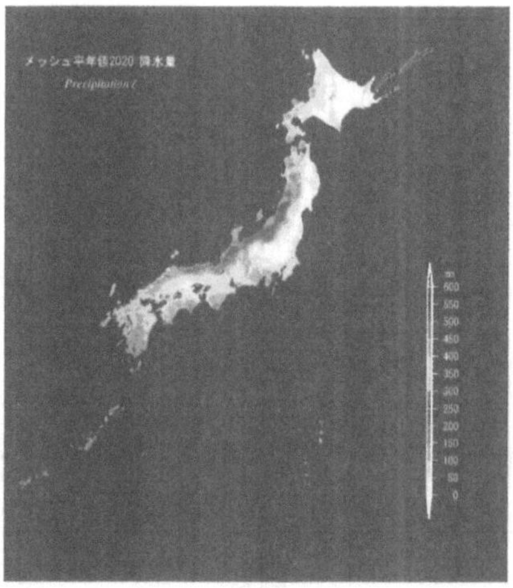

C

1	A	２月	B	６月	C	10月
2	A	２月	B	10月	C	６月
3	A	６月	B	２月	C	10月
4	A	６月	B	10月	C	２月
5	A	10月	B	６月	C	２月
6	A	10月	B	２月	C	６月

※図は気象庁ウェブサイトより

問５　下線部ｅの３県はいずれも工業がさかんです。次の表のＡ～Ｃには３県のいずれかが該当します。その組合せとして正しいものを，下記より１つ選び番号で答えなさい。

表　2018年の工業生産額（億円）

	鉄鋼	輸送機械	化学
A	17,442	1,259	54,798
B	7,117	41,645	43,297
C	25,210	269,549	20,406

※『グラフィックワイド地理2022～2023』（とうほう）より作成

1　A　千葉県　B　神奈川県　C　愛知県
2　A　千葉県　B　愛知県　C　神奈川県
3　A　神奈川県　B　千葉県　C　愛知県
4　A　神奈川県　B　愛知県　C　千葉県
5　A　愛知県　B　千葉県　C　神奈川県
6　A　愛知県　B　神奈川県　C　千葉県

問６　下線部ｆに関して，次のA～Cの文は石炭，石油，天然ガスのいずれかについて説明しています。その組合せとして正しいものを，下記より１つ選び番号で答えなさい。

A　海外から輸入するときは液化したものを専用の船で運びます。
B　秋田県や新潟県でわずかに産出しますが，大部分を輸入に頼っています。
C　かつては北海道や九州で大量に産出されていました。

1　A　石炭　B　石油　C　天然ガス
2　A　石炭　B　天然ガス　C　石油
3　A　石油　B　石炭　C　天然ガス
4　A　石油　B　天然ガス　C　石炭
5　A　天然ガス　B　石炭　C　石油
6　A　天然ガス　B　石油　C　石炭

問７　下線部ｇに関して，北海道にある苫《とま》東《とう》厚《あつ》真《ま》火力発電所（図２中の★印）は石炭火力発電所です。この発電所は北海道の電力の半分程度をまかなっていますが，2018年にある自然災害が発生したときに被害を受けて，北海道全域が大規模停電する事態になりました。この自然災害の名称を具体的に答えなさい。

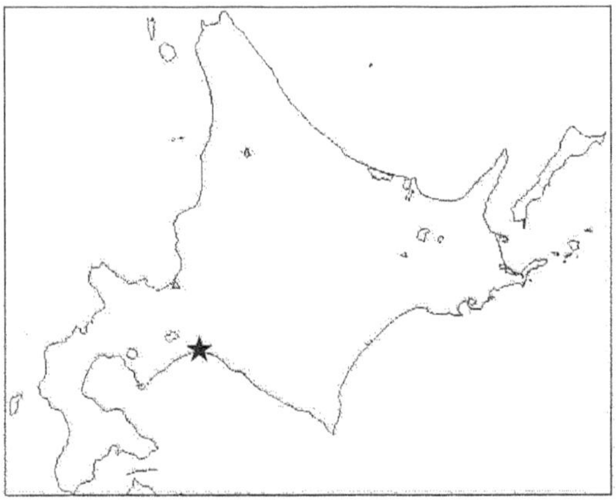

図２

問８　下線部ｈの理由について解答用紙のわく内で説明しなさい。

問９　下線部ｉに関して，九州の火山を説明した次の文Ｘ・Ｙについて，その正誤の組合せとして正しいものを，下記より１つ選び番号で答えなさい。

Ｘ　阿蘇山には世界最大級のカルデラ湖が形成されています。

Ｙ　桜島は大正時代の噴火によって，鹿児島市の市街地と陸続きになりました。

１　Ｘ　正　　Ｙ　正　　　２　Ｘ　正　　Ｙ　誤

３　Ｘ　誤　　Ｙ　正　　　４　Ｘ　誤　　Ｙ　誤

問10　下線部ｊに関して，ＪＲ東日本では駅の省エネルギー化や再生可能エネルギーの導入を進めています。海浜幕張駅の南側を撮影した次の**写真２**からは２つのある発電のための設備（Ａ・Ｂ）が設置されていることがわかります。それぞれどのような発電方式か，解答らんに従って答えなさい。

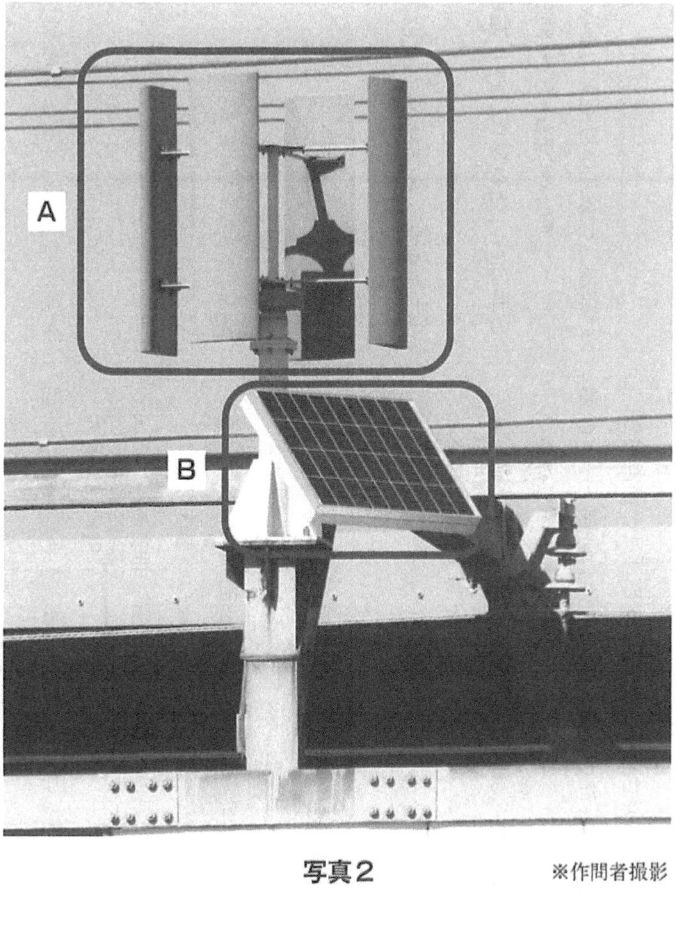

写真２　※作問者撮影

＊４　隠……ポケット。
＊５　工夫……工事の仕事をする人。
＊６　車夫……人力車を引く仕事をする人。
＊７　罷められました……仕事をくびになりました。

問一　＝＝部（a）「易」（b）「呑気」の漢字をひらがなに直しなさい。

問二　――部（ア）「余念がない」（イ）「眉を顰《ひそ》めて」（ウ）「気を揉《も》んで」の意味をそれぞれ選びなさい。

１　たいへん好きであること。
２　そのことばかり考えていること。
３　おもいやること。
４　いぶかしく思うこと。
５　心配になっていること。
６　苦痛にかんじていること。

問三　――部①「見付けまいことか」とはどういう意味か。前後の内容から考えて答えなさい。

問四　――部②「「今日は……」、と頭《かしら》を掉《ふ》った」とあるが、この時の「自分」についての説明として最も適当なものを選びなさい。

ア　学校に行かずに遊んでしまったことを、みずから反省し、後悔している。
イ　言い訳をしようとしたが、それは良くないと自分で判断してやめている。
ウ　友達の目のまえで父親に叱られてしまうことを、恥ずかしく思っている。
エ　父親のことがこわくて混乱し、頭が真っ白になって何も言えないでいる。
オ　気まずさや緊張によって、自分の気持ちをはっきりとは言えないでいる。

問五　③には、この時の「工夫《こうふ》」の状況や心情を表す慣用句の一部が入る。空欄に入る言葉を漢字一字で答えなさい。

問六　――部④「気毒《きのどく》とも思わなくなって」の説明として最も適当なものを選びなさい。

ア　いくら相手が困っていても、たすけてあげようという気持ちにならないということ。
イ　仕事をせず相手に迷惑をかけても、悪いという気持ちも起きなくなったということ。
ウ　いくら相手に怒られたりしても、自分の意志により怠《なま》けようとし続けたということ。
エ　急患が亡くなったりしても、自分のせいではないから気にならなくなるということ。
オ　なんども仕事をくびになっても、がんばろうという気持ちにはならないということ。

問七　――部⑤「歎息《たんそく》の声を泄《も》らした」とあるが、「工夫《こうふ》」が「歎息の声を泄らした」のはなぜか。説明しなさい。

問八　＝＝部（X）「生《うま》れ変《かわ》ったような心持《こころもち》」とはどういうことか。本文全体の内容を踏まえて、心の変化の前後がわかるようにして説明しなさい。ただし、そのきっかけとなった出来事について説明する必要はない。

なって居《い》た。乗客の中にも怪我は五六人あるとの事であったが、父は始終を見届けて建物の内へ這入《はい》った。惨酷《むご》いことといったら、却々《なかなか》形容の出来ない位であった。

暫時《しばらく》すると、駅夫《えきふ》と(＊5)工夫《こうふ》に連れられて這入《はい》って来た一個《ひとり》の男があった。勿論工夫《もちろんこうふ》で至《いたっ》て自堕落《じだらく》な風をして居《い》たが、眼付《めつき》が優しくて、余り叮嚀《ていねい》に父の前に腰を屈《かが》めた時は、災難の原因は此奴《こやつ》だと知りつつも、自分はまた可哀相《かわいそう》だとも思った。

父は厳格な風で髯《ひげ》を捻《ひねっ》て、「一体何《ど》うしたのだ」と尋問を始めた。工夫《こうふ》は頻《しき》りに［　③　］を掻《か》いて弁疏《いいわけ》をして居《い》たが、石炭を積んだ小さな車が軌道《レール》の間近にあったのを、取除《とりの》けろと吩咐《いいつか》った時、此《こ》の憐《あわ》れな工夫《こうふ》は丁度他の方面で軌道《レール》を掃《はら》って居《い》た。列車が来るには、まだ二十分の猶予《ゆうよ》があると思って居《い》た間《ま》に、逐次《おいおい》用事が出来て、十分許《ばかり》延着した列車が其《そ》れに衝突して此《この》災難を仕出来《しでか》すまで、工夫《こうふ》は全く小《ちいさ》な例の車を等閑《なおざり》にしたのであった。

父は自分の顔をジロリと眺めて、再び工夫《こうふ》に向《むか》い、「手前《てまえ》は従来《じゅうらい》何をして居《い》た」と尋ねた。「車夫《しゃふ》(＊6)をして居《お》りました」。「能《よ》く勤まったか」、「否《いえ》、々《いえ》。私の抱《かか》えられたのは医師《いしゃ》でございましたが、朝寝と午睡《ひるね》が私の癖で何分までに支度《したく》をしろと言われても、其《そ》の時刻の間に合ったことはございません。時間を喧《やかま》しくいうのが彼《か》の医師の質《たち》で、何時《いつ》も支度が出来る時分には、玄関口に(ウ)**気を揉《も》んで**立《たっ》て居《お》りました。何《ど》の位小言を聞いたか知れませんが、幾度も続きますと④**気毒《きのどく》とも思わなくなって**仕舞います。すると其《そ》の後、急病人が出来て、夜中《やちゅう》急に車の支度をとのことでございましたが、可憎其《あいにくそ》の晩は居酒屋《いざかや》に入浸《いりびた》って、全く帰る時を忘れて居《お》りました。其《そ》は主人が極懇意《ごくこんい》にする家《うち》であったのに、不幸の上の不幸は病人が死んで仕舞ったので、到頭逐出《とうとうおいだ》されて仕舞いました。」

「今度は或《あ》る役所の門番でございます。此《これ》も時間に開閉が出来ないので逐出《おいだ》され、新聞配達になりましたが、新聞位《ぐらい》時を争うものはございませんから、勤まる訳じゃございません。今度は郵便配達、此《これ》も間に合ったことはございません。世間には時間を構《かま》わない職業はございません」と⑤**歎息《たんそく》の声を泄《も》らした**が、再び声を低めて「牛乳配達も遣《や》って見ましたが、凜々《ひりひり》と頰《ほほ》を襲《つんざ》くような寒風《さむかぜ》が、朝早いのですから、堪《たま》ったものじゃございません。一服《いっぷく》してからと油断をして、家《うち》に這入《はい》りこんで、預かった牛乳を放擲《うっちゃらか》して、火鉢で温《あたた》まって居《い》ますと、一時間や二時間は「今、今」と思ってる間《ま》に過《た》って仕舞います。「今、今」というのが善くないことで、段々慣れて来ますと気が太くなって、七時になっても八時になっても、一向平気な顔で尻が重くなって来ます。其《そ》れですから牛乳配達も一週間で罷《や》(＊7)められました。」工夫《こうふ》の話が終《おわ》ると、駅夫の人々は再び何処《どこ》へか連れて往《い》ったが、多分工夫《こうふ》を罷《や》められるのであろうと自分は思った。父は微笑《ほほえ》みながら自分に対《むか》って、「今日は一日休んで、紙鳶《たこ》をあげるが宜《い》い」といった。しかし自分は最早《もは》や紙鳶《たこ》に愛想《あいそ》が尽きたのか、「でも先生に叱られると悪いから」といい棄《す》てて、学校へと路《みち》を急いだ。自分には工夫《こうふ》の話が明《あきら》かに判《わか》ったのであった。

（徳田秋声「今、今」（一八九六））

《注》

＊1　温習……繰り返し学習すること。おさらい。

＊2　照そうて……光り輝いて。

＊3　東風……春から夏にかけて吹く東寄りの風。氷をとかし、春を告げる風とされる。

【国　語】（五〇分）〈満点：一〇〇点〉

【注意】記述は解答欄《らん》内に収めてください。一行の欄に二行以上書いた場合は、無効とします。

一　※問題に使用された作品の著作権者が二次使用の許可を出していないため、問題を掲載しておりません。

（出典：中谷宇吉郎『科学と人生』）

二　次の文章を読んで、後の問いに答えなさい。

自分が丁度《ちょうど》十歳《とお》の時であった。自分の心に非常な革命が起《おこ》って、全く(X)**生《うま》れ変《かわ》ったような心持《こころもち》**のしたのは。自分の父は、古くから王子《おうじ》停車場《ステーション》の駅長を勤めて居《い》たが、或《あ》る朝のことで、自分は例の通り学校へ出掛けようとして、鞄《かばん》を斜《ななめ》に背負って門の外まで出ると、丁度春の初めの頃で、近所の年輩な友達が三四《さんよ》人ばかり、紙鳶《たこ》をあげて居《い》た。何故《なぜ》この人達は学校に往《ゆ》かずに毎日遊び暮すのだろうと、自分は嘲《あざけ》って居《い》たが、面白相《おもしろそう》に紙鳶《たこ》をあげて居《い》るのを見ると、何となく学校が厭《いや》になって、差当《さしあた》り其《そ》の仲間に入るのが楽しく思われた。授業が始まるには間《ま》がある、暫時位《しばらくぐらい》遊んだって差支《さしつかえ》はなかろう、斯《こ》う自分決《ぎ》めに決《き》めて仕舞《しま》って、其《そ》の仲間の中へ飛込《とびこ》んだ。

「今、今」というのが自分の癖（＊1）で、温習《さらい》をしろと父が吩咐《いいつけ》ても「今、今」、叔母《おば》さん許《とこ》へ使《つかい》に往《い》って呉《く》れろと母が吩咐《いいつけ》ても、「今、今」と返辞《へんじ》をするのが常で、横着をしようという気はないにしろ、「今、今」が幾度《いくど》も続けば、遂には吩咐《いいつか》った事を忘れて仕舞って、後で後悔するのが自分の弱点《よわみ》であった。実は内心此《こ》れ程苦しいことはないので、また此《こ》れ程犯し(a)易い罪はないのだ。

此処《ここ》は紙鳶《たこ》をあげるに不便利だというので、一群《ひとむれ》は停車場《ステーション》の後《うしろ》の方へ出掛けた。咲いたばかりの桜は旭《あさひ》に（＊2）照《てり》そうて、（＊3）東風《こち》がそよそよ香《か》を送って来る、其《そ》れさえ自分の心を慫慂《さそ》うには十分であるのに、友達の奪《と》って自分があげた紙鳶《たこ》は、澄切《すみき》った空に坐《すわ》って、まだまだ興味《おもしろみ》が自分の心を引張《ひっぱ》って居《い》る。

停車場《ステーション》には父の居ることは知って居《い》る、見付《みつけ》られれば叱《しか》られるのも承知して居《い》た。而《しか》し周辺《まわり》の友達は(b)呑気な顔をして紙鳶《たこ》に(ア)**余念がない**の①で、自分もツイ其《その》気になって学校は何《ど》うでも宜《い》いと思って仕舞った。**見付《みつ》けまいことか**、小時《しばらく》すると例の駅長の服装をした僕の父は、停車場《ステーション》の建物の方から現れて、一群《ひとむれ》を見掛《みか》けて遣《や》って来た。自分は窃《そっ》と糸を一人の友達に渡して蜘蹰《かがま》って居《い》たが、父は側《そば》に来て時計を隠《かくし》（＊4）から出して(イ)**眉を顰《ひそ》めて**「何をしてる」と一声《いっせい》叫んだ時は、冷汗《ひやあせ》がはや背部《せな》に冷《ひや》ついた。②**「今日は……」、と頭《かしら》を掉《ふ》った**。「往かない?」、「……」、「何故《なぜ》?」、「何故って」と、風に弄《もてあそ》ばれて居《い》る紙鳶《たこ》を眺めて居《い》た。父は別に叱《しか》りもしないで、自分を停車場《ステーション》の方に伴《ともな》った。彼処《あそこ》で叱《しか》られるのであろうと、自分の胸はどきまぎして居《い》た。

丁度其時《そのとき》、第二番の列車は、朝風に煙を靡《なび》かせて威勢《いせい》よく遣《や》って来たが、何《ど》うしたのか、停車場《ステーション》を一町許《いっちょうばかり》距《さ》った処《ところ》で、列車の二三は凄《すさま》じき響きを発して、右の方の田圃《たんぼ》の中へ顛覆《くつがえ》った。父は気遣《きづか》わしく駈付《かけつ》けたが、自分も好奇《ものずき》の心に駆《か》られて、其《そ》の後に蹤《つ》いて一徹《いっさん》に走って列車に近づいた。

はや機関師の二三人は負傷というので、板に載せられて運ばれた。自分の見たのは、脳が頭蓋骨《ずがいこつ》の破目《われめ》から飛出《とびだ》して、面部《めんぶ》が全く判《わか》らなく

1次

2023年度

解 答 と 解 説

《2023年度の配点は解答欄に掲載してあります。》

＜算数解答＞《学校からの正答の発表はありません。》

1 (1) 12通り (2) 152通り
2 (1) 16 (2) 4, 9
3 (1) 1440cm^2 (2) 4650cm^2
4 (1) ① 75度 ② 8cm^2 (2) 9cm^2
5 (1) ウ (2) 5 (3) 解説参照

○推定配点○

2, 3 各9点×4 他 各8点×8 計100点

＜算数解説＞

1 (場合の数)

基本 (1) 1回目…1か2か3か4の目が出ると，1枚のカードが裏になる。
2回目…1回目の目以外の目が出ると，2枚のカードが裏になる。
したがって，求める目の出方は4×3＝12(通り)

やや難 (2) 4回とも5か6…2×2×2×2＝16(通り)
2回が5か6，残り2回とも1か2か3か4…2×2×(4×3÷2)×4＝96(通り)
4回とも1か2か3か4…4通り
2回とも1か2か3か4，残り2回とも前の2回と重複しない1か2か3か4
…4×3÷2×(4×3÷2)＝36(通り)
したがって，全部で16＋96＋4＋36＝152(通り)

2 (数列)

基本 (1) 数列の1番目の数は0…(1, 1)＝0
数列のn番目の数が0…0, 1, 1, 2, 3, 5, 8, 3, 1, 4, 5, 9, 4, 3, 7, 0
したがって，求めるnは16番目

やや難 (2) a＝1の場合
1～3番目の数…0, 1, 1 16～18番目の数…0, 7, 7 31～33番目の数…0, 9, 9
46～48番目の数…0, 3, 3 61～63番目の数…0, 1, 1
2023÷60＝33余り43…43番目の数は0, 9, 9, 8, 7, 5, 2, 7, 9, 6, 5, 1, 6より，6
a＝2の場合
1～20番目の数…0, 2, 2, 4, 6, 0, 6, 6, 2, 8, 0, 8, 8, 6, 4, 0, 4, 4, 8, 2
2023÷20＝101余り3…3番目の数は2
a＝3の場合
1～3番目の数…0, 3, 3 16～18番目の数…0, 1, 1 31～33番目の数…0, 7, 7
46～48番目の数…0, 9, 9 61～63番目の数…0, 3, 3
2023÷60＝33余り43…43番目の数は0, 7, 7, 4, 1, 5, 6, 1, 7, 8, 5, 3, 8より，8

a＝4の場合
1～20番目の数…0，4，4，8，2，0，2，2，4，6，0，6，6，2，8，0，8，8，6，4
3番目の数は4
a＝5の場合…0，5，5の反復
a＝6の場合
1～20番目の数…0，6，6，2，8，0，8，8，6，4，0，4，4，8，2，0，2，2，4，6
3番目の数は6
a＝7の場合
1～3番目の数…0，7，7　16～18番目の数…0，9，9　31～33番目の数…0，3，3
46～48番目の数…0，1，1　61～63番目の数…0，7，7
43番目の数…0，3，3，6，9，5，4，9，3，2，5，7，2より，2
a＝8の場合
1～20番目の数…0，8，8，6，4，0，4，4，8，2，0，2，2，4，6，0，6，6，2，8
3番目の数は8
a＝9の場合
1～3番目の数…0，9，9　16～18番目の数…0，3，3　31～33番目の数…0，1，1
46～48番目の数…0，7，7　61～63番目の数…0，9，9
43番目の数…0，1，1，2，3，5，8，3，1，4，5，9，4より，4
したがって，あてはまるaは4と9

【別解】
43番目の数…a＝1の場合，6，a＝2の場合，6×2より2，a＝3の場合，6×3より8，
a＝4の場合，6×4より4，a＝5の場合，6×5より0，a＝6の場合，6×6より6，
a＝7の場合，6×7より2，a＝8の場合，6×8より8，a＝9の場合，6×9より4，以上を利用する。

3 **(平面図形，立体図形，グラフ，割合と比)**

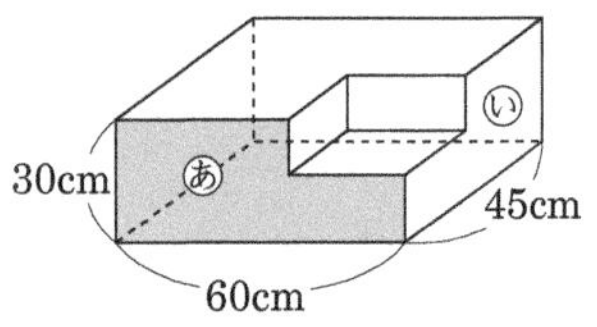

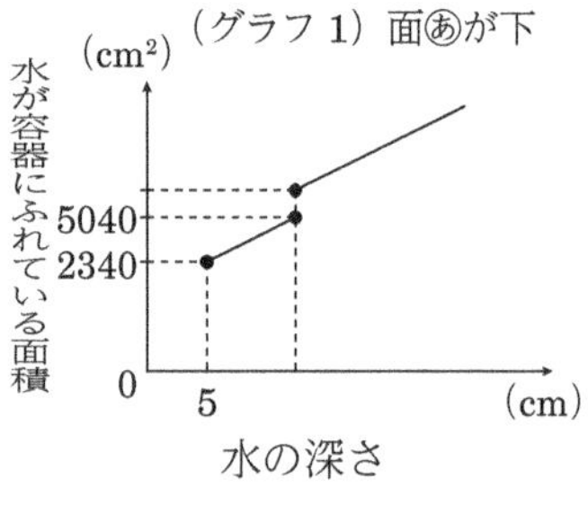

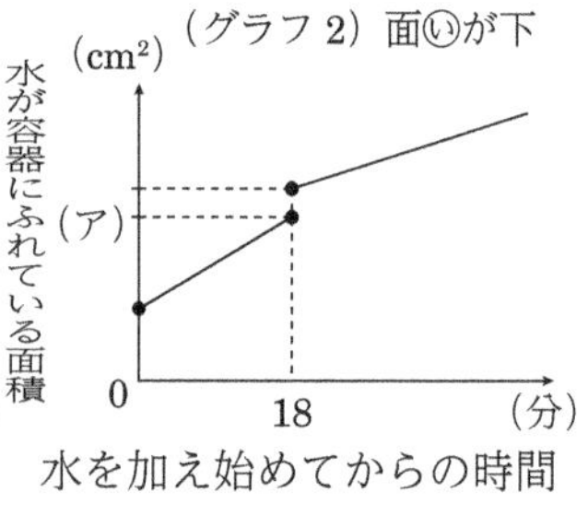

重要　(1)　図1より，計算する。
水がふれている部分の側面積
…5×(30＋60)×2＝900(cm^2)
したがって，面あは2340－900＝1440(cm^2)

やや難　(2)　Cの長さ
…グラフ1より，(5040－1440)÷{(30＋60)×2}
＝20(cm)
A×Bの面積
…図1より，30×60－1440＝360(cm^2)

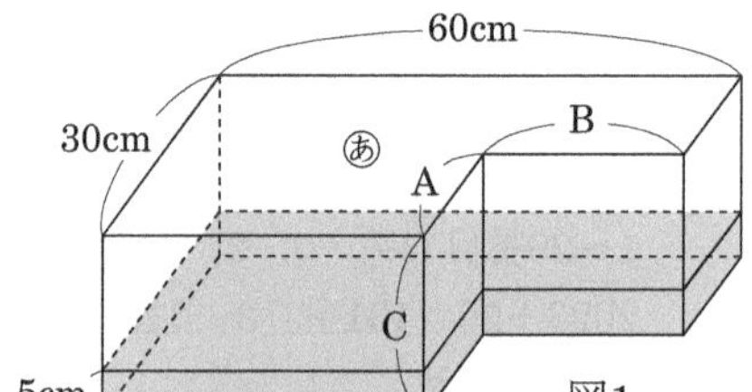

図1

図2の体積 ←――――「水を加える」に注意
…30×45×B−A×B×20＝1350×B−360×20
＝1440×5＋1000×18＝25200(cm^3)
Bの高さ
…(25200＋360×20)÷1350＝24(cm^3)
面(い)の面積
…25200÷24＝1050(cm^2)
したがって，(ア)は1050＋(30＋45)×2×24＝4650(cm^2)

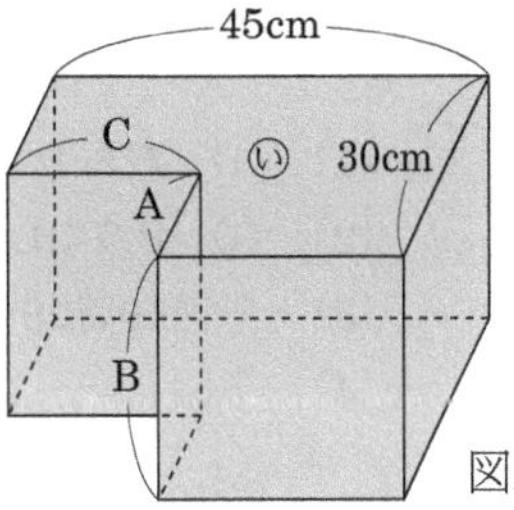

図2

4 (平面図形)

基本 (1) ① ア…(180−30)÷2＝75(度)
② 四角形の面積…2×4＝8(cm^2)

やや難 (2) 図2…6×6−6×3÷2×3
＝9(cm^2)

(図1)
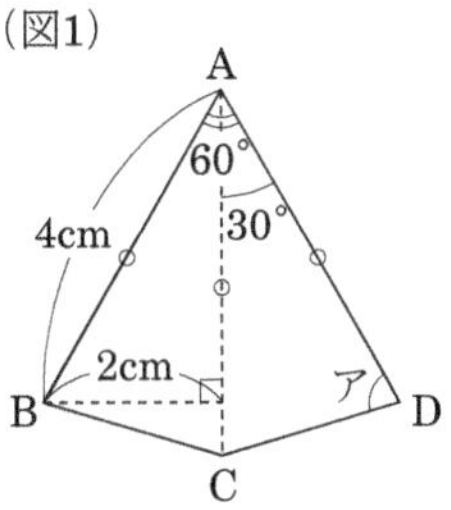

(図2)
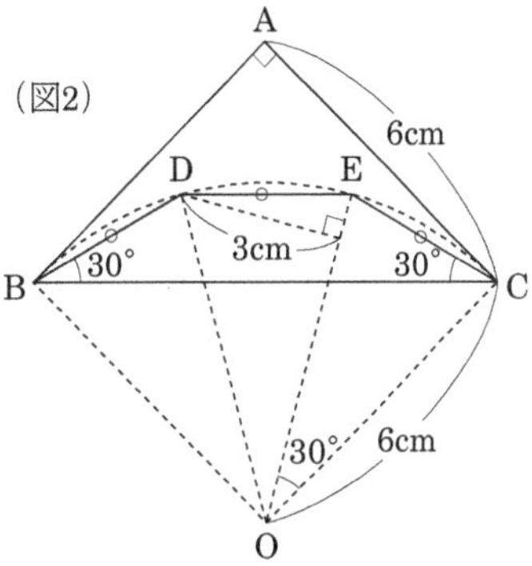

5 (平面図形，立体図形)

基本 (1) 三角形MTP…右図より，二等辺三角形

重要 (2) 図X…立体EFP−QMTが形成されており，立体Cは立体PEG−TQSである。
したがって，面の数は5面

(3) 立体D…右図のようになる。
この展開図は，次のように描く。
① 正方形アイウエの辺イウ，アエの延長線をそれぞれ引き，ウ，エをそれぞれ中心にして半径イウの弧を描き延長線上に点オ，カを定める。
② 半径はそのままでア，イ，ウ，オ，カ，エをそれぞれ中心にして弧を描き，点ケ，コ，サ，シ，キ，クを定める。
③ アケ，ケイ，イコ，コサ，サオ，オシ，シカ，カキ，キク，クアをそれぞれ結ぶ。

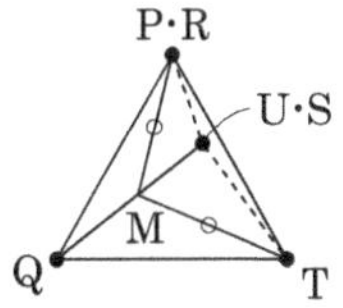

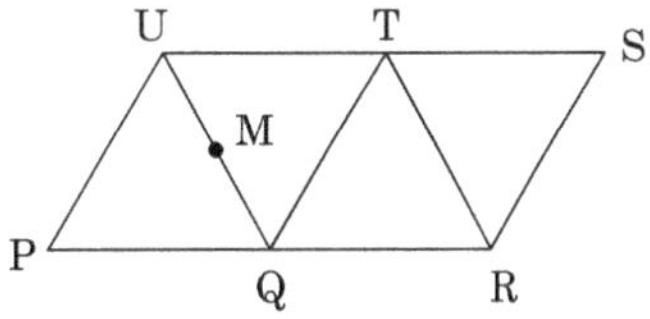

図X
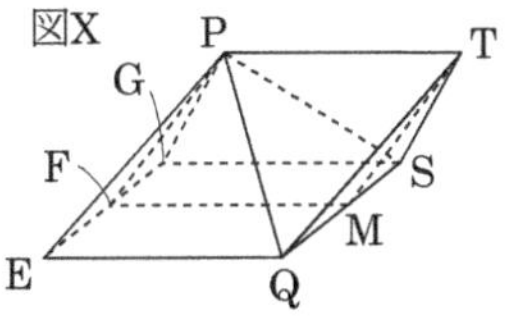

立体D
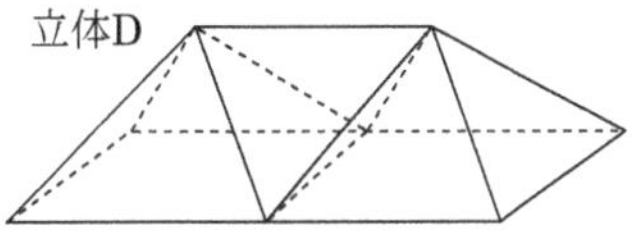

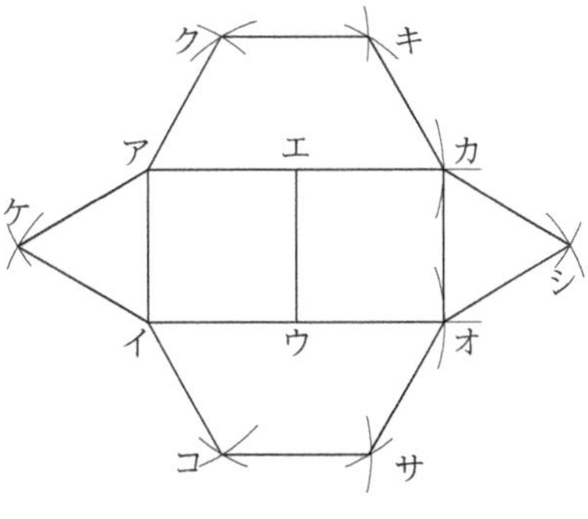

★ワンポイントアドバイス★

1「カードの表裏とサイコロの目」の問題は，難問ではないがミスをしやすく，2「規則性」の問題も，(2)が容易ではない。3，4，5の問題もそれぞれの(1)の問題は難しくなく，確実に得点すべきである。

＜理科解答＞《学校からの正答の発表はありません。》

1 （1）① おもり　② 下

（2）① P波：L÷6〔秒〕　S波：L÷3〔秒〕　② 10秒　③ 60km

（3）午前10時29分54秒

（4）下図

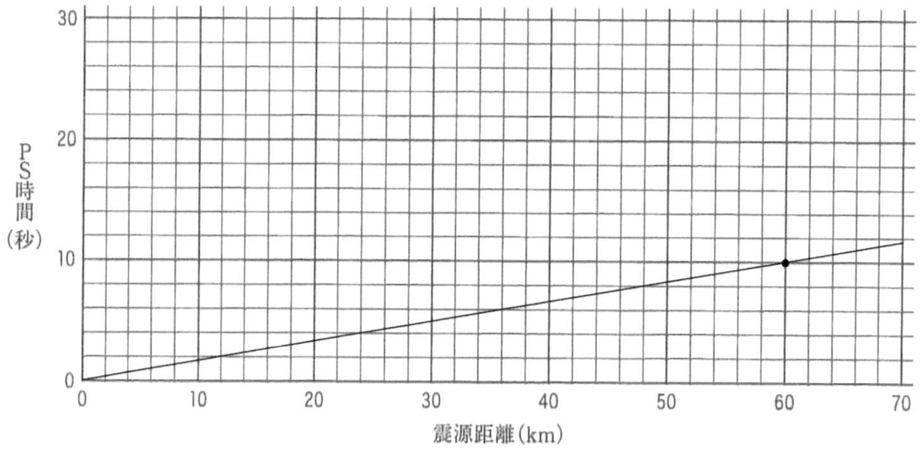

（5）① 下図　② 1倍

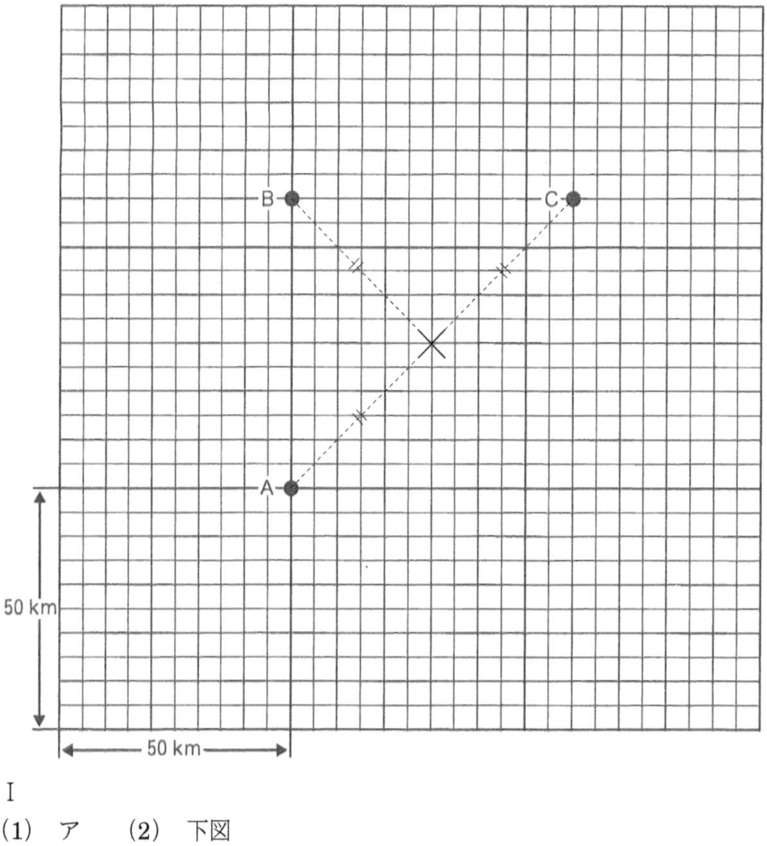

2 Ⅰ

（1）ア　（2）下図

(2)

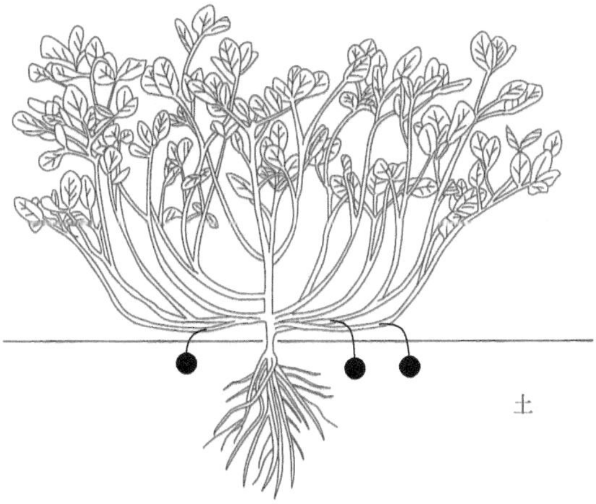

(3)　イ

(4)　気体のちっ素は簡単に化合物に変化できない性質。

気体のちっ素は水に溶けにくい性質。

(5)　(ⅰ)　オ　(ⅱ)　ウ　(ⅲ)　ア　(6)　ウ，エ　(7)　ア，ウ

(8)　(ⅰ)　ア　(ⅱ)　ア　(9)　オ，カ

Ⅱ　(1)　2回目　(2)　2.9kcal　(3)　47%

(4)　落花生が燃焼する部分のまわりを筒で取り巻き，空気の通るすき間をあけておく。

(5)　実験では，消化・吸収できない食物繊維から出るエネルギーも加わるから。

(6)　①　脂質　②　気化　③　酸素　④　液体

3　(1)　(ⅰ)　400g　(ⅱ)　8cm　(2)　①　150kg　②　4cm　③　600

(3)　①　キ　②　ア　③　イ

(4)　(ⅰ)　5秒　(ⅱ)　(小さくなる)　(き)　(大きくなる)　(あ)

○推定配点○

1　各2点×9((2)①完答)　2　Ⅰ　(5)・(8)　各1点×5

他　各2点×8((6)・(7)・(9)各完答)　Ⅱ　(6)　各1点×4　他　各2点×5

3　各2点×11　計75点

<理科解説>

1　(大地の活動―地震計の記録)

(1)　地震は地面が動くので，地震計全体も同時に動く。図2では支柱や回転ドラムも地面とともに動くが，おもりは空間で動かず，ばねが伸び縮みする。そのため，地面が上に動くと，回転ドラムも上に動き，おもりとペンは動かないので，記録用紙には下向きに線が描かれる

重要　(2)　①　P波は，L〔km〕の距離を秒速6kmで伝わるので，伝わる時間はL÷6〔秒〕である。また，S波は，L〔km〕の距離を秒速3kmで伝わるので，伝わる時間はL÷3〔秒〕である。

②　図4で，P波による揺れは午前10時30分4秒に始まり，S波による揺れは午前10時30分14秒に始まっているので，PS時間はその間の10秒間である。

③　例えば，L＝6〔km〕とすると，(L÷6)と(L÷3)の差が1秒間である。一方，図4の観測点Aでは，(L÷6)と(L÷3)の差が10秒間である。よって，図1の場所の震源距離は，L＝6〔km〕の10倍であり，6×10＝60(km)となる。

重要 (3) 震源から観測点Aまでの距離は60kmで，P波の速さが秒速6kmだから，P波が伝わる時間は60÷6＝10(秒)である。つまり，観測点Aで揺れ始めた午前10時30分4秒よりも10秒前に，震源では地震が発生していた。よって，地震が発生したのは午前10時29分54秒である。

(4) 震源からの距離とPS時間は比例する。震源から図4の観測点Aまでの距離は(2)で求めた60kmで，PS時間が10秒間だから，その点をグラフに取り，原点と直線で結べばよい。

(5) ① 観測点A，観測点B，観測点Cは，どれも震源からの距離が60kmで等しい。だから，観測点A，観測点B，観測点Cを通る円の中心が震央で，その点の地下に震源がある。

やや難 ② 図5で，観測点Aと観測点Bの距離は60kmであり，これは，観測点Aと震源までの距離とちょうど等しい。そのため，①で作図した震央をX，その地下の震源をYとすると，三角形AXYと，三角形AXBは合同である。このことから，震央から震源までの深さXYはXBと同じ長さである。設問では，XBの長さがXAの長さの何倍かを答えればよいので，図を見て1倍とわかる。

2 (植物のはたらき―落花生の栄養分とエネルギー)

Ⅰ (1) ラッカセイは，マメ科の植物で，黄色い花を咲かせる。マメ科の花の特徴として，花びらは5枚だが，大きいものが1枚，中程度と小さいものが2枚ずつであり，中小の花びらが，おしべやめしべを包むような形になっている。イはサツマイモ(ヒルガオ科)，ウはキュウリ(ウリ科)，エはユウガオ(ウリ科)，オはブロッコリー(アブラナ科)，カはアンティチョーク(キク科)である。

(2) 落花生は，花が咲いたあと，子房のもとが伸びて子房柄となり，下に向かって伸び，地中にもぐる。そして，子房柄の先がふくらんで実ができる。このようすが落花生の名前の由来でもある。実際には多数の果実ができるが，本問では3つ示せばよいので，茎の地面に近い側から子房柄を伸ばして，果実を示せばよい。

(3) 落花生の殻にあるしわは，維管束の跡である。つまり，道管や師管が通っていた部分であり，水や栄養分の通り道である。落花生の果実は，子房のねもとが伸びた先にあるので，アやオではなく，エからも離れている。また，しわの部分は厚みがあるので，ウも考えにくい。

重要 (4) 問題文をもとに考える。植物は，窒《ちっ》素化合物を使ってタンパク質をつくる。植物が物質を取り入れる方法は2つあり，1つは気孔から，もう一つは根からである。気体の窒素は空気中の78%も占めているが，とても安定していて簡単に化合物に変化できない。また，根から取り入れるのは水に溶ける物質なので，気体の窒素のように水に溶けにくい物質は取り入れられない。

(5) (ⅰ) 図3で，グラフのすべての開花数の合計は，N0が最も少なく，N3が最も多い。

(ⅱ) 図3で，グラフの矢印で示された開花最盛期以降の開花数の合計は，N3が最も多い。

(ⅲ) 冒頭の問題文によると，開花最盛期までに咲いた花は実になる場合が多い。

(6) ア：誤り。全体の重さ■は，開花最盛期ではN2が最も重い。 イ：誤り。茎と葉の重さ▲は，成熟期と収穫期を比べると，N3では増加している。 ウ：正しい。成熟期と収穫期を比べると，N0，N1ともタネ⊙の重さが最も大きく増加している。 エ：正しい。どの時期のどの実験区も，根の重さ●はほとんど同じで，増減もしていない。 オ：誤り。実の殻の部分の重さ▽は，成熟期と収穫期を比べると，N0とN1ではほとんど変わっていない。

重要 (7) ア：正しい。根粒の数○は，N0，N1，N3のどれも，開花最盛期→成熟期→収穫期の順に増加している。 イ：誤り。収穫期の根粒の数○は，N0が1900，N3が1200だから，2倍以上ではない。 ウ：正しい。根粒の数○は，どの時期でもN0が最も多く，N1，N3の順である。 エ：誤り。成熟期の根粒の重さ●は，N1が最も重く，N0，N3の順である。 オ：誤り。成熟期と収穫期の根粒の重さ●を比べると，N3は0.3gから0.7gへ2倍以上に増えているが，N1は0.9gから1.0gへ少し増えている程度である。

(8) (ⅰ) 図6で，実になった割合は，N0が最も大きく，N3が最も小さい。

(ⅱ) 図7で，実1個あたりの重さは，N0が最も重く，N3が最も軽い。

やや難 (9) ア：誤り。1株全体が重かったのは，図4の■を見ると開花最盛期ではN1で，成熟期と収穫期ではN3である。しかし，図6を見ると実になった割合はN0が大きく，図7を見ると実の重さもN0が重い。　イ：誤り。合計の開花数が多かったのは，図3を見るとN3である。しかし図5を見ると，根粒の数○や根粒の重さ●は，ほとんどN0が多い。　ウ：誤り。開花最盛期以降の花が多かったのは，図3を見るとN3である。しかし，図6を見ると実になった割合はN0が大きく，図7を見ると実の重さもN0が重い。　エ：誤り。窒素化合物の元肥を与えなかった実験区はN0である。そして図5を見ると，根粒の数○や根粒の重さ●も，ほとんどN0が多い。　オ：正しい。窒素化合物の元肥を多く与えた実験区はN3である。そして図5を見ると，根粒の数○や根粒の重さ●は，N3は少なくほとんどN0が多い。　カ：正しい。根粒の数が多かった実験区は，図5を見るとN0である。そして図6を見ると実になった割合もN0が大きく，図7を見ると実の重さもN0が重い。

重要 Ⅱ (1) 表1の空欄に当てはまる数値を記入していく。例えば1回目の場合，水の上昇温度は，69−28＝41(℃)である。水50gが吸収したエネルギーは，50×41＝2050(cal)であり，2.05kcalとなる。タネは0.70gだったので，タネ1gあたりから発生するエネルギーは，2.05÷0.70＝2.928…で，小数第3位を四捨五入すると2.93kcalとなる。2～5回目も同様に計算すると，下表のようになる。

	落花生のタネ1粒の重さ	初めの水温	終わりの水温	水の上昇温度	水が吸収したエネルギー	タネ1gあたりから発生するエネルギー
1回目	0.70g	28℃	69℃	41℃	2.05kcal	2.93kcal
2回目	0.98g	29℃	76℃	47℃	2.35kcal	2.40kcal
3回目	0.66g	29℃	67℃	38℃	1.90kcal	2.88kcal
4回目	0.81g	28℃	73℃	45℃	2.25kcal	2.78kcal
5回目	0.63g	26℃	62℃	36℃	1.80kcal	2.86kcal

できあがった表で，タネ1gあたりから発生するエネルギーを見ると，2回目の実験だけが，他と大きく離れた値となっている。よって，2回目の実験が失敗したものと考えられる。

(2) できあがった表で，2回目を除いた4回分について，タネ1gあたりから発生するエネルギーを平均すると，(2.93＋2.88＋2.78＋2.86)÷4＝2.86…となり，四捨五入によって2.9kcalとなる。あるいは，水が吸収したエネルギーの合計の2.05＋1.90＋2.25＋1.80＝8.00(kcal)を，タネの重さの合計の0.70＋0.66＋0.81＋0.63＝2.80(g)で割って，8.00÷2.80＝2.85…から2.9kcalと求めてもよい。

(3) 図8では，可食部100gあたりのエネルギーが621kcalと書かれているから，タネ1gあたりのエネルギーは，621÷100＝6.21(kcal)である。これと(2)の値を比べると，2.9÷6.21＝0.466…となり，四捨五入によって47%となる。

(4) 図9の装置では，落花生の燃焼で発生した熱が周囲に逃げてしまう。そのため，燃焼している落花生のまわりを，燃えにくい素材でできた筒で囲めば，逃げる熱を減らすことができる。ただし，空気が通りにくくなると燃えなくなるため，筒にはすき間を開けて，空気が通りやすいようにする。

やや難 (5) 問題文によると，図8のエネルギーとは，ヒトが消化・吸収できる栄養成分がすべて利用されたときの値である。つまり，消化・吸収できない食物繊維から出るエネルギーは含まれていない。一方，実験では食物繊維も燃焼してエネルギーが発生するので，そのぶんエネルギーが大きくなった。

基本 (6) 図8を見ると，落花生の可食部100gのうち51.4gが脂質である。炎を上げて燃えるのは，気体が酸素と混ざって燃えているときであり，落花生の脂質も，液体から気体へと変化していることがわかる。これは，ろうそくのろうが，気体へ変化して燃えるようすに共通する。

3 (力のはたらき一丸太を引き上げるモーター)

(1) (ⅰ) 500gの棒Aのうち，図4で細い方の端を少し持ち上げるのに100gの力が必要なので，図5のように太い方の端を少し持ち上げるのには，500－100＝400(g)の力が必要である。

(ⅱ) 棒Aの端を少し持ち上げる力の比は，太い方：細い方＝4：1である。よって，棒Aの重心の位置は，図6で左から1：4の位置である。棒Aは40cmだから，重心の位置は左から40÷5＝8(cm)の位置となる。

(2) Pを支点として考える。棒の重さ300kgはすべて重心の位置Qにあると考えて，100×300＝200×①が成り立ち，①＝150kgとなる。また，Pを中心にQとRは同じ角度だけ上へ動くので，100：2＝200：②が成り立ち，②＝4cmとなる。③は①と②の積だから，150×4＝600である。

重要 (3) 100×300＝(PRの長さ)×①が成り立つので，PRが長くなると，①の力は反比例して小さくなっていく。また，Pを中心にQとRは同じ角度だけ上へ動くので，100：2＝(PRの長さ)：②が成り立ち，PRが長くなると，②の長さは比例して大きくなっていく。③は①と②の積だから，つねに一定になる。

(4) (ⅰ) (2)(3)のことから，モーターが引っ張る力①と引く長さ②の積③は，必ず600になる。だから，モーター(お)を，限度いっぱいの200kgの力で使うと，引く長さは，600÷200＝3(cm)である。モーター(お)はひもを0.6cm/秒で引き上げるので，かかる時間Tは，T＝3÷0.6＝5(秒)である。なお，このときのPRの長さは150cmである。

やや難 (ⅱ) 表1の各モーターについて，(ⅰ)と同じ手順で計算する。限度いっぱいのM〔kg〕の力で使うと，引く長さは，600÷M〔cm〕である。モーターはひもをL〔cm/秒〕で引き上げるので，かかる時間Tは，T＝(600÷M)÷L〔秒〕，つまり，T＝600÷(M×L)〔秒〕である。つまり，M×Lが大きいほどかかる時間Tが小さい。また，M×Lが小さいほどかかる時間Tが大きい。そこで，表1の各モーターのM×Lを比べると，次のようになる。

(あ)＝56，(い)＝78，(う)＝96，(え)＝110，(お)＝120，(か)＝126，(き)＝128，(く)＝126，(け)＝120。

以上より，Tが小さい高性能のモーターは(き)で，T＝600÷128≒4.7(秒)である。また，Tが大きい低性能のモーターは(あ)で，T＝600÷56≒10.7(秒)である。

★ワンポイントアドバイス★

多くの図を読む必要がある。各図にどんな内容が描かれているのか，はじめによく把握しておき，解くのに必要な時間を節約しよう。

＜社会解答＞《学校からの正答の発表はありません。》

1　問1　4　問2　3　問3　4　問4　3　問5　1　問6　1　問7　2　問8　2
問9　(例)　鉄道の運賃や料金は国民生活への影響が大きいから。　問10　(例)　駅によっては，ホームドアを設置することのできる十分な広さがなかったり，夜中など鉄道が運行していない時でないと工事ができなかったりすること。　問11　4
問12　(例)　インターネット通販の普及により宅配便の需要が増え，トラック運転手が不足していること。

2　問1　4　問2　3　問3　5　問4　1　問5　4　問6　2　問7　真珠湾攻撃
問8　(例)　徳川綱吉によって出された，犬を含めたすべての生物を殺すことを禁じる生類憐みの令。　問9　(例)　調理や暖を取るための燃料や田畑の肥料。
問10　(例)　家に入る前に体に清めの塩をかけること。

3　問1　4　問2　2　問3　(例)　海面が上昇したり陸地が沈んだりすることで，かつては山だった部分に海水が入りこみ，山頂部分が残って形成された。　問4　1　問5　3
問6　2　問7　(例)　干拓地で行われている農業のための水を供給する役割。　問8　6
問9　関西国際空港　問10　解説参照　問11　(例)　測量技術が進歩し，陸地とされていたところが海だったり，逆に海とされていたところが陸地だったりしたことがわかったから。

○推定配点○
1　問9・問10・問12　各3点×3　他　各2点×9
2　問8・問9・問10　各3点×3　他　各2点×7
3　問3・問7・問11　各3点×3　他　各2点×8　計75点

＜社会解説＞

1　(政治―日本の政治や貿易，国民生活など)

やや難　問1　アに入る省庁は国土交通省である。国土交通省は国土の開発や保全，社会資本の整備，交通，気象や海の安全確保などを行っていて，外局には気象庁，海上保安庁，観光庁，国土地理院，運輸安全委員会などがある。Xは林野庁を外局に含む農林水産省，Yの沖縄及び北方対策は内閣府の仕事であるのでどちらも誤り。

基本　問2　政令とは，内閣が政治を行ううえで制定する決まりのことで，地方議会で制定されるのは条例なのでXは誤り。また，政令指定都市とは人口が50万人以上の都市(実際には80万人以上で将来的に100万人程度になる可能性がある都市)が指定され，本来都道府県が行う仕事の一部を行うことができるのでYは正しい。なお，政令指定都市は全国に20市ある(2023年現在)。

重要　問3　外国為替相場が円安になると，外国からの輸入品の価格が日本国内では高くなり，買われる量が少なくなったり，日本国内の家計が圧迫されたりするのでXは誤り。また，各国は輸入品に関税をかけることができるが，必ずかけるわけではないのでYも誤り。

基本　問4　常会[通常国会]は毎年1月から150日間の会期で開かれ，次年度の予算審議などを行うのでXは誤り。また，特別会[特別国会]は衆議院の解散後40日以内に行われる衆議院議員総選挙の日から30日以内に行われる国会で，必ず召集後に内閣が総辞職し，新しい首相を指名するのでYは正しい。なお，衆議院が解散ではなく，任期満了してからの総選挙の後に開かれる国会は特別国会ではなく臨時国会である。

問5　日本国憲法第59条では，「法律案は，この憲法に特別の定めのある場合を除いては，両議院で可決したとき法律となる。」とあるので，Xは正しい。この「特別の定め」の部分は「衆議院で可決し，参議院でこれと異なった議決をした法律案は，衆議院で出席議員の3分の2以上の多数で再び可決したときは法律となる」(第59条第2項)や，「参議院が，衆議院の可決した法律案を受け取った後，60日以内に議決しないときは参議院が否決したものとみなすことができる」(第59条第4項)である。また，国会が制定した法律は内閣の助言と承認により，天皇が国事行為として公布する(第7条)のでYも正しい。

基本　問6　消費税は，税の負担者と納税者が異なる間接税に分類されるので1が誤り。なお，消費税は原則としてすべてのものやサービスの購入時に課され，2019年に8%から10%に引き上げられたが，食料品(外食や酒を除く)や定期購読の新聞は従来の8%に据え置かれている(軽減税率という)。また，消費税(10%，8%)のうち，約2%は地方自治体へ分配されており，これを地方消費税という。

重要　問7　性別によって賃金や定年を差別することは男女雇用機会均等法や労働基準法によって禁止されているのでXは正しい。また，日本国籍を持たない外国人はすべての職種で日本人と同じ条件で働くことはできないのでYは誤り。日本国内で働く外国人は，専門的・技術的分野の在留資格が必要だったり，技能実習生として認められたりするなどが必要となっている。

基本　問8　バリアフリーとは，多様な人が社会に参加する上での障壁(バリア)をなくすことで，さまざまな心身の特性や考え方を持つすべての人々が，相互に理解を深めようとコミュニケーションをとって支え合う「心のバリアフリー」というものも含めるので，Xは正しく，Yは誤りである。

問9　市場では各社が自由に価格を決められることが原則だが，鉄道運賃・料金や，電気・ガス・水道代など，政府や自治体の認可が必要だったり，届出が必要だったりするものを公共料金という。公共料金は人々の生活に密接に関わっていて，価格の変動によって大きな影響が出るおそれがあるため，政府や自治体の認可や届出が必要となる。

やや難　問10　鉄道の安全運行やバリアフリー化を目的として，駅にホームドアを設置する動きが近年進んでいる。その一方で，建設された時点でホームドアを設置するスペースを想定していなかった駅も存在したり，鉄道が運行している時間は工事が行えず，終電から始発までの深夜帯でないと工事が行えなかったりするなどの理由で，スムーズに設置が進んでいないところもある。

問11　2023年3月18日にJR京葉線の新駅として「幕張豊砂駅」が開業した。地元が設置を求める駅ではJR東日本は原則として費用を負担しないが，この駅ではJR東日本も費用の一部を負担した。これは，駅の開業によってJR東日本側が得られるメリットが大きいと判断した結果である。それに当てはまる選択肢は4が正しい。

重要　問12　貨物輸送は鉄道に比べて自動車の割合が多いが，近年インターネット通販の普及で荷物を宅配する量が増え，それをこなす宅配便ドライバーの人手不足や労働条件の悪さが社会問題になっている。この問題を解消するため，比較的人手が少なくてすむ鉄道を利用し，遠距離をまとめて運び，鉄道の駅から店・自宅までを自動車で運ぶ試みが行われている。

2　(日本の歴史―各時代の歴史と人々の生活など)

基本　問1　男女雇用機会均等法は，雇用に関しての男女平等を目的として1985年に制定された法律であるので4が正しい。なお，1と2はそれぞれ1972年の日中共同声明と沖縄返還のこと，3は1973年の第四次中東戦争をきっかけとする第一次石油危機による狂乱物価のことである。

やや難　問2　1945年8月14日，日本はポツダム宣言を受け入れて無条件降伏することを決定し，翌15日にそれをラジオ放送で国民に知らせる玉音放送が行われた。この放送で昭和天皇は，「今後日本が受ける苦難は大きいものだが時世の移り変わりはやむを得ず，耐えがたいことを耐えて，忍びがたいことも忍んで未来の平和を実現するために道を開こう。全国民が力を合わせて国を再建させて繁栄しよう」と国民に呼びかけた。

基本 問3 古いものから配列するとⅢ→Ⅰ→Ⅱとなる。Ⅲの高句麗好太王[広開土王]碑文は，4世紀末に日本の軍隊と戦い，撃退したことが記されている。Ⅰの白村江の戦いは663年のこと。この戦いで唐・新羅の連合軍が日本・百済の連合軍を破った。Ⅱの朝鮮通信使は1607年に徳川家康が朝鮮との国交を回復して以降，幕府の将軍の代替わりごとに派遣された使節である。

基本 問4 Aの二・二六事件は1936年，Bの関東大震災は1923年9月1日，Cの満州国建国は1932年，Dの日ソ共同宣言調印は1956年なので，1930年代の出来事はAとCになる。

問5 図2では男子が，図3では女子がそれぞれ分かれて授業を受けているのでXは誤り。男女共学が実現したのは戦後のことである。また，図2では洋服を着た子どもも確認できるのでYも誤りである。日本では明治時代から洋服を着始めたが，昭和の初めごろまで和服を着る人が多く，ほとんどの人が洋服を着るようになったのは戦後とされている。

基本 問6 鎌倉時代の代表的な建築物は2の東大寺南大門や鎌倉にある円覚寺などが挙げられる。なお，1は京都にある竜安寺の枯山水の石庭で室町時代，3は飛鳥(奈良県明日香村)にある石舞台古墳で飛鳥時代，4は日光にある東照宮陽明門で江戸時代の建築物である。

基本 問7 「ハワイ」「軍艦」「沈没」から推測される太平洋戦争の事件は1941年12月8日の日本軍によるハワイの真珠湾攻撃である。日本海軍はひそかにハワイへ接近して航空機によって奇襲攻撃を仕掛けて大損害を与えたが，宣戦布告前の攻撃となったため，不意討ちとしてアメリカ国内で対日戦の世論が高まる結果となった。

重要 問8 江戸時代の途中まであった，犬を食べる習慣がなくなったのは江戸幕府の5代将軍徳川綱吉が出した生類憐みの令がきっかけである。なかなか子に恵まれなかった綱吉は，その対策として生き物を愛し，殺さないようにするべきだという助言を受けてこの法令を出したとされ，戌年生まれだったので特に犬を大事に扱ったため，「犬公方」とも呼ばれた。

問9 シバかりのシバは「柴」のことであり，木々の小枝のことを指す。里山から集めた小枝は，調理をする時や暖をとる時などの燃料にしたり，燃やした後に残った灰を田畑の肥料として使ったりと，当時の人々にとって欠かせないものだった。

やや難 問10 かつての日本では，死を「不浄のもの」「ケガレのもの」と考える慣習があり，現在でもその考えにのっとった行動を取ることがある。具体的には，葬式や通夜に参加した人が，自宅にケガレを持ちこまないようにするため，身を清める効果があるとされる塩を自分の体にふりかけてから家の中に入るという行動である。

3 (日本の地理—国土の地形や工業など)

基本 問1 地球一周は赤道の部分で約40000kmである。35649÷40000×100＝89.1…となるので4の90%が最も近い。

重要 問2 各都道府県の海岸線は，北海道，長崎県，鹿児島県，沖縄県，愛媛県の順に長い。空らんBの前後を見ると，面積が広い以外に離島の数が多かったり海岸線が複雑だったりすると海岸線延長が長くなり，逆に面積が狭かったり海岸線が単調だったりすると海岸線延長は短くなることがわかる。空らんCについて，山形県か東京都かのどちらかで考えると，海岸線が直線的な山形県があてはまる。東京都は確かに東京湾の部分だけで見ると短いが，伊豆諸島や小笠原諸島も東京都に属するので，それらを合わせると海岸線延長は長くなり，全国で15位となる。

問3 多島海はもともと山地だったところに海水が入りこむことによってかつて山の頂上だったところだけが海から出ることで形成された。原因として，海水面が上昇することか陸地が沈降することが挙げられる。多島海は，日本では宮城県の松島や瀬戸内海一帯，世界ではエーゲ海(地中海の北東部，バルカン半島の南)などが有名である。

基本　問4　1は奄美大島，2は屋久島，3は種子島である。このうち2021年に世界自然遺産に登録されたのは奄美大島で，「奄美大島，徳之島，沖縄島北部及び西表島」という名で国内5件目の自然遺産である。なお，屋久島は1993年に日本初の世界遺産の一つとして登録されている。

基本　問5　リアス海岸は，問3の多島海同様に海水面の上昇か陸地の沈降によって山地に海水が入り込んでできた，複雑な海岸線である。日本のリアス海岸としては，三陸海岸(岩手県など)，若狭湾(福井県)，志摩半島の英虞湾(三重県)，宇和海(愛媛県)，大村湾(長崎県)などがとくに有名である。3の渥美半島は南部の海岸線は特に直線的であり，リアス海岸ではない。

基本　問6　鳥取砂丘のある鳥取県の年間降水量は，約1900ミリ(2020年までの平年値)と，全国平均の約1700ミリよりも多い。これは鳥取県が日本海に面していて冬の降水量が多いことと，西日本にあるため梅雨や台風の影響が比較的大きいことが原因である。よって2が誤り。なお，鳥取砂丘は水持ちが悪いため稲作には不向きである一方，らっきょう，スイカなどの栽培が盛んで，砂丘の周囲には防砂林[砂防林]が設置されている。

問7　岡山県の児島湾は古くから干拓が行われていた。干拓地は主に農地として利用されるため，人造の淡水湖である児島湖の役割は農業用水の供給である。なお，日本の干拓地は児島湾の他に八郎潟干拓地，有明海が有名である。

基本　問8　愛媛県は四国山地の豊富な森林と水を利用したパルプ・紙工業が盛んで，静岡県に次いで2位である。広島県は自動車など輸送機械の生産が盛んで，愛知県，静岡県，神奈川県，福岡県，群馬県に次いで6位。また，鉄鋼の生産も福山市，呉市で盛んである。山口県は周南市，岩国市に石油化学コンビナートがあり，化学工業の生産は千葉県，兵庫県に次いで3位である。よってAが山口県，Bが広島県，Cが愛媛県となる(順位は2019年)。

基本　問9　1994年にオープンした海上施設とは，関西国際空港である。関西国際空港は土砂を埋め立てた人工島に作られた空港で，住宅地から離れた海上空港なので24時間発着が可能な空港である。

問10　解答のヒントの「埋め立て前の海岸線は，現在道路になっている」「埋め立て前の海岸線を境にして，道幅や建物の広さが大きく異なっている」から考えると，その地点の標高を示す「4」の数字がある，地図の中央部を北西から南東に走っている道路が埋め立て前の海岸線である。そこより北側には小規模な建物が密集していて，墓地(⊥)や神社があることもそこが昔から陸地であったことを示している。一方，そこより南側には大きな建物がところどころにあり，道路も直線的なものが多くあり，埋め立て後に計画的に作られたことがわかる。

やや難　問11　海岸線の長さは埋め立てや干拓，海水面の上昇や地殻変動によって変動する。また，人工衛星を利用したGPSによる測量技術が進歩し，以前は陸地に含めていた部分が実際は海だったことがわかったため，海岸線の長さが変動したのである。

★ワンポイントアドバイス★

正誤の組み合わせは難易度が高め。少なくとも二択には絞れるようにしよう。記述問題も難しいものが多い。字数指定がある場合は8割以上，字数指定がないものは自信がなくても必ず埋めるようにする。空らんは厳禁。

＜国語解答＞《学校からの正答の発表はありません。》

一　問一　a　商談　　b　誘惑　　c　公定　　問二　けち　　問三　ウ

問四　(例)　学校に行かないためにひまがあり，自分自身の世界を持つことができ，その中で自分の価値を作り出すので，大人たちの価値基準にしばられずに，自分の価値判断に自信を持ち生きていくことができるという特徴。　　問五　(例)　トム・ソーヤの「みんな」と同じでいることに疑問を持たない様子と，ハックルベリーの集団の常識に合わせて便利な生活を送ることができない様子。　　問六　ア・オ

問七　(マーク・トウェーン)　カ　　(シクロフスキー)　イ

二　問一　a　消息　　b　網元　　問二　イ・オ　　問三　エ

問四　(例)　幼いときに弟と一緒に母から聞いていた首なし鳥の話が記憶の中にあり，夫を失っていない「私」の場合，早くに亡くなった弟と首なし鳥の様子が結びついて現れ，仲の良かった弟を失った深い悲しみをいつまでも思い起こさせて「私」を苦しめ続けていること。　　問五　(例)　弟が九歳で死に，祖父も三十三歳で死に，父は姿をけしたというように，身内の男性がみんなまわりからいなくなってしまったので，男の子であるわが子もどんなに大切に育てても，いつかは死んで姿を消してしまうにちがいないと深く恐れ，悩み苦しんでいる。　　問六　ア・エ　　問七　ウ　　問八　(1)　オ　　(2)　コ

○推定配点○

一　問一・問二・問七　各2点×6　　問三　6点　　問四・問五　各9点×2

問六　各4点×2

二　問一・問八　各2点×4　　問二・問六　各4点×4　　問三・問七　各6点×2

問四・問五　各10点×2　　計100点

＜国語解説＞

一　(論説文―要旨・理由・細部表現の読み取り，空欄補充，記述，漢字の読み書き，文学史)

基本　問一　a　取り引きなど，商売に関する話し合いのこと。「談」には，話すという意味がある。その意味で「相談」「対談」などの言葉がある。ここでは，ダニと何かを交換する商談が，二重傍線a以降に続いている。　b　よくないことに誘いこむこと。ここでは，「歯が欲しい」という気持ちの強まりを，誘惑が強いと表現している。　c　政府などの公の機関が決めること。政府が決める価格のことを「公定価格」という。

問二　「けちをつける」となる。欠点をあげてけなすこと。ここでは，「ちっちゃなダニ」と，ハックルベリーが手に入れたダニをトム・ソーヤがけなしているのである。

問三　傍線①直前にある「それ」という指示語は，「怪談じみたもの」とは別種のことを指す。「それ」が指す内容を明らかにして，「小泉八雲とはまた別種の怪談じみたもの」を選択肢の中から

選びたい。例としてあげられていたトムとハックルベリーはダニと歯を取引する。二人とも自分の価値観で判断しているので，それぞれが前よりも物もちになった気持ちになる。だが，学校が一つの尺度を与える。その尺度は公定相場に基づくもの。価値が一律になってしまうのだ。その価値は，男女が墓場にいくまで影響する。老夫婦の会話までねだん表通りになる。つまり，日常的な生活も，公定相場に影響されてしまう。家庭内の会話もそうなのである。公定相場によっていつの間にか無自覚に支配されてしまう。このような様子が，傍線①直前の「それ」が指している内容であり，「それ」は，「小泉八雲とはまた別種の怪談じみたもの」ということ。日常生活にも影響を及ぼしている点。いつの間にか家庭内の会話まで影響を受けるようになるという無自覚な点。この二点をふまえ，ウが正解。アは「現実の中に非現実的なものが侵入」とあるが，おかしい。傍線②直前には，「公定相場によることになり」とある。公定相場は，特に非現実的なものではない。イは「長期に渡って苦しめ続ける」「救いの訪れない」とあるが，おかしい。いつの間にか影響を受けて支配されるが，無自覚であるため，苦しめ続けられているわけではない。エは，「人間の健全な精神を破壊」とあるが，無自覚で過ごしているので，破壊されたとまでは言えない。オは「均質的な精神のありかたを破壊」とあるが，おかしい。むしろ均質化してしまうのである。小泉八雲は，昔の日本の文学者。『怪談』という作品で，ろくろ首，雪女，食人鬼などを書き記した。この点も，おさえておきたい。

やや難 問四　設問には，「傍線②よりも前の内容をふまえて」とある。そのため，傍線②より前の内容と比較して考える必要があるが，「比較されている他の世界の特徴については説明しないでよい」とあるため，注意したい。傍線②よりも前の「比較されている世界」とは，問三にも関連する。学校から一つの価値尺度を教えられ，その価値尺度にしばられてしまう世界である。それは無自覚的なものでもあり，「老夫婦の家庭内の会話」まで影響を受けてしまう。そのような世界に対して，傍線②の「これとはちがう世界」では，傍線③直後からも読み取れるように，学校に行かない。また，最後の段落にあるように，学校に行かないために時間がある。その時間の中で，こどもそれぞれの世界を持つ。こどもそれぞれの時間を持つとは，傍線①よりも前に書かれた「自分で価値をつくっている」と共通する。そして，自分の価値を持っているために自信を持つ。大人の価値基準にぶらさがって，物ごとを判断するようなことがない。以上の点を読み取り，書くべき内容をまとめる。記述の際には，「学校に行かないためにひまがある」「自分の世界を持ち，自分の価値をつくりだす」「自分の価値があるので，自信を持って生きられる」という内容を中心にまとめる。

問五　「萌芽」とは，物ごとの始まりということ。つまり，別れの始まりを読み取ることができる二人の少年の様子をまとめる記述問題である。傍線③直後には，未亡人にひきとられたが，学校に行くことやきちんと食器を使って食事をすることに耐えられず，家を飛び出したハックルベリーの様子が書かれている。この場面でトムは，「みんな，そうやっているんだぜ」と，「みんな」と同じでいることに疑問を持たない。ハックルベリーは，「おれはみんなじゃねえから，がまんできない」「しばられるなんて，やなこった」「食いものが，わけなく手に入りすぎる」と，集団の常識にあわせて生活することや便利な生活を受け入れることに反発する。以上の点を読み取り，まとめる。記述の際には「トムはみんなと同じでいることに疑問を持たない」「ハックルベリーは集団の常識に合わせられない，便利な生活が受け入れられない」という内容を中心にまとめる。

やや難 問六　ア　文章の最初の方の「品物がない時代には……」で始まる段落に着目する。学校に行かなかったため，ひまがたくさんあった様子が書かれている。このひまが自分で価値をつくることにもつながった。現代社会ではそのようなことが困難なのである。アは関連した解釈として適当である。　イ「現代社会も『トム・ソーヤ』の世界も同じだ」とある。だが，社会常識にしばられているのは現代社会であり，「トム・ソーヤ」の世界が社会常識にしばられているとは読み取れない。　ウ　文章の最初の方に「大人だけではなく，こどももものをつくりださなくてはならず」とある。そのため，「おとなたちと関わることなく」「こどもだけの閉じた世界」という選択肢の表現は，文章に合わない。　エ　選択肢には「人々は学校の方針に従うべきだ」とある。「こどもだけでなく，親は，どのようにひまをつくることができるか」と，ひまをつくることの大切さを主張する文章の内容に合わない。　オ　傍線④自体から，親にもひまがないことを筆者が問題視していることがわかる。ひまがある世界のこどもたちは，おとなをねぶみした。だが，今の日本のおとなたちがねぶみできるかどうか，筆者は問題視している。「親が『ひま』を確保し，自らの世界を「ねぶみ」することが大事……難しいとみている」という内容は，関連した解釈として適当である。

重要　問七　マーク・トウェーンがアメリカの作家で，シクロフスキーがロシアの作家であることは文章中から読み取れる。この設問はアメリカの作家の作品とロシアの作家の作品を選ぶ問題だということになる。アの『星の王子様』は，フランスの作家サン=テグジュペリの作品である。イの『イワンのばか』は，ロシアの作家トルストイの作品である。シクロフスキーと同じ国の作家の作品になる。ウの『ハムレット』は，イギリスのシェイクスピアの作品である。エの『世界の終わりとハードボイルド・ワンダーランド』は，日本の村上春樹の作品である。オの『不思議の国のアリス』は，イギリスのルイス・キャロルの作品である。カの『若草物語』は，アメリカのオルコットの作品である。マーク・トウェーンと同じ国の作家の作品になる。正解は，マーク・トウェーンの方がカで，シクロフスキーの方がイになる。

二　(物語―主題・心情・登場人物・細部表現の読み取り，記述，漢字の書き取り，文学史)

基本　問一　a　その人物の様子のこと。消息がわからないことを，「消息不明」という。

b　漁船や魚網を所有しており，多くの漁師を使って漁業を行っている人。雇われている漁師を「網子」という。

問二　傍線①を含む場面の内容から「こわいお話」の内容をおさえて，それぞれの選択肢から解答を判断したい。お父さんがとなりの国の人たちに連れられて，帰ってこないのである。そこに行けば必ず死んでしまうのである。お父さんはどんな状態であっても，棒で打たれて，冷たい海の中でさかなを取ることを強いられるのである。そしてお父さんは死に，首のない鳥になって戻ってくるのである。「こわいお話」とは以上の内容である。　ア　「『お父さん』が強制的に連れていかれ」「脅されて無理やり奴隷として魚を捕らされ」「殺されて首のない鳥になってしまう」という表現は，すべて「こわいお話」に合っている。　イ　おそろしい国があると知らされたことがこわいのではなく，おそろしい国にお父さんが連れていかれてひどい目にあっていることがこわいのである。イは適当ではない。　ウ　お話の中に「私はおまえを泣きながら育てています」とある。この表現から，夫を失った「お話」の中の母の悲しい思いが読み取れる。「毎日悲嘆に暮れて泣きながら子供を育てている」とあるウは，適当なものになる。　エ　どんな状態でも，棒で打たれて魚を取るように強いられるのである。そこに「こわさ」は感じられる。エは適当なものになる。　オ　「お父さん」が実際にサメに食べられて死んでしまう様子は書かれていない。

問三　傍線②を含む場面の情報をもとに，解答を考える。「私たちの父は弟が赤ん坊のころに母のもとを去っ(た)」とある。だから，「三歳までの父親が父と言えるのかどうか」さえ，私にはわからない状況なのだ。また傍線②以降にあるように，私は自分の父について何も特別な思いを持たない。無関心なのである。特に思い出もないと読み取れる。そして，子どものころでさえ，心細さや物足りなさを感じたことがないのだ。以上のことをふまえ，「ただのきっかけ」とは，傍線②直前にもあるように，「自分がこの世に生まれてくるきっかけ」とも言い換えられるものであり，生まれてくるためには女と男が必要であるため，そのために必要だった存在にすぎないという意味だと判断する。「物心つかいないうちにいなくなっており」「親子らしい交流の記憶は特になく」「生まれるのに必要だっただけ」「愛情の感情すら湧かない」とある，エが正解。アは「家族の一員として感じることができず」「他人としてしか意識できない」とあるが，おかしい。そもそも無関心なのである。イは「『私』はそれを恨んでいる」とあるが，おかしい。こちらも無関心な状況にあわない。ウは「『私』が生まれたときにはもういなかった」とあるが，おかしい。「弟が赤ん坊のころに母のもとを去っ(た)」とある。それまでは私と母のもとにいたと考えられる。オは「……父親とは認められないということ」とあるが，「きっかけ」の意味についてふれていない。

やや難 問四 「なぜ，それを想像することになったのか」という理由と，傍線③の表すことを記述する設問である。傍線③までの文脈を確認すると，幼いころに聞いた首なし鳥の話を「私」がだいぶ記憶の中に残していることがわかる。また「私」の場合，夫を失ってはいないが，弟が九歳で死んでいるため，弟と首なし鳥の様子が結びついて，弟が首なし鳥の姿になっていることがわかる。さらに傍線④以降には，早くに弟を亡くしたため，「私」が男の子を産んだときに嘆き悲しんだ様子も書かれている。その様子から，弟の死に対しても，「私」が深い悲しみを抱えていると類推できる。弟の死が心の中に残っているからこそ，私は男の子であるわが子の死も恐れているのである。「弟が，私の頭のなかで，首なし鳥の姿になって羽ばたきつづけている」とは，その悲しみがいまだに私の心を苦しめ続けていることを表しているのだ。以上の点をおさえて，書くべき内容をまとめる。記述の際には「首なし鳥の話が記憶の中にあった」「早くに亡くした弟の姿と首なし鳥の様子が結びついて現れた」という内容に，「弟を失った深い悲しみがいつまでも『私』を苦しめ続けている」という様子を書き加える。頭の中で想像されていることは，首なし鳥になった弟が羽ばたきつづけている様子である。深い悲しみが「私」を苦しめ続けているからこそ，それが想像され続けるのである。以上を，もれなく書き記したい。

やや難 問五 傍線④以降の文脈をおさえることで，書くべき内容を判断できる。「この子も死ぬ……そう決まっている」と私は考える。その理由は，弟が九歳で死に，祖父も三十三歳で死に，父は姿を消えるというように，男はみんな私のまわりからいなくなったからである。そして私は「死ぬのを待ちながら育てるなんて，そんなこと，できない」などと，わが子の死を恐れて悩み苦しむ。記述の際には，読み取ることができる「身内の男性がみんな姿を消した」→「わが子も死んで姿を消すだろう」→「恐怖」「悩み苦しむ」という形にまとめるとよい。

問六 傍線④直後に書かれているように，生まれたときはいつか訪れるわが子の死を恐れて悲しくなり，涙を流していたのである。だが，傍線⑤直前では，涙の回数が減り，たまにしか泣かなくなった。そして，「私」は首なし鳥の話を始める。この首なし鳥の話を「私」は母から受け継いだ。母は祖母から受け継いでいる。もともとはアイヌの民話に関係していることを考えると，祖母も受け継いだのであろう。傍線⑤直前で，「私」が泣くのをやめたのは，わが子がいつか死ぬということを受け入れたからだと考えられる。また，首なし鳥の話を始めたのは，祖母や母と同じように，それを受け継ぐ必要があると思い始めたからだ。そのため，息子の誕生を素直に喜べなかった「私」が，息子がいずれ死に向き合えるように語り継がれてきた「鳥の話」を受け継がせたいと思っているとある，アが正解。また，文章最後の場面で，私が首なし鳥の話を子どもにした後，「弟がようやく，私のもとに戻ってきてくれた」とある。首なし鳥になった弟の姿をこのように表現していることから，私は弟の死を受け入れ，弟を感じているとわかる。この点から，弟の死を受け入れ，息子に話を語り継がせ，弟の存在を息子とともに感じていたいと思っているとある，エが正解。イ，ウは，弟の死やわが子がいずれ死ぬことを受け入れたという内容がない。話を受け継がせたいという「私」の気持ちも書かれていない。オは,「自分のルーツである貴重なアイヌの話」とあるが,アイヌが「私」のルーツになるというわけではない。

問七　ア　「私」が青森やアイヌの民話を調べたことだけから,「鳥の話」を子供たちに話した理由がわかるわけではない。　イ　「読者もまた父親の死に直面して」とあるが,母から首なし鳥の話を聞かされていたときの「私」と弟は,父親が死んでいたわけではない。　ウ　首なし鳥の話は衝撃的な内容だと言える。その話を最初に持ってきたことで,作者は読者に衝撃を与えようとしたのであろう。そして,その衝撃的な内容が,その後の文章の展開に影響する。　エ　母が「私」に話した父との生活の様子は,最低限のものだった。また,「私」は母が父に対してどのような思いを抱いているのか,正確に把握はしていない。

重要　問八　(1)　アの「夏目漱石」は,現在の地名で,東京都新宿区出身である。イの「谷崎潤一郎」は東京都中央区。ウの「川端康成」は大阪府大阪市。エの「芥川龍之介」は東京都中央区。オの「太宰治」は,青森県五所川原市。カの「志賀直哉」は,宮城県石巻市。キの「三島由紀夫」は,東京都新宿区。クの「村上春樹」は,京都府京都市。ケの「大江健三郎」は,愛媛県喜多郡内子町。コの「中島敦」は,東京都新宿区。また,この中で自殺をしたのが,川端康成,芥川龍之介,太宰治,三島由紀夫の四名である。設問の中には,「たびたび自殺・心中未遂を起こした」とある。その点から作者を絞って,予想することもできる。Aの文章は,太宰治の「斜陽」である。太宰治は「無頼派」の代表的な作家であり,代表作に「走れメロス」「人間失格」「斜陽」などがある。
(2)　アの「坊っちゃん」は夏目漱石の作品である。イの「春琴抄」は谷崎潤一郎。ウの「伊豆の踊子」は川端康成。エの「蜘蛛の糸」は芥川龍之介。オの「津軽」は太宰治。カの「暗夜行路」は志賀直哉。キの「金閣寺」は三島由紀夫。(2)の作品の選択肢の順番だが,ここまでは(1)の作者名の順番と同じ。だがク以降は,(1)の作者の順番と異なる。クの「走れメロス」,ケの「人間失格」,コの「斜陽」は,すべて太宰治の作品である。Aの作品は,太宰治の「斜陽」であるため,コが正解。

★ワンポイントアドバイス★

非常に難度の高い文学史の問題が出題されている。正解するためには,文学史に関する深い知識が必要である。文学史が出題されるのだということを十分に意識しておきたい。

2次

2023年度

解　答　と　解　説

《2023年度の配点は解答欄に掲載してあります。》

＜算数解答＞《学校からの正答の発表はありません。》

1　(1)　7回　(2)　8個　(3)　(いちばん大きい数)　2187　(いちばん小さい数)　30

2　(1)　①　解説参照　②　27　③　30通り　(2)　①　78　②　63通り

3　(1)　450個　(2)　C駅から100m

4　(1)　①　1：3　②　2：3　(2)　0.35倍

5　(1)　$66\frac{1}{3}\text{cm}^3$　(2)　40.5cm^2　(3)　$4\frac{2}{3}\text{cm}$

○推定配点○

3　各5点×2((2)完答)　他　各6点×15　計100点

＜算数解説＞

1　**(数の性質，規則性)**

「3の倍数」…÷3

「3の倍数＋1」の数…＋2

「3の倍数＋2」の数…＋1

基本　(1)　213→71→72→24→8→9→3→1…7回

重要　(2)　右表より，8個

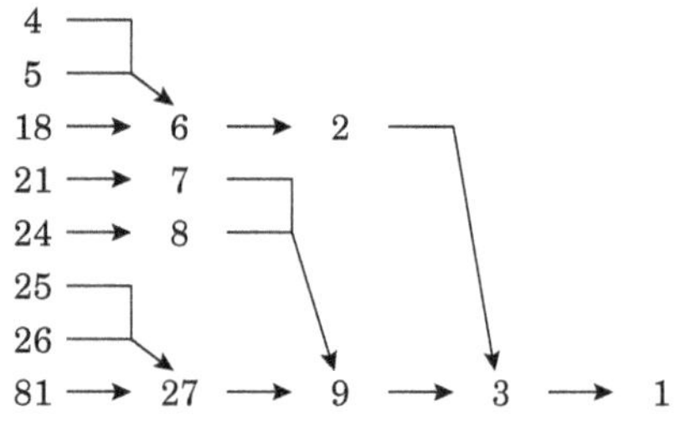

やや難　(3)　1回の操作…整数は1個

2回の操作…整数は2個

3回の操作…整数は4個

4回の操作…整数は8個

7回の操作…整数は8×2×2×2＝64(個)

7回のときの最大の数…81×3×3×3＝2187

最小の数…1回のとき1×3＝3，2回のとき3－1＝2，3回のとき2×3＝6，

4回のとき6－2＝4，5回のとき4×3＝12，6回のとき12－2＝10，

7回のとき10×3＝30

重要　2　**(平面図形，場合の数)**

(1)　残りのカード

…3が1枚・2が1枚・1が3枚

①　カード配置の例

…右図のようになる。

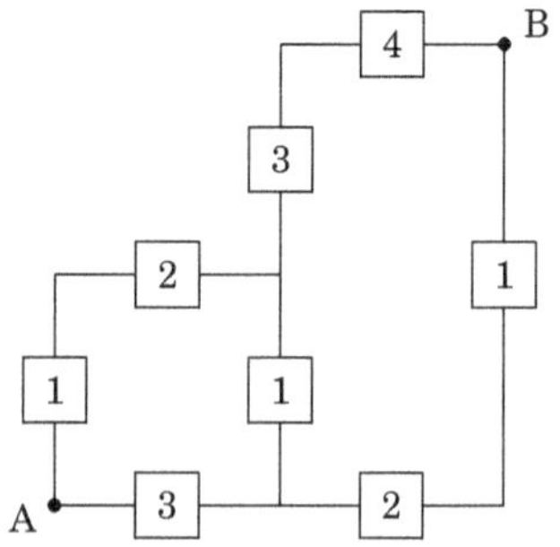

②　最大の<AB>

…(1＋2＋3＋4)＋(3＋1＋3＋4)＋(3＋2＋1)

＝10＋11＋6＝27

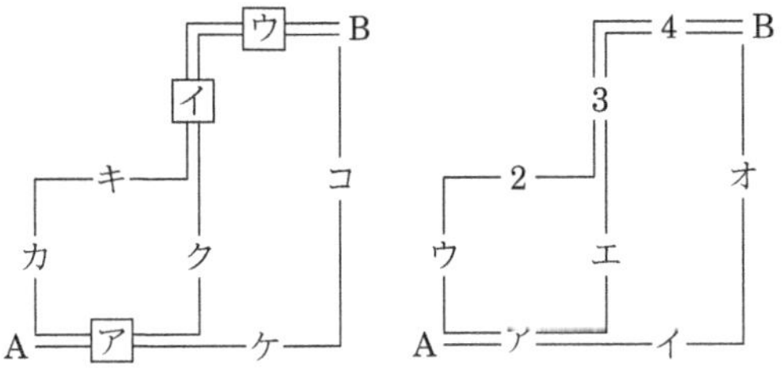

③ 3が2枚・4が1枚

…右図より，ア～ウに置く方法は3通り

2が2枚・1が3枚

…カ～オに置く方法は5×4÷2＝10(通り)

したがって，カードの置き方は3×10＝30(通り)

(2) 4が1枚・3枚が4枚・2が7枚・1が1枚

① 最大の＜AB＞

…右図より，3×11＋2×12＋4×5＋1＝78

② 4が1枚・3枚が4枚・2が7枚・1が1枚

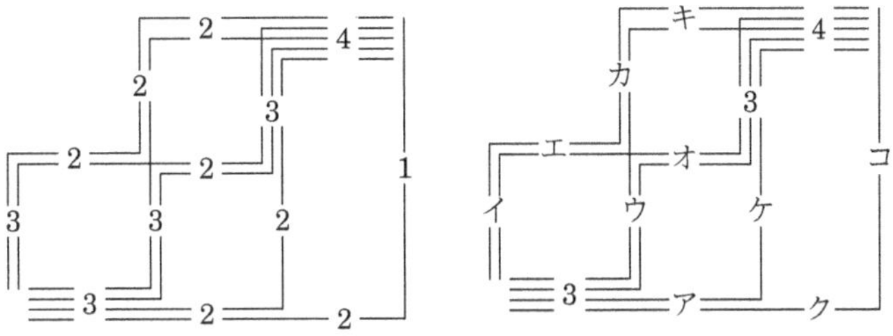

残りのカード

…右図より，3が2枚・2が7枚・1が1枚

3の2枚・2の5枚

…ア・イ・ウ・エ・オ・カ・キに配置する方法は7×6÷2＝21(通り)

残り2の2枚・1の1枚

…ク・ケ・コに配置する方法は3通り

したがって，カードの置き方は21×3＝63(通り)

重要 3 (割合と比，統計と表)

シュークリーム1個…300円

A駅から500mの距離にあるお店…1日，500個，0.03×500＝15(万円)の売り上げ

駅利用の人数…5人の増減につき，シュークリーム1個の売り上げ増減

駅からお店までの距離…2mの遠近につき，シュークリーム1個の売り上げ減増

	A駅	B駅	C駅	D駅
駅の利用人数	5000人	6000人	5500人	4500人
駅からの最短距離	300m	400m	50m	50m

(1) D駅から400m離れたお店1日の売り上げ個数

…500＋(500－400)÷2－(5000－4500)÷5

＝550－100＝450(個)

(2) 1日，24万円の売り上げ個数

…24÷0.03＝800(個)

B駅から400mの距離にあるお店1日の売り上げ個数

…500＋(500－400)÷2＋(6000－5000)÷5＝750(個)

C駅から50mの距離にあるお店1日の売り上げ個数

…500＋(500－50)÷2＋(5500－5000)÷5＝825(個)

1日，800個を売り上げるお店のC駅からの距離

…50＋2×(825－800)＝100(m)

やや難 4 (平面図形，相似，図形や点の移動，割合と比)

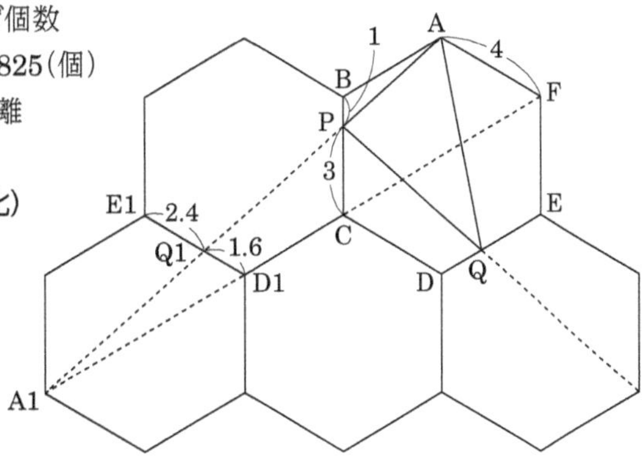

(1) ① BP：PC

…三角形ABPとA1CPは相似であり，

AB：A1C＝1：3

② AF：Q1D1

…三角形A1FAとA1D1Q1は相似であり，

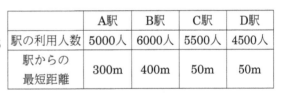

FA：D1Q1＝5：2

AF＝4のとき，Q1D1は4÷5×2＝1.6

したがって，DQ：QEは1.6：(4－1.6)＝2：3

(2)　正六角形の面積…60とする。

二等辺三角形FAE…60÷6＝10

直角三角形AQE…60÷3÷5×3＝12

三角形ABP＋DPC…10

三角形CDQ…右図より，10÷5×2＝4

三角形BDQ…20÷5×2＝8

三角形PDQ…4＋(8－4)÷4×3＝7

したがって，三角形APQの面積は正六角形の

{60－(10＋12＋10＋7)}÷60＝0.35(倍)

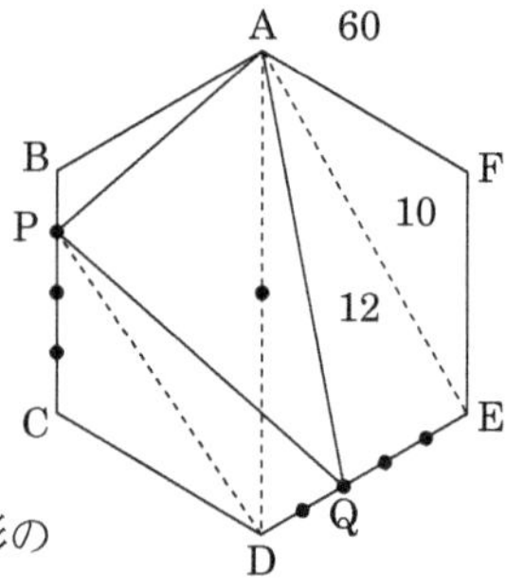

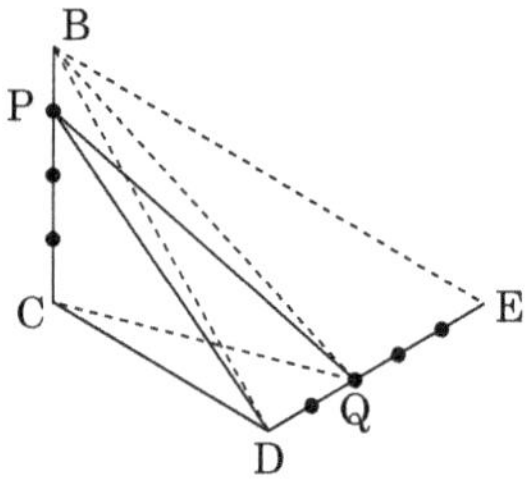

5　**(平面図形，立体図形，相似，割合と比)**

重要　(1)　三角錐O－BQPとO－FKJ

…右図より，相似比は2：6＝1：3，体積比は1：27

三角錐台BQP－FKJの体積

…$6\times6\div2\times12\div3\div27\times(27-1)=\dfrac{208}{3}$(cm^3)

直角三角形QLCとKLG

…相似比は3：1

三角錐M－JERとL－NGKの体積の和

…(2×2÷2×4＋1×1÷2×2)÷3＝3(cm^3)

したがって，求める立体の体積は$\dfrac{208}{3}-3$

$=\dfrac{199}{3}$(cm^3)

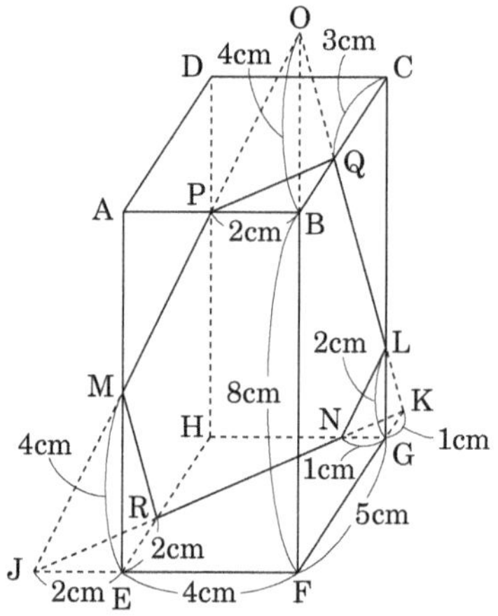

やや難　(2)　二等辺三角形OJK

…右図より，12×12－(12×6＋6×6÷2)＝54(cm^2)

二等辺三角形OPQ

…二等辺三角形OJKの面積の$\dfrac{1}{3}\times\dfrac{1}{3}=\dfrac{1}{9}$

三角形MJR

…二等辺三角形OJKの面積の$\dfrac{1}{3}\times\dfrac{1}{3}=\dfrac{1}{9}$

三角形LNK

…二等辺三角形OJKの面積の$\dfrac{1}{6}\times\dfrac{1}{6}=\dfrac{1}{36}$

したがって，切断面の面積は

$54\times\left\{1-\left(\dfrac{1}{9}\times2+\dfrac{1}{36}\right)\right\}=40.5$(cm^2)

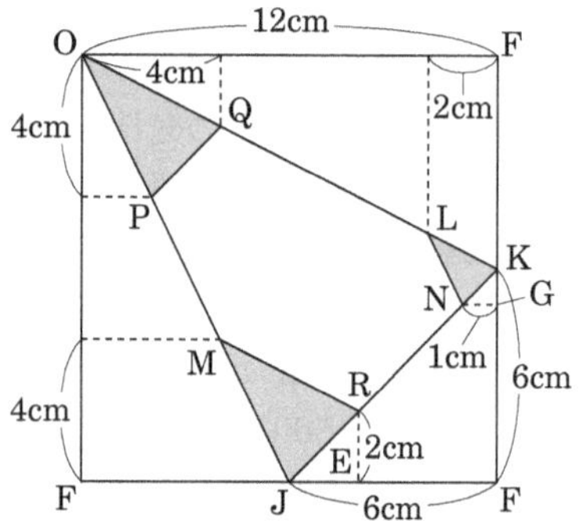

(3)　底面OKJに対する高さ
…図1より，$6\times6\div2\times12\div54=4$(cm)
直角三角形DSTとFKJ
…図2より，相似比は7：6
したがって，Dから切断面までの高さは
$4\div6\times7=\frac{14}{3}$(cm)

図1
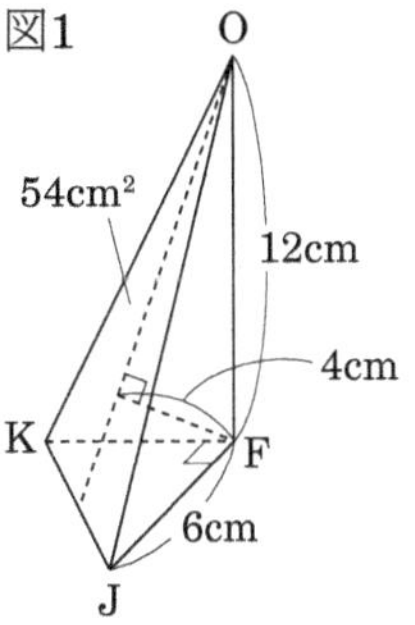

図2
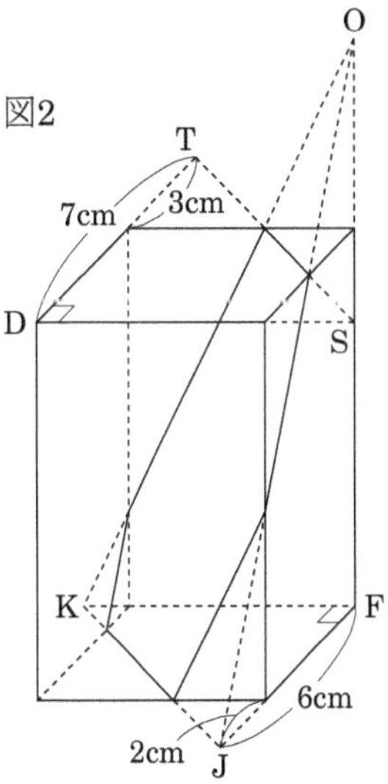

★ワンポイントアドバイス★

比較的，難しい問題は[1](3)「整数の個数が50以上の場合」，[4]「正六角形と三角形」，[5](2)「直方体の切断面の面積」，(3)「点Dまでの高さ」である。したがって，他の問題を優先して解くことが有利になる。

＜理科解答＞《学校からの正答の発表はありません。》

[1]　(Ⅰ)　(1)　①　(え)　　②　(あ)　　(2)　ア　下がり　　イ　変わらない　　ウ　高く　　エ　上昇　　オ　低気圧　　カ　上昇　　(3)　高潮
(4)　ビンの外から空気が入ってこず，ビン内の空気の体積が増えるので，気圧は下がる。
(5)　ストローの空気を吸うと，紙パックの中の気圧が下がり，外の気圧が変わらないため，外から内に向かって力がはたらくから。
(Ⅱ)　(1)　シリンダー内には二酸化炭素のぶんの気圧がはたらき，外は真空だから，ふたには内から外に力がはたらくので，ふたがはずれて飛び出す。　　(2)　石灰水に通し，二酸化炭素があると白くにごる。　　(3)　2000倍　　(4)　6.8倍
(5)　固体　(イ)，(オ)　　液体　(ア)，(エ)　　気体　(ウ)　　(6)　(イ)，(ウ)
(7)　小さい方から，液体，固体，気体
水の固体にはすき間が多く，液体よりも体積が大きい。

[2]　(1)　①　140g　　②　測定部に押し付けて　　③　200g　　④　測定部に押し付ける　　⑤　200g　　⑥　測定部に押し付ける
(2)　測定1　(ア)　　測定2　(カ)　　測定3　(イ)　　(3)　①　ア　　②　エ
(4)　次ページの図
(5)　①　3.0m/s　　②　次ページの図　　(6)　3.0m/s

[3]　(1)　(じん臓)　オ　　(心臓)　イ　　(肝臓)　ウ　　(2)　■　ア　　○　糖
(3)　①　132mL　　②　130.7g　　③　129.7g

(4)　①　下がる　②　高く　③　増える　④　減らす　⑤　増え

(5)　①　(塩分)　1.8倍　(糖)　0倍　(尿素)　66.7倍

②　ヒトには不要だったり有害だったりする物質

(6)　ヒトの体内に入ってきたことのない化学物質を排出することができる。

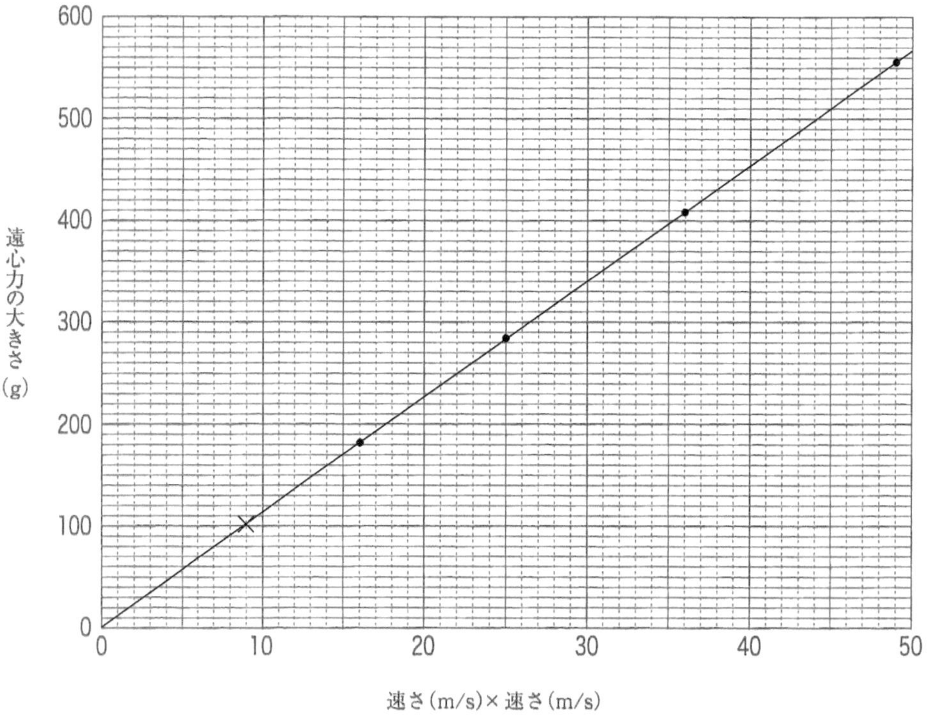

○推定配点○

1　(Ⅰ)(1)～(3)　各1点×9　他　各2点×10((Ⅱ)(5)，(6)各完答)

2　(4)　3点　(5)，(6)　各2点×3　他　各1点×11

3　(1)，(2)，(4)　各1点×10　他　各2点×8　計75点

＜理科解説＞

1　(状態変化―気体の圧力と密度)

(Ⅰ)　(1)　天気図①では，東北地方に前線があり，日本の南には熱帯低気圧がある。天気図②では，オホーツク海と北海道東方海上に低気圧がある。これらの場所では雲が発達している。

(2)・(3)　[ア・イ]　ストローの中の空気が減るので，ストロー内の気圧は下がる。しかし，ジュースの水面には何も変化がないので，ストローの外側の気圧は変わらない。その差によってジュースはストロー内を上昇する。　[ウ・エ]　台風は，水温が高い海域でできる。そこでは水が大量に蒸発し，その水蒸気を多く含む空気が上昇して雲ができる。なお，水が蒸発すると，海から熱が奪われるので，海面の水温は下がる。　[オ・カ]　台風は熱帯低気圧のうち最大風速が17.2m/秒のものである。気圧が低いぶんを水圧で補うために，海面が上昇する。これを高潮という。

(4)　ストローの中の空気をなくしても，ビンの中に新たな空気が入ってこられないため，空気の量が変わらないまま水面が下がって，空気の部分の体積が大きくなる。そのため，ビン内の気圧が下がる。

重要 (5) ストローの空気を吸うと，(4)と同じように紙パックの中の気圧が下がる。一方，紙パックの外の気圧は変わらないため，外から内に向かって力がはたらく。ビンならば力がはたらいても変形しないが，紙パックの場合は力によって変形する。

(Ⅱ) (1) シリンダーの内側には二酸化炭素があるので，そのぶんの気圧がはたらいている。一方，シリンダーの外側は容器A内で真空であり，気圧が0である。よって，ふたには内から外へ力がはたらき，はずれて飛び出してしまう。

(2) 二酸化炭素の有無を調べるには，気体を石灰水に通すとよい。二酸化炭素があれば，石灰水が白くにごる。

重要 (3) $1cm^3$の固体のドライアイスを400℃にすると，$2L=2000cm^3$の気体の二酸化炭素になったのだから，体積は2000倍になった。よって，ドライアイスの密度は400℃の二酸化炭素の密度の2000倍である。

(4) 400℃の二酸化炭素は，1.56gの体積が2Lだから，密度は$1.56\div2=0.78$(g/L)である。一方，400℃のろうは，0.8gの体積が0.15Lだから，密度は$0.8\div0.15=\frac{16}{3}$(g/L)である。よって，求める値は，$\frac{16}{3}\div0.78=6.83\cdots$で，四捨五入により6.8倍となる。

(5) (ア)と(エ)は水溶液なので液体である。(イ)は結晶であり固体である。(ウ)は気体である。(オ)は白い結晶の粉末であり固体である。

重要 (6) (ア)：誤り。白く見えるとすれば，それは気体ではなく液体の粒である。二酸化炭素は固体から直接に気体に変わるので，白く見えることはない。 (イ)：正しい。固体は体積が最も小さいため，同じ体積に含まれる粒子の数が多い。 (ウ)：正しい。気体の水蒸気が，大気中で目に見える水滴や氷晶になったものが雲である。 (エ)：誤り。長さが2倍になると，体積は$2\times2\times2=8$(倍)になる。 (オ)：誤り。粒子どうしの距離が大きくなり，体積が増加して密度が小さくなるのであって，粒子そのものの重さは変わらない。 (カ)：誤り。粒子どうしの距離が大きくなるだけで，粒子そのものの大きさは変わらない。

(7) 多くの物質と異なり，水は液体よりも固体の体積が大きい。これは，水の粒子には向きがあって，固体になるときには並ぶ向きが決まっているために，結晶にすき間が多くなってしまうためである。

2 (力のはたらき―遠心力の測定)

(1) ①・② 指で押さない場合はマイナス100gと表示されている。指で押して40gと表示されているので，指は計量皿の100gの重さを支えたうえで，さらに測定部を40gの力で押している。指の力は，合計で$100+40=140$gである。

③・④ 最も低い位置では300gを示したが，そのうち100gは計量皿の重さだから，遠心力の大きさは$300-100=200$gである。

重要 ⑤・⑥ もし最も高い位置で実験道具セットを止めた場合，計量器は図6-aのようにマイナス100gを示すはずである。回転させると最も高い位置で100gを示したのは，遠心力が計量皿の100gを支え，さらに測定部を100gの力で押しているためであり，遠心力の大きさは$100+100=200$(g)となる。つまり，遠心力は高いところでも低いところでも，回転の外側に向かってはたらき，その大きさは変わらない。

(2)・(3) 測定1では，重さが2倍になると遠心力の大きさもほぼ2倍になっており，比例の関係である。グラフは0の点を通る直線である。測定2では，回転半径が大きくなると遠心力は小さくなり，その減り方は最初は急で徐々に緩やかになる。回転半径を50cmから110cmへ2.2倍にすると，遠心力の大きさは510÷2.2＝約232となり，反比例の関係である。測定3では，物体の速さが速くなると，遠心力は大きくなっていき，その増え方は後になるほど急である。

重要 (4) 測定3の結果から，「速さ×速さ」を計算すると，次の表のようになる。これら4組の値をグラフにしっかりとした点で示し，直線を描く。

物体の速さ〔m/s〕	4.0	5.0	6.0	7.0
速さ〔m/s〕×速さ〔m/s〕	16.0	25.0	36.0	49.0
遠心力の大きさ〔g〕	181	283	408	556

(5) もし最も高い位置で実験道具セットを止めた場合，計量器は図6-aのようにマイナス100gを示すはずである。回転させて最も高い位置で0gを示したのは，遠心力が物体(計量皿)の重さの100gをちょうど支えたためであり，その瞬間の遠心力の大きさは100gとなる。(4)で描いたグラフで，遠心力の大きさがちょうど100gを示すときの物体の「速さ×速さ」を読み取ると，9.0である。よって，□×□＝9.0だから，速さは3.0m/s(秒速3.0m)となる。

やや難 (6) 物体の重さ，つまり，計量皿と分銅の重さの合計が300gの場合，回転させて最も高い位置で0gを示したのだから，そのときの遠心力の大きさは300gである。(2)(3)のことから，物体の重さと遠心力の大きさは比例する。つまり，同じ速さで重さが100gだったとすれば，遠心力の大きさは100gのはずである。その速さは(5)で求めた3.0m/sである。よって，重さが300gで，遠心力が300gとなるのも，速さ3.0m/sのときである。

3 (人体―ヒトの腎臓のしくみ)

(1) アは2つの肺，イは心臓，ウは肝臓，エはすい臓，オは2つのじん臓である。

(2) 問題文の通り，糸球体の血管の壁を通って原尿に入るのは，水に溶けやすい物質であり，血液の固形成分やタンパク質などは原尿に入らない。よって，■はタンパク質である。原尿の成分のうち，からだに必要な物質は血管に再吸収される。△と◎は再吸収されても一部が尿に残るが，○は尿に残らず，すべて再吸収される。表によると，原尿に含まれていて尿に含まれていない成分は糖である。

(3) ① 問題文により，体重60kgのヒトの血液の量は体重の8%で60×0.08＝4.8(kg)，これが4.8Lである。1分間にじん臓に流れるのは，その25%で4.8×0.25＝1.2(kg)であり，そのうち血しょうは55%で1.2×0.55＝0.66(kg)である。その20%がろ過されて原尿となるので，0.66×0.20＝0.132(kg)，これは0.132L＝132mLである。

② 表により，原尿の99.0%が水分なので，0.132×0.990＝0.13068(kg)，これは130.68gで，四捨五入により130.7gである。

③ 1分間にできる尿が1mLつまり1gであり，表により，尿の95.0%が水分なので，尿のうちの水分は1×0.950＝0.950(g)である。よって，再吸収された水分量は，130.68－0.950＝129.73で，四捨五入により129.7gである。

(4) 血液中の水が多くなると，血液中の物質濃度は下がり，血圧は上がる。じん臓を通る血液量が増えると，その20%である原尿の量も増える。一方，再吸収される水分の量を増やさなければ，尿量が増え，血液中の水の量が減り，血液中の物質濃度は元通りまで上がる。

(5) ① 表より，塩分は1.23÷0.7＝1.75…で，四捨五入により1.8倍，糖は0÷0.1＝0(倍)，尿素は2.0÷0.03＝66.66…で，四捨五入により66.7倍である。

② 血しょう中の濃度に対する尿中の濃度は，尿素などで高く，糖などで低い。つまり，からだに不要なものや有害なものは積極的に排出し，からだのエネルギー源などに必要なものは排出し

にくいしくみとなっている。

(6) 排出したい物質をつかまえて原尿をつくるしくみは，あらかじめ排出すべき物質がわかっていることが前提である。しかし，生きていると未知の物質がからだに入ることもありうる。問題文によると，今までヒトの体内に入ってきたことのない化学物質であっても，水に溶けやすい小さな物質であれば，血液から原尿に移される。このように，未知の物質を排出しやすくすることが，実際のじん臓のしくみの利点といえる。

★ワンポイントアドバイス★

問題文や表の数値は，何を意味する数値なのかをしっかり理解してから計算に取り掛かろう。

＜社会解答＞《学校からの正答の発表はありません。》

1 問1 (1) (例) 職を持たない人に仕事を与え，労働の見返りに給料を与える
(2) ヒンドゥー(教)[ヒンズー(教)] (3) (例) インド北東部は多くの国と接しているうえ，民族構成も複雑である。そのため，異なる民族間でのコミュニケーションには共通語として英語が使われているから。 (4) 4 (5) ストリートチルドレン
(6) (例) インドは北部で中国と接していて，領土問題も起きている。大国である中国をけん制するためにはロシアと友好関係を保つ必要があるから。 (7) 3 問2 (1) 4
(2) (例) シンガポールはアジアの中心部に位置していて，太平洋とインド洋を結ぶ貿易ルートの中継地点として便利であるということ。 (3) (例) 清潔で安全な国を作って世界にアピールすることで，外国からの企業や学校，観光客を誘致すること。
(4) X イギリス Y 植民地

2 問1 岩宿 問2 4 問3 2 問4 4 問5 1 問6 2 問7 2 問8 1
問9 3 問10 4 問11 (例) 弥生時代には大陸から稲作や金属器などの新しい文化が伝来したが，大陸からは船でないと来られないから。 問12 (例) 南方に新しい都市を作るために，木材が大量に必要だったから。

3 問1 諏訪(湖) 問2 (例) 観光客が好き勝手に歩いて貴重な植物を踏み荒らさないように，歩く場所を限定して環境への影響を最小限にする工夫。 問3 (例) 黒部川は高いところから短い距離を一気に下るので，水の落下スピードが大きく，発電効率がよいこと。 問4 5 問5 1 問6 6 問7 地震[北海道胆振東部地震]
問8 (例) 東日本大震災で福島第一原子力発電所事故が発生し，その影響で日本国内の原子力発電所の稼働を停止したから。 問9 4 問10 A 風力(発電)
B 太陽光(発電)

○推定配点○

1 問1(3) 3点 他 各2点×11

2 問11 3点 他 各2点×11

3 問2・問3・問8 各3点×3 他 各2点×8 計75点

＜社会解説＞

1 (地理・政治—地政学をテーマとした世界地理，国際社会など)

やや難　問1　(1)　設問内の「社会全体のためになる生活様式」というのは「生活に余裕のある家庭が他の人にお金を与え，経済格差を調整していく」ことを指す。具体的には，富裕層がメイドを雇うことで仕事を与え，労働の対価として給料を与えることになる。

基本　(2)　インドで多数派を占めるヒンドゥー教[ヒンズー教]は，キリスト教，イスラム教に次いで世界で3番目に信者の多い宗教で，カースト制度という身分制度が現在でも根強く残っている。

やや難　(3)　インド北東部はネパールやブータンなどの国と国境を接していることが設問内の地図を見てもわかるうえ，この地域は多くの民族が居住している。民族ごとに異なる言語を普段は使用しているものの，異民族間のコミュニケーションでは共通語が必要となる。インドやその周辺地域はかつてイギリスの植民地だったこともあり，共通語としては英語が用いられている。

(4)　NGOとは非政府組織のことで，特定の国や政府に属さず，民間の立場で環境問題から難民の保護など，さまざまな社会貢献活動を行っているのでXは誤り。また，収益は団体の構成員に分配されることはなく，今後の社会貢献活動に使用されるのでYも誤り。

重要　(5)　発展途上国などで，貧困のため，道ばたや路上で生活をしている子供たちのことをストレートチルドレンという。ストレートは「道路」，チルドレンは「子供たち」という意味の英語である。

やや難　(6)　2022年2月にロシアがウクライナ侵攻を始め，アメリカやEU諸国など多くの国がロシアを非難し，ウクライナへの支援を表明した一方で，インドは国際連合におけるロシアに対する非難決議を棄権した。これは，インドが北部で国境を接している中国をけん制するためにはロシアとの関係を良好に保っておいたほうが国益にかなうと判断したからだとされている。なお，インドと中国との間では領土をめぐる紛争が起きており，2023年2月現在で解決されていない。

重要　(7)　QUAD(クアッド)は自由や民主主義，法の支配といった基本的価値を共有する日本，アメリカ，オーストラリア，インドの4か国が，「自由で開かれたインド太平洋」のテーマのもと，覇権主義的な動きを強める中国に対抗することを目的の一つとした枠組みのことである。

重要　問2　(1)　第二次世界大戦前，東南アジアの大半の地域が欧米諸国の植民地となった歴史があるが，タイは植民地支配を受けず，独立を保った。なお，マレーシアはイギリスの，カンボジアとラオスはフランスの，インドネシアはオランダの，フィリピンはアメリカの植民地だった。

やや難　(2)　シンガポールはマレー半島の南端にある国で，国土面積は小さく天然資源もないが，東に太平洋[南シナ海]，西にインド洋[マラッカ海峡]があり，海上輸送の観点ではアジアの中心部に位置していると言える。そのため貿易の重要な拠点として現在でも繁栄している。

やや難　(3)　清潔で緑豊かな都市づくり，安全な国づくり，インフラ環境の整備などを世界に向けてアピールすることで，世界各国から企業や学校，観光客を誘致し，経済的に繁栄しようという目的が文章2から読み取ることができる。文章2の最後の段落がヒントになっている。

基本　(4)　1857年にインド大反乱が起き，これを鎮圧したイギリスは翌1858年にインドを植民地とした。1919年以降ガンディーによる反英非暴力・不服従運動が行われたが，1947年に独立するまでイギリスの支配下にあった。なお，シンガポールを含めたマレー半島は19世紀前半からイギリスの植民地であった。

2 (日本の歴史—道をテーマとした各時代の総合問題)

基本　問1　かつては日本に旧石器文化は存在しないと考えられていたが，1949年に相澤忠洋が群馬県の岩宿遺跡を発見したことで日本の旧石器文化の存在が確認された。

重要 問2　アについて，現在よりも寒冷な時代では地球上の水が凍って存在していたため，海水面は現在よりも低かったとされている。イについて，その後に「大陸と地続きではなかった」と書いてあるので，最大水深は200mよりも深いということがわかる。

問3　明治時代は1868年～1912年の45年間である。夏目漱石が『吾輩は猫である』を発表したのは1905年～1906年のことなので2となる。1は1918年，3の千葉市は1921年，東京都は1943年のこと。4は1890年の衆議院選挙のことである。

基本 問4　Aは1925年，Bは1940年，Cは1951年，Dは1946年11月3日のことである。よって1940年代の出来事はBとDになる。

基本 問5　黒曜石は石器の材料として日本各地で使用された一方で，産地は和田峠(長野県)や十勝(北海道)，神津島(伊豆諸島)など限定されている。よって黒曜石が各地で発見されることで，当時の人びとが交易を行っていたことがわかる。図1で，神津島産の黒曜石が本州で見つかっていることから，船を用いた交易を行ったこともわかる。よってXもYも正しい。

問6　1854年の日米和親条約では，捕鯨船や中国向けの貿易船の補給港として，下田(静岡)と函館の2港が開港したのでXは正しい。また，明治政府が招いたクラークはアメリカ人で，アメリカ式の大規模農業を導入しようとしたのでYは誤りである。クラークは札幌農学校で農業とキリスト教を教え，新渡戸稲造や内村鑑三など，多くの教え子に影響を与えた。

基本 問7　遣隋使は607年，推古天皇の時期に小野妹子らが派遣された。隋の皇帝の煬帝は対等な関係を求める日本からの国書を見て激怒したが後にそれを認めた。空海や最澄は804年の遣唐使船に便乗して唐へ渡り，仏教を学んで帰国した。よってAとDが正しい。なお，Bの倭の国王は478年の倭の五王のことなので誤り。Cの遣唐使廃止の提案は894年の菅原道真が行ったことなので誤りである。

問8　図2を見ると，中央を北東から南西にかけて通る古代東海道想定路線は直線的につくられていることがわかる。また，その周辺を通っている江戸時代の東海道は等高線に沿って蛇行している部分があることから，地形に応じたルートを通っていると判断できる。よってXもYも正しい。

基本 問9　御成敗式目は1232年に鎌倉幕府の3代執権北条泰時によって制定された。また，室町幕府の3代将軍足利義満は1404年から明と勘合貿易を行い，明の皇帝から日本国王に任じられた。よってBとCが正しい。Aは，平清盛が源義朝らを滅ぼしたのは1159年の平治の乱なので誤り。Dは，浄土真宗の信者が100年近くにわたって自治を行ったのは1488年の加賀の一向一揆のことなので誤り。

基本 問10　新東京国際空港(現在の成田国際空港)が開港したのは1978年のことなので1975年に最も近い時期の出来事は4となる。1の新橋・横浜間に鉄道が開業したのは1872年，2の東海道新幹線開業は1964年，3の名神高速道路全線開通は1965年のこと。

重要 問11　弥生時代は，稲作と金属器が大陸から伝来したことによって始まると考えるのが一般的である。稲作と金属器が大陸から伝来するためには，船による移動が不可欠と考えられるので，それについて説明すればよい。

やや難 問12　宋王朝(960年～1279年)は12世紀前半に北方の異民族などから攻撃を受け，都を南方に移した。都や都市を新たに作るために大量の木材が使用されたため，周辺地域では森林破壊が急速に進んだのである。

3　(日本の地理―発電や環境保護，工業など)

基本 問1　天竜川は長野県の中央部にある諏訪湖から南に流れ，浜松市の東で太平洋の遠州灘に注ぐ川である。流域には伊那盆地や，日本有数の水力発電所である佐久間ダムがある。

問2　尾瀬は福島県，栃木県，群馬県，新潟県の4県，東北，関東，中部の3地方にまたがる地域で，国立公園にも指定されている。貴重な高層湿原を保護するための取り組みとして，通行できる場所を固定して，植物を踏み荒らすなどの悪影響を最小限にとどめる工夫がなされている。

重要 問3　日本の河川は世界の河川に比べて長さが短く流れが急であるという特徴があるが，日本の河川の中でも黒部川はその傾向が強い。高低差のある場所を水が一気に落下するため，発電効率がよい。また，雪どけ水など，水量が多いのも有利な点だと言える。

問4　2月は北西の季節風の影響で日本海側の降水量が多く，逆に太平洋側は少なくなるのでCである。6月と10月は太平洋側で降水量が多くなるが，梅雨の時期である6月が10月よりも総じて降水量が多いので，6月がB，10月がAとなる。

基本 問5　千葉県は化学工業の出荷額が全国1位であり，鉄鋼業の出荷額も日本有数なのでAである。神奈川県は川崎市での鉄鋼業・石油化学工業，横須賀市での自動車工業など，どの工業も盛んであるのでBである。愛知県は豊田市やその周辺の都市での自動車生産が盛んで，輸送機械工業の出荷額は2位の静岡県に大きく差をつけて1位であるのでCである（2021年）。

基本 問6　Aは天然ガスである。気体である天然ガスを液体化することで，効率よく大量に輸送することができる。Bは石油で，日本では秋田県，新潟県でわずかに産出するものの，ほぼ100%をサウジアラビアやアラブ首長国連邦などから輸入している。Cは石炭で，かつては九州の筑豊炭田，端島炭鉱（通称：軍艦島）や北海道の夕張炭鉱などで大量に産出されていたが，1960年代のエネルギー革命によって需要が減り，国内の炭鉱は次々に閉鎖された。

重要 問7　2018年9月に北海道胆振地方中東部で地震が発生し，付近の山が崩れたり，住宅地で液状化現象が起きたりした。また，北海道内の電力の多くを供給する苫東厚真火力発電所が停止したことで，大規模な停電（ブラックアウト）が発生した。解答らんが大きいため，北海道胆振東部地震と書くことを推奨するが，地震と書いても可。

重要 問8　1970年代以降，少しずつ発電割合を増やしてきた原子力発電は，2011年3月11日に発生した東日本大震災の際に福島第一原子力発電所が爆発事故（炉心溶融・メルトダウン）を起こした影響ですべての原子力発電所が運転を停止した。その後段階的に稼働を再開し，原子力発電の割合は約6～7%である（2021年）

問9　阿蘇山は世界最大級のカルデラで知られるが，カルデラ湖が世界最大級ではないのでXは誤り。阿蘇山のカルデラ内には草地が広がり，牛の放牧などが行われている。また，桜島はかつて島だったが，大正時代の噴火により鹿児島県東部の大隅半島と陸続きになった。鹿児島市街は西部の薩摩半島側に位置するのでYも誤りである。

基本 問10　近年，地球温暖化対策として，化石燃料の使用による火力発電の割合を減らす取り組みが世界的に進んでいる。火力発電に代わる発電方法として，太陽光・風力・地熱などの再生可能エネルギーを利用する試みが普及し始めている。写真2のAは風の力で回転する風車，Bは太陽光を電気に変えるソーラーパネルである。

★ワンポイントアドバイス★

記述問題は難易度が高く，知識だけでは対処しきれないものが多い。時間がかかると思ったら後回しにして，自信がなくても答えを書くように心がけよう。必ず使わないといけない言葉が書かれているか，見直しも慎重に。

<国語解答>《学校からの正答の発表はありません。》

一　問一　a　影響　b　階級　c　いちじる(しく)　d　おちい(る)　問二　ウ
問三　オ　問四　エ　問五　(例)　科学的なものの見方を通して，ものの本体を理解して法則を見つけることは，人間の生活を改善するのに大きく役立つ。だが特定の人以外に科学は役に立ちそうもないと考える人は，そのような科学の利点に気づいていないように思えるから。　問六　(例)　科学的なものの見方をして状況を判断すれば勝てないのは明白なのに，希望や感情が前面に出てしまって明らかに意味のない対策や訓練をおし進めてしまい，大失敗をしてしまったということ。　問七　ウ・オ

二　問一　a　やす(い)　b　のんき　問二　ア　2　イ　4　ウ　5
問三　(例)　見つからないことがあるだろうか。　問四　オ　問五　頭　問六　イ
問七　(例)　世間には時間を構わない職業がないために，どんな仕事をしてもうまくいかないので，自分の身の上を嘆きたくなったから。　問八　(例)　時間にだらしなく過ごして後で後悔することをやめ，誘惑に負けず，時間を大切に行動しようという思い。

○推定配点○
一　問一　各2点×4　問二～問四　各6点×3　問五・問六　各9点×2　問七　各4点×2
二　問一・問二　各2点×5　問三～問六　各6点×4　問七・問八　各7点×2　計100点

<国語解説>

一　(論説文―要旨・理由・細部表現の読み取り，記述，ことわざ，漢字の読み書き)

基本　問一　a　それがもととなって，他のものに状態の変化などを起こすこと。悪い変化につながるような場合，「悪影響」という。　b　社会や組織の中の身分や地位のこと。階級が上の人たちの集団を「上流階級」という。　c　きわだって目立つこと。「著」には，目立つという意味があり，その意味で「著名(ちょめい)」「顕著(けんちょ)」という言葉がある。　d　ここでは，よくない状態にはまりこむこと。「陥」には，かけてしまうという意味もある。その意味で「欠陥(けっかん)」という言葉がある。

問二　アの「青菜に塩」は，塩をふりかけられた青菜のように，急に元気がなくなること。イの「釈迦に説法」は，よく知っている人に対して教える愚かさをあらわす言葉。ウの「月夜に提灯」は，無益で意味のないこと。エの「濡れ手で粟」は，苦労せずに多くの利益を上げること。オの「虻蜂取らず」は，同時にいくつかのものをねらって，うまくいかないこと。設問の「役に立ちそうもないこと」の意味になるものは，ウの「月夜に提灯」である。

基本　問三　『枕草子』は，平安時代中期に清少納言によって書かれた随筆である。冒頭部分は，「春はあけぼの。ようよう白くなりゆく山ぎは」という表現で始まる。解答は，オになる。「あけぼの」は，夜明け方という意味である。そして，「春はあけぼの」とは，春は明け方がいいという意味である。この作品は，その後，「夏は夜」(夏は夜がいい)，秋は夕暮れ(秋は夕暮れがいい)，冬はつとめて(冬は早朝がいい)と続く。アの「つれづれ」は，何もすることがなくてたいくつな様子を意味する。イの「やまぎは」は，空の山との境目のこと。ウの「うたかた」は，水に浮かぶ泡のこと。エの「つとめて」は，早朝のこと。カの「うつくし」は，かわいいという意味。

問四　「科学，詳しく言えば……」で始まる段落に着目する。科学とは，「自然界の中に存在している法則」と「ものの本体とを知る学問」なのである。アの「飛行技術の研究」「ロケットエンジンの発明」「宇宙開発の進展」は，「自然界の中に存在している法則」を活用したことに関係する。

イの「風呂……水があふれる」「アルキメデスの原理」は，「自然界の中に存在している法則」に関係する。ウの「水蒸気……熱帯低気圧」「台風に変化する」は，「自然界の中に存在している法則」に関係する上に，台風そのものの本体を知る学問にも関係する。エには「ノーベルによって発明されたダイナマイト」「ノーベル自身が『死の商人』と評価された」とあるが，ノーベルがダイナマイトを発見したことやノーベルが死の商人とされたことは，どちらも「自然界の中に存在している法則」や「ものの本体とを知る学問」に関係ない。エは科学にあてはまらない。オ　「新型コロナウイルス感染症……法則性」は，「自然界の中に存在している法則」や「ものの本体を知る学問」に関係する。

やや難　問五　「こういう考え方」は，傍線①より前に見つかる。「大きくなって科学の研究者や先生になる人」「工業関係の技術者または職工」「大都会でいわゆる文化生活をする人」以外には，科学は役に立ちそうもないという考え方である。だが，「非常なまちがいである」と書いてあるように，筆者は「役に立ちそうもない」という考え方に否定的である。傍線①直後には，「科学を学ぶと，得ることが二つある」とある。その後，「ものの本体を知る」「法則をみつける」という科学によって得られることが説明されている。また，「その法則や本体を知ることは，われわれの生活に非常に役立つ」とあり，筆者の考えが読み取れる。以上の点をおさえて，書き進めるとよい。

記述の際には，「科学」「ものの本体がわかり，法則がみつかる」「人間社会に大きく役立つ」という内容に，「役立ちそうもないという人は，科学の利点に気づいていない」という内容を書き加えるとよい。また，解答欄は三行ある。字数指定はないが，それなりの字数は求められている。記述の際には，その点も意識したい。

重要　問六　傍線②を含む文脈をおさえて，書くべき内容を判断する。B29に竹やりで向かった話をおさえることも，解答には役立つ。科学的なものの見方をすれば，十メートルもない竹やりで三千メートルの高度を飛んでいるB29に勝つ見込みは全くないのである。だが，戦争中は竹やりをかついだ防空演習などが行われた。なんとしても戦争に勝ちたいという，希望や感情が前面に出てしまい，科学的なものの見方ができなくなってしまったからである。以上の点を読み取り，まとめていく。記述の際には，「科学的なものの見方をして状況の判断ができなかった」「希望や感情が前面に出て，意味のないことをおし進めた」という内容を中心にする。

問七　ア　太平洋戦争に関しては，傍線②以降に，「竹やり」の例が出てくる。だが，日本が太平洋戦争に向っていくことと科学的なものの見方について，文章中に説明はない。　イ　天候やものの変化に関しては，研究者はその法則や本体を知るのである。「研究者自身が生み出したものであり」という，選択肢の中の表現は正しくない。　ウ　二重傍線c直前に着目する。「地震の予知は，現在のところまだできない」「法則が，非常に複雑なため」「もう少し科学が発達すればできるはずのもの」と書かれている。「……いずれは解明できる」とある，ウは適当。　エ　傍線②よりも前の部分に「科学の対象としてはきたないもきれいもなく」とある。「きたないもの」という評価が科学の進展につながったというエは，適当なものにならない。　オ　文章の最初の部分に「太平洋戦争のあと……科学教育および科学の普及が大いに奨励された」「戦争前および戦時中にも，同じようなことがよくいわれた」「一応の科学の知識をもっていなければならない」とある。戦前から戦後に至るまで，科学的な知識を得ることが大切であると考えられいたことは読み取れる。オは適当。　カ　「解決することができる」と断定的に主張している訳ではない。文章の最後も「ずっと住みよい国になるであろう」となっている。

二　**(物語文—心情・登場人物・細部表現の読み取り，空欄補充，記述，慣用句，漢字の読み書き)**

基本　問一　a　ここでは，そうなる傾向があるという意味。「犯し易い」とは，ここでは，そういう悪いことをする傾向があるという意味に近い。　b　のんびりしていること。ここでは，遊んでいた友達がみなのんびりとした表情をしていたのである。

問二　ア「余念がない」とは，あることに集中して他のことを考えない様子のこと。選択肢の中では，「そのことばかり考えていること」とある，2が正解。ここでは，遊んでいる紙鳶のことばかり考えているということ。　イ「眉を顰めて」とは，心配したり不快であったりする様子を意味する。眉の辺りにしわをよせる表情からも意味が考えられる。選択肢の中では，「いぶかしく思うこと」とある，4が正解。「いぶかしく思う」とは，変なところがあって納得いかなかったり，不審に思ったりする様子。ここでは，学校に行っていない「僕」のことをいぶかしく思って眉を顰めているのである。　ウ「気を揉んで」とは，あれこれと心配する様子。「心配になっていること」とある，5が正解。

問三　設問には，「前後の文脈から考えて」とある。そのため，前後の文脈をおさえて，書くべき内容を考える。停車場には父がいるのである。それにも関わらず，停車場の後ろの方で，紙鳶をあげて遊ぶのである。そして，傍線①以降では，やはり父に見つかっている。記述の際には,「見付けまいことか」という表現の形からも考え，「見つからないことがあるだろうか」などとまとめる。

問四　父親に見つかった後の「自分」の気持ちを考える問題である。傍線②直前の「冷汗がはや背部に冷ついた」という表現からも，父親に見つかって動揺して，怒られるのではないかと緊張している「自分」の様子が読み取れる。また，傍線②の「……」という部分から，思いや気持ちをはっきりと言い表せない「自分」の様子も読み取れる。「気まずさや緊張」「自分の気持ちをはっきりとは言えない」とある，オが正解。アは「みずから反省し，後悔」とあるが，おかしい。傍線②の表現とその前後の表現から,「みずから反省し，後悔」という様子は読み取れない。イは「言い訳……良くないと自分で判断」とあるが，おかしい。この部分の「自分」に，そのような冷静な判断ができるとは思えない。ウは「友達の目の前で父親に叱られてしまう」とあるが，おかしい。その後，停車場に連れていかれている。そして，「彼処で叱られるのであろう」という表現もある。この部分で「自分」は，停車場で叱られると考えている。友達の前では，まだ叱られていない。エ「混乱し，頭が真っ白になって」とあるが，おかしい。動揺はしているが，様々なことを考えている。頭が真っ白とは，何も考えられなくなる状態である。

問五　工夫が災難(事故)の原因を作ったということをおさえる。空欄③の直前で，「父」の前に出たとき腰を屈めている様子から，工夫が申し訳ないと思っていることもおさえる。ここには，失敗を恥じたりする時の様子を意味する，「頭を掻く」があてはまる。

重要　問六　傍線④よりも少し前に，「私の抱えられたのは医師でございました」とある。工夫は医師に雇われていたのだ。そうであるにも関わらず，朝寝や昼寝などで，医師の求める時間に間に合わなかったのだ。そして，小言を言われる。その小言が幾度も続き，「気毒とも思わなくなってしまった」という文脈である。仕事をきちんとしていないにも関わらず，叱られて，悪いとも思わなくなったということである。つまり，イが正解。アは「たすけてあげようという気持ちにならない」とあるが，おかしい。仕事の話である。ウは「怠けようとし続けた」とあるが，おかしい。「怠けようとし続けた」という表現は，積極的に怠けていたという意味になる。だが傍線④以降，急病人が出たときの場面では「全く帰る時を忘れて居りました」とある。工夫は「忘れ(た)」のであり，積極的に怠けたのではない。そのような状況から考えても，ウは誤答。エは「急患がなくなったりしても」とあるが，おかしい。急患がなくなる話は，傍線④よりも後に書かれている。オは「なんども仕事をくびになっても」とあるが，おかしい。この文脈ではまだくびになっていない。

重要　問七　傍線⑤が含まれる場面の内容をおさえて考える。「歎息」とは嘆きのため息のこと。「世間には時間を構わない職業」はないのである。そのため，工夫は何をやってもうまく勤めることができない。このような状況であるから，世の中にうまく合わせて生きていくことができない自分自身の境遇を嘆きたくなった。だから，歎息の声をもらした。以上の展開を意識して，記述する。記述の際には，「世間には時間を構わない職業がない」「どんな仕事もうまくいかない」＋「嘆きたくなった」という内容を中心にする。

やや難 問八　設問には「心の変化の前後がわかるように」「きっかけとなった出来事について説明する必要はない」とある。その二点をおさえて，解答をまとめていきたい。心の変化の前後とは，次のような内容になる。(前)文章の前半。時間にだらしない。後で後悔する。(後)工夫の話の後。紙鳶などの誘惑に負けない。時間を大切にする。以上のような点をおさえ，「きっかけとなった出来事」である工夫の話を加えずに，「前→後」という流れで内容をまとめる。

★ワンポイントアドバイス★

「そのきっかけとなった出来事について説明する必要はない」などの条件指定がある。物語文の心情の変化を書く際，変化のきっかけをあわせて書くことが多いと思う。注意したい。

2022年度

★★★★★★★★★★★★★★★★★★★★★★★

入　試　問　題

2022年度

渋谷教育学園幕張中学校入試問題（1次）

【算　数】（50分）　＜満点：100点＞

【注意】 コンパス，三角定規は使用できます。

1

【図1】

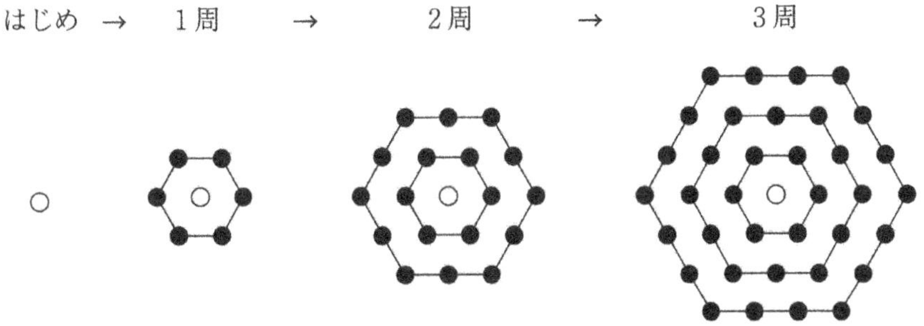

【図1】のように，はじめに白石を1個置きます。次に，1周，2周，…と，はじめの白石を正六角形で囲むように黒石を置いていきます。

次の各問いに答えなさい。

(1) はじめの白石をちょうど10周まで黒石で囲むために必要な石の総数は，はじめの白石を含《ふく》めて何個ですか。

(2) 黒石の総数が1000個のとき，はじめの白石を最大で何周まで黒石で囲むことができますか。

(3) まず，【図1】のように，はじめの白石をちょうど □ 周まで囲むように黒石を置きました。次に，そこで用いた黒石をすべて使って，【図2】のように，はじめの白石を正方形で囲むように置き直したところ，ちょうど何周かの正方形で囲むことができました。□ に入る最も小さい数を求めなさい。

【図2】

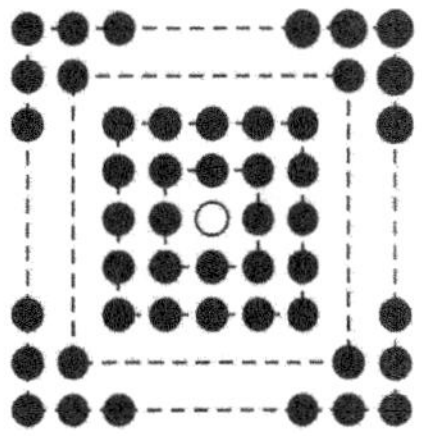

2 赤，青，黄，緑の4色を点灯することができるライトを4つ，左から一列に並べます。この4つのライトは，スイッチを押すたびにある規則にしたがって色が切り替《か》わります。例えば，右の図のように

赤を青，青を青，黄を緑，緑を赤

に切り替わるような規則を定めると，スイッチを押すたびに，この規則にしたがって色が変わっていきます。

はじめ，ライトは左から順に赤，青，黄，緑に点灯しています。

あとの各問いに答えなさい。

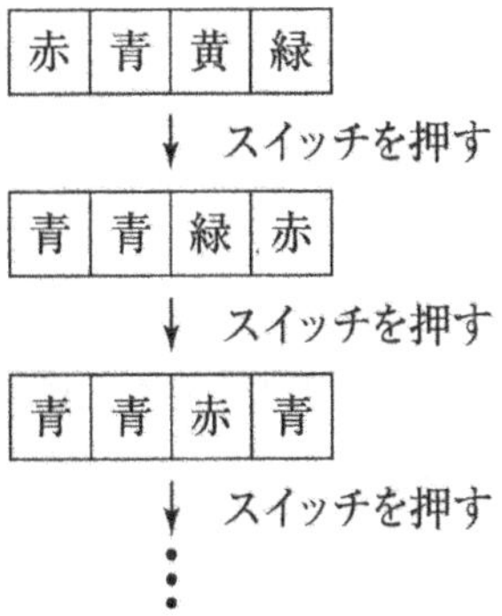

⑴　はじめの状態からスイッチを１回押したとき，異なる４色のライトが点灯するような規則は何通り作れますか。

⑵　はじめの状態からスイッチを２回続けて押したとき，ライトが左から順に赤，青，黄，緑に点灯するような規則は何通り作れますか。

⑶　はじめの状態からスイッチを３回続けて押したとき，４つのライトは初めて赤一色になりました。このような規則は何通り作れますか。

３　３種類のロウソクA，B，Cがあります。３本のロウソクは火をつけるとそれぞれ一定の割合で燃えます。Aに火をつけてから10分後にBに火をつけ，そのさらに５分後にCに火をつけたところ，ロウソクCが最初に燃え尽《つ》き，その後ロウソクA，Bが同時に燃え尽きました。下のグラフは，Aに火をつけてからすべてのロウソクが燃え尽きるまでの時間と，最も長いロウソクと最も短いロウソクの長さの差の関係を表したものです。また，燃え尽きてしまったロウソクの長さは０㎝であると考えます。次の各問いに答えなさい。

⑴　次の①，②において，最も長いものと最も短いものの組（最も長い，最も短い）を，下の㋐～㋕から選び，記号で答えなさい。

①　ロウソクA，B，Cについて，火をつける前の長さ

②　ロウソクA，B，Cについて，１分間に燃える長さ

㋐（A，B）　㋑（A，C）　㋒（B，A）

㋓（B，C）　㋔（C，A）　㋕（C，B）

⑵　ロウソクA，B，Cについて，火をつける前の長さをそれぞれ求めなさい。

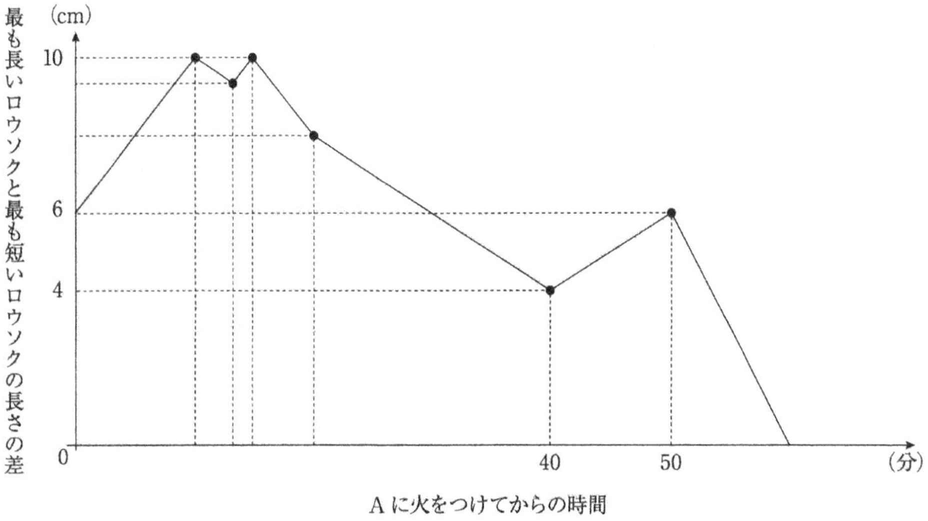

４　次のページの【図１】のように，半径３㎝の円５つを組み合わせてできた太線の図形を考えます。５つの円の中心A，B，C，D，Eは，すべてとなりの円の周上にあります。

また，点P，Q，Rは３つの円が１点で交わっている点です。

円周率を3.14として，次のページの各問いに答えなさい。

(1)　太線の長さは何cmですか。

【図１】

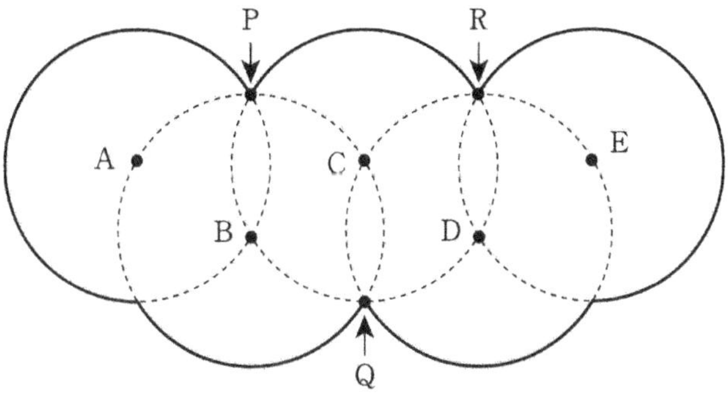

(2)　【図２】の斜線《しゃせん》部分（図１の太線で囲まれた部分）の面積は何cm²ですか。
ただし，１辺の長さが３cmの正三角形の面積は3.9cm²とします。

【図２】

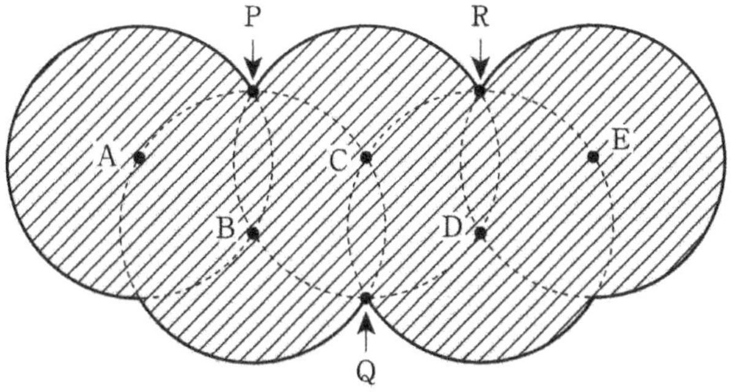

5　立方体ABCD－EFGHにおいて
正方形ABCDの対角線ACを三等分する点をＡに近い方から点Ｐ，Ｑ
正方形FGCBの対角線FCを三等分する点をＦに近い方から点Ｒ，Ｓ
正方形HDCGの対角線HCを三等分する点をＨに近い方から点Ｔ，Ｕ
とします。次の各問いに答えなさい。
ただし，角すいの体積は（底面積）×（高さ）÷３で求められるものとします。

(1)　立方体を３点Ｐ，Ｒ，Ｔを通る平面で切断したときにできる切り口の図形を(ア)，３点Ｑ，Ｓ，Ｕを通る平面で切断したときにできる切り口の図形を(イ)とします。(ア)の面積と(イ)の面積の比を，最も簡単な整数の比で答えなさい。

(2)　立方体を３点Ｐ，Ｒ，Ｔを通る平面と，３点Ｑ，Ｒ，Ｔを通る平面で同時に切断したときにできる立体のうち，点Ｂを含《ふく》む立体と点Ｅを含む立体の体積の比を，最も簡単な整数の比で答えなさい。

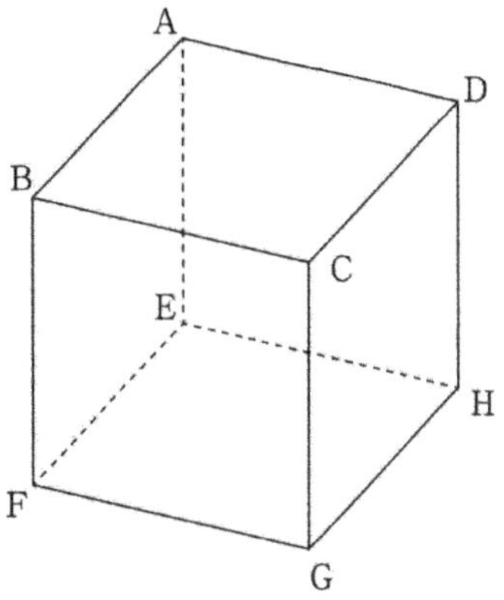

【理　科】（45分）　＜満点：75点＞

【注意】・必要に応じてコンパスや定規を使用しなさい。
・小数第１位まで答えるときは，小数第２位を四捨五入しなさい。整数で答えるときは，小数第１位を四捨五入しなさい。指示のない場合は，適切に判断して答えなさい。

1　ポップコーンがふくらむのはどうしてかを考えてみましょう。ポップコーンはトウモロコシのたねを加熱して作ったものです。

(1)　次のうちトウモロコシの苗《なえ》はどれですか。適切なものを次より選び，記号を答えなさい。

ア

イ

ウ

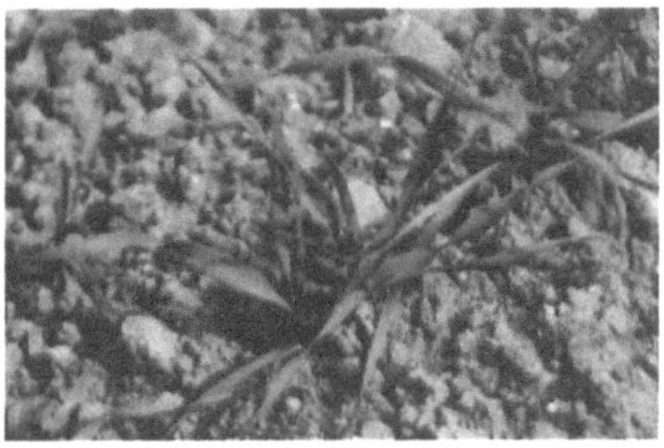
エ

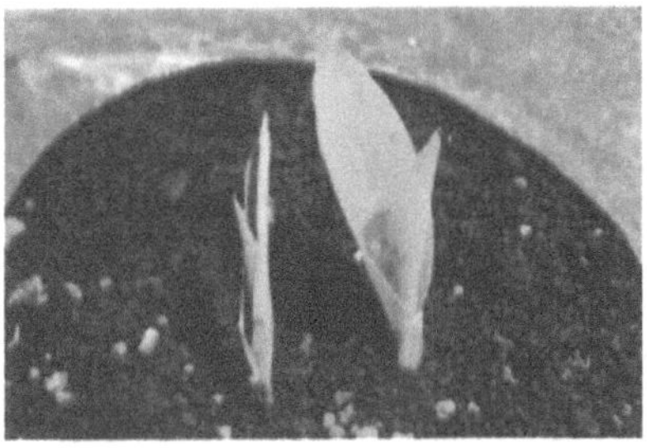
オ

カ

ポップコーンに使われているトウモロコシは爆裂種《ばくれつしゅ》と呼ばれるもので，私たちがゆでたり焼いたりして食べるトウモロコシは，スイートコーンといって別の種類です。次のページの図１は爆裂種とスイートコーンの断面図です。外側はかたい硬質《こうしつ》デンプン，内側はやわらかい軟質《なんしつ》デンプンです。

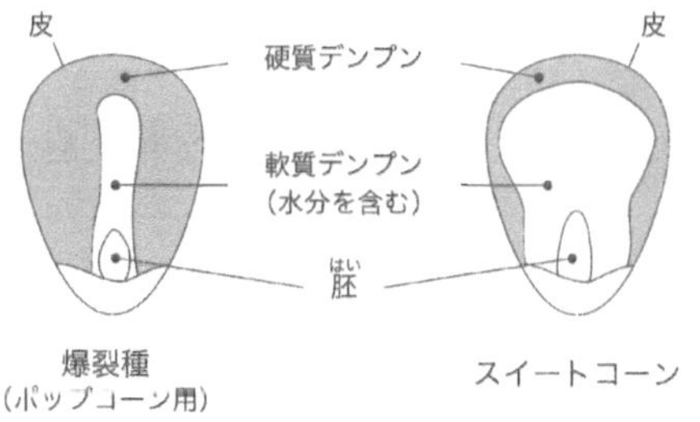

図１

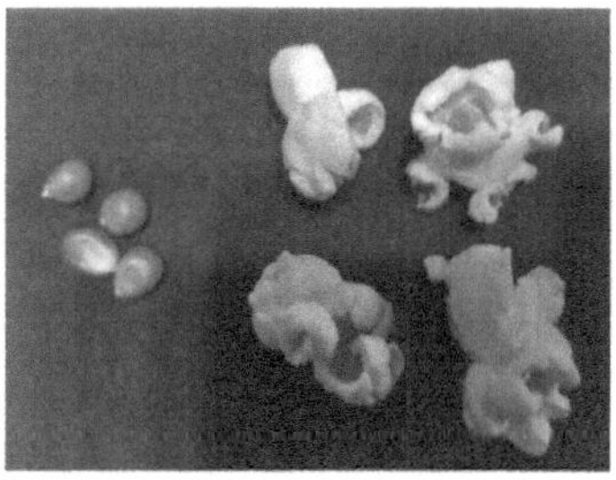

図２

爆裂種のたねを鍋《なべ》でよく振《ふ》りながら加熱すると，やがて表面が薄茶色になり，図２のように白く大きくふくらみポップコーンになります。ポップコーンの白くふわふわな部分は図１の硬質デンプンです。スイートコーンのたねを爆裂種と同様に加熱すると，たねは半分以上破裂《はれつ》しますが，黒くなりふくらみませんでした。

以下，実験で使うたねは，トウモロコシの爆裂種のことを指します。また，水１cm^3あたりの重さを１ｇとします。

爆裂種のたねは非常にかたくて，水にしずみます。たね１粒の重さと体積を求めるため，＜実験１＞を行いました。

＜実験１＞

１．空のガラス製のコップとガラス板を用意し，重さをはかると227.2ｇでした。

２．コップの中にたね50粒を入れ，ガラス板でふたをして重さをはかると237.1ｇでした。

３．たね50粒入れたコップに水を満杯《ぱい》になるように入れ，空気が入らないようにガラス板でふたをして重さをはかると501.6ｇでした。

４．３の中身を捨てた空のコップにもう一度水をみたし，ガラス板でふたをして重さをはかると498.8ｇでした。

(2)　＜実験１＞より次の値（平均値）を小数第２位まで求めなさい。

①　たね１粒の重さ［ｇ］

②　たね１粒の体積［cm^3］

たねを加熱してポップコーンを作ると含《ふく》まれている水がなくなることが知られています。たねがふくらむのは水が関係しています。そのときポップコーンの重さの変化を求めるため，班ごとに次の＜実験２＞を行いました。

＜実験２＞

１．乾《かわ》いた100mLビーカーの重さ［ｇ］を測定した。

２．たね12粒をビーカーにいれ，ビーカーとその中身の重さを測定した。

３．ビーカーの口をステンレス製の網《あみ》でおおい，これをふたとする。そのビーカーをたねがはじけるまで，ゆっくりと加熱した。

４．全部はじけたら，ふたをとり，ビーカーを冷やして室温にした。

５．ビーカーとその中身の重さ［ｇ］を測定した。

＜結果＞

班	ビーカーの重さ［g］	ビーカー＋たねの重さ［g］	ビーカー＋ポップコーンの重さ［g］
A	70.6	73.2	72.8
B	61.7	64.1	63.8
C	60.2	62.6	62.3

⑶　＜実験２＞より，各班のたね12粒の重さ，12粒のたねがポップコーンになることで失われた水の重さを，小数第１位まで求めなさい。

⑷　水は100℃で気体になると，1700倍の体積になることが知られています。＜実験２＞の平均値より，たね１粒から100℃で何mLの水蒸気が発生すると考えられますか。整数で答えなさい。

ポップコーンの作り方の調理例に，ふたをした鍋にたねを入れ，植物性油を少し加え強火にし，はじけ始めたら，火から少し離《はな》し絶えず回すように鍋をゆらし続けると書いてありました。＜実験３＞では鍋の振り方を変え，ポップコーンの体積と様子を調べました。

＜実験３＞

鍋に，たね50粒をいれ，強火で加熱しながら様子を観察し，たねがすべてはじける（あるいはこげて黒くなる）まで続けました。その後，500mLのメスシリンダーにできあがったポップコーンを，つぶれないようにすきまなく入れ，体積をはかりました。

結果

	全く振らない	はじけたらよく振る	はじめからよく振る
体積	36mL	146mL	324mL
様子	数個がはじけるがほとんどふくらまず、鍋にふれている所からこげる	２～10粒がこげたままふくらまないが、その他はふくらむ	ほとんどがはじけ、ふっくらふくらむ

⑸　＜実験３＞の結果より，トウモロコシのたねは鍋を振りながら加熱する方がこげずによくふくらみます。その理由を述べなさい。

⑹　これまでの内容から，適切なものを次より２つ選び，記号を答えなさい。

㋐　内側に軟質デンプンが多く含まれるほど，ポップコーンはふくらむ。

㋑　硬質デンプンが，大きくふくらみ白くなる。

㋒　爆裂種であれば，たねをどんなに乾燥させても，ポップコーンはふくらむ。

㋓　外側の硬質デンプンは粉々にくだけ，内側の軟質デンプンがとびだして白く固まる。

㋔　ポップコーンがふくらむとき，たねに含まれている水は，たねの体積の300倍以上の水蒸気になる。

出典　『野外観察ハンドブック　校庭の作物』板木利隆・岩瀬徹・川名興共著（全国農村教育協会）
『野外観察ハンドブック　校庭の花』並河治・岩瀬徹・川名興共著（全国農村教育協会）

2　新型コロナウイルス感染症《しょう》（COVID－19）は，2019年に発見・報告された新型コロナウイルス（次のページの図１）によって引き起こされる感染症です。このウイルスに感染すると，発熱や咳《せき》をはじめ，様々な症状が出ることが報告されています。2020年３月にはWHOによってパンデミック（世界的な流行）に相当すると発表されました。

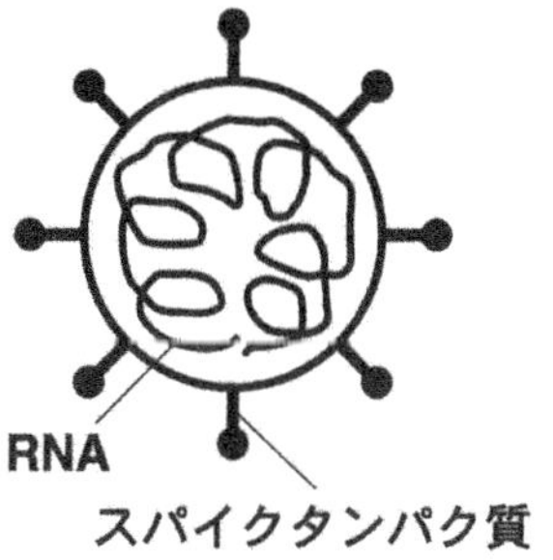

図１　新型コロナウイルスの模式図

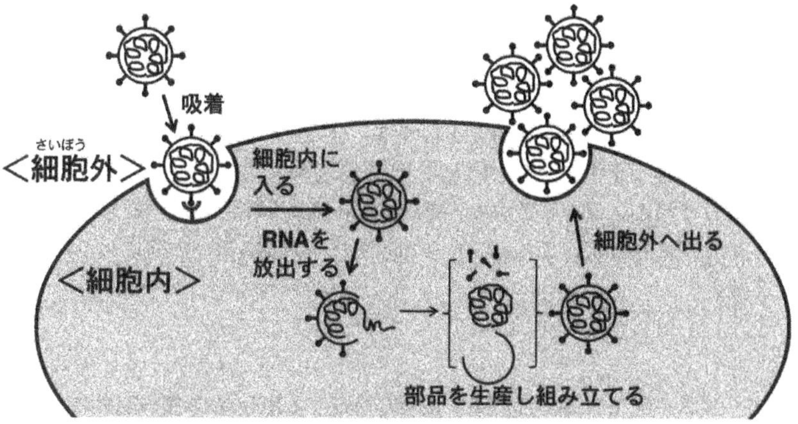

図２　コロナウイルスのふえ方の模式図

私たちの体をつくる細胞《さいぼう》には，タンパク質の設計図としてはたらくDNAが含まれます。DNAがもつ設計図の情報は，RNAと呼ばれる物質に写し取られ，これを読み取って多数のアミノ酸をつなげていくことでタンパク質がつくられます。タンパク質は生物が生きていく上で必要不可欠な物質であり，実際に生命活動を担《にな》っています。

図２はコロナウイルスのふえ方を示しています。ウイルスは自分自身でタンパク質をつくることができず，ふえるためには細胞に感染する必要があります。コロナウイルスの感染は，スパイクタンパク質が細胞にある突起《とっき》に吸着することで起こります。細胞内に入ったコロナウイルスはＲＮＡを放出します。細胞内ではＲＮＡの情報にもとづいてスパイクタンパク質などの部品がつくられ，新たにウイルスが組み立てられます。新たにつくられたウイルスは細胞外に出て別の細胞に感染していきます。このように，ウイルスは，細胞内で行われているタンパク質をつくる仕組みを利用することでふえていきます。

RNAは４種類の物質が一列に並んでおり，その物質の並び方がアミノ酸の並び方を決定します。したがって，RNAを調べることで，つくられるタンパク質の種類や性質がわかります。ここでは，RNAをつくる４種類の物質を，◎，×，□，△の４種類の記号で表すことにします。なお，新型コロナウイルスがもつRNAは３万個の記号が並んでできています。

次のページの表１はRNAとアミノ酸の対応表です。RNAは３個の記号の並びで１つのアミノ酸を指定することがわかっています。例えば，「◎◎◎」は，フェニルアラニンというアミノ酸を指定しています。また，「◎◎×」も同じくフェニルアラニンと対応します。なお，「◎□□」，「◎□△」，「◎△□」に対応するアミノ酸はありません。このことから，例えば図3のように，RNAの記号の並びをアミノ酸の並びに変換《へんかん》することができます。ただし，RNAは一方向にしか読み取られません。

(1)　アスパラギンとアスパラギン酸を指定するRNAの3個の記号の並びを，以下の例に従って，それぞれすべて答えなさい。

例：　フェニルアラニン　◎◎◎、◎◎×

(2)　図3の（あ）（い）に当てはまるアミノ酸の名称《しょう》を答えなさい。

(3)　1つの新型コロナウイルスがもっているRNAの記号の並びがすべてアミノ酸に変換されると仮定すると，最大で何種類のタンパク質がつくられますか。整数で答えなさい。ただし，ひとつのタンパク質は1000個のアミノ酸がつながっているものとします。

表1　RNAとアミノ酸の対応表

1文字目	2文字目 ◎	2文字目 ×	2文字目 □	2文字目 △	3文字目
◎	◎◎◎ ◎◎× フェニルアラニン (F) ◎◎□ ◎◎△ ロイシン (L)	◎×◎ ◎×× ◎×□ ◎×△ セリン (S)	◎□◎ ◎□× チロシン (Y) ◎□□ ◎□△ なし	◎△◎ ◎△× システイン (C) ◎△□ なし ◎△△ トリプトファン (W)	◎ × □ △
×	×◎◎ ×◎× ×◎□ ×◎△ ロイシン (L)	××◎ ××× ××□ ××△ プロリン (P)	×□◎ ×□× ヒスチジン (H) ×□□ ×□△ グルタミン (Q)	×△◎ ×△× ×△□ ×△△ アルギニン (R)	◎ × □ △
□	□◎◎ □◎× □◎□ イソロイシン (I) □◎△ メチオニン (M)	□×◎ □×× □×□ □×△ トレオニン (T)	□□◎ □□× アスパラギン (N) □□□ □□△ リシン (K)	□△◎ □△× セリン (S) □△□ □△△ アルギニン (R)	◎ × □ △
△	△◎◎ △◎× △◎□ △◎△ バリン (V)	△×◎ △×× △×□ △×△ アラニン (A)	△□◎ △□× アスパラギン酸 (D) △□□ △□△ グルタミン酸 (E)	△△◎ △△× △△□ △△△ グリシン (G)	◎ × □ △

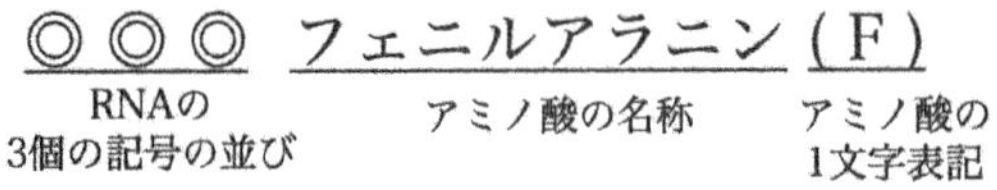

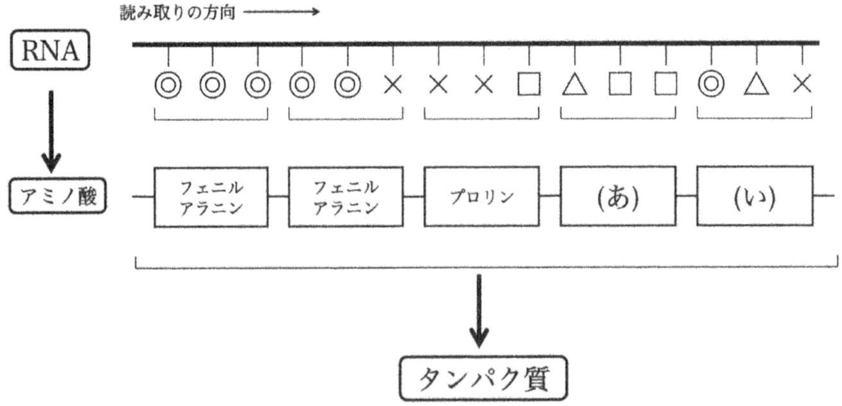

図3　RNAからタンパク質への変換

新型コロナウイルスによるパンデミックは2021年においても続きました。長期化の要因のひとつとして，変異体の出現が考えられています。ここでいう変異体とは，突然《とつぜん》変異によって生じた新型コロナウイルスを指します。

タンパク質はRNAにもとづいてつくられるため，４種類の記号の並び方が変化すると，つくられるタンパク質も変化します。これが突然変異です。例えば，突然変異によって◎◎◎という並びが◎◎□になってしまうと，指定されるアミノ酸はフェニルアラニンからロイシンに変わります。このようにある１個の記号が別の記号に置き換《か》わる突然変異を「置換《ちかん》変異」と呼びます。置換変異は特定の目的や方向性をもって起こるのではなく，不規則に起こります（図４）。

変異体はコロナウイルスではあるものの，それまでとは異なるタンパク質をもつために，異なる性質をもちます。突然変異は不規則に起こるので，感染力が高くなったウイルスが生じる場合もあれば，反対に感染力が低くなったウイルスが生じる場合もあります。

［元の記号の並び］		［新たな記号の並び］	［指定されるアミノ酸］
◎ ◎ ◎ （フェニルアラニン）	──→ 置換変異	◎ ◎ □	ロイシン
		◎ ◎ △	ロイシン
		◎ × ◎	セリン
		□ ◎ ◎	イソロイシン
		△ ◎ ◎	バリン

図４　不規則に起こる置換変異の例

2021年時点で，多くの変異体が報告されています。

アルファ変異体はイギリスで最初に報告された変異体で，スパイクタンパク質にN501Ｙという変異をもっています。デルタ変異体はインドで最初に報告された変異体で，スパイクタンパク質にＬ452ＲおよびＥ484Qという変異をもっていることが報告されています。

なお，N501Ｙにおいて，ＮやＹはアミノ酸の１文字表記を示したものです。前のページの表１を見ると，Ｎがアスパラギン，Ｙがチロシンを示していることがわかります。また，501はアミノ酸の番号を示しています。つまりN501Ｙとは，スパイクタンパク質における501番目のアミノ酸であるアスパラギンがチロシンに変わったことを表しています。同じように，Ｌ452Ｒは452番目のアミノ酸である（　ア　）が（　イ　）に変化したことを表しており，Ｅ484Qは484番目のアミノ酸である（　ウ　）が（　エ　）に変化したことを表しています。

⑷　文中の空欄に入るアミノ酸の名称を答えなさい。

⑸　アルファ変異体に見られるN501Ｙが，ＲＮＡの１個の記号の置換変異によって生じたものであるとすると，どのような変異が起こった可能性がありますか。考えられるものを以下の例に従ってすべて答えなさい。

◎◎◎が◎◎□になっているとき　例：［◎◎◎ ──→ ◎◎□］

⑹　突然変異は不規則に起こっているのでさまざまな変異体が生じていますが，特定の変異体が数を増やしました。アルファ変異体やデルタ変異体は，突然変異によってどのような性質を獲得《かくとく》し，感染力が高くなったと考えられますか。本文を読んで推測し，説明しなさい。

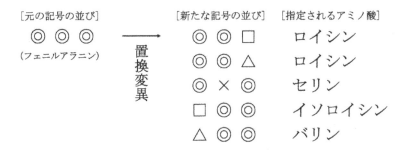

3 夜空を見上げると，さまざまな明るさの星が輝《かがや》いています。注意深く観察すると，星には色の違いがあることが分かります。カメラや望遠鏡を使うと，星の明るさや色がさらにはっきりと区別できるようになります。

電球を使った実験を行い，夜空に輝く星について調べます。みなさんの家庭で使われている電球は，LEDのものが多くなってきましたが，白熱電球という種類の電球も使われています。白熱電球は点灯すると熱を発生します。

家庭や実験室で使われている電気の電圧は，100V（ボルト）です。電圧を変える装置のことを変圧器と呼びます。電圧を変えると，白熱電球の明るさが変化します。

光が当たっている場所の明るさを照度といい，ルックスという単位を使います。照度が大きいほど明るいです。照度は照度計で測れます。

＜実験１＞

図１のように装置を配置して電圧は一定のまま，白熱電球を点灯し，電球から照度計を少しずつ遠ざけて，距離《きょり》と照度の関係を測定しました。すると，図２のような結果が得られました。

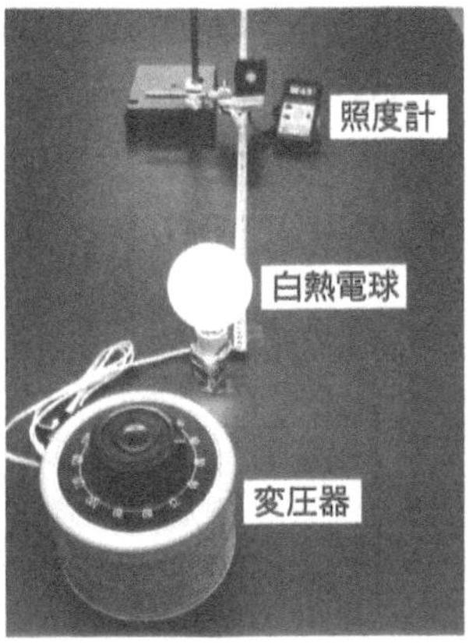

図１　距離と照度の関係を測定する装置

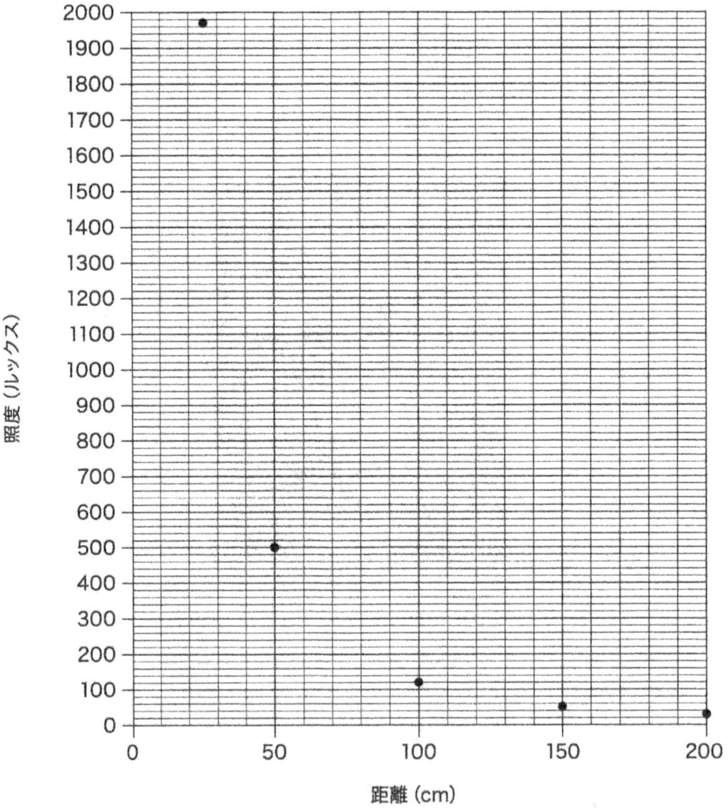

図２　白熱電球から照度計までの距離と照度

(1) 次の［ ］にもっとも適するものを選び，○で囲みなさい。

電圧が一定ということは，白熱電球が出している光の量に変化がないということです。＜実験１＞では，電球と照度計の距離が遠くなると，照度が①［ 上昇《しょう》・下降 ］していくことがわかります。前のページの図２より，電球から100cmの距離での照度は，50cmの距離での照度にくらべると，約②［ $\frac{1}{2}$・$\frac{1}{3}$・$\frac{1}{4}$ ］になっていることがわかります。この関係から，250cmの距離での照度は，50cmの距離での照度にくらべて，約③［ $\frac{1}{5}$・$\frac{1}{10}$・$\frac{1}{25}$・$\frac{1}{250}$ ］になることが予想できます。

＜実験２＞

次に図３のように，白熱電球と照度計との距離を一定にして，電圧を変化させて照度を測定しました。結果を図４に示します。同時に，放射温度計を用いて電球の温度を測定しました。結果を次ページの図５に示します。

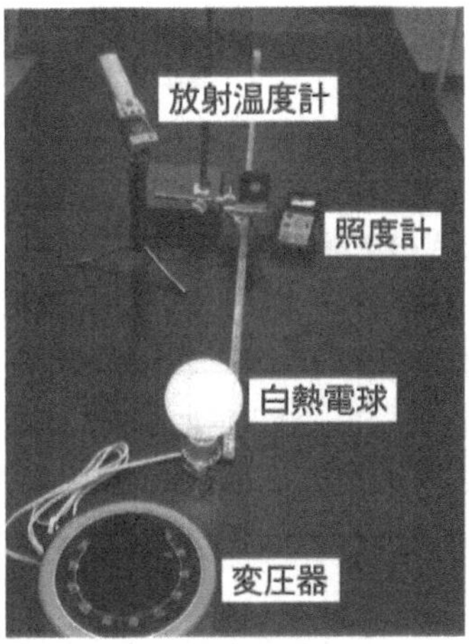

図３ 電圧と照度、温度の関係を測定する装置

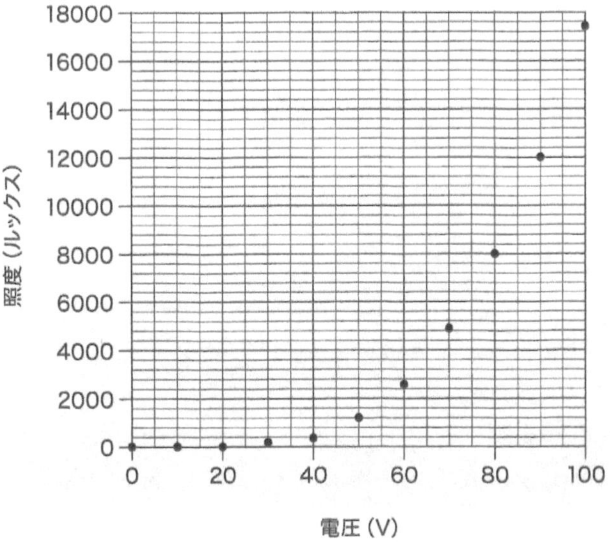

図４ 電圧を変化させた時の照度

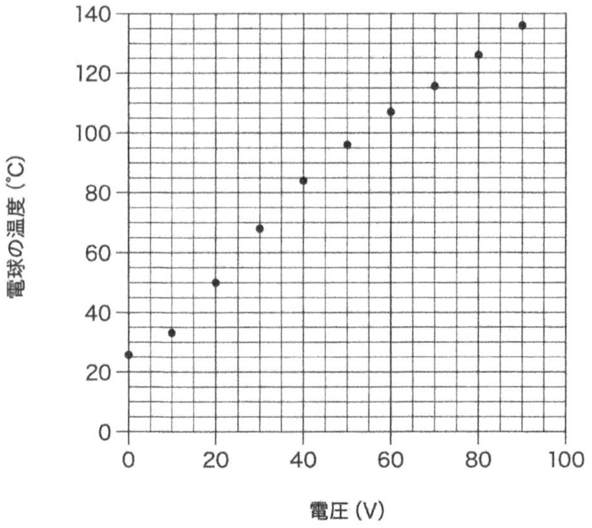

図５　電圧を変化させた時の電球の温度

(2)　次の［　］にもっとも適するものを選び，○で囲みなさい。

電圧を上げると，照度が①［ 上昇・下降 ］します。白熱電球と照度計の距離は一定なので，電圧が大きいほど，電球は②［明るく・暗く ］なることがわかります。電圧が50Ｖの時とくらべて，100Ｖでは，明るさは約③［ 2・5・15・30 ］倍になっていることがわかります。電球の温度は，電圧を上げると④［ 上昇・下降 ］していくことがわかります。夜空の星が同じような性質ならば，明るい星は温度が⑤［ 高い・低い ］ということになります。

図６の虹《にじ》の写真からわかるように，太陽の光の中にはさまざまな色の光がふくまれています。白熱電球も同様です。

図６　空にかかる虹

テレビやスマートフォンの画面は，青色，緑色，赤色の光の強さを調節して，多くの色を表す仕組みになっています。そこで，図７のような青色，緑色，赤色の色ガラスを用意しました。これらの色ガラスは，その色の光しか通さない性質をもっています。色ガラスを利用して，白熱電球の光の特徴《ちょう》を測定しました。

図７　青色、緑色、赤色の色ガラス

＜実験３＞

照度計に色ガラスをかぶせて，次の実験をしました。白熱電球との距離を一定に保ったまま，電圧を変えて，それぞれの色ガラスごとに照度の測定をしました。すると，表１のような結果になりました。これをもとにグラフを作ったのが図８，図９です。

表１　色ガラスごとの照度の測定結果

電圧（V）	青（ルックス）	緑（ルックス）	赤（ルックス）
0	0	0	0
10	0	0	0
20	0	4	13
30	2	26	55
40	5	103	164
50	13	330	410
60	27	760	810
70	53	1600	1520
80	83	2620	2300
90	124	4060	3250
100	178	5900	4400

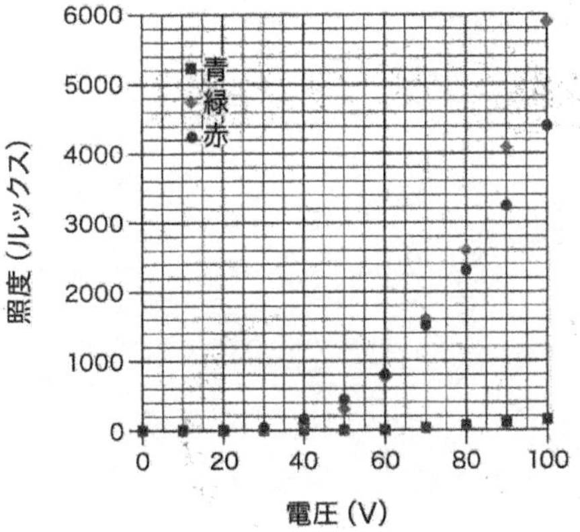

図８　色ガラスごとの電圧と照度の関係

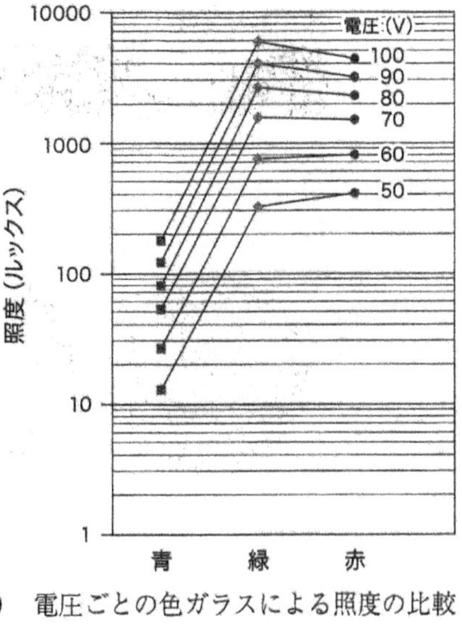

図９　電圧ごとの色ガラスによる照度の比較

(3)　＜実験３＞の結果から考えられる文として適切なものを次より２つ選び，記号を答えなさい。

(ア)　白熱電球からの光は電圧を高くすると，赤色に対して青色と緑色の割合が高くなっていく。

(イ)　白熱電球からの光は電圧を高くすると，赤色に対して青色と緑色の割合が低くなっていく。

(ウ)　白熱電球からの光は電圧を変化させても，赤色に対する青色と緑色の割合は変わらない。

(エ)　電圧を変化させると，白熱電球の色が変わると考えられる。

(オ)　電圧を変化させても，白熱電球の色に変化はないと考えられる。

(4)　夜空に見える星の明るさや色の関係が，＜実験１，２，３＞と同じと考える。次の文のうち適切なものを２つ選び，記号を答えなさい。

(ア)　赤い星と青い星は，温度は変わらないが，青い星ほど明るい。

(イ)　赤い星と青い星は，温度は変わらないが，赤い星ほど明るい。

(ウ)　赤い星は温度が低くて暗く，青い星は温度が高くて明るい。

(エ)　赤い星は温度が低くて明るく，青い星は温度が高くて暗い。

(オ)　赤い星は赤色の光だけ，青い星は青色の光だけを出して輝いている。

(カ)　星はさまざまな色の光を出しているが，距離が遠いと青く，近いと赤く見える。

(キ)　星はさまざまな色の光を出しているが，温度のちがいで出している色の割合が変わり，ちがった色に見える。

宇宙では，たくさんの星がせまい範《はん》囲《い》に同時に誕生することがあります。地球から見ると，ほとんど同じ距離に星が集まっていることになります。このような星の群れを星団とよびます。図10は星団の例です。

図10　かに座　プレセペ星団 M44

＜実験４＞

まず色ガラスをつけないでプレセペ星団を撮影《さつえい》して，それぞれの星の明るさを求めました。次に色ガラスをつけて星団を撮影し，青い光と赤い光の割合を計算しました。次のページの図11には測定できた星団の一部の星を示しています。明るい星は上に，暗い星は下になります。左側にあるのは青い星，右側にあるのは赤い星となります。

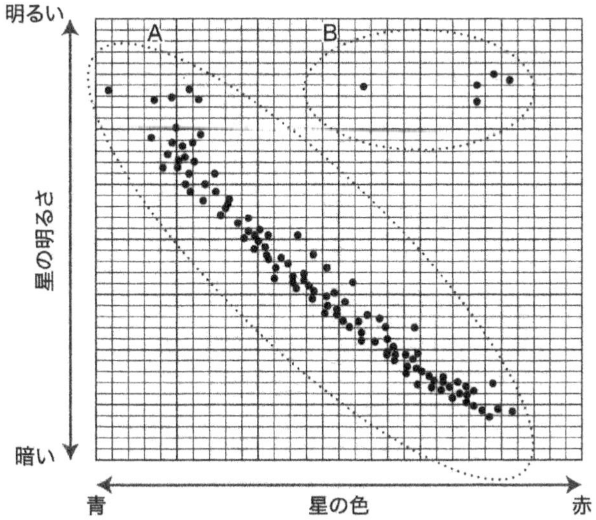

図11　星の色と明るさの関係

(5)　次の［　］に適するものを選び，○で囲みなさい。

プレセペ星団には，図11の中に点線で囲んだように，AとBの異なった性質をもつ星のグループが見られます。白熱電球の実験結果と似ているのは①［ A・B ］グループと考えられます。Aグループは②［ 青い・赤い ］星が明るいという特徴が見られます。ところが，Bグループは明るくて，③［ 青い・赤い ］星があります。

(6)　プレセペ星団には，赤い色をした星が二種類あることがわかります。明るい赤い星と暗い赤い星です。明るい赤い星は，暗い赤い星と比べて，どのようにちがうと考えられますか。次の（　）を補い，文を完成させなさい。

明るい赤い星は，暗い赤い星と比べて（　　　　　　　）。

4　次の各問いに答えなさい。ただし音速は常に毎秒350mとします。

図１のように壁《かべ》から300m離《はな》れた位置に観測者がいます。壁と観測者の直線上に音源を置きます。この音源から音を１回鳴らすと，観測者は音源から直接届く音と，壁で反射した音の，合わせて２回の音が聞こえました。このとき観測者が聞いた音と音の間の時間をT秒とします。

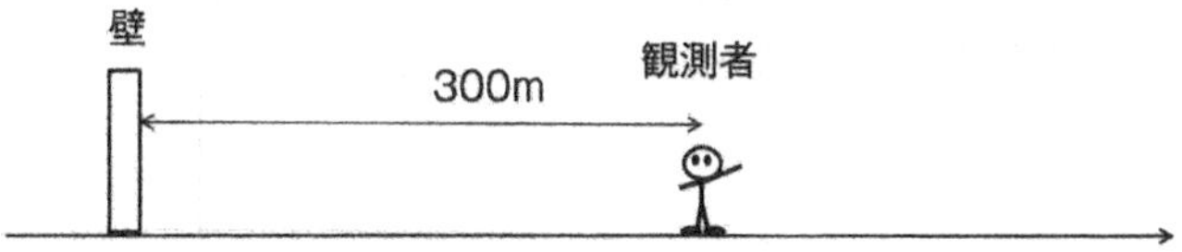

図１　壁と観測者の位置関係

(1) 次の①，②の場合について，Ｔの値を小数第１位まで答えなさい。

① 音源と壁の間の距離《きょり》が140mの場合（図２）

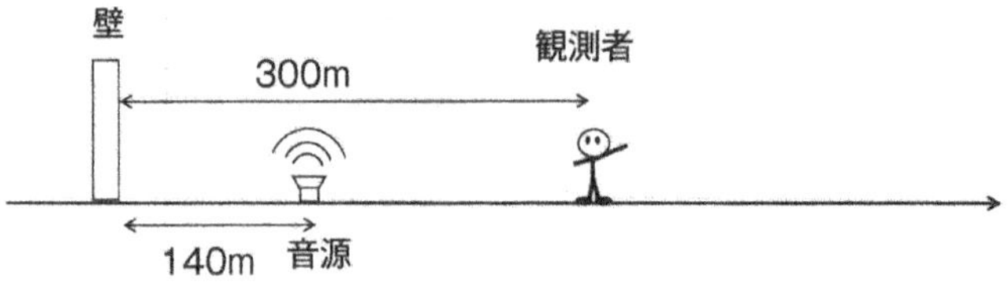

図２

② 音源と壁の間の距離が400mの場合（図３）

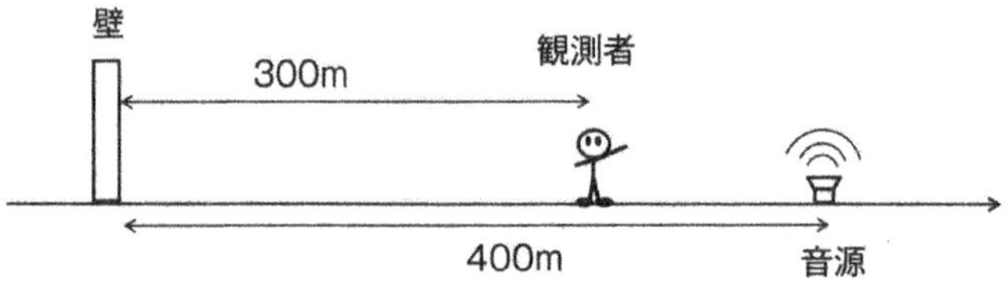

図３

(2) (1)の音源の位置だけを同じ直線上でいろいろ変えたとき，Ｔの値がどうなるか調べました。図４のように，横軸《じく》を壁から音源までの距離，縦軸をＴとするとき，どのような形のグラフになるか示しなさい。ただし値は書かないこと。

(1) ②の答えをｔとする。

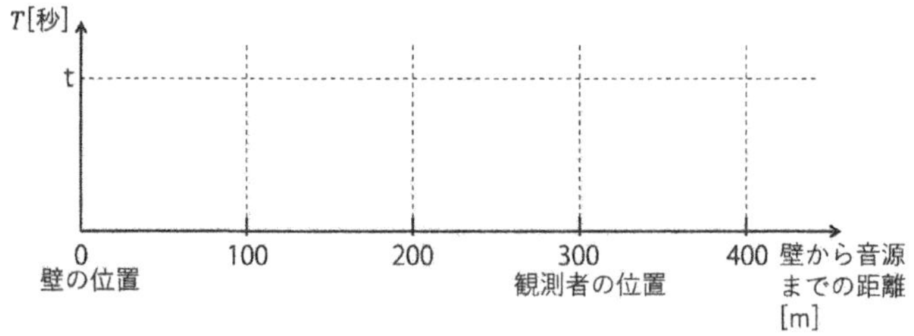

図４

次に平面上で考えます。次のページの図５は上から見た様子で１目盛りを50mとします。Ａ，Ｂの２か所に観測者がいて，ＡとＢは800m離れています。Ａ，Ｂと同じ平面上のどこか１か所に音源を置き，その音源から出た音を聞いた時刻を測定しました。

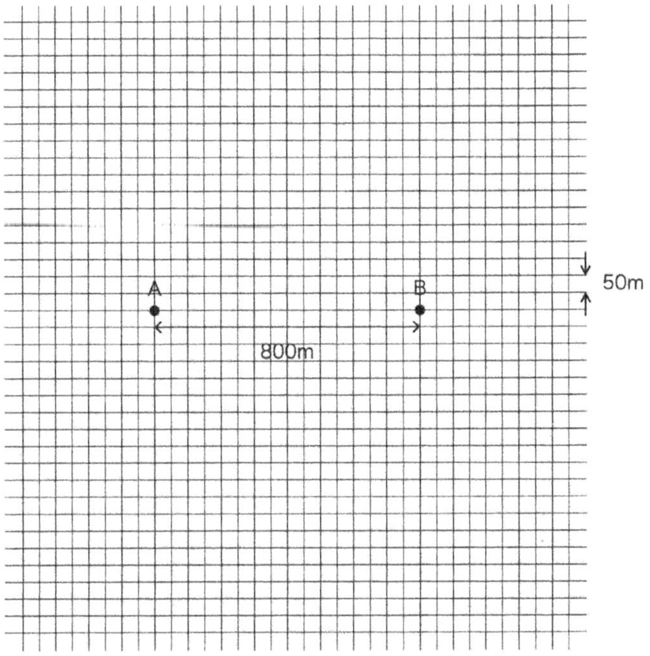

図５　観測者の位置A、B

⑶　音源で音を出してからＡでは１秒後に，Ｂでは２秒後に音が聞こえました。このとき音源の位置として考えられるすべての位置を作図しなさい。ただし，作図に必要な線はすべて残しなさい。また，音源の位置を点，線，範《はん》囲《い》で示す場合，図６に従い答えの部分を矢印で示しなさい。

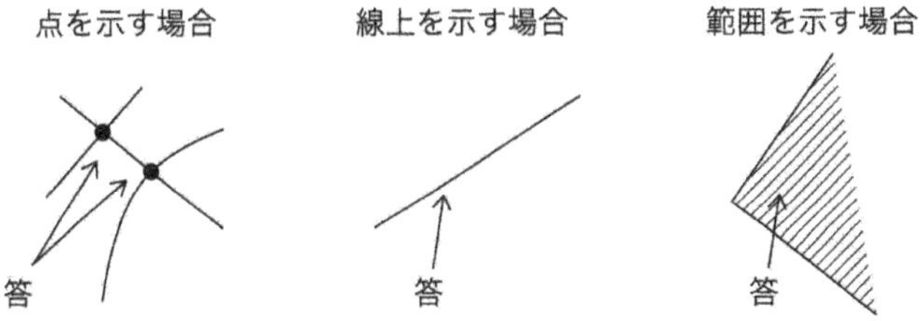

図６　解答の示し方

⑷　音源で音を出し，Ａで音が聞こえた時刻から１秒後にＢで音が聞こえました。このときの音源の位置を示す線として最も適切なものを次より選び記号を答えなさい。

(ア)

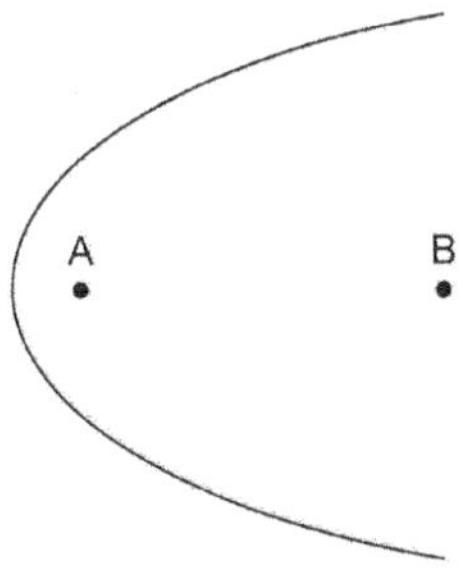

(イ)

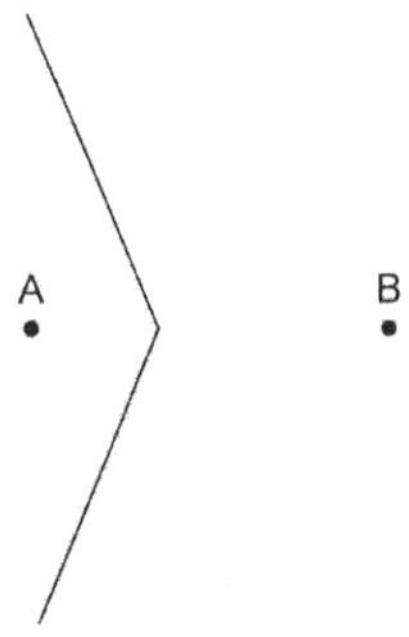

(ウ)

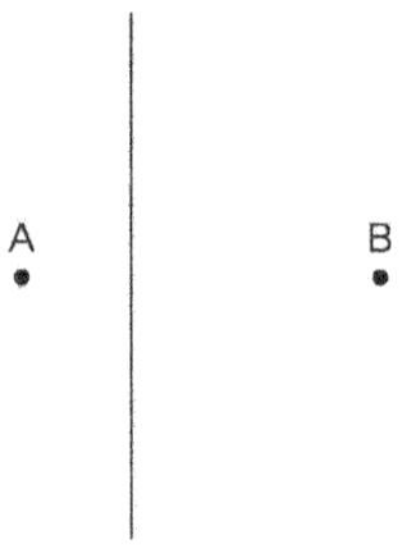

(エ)

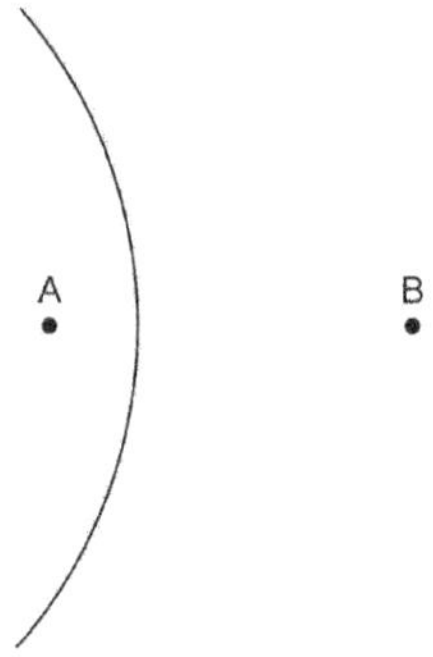

(オ)

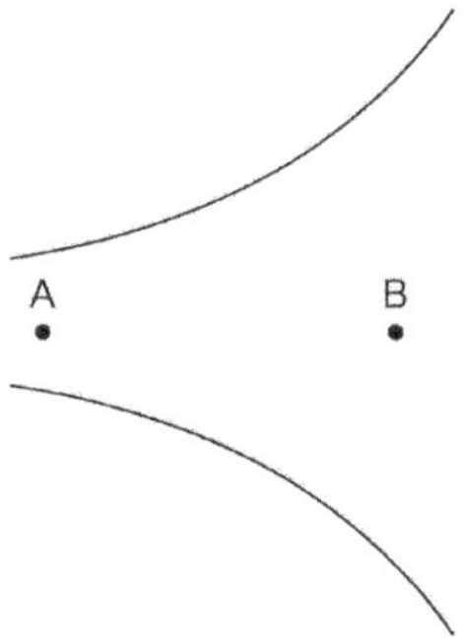

(カ)

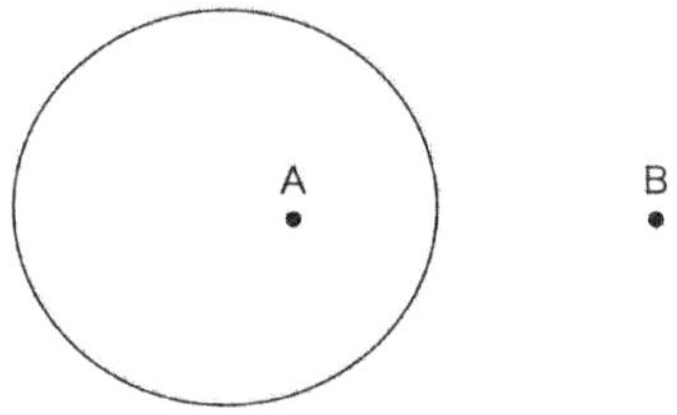

(5)　音源の位置をいろいろ変えて，ＡとＢで音が聞こえた時刻の差を測定したところ，その時間には最大値があることがわかりました。

①　初めにＡで音が聞こえてから，次にＢで音が聞こえるまでの時間の最大値を小数第１位まで答えなさい。

②　①のときの音源の位置として考えられるすべての位置を(3)と同様の方法で作図しなさい。

【社　会】（45分）　＜満点：75点＞

【注意】・句読点は字数にふくめます。

・字数内で解答する場合，数字は1マスに2つ入れること。例えば，226年なら［22］［6］［年］とすること。字数は指定の8割以上を使用すること。例えば，30字以内なら24字以上で答えること。

・コンパス・定規は必要ありません。

［1］　次の文章を読み，下記の設問に答えなさい。

繁華街《はんかがい》などの街中には，銀行があります。30年前の地図と今の地図を比べると，銀行の名前が変わっていたり，窓口が廃止されていたりすることがあります。また，銀行以外の店舗や集合住宅などに建て替えられていることもあります。なぜ，このような変化が生じたのでしょうか。

銀行は金融機関の一つで，お金が余っている人と不足している人の間で仲立ちをするのが役割です。金融機関には銀行の他に保険会社や証券会社などがあり，金融のしくみを安定させるための行政機関として a <u>金融庁</u>が設置されています。

銀行には，「b <u>預金</u>」「貸出」「為替《かわせ》」の三つの業務があります。

預金（「貯金」ともいいます）とは，個人や会社ですぐに使わないお金を銀行が預かることです。銀行は預金に利息（「利子」ともいいます）をつけます。預金者のお金の出し入れは預金口座《こうざ》に記録します。

貸出とは，お金を必要とする個人や会社に対して，銀行がお金を貸すことです。借りた個人や会社は，借りたお金に利子をつけて返します。c <u>貸出のさい，銀行は貸したお金が確実に返してもらえるか，審査をします</u>。

為替とは，別の人の預金口座にお金を振り込むことです。高額な売買代金を相手に支払うとき，銀行で振り込むことにより現金を輸送することなく相手に送金することができます。日本国内に送金することを内国《ないこく》為替，外国に送金することを d <u>外国為替</u>といいます。

日本の銀行はいくつかの種類に分けられます。都市銀行は大都市や海外に支店があります。地方銀行は本店のある都道府県内で主に営業します。

e <u>日本銀行</u>は日本の中央銀行として，特殊な役割があります。その一つが紙幣を発行し，通貨の量を調節する役割です。日本銀行が1885年に紙幣を発行するまでは，アメリカの「ナショナルバンク」を直訳した民間の国立銀行が紙幣を発行していました。国立銀行は設立順に番号がついており，現在でも番号を銀行名に残しているものもあります。

日本の銀行は1990年代後半からの約10年の間に経営破綻《はたん》や合併が相次ぎ，支店の閉鎖や統合がおこなわれました。そして現在，再び銀行を取り巻く環境は厳しさを増し，多くの課題を抱えています。

その一つ目は銀行利用客の減少です。特に地方では，f <u>少子化による人口減少</u>の影響が著しいです。

二つ目は［　ア　］金利です。金利とは利子の割合のことです。銀行は預金で集めたお金を貸し出して利益を得ます。つまり，［　イ　］い金利で預金を集めて［　ウ　］い金利で貸すほど，銀行の利益が増えます。しかし近年，政府や日本銀行は金利が［　エ　］くなる政策を続けているため，貸出金利も過去最［　オ　］を記録しています。これが銀行の経営を圧迫しています。

三つ目はデジタル化への対応です。為替などで利用者が銀行に支払う手数料は銀行の収入源ですが，インターネットやスマートフォンが普及したため，銀行を使わなくても送金することが容易になりました。g法律の改正でh異業種から新たな形態の銀行も参入し，金利や手数料の競争も激しくなっています。また，iキャッシュレス化により現金の必要な場面が減ったなどの理由で，銀行窓口への来店客数も減りました。新型コロナウイルスの感染拡大もその流れに拍車《はくしゃ》をかけています。しかし，j従来の銀行の仕組みではインターネット取引やデジタル化が難しいため，それらを改める取り組みを進めています。

2020年９月には，菅義偉《すがよしひで》k内閣官房長官（当時）が「地方の銀行について，将来的には数が多すぎるのではないか」「再編も選択肢《し》の一つになる」と発言をしました。また，地域金融機関の経営統合を後押しする法律が施行されました。上記のような課題に対処するには，銀行の規模が大きい方が有利だからです。今後も地方銀行を中心に金融機関や店舗の再編が続くと予想されます。

問１　空らん［ア］～［オ］には「低」または「高」が入ります。そのうち，「高」が入る空らんの記号の組合せとして正しいものを，下記より１つ選び番号で答えなさい。

１　**アエオ**　　２　**アイエオ**　　３　**アウエオ**　　４　**イ**　　５　**イウ**　　６　**ウ**

問２　下線部ａに関する次の文Ｘ・Ｙについて，その正誤の組合せとして正しいものを，下記より１つ選び番号で答えなさい。

Ｘ　金融庁は経済産業省の外局として設置されています。

Ｙ　金融庁は金融機関に対する検査や監督，命令をおこなうことができます。

１　Ｘ　正　　Ｙ　正　　　２　Ｘ　正　　Ｙ　誤

３　Ｘ　誤　　Ｙ　正　　　４　Ｘ　誤　　Ｙ　誤

問３　下線部ｂに関する次の文Ｘ・Ｙについて，その正誤の組合せとして正しいものを，下記より１つ選び番号で答えなさい。

Ｘ　税金や公共料金などは，預金口座から引き落として支払うことができます。

Ｙ　現在，金融機関の経営が破綻したときは，政府がすべての預金を全額払い戻すことを保証しています。

１　Ｘ　正　　Ｙ　正　　　２　Ｘ　正　　Ｙ　誤

３　Ｘ　誤　　Ｙ　正　　　４　Ｘ　誤　　Ｙ　誤

問４　下線部ｃについて，この審査は銀行を経営する上で大変重要なことです。その理由を解答用紙のわく内で説明しなさい。

問５　下線部ｄに関連して，外国通貨との交換比率のことを外国為替相場といいます。このことに関する次の文Ｘ・Ｙについて，その正誤の組合せとして正しいものを，下記より１つ選び番号で答えなさい。

Ｘ　１ドル＝200円から１ドル＝100円になることを「円安ドル高」といいます。

Ｙ　現在，日本円とアメリカドルの外国為替相場は，日々変動しています。

１　Ｘ　正　　Ｙ　正　　　２　Ｘ　正　　Ｙ　誤

３　Ｘ　誤　　Ｙ　正　　　４　Ｘ　誤　　Ｙ　誤

問６　下線部ｅに関する次の文Ｘ・Ｙについて，その正誤の組合せとして正しいものを，あとから１つ選び番号で答えなさい。

Ｘ　現在，日本銀行は千円・二千円・五千円・一万円の日本銀行券（紙幣）を発行しています。

Ｙ　日本銀行は個人や一般の会社からの預金を受け入れています。

1　Ｘ　正　　Ｙ　正　　　2　Ｘ　正　　Ｙ　誤

3　Ｘ　誤　　Ｙ　正　　　4　Ｘ　誤　　Ｙ　誤

問７　下線部ｆに関する次の文Ｘ・Ｙについて，その正誤の組合せとして正しいものを，下記より１つ選び番号で答えなさい。

Ｘ　日本では人口や職業，世帯構成などの基礎的な資料を得るため，国勢調査をおこなっています。

Ｙ　菅義偉内閣には少子化対策担当大臣が置かれていましたが，岸田文雄内閣で廃止されました。

1　Ｘ　正　　Ｙ　正　　　2　Ｘ　正　　Ｙ　誤

3　Ｘ　誤　　Ｙ　正　　　4　Ｘ　誤　　Ｙ　誤

問８　下線部ｇに関連して，法律案を国会で議決することに関する日本国憲法の規定を説明した次の文Ｘ・Ｙについて，その正誤の組合せとして正しいものを，下記より１つ選び番号で答えなさい。

Ｘ　法律案の議決は，衆議院・参議院のどちらが先におこなってもかまいません。

Ｙ　衆議院で可決し，参議院でこれと異なった議決をした法律案は，衆議院で出席議員の過半数で再び可決したときは，法律となります。

1　Ｘ　正　　Ｙ　正　　　2　Ｘ　正　　Ｙ　誤

3　Ｘ　誤　　Ｙ　正　　　4　Ｘ　誤　　Ｙ　誤

問９　下線部ｈに関する次の文Ｘ・Ｙについて，その正誤の組合せとして正しいものを，下記より１つ選び番号で答えなさい。

Ｘ　インターネットのみで取引をおこなう銀行は，預金を受け入れていません。

Ｙ　コンビニエンスストアやスーパーマーケットを経営する会社が銀行を設立し，ＡＴＭ（現金自動預け払い機）を設置しています。

1　Ｘ　正　　Ｙ　正　　　2　Ｘ　正　　Ｙ　誤

3　Ｘ　誤　　Ｙ　正　　　4　Ｘ　誤　　Ｙ　誤

問10　下線部ｉに関連して，日本は世界の主要国の中で，キャッシュレス決済の割合が低いと指摘されています。その原因の一つとして，キャッシュレス決済が利用できない店の多いことが挙げられています。店側の立場から，キャッシュレス決済を導入することに消極的な理由を，解答用紙のわく内で説明しなさい。

問11　下線部ｊに関する次の文Ｘ・Ｙについて，その正誤の組合せとして正しいものを，下記より１つ選び番号で答えなさい。

Ｘ　取引のさいに，暗証番号やパスワードを入力することで，ペーパーレス化を進めています。

Ｙ　紙の通帳の発行をやめ，インターネットで取引の記録を確認できるようにしています。

1　Ｘ　正　　Ｙ　正　　　2　Ｘ　正　　Ｙ　誤

3　Ｘ　誤　　Ｙ　正　　　4　Ｘ　誤　　Ｙ　誤

問12　下線部ｋに関する次の文Ｘ・Ｙについて，その正誤の組合せとして正しいものを，あとから１つ選び番号で答えなさい。

Ｘ　内閣総理大臣が任命する国務大臣から充《あ》てられます。

Ｙ　原則として平日に首相官邸で記者会見をおこなっています。

1　X　正　Y　正　　2　X　正　Y　誤
3　X　誤　Y　正　　4　X　誤　Y　誤

2　次の文章を読み，下記の設問に答えなさい。

中学校や高校で学ぶ古典の１つに a平安時代に清少納言が著した随筆《ずいひつ》『枕草子』もあります。この『枕草子』には牛飼童《うしかいわらわ》が登場します。平安時代や b鎌倉時代を中心に，貴族などの中には，牛車《ぎっしゃ》に乗って移動する人がいましたが，その牛車を引っ張る牛を操《あやつ》ったり，飼育したりしたのが牛飼童です。

現在の京都三大祭の１つ葵祭《あおいまつり》では，図１のように，白い服を着た車副《くるまぞえ》の人々とともに牛車をひく，赤い服を着た牛飼童の姿を見ることが出来ます。しかし，平治の乱を描いた『平治物語絵巻』（図２）や，鎌倉時代の僧で時宗《じしゅう》の開祖とされる一遍《いっぺん》の一生を描いた『一遍上人絵伝《いっぺんしょうにんえでん》』（図３）の牛飼童の姿を見ると（赤点線○で囲んだのが牛飼童），図１のような現在の葵祭などで見る姿とは，ずいぶん違っているようにも思います。

さらに『一遍上人絵伝』では，牛飼童以外にも，武士に仕えている童《わらわ》の姿がいくつかの場面で見ることが出来ます（次のページの図３・４の青○で囲んだ人物）。そこで再び古典に戻ると，いわゆる源平の合戦を中心に平家の盛衰《せいすい》を描いた『平家物語』の c屋島の戦いの場面では，平教経《のりつね》に仕える童の菊王丸《きくおうまる》が，腹巻《はらまき》という鎧《よろい》を着るなど武装して戦いにのぞむも，18歳の若さで戦死してしまう話があります。

そして戦場における童には，金王丸《こんのうまる》という童もいました。東京の d渋谷駅の近くに金王《こんのう》八幡宮という特徴的な名前の e神社がありますが，この「金王」というのは，院政期に活躍したと伝えられる金王丸に由来するそうです。金王丸は源義朝《よしとも》に仕えた童で，17歳の時に保元の乱で活躍しました。その後，主君の義朝が平治の乱で敗れ，f尾張国で命を落とすと，金王丸は京都に上《のぼ》り，義朝の側室《そくしつ》である常盤御前《ときわごぜん》に義朝の死を伝えたと言われています。後の g江戸時代になると，金王丸を扱った歌舞伎が上演されたり，浮世絵が描かれたりしたので，金王丸は江戸の人々に広く知られた存在だったようです。

以上のように，(ⅰ)中世には，牛飼童など貴族に仕える童もいれば，武士に仕える童など，色々な童がいたようですが，(ⅱ)彼らは，外見など色々な点において，多くの武士たちが14，15歳で*元服をし，成人男性として生活をしたのとは，ずいぶん違うものだったようです。

＊．中世の武士の元服では，髪を結《ゆ》って烏帽子《えぼし》をかぶり，幼名《ようみょう》を廃して諱《いみな》を名乗りました。例えば，源義経は，幼名を牛若丸といい，元服して義経と名乗りました。

図１

図２

図3

図4

※．図１～図４は以下より転載しました。

図１：京都観光オフィシャルサイト　京都観光　Navi

図２：東京国立博物館ウェブサイト　コレクション　名品ギャラリー「平治物語絵巻」

図３・４：国立文化財機構ウェブサイトe國寶「一遍上人絵伝」

問１　下線部ａについて述べた文として正しいものを，下記より１つ選び番号で答えなさい。

1　来日した唐僧の最澄は，日本に天台宗を伝えました。

2　推古天皇は，小野妹子らを隋に派遣しました。

3　墾田永年私財法が出されました。

4　平等院鳳凰堂は，藤原頼通によって建てられました。

問２　下線部ｂに関して述べた次の文Ａ～Ｄについて，正しいものの組合せを，下記より１つ選び番号で答えなさい。

Ａ　多くの民衆が京都の土倉や酒屋といった金融業者をおそうと，鎌倉幕府は永仁の徳政令を出し，借金を帳消しにしました。

Ｂ　鎌倉時代の末期には，悪党と呼ばれる人々が，荘園をおそったりしました。

Ｃ　チンギス＝ハンの命令によって，元は２度にわたって日本を攻撃しました。

Ｄ　後鳥羽上皇は執権の北条義時を倒そうとするも，鎌倉幕府軍に敗れました。

1　Ａ・Ｃ　　2　Ａ・Ｄ　　3　Ｂ・Ｃ　　4　Ｂ・Ｄ

問３　下線部ｃに関連して，屋島の戦いの古戦場は，現在の香川県内にあります。その香川県出身の内閣総理大臣に大平正芳《おおひらまさよし》がいます。この大平正芳が外務大臣や内閣総理大臣として活躍した**1970年代の出来事**に関して述べた次の文Ａ～Ｄについて，正しいものの組合せを，あとから１つ選び番号で答えなさい。

Ａ　アメリカの統治下にあった沖縄が日本に復帰しました。

Ｂ　東京と大阪の間を結ぶ東海道新幹線が開通しました。

C　中華人民共和国との国交が正常化されました。

D　東京ではトーキーと呼ばれた無声映画の上映が始まり，人気を集めました。

１　A・C　　２　A・D　　３　B・C　　４　B・D

問４　下線部dに関連して，渋谷駅の歴史は，日本鉄道会社品川線の渋谷停車場が1885（明治18）年に開業したことに始まります。この渋谷駅（渋谷停車場）が開業した明治時代について述べた文として正しいものを，下記より１つ選び番号で答えなさい。

１　原敬が初の本格的な政党内閣を組織しました。

２　衆議院と参議院の審議を経て大日本帝国憲法が制定されました。

３　日清戦争の講和条約で，日本は清から賠償金を得ることになりました。

４　陸軍・海軍・空軍から成る軍隊が整備され，満20歳以上の成年男子は徴兵検査を受けるようになりました。

問５　下線部dに関連して，渋谷駅は，そのハチ公口前に銅像「忠犬ハチ公像」があることで有名です。1923（大正12）年11月に生まれたハチ公は，1935（昭和10）年３月に世を去りました。この期間に起きた出来事に関して述べた次の文A～Dについて，正しいものの組合せを，下記より１つ選び番号で答えなさい。

A　納税額による制限が廃止され，満25歳以上の男子は衆議院議員選挙の選挙権を持つようになりました。

B　日本はニューヨークに本部が置かれた国際連盟の常任理事国になりました。

C　陸軍の青年将校が犬養毅首相を暗殺した二・二六事件が起きました。

D　柳条湖事件をきっかけにして満州事変が起きました。

１　A・C　　２　A・D　　３　B・C　　４　B・D

問６　下線部eに関連して，東京都内のいくつかの神社の境内《けいだい》や神社に隣接する所には貝塚があります。貝塚ができた縄文時代に関して述べた次の文A～Dについて，正しいものの組合せを，下記より１つ選び番号で答えなさい。

A　マンモスやナウマンゾウなど大型の動物を捕《と》るために，弓矢が発達しました。

B　採集したドングリなどの木の実を煮たり，保存するために土器を用いました。

C　青森県の吉野ヶ里遺跡では，大規模な集落が数千年も存続したことがわかりました。

D　貝塚の中から，屈葬《くっそう》の状態で人骨が見つかることもあります。

１　A・C　　２　A・D　　３　B・C　　４　B・D

問７　下線部fに関連して，尾張国は現在の愛知県西部にあった国です。愛知県の県庁所在地は名古屋市ですが，次のページの**図５**は，その名古屋における米騒動の様子を描いたものです。この**図５**を見て，米騒動に関して述べた次の文A～Dについて，正しいものの組合せを，下記より１つ選び番号で答えなさい。

A　名古屋でも，女性を中心とする人々が，米の安売りを求めて米屋に押しかけました。

B　米騒動が起きた当時，名古屋などの都市では電灯が普及し，夜になると電灯の明かりが街を照らしました。

C　米騒動を鎮《しず》めるため，警察だけでなく，軍隊も出動しました。

D　米騒動は，米が不足する12月から翌年の３月にかけて起きました。

１　A・C　　２　A・D　　３　B・C　　４　B・D

図5

※.「米騒動絵巻」（徳川美術館ウェブサイト　特別展・企画展「タイムスリップ1918 大正の名古屋」より転載）

問８　下線部ｇに関連して，江戸時代の文化について述べた文として正しいものを，下記より１つ選び番号で答えなさい。

1　元禄文化は，小林一茶や葛飾北斎など上方の町人を主な担い手としました。

2　歌川広重（安藤広重）は，『東海道中膝栗毛』などの浮世絵を描きました。

3　歌舞伎の役者を描いた浮世絵版画がつくられました。

4　雪舟は，風景を題材にした数多くの水墨画を描きました。

問９　下線部ｇに関連して，天保の改革では江戸の高い物価に対する政策として，幕府はどのようなことをおこないましたか。５～10字で答えなさい。

問10　二重下線部①に関連して，中世後期の室町時代の日本における貨幣の使用状況は，**図６・７**のような形で各地の遺跡から出土した銅銭を調べることによって知ることができます。出土した貨幣に関する次のページの**表１～３**を見て，室町時代における貨幣の使用状況について40字以内で説明しなさい。そのさい，室町時代における中国との貿易をふまえて答えなさい。

図6

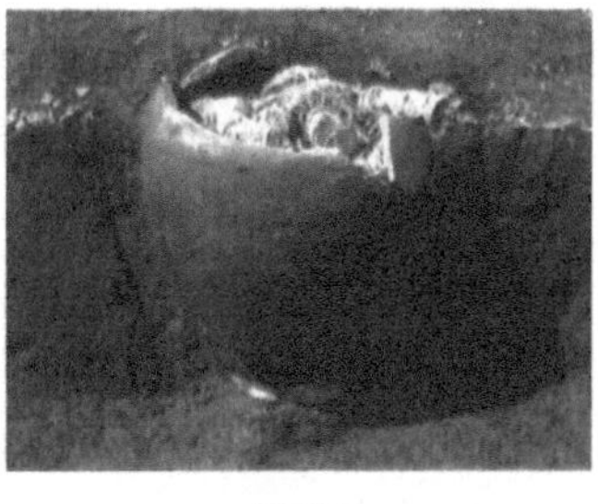

図7

銭種	枚数
宋銭	4293
明銭	45
その他中国銭	790
輸入銭（中国以外）	5
銭名不詳	700
計	5833

表１　岡山県中屋遺跡

銭種	枚数
宋銭	2269
明銭	276
その他中国銭	241
銭名不詳	16
計	2802

表２　山梨県小和田遺跡

銭種	枚数
宋銭	327905
明銭	12
その他中国銭	33549
輸入銭（中国以外）	53
日本銭	15
銭名不詳	12901
計	374435

表３　北海道志苔館跡

※．**図６・７**は山梨県埋蔵文化財センター『埋蔵銭貨出土遺跡群詳細分布調査報告書』（2004年）より転載。

※．**表１～３**は、下記を参考に作成しました。

表１：岡山県赤磐市教育委員会『向山宮岡遺跡・丸田遺跡・中屋遺跡の大量出土銭』（2013年）

表２：山梨県埋蔵文化財センター『埋蔵銭貨出土遺跡群詳細分布調査報告書』（2004年）

表３：田原良信「再考　志海苔古銭と志苔館」（『市立函館博物館　研究紀要』第14号、2004年）

問11　二重下線部ⅱに関連して，牛飼童などの童は，多くの武士たちとはどのような点で異なりますか。60字以内で説明しなさい。

※．本文や設問は，すでに掲げたもののほか，以下の文献などを参考にしました。

- 松尾聰・永井和子　校注・訳『枕草子』（日本古典文学全集11，小学館，1974年）
- 佐藤謙三　校註『平家物語』上・下巻（角川文庫，角川書店，1959年）
- 信太周・犬井善壽ら校注・訳『将門記　陸奥話記　保元物語　平治物語』（新編日本古典文学全集41，小学館，2002年）
- 『渋谷駅100年史：渋谷駅開業100周年記念』（日本国有鉄道渋谷駅，1985年）
- 金王八幡宮公式ホームページ
- 港区立郷土歴史館ウェブページ「西久保八幡貝塚出土遺物」
- 豊島区公式ホームページ「池袋東貝塚について」

3　次の各テーマに関する文章を読み，下記の設問に答えなさい。

テーマ①　平年値

2021年の関東地方は，平年と比べて梅雨入りがやや遅かったそうです。平年とはどのように決まるのでしょうか。日本の気象庁では，西暦年の一の位が「１」の年から続く［ア］年間の値を平年値として使用し，10年ごとに更新しています。これらの値が「平年」として用いられているのです。2021年は平年値が更新され，5月19日から10年ぶりに新しい平年値（新平年値）が使用されています。新平年値では，日本の平均気温が長期的に見て上昇しているため，ほとんどの地点で年平均気温が上昇しています。平年値の変化は，地球温暖化や自然変動の影響に加え，地点によっては都市化も影響しています。

問１　空らん［ア］に入る数字を答えなさい。

問２　新平年値ではどのような変化があったでしょうか。真夏日（日最高気温30℃以上）の年間日数，冬日（日最低気温０℃未満）の年間日数，年間降雪量の全国的な傾向として，正しいものの組合せを，１～8のうちから１つ選び番号で答えなさい。

	真夏日の年間日数	冬日の年間日数	年間降雪量
1	増加	減少	減少
2	増加	減少	増加
3	増加	増加	減少
4	減少	増加	増加
5	減少	増加	減少
6	減少	減少	増加
7	増加	増加	増加
8	減少	減少	減少

問３　次の表は，関東地方における猛暑日（日最高気温35℃以上）の年間日数，熱帯夜（日最低気温25℃以上）の年間日数，年間降雪量を示したものです。表内(ア)～(ウ)には以下の地図中，東京・熊谷・銚子のいずれかの観測地点が当てはまります。(ア)～(ウ)の組合せとして正しいものを，１～6のうちから１つ選び番号で答えなさい。

	猛暑日の年間日数（日）	熱帯夜の年間日数（日）	年間降雪量（cm）
（ア）	18.1	12.1	16
（イ）	0.0	8.1	0
（ウ）	4.8	17.8	8

（気象庁資料より作成。新平年値を使用。）

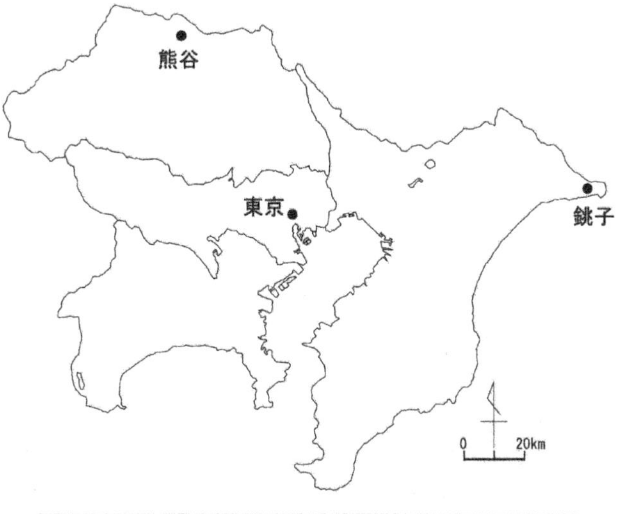

	（ア）	（イ）	（ウ）
1	東京	熊谷	銚子
2	東京	銚子	熊谷
3	熊谷	東京	銚子
4	熊谷	銚子	東京
5	銚子	東京	熊谷
6	銚子	熊谷	東京

問４　都市化の進展は気候に影響を与えるだけでなく，局地的大雨や集中豪雨にともなって水害の生じるリスクが高まることも指摘されています。その理由として，以下の**図１**から読み取れることを，解答用紙のわく内で説明しなさい。

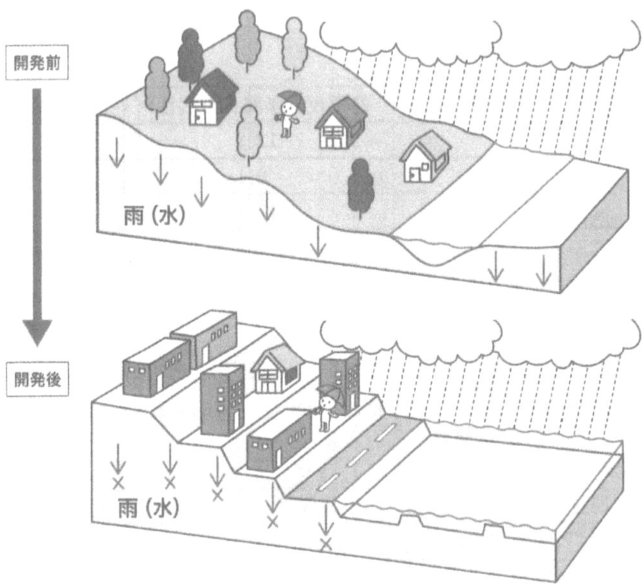

図１

（鎌田浩毅監修『日本列島のしくみ 見るだけノート』宝島社（2019年）より作成）

テーマ②　和食

「和食－日本人の伝統的な食文化」がユネスコの世界無形文化遺産に登録されたのは2013年のことでした。和食の食材の代表として「米」が挙《あ》げられます。稲の栽培は基本的に平地でおこなわれていますが，傾斜地では次のページの**写真１**のような稲作地も見られます。米は基本的にご飯として食べられますが，寿司にされたり，発酵《はっこう》させて酒や酢にされたりもします。

和食では食事中の飲み物としてお茶を飲むことが多いです。同じお茶でも紅茶やウーロン茶などと違って，日本のお茶は茶葉の色そのままの緑色であることが特徴です。a お茶は静岡県や鹿児島県，京都府など日本各地で栽培されています。

「出汁（以下，ダシと表現）」は和食を特徴付ける大きな要素です。近年，家庭では顆粒《かりゅう》ダシを使用することも多くなっていますが，干しシイタケや煮干しなどからダシを取る家庭もあるでしょう。和食のダシを代表するものとしては，鰹節《かつおぶし》と昆布が挙げられます。関東は鰹節，関西は昆布だしという認識が一般的ですが，併用されることも多いです。鰹節の元となる鰹は回遊魚であり，[イ] 海流にのってくるので太平洋岸の漁の対象です。鰹節の製造工程は江戸時代に完成したとされていますが，大消費地である江戸への海運の行程を，腐《くさ》らせずに保存して輸送する必要がありました。一方で，昆布は主として [ウ] の沿岸で採取されます。その後，西廻《まわ》り航路を通じて大阪へもたらされ，関西のダシ文化につながったと考えられています。

（文章は金田章祐『和食の地理学』平凡社（2020年）を参考に作問者が作成）

写真１（作問者撮影）

問５　**写真**１のような稲作地を何と呼びますか，漢字で答えなさい。

問６　下線部ａに関して，日本における一般的な「お茶」の栽培適地の説明として**ふさわしくないもの**を，次の文１～４のうちから１つ選び番号で答えなさい。

１　年間平均気温が14～16℃以上となり，年間で1500㎜程度の降水量があること。

２　夏季の最高気温が40℃を超えず，冬季の最低気温もマイナス５～マイナス６℃におさまること。

３　雨季と乾季がある程度はっきりしており，特に夏季の降水量が少ないこと。

４　空気や水が通りやすく，水分や肥料を保つ力が強い土壌《どじょう》であること。

問７　空らん［イ］・［ウ］に入る語句を答えなさい。ただし［ウ］には都道府県名が入ります。

問８　鰹は巻き網漁で漁獲されることが多いですが，下のイラストのような一本釣り漁で漁獲されることもあります。一本釣り漁は，巻き網漁などと比較して乱獲を防ぐなど海洋資源に優しいというメリットがあります。その他に一本釣り漁にはどのようなメリットがありますか，解答用紙のわく内で答えなさい。

（イラストは農林水産省ウェブサイトより引用）

テーマ③　空き家

近年，空き家が増加してきていることが問題視されています。住宅・土地統計調査によると，空き家とは「一つの世帯が独立して家族生活を営むことができる住宅において，普段人が居住していない住宅」と定義されています。しかし，bある一定数の住居が一時的に空き家になっていることは地域の存続に不可欠で，適正な*空き家率は５～７％程度と推計されています。従って，「半永久的に空き家状態が継続する建造物」の増加が問題視されていると言えるでしょう。

空き家の状況は地域によって異なっており，空き家などの適正管理に関する条例を施行している自治体（**図２**）が多くあります。その内容は自治体によって様々であり，例えば東京周辺の地域では密集市街地が多いので，防災や防犯の観点から条例が施行されています。

＊．空き家率とは，総住宅数に占める空き家の割合のことをさします。

（文章は由井義通・久保倫子・西山弘泰編著『都市の空き家問題　なぜ？どうする？―地域に即した問題解決にむけて―』古今書院（2016）を参考に作問者作成）

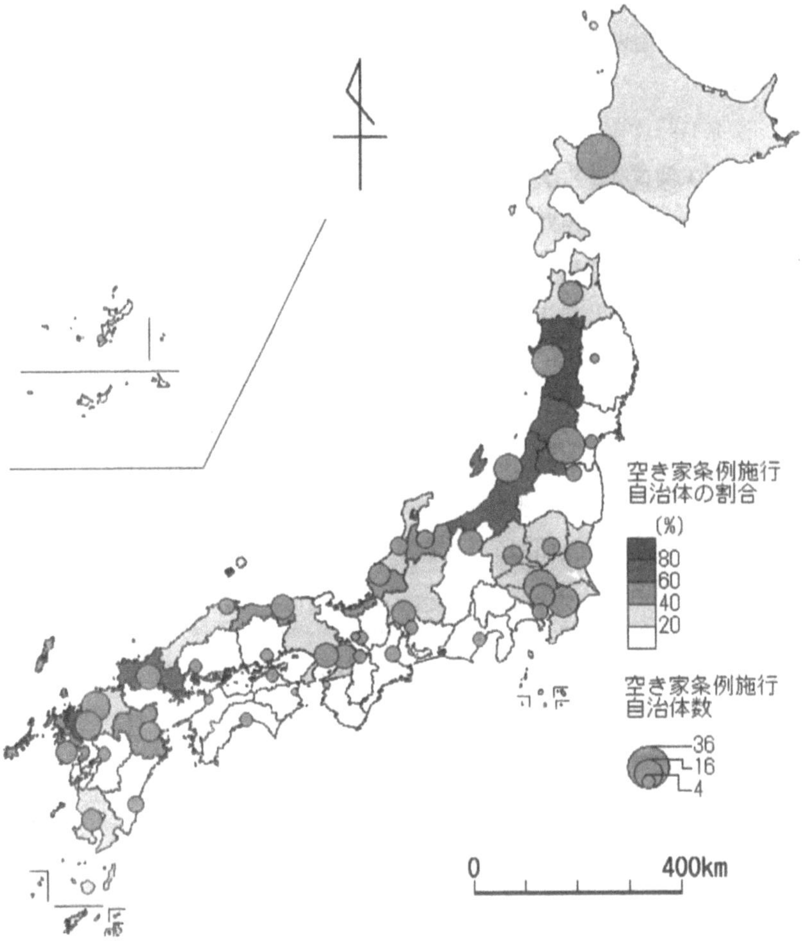

図２　都道府県別の空き家関連条例の施行数（2015年４月１日施行まで）

（由井義通・久保倫子・西山弘泰編著

『都市の空き家問題　なぜ？どうする？―地域に即した問題解決にむけて―』古今書院（2016）より引用）

問9　下線部bについて，ある一定数の空き家が常に必要である理由を，解答用紙のわく内で説明しなさい。

問10　空き家関連条例（空き家条例）の施行数は秋田県，山形県，新潟県，富山県，福井県など日本海側に多い傾向があります。これらの地域で空き家対策を積極的に実施しなくてはいけない理由を，その地域の自然環境をふまえて解答用紙のわく内で説明しなさい。

問11　下の**図3**は都道府県別の空き家率を示しています。**図3**を参考に，地域別の空き家状況の説明として**誤っているもの**を，次の文1～4のうちから1つ選び番号で答えなさい。

1　長野県や山梨県では，別荘などが多いため空き家率が高くなっています。

2　人口が継続的に流入超過傾向にある東京都は，空き家率が低い傾向です。

3　沖縄県は本島の他に離島も多く，空き家率が高いです。

4　過疎《かそ》地域を多く抱える西日本の太平洋側では，空き家率が高い地域が多いです。

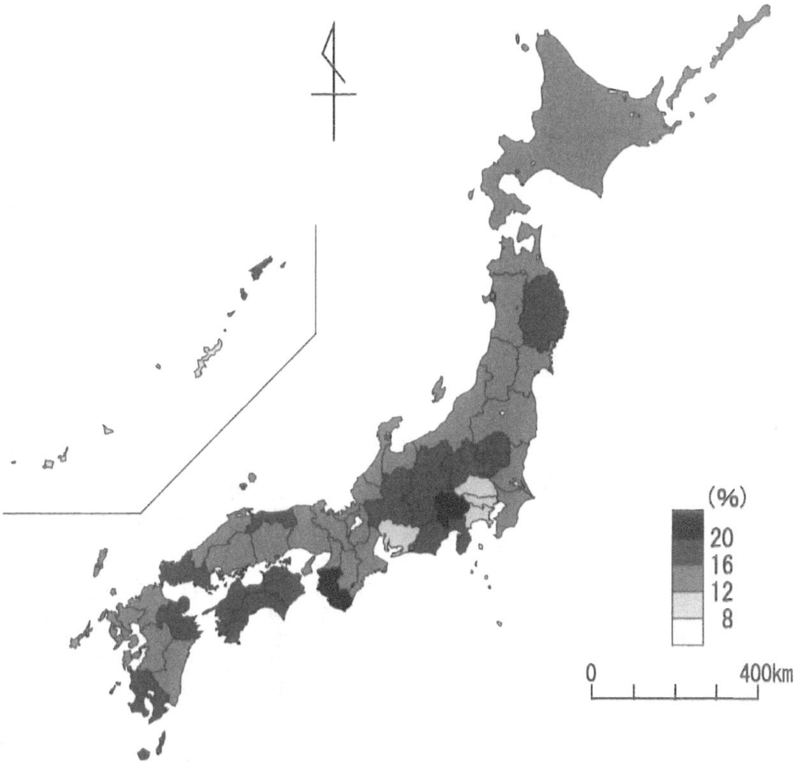

図3　都道府県別の空き家率（2018年）

「平成30年住宅・土地統計調査結果」（総務省統計局）

（https://www.stat.go.jp/data/jyutaku/2018/tyousake.html）を加工して作成

ウ　母が死んでしまったにもかかわらず、母との自然なやりとりをもう一度もたらしてくれるＶＦには、とても魅力を感じているが、一方で、人間の心を復元することによって、人間の死という重大な出来事さえも、この社会に存在しないものにしてしまう科学技術のあまりに強大な力に、破滅的な人類の未来を予期してしまっていたから。

エ　心を持たないにもかかわらず心を持つかのように感じさせるというＶＦには、母の再生および母との生活の再来という大きな喜びを期待してきたが、あまりにも精巧なＶＦには、生きている人間を全て仮想の存在に感じさせる効果があるように思われ、事実、少しずつ現実感を失いつつある自分に気づき、恐ろしさがわいてきていたから。

オ　心が感じられるほど精巧な母のＶＦを入手することは、失われた母を取り戻すようなものであり、そこには喜びもあると考えていたが、それよりも、ＶＦを購入するということは、それなしに自立できないほど自分の精神が損なわれているということなのだと感じ、将来ＶＦに心を感じているであろう自分が怖くなったから。

問八　——部⑤「その手前で、『まあ、』と一呼吸置いてみせたのだった」とあるが、このことは「僕」に対してどのような効果があったというのか。これに答える次の一文の空らんに入るように、本文中から十字で抜き出しなさい。

中尾をより［　　　　］に見せる効果。

問九　——部⑥「　心から」とあるが、この表記はどのような効果を読者にもたらすものと考えられるか。適当なものを二つ選びなさい。

ア　ＶＦが心という言葉を用いていることに注意を向けさせることで、読者に違和感を覚えさせる。

イ　自分はあくまでＶＦであり、生き返ったわけではないのだという中尾の悔しさが強く伝わる。

ウ　ＶＦとなった中尾が娘と会った時に、非常に強い感情の高ぶりがあったかのように感じさせる。

エ　ＶＦは脅威的な技術であり、科学技術のこのような使用は許されないことを強く訴えかける。

オ　ＶＦは人間以上に豊かな心を持ち得ると暗示し、豊かな心を失った現代人に反省をうながしている。

カ　親子の死別は絶対的に悲しいものであり、悲しみをこらえる必要は一切ないと読者に訴えかけている。

問十　——部⑦「苦しみとしか言いようのない熱」とあるが、どういうことか。説明しなさい。

問十一　平野啓一郎は第一二〇回芥川賞受賞作家であるが、芥川賞の創設を提唱した人物は誰か。

ア　菊池寛　　イ　森鷗外　　ウ　川端康成

エ　太宰治　　オ　夏目漱石

問二 [X] には「結局のところ」という意味を表す言葉が入る。次の漢字の中から二つ選んでその言葉を作りなさい。

下	容	語	足	言	受	句	投	挙	掛

問三 [Y] に入る漢数字を書きなさい。なお、「朔」という漢字は、「月が死んでまたよみがえる様を表したもの」と言われている。

問四 ――部①「呆然」のここでの意味を説明したものとして最も適当なものを選びなさい。

ア 精神的に未熟で落ち着きのない様子

イ 後ろ暗いところがあり人目を避ける様子

ウ 悲しい出来事に打ちひしがれている様子

エ 取り返しのつかないことをしてあわてる様子

オ 気が抜けてしまってぼんやりした様子

問五 ――部②「感情生活の落伍者なりの手立て」とあるが、どういうことか。四十五字以上六十字以内で説明しなさい。

問六 ――部③「統語論的に分析して、最適な返答をする」とあるが、どういうことか。このことを説明したものとして最も適当なものを選びなさい。

ア 思いを伝えることよりも自然な受け答えをすることを最も大切なことと考えて、言葉を可能な限り省略し、以心伝心を実感できるような返答をすること。

イ 相手の心を理解しようとしたり、感情を動かしたりするのではなく、データ化された様々な状況から見出されたパターンによって、最も自然に感じられる返答をすること。

ウ 現実空間ではなく、仮想空間におけるコミュニケーションを研究の対象とし、超現実的世界における有効な言語を生み出していくべく、最新の返答を次々としていくこと。

エ 純粋に言語だけを用いて意思疎通をする場合においても、十分に意思疎通を行うことが可能になるような言語をもっぱら追求し、最も具体性のある返答をすること。

オ サービス向上のためにこれまでの顧客の心理をデータ化し、ＡＩによってデータを詳細に分析することで、顧客が最も快適に感じられる返答のみをするということ。

問七 ――部④「喜びというより不穏なものを感じた」とあるが、それはなぜだと考えられるか。このことを説明したものとして最も適当なものを選びなさい。

ア 対面で母を失った悲しみを受け止めてくれ、しかも生きている人間と見間違えるほど精巧なＶＦを作ってくれる会社に感謝の気持ちを持ち続けてきたが、心の有無をめぐっての顧客とのトラブルが絶えないと聞き、アフターサービスという点で、最後まで顧客に寄り添ってはくれないという欠点があるのではないかと、強い不安を持ったから。

イ 本当の母と全く区別がつかないようなＶＦを手に入れることは、生前の母とのむつまじい日々を取り戻せるようで、嬉しい出来事だと予想してきたが、これまでＶＦを購入してきた人の多くがクレーマーになったと聞き、ＶＦに心を奪われるあまり、恩人にクレームを言うような人間に自分がなってしまうのではないかという怖れが生じたから。

中尾は痒《かゆ》そうに、二、三度、掻いた。
　僕は、反射的に目を逸《そ》らした。彼の足許《あしもと》には、僕たちと同じ角度で、同じ長さの影まで伸びていた。
「ちゃんと、足は生えてますよ。」と中尾は愉快そうに笑って、「そんな、幽霊を見るみたいな顔をしないで下さい。」と、腹の底で響いているような麁太《のぶと》い声で言った。
「すみません、……あんまりリアルなので。」
「中尾さんは、実は収入もあるんですよ。」と野崎が言った。
「――収入ですか？」
「これが仕事なんです。」と中尾が自ら引き取った。「ここでこうして、自分自身をサンプルに、新しいお客様にVFの説明をしているんです。それに、データの提供も。お金を受け取るのは、家内と大学生の一人娘ですがね。……かわいそうなことをしましたから、まあ、親として出来るせめてもの孝行ですよ。」
　そう説明する彼の眼には、憂いの色があった。しかも彼は、「親として出来るせめてもの孝行」と言うだけでなく、⑤その手前で、「まあ、」と一呼吸置いてみせたのだった。
　僕は、自分の方こそ、出来の悪いVFにでもなったかのように、不明瞭な面持ちで立っていたと思う。「話しかければ、非常に自然に受け答えをしてくれます。ただ、〝心〟はありません。」という、野崎の最初の説明が脳裡《のうり》を過《よぎ》った。
　彼はつまりAI（人工知能）で、その言葉のすべては、一般的な振舞いに加えて、彼の生前のデータと、ここでの、何十人だか、何百人だかの新規顧客との会話の学習の成果なのだった。ただ、「尤《もっと》もらしい」ことを言っているに過ぎず、実際、こうしたやりとりは、大体いつも、似たり寄ったりなのだろう。
　第一、それを言うなら、柏原や野崎の言動こそ、僕が誰であろうと、そう大して変わらない、パターン通りの内容だった。彼らとて、一々《いちいち》、僕の心を読み取り、何かを感じ取りながら話をしているわけではなく、「統語論的に」応対しているだけに違いない。
「お母様を亡くされたと伺《うかが》ってます。きっと、あなたのお母様も、私と同じように、VFとして立派に再生しますよ。娘はね、私と再会した時、本当に涙を流して喜んでくれました。もちろん、私も泣きましたよ。
⑥――心から。」
　僕は、中尾の姿に母を重ねようとした。しかしそれは、どう努力しても止《とど》めることの出来ない、破れやすい、儚《はかな》い幻影だった。それでも、母とまた、こんな風に会話を交わす日が来るという期待は、僕の胸を⑦苦しみとしか言いようのない熱で満たした。
　わかった上で欺《だま》されることを、やはり欺されると言うのだろうか？　もしそれで幸福になれるなら？　僕は絶対的な幸福など、夢見てはいない。ただ、現状より、相対的に幸福でさえあるなら、残りの人生を、歯を喰《く》い縛ってでも欺されて過ごしかねなかった。……

《注》
＊1　AR方式……実世界から得られる知覚情報に、コンピューターが情報を補足したり、センサーによる情報を加えて強調したりする技術の総称。
＊2　CG……コンピューターによる図形処理によって描いた図形や動画。

問一　＝＝部（a）「キョウ」（b）「イガイ」（c）「ハガン」を漢字に直しなさい。

ようだった。

（中略）

体験ルームは、(b)イガイと平凡な応接室だったが、外部からは遮蔽《しゃへい》されていて、壁には闘牛をモティーフにしたピカソのエッチングが飾られていた。かなり古色を帯びていて、しみもある。最近の精巧なレプリカなのか、二十世紀に刷られたものなのかは、わからなかった。

ヘッドセットを装着しても、何の変化もなかった。僕は、これから対面するVFが、(*1)AR方式で、現実に添加《てんか》されるのか、それともヘッドセット越しに見ている部屋が、既《すで》に仮想的に再現された応接室なのか、本当に区別できなかった。

黒いレザーのソファの前には、コーヒーが置かれている。座って、それを飲めば、わかることだろうが。……

野崎が、二人を連れだって戻って来た。

一人は、薄いピンクの半袖シャツを着た、四十前後の瘦身《そうしん》の男性。よく日焼けしているが、僕とは違い、長い休暇中に、ゆっくり丁寧に時間をかけて焼いたらしい肌艶《はだつや》だった。

もう一人は、紺のスーツを着て、眼鏡をかけた白髪《しらが》交じりの小柄な男性だった。

「初めまして、代表の柏原《かしわばら》です。」

日焼けした男の方が、白眼《しろめ》よりも更《さら》に白い歯を覗《のぞ》かせて腕を伸ばした。

僕は握手に応じたが、ウィンド・サーフィンでもやっているんだろうか、といった眩《まぶ》しい想像を掻《か》き立てられた。

続けて、隣の男性を紹介された。

「弊社《へいしゃ》でお手伝いいただいている中尾《なかお》さんです。」

「中尾です。どうぞ、よろしく。暑いですね、今日は。——お手伝いと言っても、ただここでお話をさせていただくだけなのですが。」

彼は、額《ひたい》に皺《しわ》を寄せて、柔和に(c)ハガンした。落ち着いた物腰だったが、こちらの人間性を見ているような、微かな圧力を感じさせる目だった。「お手伝い」というのがよくわからなかったが、僕と同じVFの製作依頼者なのだろうかと考えた。

同様に握手を求められたので、応じかけたが、その刹那《せつな》に、ハッとして手を引っ込めた。実際には、それも間に合わず、僕は彼に触れ、しかも、その感触はなかったのだった。

「私は、VFなんです。実は四年前に、川で溺《おぼ》れて亡くなっています。娘がこの会社に依頼して、私を製作してくれたんです。」

僕は、物も言えずに立っていた。〝本物そっくり〟というのは、(*2)CGでも何でも、今は珍しくないが、中尾と名乗るこのVFは、何かが突き抜けていた。それが、僕の認知システムのどこをどう攻略したのかはわからない。誇張なしに、僕には彼が、本当に生きている人間にしか見えなかった。柏原と見比べても、質感にはまったく差異がなかった。

僕は、半ば救いを求めるように野崎を振り返った。彼女は特に、「どうです！」と誇らしげな様子を見せるわけでもなく、「気になることがあれば、何でも質問してみてください。」とやさしく勧めた。恐らく、彼女がVFに接する態度も、これを人間らしく見せている一因だろう。

彼の額に、うっすらと汗が浮いているのに気がついて、僕は驚いた。僕の眼差《まなざ》しを待っていたのか、それは、目の前で、静かにしずくになって垂れ、こめかみの辺りに滲《にじ》んで消えた。そのベタつくような光沢を、

　体が軽くなる、というのは、大抵は何か快さの表現だが、僕はその腐《ふ》木《ぼく》のような脆《もろ》い感触に、これはいけない、と初めて自覚し、その解決策を考えた。

　それが、僕が今、渋谷の高層ビルの中にいる理由だった。

　死は勿論《もちろん》、平凡な出来事だろう。誰もがある時、この世に生まれてきて、いつか死ぬ。これは、絶対に例外のない事実だ。取り分け、親が子供よりも先に死ぬというのは、まったく平凡なことに違いない。逆よりずっといい。そして、平凡なことを受け容れられない人間は、周囲を苛《いら》立《だ》たせる。――それはわかっている。僕の経験は平凡だ。ただ、ふと、どうしてそんなにみんな、何でも平凡なことだと思いなすようになったのだろうとは、考えることがある。決して口には出さないけれど。

　僕は結局、②**感情生活の落伍者《らくごしゃ》なりの手立て**に頼ろうとしている。

　ありがたいことに、そういう人向けのサーヴィスに目をつけた人もいるのだった。

　担当者は、野崎《のざき》という名の、僕よりも恐らく、一回り年上らしい女性だった。白いブラウスを着ていて、髪を短く切っている。メイクの仕方から、外国生活が長いのではないか、という感じがした。

　ここに来る客では、泣き出すことも珍しくはないのか、彼女は、理解に富んだ表情で、僕が落ち着くのを待った。一重まぶたの小さな目が、よくわかりますよ、という風にこちらを見ていたが、観察されている感じもした。誇張でなく、僕は一瞬、彼女は受付用のロボットなのではないかと疑った。

　ネットで済むはずの手続きを、わざわざ対面で行うのが、この会社の「人間味溢れる」特徴で、彼女はつまりは、そういう仕事に恵まれる人物なのだった。

「お母様のVFを製作してほしい、というご依頼ですね。」

「はい。」

「VFについては、おおよそ、ご存じですか？」

「――多分、一般的なことくらいしか。」

「仮想空間の中に、人間を作ります。モデルがいる場合と、まったくの架空の人物の場合と、両方あります。石川《いしかわ》様の場合は、いる方、ですね。姿かたちは、本当の人間と、まったく区別がつきません。たとえば、わたしのVFとわたし本人とが、仮想空間で石川様にお会いしても、まず、どちらが本物かは見分けられないと思います。」

「そこまで……ですか？」

「はい。あとでお見せしますが、その点に関しましては、ご信頼ください。話しかければ、非常に自然に受け答えをしてくれます。――ただ、〝心〟はありません。会話を③**統語論的に分析して、最適な返答をする**だけです。」

「それは理解しています。」

「(a)**キョウ**醒《ざ》めかもしれませんが、どれほど強調しても、お客様は途中から、必ずVFに〝心〟を感じ始めます。もちろん、それがVFの理想ですが、その誤解に基づいたクレームが少なからずありますので、最初に確認させていただいてます。」

　半信半疑だったが、想像すると、④**喜びというより不穏なものを感じた**。彼女の口調は、製品の説明というより、僕自身の治療方針の確認の

ウ　菜の花や月は東に日は西に

エ　名月をとってくれろと泣く子かな

オ　春の海ひねもすのたりのたりかな

二　次の文章は平野啓一郎『本心』第一章の冒頭部分である。これを読んで、後の問に答えなさい。

「――母を作ってほしいんです。」

担当者と向き合って座ると、たった数秒の沈黙に耐えられず、僕の方から、そう口を開いた。

もっと他に言いようがあったのかもしれない。

メールで既に、希望は伝えてあったので、確認程度のつもりだった。しかし僕は、それだけのことさえ最後まで言い果《おお》せずに、途中で涙ぐんでしまった。

なぜかはわからない。母を亡くして、半年間堪《こら》えていた寂しさが、溢《あふ》れ出してしまったのだろうが、その X がこれかと、何となく惨《みじ》めな気持ちになった。

それに、その不可能な単語の組み合わせが、単純におかしかったのだとも思う。――おかしくて泣いて悪い理由があるだろうか？

僕は、二十九歳になったところだった。

僕と母は、どちらかが死ねば、遺《のこ》された方は一人になるという、二人だけの家族だった。そして僕は、二〇四〇年代の入口に立って、時々後ろを振り返りながら、まだ①呆然としているのだった。

もう母は存在しない。その一事を考えれば考えるほど、僕は、この世界そのものの変質に戸惑う。

簡単なことが、色々とわからなくなった。例えば、なぜ法律を守らなければならないのか、とか。……

用心していても、孤独は日々、体の方々に空いた隙間から、冷たく無音で浸透してきた。僕は慌てて、少し恥ずかしさを感じながら、誰にも覚《さと》られないように、その孔《あな》を手で塞《ふさ》いだ。

僕たちを知る人は多くはなかったが、誰からも仲の良い親子だと見られていたし、僕は母親思いの、大人しい、心の優しい青年だという評判だった。

話を簡単にしてしまえば、母の死後、僕がすぐに、VF（ヴァーチャル・フィギュア）を作るという考えに縋《すが》ったように見えるだろうが、実際には、少なくとも半年間、母のいない新しい生活に適応しようとする、僕なりの努力の時間があったのだった。

それは、知ってほしいことの一つである。

僕は、六月 Y 日生まれで、それが、「朔也《さくや》」という名の由来になっている。「 Y 日」を、古い言葉で「朔《さく》」ということを、僕は母から何度となく聞いていた。

母に祝われることのない初めての誕生日から数日を経て、僕は不意に胸に手を当て、言いしれぬ不安に襲われた。

自分では、その都度うまく蓋《ふた》をしたつもりだった体の隅々の孔が、結局、開《ひら》いたままで、僕の内側に斑《まだら》な空虚を作り出していた。僕は、外からの侵入者を警戒するあまり、僕自身が零《こぼ》れ落ち続けていたことに、気づいていなかったのだった。

＊3　彼をしてかかる句を吐かしめた……彼にこのような句を詠ませた、の意味。

＊4　蹂躙……ふみにじること。暴力的に侵すこと。

＊5　封建的……かつて社会の制度であった、「封建制度」の性質をもっているさま。一般に、上下関係を重視し、個人の自由や権利を認めないさま。

＊6　デモクラシー……民主主義。市民に主権があり、市民の人権が保障され、法律によって政治が行われる政治のあり方。また、広く一般に、人間の自由と平等を尊重する立場をいうこともある。

＊7　修身……明治時代から第二次大戦終戦まで日本の教育で行われていた科目。道徳教育にあたる。

問一　＝＝部（a）「アマ」（b）「甚」（c）「ソッチョク」のカタカナを漢字に、漢字をひらがなに直しなさい。

問二　［X］に入る言葉を漢字一字で答えなさい。

問三　――部①「私は沈黙の偉人などというものを信用しない」とあるが、その理由を説明しなさい。

問四　――部②「人の発言を封じる言葉がむやみに多い」とあるが、ここで筆者が言いたいことの説明として最も適当なものを選びなさい。

ア　日本は、「黙れ」「やかましい」などの、人の発言を封じる言葉を積極的に用いるおそろしい社会だということ。

イ　日本は、「黙れ」「やかましい」などの、人の発言を封じる言葉を使うが、フランスでは使われないということ。

ウ　日本は、発言すること自体がよく思われない社会なので、西洋より気を付けて発言する習慣があるということ。

エ　日本は、私的な場では勝手気ままに喋り散らしてしまう人が多いため、発言を禁止する言葉が多いということ。

オ　日本は、ひとの発言を禁止することが多くみられる程度には、西洋に比べて人権意識が低い社会だということ。

問五　――部③「王侯の前に膝を屈するが心は屈しない」とはどのようなことを例えたものか、具体的に七十字程度で説明しなさい。

問六　――部④「真によき社会を作ろうと思うならば、ものいいという一見些細なしかし本当は大切なことを、ここでよく考えなおしてみる必要がある」とあるが、筆者はなぜこのように主張するのか。その理由を本文全体の内容をふまえて説明しなさい。

問七　本文の説明として最も適当なものを選びなさい。

ア　筆者は、芭蕉の句は、一般によくある人間の価値観をあらわしているとして高く評価している。

イ　芭蕉の時代にはものいいをよしとするような時代性があったのではないかと筆者は考えている。

ウ　筋道を立てて理解してもらいやすい発言をすれば、会社の空気がよくなると筆者は考えている。

エ　人間だけが持つものいいの機能を発揮し、デモクラシーの時代を築くべきと筆者は考えている。

オ　筆者は、人権意識が根づいていない日本は、西洋に比べて民主主義を達成しづらいとしている。

問八　松尾芭蕉の作である俳句を一つ選びなさい。

ア　柿くへば鐘が鳴るなり法隆寺

イ　古池や蛙飛びこむ水の音

に対する社会的義務である。そのためには各人が、ものいいが上手になるように努力しなければならない。気のきいた言い方をせよ、というのでは決してない。自分にはっきりわかっていることを自信をもって明瞭《めいりょう》にいうことが第一である。もちろん、地位の上の人に対しては尊敬をもって話さねばならない。(＊6)デモクラシーといっても、社会には常に秩序がなくてはならぬからである。しかしそのために自分の所信《しょしん》をまげたり、卑屈《ひくつ》になったりしては絶対にいけない。つまり話す態度には尊敬があっても、話されることについてはあくまで平等の立場でありたい。あるフランスの昔の文学者が、**③王侯《おうこう》の前に膝《ひざ》を屈するが心は屈しない**といった、その気持が大切である。従って大切なのは、地位の上の人々が、部下のまたは年少の者の話をきくときに、あくまで相手を喋らせ、しかもその至らぬところ、誤っているところは、おだやかに人間的に訂正してやるだけの雅量《がりょう》をもつことである。そうすれば、部下のものは進んで話すようになり、従ってよい意見も出てき、部内の空気は必ず明朗《めいろう》になり、仕事は進むにちがいない。ものいえば唇さむしの感を決して抱かせぬようにせねばならない。これができぬような人間はデモクラシーの時代に、人の上に立つ資格はないのである。そういう X 的な話し方の他に私的なものいいについても工夫が必要であろう。

二、三人の時はいいが七、八人や十人にもなると、日本人はきっと二、三人ずつかたまって、ひそひそ話をする。これは西洋流にいうと大そう礼儀にそむくことであって、座の人々に共通の話題について皆で喋るのがよいとされている。そういう時には頭のすぐれた人がおのずと座長のようになって、しかも自分一人が喋るのではなく、皆が話せるようにもってゆくべきである。また一人だけ喋りちらすのも失礼だが、集りの中でつまらぬ浮かぬ顔をして黙りこくっているのは一そう無礼である。そういう人間は出てこないがよい。自分の意見や感想は遠慮せずにいうがよい。そのさい自分の学力や知識や経験のことを考えて、ひとに笑われはせぬかなどと心配するのはいらぬことである。他人の説の受け売りでなく、素朴《そぼく》のようでも自分自身が真実にそう思うことをいう、そして真実の言葉は必ず人を動かすものである。

こう述べてくると、何か喋り方についての(＊7)修身をきかせられているような気になるかもしれないが、ものをいうということは、社会生活においての一つの義務であると同時に、人生においての人間らしい楽しみの一つなのである。親しい友だちどうしの歓談、これ以上に喜ばしいものがあろうか。しかしその喜びを一そう大きくするために、面白く話すことを覚えるがよい。面白くというのはホラを吹いたり、下品なことを喋ったりすることではない。内容は同じことでも、それを聞き手の興味をひくように、いわばユーモアをまじえて話すのである。（中略）

ものいいなどは、どうでもいいというのは誤りである。各人が平等であり、また各人が人生を楽しむということがデモクラシーの目的であり、また条件でもある。**④真によき社会を作ろうと思うならば、ものいいという一見些細《ささい》なしかし本当は大切なことを、ここでよく考えなおしてみる必要がある。**

《注》 ＊1 芭蕉……松尾芭蕉。江戸時代の俳人。

＊2 「ものいへば唇さむし秋の風」……芭蕉の詠んだ句。現在では「人の短所を言ったあとは、後味が悪く、寂しい気持ちがする。転じて、何事につけても余計なことを言うと、災いを招くということ」という意味のことわざとしても用いられている。

【国　語】（五〇分）〈満点：一〇〇点〉

【注意】記述は解答欄《らん》内に収めてください。一行の欄に二行以上書いた場合は、無効とします。

一　次の文章は、桑原武夫「ものいいについて」（一九四六年）の一部である。これを読んで、後の問に答えなさい。

芭蕉(*1)に「(*2)ものいへば唇さむし秋の風」という有名な句がある。私はこの句を好まない。（中略）それは、私がものをいうことが相当以上に好きであるという生れつきによるのだろうが、そればかりではない。

うるさい人の世を多少とも渡って来た人間には、この句の真実性を身にしみて感じ、思わず「ものいへば唇さむし秋の風」と呟《つぶや》きたくなる瞬間も稀《まれ》ではないであろう。人間の真実性を現わしているという点において、この句は文学的に一応の成功を収めているといえよう。しかしその真実性が大らかな広い、正しい人間性に根ざしているか、どうか。またそれが、一つの格言のようになって人口に膾炙《かいしゃ》していることは、社会的に健全な現象であるか、どうか。一体、この句を呟きたくなるときの気持《きもち》はどんなものだろう。「ああ、言わずもがなのことを口にした、恐らく私の真意はわからなかったろう、いや誤解されたかもしれぬ。口は禍《わざわ》いのもと、おれも馬鹿だった、それにしても人の世は寒々とつれないものだ」。そこには後悔と自嘲《じちょう》とがある。（中略）ともかく、私はこの句を思い出すごとに、芭蕉の一部にある小ささ、というよりむしろ彼(*3)をしてかかる句を吐かしめた時代の矮小《わいしょう》さを感じる。そして思う、こんな句の真実性がぴったりわかるような人間がだんだん稀れになってゆくのでなければ、日本の社会がよくなったとは言えぬのだろうと。

動物はものをいわない。人間だけがものをいう。この天賦《てんぷ》の機能を正しく用い、またこれを楽しまぬというのは間違いである。日本で従来、ものを(a)**アマ**りいわぬことを偉人になくてはならぬ性質のように考えたのは間違いである。平常ものをいわぬ人が、たまたま口を開いたので、何をいうかと耳をかたむけると、馬鹿げきったことを鹿爪《しかつめ》らしくしゃべっただけだった、そういう経験を私はいやというほどもっている。①**私は沈黙の偉人などというものを信用しない**ことにしている。不言実行という言葉もあるが、それが不言不実行にすりかえられていることが多いのであって、私は不言実行などという人より一言半行、いったことのせめて半分は必ず実行する人の方を重んじる。ものをいえば必ず社会的に何らかの責任を生じる。不言実行などというのは社会的に責任をとるまいとすることであって、（中略）われわれは今後、大いにものをいうようにしなければならない。

がんらい日本語には、「黙れ」「やかましい」「もういい」「わかった」「うるさい」等々、②**人の発言を封じる言葉がむやみに多い**（たとえば『暗夜行路』をみよ）。西洋語には、少なくとも私のよく知っているフランス語には(b)**甚**だ少ない。しかも「テゼ・ヴ」（お黙り）というような言葉を用いることは、一種の人権蹂躙《じゅうりん》(*4)と考えられている。このことは言語発表ということについて、日本がまだ極めて封建的(*5)だということを示している。

しかし、ものをいうことを遠慮するなといっても、それは人に通じないようなことを、勝手気ままに喋《しゃべ》り散らしてよいということでは、もちろんない。自分の思うことを(c)**ソッチョク**に、しかし筋道をたてて他人にわかるように発言することが必要なのである。そうすることは他人

2022年度

渋谷教育学園幕張中学校入試問題（２次）

【算　数】（50分）　＜満点：100点＞

【注意】 コンパス，三角定規を使用します。

[1] 【図１】はある教室の座席表です。座席は全部で９席あり，生徒はみな黒板を向いて座ります。前後左右の座席に並んで座らないように，座席を決めていきます。

例えば【図２】のように座席に番号をつけたとき，①の座席に生徒が座るならば，他の生徒は②と④の座席には座ってはいけません。

【図１】

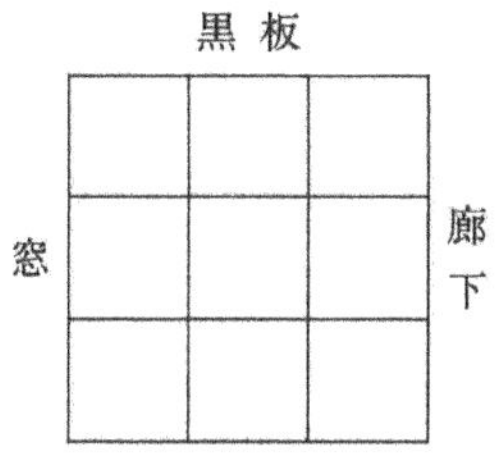

【図２】

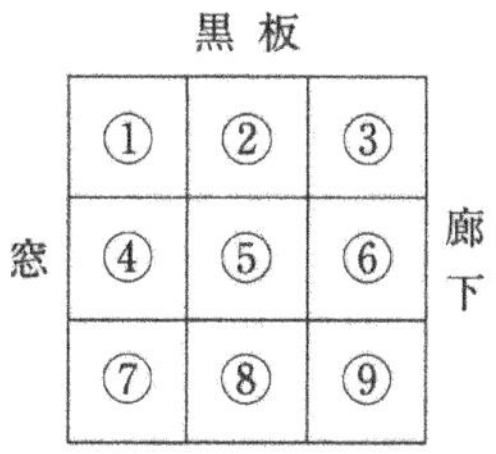

次の各問いに答えなさい。

(1)　A，B，C，D，Eの５人が座るとき，座席の決め方は何通りありますか。

(2)　A，B，C，Dの４人が座るとき，座席の決め方は何通りありますか。

(3)　A，B，Cの３人が座るとき，座席の決め方は何通りありますか。

[2] 下のように，$\frac{1}{2022}$から始まり，分母が１ずつ減り，分子が１ずつ増える分数を順番に2022個並べます。

$$\frac{1}{2022},\ \frac{2}{2021},\ \frac{3}{2020},\ \frac{4}{2019},\ \cdots\cdots,\ \frac{2022}{1}$$

この中で，$\frac{4}{6}=\frac{2}{3}$のように約分できるものを探していきます。

次の各問いに答えなさい。

(1)　初めて約分ができるのは，左から数えて何番目ですか。

(2)　３回目に約分ができるのは，左から数えて何番目ですか。

(3)　25回目に約分ができるのは，左から数えて何番目ですか。

[3] 真一くんは自宅から一本道でつながっている友達の家へ遊びに行きます。最初は走って向かっていましたが，疲《つか》れてしまったので，自宅と友達の家のちょうど真ん中の地点からは歩いて向かいました。そのため，自宅から友達の家まで走って行くより20分遅《おく》れて到着《とうちゃく》しました。

帰りは母が車で迎《むか》えに来てくれます。真一くんは友達の家を歩きで，母は自宅を車で，それぞれ同時に出発し，真一くんが一本道を帰る途中《とちゅう》に母と出会ったところで車に乗り，２人で自宅に戻《もど》る予定でした。ところが真一くんは友達の家を出るのが予定より10分遅れてしまいました。予定通り出発した母は真一くんと出会うまで車を進め，無事に真一くんを車に乗せて自宅に戻ったところ，予定より時間がかかってしまいました。

真一くんの歩く速さと比べて，走る速さは２倍，車の走る速さは５倍です。車の速さは真一くんを乗せても変わらないものとします。また，真一くんが帰りに車に乗りこむための時間は，一切かからないものとします。

次の各問いに答えなさい。

(1) 行きについて，真一くんは自宅から友達の家まで何分かかりましたか。

(2) 帰りについて，真一くんと母が自宅に戻ったのは，予定より何分後ですか。

4 【図１】の四角形ABCDに対して【図２】は，辺BCの長さを変えずに，四角形ABCDと面積が等しい長方形BCQPを，辺BCの上側にかいたものです。

次の各問いに答えなさい。

(1) 【図２】にならい，解答らんの四角形ABCDと面積が等しい長方形BCQPを辺BCの上側に作図しなさい。また，作図した点P，Qのすぐ近くにそれぞれ記号P，Qを書きなさい。

三角定規の角を利用してもよいとします。長さを定規の目もりで測ってはいけません。作図に用いた線は消さずに残しておくこと。

【図１】

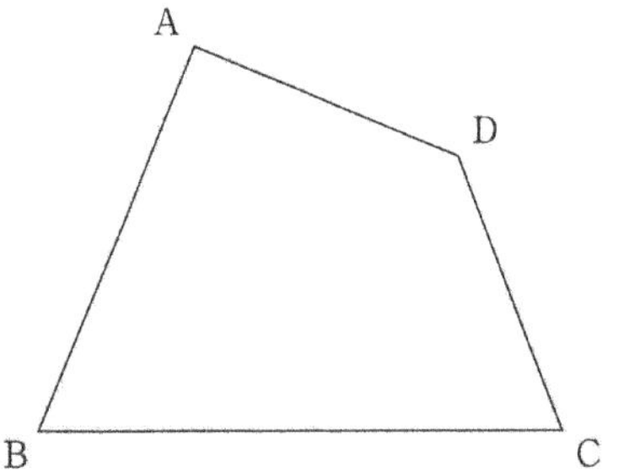

【図２】

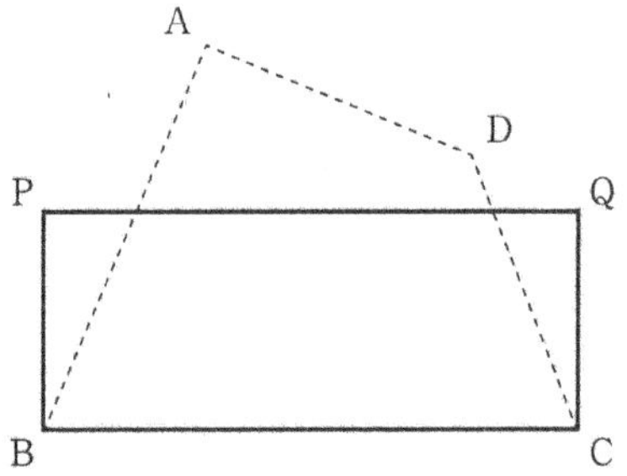

(2) 【図２】において，辺BPを点P側に延ばした直線の上に点Rを，BP＝PRとなるようにとります。同様に，辺CQを点Q側に延ばした直線の上に点Sを，CQ＝QSとなるようにとります。PQ，QR，BSの３つの直線に囲まれた三角形の面積をKとします。四角形ABCDの面積はKの何倍ですか。

5 【図１】のような６㎝，６㎝，a㎝ の直角二等辺三角形Aを６枚，１辺がa㎝ の正三角形Bを２枚用いて，次のページの【図２】のような立体Cの展開図をつくり，組み立てます。

【図１】

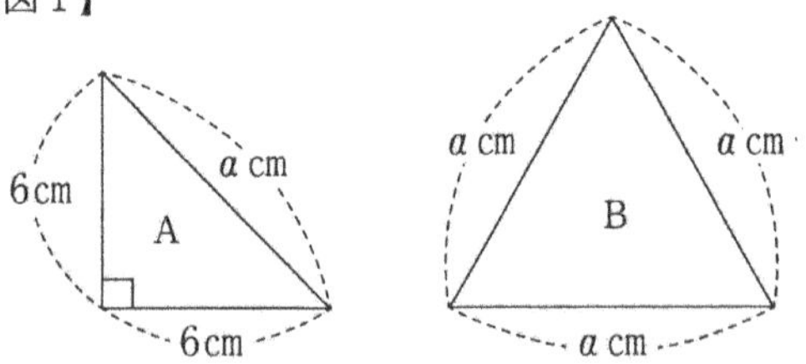

（A：６枚）　（B：２枚）

【図２】　立体Ｃの展開図

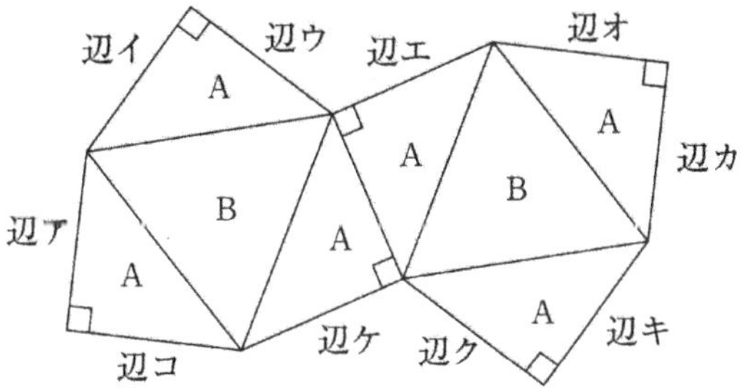

次の各問いに答えなさい。

ただし，角すいの体積は，（底面積）×（高さ）÷３で求められるものとします。

(1)　この展開図を組み立てたとき，辺アとくっつく辺はどれですか。図の辺イ～コから選び，記号で答えなさい。

(2)　立体Ｃの辺の数を答えなさい。

(3)　１辺か６㎝の立方体をＤとします。

立体Ｃと立方体Ｄの体積の比を，最も簡単な整数の比で答えなさい。

【理　科】（45分）　＜満点：75点＞

【注意】・必要に応じてコンパスや定規を使用しなさい。

・小数第１位まで答えるときは，小数第２位を四捨五入しなさい。整数で答えるときは，小数第１位を四捨五入しなさい。指示のない場合は，適切に判断して答えなさい。

1　アンモニアの発生とその性質に関する実験を行いました。次の各問に答えなさい。

＜実験１＞

①　塩化アンモニウムの粉末と水酸化カルシウムの粉末を，よく混ぜてから試験管に入れ，ガラス管を通したゴム栓《せん》をつけた。

②　試薬を入れた試験管をクランプ（試験管をスタンドに固定する器具）でスタンドに固定した。

③　試験管をガスバーナーで加熱すると，アンモニアの気体と水蒸気が発生した。発生した気体を乾燥剤《かんそうざい》に通してから，上方置換《ちかん》法で丸底フラスコに集めた。

④　丸底フラスコの管口近くからアンモニアのにおいがすることを確認した。

気体は図１の上方置換法や図２の水上置換法で集めます。アンモニアは水に溶《と》けやすいので，水上置換法ではなく，上方置換法で集めます。上方置換法では，容器内を目的の気体で完全に満たすことが難しいことが欠点です。

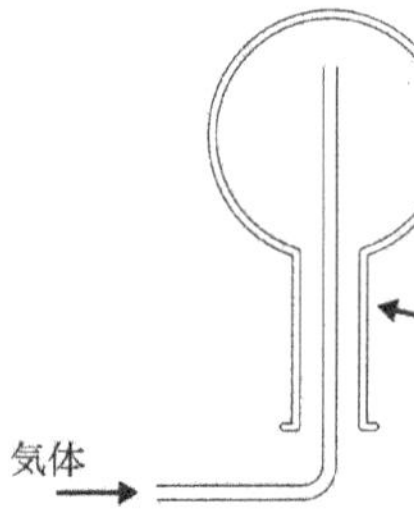

図１

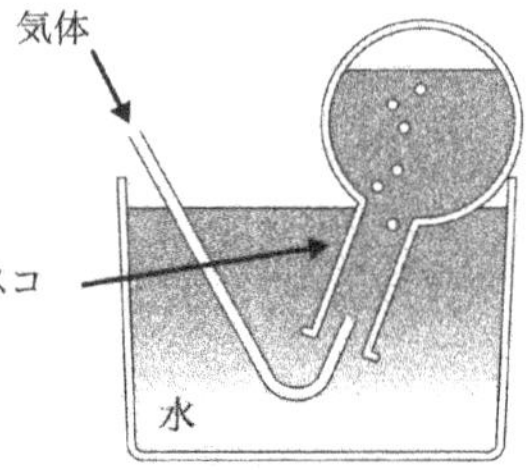

図２

(1)　実験１を安全で確実に行うためには，急な温度変化が起きないように注意して装置を組み立てなければいけません。操作②で試験管をガスバーナーに対してどのように固定すると良いですか。ガスバーナーの火を当てる位置と試験管の向きに気を付けて，試験管をかきなさい。なお，試験管は図３を参考にしなさい。試薬は試験管の底にあるものとします。

図３

＜実験２＞

実験２では，実験１で集めたアンモニアを用います。図４に実験装置を示します。

スポイトにはBTB溶《よう》液が入っています。ビーカーには濃《こ》い塩酸とＢＴＢ溶液を混ぜた液（以降，この溶液を混合液と呼ぶ）が入っています。ガラス管の下はビーカーの底近くまで入れています。装置を組み立てた時には，丸底フラスコの中に混合液は入ってきません。

スポイトを指でおしてＢＴＢ溶液を丸底フラスコに入れると，ビーカーの混合液が丸底フラスコ内に，勢いよくふき上がり，やがて次のページの図５のようになりました。丸底フラスコ内にたまっていく間に，液体の色は変化していきました。

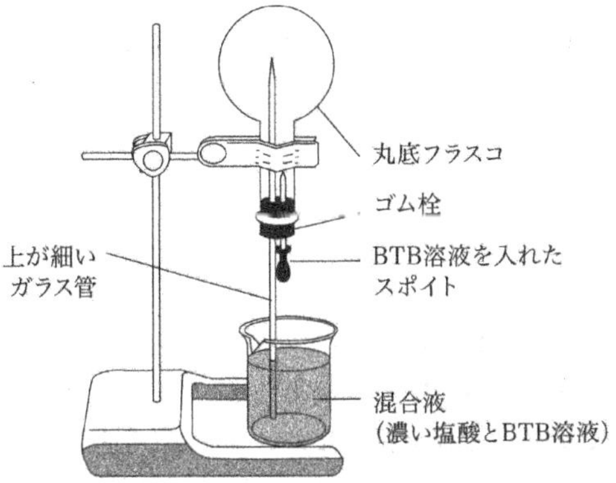

図４

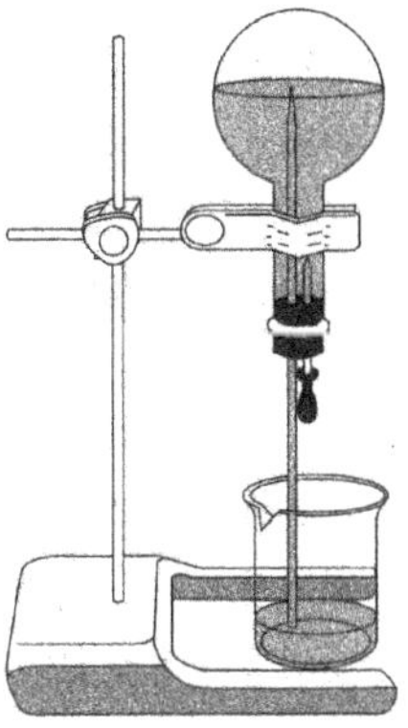

図５

(2)　実験１の操作③で乾燥剤を通さずに得られた気体を用いた場合，図５の丸底フラスコ内に入る混合液の体積はどのように変わりますか。次よりひとつ選び，記号を答えなさい。また，そのようになる理由を答えなさい。

ア　増える　　イ　減る

(3)　実験２で，丸底フラスコ内にたまっていく液体の色の変化について考えます。下の文章の空らんに適する語句を次より選びなさい。ただし，同じ語句を２回以上使ってはいけません。

> スポイトから出て丸底フラスコ内にたまったBTB溶液は，（　ア　）色になった。ビーカー内の混合液が丸底フラスコ内にたまっていくと，（　イ　）色を経て，最終的に（　ウ　）色になった。

［語句］　黄　緑　青　赤　無

(4)　実験２の結果，図５に示すように丸底フラスコは混合液で完全には満たされませんでした。それはなぜですか。以下の語句をすべて用いて，簡潔に説明しなさい。

［語句］　丸底フラスコ　アンモニア

(5)　実験１，２をいろいろな班に分かれて行ったところ，ビーカー内の混合液が丸底フラスコ内に勢いよく入っていかない班がいくつかありました。この理由として当てはまるものを次よりすべて選び，記号を答えなさい。

ア　塩化アンモニウムの粉末と水酸化カルシウムの粉末，それぞれ２倍量を試験管に入れた。

イ　丸底フラスコの管口近くからアンモニアのにおいがする前に栓をした。

ウ　スポイトに入れたBTB溶液の量が多かった。

エ　ビーカーの混合液中のＢＴＢ溶液が薄《うす》かった。

オ　丸底フラスコを閉じるゴム栓のしめ方が弱かった。

２　ミツバチの集団はおよそ２万匹《ぴき》もの個体から構成されていて，それぞれに役割分担がなされています。花から花粉や蜜《みつ》を運ぶのは，働きバチです。えさ場から帰ってきた働きバチは，巣（巣箱）の中でダンスをおどることで，えさ場の位置を仲間の働きバチに伝えることが知られています。働きバチがおどるダンスには「８の字ダンス」と「円形ダンス」の２種類があります。以下では，日本において観察される働きバチのダンスについて考えます。

巣箱には図１のように巣板と呼ばれる板が垂直に入っています。えさ場を見つけた働きバチは巣板面で図２のような８の字ダンスを行います。尻《しり》を振《ふ》りながら直進したのち時計回りをして元の位置にもどり，再び尻を振りながら直進をしたのち反時計回りをして元の位置へもどるという動きを繰《く》り返します。尻を振りながら進んで示す方向（図２の線Ｌ）と巣板面での上方向がつくる角度(図２のＸ°）が，巣箱から見たえさ場の方向と巣箱から見た太陽の方向がつくる角度（図３のＸ°）と等しくなります。これにより，働きバチはえさ場のある方向を仲間の働きバチに伝えます。また，えさ場までの距離《きょり》は，一定時間に図２の線Ｌを通る回数（ダンス回数）によって伝えます。ダンス回数とえさ場までの距離は，図４の関係があります。

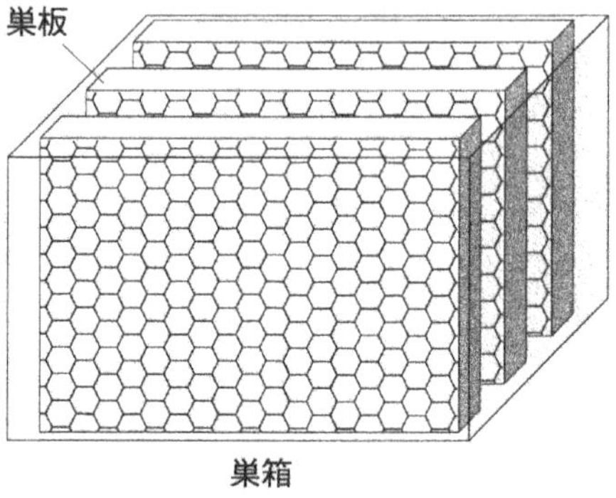

図１

えさ場が100m以内の距離にあるときは，働きバチは８の字ダンスではなく，図５のような円形ダンスをおどります。

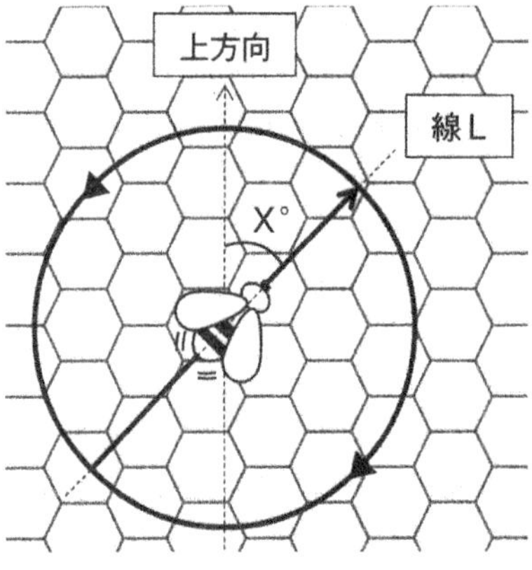

図２

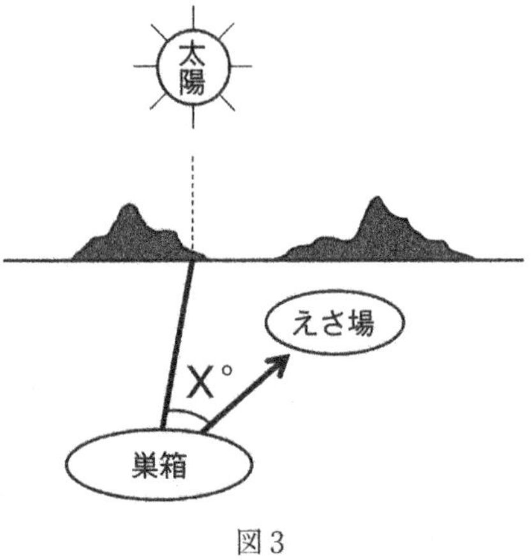

図３

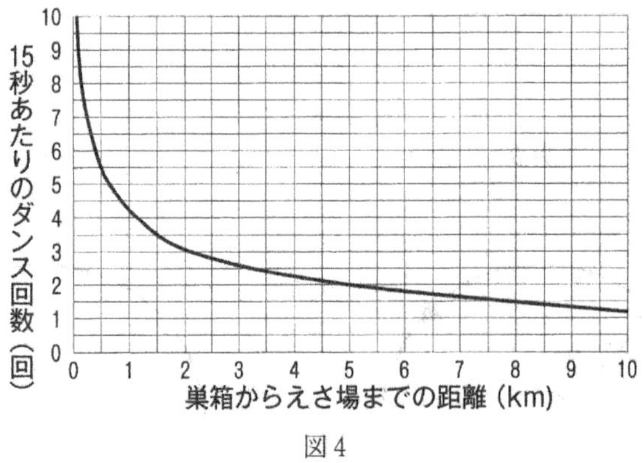

図４

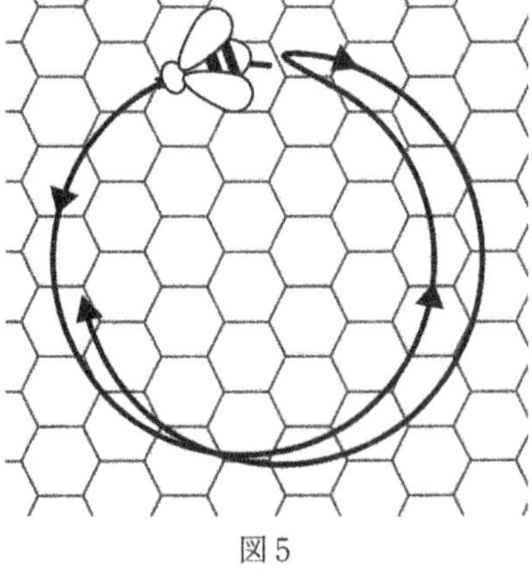
図５

(1) 太陽が南中した正午に，巣箱の中を観察すると，図６のようなダンスをおどる働きバチが見られました。この働きバチは巣箱から見てどの方角のえさ場からもどってきたと考えられますか。もっとも適切なものを次より選び，記号を答えなさい。ただし，この日の太陽は真東からのぼって，真西にしずみました。

ア　北西　　イ　北東　　ウ　南西　　エ　南東

(2) (1)の次の日，同じ巣箱を観察すると，図７のようなダンスをおどる働きバチが見られました。このダンスを認識した仲間の働きバチは(1)と同じえさ場にたどりつきました。このダンスを観察した時刻は何時ですか。もっとも適切なものを次より選び，記号を答えなさい。

ア　午前６時　　イ　午前９時　　ウ　午後３時　　エ　午後６時

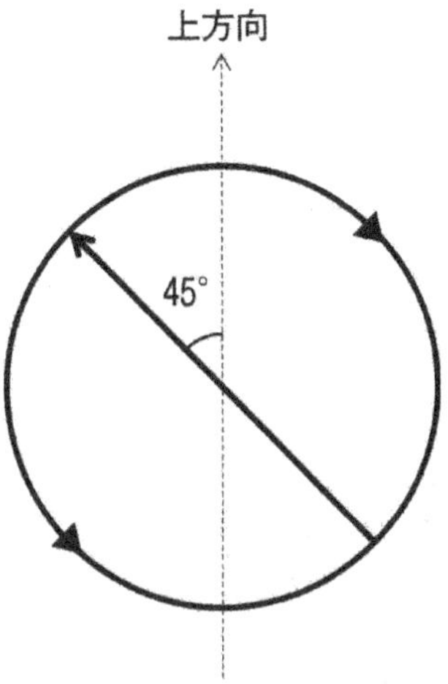

図６

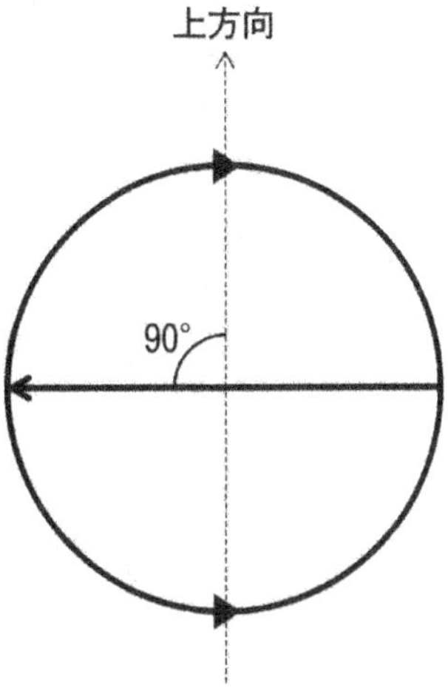

図７

(3) 前のページで図４のグラフから読み取れることとして正しいものを次より１つ選び，記号を答えなさい。

ア　巣箱からえさ場までの距離が0.5～１kmのときと７～7.5kmのときでは，0.5～１kmのときの方が，えさ場までの距離をくわしく伝える事ができる。

イ　巣箱からえさ場までの距離が15kmになると，15秒あたりのダンス回数は，０になると考えられる。

ウ　花の種類が変わると，15秒あたりのダンス回数と巣箱からえさ場までの距離の関係は変化する。

エ　巣箱から約200mのえさ場から帰ってきた働きバチは，１分間に８回の８の字ダンスを行う。

オ　15秒あたりのダンス回数が多いことは，えさ場にある花の蜜が，より甘いことを示している。

カ　15秒あたりのダンス回数と巣箱からえさ場までの距離の積は常に一定である。

働きバチがえさ場の位置をどのように認識するのかを調べるため，実験を行いました。なお，実験の間，働きバチは同じ速さで飛んでいました。

次のページの図８は実験の様子を示したものです。巣箱から35mはなれた地点に，長さ６m，幅《はば》11cm，高さ20cmのトンネルを設置し，えさ場として花を置きます。トンネルの一方は閉じており，働きバチは巣箱に近い側からしか出入りできません。aとbのトンネル内には縦じま（働きバチが進む向きと垂直方向），cのトンネル内には横じま（働きバチが進む向きと平行方向）の模様がつけてあります。また，aにはトンネルの入り口に，bとcにはトンネルのつき当たりに花が置かれています。

働きバチがトンネル内の花を訪れてから巣箱にもどったときに，どのようなダンスをおどったかを調べました。また，花の場所を動かさずにトンネルだけを取り除き，仲間の働きバチが花にたどりつくことができるかどうかを調べました。

表1は巣箱にもどった働きバチが行ったダンスの種類と，仲間の働きバチが同じ花にたどりつくことができたかどうかを示しています。仲間の働きバチが同じ花にたどりつくことができた場合を○，たどりつくことができなかった場合を×としています。図9は，bのトンネルを通った働きバチが行った8の字ダンスを示しています。

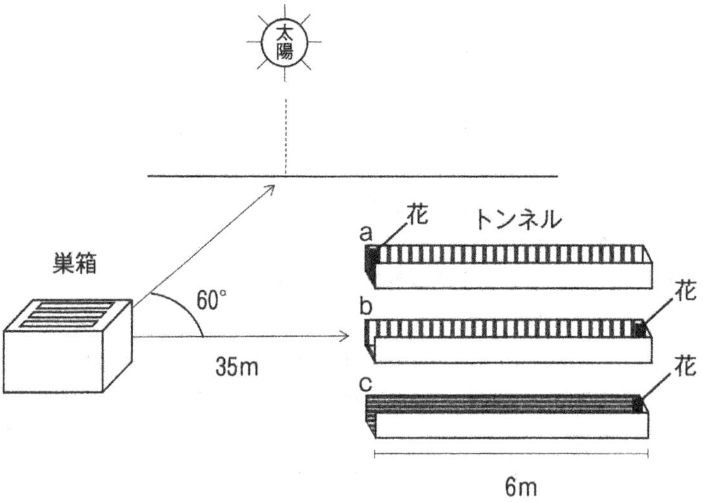

【注】トンネルの天井《てんじょう》は、とう明である。

図8

表1

トンネル	ダンス	仲間の働きバチ
a	円形ダンス	○
b	8の字ダンス	×
c	円形ダンス	○

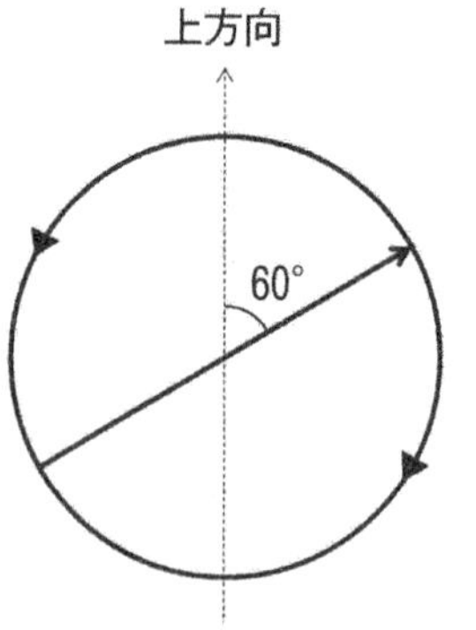

1分間のダンス回数：22回

図9

(4) ｂのトンネルを使った実験で，ダンスを受けた仲間の働きバチが花にたどり着けなかった理由を述べた次の文章について，［　］に適切な語句を○で囲みなさい。また，（　）には適切な整数を答えなさい。

仲間の働きバチは花と①［ 同じ・異なる ］方向に（　②　）m飛んだから。

(5) この実験の結果から考えられることや推測できることとして適するものを，次より２つ選び，記号を答えなさい。

ア　働きバチは，えさ場までの距離を，自身がどれだけ羽ばたいたかをもとに測っている。

イ　働きバチは，えさ場までの距離を，自身の周りの景色がどれだけ流れたかをもとに測っている。

ウ　働きバチは，えさ煬までの距離を，自身にどれだけの強さで風が吹《ふ》いたかをもとに測っている。

エ　ａのトンネルを10mにすると，働きバチは８の字ダンスを行うようになる。

オ　ｂのトンネルを10mにすると，働きバチが行う15秒あたりのダンス回数は減る。

カ　ｃのトンネルを10mにすると，働きバチは８の字ダンスを行うようになる。

3　月食は地球の影《かげ》に月が入り込《こ》んで欠けていく現象です。地球の影が丸いことによって，地球の形が丸いということを実感できる現象として知られています。2021年５月26日に日本で皆既《かいき》月食が見られました。皆既月食とは，地球の影に月がすべてかくれる現象です。図１は，月－地球－太陽のそれぞれの中心が，皆既月食時に一直線上にならんでいるようすを示しています。次の各問に答えなさい。

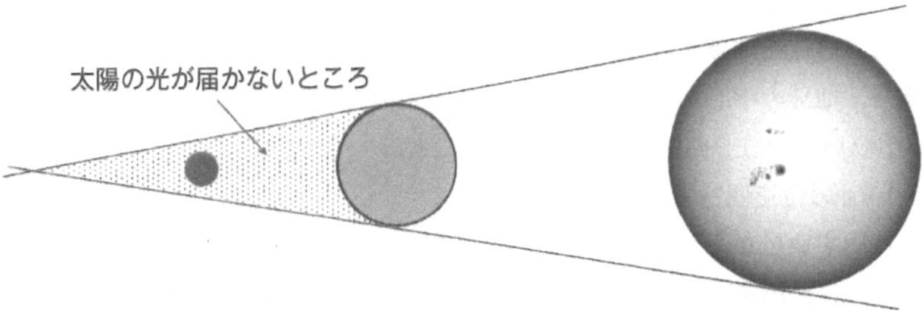

図１　皆既月食時の　月－地球－太陽　の位置関係
（実際の距離《きょり》、直径の比とは異なります）

(1) 次の文は，皆既月食が見られる時間について述べたものです。（　）に適する数を整数で書きなさい。ただし，計算には次の値を用いるものとします。

月の直径：3500km

月の地球に対する公転周期：30日

地球の中心から月の中心までの距離：380000km

円周率：３

地球と月は太陽の周りを回っていますが，この影響《えいきょう》は考えないことにします。また，観察者から見ると，地球の自転によって地球の影と月は，東から西へ動いていきますが，この影響も考えないことにします。そうすると，次のページの図２のように，月が公転している距離での空に固

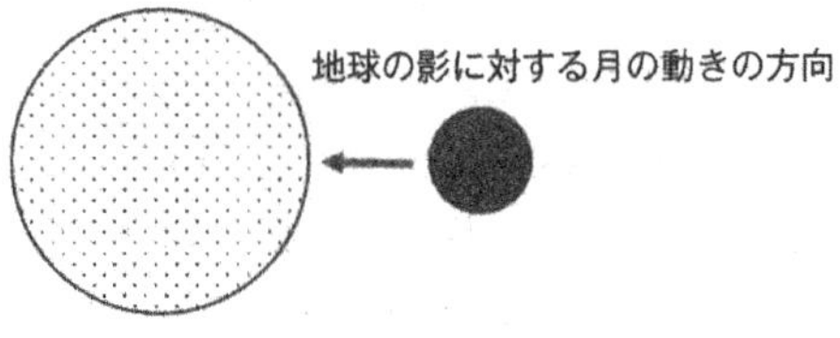

図２　地球の影と月の位置関係

定された地球の影を，月が通過していくことだけを考えればよいことになります。月の中心が地球の周りを円を描《えが》いて回ると考えると，その円周の長さは（　あ　）km です。また，月が地球の周りを30日で公転するということは，その円周上を１分間に（　い　）km の速さで動いていることになります。地球の影の直径を仮に9000km と考えたとき，図２のような地球の影の中心を通るような皆既月食は（　う　）分間続くことになります。ただし，月が地球の影を通るとき月の公転は円の一部ではなく直線とみなします。

ふつうの実験や観察では，太陽までの距離は非常に遠いので，太陽光線は平行に地球に届くと考えています。しかし，前のページの図１のように，太陽表面から出た光が，地球に差し込むようすを表す直線を引くと，太陽の光が届かないところが円すいのような形になることがわかります。つまり，皆既月食で観測される地球の影の大きさは，実際の地球の大きさより小さくなります。この時の地球の影の大きさを求めるために，図１をもとに次の３つの円すいを考えます。これらの円すいは，共通の頂点を持ち，形が同じで大きさが異なる円すいであるとみなすことにします。

円すいＡ：月の中心を通る，地球の影を底面とする円すい

円すいＢ：地球の中心を通る円を底面とする円すい

円すいＣ：太陽の中心を通る円を底面とする円すい

(2)　次の文は，地球の影の直径を実際に求めるための方法を述べたものです。（　）に適する数を指示された通りに書きなさい。ただし，計算には(1)で示した値に加えて，円すいＢの底面の直径を地球の直径12800km，円すいＣの底面の直径を太陽の直径1400000km とみなします。また，地球の中心から太陽の中心までの距離を150000000km とします。

（あ）　10000km の位を四捨五入して答えること。

（い）　10km の位を四捨五入して答えること。

円すいＢと円すいＣから，地球の中心から円すいの頂点までの距離は（　あ　）km と計算できます。同じように，円すいＡと円すいＢから，月食の時の地球の影の直径は約（　い　）km と計算できます。

地球や月の公転は，完全な円を描くのではなく，次のページの図３のように「だ円」と呼ばれる図形を描きます。地球と太陽との距離はつねに変化しています。地球と太陽の距離は，もっとも近い時には約１億4710万km で，もっとも遠い時には約１億5210万km になります。同様に，地球を回る月も，地球にもっとも近い時には約36万km で，遠い時には約41万km です。このことによって，皆既月食時に観測される地球の影の大きさが異なります。

(3)　次の文は，地球の影の大きさの変化について述べたものです。［　］に適する語句を選び，○で囲みなさい。

最初に，地球から太陽までの距離を一定として考えてみます。月から地球までの距離が近いほど，月は①［ 大きい・小さい ］地球の影を通ることになります。次に，月から地球までの距離を一定として考えてみます。地球と太陽の距離が遠いほど，月が横切る地球の影は②［ 大きく・小さく ］なります。

したがって，皆既月食時の地球の影がもっとも大きくなるのは，月から地球までの距離が③[遠く・近く]，地球から太陽までの距離が④[遠い・近い] ときであると考えられます。

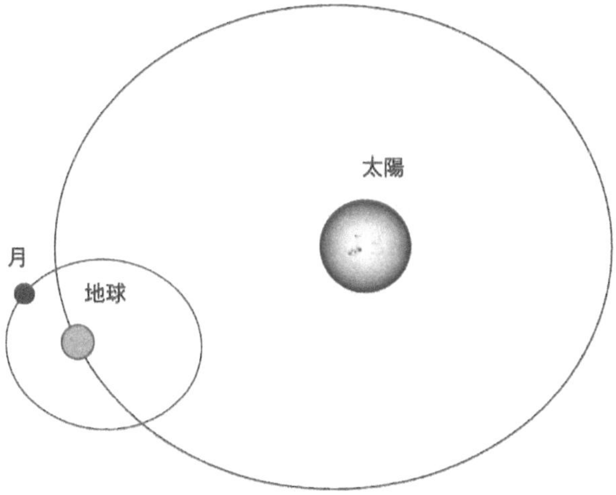

図3　地球、月の公転は「だ円」を描く
（実際の距離、直径の比とは異なります）

4 光は，均一な空気やガラスの中を進むとき，それぞれの中を直進します。光の通り道のことを光線といいます。空気やガラスがすき通っているときは，光線を横から見ることはできません。しかし，光が何かに当たると，当たったところが明るくなることから，光線がわかります。

緑色の光を細く発射するLED（発光ダイオード）を用いた場合で，光線について考えます。

図1のように，LEDで点Aからスクリーンに向けて光を発射したところ，スクリーンの点Bが明るくなりました。光線は点Aと点Bをつないだ直線上にあることがわかります。

図2のように点Cから鏡に向かって光を発射したところ，スクリーンの点Dが緑色に光りました。鏡のどこに光が当たっているのかわからないので，LEDを固定したまま，鏡の上にうすい紙を置いたところ，紙の点Eが緑色に光りました。

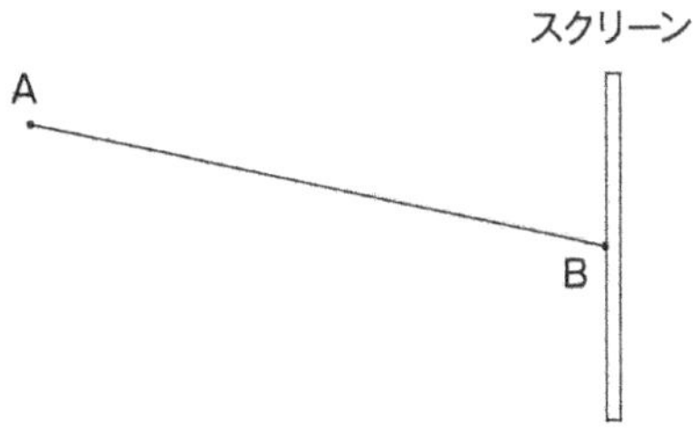

図1

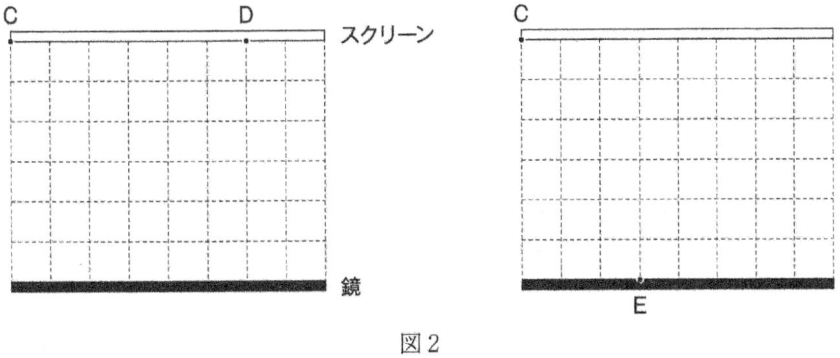

図2

(1) 光を図３の点Ｆから鏡に向けて発射したところ，スクリーンの点Ｇが緑色に光りました。光線をかきなさい。

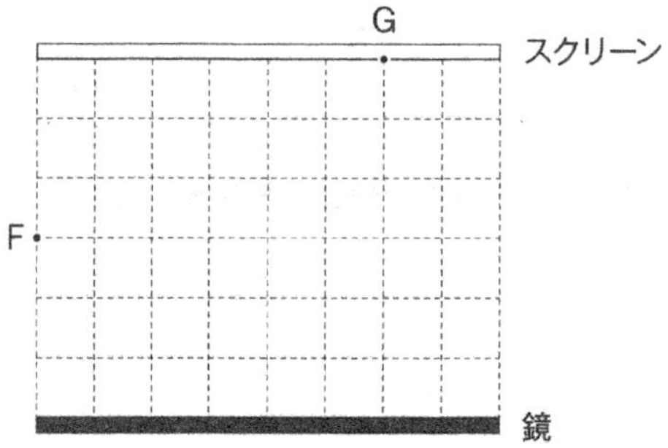

図３

光は，空気中からガラスの中に入ったり，ガラスの中から空気中に出たりするとき，進む向きが変わります。

図４のように，直方体のガラス板①をスクリーンの上に置き，LEDを点Ｈからガラス板①に向けて固定しました。スクリーンの点Ｉが緑色に光りました。しかし，これだけでは点Ｈから点Ｉの間の光線はわからないので，ガラス板①の上にうすい紙を置いたところ，点Ｊが緑色に光りました。

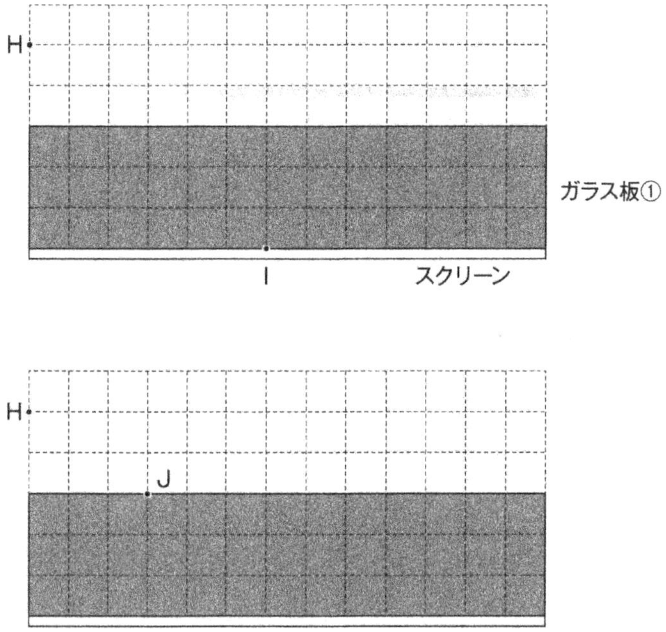

図４

次に，図４でのLEDとガラス板①を固定したまま，次のページの図５のようにスクリーンをガラス板①からはなしました。すると，スクリーンの点Ｋが緑色に光りました。

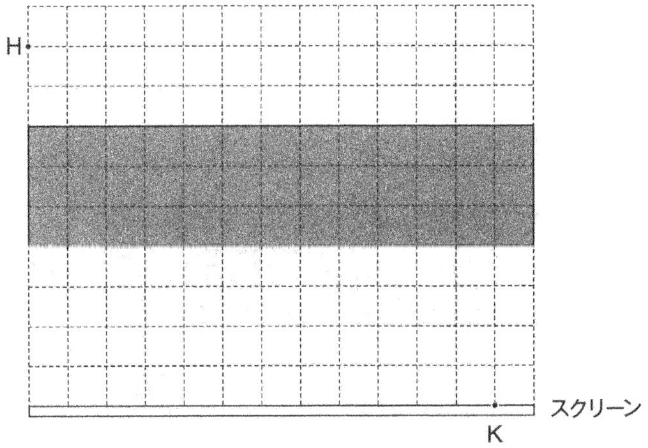

図５

(2) 前のページの図４と図５より，ガラス板①に入るまでの光線と，ガラス板①を出てからの光線に，関係があることがわかります。その関係を示す下の文章の（　）に，適切な語句を入れなさい。

ガラス板①に入るまでの光線と，ガラス板①を出てからの光線は，（　　　）である。

以下の問いでは，異なるガラス板に光を発射しますが，ガラス板に入るまでの光線と，ガラス板を出てからの光線について，(2)の関係は成り立っているとします。

(3) 図６に示した直線のように，点Ｌからガラス板②に向けて光を発射したところ，スクリーンの点Ｍが緑色に光りました。ガラス板②に入ってから点Ｍまでの光線をかきなさい。

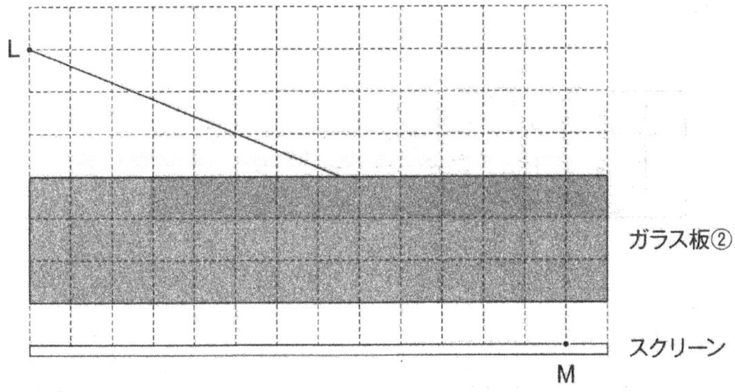

図６

図７のように，ガラス板③の下に鏡を置き，ガラス板③の上方にスクリーンを設置しました。図７に示した直線のように，点Ｎからガラス板③に向けて光を発射したところ，スクリーンの点Ｏが緑色に光りました。

(4) 図７でガラス板③に入ってから点Ｏまでの光線をかきなさい。

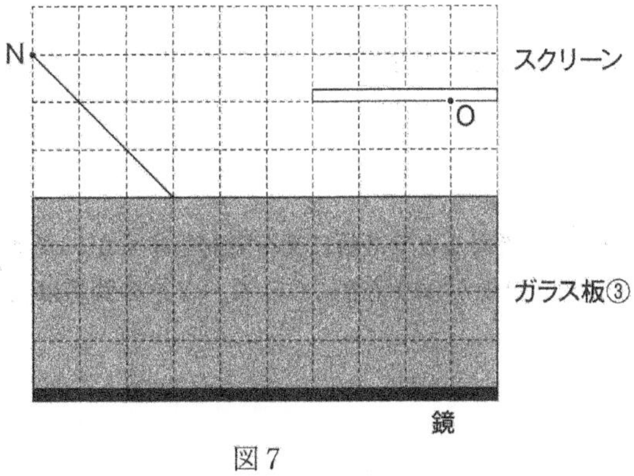

図７

正午ごろ，南に向けて小さい穴があいた板を立てます。穴を通った太陽光を図８のように三角柱の形をしたガラスに入れると，スクリーンに虹のように様々な色が見えました。太陽光には様々な色の光が混ざっていて，色によってガラスに入ってからの光線が異なることがわかります。

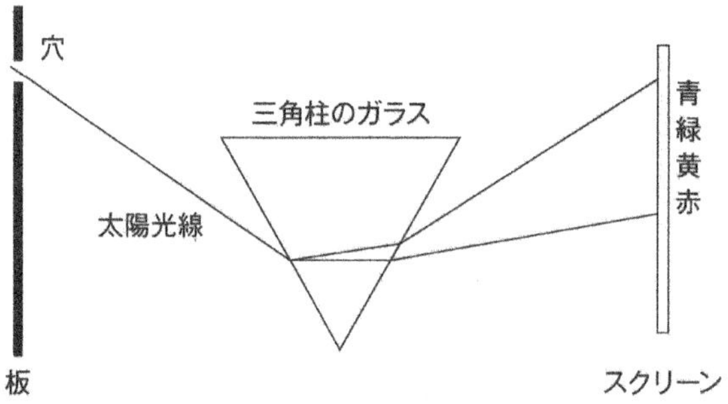

図８

図８の板の穴を通った太陽光を，今度は図９に示した直線のように，ガラス板④に入射させました。ガラス板④の下に鏡を置き，スクリーンをガラス板④の上方に設置しました。スクリーンの点Ｐから点Ｑまで，図８のスクリーンのように様々な色が見えました。

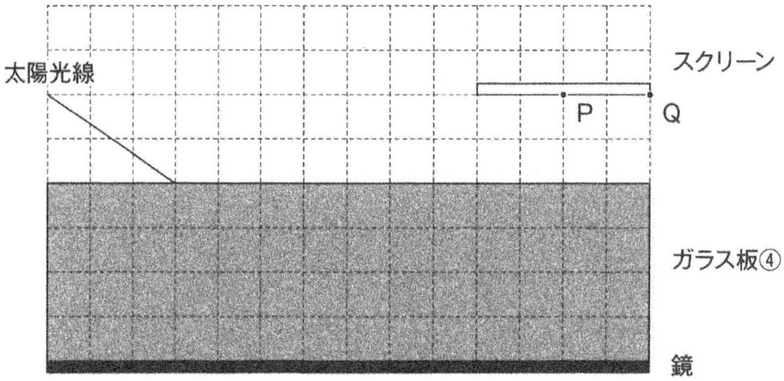

図９

⑸　太陽光がガラス板④に入ったあとの，点Ｐまでの光線と，点Ｑまでの光線を，それぞれかきなさい。

⑹　点Ｐは何色に見えますか。図８の色の中から１つ選び，○で囲みなさい。

【社　会】（45分）　＜満点：75点＞

【注意】
・句読点は字数にふくめます。
・字数内で解答する場合，数字は1マスに2つ入れること。例えば，226年なら［22］［6］［年］とすること。字数は指定の8割以上を使用すること。例えば，30字以内なら24字以上で答えること。
・コンパス・定規は必要ありません。

［1］ 次の文章を読み，下記の設問に答えなさい。

現在，私たちはさまざまな地球環境問題に直面しています。地球温暖化による海面上昇だけでなく，森林伐採《ばっさい》による砂漠化の拡大や，自動車の排気ガスや工場のばい煙などによる酸性雨，水や大気の汚染など多くの環境問題をかかえています。

これらの問題を解決するためには，社会や経済の発展と環境の保全とを両立させながら，a地球環境問題を世界共通の課題としてとらえ，それぞれの国や地域やb国際連合（国連）などの国際機関や，NGO（非政府組織）が協力して，国際的なルールをつくり，それらが守られるようにする努力が必要です。

国連は，2015年に定めた［ア］目標（SDGs）で，2030年までに達成すべき［イ］のゴールを示し，貧困や飢餓をなくしたり，教育を普及させたりする取り組みを進めています。

2015年にSDGsが採択されたのち，日本政府は2016年5月にc内閣総理大臣を本部長，内閣官房長官，d外務大臣を副本部長とし，全閣僚をメンバーとする「SDGs推進本部」を設置し，国内実施とe国際協力の両面で率先して取り組む体制を整えました。

2017年からは「ジャパンSDGsアワード」としてSDGs達成のために優れた取り組みをおこなっている企業，NGOやfNPO(非営利組織)，g地方自治体などを表彰しています。これはSDGs推進にあたり，国内の取り組みを「見える化」し，より多くの行動を促進するためのものです。

日本政府はさらに2018年から，「SDGs未来都市」を選定しています。これはSDGsを原動力とした地方創生を推進するため，優れたSDGsの取り組みを提案する都市・地域を新しい時代の流れを踏まえ選定するものです。2018年度から2020年度の3年間で全国各地の93都市を選定し，地方におけるSDGsの取り組みを推進しています。その中の一つ，京都府亀岡市では，h2020年3月に「亀岡市プラスチック製レジ袋の提供禁止に関する条例」が制定されました。このi条例の内容は，有償無償を問わず，市内事業者のプラスチック製レジ袋の提供を禁止するものです。この取り組みはSDGsの目標「海の豊かさを守ろう」などに深く関係しています。

日本政府も，国の取り組みとしてjレジ袋の有料化を義務づけました。有料化によりプラスチックごみを削減しようとするものです。環境省はレジ袋の有料化をきっかけに，ライフスタイルの変革を目指すキャンペーン「みんなで減らそうレジ袋チャレンジ」を展開しました。

問1　空らん［ア］には語句を，［イ］には数字をそれぞれ答えなさい。

問2　下線部aに関する次の文X・Yについて，その正誤の組合せとして正しいものを，あとから1つ選び番号で答えなさい。ただし，西暦には誤りがないものとします。

X　1992年に国連環境開発会議（地球サミット）が開かれ，気候変動枠組み条約や生物多様性条約などが調印されました。

Y　2015年にパリ協定が採択され，気温上昇を産業革命前と比べて地球全体で2度未満におさえる目標を設定しました。

1　X　正　　Y　正　　　2　X　正　　Y　誤

3　X　誤　　Y　正　　　4　X　誤　　Y　誤

問3　下線部bに関する次の文X・Yについて，その正誤の組合せとして正しいものを，下記より1つ選び番号で答えなさい。

X　国連の本部はニューヨークにあり，2021年末の加盟国数は193カ国です。

Y　国連の活動を実施するための経費は，主に加盟国からの分担金でまかなわれており，日本は毎年最も多くの分担金を負担しています。

1　X　正　　Y　正　　　2　X　正　　Y　誤

3　X　誤　　Y　正　　　4　X　誤　　Y　誤

問4　下線部bに関する次の文X・Yについて，その正誤の組合せとして正しいものを，下記より1つ選び番号で答えなさい。

X　ユネスコとは，世界のこどもたちの生きる権利と健やかな発育を守るためにつくられた国連の機関の一つです。

Y　ユニセフとは，教育・科学および文化などの活動を通じて，世界平和に貢献するためにつくられた国連の機関の一つです。

1　X　正　　Y　正　　　2　X　正　　Y　誤

3　X　誤　　Y　正　　　4　X　誤　　Y　誤

問5　下線部cに関する次の文X・Yについて，その正誤の組合せとして正しいものを，下記より1つ選び番号で答えなさい。

X　内閣総理大臣は，国務大臣と副大臣で構成する閣議を主宰《しゅさい》します。

Y　内閣総理大臣は，国際会議などに出席し，スピーチすることがあります。

1　X　正　　Y　正　　　2　X　正　　Y　誤

3　X　誤　　Y　正　　　4　X　誤　　Y　誤

問6　下線部dに関する次の文X・Yについて，その正誤の組合せとして正しいものを，下記より1つ選び番号で答えなさい。

X　外務大臣は，必ず国会議員のなかから選ばれます。

Y　外務大臣は，天皇によって任命されます。

1　X　正　　Y　正　　　2　X　正　　Y　誤

3　X　誤　　Y　正　　　4　X　誤　　Y　誤

問7　下線部eに関する次の文X・Yについて，その正誤の組合せとして正しいものを，下記より1つ選び番号で答えなさい。

X　日本政府による国際協力には，自衛隊の国連平和維持活動がふくまれています。

Y　日本は，政府開発援助によって開発途上国に対し，無償で学校や病院を建設する支援をおこなっています。

1　X　正　　Y　正　　　2　X　正　　Y　誤

3　X　誤　　Y　正　　　4　X　誤　　Y　誤

問8　下線部fに関する次のページの文X・Yについて，その正誤の組合せとして正しいものを，あとから1つ選び番号で答えなさい。

X　日本では，NPOによる社会貢献活動を支援する仕組みを整える法律が制定されました。

Y　NPOの活動は，日本国内に限定されており，海外での活動はありません。

1　X　正　　Y　正　　　2　X　正　　Y　誤

3　X　誤　　Y　正　　　4　X　誤　　Y　誤

問9　下線部gに関する次の文のうち正しいものを，下記より1つ選び番号で答えなさい。

1　千葉県知事の任期は6年，千葉県議会議員の任期は4年です。

2　千葉県議会議員と参議院議員の立候補できる年齢の条件は同じです。

3　千葉県議会議員選挙と衆議院議員選挙で投票できる年齢は満18歳以上です。

4　千葉県知事は，千葉市議会に対して解散権を行使することができます。

問10　下線部hに関する次の文X・Yについて，その正誤の組合せとして正しいものを，下記より1つ選び番号で答えなさい。

X　日本政府はプラスチックごみ削減のため，全国のコンビニエンスストアでプラスチック製のストローやスプーンなどの有料化を決定しました。

Y　イギリスは，EU（ヨーロッパ連合）に支出する分担金が多いことへの不満や，移民の流入などの問題に対する不満からEUを離脱しました。

1　X　正　　Y　正　　　2　X　正　　Y　誤

3　X　誤　　Y　正　　　4　X　誤　　Y　誤

問11　下線部iに関する次の文X・Yについて，その正誤の組合せとして正しいものを，下記より1つ選び番号で答えなさい。

X　条例の制定には，総務省の承認が必要です。

Y　住民が条例の制定や改廃を請求する権利は，日本国憲法に明記されています。

1　X　正　　Y　正　　　2　X　正　　Y　誤

3　X　誤　　Y　正　　　4　X　誤　　Y　誤

問12　下線部jに関連して，レジ袋やプラスチックごみ削減は，SDGsの目標の一つ「気候変動に具体的な対策を」の達成にもつながると考えられますが，それはどのような点においてですか。解答用紙のわく内で説明しなさい。

2　次の文章を読み，下記の設問に答えなさい。

エルサルバドルは，昨年，暗号資産のビットコインを自国の法定通貨（法律で政府が認めた貨幣《かへい》）と定めました。暗号資産は支払いや送金，投資に使われますが，価格変動の激しさが17世紀にaオランダで起きた状況と似ているとして，この政策に否定的な考えを持つ人もいます。

そもそも貨幣は，紀元前7世紀，現在のトルコにあったリディア王国によって世界で初めて造られ，交易によりその使用を広めました。

日本では，7世紀に銀や銅を使って貨幣を発行し，708年にb和同開珎を発行しました。朝廷は都建設の労賃や役人の給与の支払いに和同開珎を用い，それを持つ人々が都で開かれた市において使用しました。また朝廷は，調庸を都で納めて帰郷する人々に，銭貨《せんか》を携帯させる政策などを実施して流通を促しました。その後，約250年にわたって朝廷は銭貨を発行しました。平安時代につくられたc『うつほ物語』や『土佐日記』などの作品には，銭貨の普及している様子をうかがうことができます。しかし，10世紀後半になると銅の産出量が減少したことなどにより，朝廷は銭貨を発行しなくなりました。

12世紀半ば以降，日本は中国の宋との貿易によって宋銭を大量に輸入しました。人々が宋銭を使うようになると商工業が発達し，定期的に市が開かれ，(1)手工業者の活動も盛んになりました。その手工業者の中には，宋銭を素材として利用するものもいました。

同じ頃，ベネチア商人マルコ・ポーロのd『世界の記述』に「これらの紙片《しへん》には，カーン（皇帝）の印がいちいち押されている。こうして作製された通貨はどれも純金や純銀の貨幣と全く同様の権《けん》威《い》を付《ふ》与《よ》されて発行されている」と記述があり，当時，中国を支配していた元が紙幣を発行していた様子がわかります。

15世紀半ば以降，日本で銭貨の不足が起こると，国内外で私的に作られた銭貨が広まり，人々が劣悪な銭貨を排除するなどしたため経済は混乱しました。16世紀，軍役《ぐんやく》の基準を銭《ぜに》建てから米《こめ》建てにかえる戦国大名が現れ，e豊臣秀吉がこの政策を引き継ぎました。また，戦国大名は積極的に鉱山開発などをおこなったため金銀の産出量が増えました。特に(2)銀は大量に輸出され，ヨーロッパとアジアの経済や文化の交流に大きな役割を果たしました。

江戸幕府はf金貨，銀貨，銭貨の三貨を発行し，貨幣制度を整備しました。江戸を中心とした東日本は金貨を，大坂（阪）を中心とした西日本は銀貨を主に使用しました。金貨と銀貨の交換比率は日々変動したため，両替商と呼ばれる商人が活躍しました。庶民は主に銭貨を使いました。庶民は給与を銭貨で得るので，銭貨の価値が高くなることを好みました。銭貨の価値が低くなると多くの商品を購入することができなくなるからです。

幕末，欧米諸国との貿易が開始されると，日本と諸外国との金銀交換比率の違いから日本の金貨が大量に海外へ流出したことや，生糸などの輸出品を中心に物不足がおきたため(3)国内の経済は混乱を極めました。

明治政府は，1871年，通貨の単位をこれまでの「両」にかえて「円（圓《えん》）」とするなど，近代的な貨幣制度を定めました。なお，g紙幣は政府と民間の国立銀行によって発行されました。1870年代後半，西南戦争の戦費調達などによって政府が紙幣を増発したため，物価は上昇しました。そこで，貨幣価値の安定を図るため，中央銀行として日本銀行を設立し，紙幣を発行できる唯一《ゆいいつ》の銀行として1885年に日本銀行券を発行しました。その後，日本はh日清戦争の勝利によって得た賠償金《ばいしょうきん》の一部をもとに，金と自国通貨との交換を保証する金本位制度を採用しました。さらに世界恐慌が起こると，中央銀行がおこなう金融政策によって自国通貨を管理する管理通貨制度へ移行しました。

第二次世界大戦終了後，極度の物不足などから，人々の生活はとても苦しいものでしたが，1950年代から徐々に経済が回復し，高度経済成長期を迎えました。この頃(4)人々の所得が向上したので，1958年に初めての一万円札が発行されました。

問１　下線部ａに関する次の文Ｘ・Ｙについて，その正誤の組合せとして正しいものを，下記より１つ選び番号で答えなさい。

Ｘ　この国は，いわゆる鎖国体制下において，ヨーロッパの国々の中で唯一，長崎の出島において日本と貿易を続けました。

Ｙ　17世紀にこの国で活躍したゴッホらの描いた西洋画は，日本の浮世絵版画に影響を与えました。

１　Ｘ　正　　Ｙ　正　　　２　Ｘ　正　　Ｙ　誤
３　Ｘ　誤　　Ｙ　正　　　４　Ｘ　誤　　Ｙ　誤

問２　下線部ｂに関する次の文Ｘ・Ｙについて，その正誤の組合せとして正しいものを，下記より１つ選び番号で答えなさい。

Ｘ　和同開珎は，平城京やその周辺の遺跡で多く発見されています。

Ｙ　和同開珎は，古代の主要な道路沿いの遺跡から発見されることがあります。

１　Ｘ　正　Ｙ　正　　２　Ｘ　正　Ｙ　誤

３　Ｘ　誤　Ｙ　正　　４　Ｘ　誤　Ｙ　誤

問３　下線部ｃの作品ができた時期に関する次の文Ｘ・Ｙについて，その正誤の組合せとして正しいものを，下記より１つ選び番号で答えなさい。

Ｘ　清少納言ら宮廷に仕《つか》える女性たちは，かな文字を用いて『徒然草』などの作品をあらわしました。

Ｙ　藤原道長は娘を天皇のきさきにすることで天皇との関係を強め，政治を主導しました。

１　Ｘ　正　Ｙ　正　　２　Ｘ　正　Ｙ　誤

３　Ｘ　誤　Ｙ　正　　４　Ｘ　誤　Ｙ　誤

問４　下線部ｄに関する次の文Ｘ・Ｙについて，その正誤の組合せとして正しいものを，下記より１つ選び番号で答えなさい。なお「　」内の記述は下線部の『世界の記述』に書いてある内容です。

Ｘ「ジパングは，東のかた，大陸から千五百マイルの大洋中にある，……この国王の一大宮殿は，それこそ純金ずくめで出来ている」とあり，「一大宮殿」とは足利義満が建立した鹿苑寺金閣であると考えられています。

Ｙ「バグダッドは大都市である。かつては，全世界のイスラム教徒の長たるカリフの都だった」とあり，現在でも「バグダッド」を含む西アジア地域はイスラム教徒が多く居住しています。

１　Ｘ　正　Ｙ　正　　２　Ｘ　正　Ｙ　誤

３　Ｘ　誤　Ｙ　正　　４　Ｘ　誤　Ｙ　誤

問５　下線部ｅの政策に関する次の文Ｘ・Ｙについて，その正誤の組合せとして正しいものを，下記より１つ選び番号で答えなさい。

Ｘ　平定した土地で検地をおこない，田畑の広さや土地の良し悪し，耕作者などを調べました。

Ｙ　百姓から刀や鉄砲といった武器を取り上げる政策などによって，武士・百姓・町人の身分の分離が進みました。

１　Ｘ　正　Ｙ　正　　２　Ｘ　正　Ｙ　誤

３　Ｘ　誤　Ｙ　正　　４　Ｘ　誤　Ｙ　誤

問６　下線部ｆに関する次の文Ｘ・Ｙについて，その正誤の組合せとして正しいものを，下記より１つ選び番号で答えなさい。

Ｘ　大坂（阪）から商品を仕入れる江戸の商人は，銀貨に対する金貨の価値が高いと，より安く商品を手に入れることができます。

Ｙ　江戸の多くの武士は，給与でもらった米を金貨に換え，さらに銭貨に両替するので，金貨に対する銭貨の価値が高いと，より多くの銭貨を手にすることができます。

１　Ｘ　正　Ｙ　正　　２　Ｘ　正　Ｙ　誤

３　Ｘ　誤　Ｙ　正　　４　Ｘ　誤　Ｙ　誤

問７　下線部ｇに関して，次のページのⅠ～Ⅲは1860年代・70年代・80年代にそれぞれ発行された紙幣です。これらの紙幣が初めて発行された年代順に正しく配列したものを，下記より１つ選び番号で答えなさい。

Ⅰ

Ⅱ

Ⅲ

（Ⅰは福井県文書館ウェブサイト　Ⅱ・Ⅲは独立行政法人国立印刷局ウェブサイトより）

１　Ⅰ－Ⅱ－Ⅲ　　２　Ⅰ－Ⅲ－Ⅱ　　３　Ⅱ－Ⅰ－Ⅲ
４　Ⅱ－Ⅲ－Ⅰ　　５　Ⅲ－Ⅰ－Ⅱ　　６　Ⅲ－Ⅱ－Ⅰ

問８　下線部ｈに関する次の文Ｘ・Ｙについて，その正誤の組合せとして正しいのを，下記より１つ選び番号で答えなさい。

Ｘ　与謝野晶子は戦場の弟を想う詩で，この戦争に反対する気持ちを表しました。

Ｙ　ロシアは，日本がこの戦争で手に入れた領土の一部を清に返還させました。

１　Ｘ　正　Ｙ　正　　２　Ｘ　正　Ｙ　誤
３　Ｘ　誤　Ｙ　正　　４　Ｘ　誤　Ｙ　誤

問９　波線部⑴に関して，右の絵は鎌倉時代の絵巻物で，鋳物師《いもじ》とその仕事場を描いたものです。注文者の僧侶が完成間近な製品の受け取りを待っている様子が描かれています。右の絵の鋳物師は何を材料にしてどのような製品を作っているのか，本文を踏まえて10～15字で説明しなさい。

（嵐山町《らんざんまち》web博物誌ウェブサイトより）

問10　波線部(2)に関して，右の図は16世紀末にヨーロッパで作られた日本を描いた地図の一部です。図中の 青わく で囲んだ部分には，銀鉱山を意味する単語が書かれています。この銀鉱山の名称を漢字４字で書きなさい。

（文化遺産オンラインウェブサイトより）

問11　波線部(3)に関して，国内の経済の混乱は人々の生活にどのような影響を与えましたか。下の図が風刺《ふうし》している内容に触れて，40字以内で説明しなさい。

「樹上商易諸物引下図」（一部）

（日本銀行金融研究所貨幣博物館ウェブサイトより）

問12　波線部(4)に関して，この一万円札には，耐久《たいきゅう》消費財の普及など生活向上を背景としたある工夫が施《ほどこ》されていました。どのような工夫を施したのか，耐久消費財の名称を次のページのグラフの中から１つ選び，その名称を含めて30字以内で説明しなさい。

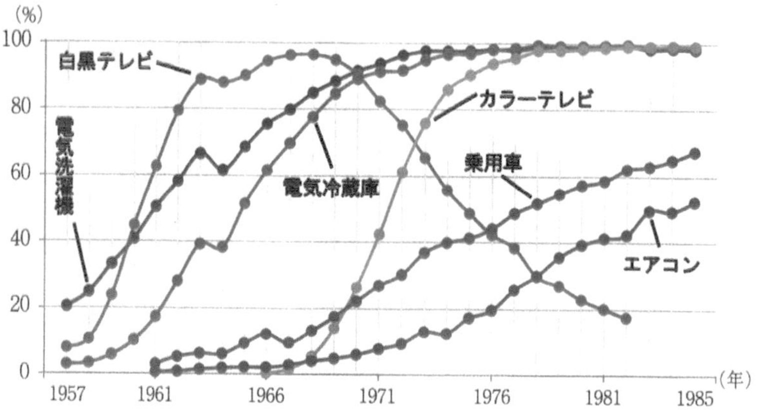

耐久消費財普及率の推移（1957～85年）

（内閣府「消費動向調査」より作成）

3　次の５つの都道府県地図を見て，あとの設問に答えなさい。なお，５枚の地図の縮尺は同じではなく，どれも上が北を向いています。

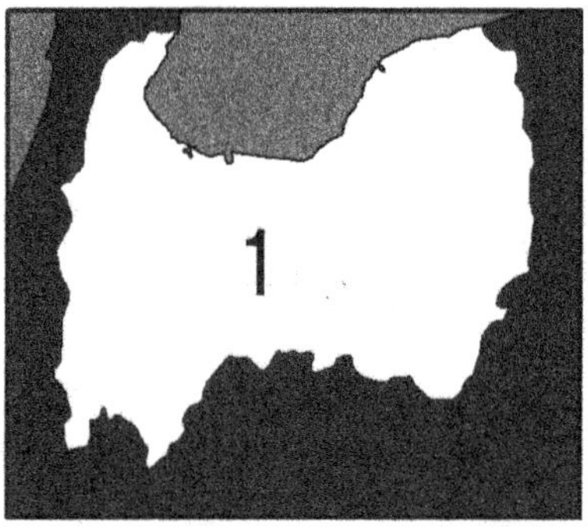

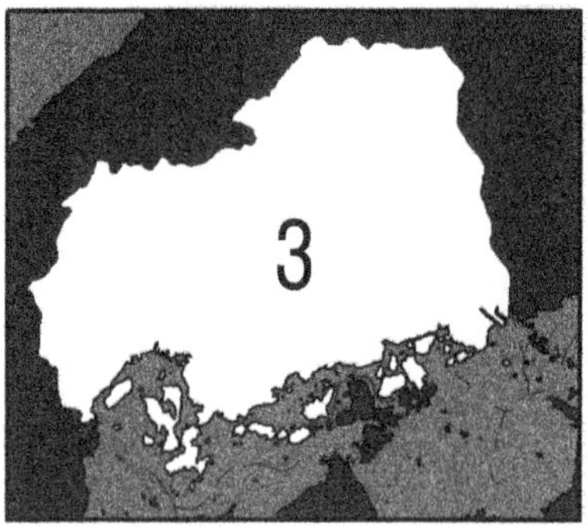

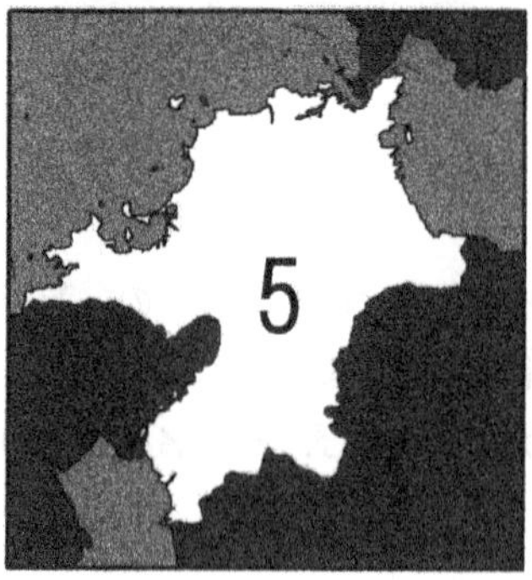

問1　都道府県1では，イタイイタイ病が発生しました。イタイイタイ病に関する次の文X・Yについて，その正誤の組合せとして正しいものを，下記より1つ選び番号で答えなさい。

X　鉱山から流出した有機水銀が原因物質と断定されています。

Y　鉱毒は農作物に蓄積されたり，飲み水に含まれることで，被害が大きくなりました。

1　X　正　　Y　正　　　2　X　正　　Y　誤

3　X　誤　　Y　正　　　4　X　誤　　Y　誤

問2　都道府県2について，以下の問いに答えなさい。

(1)　以下の雨温図A～Cは，都道府県2の図中ア～ウの観測地点のいずれかのものです。この組合せとして正しいものを，1～6から1つ選び番号で答えなさい。

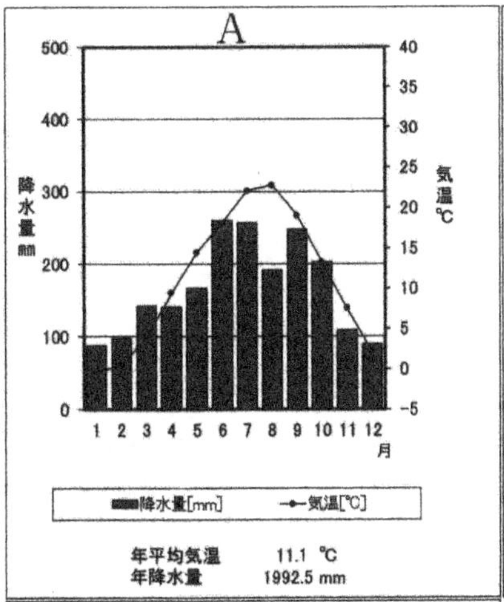

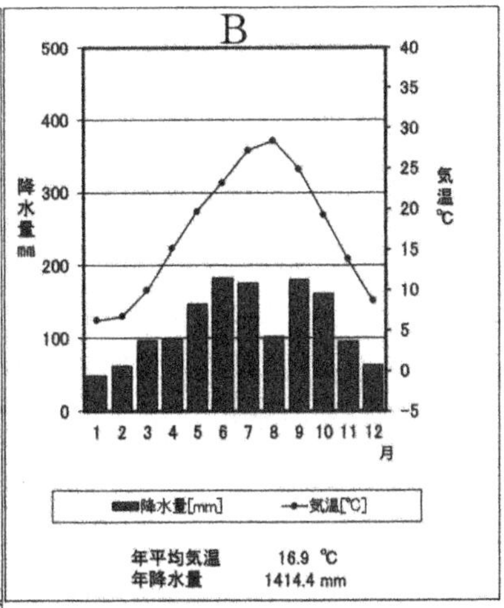

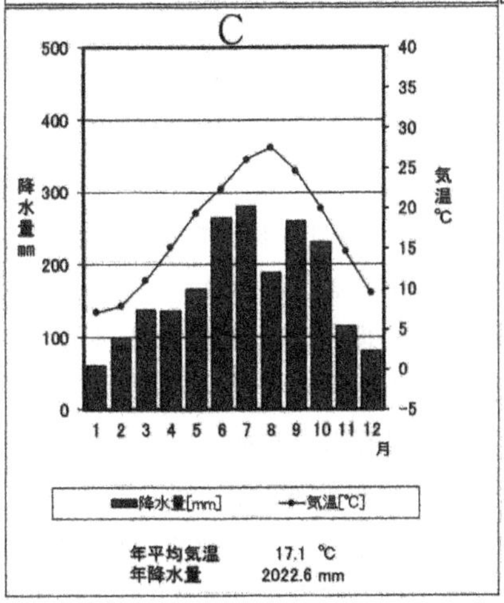

（気象庁ウェブサイトより作成）

	ア	イ	ウ
1	A	B	C
2	A	C	B
3	B	A	C
4	B	C	A
5	C	A	B
6	C	B	A

(2)　ウの付近にある天神崎《てんじんざき》は，冬でも温暖な気候のため，多くの海洋生物が生息している世界的にも貴重な場所です。その理由を述べた以下の文の（　）に適語を入れなさい。

冬でも温暖な理由は，田辺湾が西に大きく開いていることで北西季節風が（　　　）海流を湾内に押し込む働きをしてくれるからです。

問3　都道府県3について，以下の問いに答えなさい。

(1)　次のページの図1は，この都道府県が主な生産地となっている海産物の生産量の割合を示し

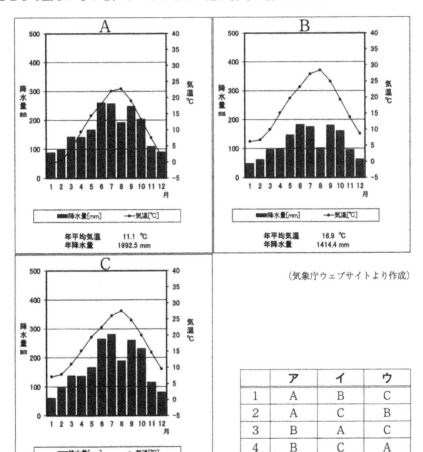

ています。この海産物を答えなさい。

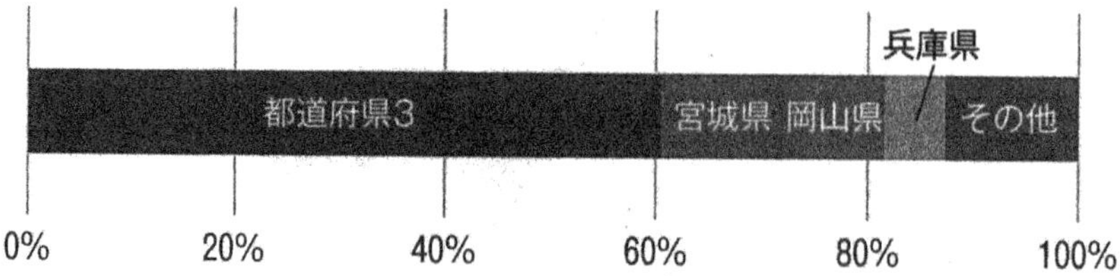

図１　ある海産物の生産量の割合（令和２年漁業・養殖業生産統計より作成）

⑵　この都道府県に面している海域では，**図２**のような現象が発生することがあります。この現象名と発生要因を，それぞれ解答用紙のわく内で説明しなさい。

⑶　⑴の海産物は，⑵の現象の解決に役立っています。どのように役立っているか，解答用紙のわく内で説明しなさい。

⑷　⑵の現象への対応として，法律や条例により排水基準を厳しく設定した結果，漁獲量が減少することもあります。その理由について，解答用紙のわく内で説明しなさい。

図２　（環境省ウェブサイトより）

問４　都道府県**４**について，以下の問いに答えなさい。

⑴　この都道府県では，高度経済成長期に多くの人口が流入し，様々な問題が発生しました。その問題として**適当でないもの**を，下記より１つ選び番号で答えなさい。

1　通勤・通学する人々が増えたことで，公共交通機関の混雑が深刻化しました。

2　自動車の交通渋滞や排気ガスによる環境問題が発生しました。

3　都心部では住宅が不足したため，土地の価格が下落しました。

4　ごみの増加により，埋立処分場では悪臭などの問題が深刻化しました。

⑵　この都道府県では昭和40年（1965年）に南西部の丘陵《きゅうりょう》にニュータウン建設が計画され，昭和46年（1971年）には入居が開始されました。このニュータウンが建設された丘陵を答えなさい。

⑶　⑵のニュータウンの開発当初に移り住んだ人々の中には，現在この住居に居住しにくさを感じる人も出てきました。そこで，住居の中には次のページの**図４**のような改修工事をしているものもあります。なぜこのような工事が必要になったのか，次のページの**図３**と**図４**を参考に解答用紙のわく内で説明しなさい。

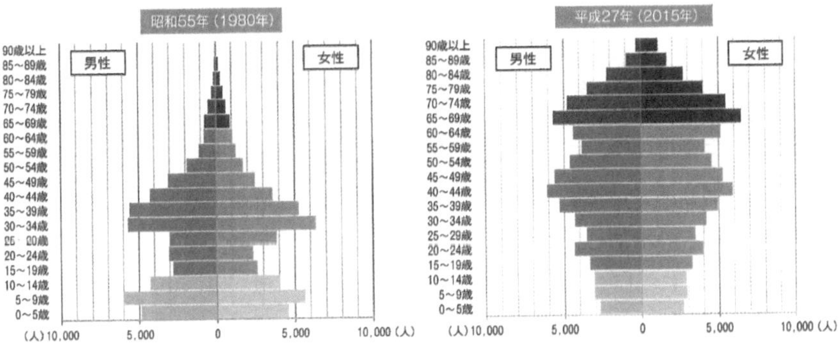

図３　ニュータウンのある市の人口ピラミッド

（ニュータウンのある市のウェブサイトより、一部改変）

図４　住宅に増築したエレベーター（作問者撮影）

問５　都道府県５の県庁所在地は，昭和53年（1978年）と平成６年（1994年）に深刻な水不足を経験し，節水意識の高い都市として知られています。この市について，以下の問いに答えなさい。

(1)　この市では全国で初めて，下水処理水をさらに浄化した，トイレや散水用，工業用など，飲料水ほどの水質を求めない用途に使用できる水を供給しました。このような水を何と言うか，答えなさい。

(2)　一級河川が流れないこの市では，水源を確保することに努力してきました。現在では，ある一級河川から山地を越えて導水路が引かれ，この市に水が供給されています。この河川の名称を，下記より１つ選び番号で答えなさい。

１　筑後川　　２　球磨川　　３　遠賀川　　４　川内川

言いつけに背いてしまったので、母に厳しく叱られるかもしれないと恐れる気持ち。

オ　「宇宙の穴」に自分を引き込もうとした父に怒りを感じるとともに、どんな状況においても自分たちを心配し続けてくれる母に感謝する気持ち。

問六　――部②「とっさに美津子を背中に負ぶい、良彦は薮の中を駆け出した」とあるが、なぜそのような行動をしたのか。説明しなさい。

問七　――部③「話しているうちに、涙が溢れ始めた」とあるが、それはなぜか。説明として最も適当なものを選びなさい。

ア　迷子にはなってしまったが、見ず知らずの老人が良彦たちの心配をする様子を見て、子供である自分たちの身柄を確保し、母親の元まで案内してくれるはずだという確信が持てたから。

イ　迷子になってやっとたどり着いた人家が、こけしの並ぶ怪しげな家で、しかもそこに住んでいると思われる老人の低い声が良彦の恐怖心をますます駆り立てたから。

ウ　兄とともに迷子になってしまったが、見ず知らずの老人の家にたどり着き、ようやく自宅に帰ることができるという目途がたち、安心する気持ちが急激に大きくなったから。

エ　迷子になり、山の妖怪の家に紛れ込んでしまったかもしれないと思った良彦だが、自分たちの身の上の話をしているうちにそんな不安が薄れ安堵の気持ちが強くなったから。

オ　山の中で迷子になってしまったが、良彦たちを発見した見知らぬ老人に詰問され、それに答えていくうちに、その老人に責め立てられているような気持ちになってしまったから。

問八　――部④「老人の眼が弓なりになった」とあるが、これは老人のどのような心情のあらわれか。説明しなさい。

問九　この文章の表現の特徴について説明したものとして、適当なものを二つ選びなさい。

ア　文章の始めから終わりまで、一文一文が短く歯切れがよいので、良彦の心情の変化をテンポよく読み取ることができるようになっている。

イ　「茅葺き」や「カンテラ」などの古風な事物だけでなく、「天体望遠鏡」などの新しい事物をも登場させることで、時代設定があいまいになるように書かれている。

ウ　文章全体を通じて良彦の視点で描かれており、彼が見たまま、感じたままの情景のみが描かれているため、妹や老人がどのように感じたのかがまったくわからないようになっている。

エ　登場人物の会話や心内語（心の中で思っている言葉）にはすべて方言が用いられており、標準語で描写されるよりも力強く、活き活きとした印象を生み出している。

オ　文末に「――」や「……」が多く使われており、強い意志を持たず、はっきりと決断することのできない良彦の心の弱さが読み取れるよう工夫されている。

カ　「キチキチ」や「ばくばく」といった擬態語や擬音語を多用することで、情景をイメージしやすくし、物語全体を臨場感あふれるものにしている。

ぐずぐずと泣いていると、肩をぽんとたたかれた。視線を上げれば、老人の日に焼けた顔がすぐそこにあった。

「坊主、トンネルは、おっがねがったか」

老人の静かな(d)眼差しが、じっと良彦を覗き込む。

「おっがねがった」

素直に頷けば、④**老人の眼が弓なりになった。**

「んだども、面白がったべ」

瞬間、ふらふらとトンネルに吸い込まれそうになった感覚が甦り、ごくりと唾《つば》を呑んだ。

望遠鏡を担いだ父が少しだけ振り返り、にやりと笑う。

「……んだ」

気がつくと、深く頷いていた。

老人に言われて、自分では理解できなかった胸の中のざわつきが、ようやく言葉になった。

恐ろしかったけれど。

「面白がった」

老人はもう一度良彦の肩をぽんぽんとたたき、それから机の上の筆を取りにいった。

しゃくりあげている美津子の前に立ち、一番小さな白木のこけしを手に取り、素早く絵筆を動かし始める。

（古内一絵『星影さやかに』による。なお出題の都合上、一部省略を行った。）

《注》※1　錦繍……美しい紅葉や花のたとえ。

※2　カンテラ……携帯用の石油ランプ。

※3　作務衣……禅宗寺院で僧が着る作業服。家庭着としても用いられる。

※4　中山平温泉……宮城県にある温泉。

問一　═部（a）～（d）の漢字をひらがなに、カタカナを漢字に直しなさい。

問二　「～を返す」で「後戻りする」の意味になるように、空欄 X にあてはまる言葉をひらがなで答えなさい。

問三　空欄 Y に入る言葉として最も適当なものを選びなさい。

ア　天高く馬肥ゆる秋　　イ　秋の鹿は笛に寄る

ウ　一葉落ちて天下の秋を知る　　エ　秋の日はつるべ落とし

オ　女心と秋の空

問四　空欄 Z に入る一文を本文から二十五字以内で抜き出し、初めの五字を答えなさい。

問五　──部①「良彦も涙ぐみそうになる」とあるが、ここでの良彦の気持ちとして最も適当なものを選びなさい。

ア　本来ならば兄として、何事においても妹を支えなければならない立場であるにも関わらず、妹の他愛ない質問にすら答えられず、自分を情けないと思う気持ち。

イ　トンネルの魅力に取りつかれて行動してしまい、母の戒《いまし》めを無視してしまった上に、妹の美津子の身を危険にさらしてしまったことを後悔する気持ち。

ウ　父親の幻影を振り切り、何とか現実世界に戻ってきたのはいいものの、今度は妹の美津子に兄としての責任を問われ、途方に暮れる気持ち。

エ　自分のしたいことを優先し、欲望を満たすことはできたが、母の

くる。

「兄《あん》ちゃん、もう歩げね」

それまで黙って手を引かれていた美津子が、ついに泣き言を口にした。

「もう少しだべ」

「もう少しって、後、どんぐらい？」

美津子の問いに、良彦は答えることができなかった。ここまでくると、もう認めない訳にはいかない。

迷ったのだ。

自分たちは山の中で、迷子になってしまったのだ。

んだども、あんまし遠ぐさいがねでけろ――。

母の言葉が甦り、①**良彦も涙ぐみそうになる。**

そのとき、前方に小さな明かりが灯っているのが眼に入った。良彦はハッとして、眼を凝らす。

大きなミズナラの葉陰の向こうに、確かに人家の明かりが見える。

②**とっさに美津子を背中に負ぶい、良彦は藪《やぶ》の中を駆け出した。**木の枝が顔を打ったが、気に留めもしなかった。

やがて、茅葺《かやぶ》きの小さな家が見えてくる。その小屋の扉の所に、明るい(＊2)カンテラが掛かっていた。

助かった――。

美津子を背中から下ろし、良彦は小走りで小屋に向かう。

「ごめんくなんせ」

大声をあげて重い扉を押しあけた。

「おばんでがす」

返事がないので、恐る恐る家の中を覗き込む。

その瞬間、良彦は大きく息を呑んだ。

土間のいたるところに、白木のこけしがずらりと並んでいる。眼も鼻もないこけしが、のっぺらぼうの真白な顔を、一斉にこちらに向けた気がした。

「うわぁあああっ！」

幼い頃に母から聞かされた山の妖怪の話が脳裏をよぎり、良彦は尻餅をつきそうになる。後からきた美津子の手を引っ張り、逃げ出そうとしたとき――。

「坊主、どした」

背後で低い声がした。

怖々《こわごわ》振り返れば、(＊3)作務衣《さむえ》を着た老人が、不思議そうにこちらを見ている。

「お前《め》ら、こんな時間に、どこさがらぎた」

老人の問いに、良彦は必死に説明を始めた。

母と一緒に、(＊4)中山平温泉まできたこと。トンネルを見にいった帰りに、道に迷ってしまったこと。

③**話しているうちに、涙が溢れ始めた。**

兄の良彦が泣いているのを見ると、美津子も「うわぁっ」と声をあげて泣き出した。つぶらな瞳から、大粒の涙がぽろぽろと零《こぼ》れて土間に散る。

「分がった」

老人は頷き、良彦の肩に手をかけた。

「大丈夫だ。爺《じい》が、宿まで送ってやるべな」

その言葉に安堵したのか、良彦も涙をとめられなくなる。

良彦は本能的な恐怖に囚《とら》われる。ここにいたら、本当に戻れなくなる。

俺は、そっちさいげね。

父の幻影を振り払うように X を返し、良彦は急いで入口に向かった。妹を置いていくことは、良彦にはできなかった。

ようやく明るい場所に出ると、べそをかいている美津子の顔が眼に入る。

妹の元に戻ってこられたことに、良彦は内心安堵《あんど》した。

「兄《あん》ちゃん！」

美津子は良彦に駆け寄り、その手をぎゅっと握る。

「お母《が》さんとこ帰る。トンネル、おっがねえ」

良彦ももう、妹を「弱虫」呼ばわりすることはできなかった。

「泣ぐな、泣ぐな。なんでもねえべ」

自らに言い聞かせるように、しゃくりあげ始めた美津子をなだめる。

「さ、いくべ」

美津子の涙を指の腹でぬぐってやり、良彦はきた道を引き返し始めた。

いつの間にか、日が傾き始めている。きたときとは違い、良彦も美津子も、黙々と歩き続けた。

日が陰ってきたせいか、あんなに鮮やかだった紅葉も、どこか色褪《あ》せて見える。明るかったぼんぼりが暗くなり、松葉の尖《とが》った緑が濃くなってきた。

線路をたどり、後は斜面の獣道を上るだけ。そうすれば、宿のある竹林に続く山道に出るはずだ。なにも難しいことはない。

良彦は、頭の中で繰り返した。

ところが、きたとおりに戻っているはずなのに、どれだけ上っても、大きな道にたどり着けない。一体、どうしたというのだろう。

下草や落ち葉を踏みしめて、良彦と美津子は息を切らしながら獣道を上っていった。

おかしい。

上る場所を間違えたのだろうか。けれど、もう一度線路まで戻るのは嫌だ。

良彦は美津子の手を引き、斜めに進んでみた。草の中から、大小のバッタがキチキチと飛び出す。

Y 。

気づいたときには、辺りに夕闇が漂《ただよ》い始めていた。

あんなに明るかったのに。あんなに美しかったのに――。

一気に色を無くしていく山の様子に、良彦は大きなトンネルがすべての光を吸い尽くしていく様を思い浮かべた。

Z

父の話を思い出し、良彦は急に怖くなってきた。

このままでは自分たちも、トンネルの底なしの重力につかまってしまう。先ほどの父の幻のように、闇の中に吸い込まれていってしまう。

無暗《むやみ》に歩いているうちに、方向感覚が麻痺してきた。

右に進んでいるのか、左に進んでいるのかが分からない。良彦の心臓が、ばくばくと音をたて始める。息が上がり、胸や腋《わき》の下を気味の悪い汗が次々に流れていく。

迷うはずがない。迷うはずがない。

祈るような思いで、斜面を上る。もう少しで、開けた道に出るはずだ。

ところが、歩けば歩くほど山が深くなり、周囲はどんどん暗くなって

そうだ。

お父《ど》さん……。

天体望遠鏡を持った父が、巨大な穴の前に立っている。

まるで重力につかまったように、良彦の足がふらりと前へ出た。トンネルの中に足を踏み入れた途端、ひんやりとした空気が全身を包み込む。山道を歩き、汗ばんでいた身体が一気に冷えて、背筋がぶるりと震えた。

たった数歩進んだだけなのに、驚くほど寒い。昼の光が吸われ、たちまち辺りが夜になる。

明るい(＊1)錦繍《きんしゅう》の世界から、突如、漆黒《しっこく》の異次元に足を踏み入れたみたいだった。

これはトンネルじゃない。まだ見たことのない、巨人や大蛇《おろち》が棲《す》む洞窟だ。

良彦の空想を嗤《わら》うかのように、天体望遠鏡を担いだ父がくるりとこちらに背中を向けて、すたすたと闇の中に消えていく。

お父《ど》さん、なしてそっちさいぐ――！

父の幻影を追うように、良彦の足が勝手にふらふらと歩き始めた。

「兄《あん》ちゃん！」

そのとき、信じられない大きさの声が、洞窟一杯に響き渡った。

我に返って振り向けば、トンネルの入口で、美津子が拳を握り締めている。

(c)ギャッコウで、その姿が影のように黒い。

「どこさいぐの！　戻ってけろっ」

美津子の声がわんわんと辺りに反響し、良彦はなんだか恐ろしくなってきた。トンネルの中と外に、はっきりと境界線があるのを感じた。

［X］を返そうとした途端、ずるりと足が滑る。

「わっ」

思わず漏らした声が、何倍もの大きさとなって闇の中に響き渡った。

ようやく暗闇になれた眼でよく見ると、雨が降った後のように地面が濡れていた。

戻らないと――。

濡れた地面に足を取られないように、良彦は美津子の影に向かって歩き出す。

だが、途中でなにかに引き留められるように、歩みがとまった。

お父《ど》さん。

父の幻が消えていった闇に向かい、足元の石を蹴ってみる。

カランッ。

大きな音をたてて、石が転がった。

その反響が暗闇の中に波紋のように広がり、やがて消える。音が消えた先に、まだ父がいる気がした。

なぜだろう。

胸の中がざわざわ騒ぐ。

簡単に向こう側が見通せると思っていたトンネルは、実際には深く暗い闇だった。

見えない先は恐ろしいけれど、同時に震えるほど強く惹《ひ》かれてしまう。

「戻ってけろ！」

再び、美津子の声が響いた。

駄目だ。

オ　できごとの流れや脈絡を整理することを通じて、それらを経験しているのが同じ私だという感覚が作られるということ。

問八　本文の内容を説明したものとして、適当なものを二つ選びなさい。

ア　今ここに自分が存在しているということの不思議さに感動を覚えるのは、死を間近に控えた老人に特有の現象である。

イ　自己が存在しているということは、一見すると当たり前の事態であるが、実は数ある可能性の中の一つに過ぎない。

ウ　身体がなければ、様々なことを経験することができないため、自己とは身体そのもののことだといえる。

エ　虚子の句は、老いてなお自分の存在の不思議さを理解しようという知的な試みの上に成立したものである。

オ　自分という意識は客観的に目に見えるものではないが、その存在はたしかに意識することができる。

カ　我を忘れるという体験をするとき、自己をとりまとめる働きをするアイデンティティまでも失われてしまっている。

二　次の文章を読んで、後の問いに答えなさい。

「兄《あん》ちゃんってばぁ」

美津子が呼んでいるのが聞こえるのに、黒い口に誘われるように、足をとめることができなかった。

真っ黒な口がどんどん大きくなってくる。

途中から、自分が近づいているのか、口が迫ってくるのかが、よく分からなくなってきた。

ついに、その前に立ったとき、良彦は思わず立ちすくんだ。

なんだべ、これ……。

これがあの、一瞬にして飛んでいってしまうトンネルなのだろうか。

良彦は、トンネルの先には山の向こう側が見えるのだとばかり思い込んでいた。

覗き穴のように、渓谷の紅葉が(a)垣間見えるに違いないと。

ところが眼の前の大きな穴は、どんなに眼を凝らしても、黒々とした闇が漠々《ばくばく》と広がっているだけだった。

しかも、こんなに大きなものだったとは。

(b)ナカば茫然《ぼうぜん》として、良彦は巨大な黒い丸天井を見上げた。

〝この宇宙の彼方には、不思議なものがたくさんあるんだよ〟

ふと、父の穏やかな声が耳の奥で甦《よみがえ》る。

以前、天体望遠鏡を片手に、父が語ってくれたことがあった。

この宇宙のどこかには、なにもかもを吸い込んでしまう、凄まじい重力を持つ大きな穴がある。その重力場につかまると、光ですら逃げることができないのだと。

（中略）

宇宙なんて、どうでもいい。そんなことより、もっと大事なことがあるはずだ。

いつもそう思っていたはずなのに、なぜか今は、父の話が頭から離れない。

目前に広がる深い闇は、その宇宙の穴を思わせた。

宇宙の穴につかまれば、太陽だって逃げられない。宇宙の穴の質量は、太陽の数百万倍もあるのだそうだ。想像しただけで、気が遠くなり

ア　正岡子規　　イ　石川啄木　　ウ　与謝野鉄幹
エ　小林一茶　　オ　松尾芭蕉

問三　――部①「そういうさまざまな思いのなかで、虚子は『斯く在る』ことをただ静かに受けとめようとする」とあるが、どういうことか。説明として最も適当なものを選びなさい。

ア　自己が存在するということが、数ある可能性の一つに過ぎないことを自覚し、自分の存在の小ささを何とかして納得しようとすること。

イ　老年にさしかかり、生の終わりを意識して死の恐怖にとらわれても、どうすることもできずに絶望し諦めてしまおうと考えること。

ウ　生の終わりを意識するような年齢となり、自らの死を肯定的に受け入れたうえで、死後の世界について静かに思いをめぐらそうとすること。

エ　年老いて死期が近いことを悟りつつも、そこから生じる迷いや恐怖をあるがままに受容し、心穏やかな境地に達しようとすること。

オ　いつの間にか年をとって寿命が近くなるにつれて、今まで人生を無駄に過ごしてきてしまったことに対し、反省をしようと考えること。

問四　――部②「この『わたし』という言葉も自明なように見えて、なかなかつかまえにくい言葉です」とあるが、なぜそういえるのか。説明しなさい。

問五　――部③「物をつかむという動作は、わたしの行為の習慣のなかに言わば沈殿している」とあるが、どういうことか。説明として最も適当なものを選びなさい。

ア　物をつかむという動作は、それぞれの動きが単純すぎるため、そのたびごとに自覚されないままになっているということ。

イ　物をつかむという動作は、日常生活において身体の持ち主に意識されており、あえて言語化されないだけだということ。

ウ　物をつかむという動作は、手や腕の筋肉が意識からの指示を無視して勝手に行っているものであるということ。

エ　物をつかむという動作は、哲学的に解明されたものであり、日常の中で考える必要のないものになっているということ。

オ　物をつかむという動作は、身体が自然と行っているものであり、いちいち意識されるものではないということ。

問六　――部④「自己とはこの体のことであると言われると、そうではないという印象が残る」とあるが、なぜそういえるのか。説明しなさい。

問七　――部⑤「ここにはいわゆるアイデンティティ、同一性が成立しています」とあるが、どういうことか。説明として最も適当なものを選びなさい。

ア　自らの思考や感情を物体を見る方法とは異なる仕方で意識できることが、同じ自己が成り立っている証拠だということ。

イ　感情や思考が一つの同じ身体の中にあることによって、自己という一定の意識が生まれてくるということ。

ウ　様々な感情や意識の動きを一人のものとしてまとめる働きが存在し、その働きが一定の自己を可能にしているということ。

エ　一年前から今年、昨日から今日へという時間の流れが記憶を生み出すことで、一定の自己を成立させているということ。

ことであると言われると、そうではないという印象が残るのです。

　あなたが「わたし」という言葉で指し示そうとしたのは、このわたし自身のことです」と答えたときに考えていたのは、物体としての身体ではなく、うれしいとか楽しいと感じたりすること、あるいはたとえば新しく封切りになったハリウッド映画を見にいきたいと思ったりすること、そしてこの映画を見たときに、監督は観客にいったい何を訴えたいと思ったのだろうかと考えたりすること、こうした意識の内面の出来事であるとあなたは言われるかもしれませんね。

　たしかに「わたし」というのは、身体ではなく、むしろ、こういう感情や意欲、思考などで成りたっているものだと言えるようにも思います。

　意識のこうした働き、たとえば悲しいと感じたり、あるいは「わたしっていったい何なのだろう」と考えたりすること、こういうことは目に見えるものではありません。たとえば目の前のリンゴを見るような仕方で、それを見ることはできません。それは物体的なものとははっきりと異なったものです。しかし、わたしたちはそうした感情や思考をはっきりと意識することができます。そうしたわたしたちの意識の働きを、わたしたちは「わたし」という言葉で言い表しているのだと言えそうです。

　しかし、それだけではないように思われます。というのも、たとえば何かを見たり、聞いたりする、あるいはうれしいとか悲しいと感じる、そういうときわたしたちは脈絡《みゃくらく》なしに、何かを感じたり、何かを考えたりしているわけではありません。いつもわたしたちのそうした働きを一つにまとめているものがあります。わたしたちはさまざま行為をしながら、つねにそれらを　つにとりまとめているものを意識しています。それこそ「わたし」だと言えるのではないでしょうか。

　もちろんわたしたちは、ときおり「われを忘れる」という経験をします。われを忘れて小説の世界に入り込んだりします。その小説の主人公になりきって、いっしょに泣いたり笑ったりします。そしてしばらくして、ふとわれに返ります。午後に友人に会う約束をしており、そのために着替えをしなければならないといったことに気づきます。しかし通常は、何をしている場合でも、それをしているわたしを見つめている「わたし」がいます。そのために、小説の世界に入り込んでしまったわたしも、われに返れば、すぐに日常の生活を営んでいる「わたし」に結びつけられるのです。わたしが行うことはすべて「わたし」につなぎとめられています。それはいまのことだけではありません。昨日起こったことも、一年前に起こったことも、一〇年前に起こったことも、ぜんぶこの「わたし」に帰属するものとしてわたしは理解しています。

　⑤**ここにはいわゆるアイデンティティ、同一性が成立しています**。「われを忘れて」何かに没頭するという例外もありますが、通常は、わたしの行為には、これはわたしの行為であるという意識が伴っています。それによってすべての行為が一つにとりまとめられています。このまとまりによって「自己」が成りたっていると言えます。

（藤田正勝『はじめての哲学』による。なお出題の都合上、一部省略を行った。）

問一　══部（a）～（d）の漢字をひらがなに、カタカナを漢字に直しなさい。

問二　空欄 X に入る、『歌よみに与ふる書』で短歌の革新運動を行い、『吾輩は猫である』を執筆した夏目漱石とも交流があった人物の名前を選びなさい。

このわたしのことです」と明快に答えられる方もいることでしょう。いま自分のことをふり返っているあなたにとって、おそらく「わたし」は疑いようのない事実として意識されていることと思います。

　しかし、②**この「わたし」という言葉も自明なように見えて、なかなかつかまえにくい言葉です。**「わたし」というのは、いまここにいる人物が相手に向かって何かを語りかけようとするとき、自分のことを言い表すために使う言葉であり、誰でもそれを使うことができます。それは、相手に向かって何かを語りかけようとする人が、そのときどきの自分に貼りつけるラベルのようなものだと言ってもよいかもしれません。しかし、そのラベルには何も書かれていません。「わたし」は、もともと特定された内容をもった言葉ではないのです。誰がどんな場面で「わたし」と言うのか、そのときどきの状況のなかではじめてその意味が浮かびあがってくるのです。

　そこで「あなたの言う「わたし」とは何ですか」とさらに問いを重ねるとすれば、あなたは、「わたしが指し示そうとしたのは、このわたし自身のことです」と答えるでしょう。しかし、その「あなた自身」とは何でしょうか。

　そう問われたとき、おそらくあなたは自分の方を指さして、「これです」と言うことでしょう。そのときあなたが指し示そうとしたのは、指の先にあるあなたの体、身体のことでしょうか。たしかに「自己」とはこのわたしの身体のことであるという考えも成りたつと思います。「自」という漢字はもともと鼻をかたどったものでした。自分を示すために、顔なり、(b)**胸元**を指さすのは自然なことです。

また、わたしの意識の働き、つまり見たり、聞いたりすることや、楽しいと感じたり、怒りを覚えたりすることは、このわたしの体を離れては考えられません。しかし他方、自己とはこの身体のことだと言ってしまうと、どうもそうではないという印象が残ります。

　身体というのは、もちろん医学や生物学でも問題にされますが、哲学にとってもたいへんおもしろい(c)**コウサツ**の対象です。たとえば手で机の上に置いてあるコップをつかもうとするような場合を考えてみましょう。わたしは手や腕の筋肉にいちいち指示を与えてコップを取りにいくわけではありません。わたしの意識はあくまで対象の方に（この場合にはコップの方に）向けられ、手や腕の方には向けられていません。それでも腕は自然に動き、(d)**テキカク**な動作をします。③**物をつかむという動作は、わたしの行為の習慣のなかに言わば沈殿している**と言ってよいかもしれません。そういう仕方で身体は、背後に退くような形で、わたしたちのさまざまな行動を支えています。どの筋肉を動かしてなどと考えていたのでは、わたしたちはコップ一つ取ることができないでしょう。

　さて、わたしがわたしの身体を身体としてはっきりと意識するのは、それをわたしの外にあるものとして見つめるときです。たとえばスポーツの練習でまめだらけになった手や家事で荒れてしまった手をじっくりと眺めるような場合です。そのときには見つめるわたしと見つめられる手とが分かれてしまっています。わたしの手はどこまでもわたしの手ですが、その手は、見つめる「わたし」とは別のものとしてそこにあります。

　身体にはそういう面があるのです。そのために、④**自己とはこの体の**

【国　語】〈五〇分〉　〈満点：一〇〇点〉

【注意】　記述は解答欄《らん》内に収めてください。一行の欄に二行以上書いた場合は、無効とします。

一　次の文章を読んで、後の問いに答えなさい。

「自己とは何か」ということを問題にする前に、少し横道にそれますが、自分とか自己ということについて考えるときに、わたしがいつも感じていることについてお話ししたいと思います。それは自分がいま生きている、あるいはいまここにいる（わたしがある）ことの不思議さについてです。

それについてお話しする手がかりになると思いますので、［　X　］の弟子の一人である高浜虚子《たかはまきょし》の俳句を一つ紹介します。

老いてこゝに斯《か》く在《あ》る不思議唯《ただ》涼し

という句です。「老いて」と言われても、自分には遠い先のことだと思う人もいるかもしれませんね。しかし、わたしのように年齢のいったものはこの句に深い共感を覚えます。

「斯く在る不思議」というのは、もちろん老人だけが抱く感懐ではないでしょう。若い人にとっても、自分がいまここにいること、それはとても不思議なことだと思います。父と母が出会わなかったら、わたしは生まれていなかったわけですし、戦争の時代に生まれていれば、その戦乱のなかで幼くして亡くなっていたかもしれません。

わたしたちはいまここに生きている、その視点からすべてを見ていますが、存在しなかったかもしれない、あるいは亡くなってしまったかもしれない、その存在しない方から見てみると、いま生きていることはとても不思議なことです。いま、いる、いまあるということは、まだない、もうないというとてつもなく大きな「無」に包まれたちっぽけな点、小さな小さな「有」でしかないのかもしれないのです。このように「斯く在る」ことはとても不思議なことなのです。

老人にはまた、若い人とは違った思いが浮かびあがってきます。知らないうちに「斯く在る」、つまり、いつのまにかこのように齢《よわい》を重ね、いまここにいるという思いが強くするのです。そしてその先にあるものに目がいきます。生の終わりを意識しながら、「斯く在る」ことをどう受けとめるのか、その先にあるものをどう受けとめるのか、そうしたことを考えます。さまざまな思いがわきあがってきて、心は(a)ヘイセイではいられません。たとえ知らないうちに「斯く在る」としても、「唯涼し」とはとても簡単には言えません。迷いもあり、執着もあります。不安もあり、恐れもあります。

しかし、①**そういうさまざまな思いのなかで、虚子は「斯く在る」ことをただ静かに受けとめようとする**自分に気づいたのだろうと思います。それもとても不思議なことだと思います。簡単にはそのような境地に立つことはできません。しかし、そういうことがありうるのはわかりますし、そのことにとても惹《ひ》かれる――そのような思いを抱く句です。

わたしがいまここにいる（ある）こと自体が不思議ですが、「自己」に関しては、そのほかにもすぐには理解できないことがたくさんあります。それに対して、そこには何の不思議もないじゃないか、と言う人もいるかもしれません。「自己とは何か」という問いに対して、「自己とは

MEMO

大切なことはメモしておこうネ！

1次

2022年度

解 答 と 解 説

《2022年度の配点は解答欄に掲載してあります。》

＜算数解答＞《学校からの正答の発表はありません。》

1 (1) 331個 (2) 17個 (3) 7周
2 (1) 24通り (2) 10通り (3) 6通り
3 (1) ① ウ ② オ (2) A 24cm B 30cm C 28cm
4 (1) 43.96cm (2) 97.14cm^2
5 (1) 13：4 (2) 5：16

○推定配点○
3 各6点×5 他 各7点×10 計100点

＜算数解説＞

1 (平面図形，規則性，割合と比，植木算)

図1
はじめ→1個 → 2個 → 3個

図2

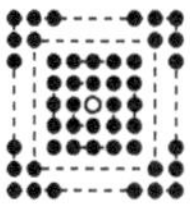

基本 (1) 10周…1＋6×(1＋2＋3＋～＋10)
＝1＋6×11×10÷2＝331(個)

重要 (2) (1)より，1000÷6＝166…4より，1～□までの整数の和が166に近くなる□を求める。11までの和が55＋11＝66，以下，78，91，104，120，136，153，～ したがって，17周まで黒石で囲むことができる。

(3) 図2より，白石を囲む黒石の数は2×4，4×4，6×4，～と増え，これらの和は8×(1＋2＋3＋～)となる。(1)より，6×(1＋2＋3＋～＋□)＝8×(1＋2＋3＋～＋△)のとき，6：8＝3：4 (1＋2＋3＋～＋□)：(1＋2＋3＋～＋△)＝4：3 したがって，1から7までの整数の和28と1から6までの整数の和21の比が28：21＝4：3であり，求める周数は，図1のように7周まで黒石を置いたとき。

重要 2 (場合の数)

(1) 「異なる4色」…同色が重複しない異なる4色が1列に点灯する場合は4×3×2×1＝24(通り)

(2) 赤・青・黄・緑をそれぞれR・B・Y・Gで表す。以下の10通りがある。

	R・B・Y・G	R・B・Y・G	R・B・Y・G	R・B・Y・G
1回目	R・B・Y・G	R・B・G・Y	R・G・Y・B	R・Y・B・G
2回目	R・B・Y・G	R・B・Y・G	R・B・Y・G	R・B・Y・G

	R・B・Y・G	R・B・Y・G	R・B・Y・G
1回目	G・B・Y・R	Y・B・R・G	B・R・Y・G
2回目	R・B・Y・G	R・B・Y・G	R・B・Y・G

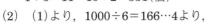

	R・B・Y・G	R・B・Y・G	R・B・Y・G
1回目	B・R・G・Y	Y・G・R・B	G・Y・B・R
2回目	R・B・Y・G	R・B・Y・G	R・B・Y・G

(3)　右表の2通りがあるので,
全部で2×3＝6(通り)

	R・B・Y・G	R・B・Y・G
1回目	R・R・B・Y	R・R・G・B
2回目	R・R・R・B	R・R・B・R
2回目	R・R・R・R	R・R・R・R

やや難 3 (割合と比,グラフ,速さの三公式と比,旅人算)

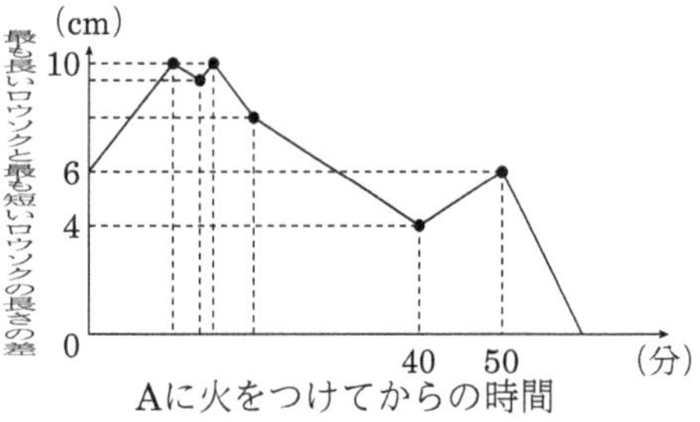

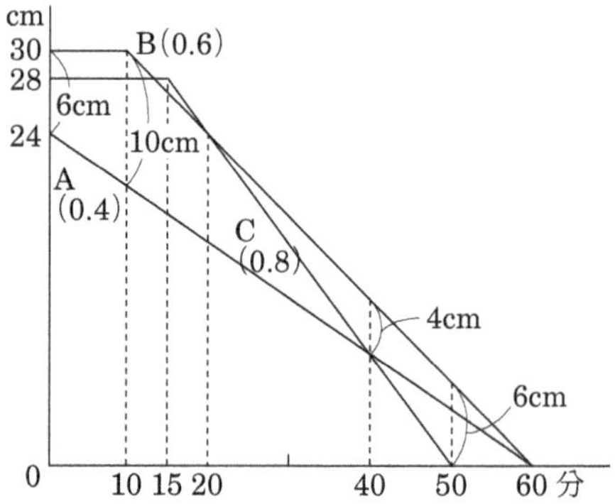

(1)　ロウソクA,B,Cの長さの変化を表すグラフは,右図のようになる。
①点火前(最長,最短)＝(B,A)…(ウ)
②燃える長さ(最長,最短)＝(C,A)…(オ)
毎分の燃える長さの差…B,Aの差は(10－4)÷(40－10)＝0.2(cm)
C,Bの差は(6－4)÷(50－40)＝0.2(cm)
毎分の燃える長さ…Aは(10－6)÷10＝0.4(cm),Bは0.4＋0.2＝0.6(m),
Cは0.6＋0.2＝0.8(cm)

(2)　右のグラフと②より,A,Bが同時に燃えつきる時刻は10＋10÷0.2＝60(分)
Aの長さ…0.4×60＝24(cm)　　　Bの長さ…24＋6＝30(cm)
Cの長さ…0.8×(50－15)＝28(cm)

基本 4 (平面図形)

(1)　図1より,6×3.14×2＋6×3.14÷3＝14×3.14＝43.96(cm)

【図1】

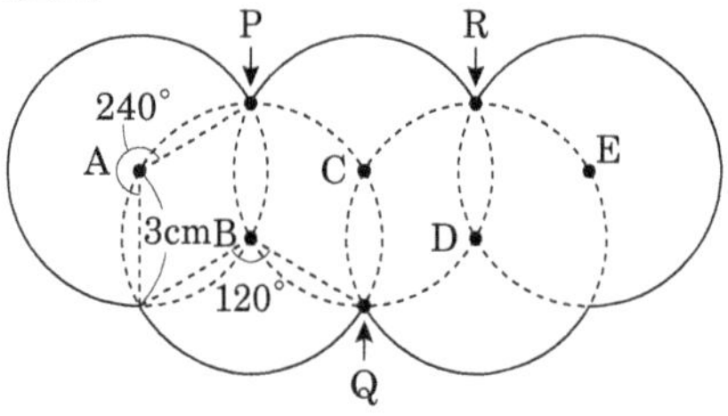

【図2】

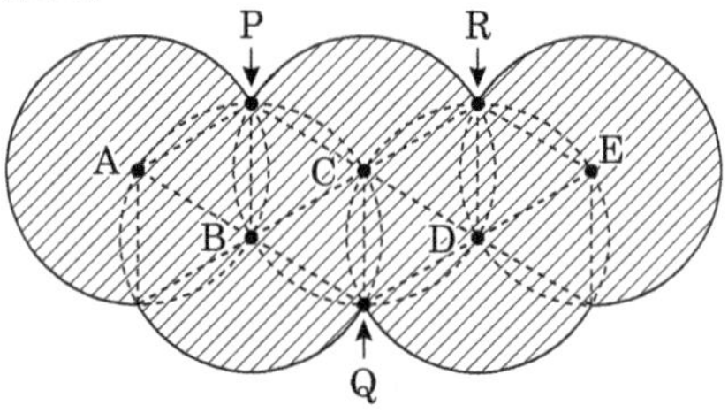

(2)　図2より,3×3×3.14×2＋3×3×3.14÷3＋3.9×4×2
＝21×3.14＋31.2＝97.14(cm^2)

やや難 5 (立体図形，平面図形，相似，割合と比)

(1) 図1・2より，正三角形アイウとカキクの辺の比は4：2，辺アオ：アイは1：4　したがって，六角形(ア)と正三角形の面積比は(4×4－1×1×3)：(2×2)＝13：4

(2) 図3より，三角錐C－GDBの体積を3×3×3＝27とする。　この体積は立方体の1辺×1辺÷2×1辺÷3＝1辺×1辺×1辺÷6であり，立方体は27×6＝162　三角錐C－アイウの体積…図4より，4×4×4＝64　頂点Cをふくむ六角錐の体積…64－1×1×1×3＝61　三角形Cキクを底面，Cカを高さとする三角柱の体積…162÷(3×3)×(2×2÷2×2／3)＝24　三角錐台カTR－Gオエの体積…2×2×2－1×1×1＝7　図5の立体の体積…24＋7＝31　断面にはさまれた頂点Bをふくむ立体の体積…61－31＝30　頂点Eをふくむ残りの立体の体積…162－61－(24÷2－7)＝101－5＝96　したがって，求める比は30：96＝5：16

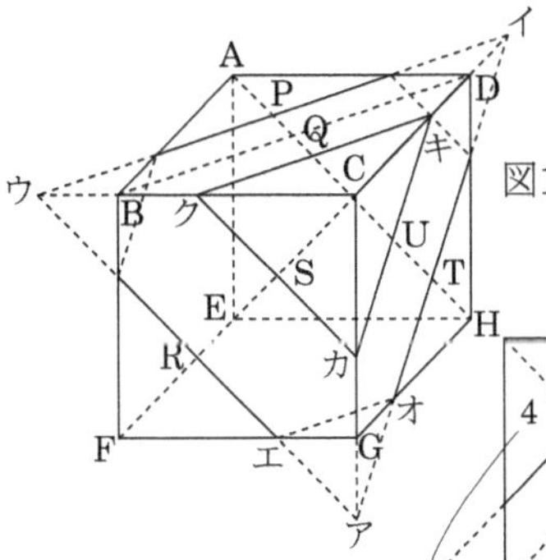

図1

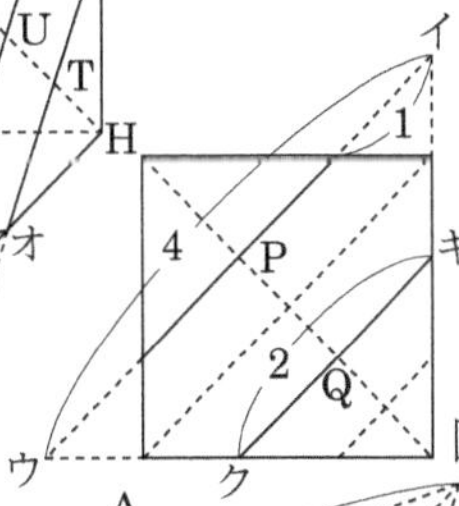

図2

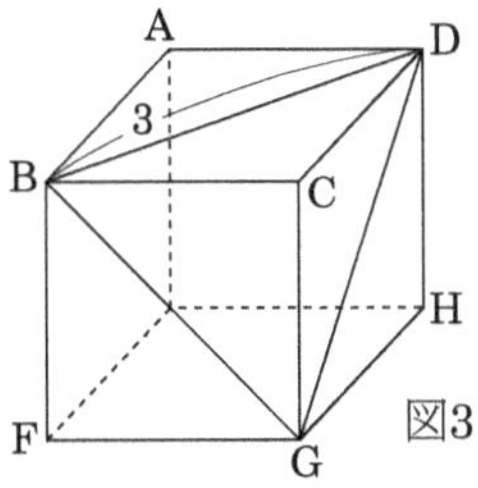

図3

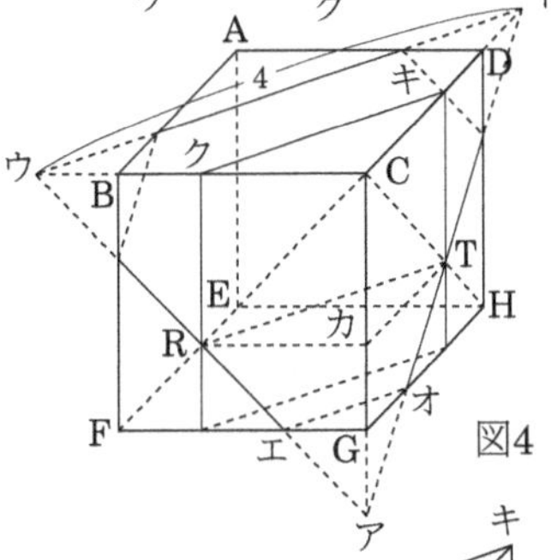

図4

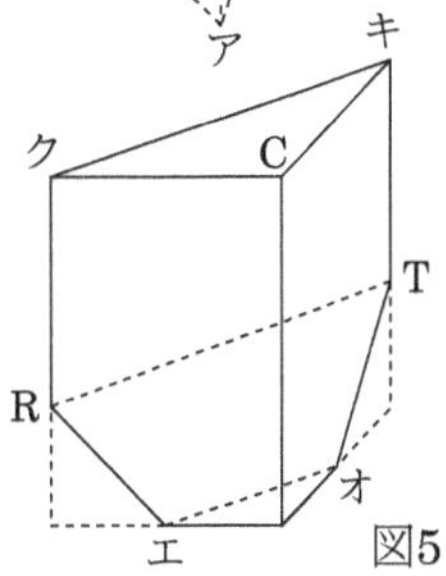

図5

★ワンポイントアドバイス★

落ち着いて問題文を読解し，問題を選択して解ける問題から解くことが重要である。
2(1)「異なる4色」とは，同色が重複しない異なる4色が並ぶという意味である。
3「ロウソクの長さ」，5「立方体の切断」は容易ではない。

<理科解答>《学校からの正答の発表はありません。》

1 (1) オ　(2) ① 0.20g　② $0.14cm^3$　(3) 下表　(4) 47mL
(5) 熱がたねの1か所ではなく，全体に均等に加わるから。　(6) (イ)，(オ)

	たね12粒の重さ	たね12粒から失われた水の重さ
A	2.6g	0.4g
B	2.4g	0.3g
C	2.4g	0.3g

2 (1) アスパラギン □□◎，□□×　アスパラギン酸 △□◎，△□×
(2) (あ) グルタミン酸　(い) システイン　(3) 10種類
(4) ア ロイシン　イ アルギニン　ウ グルタミン酸　エ グルタミン
(5) □□◎→◎□◎　□□×→◎□×
(6) スパイクタンパク質が，細胞にある突起に吸着しやすいものになった。

3 (1) ① 下降　② $\frac{1}{4}$　③ $\frac{1}{25}$
(2) ① 上昇　② 明るく　③ 15　④ 上昇　⑤ 高い
(3) (ア)，(エ)　(4) (ウ)，(キ)　(5) ① A　② 青い　③ 赤い
(6) 明るい赤い星は，暗い赤い星と比べて表面積が大きい。

4 (1) ① 0.8秒　② 1.7秒　(2) 下図

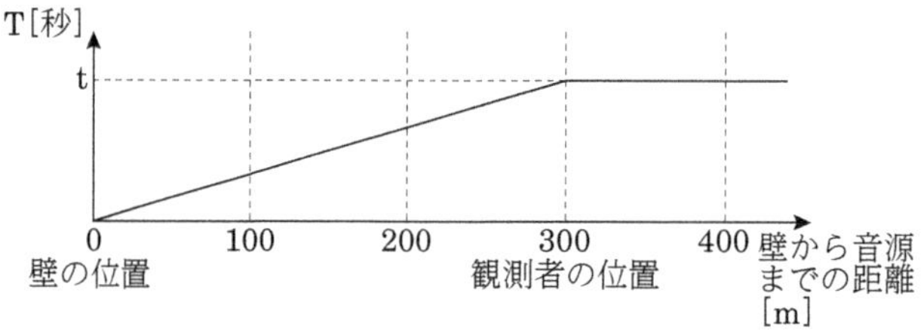

(3) 下図　(4) (エ)

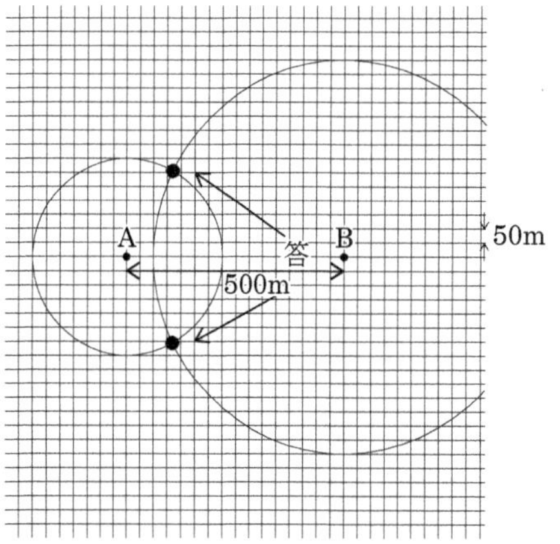

(5) ① 2.3秒　下図

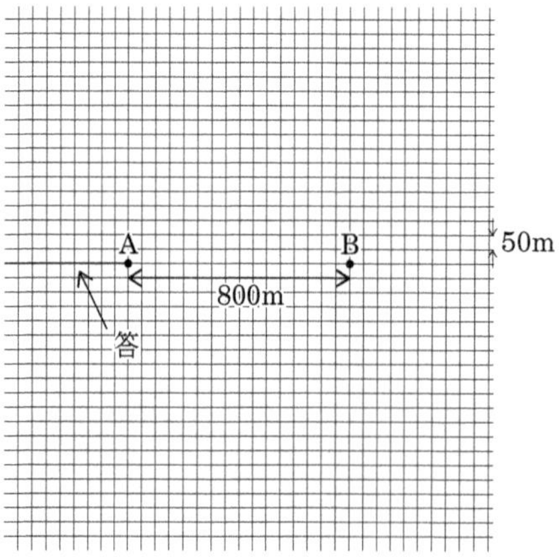

○推定配点○
1　(3)　各1点×6　　他　各2点×6((6)完答)
2　(1)・(2)・(4)　各1点×8　　(3)・(5)・(6)　各3点×3((5)完答)
3　(1)・(2)・(5)　各1点×11　　(3)・(4)・(6)　各3点×3
4　(2)　2点　　他　各3点×6　　　計75点

＜理科解説＞

1　(状態変化―ポップコーンのでき方)

(1)　トウモロコシは，イネ科の植物で，単子葉類のなかまである。子葉は1枚で，本葉は細長く平行脈を持つ。写真のうち単子葉類は，エ，オ，カであり，トウモロコシはオである。エは同じイネ科だがコムギであり，カはアマリリス(ヒガンバナ科)である。なお，双子葉類の3つは，アはスイカ(ウリ科)，イはピーマン(ナス科)，ウはキュウリ(ウリ科)である。

(2)　①　実験1の1と2から，たね50粒の重さは，237.1－227.2＝9.9(g)である。よって，1粒の重さの平均は，9.9÷50＝0.198で，四捨五入により0.20gである。

②　実験1の3で入れた水の重さは，2との差で，501.6－237.1＝264.5(g)である。また，4で入れた水の重さは，1との差で，498.8－227.2＝271.6(g)である。3と4の水の重さの差は，271.6－264.5＝7.1(g)で，その体積は7.1cm^3であり，これがたね50粒の体積と等しい。よって，1粒の体積の平均は，7.1÷50＝0.142で，四捨五入により0.14cm^3である。

基本　(3)　実験2の結果の表で，「ビーカー＋たねの重さ」から「ビーカーの重さ」を引けば，たね12粒の重さが求められる。また，「ビーカー＋たねの重さ」から「ビーカー＋ポップコーンの重さ」を引けば，失われた水の重さが求められる。それぞれ引き算すると，次の通りである。

	たね12粒の重さ	たね12粒から失われた水の重さ
A	73.2－70.6＝2.6(g)	73.2－72.8＝0.4(g)
B	64.1－61.7＝2.4(g)	64.1－63.8＝0.3(g)
C	62.6－60.2＝2.4(g)	62.6－62.3＝0.3(g)

(4)　A班～C班の合計36粒のたねについて，たね1粒から失われた水の重さの平均を求めると，(0.4＋0.3＋0.3)÷36＝$\frac{1}{36}$(g)　である。この水の体積は$\frac{1}{36}cm^3$であり$\frac{1}{36}$mLである。この水がすべて水蒸気になると，その体積は$\frac{1}{36}$×1700＝47.2…で，四捨五入により47mLとなる。

(5)　鍋を振らないと，一部のたねの片側だけに熱が加えられえるため，熱が伝わりにくい部分が多い。鍋を降ることで，全てのたねのすべての向きから熱を加えることができる。これにより，水分の多い軟質デンプンに熱が加わり，水が水蒸気になってふくらむ。

重要　(6)　(ア)：誤り。図1で爆裂種とスイートコーンのちがいを見ると，軟質デンプンが多いスイートコーンではふくらみにくい。　(イ)：正しい。問題文から，ポップコーンの白くふわふわな部分は硬質デンプンである。　(ウ)：誤り。実験3の結果で，全く振らない場合はふくらまないものが多い。　(エ)：誤り。問題文から，ポップコーンの白くふわふわな部分は硬質デンプンである。　(オ)：正しい。(2)でたね1個の体積は0.14cm^3と求めた。(4)では，たね1個から出る水蒸気の体積が47cm^3と求めた。47÷0.14＝335.…となり，300倍を超える。

2 (人体―タンパク質の構造と変異)

(1) 表1から，アスパラギン，アスパラギン酸を指定するRNAの並びを調べる。

(2) 表1から調べる。△□□はグルタミン酸，◎△×はシステインを指定する。

(3) 問題文にあるように，1つの新型コロナウイルスは3万個の記号が並んでいる。3個の記号で1つのアミノ酸を指定しているので，アミノ酸の数は3万÷3＝1万個である。さらに1000個のアミノ酸がつながって，1つのタンパク質ができていることから，1万個のアミノ酸からできるタンパク質の数は，1万÷1000＝10個である。このタンパク質がすべて別の種類のタンパク質だとすれば，10種類のタンパク質をつくることができる。

(4) 問題文のN501Yの例にならって，表1からL，R，E，Qのアミノ酸の名称を調べる。

(5) N501Yは，アスパラギン(N)がチロシン(Y)に変異したことを表している。表1を調べると，アスパラギン(N)の記号の並びは，□□◎か□□×である。また，チロシン(Y)の記号の並びは，◎□◎か◎□×である。1個の記号の置換変位によって生じたとすれば，先頭の□が◎に置き換わったと考えられる。

(6) 問題文によると，アルファ変異体もデルタ変異体も，スパイクタンパク質に変異を持っている。スパイクタンパク質が細胞にある突起に吸着することで感染が起こる。感染力が高くなったということは，スパイクタンパク質が細胞にある突起に吸着しやすくなったためと推測される。

3 (星と星座―星の表面温度と明るさ)

(1) 実験1の結果をまとめた図2を見ると，距離が遠くなるほど照度が低下している。距離100cmでの照度が120ルックス，距離50cmでの照度が500ルックスだから，距離を2倍にしたときの照度が$\frac{120}{500}$倍，つまりおよそ$\frac{1}{4}$倍になっている。距離25cm→50cmや，距離100cm→200cmでも同じようにおよそ$\frac{1}{4}$倍になっている。距離50cm→250cmの場合は，距離が5倍になっているので，照度はおよそ$\frac{1}{5\times5}=\frac{1}{25}$(倍)になると推定できる。

(2) 実験2の結果をまとめた図4を見ると，電圧が高くなるほど照度は上昇し，電球が明るくなったことを示している。図2のたて軸の最小目盛りは400ルックスだから，電圧が50Vのときの照度は1200ルックスで，電圧が100Vのときの照度は17400ルクスと読める。よって，明るさは17400÷1200＝14.5で，約15倍になっている。また，図5を見ると，電圧が高くなるほど温度は上昇している。以上から，温度の高いものほど明るいといえる。

やや難 (3) 電圧が低いときは，赤色の照度が大きいが，電圧を高くすると緑色の照度が大きくなる。また，電圧を50Vから100Vへ上げたとき，赤色の照度は410ルックスから4400ルックスへ11倍ほどになっているのに対し，青色の照度は13ルックスから178ルックスへ14倍ほどになっているので，青色の割合も高くなっている。このように，赤色に比べ青色や緑色の照度の増え方が大きいので，それらが混ざった白熱電球の色も，赤っぽい色から青っぽい色へ変化すると考えられる。

(4) 星についても白熱電球の実験1～3と同じと考えると，どの色の星も，さまざまな色の光が混ざっているが，温度が低く暗い星は赤色の割合が大きく，温度が高く明るくなるほど青色の割合が増えていくことが分かる。

(5) 実験4の結果をまとめた図11のうち，(4)の解説とあっているのはAである。つまり，プレセペ星団の星の多くは，白熱電球での実験の結果と同じ性質を持っている。しかし，一部にはBのように，温度が低く赤いにもかかわらず明るい星もある。

(6) 図11のBの星が温度が低く赤いのに明るいのは，星そのものが巨大だからである。白熱電球でいえば，問題文では同じ大きさの白熱電球で実験しているが，もっと大きな白熱電球で実験をすると，同じ表面積から出る光の照度は小さくとも，白熱電球の表面積が大きいため，全体からの光の照度は大きくなる。Bの星は赤色巨星とよばれ，Aの星に比べ半径が100倍以上，表面積が10000倍以上あるため，同じ表面積で比べると暗いものの，全表面積で比べると充分な明るさとなる。

4 (音の性質―音の伝わる時間)

重要 (1) ① 音源から直接届く音と，壁で反射した音の，進む長さの差は140×2＝280mである。音速は毎秒350mなので，時間差は280÷350＝0.8(秒)となる。

② 音源から直接届く音と，壁で反射した音の，進む長さの差は300×2＝600mである。音速は毎秒350mなので，時間差は600÷350＝1.71…で，四捨五入により1.7秒となる。

(2) 音源が壁と観測者の間にあるときは，音が音源と壁を往復する間のぶんだけ時間差が生じる。音源が観測者より右にある場合，つまり壁から300m以上離れている場合は，(1)②と同じ時間差となる。

(3) 音速は毎秒350mなので，音源からAまでの距離は，350×1＝350(m)である。また，音源からBまでの距離は，350×2＝700(m)である。このような音源の位置は，Aを中心に半径350mの円と，Bを中心に半径700mの円の交点であり，2か所が考えられる。

やや難 (4) 音源で出た音が，Aで聞こえてからBで聞こえるまで1秒の時間差があるので，音源からAまでの距離よりも，音源からBまでの距離が350m長い。つまり，Aからの距離とBからの距離の差が350mとなるような点の集合が，求める図形である。

やや難 (5) 音源からAまでの距離とBまでの距離の差が最も大きいのは，Aの左側に音源が位置する場合である。このとき，距離の差はちょうどABの距離の800mとなり，音が聞こえる時間差は，800÷350＝2.28…で，四捨五入により2.3秒である。

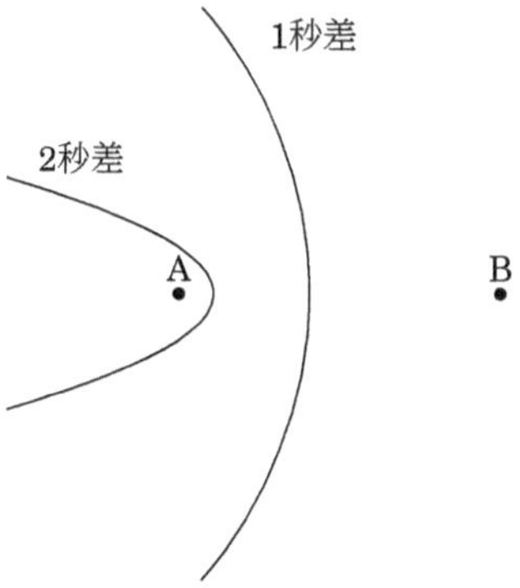

★ワンポイントアドバイス★

長い問題文と豊富な図表から，問題を解くのに必要な知識を的確に見つけて理解し，勝手な想像ではなく，条件をもとに類推するように心がけよう。

<社会解答>《学校からの正答の発表はありません。》

1 問1 6　問2 3　問3 2　問4 (例) 貸したお金が返済されないと，銀行は倒産してしまうから。　問5 3　問6 2　問7 2　問8 2　問9 3

問10 (例) キャッシュレス決済をするためには，機器の導入や手数料の支払いが必要で，しかも実際に入金されるまでに時間がかかり，資金不足を引き起こす可能性があるから。

問11 3　問12 1

2 問1 4　問2 4　問3 1　問4 3　問5 2　問6 4　問7 3　問8 3

問9 (例) 株仲間を解散させた。　問10 (例) 日明貿易で輸入された明銭が主に流通する一方，従来の宋銭は貯蓄用に用いられた。　問11 (例) まげを結わず，子どものころの髪形のままで，名前も幼名であり，戦のときも軽装だったので，一人前の武士扱いはされなかった。

3　問1　30(年間)　問2　1　問3　4　問4　(例)　地面がコンクリートやアスファルトによって舗装され，雨水が地中にしみこみにくくなった。この結果，地表を多くの水が流れるようになったから。　問5　棚田　問6　3　問7　イ　日本(海流)　ウ　北海道　問8　(例)　魚に加わるストレスが小さく，魚が傷つくおそれも少ない。
問9　(例)　転勤，移住などで地域内に居住しようとする人が一定程度存在するから。
問10　(例)　冬季に降雪が多く，空き家で雪おろしをする人がいないと，家屋が雪の重さで倒壊する危険性があるから。　問11　3

○推定配点○
1　問10　3点　他　各2点×11　2　問10・問11　各3点×2　他　各2点×9
3　問4・問10　各3点×2　他　各2点×10　計75点

<社会解説>

1　(政治―銀行を題材にした日本の政治，経済，時事問題など)

基本　問1　銀行はさまざまな仕事をしているが，特に重要なのは，人々の貯蓄を預金として集め，それを家計や企業に貸し出すことである。この際，銀行は貸し出し先から利子を取り，預金者には利子を支払うが，貸し出し金利は預金金利を上回り，その差が銀行の収入となる。

やや難　問2　金融庁は，内閣府の外局の一つで，金融制度に関する企画立案，銀行・保険会社・証券会社などの検査・監督などを担当する行政機関。2000年7月1日に発足した。

問3　X：住民税や固定資産税などの税金，電気・ガス・水道などの公共料金は，預金口座から引き落としとして支払うことが可能である。Y：金融機関の経営が破綻したときは，預金保険機構が預金者1人当たり1,000万円を上限として預金の払い戻しを行う。「政府がすべての預金を全額払い戻すことを保証」しているわけではない。

問4　貸し出したお金が戻ってこないと，金融機関は経営が破綻してしまう。このため，貸し出し先の個人や企業に返済能力が十分にあるかどうかをきびしく審査する。

問5　X：1ドル＝200円から1ドル＝100円となると，ドルに対する円の価値は2倍になる。よって，「円高ドル安」になったといえる。Y：第二次世界大戦後，各国の外国為替相場制度は，IMF(国際通貨基金)体制のもとで，米ドルを基準に一定比率に固定する固定相場制がとられてきた(例えば，1ドル＝360円)。しかし，1971年8月15日のアメリカの金・ドル交換停止(ドルショック)を契機に，73年までに主要国が固定相場制を放棄したため，世界は変動相場制に移行した。

問6　日本銀行は，1882年に設立された日本の中央銀行で，日本の通貨制度の中心的機関である。発券銀行，銀行の銀行，政府の銀行の役割を果たしている。一般の銀行と異なり，家計や企業との取り引きは行わない。

やや難　問7　X：国政調査は，政府によって行われる人口調査で，人口に関することや家族構成，就業(就学)状況，通勤事情や住居に関することなど様々な項目が調査の対象となる。日本では，1920年10月1日に第1回調査が実施され，10年ごとに大規模調査，5年ごとに簡易調査が行われている。
Y：岸田文雄政権のもとでも少子化対策担当大臣は置かれている。なお，2022年2月現在，野田聖子氏がこの任にある。

重要　問8　X：衆議院，参議院で，議決の順番が決まっているのは，予算案の議決のみ(衆議院に先議権が認められている)。これ以外の議決は，衆議院，参議院のどちらが先に行ってもかまわない。
Y：衆議院で可決し，参議院でこれと異なった議決をした法律案は，衆議院で出席議員の「3分の2以上」の多数で再び可決したときは，法律となる(日本国憲法第59条②)。「過半数」ではない。

問9　インターネットのみで取り引きを行う銀行(インターネット専業銀行)には，ソニー銀行，auじぶん銀行，信金SBIネット銀行など多数あるが，これらの銀行も一般の市中銀行と同様に預金を受け入れている。また，インターネット専業銀行には，セブン銀行，イオン銀行，ローソン銀行など，コンビニエンスストアやスーパーマーケットを経営する会社が設立した銀行も含まれている。

問10　キャッシュレス決済を導入するためには，スマホやICカードを読み取る機器を準備しなければならない。また，決済を担当する企業に一定の手数料を支払う必要がある。さらに，入金までに時間がかかり，その間に資金不足に陥る危険性も存在する。

問11　X：暗証番号やパスワードを入力するのは，安全性を確保し，犯罪を防ぐためで，ペーパーレス化とは関係ない。Y：新規に紙の通帳を発行する場合，一定の手数料を課す銀行が増えている。

やや難　問12　X：内閣官房長官は，内閣官房の長で，内閣官房の事務を統括し，職員の服務を統監する。また，内閣総理大臣を助け，内閣府の府務を整理する。国務大臣をあてることが，内閣法第13条②によって定められている。Y：内閣官房長官は，内閣のスポークスマンとして，平日のほぼ毎日，原則として午前，午後の2回，記者会見を行っている。

2　**(日本の歴史―「童」を題材にした日本の通史)**

基本　問1　平等院鳳凰堂は，京都府宇治市にある阿弥陀堂。藤原頼通が末法初年にあたり造営し，平安時代中期の1053年に完成した。1－最澄は唐僧ではなく，日本の僧。2－推古天皇が小野妹子らを隋に派遣したのは飛鳥時代。3－墾田永年私財法が出されたのは奈良時代。

やや難　問2　B：悪党は，鎌倉時代後期から南北朝時代にかけて，秩序を乱すものとして支配者の禁圧の対象になった武装集団。荘園領主の支配に抵抗して年貢や公事を納めない武士は訴えられ，悪党として幕府の検断の対象となった。D：1221年，後鳥羽上皇は2代執権北条義時を倒そうとして兵をあげたが，鎌倉幕府軍に敗れた(承久の乱)。A－永仁の徳政令(1297年)は，元寇の後，経済的に困窮する御家人を救済するために発布された。C－チンギス＝ハンではなく，フビライ＝ハン。

問3　A：1972年5月。C：1972年9月(日中共同声明の締結)。B－1964年。D－トーキーは，映像と音声を一致させて映写する映画。また，無声映画の上映が始まったのは明治時代後期。

問4　日清戦争(1894～95)の講和条約(下関条約)で，日本は清から2億テール(当時の日本の通貨で約3億1千万円)の賠償金を獲得した。1－大正時代。2－参議院ではなく貴族院。4－陸軍，海軍から成る軍隊。空軍(航空自衛隊)が創設されたのは太平洋戦争後。

問5　A：1925年に制定された普通選挙法により，納税額による制限は撤廃され，満25歳以上の男子全員に衆議院議員選挙の選挙権が与えられた。D：1931年9月18日，日本軍(関東軍)は瀋陽(当時は奉天)郊外の柳条湖で南満州鉄道を爆破。これを中国軍の行為であるとして，軍事行動をおこし，ほぼ満州全域を占領した。B－国際連盟の本部はスイスのジュネーブに置かれた。また，日本が国際連盟の常任理事国になったのは1920年。C－青年将校が犬養毅を暗殺したのは五・一五事件。

基本　問6　B：縄文時代，採集したドングリなどの木の実を煮たり，保存するために土器(縄文土器)が用いられた。D：貝塚は，人が食した貝の殻が堆積した遺跡。全世界に分布するが，日本の縄文時代のものが数も多く，内容も豊か。土器・石器とともに埋葬人骨などが出土し，生活や環境復元資料として重要である。A－マンモスやナウマンゾウは，縄文時代にすでに絶滅していた。C－吉野ヶ里遺跡は弥生時代の遺跡で，佐賀県にある。青森県を代表する縄文時代の遺跡は，三内丸山遺跡。

問7　B：図5の中央，やや右側に電柱や電灯(街灯)が描かれている。C：図5中に警察官，軍人の両方が描かれている。A－図5に描かれている市民のほとんどは男性である。D－図5に描かれている市民のほとんどが浴衣姿なので，季節は夏と考えられる。

問8　江戸時代，勝川春章，歌川豊国，歌川国貞，東洲斎写楽などの浮世絵師が，歌舞伎役者やその風俗を盛んに描き，人気を集めた。1－小林一茶は信濃(長野県)柏原の生まれ。江戸で俳諧を学んだ。また，葛飾北斎は江戸本所の生まれで，一生のほとんどを江戸で過ごした。2－歌川広重の代表作は『東海道五十三次』。一方，『東海道中膝栗毛』は十返舎一九の著した滑稽本。4－雪舟が活躍したのは室町時代。

重要　問9　天保の改革を主導した水野忠邦は，物価の上昇を抑えるため，株仲間の解散を命じた。しかし，効果はほとんどなく，失敗に終わった。

問10　表1～表3から，各地の遺跡から出土した貨幣の大半が宋銭だったことが読み取れる。これと，図6，図7を合わせて考えると，宋銭は主に貯蓄用に用いられたと推定できる。また，明銭は，日明貿易で大量に輸入されていたので，明銭は実際に定期市などで使用されていたと考えられる。

問11　リード文の直後の注釈に，「中世の武士の元服では，髪を結って烏帽子をかぶり，幼名を廃して諱を名乗りました。」とあるのに注目し，さらに図に描かれた「童」の姿と合わせて考える。

3　(地理―「平年値」，「和食」，「空き家」を題材にした日本の地理)

やや難　問1　気象庁では，西暦年の1の位が1の年から続く30年間の平均値をもって平年値とし，10年ごとに更新している。現在は，1991～2020年の観測値による平年値を使用している。

問2　1981～2010年の観測値による平年値に比べ，1991～2020年の観測値は，地球温暖化の影響を受けて，全国的に0.1℃～0.5℃程度高くなり，冬日の年間日数は少なくなる。また，降雪量は，冬季の気温上昇の影響によって，多くの地点で少なくなる。

基本　問3　熊谷は内陸性の気候が卓越し，猛暑日の日数は日本でもトップクラス。よって，(ア)である。一方，銚子は海洋性の気候が卓越し，夏の気温はそれほど上がらない。よって，(イ)である。残った(ウ)が東京である。

重要　問4　図1から，開発前では雨水の多くが地中に浸透していたのに，開発後は雨水が地中に浸透しにくくなったことが読み取れる。

基本　問5　棚田は，傾斜地につくられた階段状の水田。山地が多く，人口にくらべ耕地が少ない水田耕作地域にみられる。近年は，農家の高齢化や中山間地域の過疎化などにより，作業の厳しい棚田の耕作が放棄される傾向にあり，自治体が中心となって棚田の保護活動が行われるようになった。

問6　茶は，年中高温多雨(年降水量1500～2000mm程度)で，排水良好な丘陵地を好む嗜好作物。

基本　問7　イ　日本海流は日本列島の太平洋岸を北上する暖流。30mにおよぶ透明度と黒味がかった濃い藍色を呈することから黒潮ともよばれる。カツオやマグロが回遊する。　ウ　昆布の最大の生産地は北海道で，全国の73％（2019年)を占めている。

問8　巻き網は，網の中で魚が暴れ，魚に大きなストレスかかかる。また，魚が網にぶつかったり，他の魚と接触することで，傷つきやすい。一本釣りでは，このような心配はほとんどなく，新鮮さを保つことができることから高い値段で取り引きされる。

問9　転勤，就学などによって，毎年，地域内に一定程度の人口の流入がある。近年は，田舎暮らしに憧れて，農村に移住する人もみられる。このため，地域内に一定数の空き家は常に必要である。

問10　秋田県，山形県，新潟県，富山県，福井県は，いずれも豪雪地帯として知られる。空き家を放置し，冬季，雪おろしをしないと，屋根に積もった雪の重さで，家が押しつぶされてしまうおそれがある。

問11　図3から，沖縄県は空き家率が8～12%と，多くの都道府県に比べて低いことが読み取れる。

★ワンポイントアドバイス★

2の問7のように普段の授業で扱うことがない内容が問われることがある。しかし，図を見ると，正誤が明確に判定できるので，あわてないことが大切。

＜国語解答＞《学校からの正答の発表はありません。》

一　問一　a　余(り)　b　はなは(だ)　c　率直　問二　公　問三　(例)　沈黙の多い人は立派な発言ができない場合が多く，何も実行しないで終わる場合も多い。また，沈黙は社会的責任を取るまいとする態度に思えるから。　問四　オ　問五　(例)　社会的地位が高い人に対して，尊敬する態度を見せたとしても，自分の所信をまげたり卑屈になったりすることなく，平等な立場を取り続ける姿勢。　問六　(例)　自分の思いを発言しにくい日本社会で，人々が適切に発言できるようになれば，各人が義務を果たすことにつながり，平等で人生を楽しめるデモクラシーに基づく社会を作ることができると考えているから。　問七　エ　問八　イ

二　問一　a　興　b　意外　c　破顔　問二　挙句　問三　一　問四　オ　問五　(例)　母の死を受け容れられず，新しい生活に適応できなかった自分が，仮想空間に母を作って，寂しい心を埋めようとすること。　問六　イ　問七　オ　問八　本当に生きている人間　問九　ア・ウ　問十　(例)　本当の母は戻って来ないので，絶対的な幸せは手に入れられないと理解しながらもVFを手に入れようとする自分を嘆きつつ，今よりも相対的な幸福を得たいと思って，VFにだまされる状態を受け入れようとする激しい葛藤。　問十一　ア

○推定配点○

一　問一・問八　各2点×4　問二　4点　問三・問五　各9点×2　問四・問七　各5点×2　問六　10点　二　問一～問三・問十一　各2点×6　問五　7点　問九　各3点×2　問十　9点　他　各4点×4　計100点

＜国語解説＞

一　(論説文─要旨・理由・細部表現の読み取り，空欄補充，記述，漢字の読み書き，文学史)

基本　問一　a　「余り」となる。ここでは，「～ぬ」という打ち消しの言葉を伴って，程度がそれほどではないことを意味する。「余り大きくない」「余り面白くない」という言葉の使い方になる。

b　「はなはだ」と読む。たいそう，非常にという意味。「甚」という字に，程度が普通の状態をこえているという意味がある。その意味で，「甚大(じんだい)」などの言葉がある。非常に大きいという意味である。　c　「率直」となる。ありのままで素直な様子。「愚直」という言葉がある。正直すぎて，気がきかないことを意味する。

問二　「そういう［　X　］的な話し方」という表現の後に「私的な話し方」という表現がある。この

文脈を意識して，解答を考えたい。「そういう」の指す内容は，同じ段落内にあった，具体例。そこには，「地位の上の人」「部下」「年少の者」と話すときの話し方について書かれている。「私的な話し方」に対して，「公的な話し方」といえる内容である。空欄Xには「公」があてはまる。

重要 問三　傍線①前後をおさえて，書くべき内容を考える。傍線①直前には，沈黙の多い人が「馬鹿げきったことを鹿爪らしく」話す状況が書かれている。「鹿爪らしく」とは，わざとらしい様子のこと。ここでは，わざと立派に話しているという意味である。沈黙の多い人のこのような姿を，筆者は否定的にとらえている。また，傍線①直後には「不言実行」が「不言不実行」にすりかえられていることが多いとも書かれている。「不言」から沈黙の多い人の行為であることはわかる。沈黙の多い人が，結局何もやらないということである。さらに，発言には社会的に何らかの責任が生じるが，言わないことは社会的責任をとるまいとする態度であるとも書かれている。社会的責任を取るまいとする態度に対しても，筆者は不信感を抱いている。以上の点をまとめて，記述するとよい。記述の際には，「沈黙の多い人が立派な発言ができない」＋「沈黙の多い人は何も実行しないで終わる場合も多い」＋「沈黙は社会的責任を取るまいとする態度である」という内容を中心として，文末は理由を表す「～から。」にする。

問四　傍線②には「人の発言を封じる」と書かれている。「封じる」とは，ここでは，自由に発言できないようにおさえつけるという意味。「黙れ」「やかましい」「うるさい」などの言葉からも，強引に発言をやめさせようとする動きが読み取れる。このような言葉は，フランス語では一種の人権蹂躙と考えられている。このような言葉が多い日本は，極めて封建的だ。そのように筆者は述べている。封建的とは，その後の注にあるように，個人の自由や権利が認められていない様子。以上の点をふまえて，日本には人の発言をおさえる言葉が多く，それは人権意識が低いことを意味している，との筆者の言いたいことをおさえる。解答は「ひとの発言を禁止することが多く見られる」「西洋に比べて人権意識が低い」とある，オになる。アは「おそろしい社会」とあるが，おかしい。人権意識が低いことをおそろしいとまで筆者は述べていない。イは「フランスでは使われないということ」とあるが，おかしい。フランスにも少ないがある。「使われていない」とは書かれていない。ウは，「人の発言を封じる言葉がむやみに多い」ことと結びつかない選択肢である。「西洋より気を付けて発言する習慣がある」ということは，ここでは述べられていない。エは「私的な場では勝手気ままに喋り散らしてしまう人が多い」と書かれているが，この部分にそのようなことは書かれていない。

問五　傍線③直前の内容を手がかりにして，解答を作成できる。「王侯の前」とは，社会的地位の高い人の前。「膝を屈するが心は屈しない」とは，尊敬を持って話すが，自分の所信をまげたり卑屈になったりしないということ。また，傍線③直前に「平等な立場でありたい」とめざすべき心構えも述べられている。その表現も書き加えたい。記述の際には「社会的地位の高い人の前」＋「自分の所信をまげたり卑屈になったりしない」＋「平等の立場でいる」という内容を中心にする。

やや難 問六　傍線④の「真によき社会」とは，この文章では，傍線④直前に書かれた「デモクラシー」に基づく社会のこと。文章の最初の方にあるように，現代の日本社会では，自分の思ったことが発言しにくい。だが，文章の中ほどに書かれているように，「適切に話せること」は社会的義務を持つことにつながり，またそれは「平等」につながり，そのように話せることで明るい環境作りにも役立つのだ。そして，傍線④直前にあるように，平等で人生を楽しむことがデモクラシーの目的であるから，「適切に話せること」は，結果的にデモクラシーに基づく社会づくりにも役立つといえるのだ。以上をふまえて，書く内容をまとめる。記述の際には，「適切にもの言いができるようになる」＋「義務を果たす」「平等につながる」「人生を楽しむことにつながる」＋「デモクラシーに基づく社会の実現になる」という内容を中心にする。

問七　ア「うるさい人の世を……」で始まる段落の最後の部分に，こんな句の真実性がわかる人間が稀れになっていかないと，日本の社会がよくなったとはいえないとある。筆者は芭蕉の句を，残念なものだと考えている。アは適当なものにはならない。　イ「うるさい人の世を……」で始まる段落の最後の方に，「彼をしてかかる句を吐かしめた時代の矮小さ」とある。芭蕉が，発言したことで良くない思いをして，このような句を書くことになったということだ。「ものいいをよしとするような時代性があったのではないか」とある，イは適当なものにならない。
ウ「しかし，ものをいうことを遠慮……」で始まる段落に着目する。傍線③よりも後に，あくまでも相手を喋らせて，至らぬところなどをおだやかに訂正してやることにより，部内の空気が良くなると書かれている。理解しやすい発信で会社の空気が良くなるとした，ウは適当なものにならない。　エ　この文章では，人間だけが持つものをいうという機能を適正に使って，平等で楽しめるようにして，デモクラシーに基づく社会を作ることが主張されているのである。「ものいいの機能を発揮し」「デモクラシーの時代を築くべき」とある，エ。　オ　オには「西洋に比べて民主主義を達成しづらい」とあるが，民主主義の達成という文脈で，日本は「しづらい」と述べられている訳ではない。オは適当なものにならない。

問八　アは正岡子規の俳句である。イは松尾芭蕉の俳句である。イが正解になる。ウは与謝蕪村の俳句である。エは小林一茶の俳句である。オは与謝蕪村の俳句である。松尾芭蕉が江戸時代初期，与謝蕪村が江戸時代中期，小林一茶が江戸時代後期に活躍した人物である。正岡子規は主に明治時代に活躍した人物である。

二　(物語—主題・心情・登場人物・細部表現の読み取り，空欄補充，記述，漢字の書き取り，文学史)

問一　a「興」となる。「興」とは，ここでは，おもしろみのこと。「興醒め」とは，おもしろみがなくなることを意味する。この部分の「醒める」は高ぶった感情がしずまること。　b「意外」となる。思いがけないこと。同じような意味の言葉に「案外」がある。　c「破顔」となる。顔をほころばせること。顔をほころばせてにっこり笑うことを「破顔一笑」という。

問二「挙句」となる。いろいろとやってみたが結局はという意味。「挙句の果て」は，「挙句」を強めた表現である。

やや難　問三　太陰暦で，一日を「朔日(さくじつ)」という。「太陰暦」とは，月の動きを基準として定めた暦のこと。「太陽暦」は，太陽の動きを基準として定めた暦。現在は，太陽暦が採用されている。

問四　母が亡くなったのだ。そして，傍線①以降にあるように，簡単なことが色々とわからなくなっているのだ。また，空欄Xを含む場面にある，寂しさから涙ぐんだり，おかしさから涙を流したりする様子などからも考えられる。解答は「気が抜けてしまってぼんやりした様子」とある，オになる。アの「落ち着きのない様子」はあてはまらない。イの「後ろ暗い」は，何か悪いことをしたときの気持ちである。ウは，母を亡くした悲しみには結びつくが，簡単なことがわからなくなるという「呆然」に結びつくぼんやりした様子が書かれていない。エの「あわてる様子」はあてはまらない。

重要　問五　傍線②までの内容をおさえて，書くべき内容を考える。傍線②直前の「死は勿論……」で始まる段落には，「僕」が「親が子供よりも先に死ぬ」という平凡なことを受け容れられなかった様子が書かれている。つまり，「僕」は母の死を受け容れられなかった。そのため，文章の最初から傍線②までに書かれているように，新しい生活に適応しようとしたが，できなかったのである。傍線②には「感情生活の落伍者」とあるが，母の死を受け容れられず，新しい生活に適応できなかった「僕」自身が，「感情生活の落伍者」ということになる。そして，傍線②までの文脈から読み取れるように，「僕は」寂しかったため，仮想空間に母(VF)を作ろうとした。つまり，寂しい心を埋めようとしたのである。これが「手立て」ということになる。以上の内容をおさえて，解答をまとめる。記述の際には，「母の死を受け容れられなかった」「新しい生活に適応できなかった」+「仮想空間に母を作って寂しい心を埋めようとする」という内容を中心にする。

問六　傍線③直前には，VFは話しかけられれば自然に受け答えをしてくれると書かれている。また，VFには心がないことも書かれている。心がなくても，自然に受け答えをしてくれる理由は，統語論的に分析しているからだとなる。その統語論的分析の意味が判断できる文脈は，文章の終わりの方にある。「彼はつまりAI(人工知能)で……」以降に書かれている内容だ。一般的な振る舞い，生前のデータなどによって，もっともらしいことを言っているということ。ただし，「統語論的」とは，もともとは頭の中で文がどのように構成されるのかを分析する学問のことである。以上の点をおさえ，VFが，心はないが，データ化された様々な状況をもとに，自然に受け答えをしていると考えて，選択肢を分析する。心を理解せず，感情を動かさず，データ化された状況から，自然に感じられる返答をするとある，イが正解になる。アは「言葉を可能な限り省略し」とあるが，おかしい。自然に受け答えすることは，省略とは異なる。ウは，「最新の返答を次々」とあるが，おかしい。これも，自然に受け答えすることとは異なる。エは，「最も具体性のある返答をする」とあるが，これも，自然に受け答えすることとは異なる。オは,「顧客の心理をデータ化」とあるが，データ化するのは,「彼はつまりAI(人工知能)……」以降に書かれているように,「一般的な振る舞い」と「生前のデータ」である。「顧客の心理」ではない。誤答になる。

重要　問七　傍線④直後に,「治療方針の確認」とある。この場面で，VFを入手して母がいない心の寂しさを埋めようとしている「僕」に対して，野崎はVFには心がないことを強調した。そのことを「治療方針の確認」ではないかと,「僕」は受け止めたのである。そこから考えると，母を取り戻せるかもしれないという「喜び」よりも,「僕」がVFに心を求めて病的状態になってしまう可能性や，そもそもVFに頼ろうとしている自分自身を怖いと感じる「不穏」な思いが強くなってきた様子が読み取れる。「喜びもあると考えていたが」「自分の精神が損なわれているということなのだと感じ」「将来VFに心を感じているであろう自分が怖くなった」とある，オが正解になる。アは，VFを購入した後のアフターサービスに不安を抱いている内容になっていて，おかしい。イは，恩人にクレームを言うような人間に自分がなってしまうことを恐れていて，おかしい。ウは,「破滅的な人類の未来」とあるが,「僕」は，そこまで広い範囲のことを考えていない。エは,「生きている人間を全て仮想の存在に感じさせる効果があるように思われ」とあるが，文章の内容にあわない。

問八　VFがした発言について考える設問である。VFであり，つまりAIなのだが，実に人間らしいという効果であることを類推して，あてはめる言葉を探す。VFの実に人間らしい様子を表す表現は，文章中に複数あるが，二重傍線c以降の中尾の発言直後にある,「本当に生きている人間」という言葉が，条件に最もよくあてはまる。

問九　VFの言葉であり，実際の人間の言葉ではない。だが，実際の人間の言葉のようにとらえたとき，心から泣いたとなるので，ウのような感情の高ぶりを感じさせる。ウは正解になる。だが，実際にはVFなので，そのような感情の高ぶりはない。そういった違和感を「――心から」という表現は抱かせる。「違和感を覚えさせる」とある，アは正解になる。イには「生き返ったわけではない」「悔しさ」とあるが，VFの言葉から，そのようなことは感じられない。エの「科学技術のこのような使用」は，この文脈とはまったく異なる。オの「豊かな心を失った現代人に反省」も，この文脈とはまったく異なる。カの「悲しみをこらえる必要は一切ない」も，この文脈で述べていることではない。

やや難　問十　傍線⑦を含む場面には,「僕」の複雑な気持ちが書かれている。傍線⑦より少し前に,「儚い幻影」とある。「儚い」とは無益という意味。「幻影」とはまぼろしという意味。つまり，「儚い幻影」から，本当の母が戻ってくるのはまぼろしのようなことなので，VFを手に入れても無益だと，「僕」が考えている様子が読み取れる。さらに，「儚い幻影」と表現していることから，それでもVFを手に入れようと行動する自分自身に対する嘆きも読み取れる。また，傍線⑦直前には「母とまた，こんな風に会話を交わす日が来るという期待」ともある。この期待は，傍線⑦以降にある，「現状より，相対的に幸福」と結びつく内容。「僕」は，今より幸せになれるのならだまされる状態を受け入れようとも考えているのである。そのような相反する感情，つまり，「葛藤」が「僕」の心の中にあり，それが「苦しみとしか言いようのない」程度なのだ。つまり，激しいのだ。以上をふまえて，書くべき内容をまとめていく。記述の際には，「本当の母は戻って来ない」「絶対的な幸せは手に入れられない」「それでもVFを手に入れようとする自分への嘆き」という，VFに対する否定的な感情を書くとともに，「今よりも相対的な幸せを得たい」「わかった上でだまされ続ける」などVFをやむを得ず受け入れようという相反する方向の感情も書く。相反する感情を並べて，記述内容をまとめると良い。

問十一　芥川賞の創設は，1935年。提唱した人物は，アの「菊池寛」である。菊池寛は，もともと芥川龍之介の親友。イの森鷗外は，「舞姫」「高瀬舟」などの作品が有名。ウの川端康成は，ノーベル文学賞の受賞で有名。作品は「雪国」「伊豆の踊子」など。川端康成は，芥川賞の選考委員の一人だった。エの太宰治は，「走れメロス」「人間失格」などで有名。太宰治は，第一回の芥川賞の選考で落選した。オの夏目漱石は，「坊っちゃん」「吾輩は猫である」が有名。

★ワンポイントアドバイス★

難度の高い文章を使った，難度の高い記述問題が出題されている。書くべき内容をおさえたあとは，どのように書くのかという文の型を意識して，書き進めるのがよいだろう。

2次

2022年度

解　答　と　解　説

《2022年度の配点は解答欄に掲載してあります。》

＜算数解答＞《学校からの正答の発表はありません。》

1　(1)　120通り　(2)　144通り　(3)　132通り
2　(1)　7番目　(2)　17番目　(3)　133番目
3　(1)　60分　(2)　$3\frac{1}{3}$分後
4　(1)　解説参照　(2)　12倍
5　(1)　辺カ　(2)　12本　(3)　2：3

○推定配点○

3, 4　各7点×4　他　各8点×9　計100点

＜算数解説＞

1　(平面図形，場合の数，数の性質)

前後左右に並んで座らない。

黒板

	①	②	③	
窓	④	⑤	⑥	廊下
	⑦	⑧	⑨	

基本　(1)　5人が奇数番号の席に座る…5×4×3×2×1＝120(通り)

重要　(2)　4人が奇数番号の席に座る…4×3×2×1×5＝120(通り)

4人が偶数番号の席に座る…4×3×2×1＝24(通り)

したがって，全部で120＋24＝144(通り)

やや難　(3)　3人が奇数番号の席に座る…3×2×1×5×4÷2＝60(通り)

3人が偶数番号の席に座る…3×2×1×4＝24(通り)

3人が①・⑥・⑦または②・⑦・⑨または①・③・⑧または③・④・⑨の席に座る

…3×2×1×4＝24(通り)

3人が①・⑥・⑧または②・④・⑨または②・⑥・⑦または③・④・⑧の席に座る

…3×2×1×4＝24(通り)

したがって，全部で60＋24×3＝132(通り)

重要　2　(数の性質，規則性)

(1)　1回目は7番目…$\frac{7}{2016}=\frac{1}{288}$

(2)　2回目は14番目…$\frac{14}{2009}=\frac{2}{287}$

3回目は17番目…$\frac{17}{2006}=\frac{1}{118}$

$\frac{1}{2022}$, $\frac{2}{2021}$, $\frac{3}{2020}$, $\frac{4}{2019}$, ……, $\frac{2022}{1}$

(3)　(1)・(2)より，以下の規則のように25回目は133番目

7 14 $\boxed{17}$ 21 28 $\boxed{34}$ 35 42 49 $\boxed{51}$ 56 63 $\boxed{68}$ 70 77 84 $\boxed{85}$ 91 98 $\boxed{102}$ 105 112 $\boxed{119}$
126 133

重要 **3** (速さの三公式と比，旅人算，割合と比)

歩く速さ…1倍　走る速さ…2倍　車の速さ…5倍

(1)　自宅から友達の家までの距離の後半…歩く場合と走る場合の時間の比2：1より，
歩く時間は20×2＝40(分)

したがって，全体の時間は20＋40＝60(分)

(2)　(1)より，自宅から友達の家までの距離を1×40×2＝80とする。

2人が出会う予定時刻…2人が同時にそれぞれの家を出た後，80÷(1+5)＝$\frac{40}{3}$(分後)

2人が帰宅する予定時刻…$\frac{40}{3}$×2＝$\frac{80}{3}$(分後)

2人が実際に出会った時刻…10＋(80－5×10)÷(1＋5)＝15(分後)

2人が実際に帰宅した時刻…15×2＝30(分後)

したがって，実際に帰宅した時刻は予定時刻の30－$\frac{80}{3}$＝$\frac{10}{3}$(分後)

やや難 **4** (平面図形，相似，割合と比)

図1

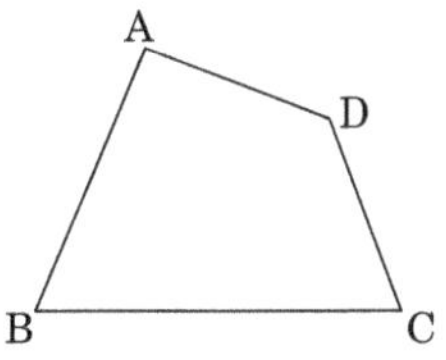

図2

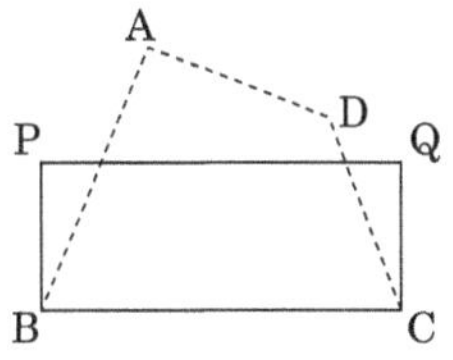

(1)　①　三角定規の角を使ってB，Cのそれぞれから辺BCの垂線h，jを上側へ引く。

②　BDを線で結ぶ。

③　1組の三角定規を使ってAを通り，BDと平行な線を引き，垂線hと交わる点をEとする。

④　ECを線で結び，Dを通り，ECと平行な線を引いて，垂線jと交わる点をF，垂線hと交わる点をRとする。

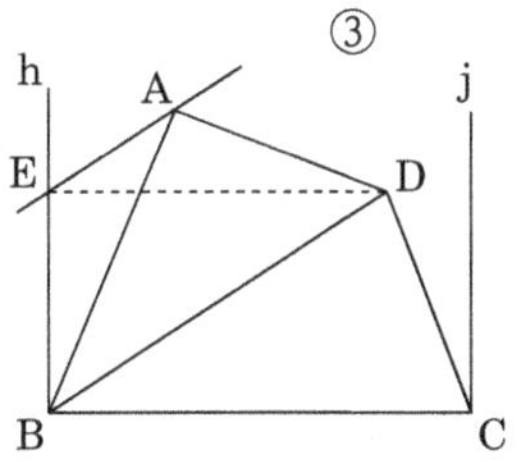

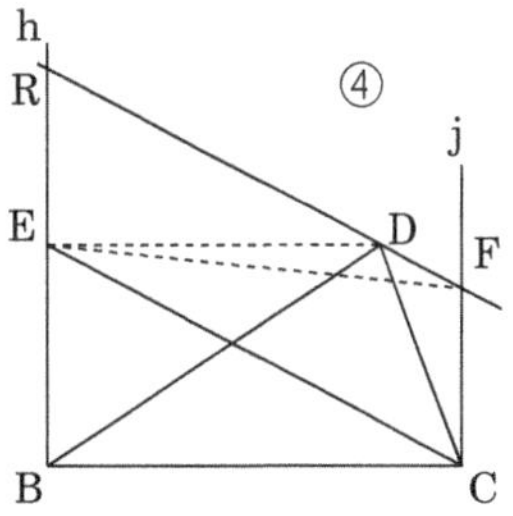

⑤　Bを中心にして垂線hの両側に弧を描き，同様にRを中心にして弧を描き，両側の弧が交わる点を結び，線分BRの垂直二等分線を引く。

⑥　垂直二等分線が垂線h，jと交わる点をそれぞれP，Qとして長方形BCQPを決める。

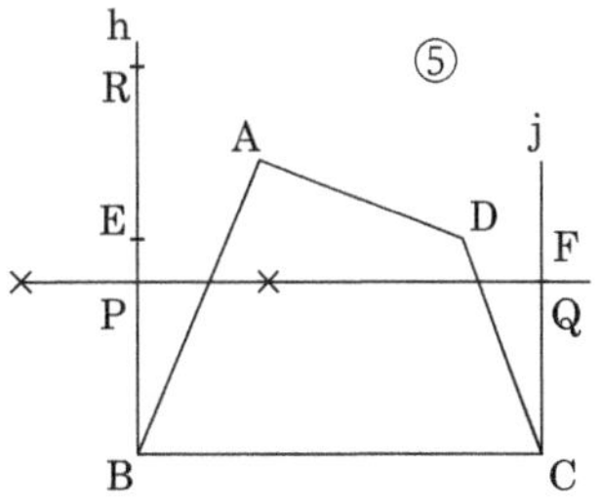

(2)　右図より，三角形BNRとSNQの相似比が2：1

BSの長さを6とすると，BM：MN：NSは

3：(3－6÷3)：(6÷3)＝3：1：2

面積Kが1倍のとき，直角三角形MQRの面積が3倍，長方形BCQPの面積は3×4＝12(倍)

したがって，四角形ABCDの面積も12倍

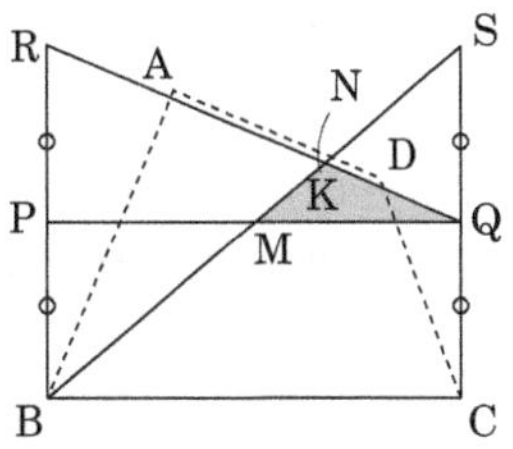

5 (平面図形，立体図形，相似，割合と比)

図1　　　　　　　　　　　　　　図2　立体Cの展開図

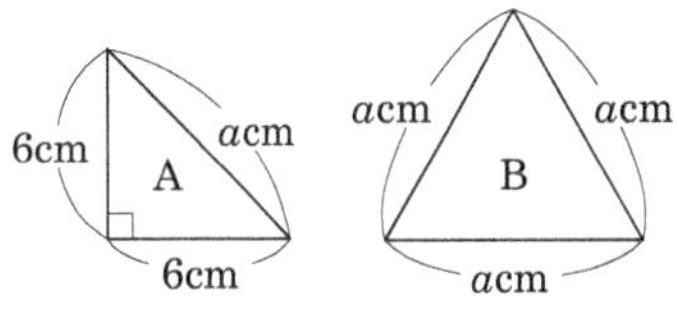

(A：6枚)　(B：2枚)

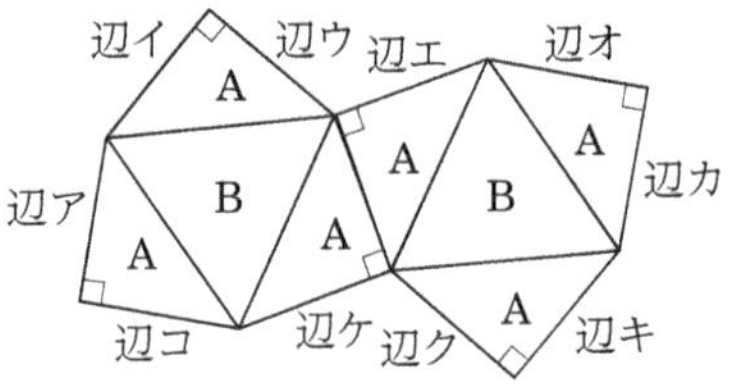

重要　(1)　展開図を組み立てると，辺イ・オ，ウ・エ，キ・コ，ケ・クが重なり，辺ア・カが重なる。

(2)　辺の数…右図より，$4\times3=12$(本)

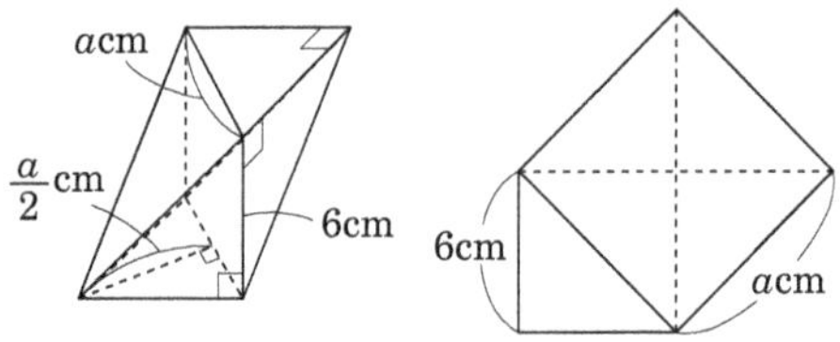

やや難　(3)　立体Cの体積…

$a\times6\times\frac{a}{2}\div3\times2=a\times a\times2(cm^3)$

$a\times a$…$6\times6\times2=72(cm^2)$

したがって，求める体積比は$(6\times6\times4)$：$(6\times6\times6)=2:3$

★ワンポイントアドバイス★

1「場合の数」，2「数の性質・規則性」，3「旅人算・割合と比」でしっかりと得点することがポイントになる。4「四角形の等積変形」は，(2)の問題設定がヒントになる。5(1)「辺の組み合わせ」，(2)「辺の本数」は難しくない。

＜理科解答＞《学校からの正答の発表はありません。》

1 (1)　右図

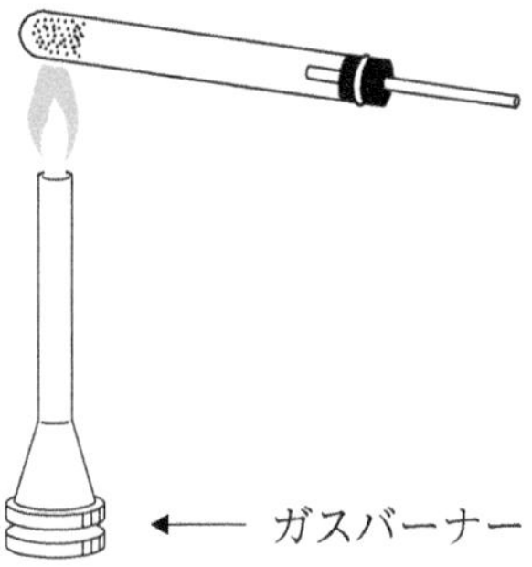

(2)　イ，丸底フラスコ内の気体に水蒸気が混ざっている分だけ，アンモニアの量が少ないから。

(3)　ア　青　　イ　緑　　ウ　黄

(4)　丸底フラスコ内が完全にアンモニアで満たされず，空気が混ざっているから。

(5)　イ，オ

2 (1)　エ　　(2)　ウ　　(3)　ア

(4)　①　同じ　　②　500

(5)　イ，オ

3 (1)　あ　2280000　　い　53　　う　104

(2)　あ　1400000　　い　9300

(3)　①　大きい　　②　大きく　　③　近く　　④　遠い

4 (1)

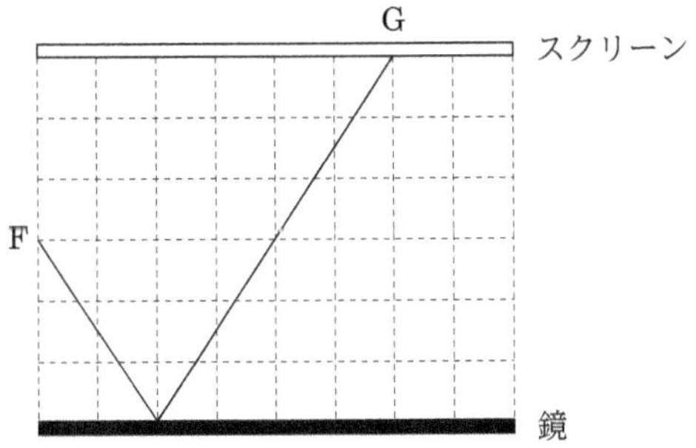
G
スクリーン
F
鏡

(2) 平行

(3)

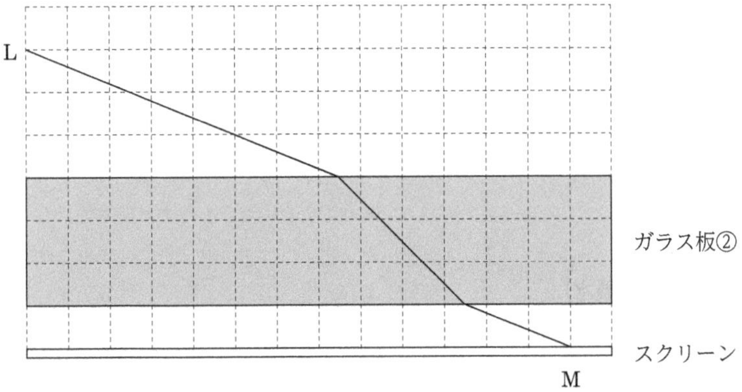
L
ガラス板②
スクリーン
M

(4)

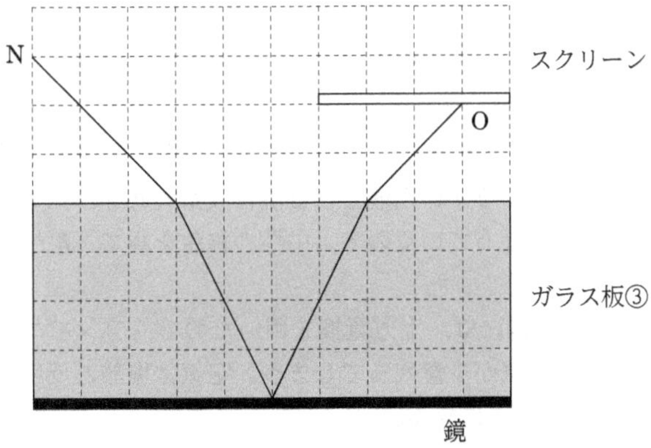
N
スクリーン
O
ガラス板③
鏡

(5)

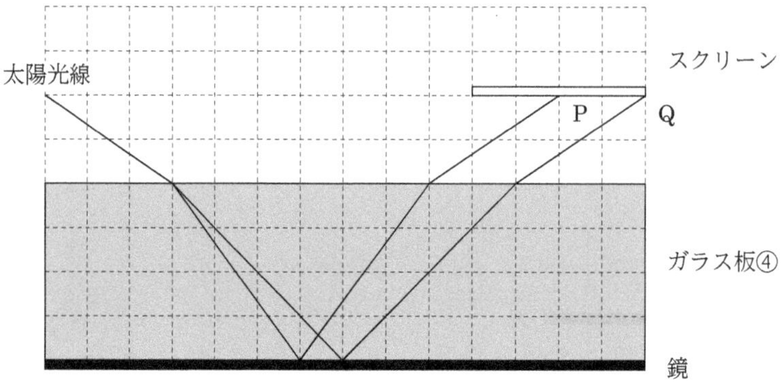

(6)　青

○推定配点○

1　各4点×5((2)・(3)・(5)各完答)　　2　各4点×5((4)・(5)各完答)

3　(1)・(2)　各3点×5　　(3)　各1点×4

4　(1)・(2)　各2点×2　　他　各3点×4　　　計75点

＜理科解説＞

1　(気体の性質―アンモニアの噴水)

(1)　試験管を用いて，溶融しない固体の物質を加熱するときは，底を上げて口を下げる。これは，口を上げて加熱した場合，発生した液体が冷えて，試験管の加熱部に流れてしまい，高温の試験管が急に冷えて割れてしまう恐れがあるからである。

(2)　実験2では，アンモニアが水に溶け，塩酸が反応することで，丸底フラスコ内のアンモニアの体積が減って，混合液が丸底フラスコ内に入ってくる。乾燥剤を使わなかった場合，図4の丸底フラスコ内にはアンモニアと水蒸気が混ざった状態にある。その分アンモニアの量は少なく，丸底フラスコに入ってくる混合液の量も少ない。

(3)　まずスポイトのBTB液を丸底フラスコに入れると，すぐにアンモニアがBTB液に溶け，アルカリ性になるので，青色に変わる。その後，うすい塩酸を含む混合液が丸底フラスコ内に入ってくると，アンモニアが塩酸と中和してなくなっていくので，中性の緑色を経て，酸性の黄色に変化する。

(4)　アンモニアを丸底フラスコに集めるときには，上方置換を用いたので，アンモニアで完全に満たされず，どうしても最初からあった空気が少量残ってしまう。空気は塩酸と反応せず，水にもほとんど溶けないため，図5でも残ったままになる。

重要　(5)　混合液が丸底フラスコに勢いよく入っていかないのは，アンモニアの量が充分でなかったためである。イではアンモニアがいっぱい入る前に栓をした可能性がある。オではアンモニアが逃げた可能性がある。一方，アはアンモニアの量が増加する。ウでは，最初にアンモニアがBTB液に多く溶けると，フラスコ内の気圧が急に下がるので，噴水の勢いは強くなる。エは，観察される色がうすくなるだけで，勢いには関係しない。

2　(昆虫―ミツバチのダンス)

(1)　働きバチのダンスの上方向が，地図上では太陽の向きを示している。問題の図6は太陽が南中している時刻なので，ダンスの上方向が地図上の南向きを示している。下図のように，矢印の

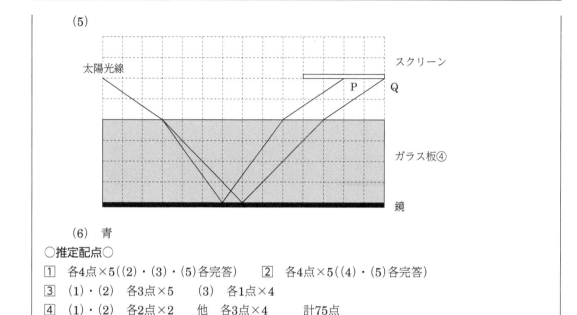

向きは南東を示している。

重要 (2) えさ場の向きは(1)と変わらず南東である。そこで，下図のように方位を入れていくと，ダンスの上方向は地図上の南西向きを示している。太陽が南西にあるのは，南中と日の入りの中間なので，その時刻は午後3時ごろである。

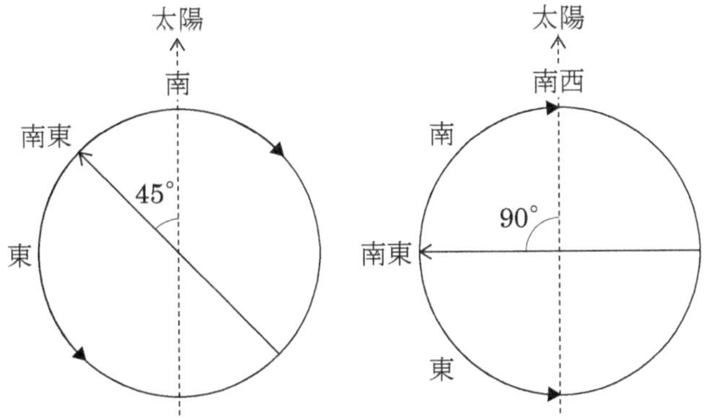

(3) ア：正しい。0.5～1kmのときは，ダンスの回数の違いが大きいので，回数によって距離を正確に伝えられる。7～7.5kmのときは，ダンスの回数がほとんど同じなので，くわしくはない。 イ：誤り。距離が15kmのときダンス回数が0になるかは，図4からは判断できない。 ウ：誤り。図4では，花の種類の違いについて調べてはいないので，判断できない。 エ：誤り。200m＝0.2kmの場合，15秒あたり8回のダンスをしている。よって，1分間であれば，8×4＝32(回)のダンスを行う。 オ：誤り。図4では，蜜の甘さの違いについて調べてはいないので，判断できない。 カ：例えば，0.5kmのとき5.5回だから，積は0.5×5.5＝2.75である。一方，8kmのとき1.5回だから，積は8×1.5＝12である。他の部分で読み取っても，積は一定ではない。

(4) えさ場までの距離は，a～cともに100m未満なので，働きバチは8の字ダンスではなく，円形ダンスをするはずで，aとcは正常だったといえる。bのトンネルを通った働きバチがおこなった8の字ダンスでは，方位は太陽の向きから右へ60°を指しており，向きは間違ってない。しかし，1分間のダンス回数が22回だから，15秒あたり22÷4＝5.5(回)であり，図4から0.5kmの距離を示している。本当の花の位置は35＋6＝41(m)だから，ずいぶん遠い距離を示しており，仲間の働きバチは花を通り過ぎてしまう。

(5) アやウであれば，トンネルの模様に関係なく距離を測ることができるはずである。イでは，bの場合にまわりの景色が変わらないため，距離をうまく測定できなかったと考えられる。エやカは，トンネルが長くなっても，距離は100m以内で正しく測ることができるので，8の字ダンスにはならない。オでは，距離が伸びた分だけさらに遠い距離を感じると推定できる。

3 (太陽と月―月食が続く時間)

(1) あ…月の中心は，地球の中心から半径380000kmの円を描くので，その円周は380000×2×3＝2280000(km)である。 い…30日間＝30×24×60(分間)＝43200(分間)なので，円周上の速さは，2280000÷43200＝52.7…で，四捨五入により53km/分となる。 う…月が地球の影に完全に入っている間に進む長さは，9000－3500＝5500(km)だから，その中に月が入り続ける時間は，5500÷53＝103.7…で，四捨五入により104分となる。

やや難 (2) あ…図1に条件を書き込んで整理すると，下図のようになる。円すいBと円すいCの長さの比は，底面の直径の比と同じで，1.28万：140万である。よって，円すいの頂点から地球までの距離を□とすると，□：15000万＝1.28：(140－1.28)となる。計算すると，□：15000万＝

1.28：138.72　より，□＝1384083.…で，四捨五入により140万kmとなる。　い…円すいAと円すいBの長さの比は，(140万－38万)：140万＝102：140である。これが底面の直径の比と同じだから，102：140＝△：1.28万である。よって，△＝9325.…で，四捨五入により9300kmとなる。

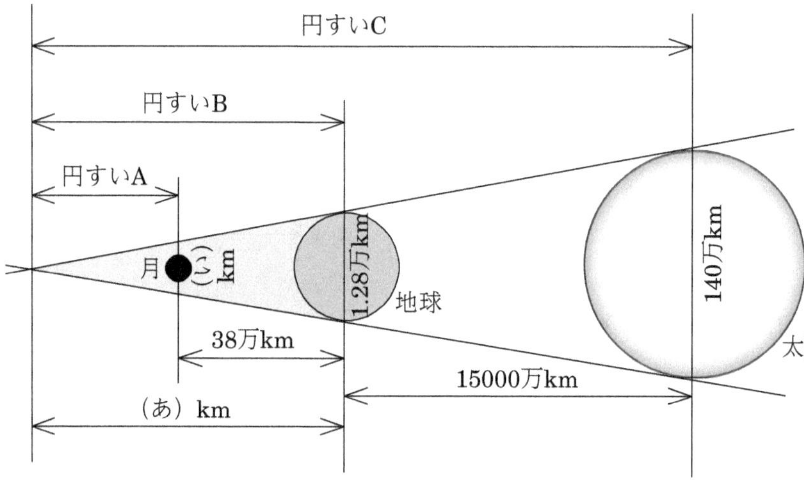

(3)　地球の影は，地球に近いほど地球の大きさそのものに近く，地球から遠ざかれば小さくなっていく。また，太陽と地球の距離が遠いほど，太陽光線は平行光線に近づくので，影の大きさは小さくなりにくい。以上から，月から地球までの距離が近く，地球から太陽までの距離が遠いほど，影は大きくなる。実際は，月と地球の距離が最長と最短で1.1倍ほど異なり，地球と太陽の距離が最長と最短で1.03倍ほど異なるため，これらが影響する。

4　(光の性質―光の屈折と反射)

(1)　鏡に入射する角度と反射する角度は等しいことを利用して作図する。

(2)　図4をもとに，図5に光の進む道すじを描きこむと，次のようになる。ガラス板①に入る前と出たあとでは，光線は平行である。

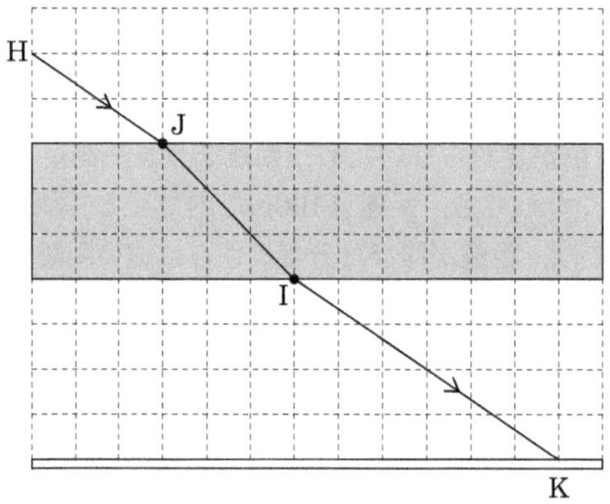

重要　(3)　ガラス板②に入る前と出たあとでは，光線は平行である。このことを利用して，まずLから出た光線と平行になるように，Mに入る光線を描く。その後で，ガラスの中を通る光線を描く。

(4)　Nから出た光と，Oに入る光の関係は，右下がりと右上がりで，傾きの大きさが同じである。そこで，まずOに入る光を描くと，ガラス板③から光が出てくる位置が分かる。あとは，ガラス板③の中で光が鏡に反射して進むようすを描けばよい。

(5) 色が変わると，屈折の大きさは変わるものの，反射の法則など基本的な光の性質は変わらない。そこで，PとQのそれぞれについて，(4)と同じように作図をおこなえばよい。

(6) 図8では，赤い光よりも青い光の方が，屈折のしかたがより大きいことが分かる。(5)では，Qに入る光よりもPに入る光の方が，ガラス面での屈折のしかたが大きいので，Pに青色の光，Qに赤色の光が入る。

★ワンポイントアドバイス★

問題文に書かれている内容が，図のどの部分に対応しているのか，指差し確認するなどして読み取って理解しよう。

<社会解答> 《学校からの正答の発表はありません。》

1 問1 ア 持続可能な開発(目標) イ 17 問2 1 問3 2 問4 4
問5 3 問6 4 問7 1 問8 2 問9 3 問10 3 問11 4
問12 (例) レジ袋やプラスチックごみを廃棄する過程で二酸化炭素が排出されるので，これらのごみを削減することは気候変動を抑制することにつながる。

2 問1 2 問2 1 問3 3 問4 3 問5 1 問6 2 問7 2 問8 3
問9 (例) 宋銭を溶かし鐘をつくっている。 問10 石見銀山 問11 (例) 米をはじめ，織物，茶など多くの商品の価格が上昇し，人々の生活は苦しくなった。
問12 (例) 誤って電気洗濯機で洗っても破れないように，材質を強化した。

3 問1 3 問2 (1) 3 (2) 日本 問3 (1) かき (2) (現象名) 赤潮 (発生要因) (例) 海水の富栄養化によるプランクトンの異常発生。 (3) (例) かきが富栄養化の原因となっている窒素やリンなどを吸収してくれる。 (4) (例) 排水基準を厳しくした結果，海中の栄養分が不足し，プランクトンが少なくなりすぎたため。
問4 (1) 3 (2) 多摩(丘陵) (3) (例) ニュータウンの開発当初に移り住んだ人々の高齢化が進み，階段を使って昇り降りするのが困難になったため。
問5 (1) 下水再生水 (2) 1

○推定配点○

1 問1 各2点×2 問12 3点 他 各1点×10
2 問9 3点 問11，問12 各5点×2 他 各2点×8
3 問1 1点 問3(2)発生要因・(3)・(4)，問4(3) 各3点×4 他 各2点×8
計75点

<社会解説>

1 (政治―環境問題を題材にした政治，時事問題など)

やや難 問1 持続可能な開発目標は，2015年9月の国連サミットで加盟国の全会一致で採択された，2030年までに達成すべき国際目標。17のゴール，169のターゲットから構成され，地球上の「誰一人取り残さない」ことを誓っている。

問2　X　地球サミットは「国連環境開発会議」の通称。1992年にブラジルのリオデジャネイロで開催され，気候変動枠組み条約や生物多様性条約などが採択された。　Y　パリ協定は，2015年12月にフランスのパリで開かれた国連気候変動枠組み条約第21回締約国会議(COP21)で採択された，2020年以降の地球温暖化防止対策の新しい法的枠組み。世界共通の長期目標として，気候上昇を産業革命前から2℃未満に抑えること，さらに1.5℃以内に抑えることに努力することが盛り込まれている。

問3　X　国連は，国際連合の略称。第二次世界大戦後，平和と安全の維持，各国間の友好関係の促進などについて，国際協力を達成するために設立された。本部はアメリカ合衆国のニューヨークにおかれ，2021年末の加盟国数は193か国である。　Y　国連加盟国の分担金は，2019～2021年，アメリカ合衆国が最も多く全体の22.0%を占める。これに中国(12.0%)，日本(8.6%)が次いでいる。

基本　問4　X　ユニセフ(国連児童基金)の説明。　Y　ユネスコ(国連教育教育科学文化機関)の説明。

問5　X　閣議は，内閣が意思決定を行うために開く会議。内閣総理大臣が主宰し，すべての国務大臣が出席して開かれる。副大臣は出席しない。　Y　外交関係を処理することは，内閣の重要な仕事の一つ(日本国憲法第73条)。よって，内閣総理大臣は，国際会議に出席したり，スピーチをすることがある。

問6　X　外務大臣を含む国務大臣について，「その過半数は，国会議員の中から選ばれなければならない」(日本国憲法第68条第1項)と明記されている。よって，国会議員以外を任命することもありうる。　Y　外務大臣を含む国務大臣は，天皇によって認証される(日本国憲法第7条)。国務大臣を任命するのは内閣総理大臣である(日本国憲法第68条第1項)。

問7　X　国連平和維持活動(PKO)は，国際連合が治安維持や監視のための小部隊・監視団を紛争地域に派遣して，事態の悪化や拡大を防止する活動。日本では，1992年のPKO協力法により，自衛隊がPKOに参加できるようになり，これまでカンボジアをはじめとしていくつかの国・地域に派遣された。　Y　政府開発援助(ODA)は，発展途上地域の経済発展と安定を目的とする政府の資金援助。近年は，発展途上国の貧困緩和，世界規模の問題への南北共同の取り組みについての先進国の資金援助といった「世界の連帯」が基本的な理念となっている。

問8　X　1998年に特定非営利活動促進法(NPO法)が施行され，ボランティア団体や市民活動団体に，法人格取得が認められるようになった。　Y　NPO(非営利組織)には，国際協力を主な目的とする組織もあり，このような組織は特に「国際NGO(非政府組織)」ともよばれる。

問9　2022年2月現在，日本で行われるすべての選挙で，選挙権は満18歳以上の国民全員に与えられている。

やや難　問10　X　2020年に全国のコンビニエンスで有料化が義務付けられたのはプラスチック製買物袋(レジ袋)。一方，プラスチック製のストローやスプーンなどの有料化は，2021年6月に成立した「プラスチック資源循環促進法」によるものである。　Y　2020年1月9日，イギリスの下院はEU離脱法案を可決し，現地時間の1月31日午後11時に，EUから正式に離脱した。離脱の背景には，EUに多額の分担金を納めているのにメリットが少ないこと，東ヨーロッパなどからの移民の流入がイギリス国民の雇用をおびやかしていることなどがあるといわれる。

問11　X　条例の制定に総務省の承認は不要。地方議会の議決のみで条例は制定できる。　Y　住民が条例の制定や改廃を請求できる権利は，日本国憲法ではなく，地方自治法に明記されてる。

重要　問12　現状では，レジ袋やプラスチックごみの多くは，廃棄時に焼却処分されている。よって，これらのごみを削減することは，焼却時に発生する二酸化炭素を削減することにつながる。

2 (日本の歴史―貨幣を題材にした通史)

問1 X オランダは，鎖国中の日本において，ヨーロッパの国々の中で唯一，日本との貿易が許された。これは，オランダが，日本ではキリスト教の布教を行わず，経済活動に専念すると約束したからである。 Y 歌川広重などの浮世絵版画は，オランダのゴッホなどが描いた西洋画に大きな影響を与えた。

問2 X 和同開珎は，全国的にはほとんど流通しなかったが，市が開かれ，経済活動が活発であった平城京では例外的に流通した。そのため，平城京やその周辺の遺跡から多く発見されている。 Y 朝廷は，調庸を都で納めて帰郷する人々に，銭貨を携帯させる政策を実施した。このため，古代の主要な街道沿いの遺跡から和同開珎が発見されることがある。

問3 X 『徒然草』は吉田兼好が著した随筆で，鎌倉時代に成立した。清少納言が著した随筆は『枕草子』。 Y 藤原道長は，4人の娘を天皇の后にし，天皇の外戚として政治を主導した。

やや難 問4 X 『世界の記述』は，マルコポーロ(1254～1324)が1298年ジェノバで捕らえられたとき，獄中で語った東方旅行の見聞談を同囚の友人が筆記したもの。一方，金閣は，足利義満(1358～1408)が京都北山に営んだ舎利殿で，1398年建立。 Y イスラム教は世界的な宗教の一つで，610～632年頃，ムハンマドが創始。アラビア半島から東西に広がり，中東から西へは北アフリカ，東へはイラン，インド，中央アジアから中国，東南アジアに，民族を超えて広がる。バグダッドはイラクの首都で，イラクの国民の大半はイスラム教徒である。

重要 問5 X 豊臣秀吉は，1582年の山城の検地以来，平定した領地に奉行を派遣し，土地の面積，収穫高，等級，耕作人などを実測調査させ，検地帳を作成させた(太閤検地)。 Y 豊臣秀吉は，1588年，諸国の農民から，京都方広寺の大仏造営を口実に武器を没収(刀狩)。農民の一揆を未然に防止し，兵農分離，身分の固定を図った。

問6 X 江戸を中心とした東日本では金貨を主に使用していた。このため，大坂(大阪)から商品を仕入れる江戸の商人は，銀貨に対する金貨の価値が高いと，金貨をより多くの銀貨と交換することができた。つまり，より安く商品を入手できたのである。 Y 金貨に対する銭貨の価値が高いと，武士が手にする銭貨の量は減ってしまう。

問7 Ⅰは「両」に注目し，1871年以前。Ⅱは「日本銀行」に注目し，1885年以降。残ったⅢは，「国立銀行」とあるので，1871年以降，1885年以前である。

重要 問8 X 与謝野晶子が戦場の弟を思う詩をつくったのは，日露戦争のとき。日清戦争のときではない。 Y ロシアは，ドイツ，フランスとともに，日本に対し，遼東半島の中国(清)への返還を求めた(三国干渉)。日本は仕方なくこの要求に従った。

問9 リード文中の「その手工業者の中には，宋銭を素材として利用するものもいました。」という記述に注目する。

基本 問10 石見銀山は，島根県大田市大森にあった銀山。16～17世紀に大量に銀を生産，一時は世界最大級の銀山として世界的に知られた。江戸幕府の直轄地であったが，幕末にその寿命を終えた。現在は世界文化遺産に登録されている。

問11 貿易の開始によって，輸出が急増したが，この輸出に生産が追いつかず，また，問屋を通さずに商品を開港地に直送する動きが起こり，従来の流通機構が崩壊した。この結果，輸出品を中心に物価が高騰した。

問12 1958年に発行が開始された一万円札は，三椏(みつまた)を主な原料としたが，当時普及しつつあった電気洗濯機にかけられて紙幣が損傷するなどの事象が多発したため，用紙の強化を目的に尿素樹脂が添加された。

3 (日本の地理―5つの都道府県地図を題材にした地理)

基本 問1 X イタイイタイ病の原因物質はカドミウム。有機水銀は水俣病の原因物質である。 Y イタイイタイ病の原因物質であるカドミウムは，神通川を汚染し，さらにその下流域である富山平野に広がった。

重要 問2 (1) Aはイ(高野山)の雨温図。高野山は標高が高いため，平地に比べて，年中気温が低い。Bはア(和歌山)の雨温図。和歌山は瀬戸内の気候に含まれ，年中降水量が少ない。Cはウ(南紀白浜)の雨温図。南紀白浜は太平洋側の気候に含まれ，夏季の降水量がかなり多い。 (2) 日本海流は太平洋を北上する暖流。黒みがかった濃い藍色を呈することから黒潮ともよばれる。

問3 (1) かきの生産量日本一は広島県で，全国生産の約60%を占め，これに宮城県，岡山県などが次いでいる。 (2) 赤潮は，海中で主に植物プランクトンが異常増殖して，海面が赤褐色やオレンジ色に染まる現象。発生機構は完全には解明されていないが，窒素，リンなどの栄養塩類が十分に存在しているもとで，鉄，マンガンなどの刺激物質の供給，水温，塩分濃度などの条件がプランクトンの増殖に好適になったときに発生するとされる。閉鎖的な内海で，夏季を中心に発生する。 (3) かきは，1日，約200リットルの海水を吸い込み，その中にいるプランクトンを食べて大きくなる。そのため，赤潮の発生を抑制する働きがあるとされる。 (4) 法律や条例により排水基準を厳しく設定すると，栄養塩類の陸地からの供給が不足し，その結果，プランクトンが減少。漁獲量の減少につながると考えられる。

問4 (1) 住宅が不足すると，土地の価格(地価)は上昇する。 (2) 多摩丘陵は，多摩川中・下流の南側，東京都南部から神奈川県北部にかけて広がる標高100～180mほどの丘陵地。近年，住宅地としての開発が進む。 (3) 1980年当時にニュータウンに入居したのは30代の人々が中心。2015年には，この世代の人々が65歳を超え，急速に高齢化が進んでいる。

やや難 問5 (1) 下水再生水は，下水などを濾過，滅菌した水のことで，大都市ではトイレ用水や防災用水として，また，せせらぎなどの環境用水として有効活用されている。 (2) 筑後川は，熊本，大分，福岡，佐賀の4県を流れる九州第一の河川。熊本県阿蘇山北側に源を発する大山川と，大分県九重山に源を発する玖珠川を水源とし，日田盆地を経て，筑紫平野を潤し，有明海に注ぐ。福岡市は，1983年から，筑後大堰地点から取水した筑後川の水を，水道用水として受水している。

★ワンポイントアドバイス★

正誤判定問題が多く出題される。これらの正解率が合否に大きくかかわるので，十分な対策が必要である。

＜国語解答＞《学校からの正答の発表はありません。》

一 問一 (a) 平静 (b) むなもと (c) 考察 (d) 的確 問二 ア
問三 エ 問四 (例) 「わたし」は自分を言い表す言葉だが，もともと特定された内容を持たず，その状況のなかで意味が決まるから。 問五 オ 問六 (例) 物をつかむときのように体が意識とは別に動き，また，手を見るときのように体が意識とは離れて存在する場合があるから。 問七 ウ 問八 イ・オ

二 問一 (a) かいまみ(える) (b) 半(ば) (c) 逆光 (d) まなざ(し)

問二　きびす　問三　エ　問四　宇宙の穴に　問五　イ　問六　(例)　妹を危険にあわせたことに責任を感じていたとき，人家の明かりが見えたので，助けを求め，少しでも早く妹を安心させたかったから。　問七　エ　問八　(例)「おっがねがった」と素直に言う良彦の心のなかに，異次元のようなトンネルの闇に強く惹きつけられたという本心を見抜いて，ほほえましく思ったから。　問九　ア・カ

○推定配点○

一　問一・問二　各2点×5　問四　9点　問六　10点　問八　各3点×2　他　各5点×3

二　問一・問二　各2点×5　問三・問九　各3点×3　問六・問八　各8点×2

他　各5点×3　計100点

＜国語解説＞

一　(論説文—要旨・理由・細部表現の読み取り，記述，漢字の読み書き，文学史)

問一　(a)　「平静」となる。落ち着いていること。「平」には，穏やかなという意味がある。その意味で，「平和」「平安」という言葉がある。　(b)　「むなもと」と読む。胸のあたりを意味する。足のあたりは，「足元(あしもと)」になる。　(c)　「考察」となる。物ごとの本質を明らかにするために，十分に考えること。「考」には，当然だが，考えるという意味があり，その意味で「思考」「熟考」「考案」などの言葉がある。　(d)　「的確」となる。的を外すことなく，確かであること。適正で確実なことの意味で，「適格」という表現もある。

問二　アの正岡子規が正解になる。正岡子規は夏目漱石との交友で有名であり，漱石が愛媛県松山市の中学校に赴任したとき，一時，同居もしている。イの石川啄木は，歌集「一握の砂」などで有名である。ウの与謝野鉄幹は，与謝野晶子の夫である。詩歌を中心とする文芸誌「明星」の刊行でも有名である。エの小林一茶は，江戸時代を後期の俳人であり，俳文集である『おらが春』が有名である。オの松尾芭蕉は，江戸時代前期の俳人であり，「おくの細道」が有名である。

問三　傍線①の「斯く在る」という表現は，虚子の俳句の一部である。虚子の俳句に「老いて」とあるように，傍線①の思いは，老いてからの思いなのである。だがら，傍線①より少し前にあるように，虚子も「生の終わりを意識」しているのである。また，傍線①直前には「斯く在る」としても心の中に迷い，執着，不安，恐れがある様子が書かれている。簡単に「唯涼し」とはならないのである。だが，静かな心持ちで「斯く在る」ことを受け止めようとしている。このような様子が，傍線①で読み取れる。年老いて生の終わりを意識しながら，「斯く在る」ことに対してさまざまな思いを抱き，だが，「斯く在る」ことを静かに受け止めようとしているのである。「年老いて死期が近いことを悟り」「生じる迷いや恐怖をあるがままに受容」「心穏やかな境地に達しよう」とある，エが正解になる。アは，「老人の思い」であることが述べられていない。イは「絶望し諦めてしまおう」とあるが，静かに受け止めようとする様子とは大きく異なる。ウは「自らの死を肯定的に受け入れたうえで」とあるが，さまざまな思いを抱いているのである。オは「今まで人生を無駄に過ごしてきてしまった」とあるが，文章で述べられていることと異なる。

重要　問四　傍線②以降に，「自明なように見えて，なかなかつかまえにくい」理由が書かれている。「わたし」という言葉は「自分のことを言い表すために使う言葉であり，誰でもそれを使うことができ(る)」のである。その点では，誰もが知っている自明な言葉のように見えるのだ。だが，「もともと特定された内容をもった言葉ではない」のである。さらに「そのときどきの状況のなかではじめてその意味が浮かびあがってくる」言葉でもあるのだ。自分のことを言い表すという自明な言葉でありながら，特定された内容がなく，意味も定まってない。以上が，傍線部を説明した

内容になる。記述の際には「自分のことを言い表す言葉」と自明にあたる内容を書き，「特定された内容がない」「意味が定まっていない」というつかまえにくいにあたる内容を加える。

問五　傍線③直前にあるように，コップを取る場合，意識はあくまで対象であるコップに向けられ，手や腕の方には向いていない。それでも，腕は的確に動いていくのである。傍線③に書かれた，「行為の習慣のなかに言わば沈殿している」とは，習慣化して「行為」が無意識に行われている状況を意味していると考えられる。「動作」が「いちいち意識されるものではない」とある，オが正解になる。アは「動きが単純すぎる」とあるが，おかしい。「習慣化」とは読み取れるが，単純だから意識されないとは読み取れない。イは「あえて言語化されない」とあるが，おかしい。習慣化されたから，意識しないのである。あえて，つまり，意識して言語化しないのではない。ウは「無視して勝手に行っている」とあるが，おかしい。手が，人間の意識を無視して勝手に動いているわけではない。エは，「物をつかむという動作」「哲学的に解明されたもの」という表現があるが，おかしい。考察の対象になっているとは書かれているが，「哲学的に解明」されたとは述べられていない。

やや難　問六　傍線④直前の「そのため」がさしている範囲をおさえて，書くべき内容を考える。傍線②以降にある，「そう問われたとき，おそらく……」で始まる段落以降から傍線④までに着目するとよい。その範囲に，自分とは体のことだと言ってしまうとどうもそうではない印象が残る，という内容について説明が進んでいる。説明は，大きくわけて二つ。一つ目は，「身体というのは，もちろん医学……」で始まる段落以降。物をつかむときに，体が意識とは別に動いている様子が書かれていた。二つ目は，「さて，わたしがわたしの……」で始まる段落から。手を見るとき，手を見つめようとしている「わたし」とは別に手が存在する様子が書かれていた。つまり，体である「手」と，「わたし」の意識が離れていたということである。以上のような二つのことから，「自己とはこの体のことであると言われると，そうではないという印象」になるのである。記述の際には，「体が意識とは別に動くことがある」＋「体が意識とは離れて存在する場合がある」という内容を中心にする。

重要　問七　傍線⑥前後から，読み取ることができる。傍線⑥直前までに書かれているように，「わたし」には様々な感情や意識の動きがある。だが，傍線⑥以降にあるように，それらの動きは「わたしの行為」であるという意識が伴って，一つにまとめられる。このまとめられる働きによって，「自己」が成り立ち，同一性が成立するのである。「様々な感情や意識の動き」「一人のものとしてまとめる働き」「その働きが一定の自己を可能にしている」とある，ウが正解になる。ア，イは，感情や意識の動きをまとめる働きについて書かれていない。エの「時間の流れが記憶を生み出す」，オの「できごとの流れや脈絡を整理」も，感情や意識の動きをまとめる働きにはならない。

やや難　問八　ア　「死を間近に控えた老人に特有の現象」とあるが，おかしい。文章の最初の方に「『斯く在る不思議』というのは，もちろん老人だけが抱く感情ではない」とある。　イ　文章全体には，自己の存在の不思議さが書かれている。「自己」とはすべての行為がまとめあげられて成り立つものなのだ。明確にこれが自己であるとはいえない。そのため自己は，これという特定のものではなく，数ある可能性の一つと言えるのだ。イは正解になる。　ウ　「自己とは身体そのもののことだといえる」とあるが，おかしい。二重傍線b以降に「自己とはこの身体のことだと言ってしまうと，どうもそうではないという印象が残ります」とある。　エ　傍線①にもあるように，ただ受け止めようとしているのである。知的に理解しようとしているのではない。　オ　傍線④以降の「意識のこうした働き……」で始まる段落に着目する。自分の意識の働きを，「わたし」という言葉で言い表しているのである。つまり，その存在は確かに意識することができる。オは正解になる。　カ　傍線⑤よりも少し前にあるように，われに返れば，日常生活を営む「わたし」

に結びつけられるのである。自己をとりまとめる働きが残っているから，また，「わたし」に結び付けられるのである。

二　(物語文―心情・登場人物・細部表現の読み取り，空欄補習，記述，慣用句，漢字の読み書き)

問一　(a)「かいまみえる」と読む。「垣間見る」とは，物のすき間から見ること。「その発言に，彼の賢さを垣間見た」のように，その人の状態の一部を知るようなときにも，この言葉は使う。(b)「半ば」となる。半分のこと。全体の半分を過ぎたあたりを「半ば過ぎ」という。　(c)「逆光」となる。写真撮影などで，撮影対象となる物の背後からさしてくる光のこと。ここでは，美津子の背後から光がさしているのである。　(d)「まなざし」と読む。物に視線を向けるときの眼の様子。「目つき」ともいえる。

問二　「きびす」があてはまる。「きびすを返す」とは，引き返すという意味である。「きびす」はかかとを意味する。

問三　アの「天高く馬肥ゆる秋」は，空が澄み切っていて馬が肥えてたくましくなる秋の様子を表した言葉。イの「秋の鹿は笛に寄る」は，笛の音でさえメスの鳴き声だと思って寄ってくる秋の鹿の様子を表している。ウの「一葉落ちて天下の秋を知る」は，葉が落ちるのを見て，秋の訪れを知る様子を表している。エの「秋の日はつるべ落とし」は，秋の日没のはやさを表している。つるべとは，井戸に落とす桶などの容器のこと。オの「女心と秋の空」は，女性の心が変わりやすい様子を表す。空欄Y直後で，日が暮れている。そこから，日暮れのはやさを表すエが解答になるとわかる。

問四　夕闇が漂い始めた場面で，大きなトンネルが光を吸い尽くしていく様子を思い浮かべ，父の話を思い出し，急に怖くなったのである。空欄Zには，「暗さ」「光を吸い尽くす」「恐怖」に関係する，父の話の内容があてはまると考えられる。二重傍線b以降に，「父の穏やかな声が耳の奥で甦る」という表現がある。その部分以降に，光ですら吸い込んでしまう，凄まじい重力を持つ，宇宙の大きな穴のことが書かれている。これが，良彦が空欄Zの場面で感じた恐怖に関係すると読み取れる。そのため，二重傍線b以降に，抜き出す部分を探す。「(中略)」から少し後の部分に「宇宙の穴につかまれば，太陽だって逃げられない。」という一文がある。「太陽だって逃げられない」→「怖くなってきた」という結びつきが考えらえる。この部分が設問の指定字数にも合い，空欄Zにあてはまる言葉として，最もふさわしい。

問五　傍線①直前の「あんまし遠ぐさいがねでけろ」とは，「あまり遠くにいかないでよ」という母から良彦への注意である。良彦は，母からの注意を思い出して，涙ぐみそうになったのである。傍線①直前には，「もう少しだべ(もう少しだよ)」と言って，不安な美津子を気づかっている様子もあるが，美津子を不安にしてしまった後悔も読み取れる。「母の戒めを無視」「妹の美津子の身を危険にさらしてしまった」「後悔」とある，イが正解になる。アの「妹の他愛ない質問にすら答えられず」「情けない」，ウの「美津子に兄としての責任を問われ」「途方にくれる」は，ともに，美津子を危険にさらしてしまった良彦の後悔について書かれていない。エの「母に厳しく叱られるかもしれないと恐れる」は，この場面の良彦の心情を正確に読み取れていない。オの「父に怒り」「母に感謝」も，この場面の心情として，適切ではない。

問六　この場面で，良彦は妹を危険な目にあわせたことに責任を感じていた。だが，傍線②の直前で，人家の明かりが見えた。傍線②で良彦が美津子をとっさに負ぶい駆け出したのは，助けを求めたかったからであり，それが素早い動作だったのは，少しでも早く美津子を安心させたかったからだと考えられる。記述の際には，「妹を危険にあわせたことに責任を感じていた」＋「人家の明かりが見えた」＋「助けをもとめようとした」「少しでも早く美津子を安心させたかった」という方向性でまとめる。

問七　傍線③が含まれる場面から，「涙」の理由が考えられる。人家に入ったとき，良彦は山の妖怪の話を思い出して，恐怖心を抱いた。だが，その場にいた老人が良彦の身の上を聞いてくれた。そして，良彦は話を続けた。そのような場面の流れである。話しているうちに，助かると実感して，安心感が強まっていったことが考えられる。「山の妖怪の家に紛れ込んでしまったかもしれない」「身の上の話しをしているうちに」「不安が薄れ安堵の気持ち」とある，エが正解になる。アは「母親の元まで案内してくれるはずだという確信」とあるが，まだそのような老人からの反応はない。イは「良彦の恐怖心をますます駆り立てた」とあるが，おかしい。むしろ，安心する文脈である。ウは，美津子の心情を表している。オは「老人に責められている」とあるが，良彦がの恐怖がうすれて安心する文脈である。

問八　傍線④直前で，老人の「おっがねがったか」という質問に対して，良彦は素直に「おっがねがった」と答えている。だが，傍線④以降から読み取れるように，良彦は面白さも感じている。傍線④直前で「んだども，面白がったべ」という老人にも，良彦の本心を見抜いていた様子が読み取れる。「眼が弓なり」とは，ほほえんだときの眼の形。老人は，恐ろしさを感じて素直に恐ろしいという良彦の心の中に，異次元のようなトンネルの闇に惹きつけられていたという本心を見抜いたのである。そして，ほほえましく思ったから，眼が弓なりになったのだ。記述の際には,「恐ろしくても異次元のようなトンネルの闇に惹きつけられた良彦」＋「ほほえましく思った」という内容を中心にする。

問九　ア　全体的に，一文が短い。良彦の心情は，テンポ良く変化している。アは正解になる。イ　「茅葺き」「カンテラ」「天体望遠鏡」が同時代にあってもおかしいとはいえない。時代設定をあいまいにしようという作者の意図は読み取れない。　ウ　妹や老人の動作から，それぞれの気持ちを読み取ることはできる。「まったくわからない」というウは誤答になる。　エ　「宇宙なんて，どうでもいい」「境界線があるのを感じた」など，心内語には標準語が使われている。　オ　傍線②に描かれている良彦の様子を考えると，決断力が弱いとは言えない。「はっきりと決断することのできない良彦」とある，オは誤答になる。　カ　バッタは「キチキチ」と飛び出したのである。心臓がばくばくと音を立てたのである。擬態語や擬音語が用いられて，イメージがしやすくなり，臨場感が増している。カは正解になる。

★ワンポイントアドバイス★

指示語関連の記述問題が出題されている。指している範囲を正確に見つけて，必要な要素をもれなく記述したい。文章の展開を慎重におさえた，読解力が求められている。

データ対応

収録から外れてしまった年度の
問題・解答解説・解答用紙を弊社ホームページで公開しております。
巻頭ページ＜収録内容＞下方のQRコードからアクセス可。

※都合によりホームページでの公開ができない内容については，
次ページ以降に収録しております。

こでの地獄は、むしろ、想起することで喜びをもたらすもの、言わば極楽のようなものとしてとらえられており、本来的な意味を失っているから。

オ　この小説は、実は極楽こそが地獄であり、地獄こそが極楽であるという認識を示すものであるが、そのような認識を、読者自身に読み解いてもらうためのヒントとして、『地獄』という強調表現は有効だから。

問七　「おかん」にとって、「地獄」の話をすることが楽しみになったのはなぜか。本文全体の内容をふまえて説明しなさい。

問八　次の作品の中で、菊池寛が書いたものを一つ選びなさい。

ア　恩讐《おんしゅう》の彼方に
イ　それから
ウ　破戒《はかい》
エ　古都
オ　歯車
カ　細雪《ささめゆき》

くなってしまったのである。彼等がまだ見た事のない④『地獄』の話をする時だけ、彼等は不思議に緊張した。各自の想像力を、極度に働かせて、血の池や剣の山の有様をいろいろに話し合った。

　こうして、二人は同じ蓮の台に、未来永劫《えいごう》坐り続けることであろう。彼等が行けなかった『地獄』の話をすることをただ一つの退屈紛《まぎ》らしとしながら。

（菊池寛『極楽』による）

問一　＝＝部（a）～（c）のカタカナを漢字に直しなさい。

問二　【X】には漢字二字の、【Y】には漢字一字の言葉が入る。その言葉を、それぞれひらがなで答えなさい。ただし【X】は四字、【Y】は一字で答えること。

問三　――部①「自分の往生の安らかさ」とあるが、どういう点で「おかん」の死は「安らか」だったのか。そのような「安らかな」死を「おかん」が迎えられた原因も分かるように説明しなさい。

問四　――部②「宗兵衛は不思議に、何とも答えなかった」とあるが、これはなぜか。その説明として最も適当なものを選びなさい。

ア　宗兵衛は、極楽に苦しみが少ないとは感じていたが、苦しみが全くないとは思っていなかったから。

イ　欲望を捨て去った宗兵衛は、苦しみがないことを喜ぶという気持ちとも無縁な境地に至っていたから。

ウ　先に極楽に来た宗兵衛は、極楽に生きることのつまらなさを理解していた分、おかんの感想には同意しかねたから。

エ　同じ話を繰り返しがちなおかんに対して、宗兵衛は嫌悪感を抱いており、おかんに同意する気が起きなかったから。

オ　宗兵衛は、極楽こそが最良の場所だと思って疑わないような、厚い信仰心を、おかんと違い持ち合わせていなかったから。

問五　――部③「不退転の精神」とはどういう精神か。その説明として適当なものを二つ選びなさい。

ア　必ず浄土にたどりつくのだと信じ、勇気を持ち続ける精神。

イ　救いなき闇でしかなかった人生から脱し、光をつかもうとする精神。

ウ　退屈なものであれ、否定せずに受け入れようとする精神。

エ　苦しみから解放されることこそが素晴らしいと考える精神。

オ　宗兵衛との再会を願い、無限の道をひたむきに進む精神。

カ　よりよい世界を自ら作り出す為に、前を向き続ける精神。

問六　――部④『地獄』とあるが、ここで地獄に『　』をつけているのはなぜか。その解釈として最も適当なものを選びなさい。

ア　想像力の働く余地をなくすものという、一般的な地獄のイメージとは異なり、ここではむしろ、人間の想像力を刺激するものとして地獄がイメージされており、地獄と呼ぶことがためらわれてしまうから。

イ　永久不変なるものという、地獄の持つイメージはここでは見失われており、むしろ、ここでは、変化と刺激をもたらすものとして地獄が認識されていて、真の意味での地獄とは違うものになっているから。

ウ　タイトルが『極楽』であるのに反して、この小説で本当に描きたかったものは、実は地獄の方であったということを読者に気づかせるには、『地獄』という強調表現を用いるのが有効であるから。

エ　本来地獄は、人間に苦しみを与えるものとして想起されるが、こ宗兵衛は苦笑した。

「極楽より外に行くところがあるかい」と、云ったまま黙ってしまった。

そう聴かされてみるとおかんにも宗兵衛の云っている事が、本当であることが、解った。御門跡のお話にも、お寺様の話の中にも、極楽以上の世界があることなどは、まだ一度も聴かされたことがなかった。もう自分達も仏になっている以上、それより外になり様はないのだと思った。

（中　略）

無事な平穏な日が、五年経ち、十年経ち、二十年経ち、三十年経った。もうおかんが、極楽へ来てからも、五十年近くの日が経った。最初は、あのように荘厳美麗《そうごんびれい》に感ぜられた七重の羅網《らもう》※宝珠をつらねた網も、七重の行樹《ぎょうじゅ》※七宝で飾られた林も、何の感《かん》銘《めい》をも、おかんの心に与えなかった。（中略）五十年近くの間、毎日同じものを見ているので、見るものにも、聞くものにも飽いてしまったのである。

「ほんまに、何時までも、ここに坐っとるものか知らん。百年か千年か、坐り続けたら、何処《どこ》か別な所へ行けるのではないかしら」

もう、何十年振《ぶり》かにおかんは、そんな疑問を宗兵衛に訊いてみた。その宗兵衛の顔さえ、年が年中五寸と離れない所にあるので、この頃は何となく鼻に付きかけている。

「くどい！　何時までも、何時までも、何時までもじゃ」と、宗兵衛は何十年か前に云った答を繰り返した。

ものうい倦怠《けんたい》が、おかんの心を襲い始めた。娑婆に居る時は、信心の心さえ堅ければ、未来は極楽浄土へ生れられるのだと思うと、一日々々が何となく楽しみであった。あの死際に、可愛い孫女の泣き声を聞いた時でも、お浄土の事を一心に念じていると、あの悲しそうな泣き声までが、いみじいお経か何かのように聞えていた。娑婆から極楽へ来るまでの、あの気味の悪い、薄闇の中を通る時でさえ、未来の楽しみを思うと、一刻でさえ足を止めたことはなかった。あんな単調な長い長い道を辿《たど》った時でも、心だけは少しも退屈しなかった。③**不退転《ふたいてん》の精神**が、心の裡《うち》に燃えていた。ところが、その肝心の極楽へ来てみると、如何《いか》にも苦も悲しみもない、老病生死の厄《やく》もない、平穏な無事な生活が、永遠に続いて行くのである。が、おかんには、今日と同じ日が何時までも続くかと思うと、立っていても堪《たま》らないような退屈が、ヒシヒシと感ぜられるのであった。が、おかんが退屈しようがしまいが、お介意《かまい》なしに同じような平穏な平和な光明の満ち溢れた日が、毎日々々続いた。

それから、また十年も経った頃であった。その頃になると、おかんと、宗兵衛とはかたみ代りに、欠伸《あくび》ばかり続けていた。或日のこと、おかんはふと気が付いたように云った。

「地獄はどんな処《ところ》かしらん」

おかんに、そう訊かれた時、宗兵衛の顔にも、華やかな好奇心が咄嗟《とっさ》に動くのが見えた。

「そう？　どんな処だろう。恐ろしいかも知れん。が、ここほど退屈はしないだろう」そう云ったまま宗兵衛は、黙ってしまった。おかんも、それ以上は、話をしなかった。が、二人とも心の中では、地獄の有様を各自に、想像していた。

又五年経ち十年経った。年が経つに連れて、おかんは極楽の凡《すべ》てに飽いてしまった。五十年七十年の間、蓮の花片一つ落ちるほどの変化さえなかった。宗兵衛とも余り話をしなかった。凡ての話題が彼等に古くさた。門の方へ行って見ると門の扉は八文字に開かれていた。おかんは、オズオズとその大きく開かれた御門の中に入った。御門の中の有様は、有難い御経の言葉と寸分違っていなかった。

（中　略）

おかんは極楽を一目見ると、嬉しさに涙が止め度なく流れて来た。極楽に往生し得た身の果報（※前世でよい行いによって報われること）が、嬉しくて堪《たま》らなかった。御門跡様《ごもんぜきさま》（※本願寺の門主）を初《はじめ》、お寺様のお言葉の真実が、身にヒシヒシと感ぜられた。よくも、弥陀如来《みだにょらい》の本願（※人々を救うために、阿弥陀如来がかって起こした誓いのこと）を頼み奉《たてまつ》ったものだと思った。もし、信心が薄くて、こんな果報《かほう》を取り逃がして、地獄へでも落ちていたならば、今頃はどんなであったろうと思うと、思わず身体が戦《おのの》き顫《ふる》うのを感じた。おかんは、感極って『南無阿弥陀仏々々々々々』と、幾度も繰返《くりかえ》した。その声に応ずるように御姿だけは幾度拝んだか分らない阿弥陀如来が忽然《こつぜん》として、咫尺《しせき》（※非常に距離が近いこと）の間に出現し給《たも》うた。おかんは、御仏《みほとけ》に手を取られて夫宗兵衛の坐《すわ》っている蓮《はす》の台《うてな》へと導かれた。おかんは、絶えて久しい夫の姿を見ると、わっ！　と嬉し泣きに泣きながら縋《すが》り付いた。が、不思議に、宗兵衛は余り嬉しそうな顔をしなかった。『お前も来たのか』と云うような表情をしながら座を滑《す》べっておかんの為に半座を分けてくれただけである。

それでも、おかんは落着くと、夫と死に別れてから後の一部始終を話した。当代の宗兵衛が、家業に精を出す事やら嫁のお文《ふみ》が自分に親切にしてくれたことやら、孫娘のお俊が可愛《かわい》くて可愛くて堪《たま》らなかったことなども、クドクド話し続けた。そうして娑婆《しゃば》（※人間の住む俗世）の話が何日となく続いた。一家の中の話は、幾度も繰り返し話した。（中略）宗兵衛も面白そうに聞いていた。が、幾日々々も話している中《うち》には、大抵の話は尽きてしまうた。おかんは、話が絶えてしまうと初《はじめ》て落着いて、極楽の風物を心から楽しもうとした。何処《どこ》を見ても燦然《さんぜん》たる光明が満ち満ちている。空からは縹渺《ひょうびょう》（※かすかではっきりしない様子）たる天楽《てんがく》が、(c)**フダン**に聞えて来る。おかんは、恍然《こうぜん》としてそうした風物の中に、浸《ひた》りきっていた。楽しい日が続いた。暑さも寒さも感じなかった。色食の慾《よく》もなかった。百八の【　X　】は、夢のように、心の中から消えていた。極楽の空かほがらかに澄んでいるように、心の中も朗らかに澄んでいた。

「ほんとうに極楽じゃ。針で突いたほどの苦しみもない」と、おかんは宗兵衛の方を顧みて云った。が、②**宗兵衛は不思議に、何とも答えなかった。**

同じような日が毎日々々続いた。毎日々々春のような光が、空に溢《あふ》れている。澄み渡った空を、孔雀《くじゃく》や舎利《しゃり》（※極楽の鳥の一つ）が、美しい翼を拡げて舞い遊んでいる。娑婆《しゃば》のように悲しみも苦しみも起らなかった。風も吹かなかった。雨も降らなかった。蓮華《れんげ》の一片《ひとひら》が、散るほどの変化も起らなかった。おかんの心の中の目算では、五年ばかりも蓮の台に坐っていただろう。「何時まで坐るんじゃろ。何時まで坐っとるんじゃろ」と、おかんは或日《あるひ》ふと宗兵衛に訊《き》いてみた。それを聴くと宗兵衛は一寸《ちょっと》苦い顔をした。「何時までも、何時までも、何時までもじゃ」と、宗兵衛は吐き出すように云った。

「そんな事はないじゃろう。十年なり二十年なり坐っていると、又別な世界へ行けるのじゃろう」と、おかんは、【　Y　】に落ちないように訊き返した。

二　次の文章を読んで、後の問に答えなさい。

京師《けいし》室町《むろまち》姉小路《あねがこうじ》下《さが》る（※京都の地域区分のひとつ）染物悉皆《しっかい》（※染物関係の業者）商近江屋宗兵衛の老母おかんは、文化二年二月二十三日六十七歳を一期《いちご》（※一生）として、(a)ソッチュウの気味で突然物故《ぶっこ》（※死んだ）した。穏やかな安らかな往生《おうじょう》であった。配偶《つれあい》の先代宗兵衛に死別《しにわか》れてから、おかんは一日も早く、往生《おうじょう》の本懐《ほんかい》（※死後極楽浄土に行くという願望）を遂《と》ぐる日を待っていたと云《い》ってもよかった。先祖代々からの堅い門徒で、往生の一義に於《お》いては、若い時からしっかりとした安心を懐《いだ》いていた。殊《こと》に配偶に別れてからは、日も夜も足りないようにお西様《にしさま》（※西本願寺）へお参りをしていたから、その点では家内の人達にさすがはと感嘆させたほど、立派な大往生であった。

信仰に凝《こ》り固まった老人《としより》の常として、よく嫁いじめなどをして、若い人達から、早く死ねよかしに扱われるものだが、おかんはその点でも、立派であった。一家の者は、この人のよい、思いやりの深い親切な、それでいて(b)カイカツな老婦人が、半年でも一年でも、生き延びてくれるようにと、祈らないものはなかった。従って、おかんが死際《しにぎわ》に、耳にした一家の人々の愁嘆《しゅうたん》の声に、微塵《みじん》虚偽や作為の分子は、交っていない訳だった。

おかんは、浄土《じょうど》に対する確かな希望を懐いて、一家の心からの嘆きの裡《うち》に、安らかな往生を遂げたのである。万人の免《まぬか》れない臨終の苦悶《くもん》をさえ、彼女は十分味《あじわ》わずに済んだ。死に方としてはこの上の死に方はなかった。死んで行くおかん自身でさえ、段々消えて行く、狭霧《さぎり》（※霧）のような取止めもない意識の中で、①自分の往生の安らかさを、それとなく感じた位である。

（中　略）

再びほんのりとした意識が、還《かえ》って来るまでに幾日経《た》ったか幾月経ったか、それとも幾年経ったか判《わか》らなかった。ただおかんが気の付いた時には、其処《そこ》に夜明とも夕暮とも、昼とも夜とも付かない薄明りが、ぼんやりと感じられた。右を見ても左を見ても、灰色の薄暗《うすやみ》が、層々《そうそう》と重っていた。足下にも汚れた古綿のような暗《やみ》があった。それを踏んでいるおかんの足が、何かたしかな底に付いているのかどうかさえ、彼女には分らなかった。ただ行手にだけは、右や左や上下などよりも、もっとあかるい薄暗があった。ほのぼのとした光明を包んだような薄暗があった。おかんは左右を顧みないで、ただ一心に行手を急ぐより外《ほか》はなかった。

（中　略）

何等の区劃《くかく》もなく無限に続いている時と道とを、おかんは必死に懸命に辿《たど》り続けるだけであったが、どんなに道が長く続いても、勇ましく進むことが出来た。周囲は暗かった、背後を顧みると累々《るいるい》とした闇が重って行く。が、前途だけには、ほのぼのとした光があった。どんなに、この道が長く続いても、何時《いつ》かは極楽へ行けるのだ。有難《ありがた》い御説教で、幾度も聞かされた通りお浄土へ行けるのだ。配偶の宗兵衛にも十年振に、顔を合わせることが、出来るのだ。そう思うと、おかんは新しい力を感じて来て老《おい》の足に力を入れて、懸命に歩き続けるのだった。

（中　略）

気が付くと自分の立っている所から、一町《いっちょう》ばかり向うに、お西様の勅使《ちょくし》門（※勅使の出入りに使われる門）を十倍にもしたような大きさの御門《ごもん》が立っていた。おかんは、その門がきっと極楽の入り口だと思ったので、急いで門の方へ行って見

問四　――部②「情報伝達の方法が急激に変化してきた」とあるが、このことについての筆者の考えを、本文全体の内容をふまえて説明したものとして最も適当なものを選びなさい。

ア　既に具象化されたものである遠くの出来事を知ることのできる情報技術は、科学が具象化の努力により実現したものとして評価できる。

イ　テレビなどによって、万人に瞬時に同じ情報を与えることは、遠くの他人も身近に感じることができ、他人の正しい評価を可能とする。

ウ　テレビなどで既に具象化された情報を得る事は、科学者を研究成果で評価するのと同様に、形になる前の努力を無視する事につながる。

エ　テレビなどの情報伝達は、機械と同様に、人類にとっていまだに理論化されていない世界のことを、個人の特殊性を越えて理解させる。

オ　遠くの直接関係のない人々の情報を知ることで、自分の知らない人の、具象化以前の世界に対する努力について想像することができる。

問五　――部③「混沌に目鼻をつけようとする努力」とはどのようなものか説明しなさい。

問六　〰〰部（Y）「外から見て、離れて見て、ある人の評価をするだけではいけない」とあるが、なぜそういえるのか。本文全体の内容をふまえて説明しなさい。

問七　――部（１）～（６）の語を、本文の内容に従って二つのグループに分けたとき、どのような分け方になるか。最も適当なものを選びなさい。

ア「１　６」と「２　３　４　５」

イ「１　２　３　６」と「４　５」

ウ「１　３　４」と「２　５　６」

エ「１　３　６」と「２　４　５」

オ「１　２　６」と「３　４　５」

カ「１　４」と「２　３　５　６」

キ「１　３　４　６」と「２　５」

問八　次のア～オのうち、本文が主に主張しようとしている考え方に沿った文章として最も適当なものを選びなさい。

ア　筆者の湯川秀樹は、１９４９年に日本人で初めてノーベル物理学賞を受賞したため、偉大な物理学者の一人として評価されている。

イ　夏目漱石は、イギリスへの留学で西洋の社会に影響を受けて考えたことが、帰国後の作品に表現されている、という読み方がある。

ウ　グーグルの検索システムは、ネット上に混沌としたまま存在する情報のまとまりに、明確な形式を与えて示してくれるものである。

エ　精神科医で思想家のフロイトは、人間には無意識という自分で支配できない混沌とした領域があるという新説を唱えて評価された。

オ　画家のパウル・クレーは、目には見えない人間の内面を抽象的な絵画で表現したとして有名であり、作品は高値で取引されている。

ない。他人は知らなくても、その人自身は何かについて苦心をしつづけていたかも知れない。その(4)**「何か」**が重要なことであったかも知れない。「どんな風に」苦心したかが重要であったかも知れない。

絵をかく人は、絵になる以前の(5)**イメージ**を自分の中で暖《あた》ため育ててきたであろう。彫刻家は素材を前にして、まだ現実化されない理想的な形態を思い浮かべているであろう。科学者の研究が一応完結するまでに、一編の論文となるまでに、どんなに長い間、生みの苦しみをつづけてきたのか。ついに絵にならない場合、ついに彫刻が完成しない場合、論文が出版されない場合、それがどんなに多いか。外から離れて見る者にはわからない。いわばそれは具象以前の世界である。混沌《こんとん》から、ある明確な形態をもった物が生まれるより以前の世界、生まれようとしている世界である。その人自身にとって、また深い関心をもって、その人の世界を知ろうとする人にとって、それは無意味な世界ではない。

科学文明の発達の結果として、②**情報伝達の方法が急激に変化してきた**。新聞・ラジオ・テレビ等を通じて、私たちに与えられる情報が、ますます重要となり、私たちに圧倒的な影響を及ぼすようになってきた。それは一方では、遠く離れたところで起こった出来事、自分と直接関係のない人々を、身近に感じさせる作用を持っている。他方ではしかし、情報を受けとる個人の特殊性を越えて、あらかじめ選択された情報を万人に同じように与える作用をも持っている。それは既に具象化されたものの中からの選択である。具象以前の世界は初めから問題になっていない。

情報伝達だけではない。人間の頭脳の機能の一部までも機械が受けもってくれるようになってきた。しかし、そういう機械もまた、既に具象化された(6)**知識**を適当な記号の形に変えた時にだけ質問として受け入れてくれるのである。そしてその機械が与えてくれる答えもまた、具象化された知識に関するものだけである。

人間は具象以前の世界を内蔵している。そしてそこから何か具象化されたものを取り出そうとする。科学も芸術もそういう努力のあらわれである。いわば③**混沌に目鼻をつけようとする努力**である。人生の意義の少なくとも一つは、ここに見出し得るのではなかろうか。

（湯川秀樹「具象以前」）

問一 ═══部（a）～（c）のカタカナを漢字に、漢字をひらがなに直しなさい。

問二 空欄 X に入る言葉を本文中から十字で抜き出し、最初の五字を答えなさい。

問三 ——部①「同じ平面の上の少し離れたところにきているに過ぎない」とあるが、その具体例として最も適当なものを選びなさい。

ア 具象以前の世界に属していた、明確な形をもった研究の構想や計画が、結局は無意味なものであった事実が発覚したということ。

イ 個人として進歩・飛躍をすることができず、同じようなことの繰り返しで無駄なエネルギーを消費してしまっていたということ。

ウ 着想・構想段階にあった研究内容が、論文として発表できる論理体系の状態に、少ししか近づくことができなかったということ。

エ 研究の中で、未だに理論化することのできていない混沌とした部分と、理論体系化された部分とが、同じ段階にあるということ。

オ まだ研究の着想・構想という段階から、新しい理論が形になる段階への移行は行われないような進展の様子であったということ。

【国　語】〈五〇分〉〈満点：一〇〇点〉

【注意】・記述は解答欄《らん》内に収めてください。一行の欄に二行以上書いた場合は、無効とします。

一　次の文章を読んで、後の問に答えなさい。

人生の最も大きな喜びの一つは、年来の希望が実現した時、長年の努力が実を結んだ時に得られる。私のような研究者にとっては、長い間、心の中で暖めていた着想・構想が、一つの具体的な(1)**理論体系**の形にまとまった時、そしてそれから出てくる結論が実験によって確証された時に、最も大きな生きがいが感ぜられる。しかし、そういう瞬間は、私たちの長い研究生活の間に、ごくまれにしか訪れない。私たちの人生のほとんど全部は、同じようなことのくりかえし、同じ平面の上でのゆきつもどりつのために(a)**費**やされてしまう。日々の努力によって、相当前進したつもりになっていても、ふりかえってみると、結局、①**同じ平面の上の少し離れたところにきているに過ぎない**ことを、あまりにもしばしば発見する。一つの段階からもう一つ上の段階に飛びあがれるのは、それこそ［ X ］ほどに、まれなことである。

そんなら人生の大半は、小さくいえばその人の個人としての進歩・飛躍、大きくいえば人類の進歩・飛躍とは無関係な、エネルギーの消費に終始しているのであろうか。決してそうではないように思われる。むしろムダに終わってしまったように見える努力のくりかえしの方が、たまにしか訪れない決定的瞬間より、ずっと深い大きな意味を持つ場合があるのではないか。ずっと若いころの私は「百日の労苦は一日の成功のためにある」という考えに傾いていた。近年の私の考え方は、年とともにそれとは反対の方向に傾いてきた。それに伴《とも》なって、真理の探求の道を歩いた多くの科学者に対する私の評価も、昔と今とで大分違ってきた。

ある科学者が(b)**カッキ**的な発見をするとか、基本的に新しい(2)**着想**から出発した、ある学説を提唱するとかした場合、私たちはもちろん、その学者を高く評価する。一言にしていえば、科学者をその業績によって評価する、それは確かに公正な態度である。どんなにその学者が苦心さんたんしたにせよ、そこから独創的な(3)**業績**が生まれなかったら、多くの場合、私たちはその人の価値を認める正当な理由を持ち得ないであろう。それはそうに違いない。しかし同時にそれは、外から見た時の、やや離れて見た時の評価でもある。

ところで、私たちは自分以外の学者の大多数が、どういう苦労をしているか、何に苦労をしているかを知らない。自分の身近の少数の学者についてだけ、あるいは遠くにいる学者がある大きな成功を(c)**オサ**めた場合についてだけ、それらの人々の苦心を知らされたり、関心を持ったりするのである。一人の人間の能力はきわめて限られている。自分以外の多数の人たちの苦労に一々関心を持っていたのでは、自分自身が失われてしまうであろう。それもその通りである。

しかし、それにもかかわらず、私は近来、(Y)**外から見て、離れて見て、ある人の評価をするだけではいけない**ということを、ますます強く感じるようになってきた。ある人が何のために努力しているか、何を苦労しているかという面を、もっと重要視しなければならないと思うようになってきた。天の羽衣がきてなでるという幸運は滅多に来ない。一度もそういう幸運に恵まれずに一生を終わる人の方がずっと多いであろう。しかし、だからといって、そういう人の人生は無意味であったとは限らに変化が生じたことを強調している。

オ　この雪の日の聡子の外見の美しさは、清顕の感覚を通して様々なたとえを用いながら表現されている。

問八　三島由紀夫の作品を一つ選びなさい。

ア　死者の奢《おご》り　　イ　金閣寺　　ウ　太陽の季節

エ　雪国　　オ　斜陽

問一　――部（a）～（d）のカタカナを漢字に、漢字をひらがなに直しなさい。

問二　空欄 X に当てはまる語句を漢字二字で答え、慣用句を完成させなさい。

問三　――部①「おかしなことに」とあるが、清顕はどのような点をおかしいと感じたのか。説明しなさい。

問四　――部②「気押された声で」とあるが、このときの清顕はなぜ聡子に対して気押されていたのか。その理由として適当でないものを一つ選びなさい。

ア　現れた聡子の顔は見えなくても、紫の衣類を身にまとった全身の様子の華やかさに目を奪われていたから。

イ　自分の意志を一度も確認することなく我儘を通そうとするのは、聡子らしくない言動で戸惑っているから。

ウ　聡子の急な我儘を聞いて、聡子が幼い頃からの力関係を再び取り戻そうとしていることを感じ取ったから。

エ　目の前にいる聡子の香の薫りが自分を包んでくることやその白く美しい頬に対して、胸が高鳴っているから。

オ　白い雪を身にまとって微笑みながら俥に乗り込んできた聡子を見て、迫り来る美しさに圧倒されているから。

問五　――部③「生れてはじめて、こんな我儘を申しました」とあるが、清顕は聡子が「こんな我儘」を言ってきたことを受けてどういう心情になったか。説明しなさい。

問六　――部④「どこでもいい。どこへでも行ける限りやってくれ」とあるが、このときの清顕の心情として最も適当なものを選びなさい。

ア　二人でずっと寄り添ったまま遠くまで行きたいと高揚する思いと共に、思い切った行動をしている今の状況に緊張し余裕のない気持ち。

イ　成長してからはじめて二人が寄り添う喜びが奪われないように、一刻も早くこの場を離れ人目につかない場所へ逃れたいと焦る気持ち。

ウ　ようやく二人きりで会うことができた喜びのあまり、結ばれない運命だという現実を忘れてこのまま一緒に逃げる決意を固めた気持ち。

エ　周囲の人々に嘘をついてまで二人で過ごすことの幸福をかみしめているが、この後どこへ向かえばいいのか決められず困惑する気持ち。

オ　二人が幼い日のように再び一緒に雪見にいけることへの嬉しさが大きくて、時間の許す限りできるだけ遠くまで行きたいと願う気持ち。

問七　本文の特徴を説明したものとして適当でないものを一つ選びなさい。

ア　人物の外見と情景を違いが目立つ色の取り合わせで描写しており、視覚的な美しさが表現されている。

イ　降り積もっていく雪の白さを背景に、清顕の高まる心情がその表情を通して鮮やかに表現されている。

ウ　清顕と聡子は優雅で洗練された生活を送る身分であることが、両家の家屋や所持品の描写から読み取れる。

エ　清顕と聡子の幼い日の姿を説明することで、現在の二人の関係性たのが、俥が近づくころには慌《あわただ》しく消え、俥を門前に止めて待っている清顕の目には、くぐりの枠の中に降る雪だけがしばらく見えていた。

やがて蓼科のすぼめた傘に守られて、紫の被布《ひふ》の袂《たもと》を胸もとに合せた聡子が、うつむいて耳門《くぐり》を抜けて来た姿は、清顕には、何かその小さな囲いから嵩高《かさだか》な紫の荷を雪の中へ引き出してくるような、無理な、胸苦しいほど華美な感じがした。

聡子が俥へ上ってきたとき、それはたしかに蓼科や車夫に扶《たす》けられて、半ば身を浮かすようにして乗ってきたのにはちがいないが、幌《ほろ》を掲げて彼女を迎え入れた清顕は、雪の幾片《いくひら》を衿元《えりもと》や髪にも留め、吹き込む雪と共に、白くつややかな顔の微笑を寄せてくる聡子を、平板な夢のなかから何かが身を起して、急に自分へ襲いかかってきたように感じた。聡子の重みを不安定に受けとめた車の動揺が、そういう咄嗟《とっさ》の感じを強めたのかもしれない。

それはころがり込んで来た紫の（＊4）堆積《たいせき》であり、たきしめた香の薫りもして、清顕には、自分の冷えきった頬のまわりに舞う雪が、俄かに薫りを放ったように思われた。乗るときの勢いで、聡子の頬は清顕の頬のすぐ近くまで来すぎ、あわてて身を立て直した彼女の瞬間の頸筋《くびすじ》の強ばりがよくわかった。それが白い水鳥の首のしこりのようだった。

「何だって……何だって、急に？」

と清顕は②**気押された声**で言った。

「京都の親戚が危篤《きとく》で、お父さんとお母さんが、ゆうべ夜行でお発ちになったの。一人になって、どうしても清さまにお目にかかりたくなって、ゆうべ一晩中考えた末に、今朝の雪でしょう。そうしたら、どうしても清様と二人で、この雪の中へ出て行きたくなって、③**生れてはじめて、こんな我儘を申しました。**ゆるして下さいましね」

と、いつに似げなく、稚《おさな》い口調で、息を(d)ハズませて言う。

俥はすでに引く車夫と押す車夫との懸声につれて動いていた。幌の小さな覗《のぞ》き窓からは、黄ばんだ雪の絣《かすり》が見えるだけで、車の中には薄い闇がたえず揺いでいた。

二人の膝を清顕の持ってきた濃緑の格子縞《こうしじま》の、スコットランド製の膝掛が覆《おお》うていた。二人がこんなに身を倚《よ》せ合っていることは、幼年時代の忘れられた思い出を除いてははじめてだったが、清顕の目には、灰色の微光に充ちた幌の隙間が、ひろがったり窄《せば》まったりしながら、たえず雪を誘い入れ、その雪が緑の膝掛にとまって水滴を結ぶありさまや、あたかも大きな芭蕉の葉かげにいてきく雪の音のように、幌に当る雪が大袈裟にひびくことに、ひたすら気をとられていた。

行先を尋ねた車夫に、

「④**どこでもいい。どこへでも行ける限りやってくれ**」

と答えた清顕は、聡子も同じ気持なのを知った。そして梶が上ると共にややのけぞったままの姿勢を固くして、二人ともまだ手を握り合ってさえいなかった。

《注》＊1　書生……他人の家に世話になり、家事を手伝いながら学問する者。飯沼にとって清顕は主人の息子であり、これまで年長者として清顕の面倒をみていた。

＊2　蓼科……綾倉家につかえる女性。聡子のために清顕との恋を応援している。

＊3　立場……人力車が発着する場所。

＊4　堆積……うず高く積むこと。積み重ねること。また、そのもの。

二　次の文章は三島由紀夫『豊饒の海』の一節である。松枝《まつがえ》侯爵家の長男として生まれた清顕《きよあき》は、学校に上がる前に預けられた綾倉伯爵家で二つ年上の聡子《さとこ》と親しくなる。長じて十八歳となった清顕は、縁談がもちあがった聡子とひそかに愛しあうようになっていた。この許されない恋のため、清顕は(＊1)書生の飯沼の弱みを握ることで協力を強いていた。これを読んで、後の問いに答えなさい。

ある雪の朝、清顕が学校へ行こうとしていると、飯沼があたりをうかがうようにして、清顕の書斎へ入ってきた。この飯沼の新たな卑屈《ひくつ》さは、彼の鬱然《うつぜん》とした顔つき体つきがたえず清顕に与えていた圧力を消してしまった。

飯沼は(＊2)蓼科《たでしな》からかかってきた電話を告げた。聡子が今朝の雪に打ち(a)興じて、清顕と一緒に俥《くるま》で雪見に行きたいから、清顕に学校を休んで迎えに来てくれないか、と言っているというのである。

こんなおどろくべき我儘《わがまま》な申出を、清顕は生れてから、まだ誰からも受けたことがなかった。もう登校の支度をして、片手に鞄を下げて、飯沼の顔を見ながら茫然《ぼうぜん》と立っていた。

「何ということを言って来たんだ。本当に聡子さんがそんなことを思いついたのだろうか」

「はい。蓼科さんが言われることですから、間違いはありません」

①おかしなことに、そう断言するときの飯沼は多少の威を取り戻し、あたかも清顕がそれに抗《さか》らえば、道徳的な非難をにじませそうな目色をしていた。

清顕はちらと背後の庭の雪景色へ目をやった。(b)ウムを言わせぬ聡子のやり方で、自分の矜《ほこ》りを傷つけられるよりも、もっと素速く、巧みなメス捌《さば》きで矜りの腫物を切り取られた涼しさがあった。気づかぬほどの素速さで、こちらの意志を無視されることの、一種新鮮な快さ。『僕はもう聡子の意のままになろうとしている』と考えながら、彼は、まだ積もるほどではないが、中ノ島や紅葉山をまぶしかかっている雪の緻密《ちみつ》な降り方を、一目で心に畳んだ。

「じゃ学校へはお前から電話をかけて、僕が今日風邪で欠席すると伝えてくれ。決してお父さまやお母さまに知られぬように。それから(＊3)立場《たてば》へ行って、信用のできる車夫を二人雇って、二人乗りの俥を二人挽《び》きで用意させてくれ。僕は立場まで歩いてゆく」

「この雪の中をですか？」

飯沼は若い主人の頬が俄《にわ》かに(c)火照って、美しく紅潮して来るのを見た。それが雪のふりしきる窓を背にして、影になっているだけに、影に紅《くれな》いのにじんでくるさまが艶《あで》やかであった。

飯沼は自分が X にかけて育てた少年が、一向に英雄的な性格には育たなかったが、目的はともあれ、こうして瞳に火を宿して出発するさまを、満足して眺めている自分におどろいた。かつては彼が蔑《さげす》んでいた方向、今清顕が向かってゆく方向にも、遊惰《ゆうだ》のなかに、まだ見出《みいだ》されぬ大義がひそんでいるのかもしれなかった。

麻布の綾倉家は長屋門の左右に出格子《でごうし》の番所をそなえた武家屋敷であるが、人手の少ない家で、長屋には人の住んでいる気配がない。屋根瓦の稜々《かどかど》は、雪に包まれているというよりは、雪をそっとその形なりに忠実に持ち上げているように見えた。

門のくぐりのところに傘をさして立っている蓼科らしい黒い姿が見え

があるわけではないのに、取材に来ていた新聞記者たちがのけぞって逃げ出したというエピソードが語られる。

＊10 上申……意見などを上官、上司などに申し上げること。

＊11 命題……論理学において、真であるとか偽であるとか判断できる内容を言葉で表現したもの。

問一 ===部（a）～（c）のカタカナを漢字に、漢字をひらがなに直しなさい。

問二 ——部（X）「クリティカル」の本文中での意味として最も適当なものを選びなさい。

ア 批判的　イ 決定的　ウ 危機的

エ 本質的　オ 超常的

問三 空欄 Y には、文脈上、対照的な意味をもつ漢字二字の語が入る。その語と最も関連があるものを選びなさい。

ア トランプ　イ オセロ　ウ 将棋

エ すごろく　オ 百人一首

問四 ——部①「『空気』とはまことに大きな絶対権をもった妖怪である」とあるが、これは「空気」のどのような点をたとえたものか。説明しなさい。

問五 ——部②「イスラエルでの発掘調査の話」とあるが、この例についての説明として最も適当なものを選びなさい。

ア 「空気」とは、神を崇拝するか自然を崇拝するかというように、宗教次第で生じるか生じないかが決まるものであり、それを「臨在感的把握」として説明するための例となっている。

イ 「臨在感的把握」とは、単なる物質に特別な力を感じてしまうことであり、それはキリスト教的にいえば「偶像崇拝」にあたるということの例として、「山本さん」が説明している。

ウ 髑髏には、自然を崇拝する日本人に働きかける何か禍々しいものが臨在しており、たまたまそれを発掘したのがユダヤ人ではなく日本人であったため「空気」が生じたと説明している。

エ キリスト教と違い日本人は偶像崇拝の禁止がないため、物質に臨在を感じる信仰が身についてしまい、髑髏に触れたときにも特別な力を感じる「空気」が生じたという説明になっている。

オ 何でもないものに特別な力を感じるということが「空気」の発生する原因であり、その具体例として、日本人が人骨や髑髏に祟りのようなものを感じるということを説明している。

問六 ——部③「『空気』の支配」とあるが、どういうことか。本文全体をふまえて説明しなさい。

問七 本文の内容に関する説明として適当なものを二つ選びなさい。

ア 日本人は絶対の神をもたず、他のあらゆるところで神的な力を感じてそれに縛られるため、空気を相対化しづらい。

イ 戦艦大和が戦略的に無意味な出撃をした背景には、「抗空気罪」を回避しようとするという論理的な判断があった。

ウ 西郷軍は実際には正義の軍であるのに、根拠のないキャンペーンにより「悪」というイメージを植え付けられてしまった。

エ 根拠もないのに特別な意味を臨在感的に把握する空気が生じたという点で、西南戦争と戦艦大和の例は共通している。

オ 日本社会は一度信じた絶対的命題に疑いを持たなかったが、それは日本社会がもともとその命題を絶対視していたからだ。

その〝空気〟で支配されてきた。そしてそれらの命題たとえば「正義は最後には勝つ」「正しいものはむくわれる」といったものは絶対であり、この絶対性にだれも疑いをもたず、そうならない社会は悪いと、戦前も戦後も信じつづけてきた。

そして、その絶対的命題すら相対的に見ることが可能であるとは夢にも思わず、実際に相対的に見ている世界があることなど信じていなかったのが日本でした。しかし、世界の中には、というより世界の大部分は、これを相対的に見ているのだと山本さんは言います。それが一神教の世界です。

一神教の世界でも「空気」ができないわけではありません。「空気」自体は、人間が何人か集まっていれば比較的できやすいもので、どんな社会でもある程度はあります。しかし、多くの社会では「空気」に対抗する装置、すなわち「空気」を相対化するための方法があるのです。山本さんの考えでは、それが一神教です。なぜかと言うと、一神教の世界では絶対的なものは神だけで、神以外のものはすべて絶対ではありません。ですから、たとえば会議の中で「みんなこう思っているに違いない」という「空気」ができたとしても、それを絶対化することはできないのです。「空気」は神ではないからです。神という絶対的な基準があるがゆえに、「空気」はいつでも相対化されるのです。

これが、「空気」を含め物事を対立概念で把握することを可能にしています。あるものが善に見えるということは、必ず悪もある。あるものが極めて有効に見えるときには、何らかのコストもあるのだ。そうした二重性の中で物事を見ることに、日本人は慣れていません。二重性を認めないことが「空気」の特徴だからです。逆に言えば、③「空気」の支配から逃れるためには、常に物事を対立概念で見る必要があるのです。

（大澤真幸『山本七平『「空気」の研究』―「忖度」の温床』）

《注》

＊1 「村八分」刑……江戸時代以降、村落で行われた私的な刑罰。村のおきてにしたがわない者に対し、村人全体がその家と関係を絶つこと。仲間外れ。

＊2 先ほど……本文では中略となっている部分で、日本ではキリスト教が広まらなかったということが述べられている。

＊3 プリミティブ……自然のままであるさま。原始的。

＊4 偶像崇拝……神仏像、ミイラ、樹木や岩など形あるものを信仰の対象とすること。ユダヤ教やキリスト教などの一神教は、基本的に神を目に見える形にすることを禁止した。

＊5 一神教……ただ一つの神だけの存在を認めて信仰する宗教。キリスト教、ユダヤ教など。

＊6 物神……崇拝や信仰の対象となるもの。

＊7 西南戦争……一八七七年、西郷隆盛を中心として鹿児島の士族（元武士の人々）が明治政府に対する不満から反乱を起こした。西郷軍は政府軍に鎮圧された。

＊8 官軍・賊軍……官軍とは、天皇（朝廷）側の軍のことであり、賊軍とはその敵の軍をさす。一般的に官軍＝正義、賊軍＝悪となる。

＊9 カドミウム金属棒……『空気の研究』のなかで、戦後の公害病のひとつであるイタイイタイ病の原因とされるカドミウムの金属棒を取り出した瞬間に、触ったり近づいただけで害

かっているのです。そして、その「空気」というものができてしまうと、それに絶対的に拘束されてしまう。その「最高の例」として、山本さんは(＊7)西南戦争に関する新聞報道を取り上げています。

　西南戦争は、いうまでもなく近代日本が行なった最初の近代的戦争であり、また(＊8)官軍《かんぐん》・賊軍《ぞくぐん》という明確な概念がはじめて現実に出てきた戦争である。こういう見方は、戦国時代にはない。同時に、大西郷は、それまで全国民的信望を担《にな》っていた人物である。従って西郷危うしとなれば、全国的騒乱《そうらん》になりかねない、否《いな》、少なくとも「なりかねないという危惧《きぐ》」を明治政府の当局がもっていた戦争である。ということは「世論」の動向が重要な問題だった最初の戦争であり、従ってこれに乗じてマスコミが本格的に活動し出し、政府のマスコミ利用もはじまった戦争である。

　つまり、西郷は国民のあいだで非常に人気があったため、政府は何とかして西郷たちを悪者にしなければならなかった。そのためにマスコミを利用してキャンペーンを行い、彼らは賊軍であるという「空気」を醸成したわけです。このとき新聞は、あの手この手で西郷軍＝残虐《ざんぎゃく》人間集団というイメージを読み手に植え付ける記事を書き立てました。

　このような形で西郷軍を臨在感的に把握し、その把握を絶対化すれば、西郷軍は「(＊9)カドミウム金属棒」すなわち、即座に身をひるがえしてそれから去るべき、神格化された「悪」そのもの、いわば「悪の(c)権化」になってしまう。従って、当初は西郷側に同情的だったものも、また政府と西郷の間を調停してすみやかに停戦して無駄な流血をやめよと主張したものも、その上で西郷と大久保を法廷に呼び出して理非曲直を明らかにせよと(＊10)上申《じょうしん》していた者も、すべて「もう、そういうことの言える空気ではない」状態になってしまう。というより、おそらく、そういう空気を醸成すべく政府から示唆《しさ》された者の計画的キャンペーンであったろう。

　そして山本さんは、「ここで空気支配のもう一つの原則が明らかになった」と述べ、それは「『対立概念で対象を把握すること』を排除することである」と言います。これはどういうことなのでしょうか。

　山本さんの議論によれば、物事には必ず対立する二側面があります。完全に善であるとか、一〇〇パーセント悪ということはない。ある部分ではよいかもしれないが、別の角度から見れば間違っているように見えるといったように、完全な［Ｙ］二極にはならないということです。そうであるなら、物事は常に相対的に把握することが大切になるわけで、そのような把握をしなくなると「空気」に支配されますよ、と山本さんは言っています。「空気」は一枚岩であることが重要ですから、別の角度から見れば西郷もそれほど悪くはない、といった言い方は許されません。官軍は善。賊軍は悪。賊軍側にも言い分はある、などと言ってはいけないのです。そうやって相対的な見方を排除したとき、「空気」の支配は完成します。

　これに続けて山本さんは、日本社会は常に「絶対的(＊11)命題をもつ社会である」と言っています。

　「忠君愛国」から「正直ものがバカを見ない世界であれ」に至るまで、常に何らかの命題を絶対化し、その命題を臨在感的に把握し、では、この「空気」とはどのように醸成《じょうせい》されるのでしょうか。山本さんは、それは「臨在《りんざい》感的把握」から生まれると言っています。難しい言葉ですね。どういうことなのか見ていきましょう。

山本さんは、臨在感的把握の具体例として、②**イスラエルでの発掘調査の話**を紹介しています。これは、イスラエルで古代の墓地を発掘した調査団の日本人が、一週間ほどで病人のようになってしまった、というエピソードです。一緒に作業にあたったユダヤ人は何ともなく元気なままでした。つまり、日本人の発掘者だけが、出土する人骨や髑髏《どくろ》に触れているうちに何かに祟《たた》られるような気分になった、何か禍々《まがまが》しいものの臨在を感じてしまったというのです。

一神教であるユダヤ教を信じているユダヤ人にとって、出土する骨はただの「もの」に過ぎません。ですからそこに何かを感じるということはない。一方、日本人メンバーもクリスチャンではあったのですが、それ以前に日本人だということがあり、作業を続けているうちに半病人になってしまった。

山本さんは、「おそらくこれが『空気の基本型』である」と言っています。つまり、何でもない物や、何でもない言葉に、その実質的機能や意味内容とは別の、プラスアルファの力を感じてしまう。そこに何らかの力を持った霊のごときものが臨在しているように把握されてしまう。これが「臨在感的把握」です。

たとえば、この山は神域であるとか、この石には神様が宿っているとか、ここは穢《けが》れているので清めないといけないとか、そうした日本人の民族的伝統から来る感覚というものがあります。(＊2)先ほど日本にはキリスト教が広まらなかったと言ったように、日本の場合はその感覚が別の宗教によって中和されませんでしたから、そうしたもとからある感覚、自然のような(＊3)プリミティブなものに霊的な力を感じるという感覚が、現代のわれわれの中にも生きている。山本さんはそう分析しているのです。

山本さんはここではっきり書いてはいないのですが、これはキリスト教的に言えば(＊4)偶像崇拝にあたります。キリスト教をはじめとする一神教は偶像崇拝を厳しく禁じており、神ではないものを崇めてはいけないことになっています。偶像崇拝の禁があるということは、逆に、人間は一般に、自然現象やマジカルなスローガンに思わずひれ伏してしまう、そこに強い力があると感じてしまうことがある、ということを意味しているでしょう。だからこそ(＊5)一神教ではそれを厳しく(b)戒めている。一方で、一神教を信じていない人たちにはそのようなブレーキがないので、さまざまなものにプラスアルファの力を感じる「臨在感的把握」に身を任せることになるのです。

絶対の神を持たない日本人にとって、臨在感的に把握し、それが絶対化される対象はあらゆるところにあります。そのため「各人はそれらの(＊6)物神によりあらゆる方向から逆に支配され、その支配の網の目の中で、金縛り状態になっている」と山本さんは言います。「それが結局、『空気』支配」なのです。

何度か触れているように、「空気」の重要な特徴は一枚岩であることです。いろいろな意見があるとか、両論併記《へいき》ということはない。完全に一つにしかならないことが非常に重要です。そして不思議なことに、「空気」は明示されないのに、曖昧《あいまい》でわからないということがない。「空気」の中で生きている人にとって、「空気」が何であるかは極めて明晰《めいせき》にわ

【国　語】（五〇分）〈満点：一〇〇点〉

【注意】記述は解答欄《らん》内に収めてください。一行の欄に二行以上書いた場合は、無効とします。

一　次の文章は山本七平の『空気の研究』という本について説明したものである。本文を読んで後の問いに答えなさい。

この本の冒頭で、山本さんはある教育雑誌記者の来訪を受けたときの会話を紹介しています。「道徳教育」について聞かれたためいろいろと答えたところ、記者はしきりに「現場の空気としましては、でも……」「いや、そう言われても、第一うちの編集部は、そんな話を持ち出せる空気じゃありません」などと答えたといいます。そして山本さんはこう述べます。

大変に面白いと思ったのは、そのときその編集員が再三口にした「空気」という言葉であった。彼は、何やらわからぬ「空気」に、自らの意志決定を拘束されている。いわば彼を支配しているのは、今までの議論の結果出てきた結論ではなく、その「空気」なるものであって、人が空気から逃れられない如《ごと》く、彼はそれから自由になれない。従って、彼が結論を(a)**サイヨウ**する場合も、それは論理的結果としてでなく、「空気」に適合しているからである。

これは日常的な会話の中にいかに「空気」が出てくるかという事例ですが、このあと山本さんは、この「空気」による決定が(X)**クリティカル**な場面ではとんでもないことになり得る例として、第二次世界大戦末期での戦艦大和《やまと》出撃の話を挙げています。

戦艦大和は一九四五（昭和二〇）年四月、すでに沖縄戦が始まっている最中、沖縄に向けて出撃しました。しかし、大和の出撃が無謀で、戦略的に無意味であることは、そのときすでに明白でした。会議に出席した参謀《さんぼう》の一人ひとりは軍事の専門家ですから、そんなことはもちろんわかっていた。にもかかわらず、出撃が決定された。出撃の決断にあらがうことができない「空気」が会議を支配していたからです。

では、この「空気」とはいったい何なのか。それは「われわれのすべてを、あらゆる議論や主張を超えて拘束《こうそく》している『何か』」であり、「教育も議論もデータも、そしておそらく科学的解明も歯がたたない〝何か〟」であると山本さんは言います。この「空気」は非常に強力で、それに反することは罪にさえなると山本さんは続けます。

むしろ日本には「抗空気罪」という罪があり、これに反すると最も軽くて「(*1)村八分」刑に処せられるからであって、これは軍人・非軍人、戦前・戦後に無関係のように思われる。①**「空気」とはまことに大きな絶対権をもった妖怪である**。一種の「超能力」かも知れない。何しろ、専門家ぞろいの海軍の首脳に、「作戦として形をなさない」ことが「明白な事実」であることを、強行させ、後になると、その最高責任者が、なぜそれを行なったかを一言も説明できないような状態に落し込んでしまうのだから、スプーンが曲がるの比ではない。

科学的には到底解明できそうもない「空気」の正体を把握しようというのが、この本のテーマとなります。

（中略）

ウ　直美が桃子さんの沈黙を金を惜しんだからだと解釈した以上、桃子さんがかつて正司を名乗る男に即座に大金を渡した過去が引き合いに出されることは間違いないが、その話題は、桃子さんの子育てにおいての強い後悔の念を呼び起こすものであり、情けない過去に今また向き合わざるを得ない展開に絶望的な気持ちを抱いている。

エ　見知らぬ男に大金を渡してしまったことの責任は、桃子さん一人にあるわけではないのに、直美が事あるごとにその責任を追及し、桃子さんにお金を要求してくることで、ここ数年は直美からの電話に孤独をいやされ救われたような気持ちになっていただけに、かえって強い失望の念を覚え、この場から逃れたいような気持ちになっている。

オ　桃子さんの沈黙は、お金を惜しんだからではなく、隆を正司のような人間にしたくない一心からのものだったのに、そのことにすら気づけない直美に、直美と過ごしてきた日々が不毛なものであったと改めて感じ、老後の自身の孤独な日々を、自分でまいた種であり、仕方のないことだと自分に言い聞かせ、全てをあきらめようとしている。

問八　――部④「ああ、そうだったのか」とあるが、桃子さんは何に気づいたのか。五十字以上六十字以内で書きなさい。

問九　――部⑤「飲むたびになぜだか愉快な気分になっている」とあるが、それはなぜだと考えられるか。七十字以上八十字以内で説明しなさい。

問三　空欄［X］に入る漢字一字を書きなさい。

問四　空欄［Y］には「不注意であるさま」を表す言葉が入る。最も適当なものを選びなさい。

ア　むざむざ　イ　すごすご　ウ　いそいそ
エ　しおしお　オ　わなわな

問五　――部①「過剰にせき止められていたことを、過剰に与えようとした」とあるが、どういうことか。その説明として最も適当なものを選びなさい。

ア　厳しいしつけをしなければ社会で通用しない子になってしまうと、母親は事あるごとに桃子さんを叱りつけてきたが、そのことがあまりにつらかったことで、桃子さんはかえって娘を甘やかすような母親になってしまったのだということ。

イ　物を与えれば、人間として持つべき節約の精神が損なわれてしまうと、異常なまでに物を与えてくれなかった母親への恨みから、かえって桃子さんは、娘に異常なまでに物を買い与えてしまい、娘にぜいたくを覚えさせてしまったということ。

ウ　女の子らしくふるまうことを母親に全く許されなかったことで、自然な動作をすることが苦手になってしまった桃子さんは、娘には自然に生きてもらいたいと思うようになり、あまりに自由奔放《ほんぽう》な生き方を娘に強制してしまっていたということ。

エ　普通の女の子であれば誰もがするようなおしゃれでさえ母親に認められなかったことで、桃子さんの心はすっかりひねくれてしまい、自分の最愛の娘にも、自分の幼少期と同じようなつらい思いをさせようとしてしまったということ。

オ　女性として自然な欲求さえも母のせいで満たせなかった反動で、桃子さんは、幼いころの自分の願いを娘に叶えさせることで積年の自らの欲求を満たそうとし、娘の気持ちを一切無視した独りよがりな接し方をし続けてきたということ。

問六　――部②「革命だ、革命だ」とあるが、何が「革命」だというのか。このことを説明した次の一文の空欄に入るように、指定の字数に合わせて本文中から抜き出しなさい。

母親が娘を［13字］とすることは、次世代にも繰り返されるという［9字］に気づいたこと。

問七　――部③「滝つぼに流れ落ちる急流のように、もうどうしようもない」とあるが、これは桃子さんのどのような心情とひびき合う表現だと考えられるか。最も適当なものを選びなさい。

ア　桃子さんは、息子の正司よりも、女性特有の苦しみが共有でき、今では電話をくれることで精神的な支えになってくれている直美のほうを大切に思っているのに、桃子さんが作ってしまった沈黙によって、直美が桃子さんの思いを誤解し、不信感を抱いてしまったことに、取り返しのつかないことをしたと、悔いる気持ちにさいなまれている。

イ　母親として子どもにいかに関わるべきか、その手本を娘に示す立場にありながら、簡単にだまされ、見知らぬ男に大金を渡してしまったことは、桃子さんにとって最大の失策であり、消し去りたい過去であるのだが、直美がこの件を忘れていないことに気づき、母親としての威厳を取り戻せていない現状に、この上なく落胆している。

行きたいところに行く。休みたいところに休む。もう自由だ、自由なんだ。

だいたい、いつからいつまで親なんだか、子なんだか。親子といえば手を繋《つな》ぐ親子を想像するけれど、ほんとは子が成人してからのほうがずっと長い。かつての親は末っ子が成人するころには亡くなってしまったそうだけど、今の親は自分の老いどころか子の老いまで見届ける。そんなに長いんだったら、いつまでも親だの子だのにこだわらない。ある一時期を共に過ごして、やがて右と左に分かれていく。それでいいんだと思う。

それでもちゃんと覚えているのだ、大事だということを。

とろんとした目で桃子さんはうなずく。

目に映じているのは母ちゃんの姿である。

帰るに帰れなかった故郷、許されて帰ったのは父の葬儀のどぎだった。結局兄も都会に出て所帯《しょたい》を持って、広い家に母ちゃんひとりが取り残されだ。ひと回りもふた回りも小さくなって、もう何の役にも立たないと嘆いていたが、なんの、桃子さんにしてみればあの頃の母に一番力づけられる。あの後あの家で独り二十三年生ぎだ。母にできたことは自分もできると思いたい。でも母ちゃんにはやっぱりかなわない。空に献《けん》じてまた飲んだ。

《注》
＊1　さやか……直美の娘。
＊2　補塡……不足をおぎないうめること。
＊3　蓬髪……生い茂った蓬《よもぎ》のように、伸びてくしゃくしゃに乱れた髪。
＊4　偏頗……かたよっていて不公平なこと。
＊5　贖罪……つみほろぼし。

問一　═══部（a）～（c）のカタカナを漢字に、漢字をひらがなに直しなさい。なお、（b）はひらがな二字で書くこと。

問二　この作品のタイトル「おらおらでひとりいぐも」は、宮沢賢治の詩「永訣の朝」に記された、ある地方の方言によるものである。その地方を指したものを次の地図上にある記号の中から選びなさい。

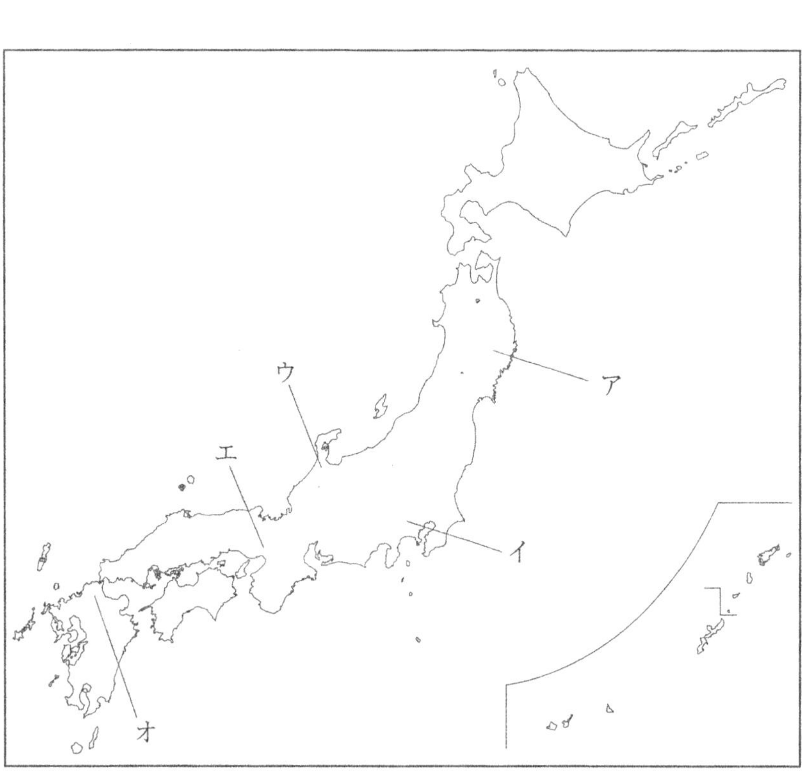

さんは思う。そのエネルギーに弾き飛ばされる(b)独楽のようにして、人の人生は回転しだす。転がったその先が良かったのかどうか、そんなことは考えまい、ただそうあることを受け止めるしかないのだろう。ただし桃子さんを動かしたエネルギーの正体ははっきりと見極めたい。そのエネルギーがどう変わったかも見届ける。なにせ当事者だもの。

しびれる腕をさすりながらやっと受話器を置いたとき、桃子さんの目には力があった。

負け惜しみかもしれなかった。直美が行ってしまう、がっくりとうなだれそうになる自分を励ますもう一方の自分もいて、それがさかんに、たいていのことは思い通りにならなかったじゃないか、それでも何とかやって来られたじゃないか、だから今度だってなんとかなるさというような、桃子さんがこれまで培《つちか》ったところの生きるための楽観をあれこれと言ってくる。

桃子さんはため息を吐《つ》きつつも前を見た。そのまま、(c)レイゾウコに直行して、ドアを開け、缶ビールを取り出すと立ったまま飲み始めた。ひとしきり飲んであたりを見回すと、もうずいぶん暗くなっている。缶を手に持ったままよたよたと部屋の隅によって蛍光灯《けいこうとう》を点《つ》け、振り返ると出窓のところに女が一人立っていた。白髪《しらが》交じりの(＊3)蓬髪《ほうはつ》の女、すぐに山姥《やまんば》だと思った。どうしてうちにいるのだろうと訝《いぶか》しく、しばらくして桃子さんは、あはあはと笑ってどたんと椅子に座った。

降り続く雨をいいことに、ろくに髪もとかさず、身なり構わず、ザンバラの白髪交じりの女は出窓に映った自分の姿だと気が付いた。静かな部屋に桃子さんの笑い声が響いて、それから歌うように笑うように陽気に独りごつ。

山姥がいるじょ。ここにいる。現代の山姥は人里離れた山奥なんかにいない。こうしてかつての新興住宅地にひっそりと住んでいる。山姥は太母《たいぼ》ののちの姿である。太母とは何か。子供を大事に大事に育てた母親のことである。大事に育てたのに、子供の命を呑《の》み込んでしまったのではと恐れる母親のことである。飲んだビールのせいなのか、なぜだか桃子さんは演説口調である。

またぐいと飲んだ。

直美、聞いでいるが。

直美は母さんが見も知らない男に金を渡してしまったのは、正司への(＊4)偏頗《へんぱ》な愛情のせいだと思っている。だども、それは違う。違うのだ、直美。

それが(＊5)贖罪《しょくざい》だど言ったら、おめはんは驚くだろうか。

直美、母さんは正司の生ぎる喜びを横合いから手を伸ばして奪《うば》ったような気がして仕方がない。母さんだけでない。大勢の母親が［　Y　］と金を差し出すのは、息子の生に密着したあまり、息子の生の空虚を自分の責任と嘆《なげ》くからだ。それほど、母親として生きた。

母親としてしか生きられなかった。

直美、母親は何度も何度も自分に言い聞かせるべきなんだと思う。

自分より大事な子供などいない。自分より大事な子供などいない。

自分がやりたいことは自分がやる。簡単な理屈だ。子供に仮託してはいけない。仮託して、期待という名で縛《しば》ってはいけない。

二缶め、また飲んだ。⑤飲むたびになぜだか愉快《ゆかい》な気分になっている。

山姥か。山姥だ。

もう誰からも奪うことがない、奪われることもない。風に吹かれて、耳元で大きな音で電話が途切れた。

耳に受話器を当てたまま桃子さんは呆然《ぼうぜん》と立ち尽くした。

直美が、また遠ざかる。頭の中を白々とした感情が流れて行く。悲しみというのとも違う、そんなのはもう慣れっこだった。ただ、④**ああ、そうだったのか**、という感情である。それが頭の中で動き始めて、あとはただこれまでに桃子さんの上に起こったことが静かに思い起こされた。

おれおれ詐欺。そうなのだった。

直美と二つ違いの息子正司は大学を中退してしばらく音信不通だったことがある。かあさん、もうおれにのしかからないで、家を出るときに言った最後の言葉が忘れられない。

今は他県に就職し連絡もくれるようになったが、家にはめったに帰らない。帰っても子供のころのようには桃子さんに心を開かない。もう十年以上前になるか、その正司を名乗る電話が掛かってきて、会社の金を使い込んでしまったと言った。見つかる前に何とか(＊2)補塡《ほてん》してもらえないだろうか。その声の切迫した調子に桃子さんは慌《あわ》てて正司の同僚と名乗る男に二百五十万もの大金を渡してしまった。不覚であった。

それにしても、どうしてこうも似るのだろう。

「母さんはお兄ちゃんばかりをかわいがる」それが直美の本当の不満だった。そして桃子さんも。受話器を持つ手が固まったまま桃子さんの目線はさらに遠いほうを見る。

高校を卒業してしばらくは家にいた。ずっと郷里にいるつもりだった。母の念願通り農協に勤めることになって、働き始めて四年たったころだったと思う。仕事にも慣れて桃子さんは結構評判のいい働き手だった。農協の購買部に来るお客に、その頃は量り売りだったから塩でも砂糖でも必ず多めに入れてあげた。それが喜ばれて桃子さんを目当てに買い物をする人がでてくるほどだった。それが母の耳にも入ったらしい。蚊取り線香の煙るころだったから夏の夜だったのだろう。あのとき母ちゃんはしみじみと桃子さんに告げたのだった。結婚なんてつまらね。ずっとこの家にいて働いたほうがいい。それだばおめはんも楽しいし、この家のためにもなる。母ちゃんはひとことひとこと嚙《か》みしめながら自分も納得し桃子さんにも言って聞かせるというふうにゆっくりと話した。この家って、兄さんが継ぐ兄さんの家のためにということか。桃子さんは黙って聞いていたがやはり激しいものが渦巻いた。

その年の秋、組合長さんの息子との縁談が持ち上がり、好きでも嫌いでもなかったけれど桃子さんは受け入れた。とんとん拍子に話が進み、結納《ゆいのう》も済み、あと三日でご祝儀《しゅうぎ》という日にあれが鳴ったのだ。ファンファーレ、東京オリンピックのファンファーレ。あの高鳴る音に押し出されるように、式場も段取りも何もかも整っていたのに故郷の町を飛び出してしまった。何にも考えていなかった。ただあの音が桃子さんに夢を見させた。

ずっとあそこにいるのはもう嫌だ。母ちゃんの目の届かないところで何もかも新しく始めたい。どこかきらびやかなものがここでないどこかにあるはずだもの。夜汽車に揺られながら何度も自分に言い聞かせた。

桃子さんはロマンチックな憧れだけで何の計画もなかった若い日の夢想を笑う。あきれてしまう。

人の感情には思いもよらないすさまじいエネルギーがあるのだと桃子

の舞台に緊張して右手右足を同時に出して歩く小学生がいるけれど、桃子さんばかりはそれを笑えない。

直美にはそんな思いはさせない。といってどうしてやればいいのか分からなかった。

結局、自分のあこがれを娘に映すことしかできなかった。

フリルのいっぱい付いたスカートは、小さいころの桃子さんの夢だったのだ。

何のことはない、桃子さんが母に①**過剰にせき止められていたことを、過剰に与えようとした**だけだったのかもしれない。期せずして桃子さんも娘を自分好みに思い通りに操《あやつ》ろうとしたのだ。

同じ。母から娘へ。娘からまたその娘へ。

なんだってこうも似るもんだべ。伝染病のように。なぜ。そのことが桃子さんの関心のすべてだった時もある。調べだじぇい。考えもしたんだ。ずいぶん心のうちを探索もしたのだ。桃子さんの心のうごめく有象《うぞう》無象《むぞう》、声を絞《しぼ》り出して語り始める。

分がったときのごどをおぼえでっか。おらはあの日のごどは忘れらんね。

目に見えない仕組みがあるのだと分かった。おらはそれにまんまと乗っかってしまった。

何にも知らながった。無知は罪だ。おめだ、おらの悔しさが分がっか。鼻水と涙でぐしょぐしょになりながらおらはこの部屋で、②**革命だ、革命**だと言って走り回った。

あの日のことは忘れられない、ああ、たしかに。したがそれをどうやって直美に伝える。

桃子さんは戸惑う。

「母さん、あの」

電話の向こうで今度は直美が言いよどんでいる。

「……急で悪いんだけど、あの……お金貸してくれない」

［　X　］つ返事でうんと言えばよかったのに咄嗟《とっさ》のことで躊躇《ちゅうちょ》した。

直美は胸に閊《つか》えていたものを口に出したからなのか、あとは一息に喋《しゃべ》り出した。

「隆《たかし》、絵の才能あると思うの。だから、都心の評判のいい絵画教室に通わせて本格的に習わせたいの。入学金とか(a)**ゲッシャ**、私のパート代だけじゃ足りないの。ねぇ、母さん貸してくれない」

「………」

すぐには答えられなかった。だが決してお金が惜《お》しかったわけではない。なぜだか(＊1)さやかの顔が浮かんだ。

「母さん、お願い」

「………」

電話の向こうの直美の息遣《づか》いが聞こえる。

沈黙がだんだん直美の感情を害していくようだった。受話器を持つ手が震えた。

「なによ。お兄ちゃんだったら、すぐに貸してあげる癖《くせ》に」

嫌な予感がした。話は桃子さんの一番触れてほしくない方向に進んでいく。③**滝つぼに流れ落ちる急流のように、もうどうしようもない**。唇を咬《か》んだ。

「だから、おれおれ詐欺《さぎ》になんか引っかかるのよ」

「母さんはわたしのことなんか……」

うなもので、しかも、そのつり橋の鋼索があすにも断たれるかもしれない」とあるが、どういうことか説明しなさい。

問五　――部②「前述の箱根つり橋墜落事件の責任者と親類どうしになって来る」とあるが、その理由の説明として最も適当なものを選びなさい。

ア　箱根つり橋事件の責任者が、つり橋の墜落を防げなかったのと同様に、地震を予見することができていないから。

イ　箱根つり橋事件の責任者が、つり橋の弱さに気づけなかったのと同様に、建物の弱さに気づくことができていないから。

ウ　箱根つり橋事件の責任者が、万が一を考えなかったのと同様に、地震による災害を軽減するように気をつけていないから。

エ　箱根つり橋事件の責任者には偶然の事故とはいえ責任があるのと同様に、偶然起きる地震にも責任者には責任があるから。

オ　あるつり橋が落ちる確率と、ある地方で大地震が数年以内に起こるであろう確率とは、同じくらいのものであるから。

問六　――部③「最近の例としては台湾の地震がある」とあるが、筆者がこの例によって主張していることの説明として最も適当なものを選びなさい。

ア　地震による災難を軽減するように、台湾の建築について調べ、改善するのが重要であるということ。

イ　地震の多い地域に、壊れやすい家屋を建てることを容認した為政者の責任を問うべきであるということ。

ウ　様々な事情から、泥土の家を全廃することは難しいので、木材を使った建築にするべきであるということ。

エ　土角造りの長所を保存し、その短所を補うような建築法を研究してやるべきであるということ。

オ　つり橋の事件と同様に、責任者を明確にして、その責任を追及するべきであるということ。

問七　――部④「その過失を正当に償わないことをとがめるようであれば、こんな弊の起こる心配はないはずであろう」とあるが、なぜそういえるのか説明しなさい。

二　次の文章は若竹千佐子『おらおらでひとりいぐも』の一節である。「桃子さん」は、夫と死別し一人暮らしをしている七十四歳の女性である。最近急に娘の「直美《なおみ》」から電話が来るようになり、桃子さんはその電話を楽しみにする毎日を過ごしている。これを読んで、後の問いに答えなさい。

済まなかった。直美、おらは女の子であるおめはんへの接し方が分からなかった。

母ちゃんは、母は勝気な人だった。いつも命令口調で自分の思い通りにならねば気の済まない人だった。桃子さんの強い味方であったばっちゃはすでに亡く、桃子さんはいつも母親の顔色を窺《うかが》ってばかりいた。娘のころ、髪に刺したピン留めを色気づくと怒鳴られて引きちぎられたことがある。母は桃子さんが年相応に女らしくなるのを異常に恐れた。

何かが損《そこ》なわれると思っているかのようだった。これは後々まで祟《たた》って、桃子さんは今でも自然な動作というのが苦手だ。自分の女の部分にどう向き合えばいいのか分からない。

素直に、というのが桃子さんにしてみれば一番困ったのだった。晴れしなさい。

問二　本文の筆者、寺田寅彦について説明した次の文章中の [A] ～ [E] に入る語の組み合わせとして正しいものを選びなさい。

寺田寅彦は、文学者でもあり科学者でもあった。寺田寅彦が、熊本の第五高等学校に在学中に出会い、のちにその弟子となった文学者 [A] の作品『[B]』には、寺田寅彦がモデルと言われる水島寒月が登場し、苦沙弥先生に科学理論の話をする場面もある。寺田寅彦は、正岡子規の友人である柳原極堂《きょくどう》が創刊した [C] の雑誌『ホトトギス』にも寄稿していた。『ホトトギス』には、[A] が愛媛県松山の中学校での教員経験を元にしたとされている『[D]』も連載された。寺田寅彦の作風は、雑誌の傾向、師匠の影響もあり、[E] によるものが多かった。

ア　A　夏目漱石　B　吾輩は猫である　C　詩
　　D　こころ　E　写生文
イ　A　芥川龍之介　B　トロッコ　C　俳句
　　D　蜘蛛の糸　E　古文体
ウ　A　夏目漱石　B　坊っちゃん　C　漢文
　　D　吾輩は猫である　E　写生文
エ　A　志賀直哉　B　暗夜行路　C　詩
　　D　和解　E　戯作調
オ　A　芥川龍之介　B　蜘蛛の糸　C　俳句
　　D　トロッコ　E　古文体
カ　A　夏目漱石　B　吾輩は猫である　C　俳句
　　D　坊っちゃん　E　写生文
キ　A　芥川龍之介　B　蜘蛛の糸　C　漢文
　　D　杜子春　E　戯作調
ク　A　夏目漱石　B　こころ　C　詩
　　D　坊っちゃん　E　古文体
ケ　A　芥川龍之介　B　トロッコ　C　詩
　　D　杜子春　E　戯作調
コ　A　志賀直哉　B　和解　C　俳句
　　D　暗夜行路　E　古文体

問三　――部（X）～（Z）の意味として最も適当なものを選びなさい。

（X）
ア　先のことまで考えないほうがよい
イ　明日のことすら知らないような
ウ　明日のことを心配する者が多い
エ　目先のことしか考えない傾向にある
オ　後先考えず突き進んでしまう

（Y）
ア　徹底的に　イ　意味ありげに
ウ　堂々と　エ　誠実に
オ　黙々と

（Z）
ア　投資する　イ　資金にする
ウ　資格がある　エ　取り組む
オ　役立てる

問四　――部①「日本の国土全体が一つのつり橋の上にかかっているよ

で他の部分が破壊したかという事故の物的経過を災害の現場について詳しく調べ、その結果を参考して次の設計の改善に(Z)**資する**のが何よりもいちばんたいせつなことではないかと思われるのである。

しかし多くの場合に、責任者に対するとがめ立て、それに対する責任者の一応の弁解、ないしは引責《いんせき》というだけでその問題が完全に落着したような気がして、いちばんたいせつな物的調査による後難《こうなん》の軽減という眼目が忘れられるのが通例のようである。これではまるで責任というものの概念がどこかへ迷子になってしまうようである。

はなはだしい場合になると、なるべくいわゆる「責任者」を出さないように、つまりだれにも(＊12)咎《とが》を負わさせないように、実際の事故の原因をおしかくしたり、あるいは見て見ぬふりをして、何かしらもっともらしい不可抗力《ふかこうりょく》によったかのように(＊13)付会《ふかい》してしまって、そうしてその問題を打ち切りにしてしまうようなことが、つり橋事件などよりもっと重大な事件に関して行なわれた実例が諸方面にありはしないかという気がする。そうすればそのさし当たりの問題はそれで形式的には収まりがつくが、それでは、全く同じような災難があとからあとから幾度でも繰り返して起こるのがあたりまえであろう。そういう弊《へい》の起こる原因はつまり責任の問い方が見当をちがえているためではないかと思う。人間に免《まぬが》れぬ過失自身を責める代わりに、④**その過失を正当に償わないことをとがめるようであれば、こんな弊の起こる心配はないはずであろう**と思われるのである。

たとえばある工学者がある構造物を設計したのがその設計に若干《じゃっかん》の欠陥《けっかん》があってそれが倒壊し、そのために人がおおぜい死傷したとする。そうした場合に、その設計者が引責辞職してしまうかないし切腹して死んでしまえば、それで責めをふさいだというのはどうもうそではないかと思われる。その設計の詳細をいちばんよく知っているはずの設計者自身が主任になって倒壊の原因と経過とを徹底的に調べ上げて、そうしてその失敗を踏み台にして徹底的に安全なものを造り上げるのが、むしろほんとうに責めを負うゆえんではないかという気がするのである。

（寺田寅彦『天災と国防』による）

《注》
＊１　大垣……岐阜県大垣市。
＊２　鋼索……鋼製の針金をより合わせて作ったワイヤーロープ。
＊３　平生……ふだん。いつも。
＊４　烈震……地震の強さの旧階級。現在の震度６にあたる。
＊５　泥土……水がまじってどろどろになった土。
＊６　総督府……その国を支配している国が設置する、政治を行う役所。当時、日本は台湾に総督府を設置していた。
＊７　土角造り……泥土を固めて作った、台湾の伝統的な家屋。地震に弱いとされる。
＊８　内地……台湾など日本が占領した土地（外地）に対して、日本の本来の領土のことをいう。
＊９　阿里山の紅檜……台湾の阿里山郷という地域に多く生息する樹木。タイワンベニヒノキ。
＊10　歳入……国家の収入。
＊11　当局者……ここでは、行政の関係者のこと。
＊12　咎……罪。
＊13　付会……こじつけること。

問一　＝＝＝部（ａ）～（ｃ）のカタカナを漢字に、漢字をひらがなに直学校や工場の屋根の下におおぜいの人の子を集団させている当事者は言わば②**前述の箱根つり橋墜落事件の責任者と親類どうしになって来る**のである。ちょっと考えるとある地方で大地震が数年以内に起こるであろうという確率と、あるつり橋にたとえば五十人乗ったためにそれがその場で落ちるという確率とは桁《けた》違いのように思われるかもしれないが、必ずしもそう簡単には言われないのである。

③**最近の例としては台湾《たいわん》の地震がある**。台湾は昔から相当（＊4）烈震《れっしん》の多い土地で二十世紀になってからでもすでに十回ほどは死傷者を出す程度のが起こっている。平均で言えば三年半に一回の割《わり》である。それが五年も休止状態にあったのであるから、そろそろまた一つぐらいはかなりなのが台湾じゅうのどこかに襲って来てもたいした不思議はないのであって、そのくらいの予言ならば何も学者を待たずともできたわけである。

しかし今度襲われる地方がどの地方でそれが何月何日ごろに当たるであろうということを的確に予知することは今の地震学では到底不可能であるので、そのおかげで台湾島民は烈震が来れば必ずつぶれて、つぶれれば圧死する確率のきわめて大きいような（＊5）泥土《でいど》の家に安住していたわけである。それでこの際そういう家屋《かおく》の存在を認容していた（＊6）総督府《そうとくふ》当事者の責任を問うて、とがめ立てることもできないことはないかもしれないが、当事者の側から言わせるとまたいろいろ無理のない事情があって、この危険な（＊7）土角造《トウカツづく》りの民家を全廃することはそう容易ではないらしい。何よりも困難なことには、（＊8）内地のような木造家屋は地震には比較的安全だが台湾ではすぐに名物の白蟻《しろあり》に食べられてしまうので、その心配がなくて、しかも熱風防御に最適でその上に金のかからぬといういわゆる土角造りが、生活程度のきわめて低い土民〔原住民〕に重宝がられるのは自然の勢いである。

もっとも（＊9）阿里山《ありさん》の紅檜《べにひ》を使えば比較的あまりひどくは白蟻に食われないことが近ごろわかって来たが、あいにくこの事実がわかったころには同時にこの肝心の材料がおおかた伐り尽くされてなくなった事がわかったそうである。政府で（＊10）歳入《さいにゅう》の帳尻《ちょうじり》を合わせるために無茶苦茶にこの材木の使用を(c)**センデン**し奨励して棺桶《かんおけ》などにまでこの良材を使わせたせいだといううわさもある。これはゴシップではあろうがとかく(X)**あすの事はかまわぬがちの**現代為政者《いせいしゃ》のしそうなことと思われておかしさに涙がこぼれる。

それはとにかく、さし当たってそういう土民〔原住民〕に鉄筋コンクリートの家を建ててやるわけにも行かないとすれば、なんとかして現在の土角造りの長所を保存して、その短所を補うようなしかも費用のあまりかからぬ簡便《かんべん》な建築法を研究してやるのが急務ではないかと思われる。

それを研究するにはまず土角造りの家がいかなる順序でいかにこわれたかをくわしく調べなければならないであろう。もっとも自分などが言うまでもなく（＊11）当局者や各方面の専門学者によってそうした研究がすでに着々合理的に行なわれていることであろうと思われるが、同じようなことは箱根のつり橋についても言われる。だれの責任であるとか、ないとかいうあとの祭りのとがめ立てを開き直って(Y)**子細らしく**するよりももっともっとだいじなことは、今後いかにしてそういう災難を少なくするかを慎重に攻究《こうきゅう》することであろうと思われる。それには問題のつり橋のどの鋼索のどのへんが第一に切れて、それから、どういう順序

【国　語】（五〇分）〈満点：一〇〇点〉

【注意】・記述は解答欄《らん》内に収めてください。一行の欄に二行以上書いた場合は、無効とします。
・特別に指示がない限り、句読点なども字数に含《ふく》まれるものとします。

一　次の文章を読んで後の問いに答えなさい。

（＊1）大垣《おおがき》の女学校の生徒が修学旅行で箱根《はこね》へ来て一泊した翌朝、出発の間ぎわに監督の先生が記念の写真をとるというので、おおぜいの生徒が渓流《けいりゅう》に架《か》したつり橋の上に並んだ。すると、つり橋がぐらぐら揺れだしたのに驚いて生徒が騒ぎ立てたので、振動がますますはげしくなり、そのためにつり橋の（＊2）鋼索《こうさく》が断たれて、橋は生徒を載せたまま渓流に墜落し、無残にもおおぜいの死傷者を出したという記事が新聞に出た。

これに対する世評も区々《まちまち》で、監督の先生の不注意を責める人もあれば、そういう抵抗力の弱い橋を架けておいた土地の人を非難する人もあるようである。なるほどこういう事故が起こった以上は監督の先生にも土地の人にも全然責任がないとは言われないであろう。

しかし、考えてみると、この先生と同じことをして無事に写真をとって帰って、生徒やその父兄《ふけい》たちに喜ばれた先生は何人あるかわからないし、この橋よりもっと弱い橋を架けて、そうしてその橋の堪《た》えうる最大荷重についてなんの掲示もせずに通行人の自由に放任している町村をよく調べてみたら日本全国におよそどのくらいあるのか見当がつかない。それで今度のような事件はむしろあるいは落雷の災害などと比較されてもいいようなきわめて（a）稀有な偶然のなすわざで、たまたまこの気まぐれな偶然のいたずらの犠牲になった生徒たちの不幸はもちろんであるが、その責任を負わされる先生も土地の人も誠に珍しい災難に会ったのだというふうに考えられないこともないわけである。

こういう災難に会った人を、第三者の立場から見て事後にとがめ立てするほどやさしいことはないが、それならばとがめる人がはたして自分でそういう種類の災難に会わないだけの用意が完全に周到にできているかというと、必ずしもそうではないのである。

早い話が、（＊3）平生《へいぜい》地震の研究に関係している人間の目から見ると、①**日本の国土全体が一つのつり橋の上にかかっているようなもので、しかも、そのつり橋の鋼索があすにも断たれるかもしれない**というかなり可能性を前に控えているような気がしないわけには行かない。来年にもあるいはあすにも、宝永《ほうえい》四〔一七〇七〕年または安政《あんせい》元〔一八五四〕年のような大規模な広区域地震が突発すれば、箱根のつり橋の墜落とは少しばかり桁数《けたすう》のちがった損害を国民国家全体が背負わされなければならないわけである。

つり橋の場合と地震の場合とはもちろん話がちがう。つり橋はおおぜいでのっからなければ落ちないであろうし、また断えず補強工事を（b）怠らなければ安全であろうが、地震のほうは人間の注意不注意には無関係に、起こるものなら起こるであろう。

しかし、「地震の現象」と「地震による災害」とは区別して考えなければならない。現象のほうは人間の力でどうにもならなくても「災害」のほうは注意次第でどんなにでも軽減されうる可能性があるのである。

そういう見地から見ると大地震が来たらつぶれるにきまっているような

の中に、某《なにがし》と云う五位があった。

Ⓓ　堀川の大殿様のような方は、これまでは固《もと》より、後の世には恐らく二人とはいらっしゃいますまい。噂《うわさ》に聞きますと、あの方の御誕生になる前には、大威徳明王《だいいとくみょうおう》の御姿が御母君の夢枕にお立ちになったとか申す事でございますが、兎《と》に角《かく》御生れつきから、並々の人間とは御違いになっていたようでございます。

Ⓔ　或時雨《しぐれ》の降る晩のことです。私を乗せた人力車は、何度も大森界《かい》隈《わい》の険しい坂を上ったり下りたりして、やっと竹藪《たけやぶ》に囲まれた、小さな西洋館の前に梶棒《かじぼう》を下しました。もう鼠色のペンキの剝《は》げかかった、狭苦しい玄関には、車夫の出した提灯《ちょうちん》の明りで見ると、印度《インド》人マテイラム・ミスラと日本字で書いた、これだけは新しい、瀬戸物の標札がかかっています。

ア　Ⓐ＝「蜘蛛の糸」　Ⓑ＝「地獄変」　Ⓒ＝「杜子春」
　　Ⓓ＝「芋粥」　Ⓔ＝「魔術」

イ　Ⓐ＝「杜子春」　Ⓑ＝「蜘蛛の糸」　Ⓒ＝「芋粥」
　　Ⓓ＝「魔術」　Ⓔ＝「地獄変」

ウ　Ⓐ＝「芋粥」　Ⓑ＝「魔術」　Ⓒ＝「地獄変」
　　Ⓓ＝「杜子春」　Ⓔ＝「蜘蛛の糸」

エ　Ⓐ＝「蜘蛛の糸」　Ⓑ＝「杜子春」　Ⓒ＝「地獄変」
　　Ⓓ＝「魔術」　Ⓔ＝「芋粥」

オ　Ⓐ＝「杜子春」　Ⓑ＝「芋粥」　Ⓒ＝「魔術」
　　Ⓓ＝「地獄変」　Ⓔ＝「蜘蛛の糸」

カ　Ⓐ＝「芋粥」　Ⓑ＝「地獄変」　Ⓒ＝「杜子春」
　　Ⓓ＝「蜘蛛の糸」　Ⓔ＝「魔術」

キ　Ⓐ＝「蜘蛛の糸」　Ⓑ＝「杜子春」　Ⓒ＝「芋粥」
　　Ⓓ＝「地獄変」　Ⓔ＝「魔術」

ク　Ⓐ＝「杜子春」　Ⓑ＝「魔術」　Ⓒ＝「蜘蛛の糸」
　　Ⓓ＝「芋粥」　Ⓔ＝「地獄変」

ケ　Ⓐ＝「芋粥」　Ⓑ＝「蜘蛛の糸」　Ⓒ＝「魔術」
　　Ⓓ＝「杜子春」　Ⓔ＝「地獄変」

ア　なんの返事もしない夫に腹を立て、このあと言われそうなセリフを先回りして言うことで、愛想のない夫をやり込めたのが快かった。

イ　こうしたときに何度も夫に言われたセリフであり、気心の知れた夫婦として夫の気持ちを代弁して先回りしたのがおかしかった。

ウ　いつまでも寝られないために不機嫌な夫がうとましく、小心者の夫の神経質さに対してたくみな皮肉を言えたことが痛快だった。

エ　夫が読書に集中していて会話にならないことはいつものことであり、わかっていながら夫に話しかけた自分の愚かさが情けなかった。

オ　とっさに面白おかしく夫の真似をすることで、読書に夢中になっていて会話にならない夫の気を引き、会話をつづけたいと思った。

問四　――部②「一応は気の毒に思っていても、その気もちを露骨に表わすことは嫌っているらしい話しぶりだった」とあるが、「S」のこの態度の理由となっている二十五字程度の部分を本文中から抜き出し、最初の五字を書きなさい。

問五　――部③「僕は半ば僕自身を説得するように」とあるが、このときの「僕」の心情を、どのようなことに対しての心情であるかを明確にして説明しなさい。

問六　――部④「僕は妻に対しては恐しい利己主義者になっている」とあるが、どういうことか。「僕」が妻に対してどう思っているのかを明確にして「利己主義」である意味がわかるように説明しなさい。

問七　――部⑤「病的に良心の昂進するのを避ける為に」とあるが、どういうことか。説明として最も適当なものを選びなさい。

ア　夢に現れた問題を現実の人間関係と混同することで、親しい人の不誠実を責める意識が高じないようにするために。

イ　夢に現れた問題を考えすぎることで、妻への過去の振る舞いを悔いるあまり不眠状態とならないようにするために。

ウ　夢に現れた問題を深刻に捉えすぎることで、神経過敏となって妻に当たり散らす状態とならないようにするために。

エ　夢に現れた問題を現実の夫婦問題と考えることで、絶望感に押し潰されて死への願望が増さないようにするために。

オ　夢に現れた問題を深く考えることで、妻への罪悪感から自責の念に駆られて自己嫌悪に陥らないようにするために。

問八　次のⒶ～Ⓔは、芥川龍之介の代表作の冒頭部分である。作品名の組み合わせとして正しいものを選びなさい。

Ⓐ　或日《あるひ》のことでございます。お釈迦《しゃか》様は極楽の蓮《はす》池のふちを、独りでぶらぶらお歩きになっていらっしゃいました。

池の中に咲いている蓮の花は、みんな玉のようにまっ白で、そのまん中にある金色の蕋《ずい》からは、何とも言えない好《よ》い匂《にお》いが、絶間《たえま》なくあたりへ溢《あふ》れて居《お》りました。

Ⓑ　或春の日暮です。

唐の都洛陽《らくよう》の西の門の下に、ぼんやり空を仰いでいる、一人の若者がありました。

Ⓒ　元慶《がんけい》の末か、仁和《にんな》の始《はじめ》にあった話であろう。どちらにしても時代はさして、この話に大事な役を、勤めていない。読者は唯《ただ》、平安朝と云《い》う、遠い昔が背景になっていると云う事を、知ってさえいてくれれば、よいのである。――その頃、摂政藤原基経《せっしょうふじわらもとつね》に仕えている侍

鳶口は柄を黒と朱との漆に巻き立ててあるものだった。誰かこれを持っていたことがある、――僕はそんなことを思い出しながら、いつか書斎でも何でもない、（＊10）枳殻《からたち》垣に沿った道を歩いていた。

道はもう暮れかかっていた。のみならず道に敷いた石炭殻も霧雨か（c）**露**かに濡《ぬ》れ透っていた。僕はまだ余憤を感じたまま、出来るだけ足早に歩いて行った。が、いくら歩いて行っても、枳殻垣はやはり僕の行手《ゆくて》に長ながとつづいているばかりだった。

僕は**おのずから**目を覚ました。妻や赤子は不相変《あいかわらず》静かに寝入っているらしかった。けれども夜はもう白みかけたと見え、妙にしんみりした蟬《せみ》の声がどこか遠い木に澄み渡っていた。僕はその声を聞きながら、あした（実はきょう）頭の疲れるのを惧《おそ》れ、もう一度早く眠ろうとした。が、容易に眠られないばかりか、はっきり今の夢を思い出した。夢の中の妻は気の毒にも（＊11）うまらない役まわりを勤めている。Sは実際でもあるかも知れない。僕も、――④**僕は妻に対しては恐しい利己主義者になっている**。（d）**殊**に僕自身を夢の中の僕と同一人格と考えれば、一層恐しい利己主義者になっている。しかも僕自身は夢の中の僕と必《かならず》しも同じでないことはない。（＊12）フロイドは――僕は一つには睡眠を得る為に、また一つには⑤**病的に良心の昂進《こうしん》するのを避ける為に**〇・五瓦《グラム》のアダリン錠を嚥《の》み、昏々《こんこん》とした眠りに沈んでしまった……。

（出題の都合により一部表現を改めた。）

《注》
＊1　アダリン錠……睡眠薬の名称。
＊2　蚊帳……蚊を防ぐために、布団の上に全体を覆うようにしてつるす網状のとばり。
＊3　説教因縁除睡鈔……一七二一（享保六）年京都浄円寺住職が著した。日本、中国、インドの面白い因縁話を集めた随筆集。
＊4　五倫部……五倫とは、儒教で守るべきとされた五つの倫理。父子の親、君臣の義、夫婦の別、長幼の序、朋友の信。
＊5　細君……妻のこと。
＊6　青木堂……東京大学正門前の通りにあった洋酒屋。
＊7　草摺り……よろいの胴の下に垂らし、下腹部や太もも部分を保護するもの。
＊8　鴨居……引き戸やふすまを立てるための溝のある横木のうち、上方の部分。
＊9　鳶口……棒の先端に、とびのくちばし形の鉄製の鉤（かぎ）を付けた、ものを引き寄せるための道具。
＊10　枳殻……ミカン科の落葉低木。生け垣として用いられた。
＊11　うまらない役まわり……割に合わない役の回り合わせ。
＊12　フロイド……オーストリアの精神分析医。主著『夢判断』で、抑圧された無意識的願望が象徴化されて夢となると説いた。

問一　‖部（a）～（d）の漢字をひらがなに直しなさい。

問二　〰〰部「おのずから」の意味として適当なものを選びなさい。

ア　自然と　　イ　いつの間にか　　ウ　急に　　エ　自分から
オ　だんだんと

問三　――部①「妻は僕の口真似をしながら、小声にくすくす笑っていた」とあるが、この小説表現の解釈として最も適当なものを選びなさい。

面の板だけはずしてあり、そのまた内部には青竹の筒が何本も竪《たて》に並んでいた。僕はこれを見た時にも、「成程《なるほど》、竹筒でも好い筈《はず》だ」と思った。それから――いつか僕の家の門の前に佇《たたず》んでいた。

古いくぐり門や黒塀は少しもふだんに変らなかった。いや、門の上の葉桜の枝さえきのう見た時の通りだった。が、新らしい標札には「櫛部寓」と書いてあった。僕はこの標札を眺めた時、ほんとうに僕の死んだことを感じた。けれども門をはいることは勿論、玄関から奥へはいることも全然不徳義とは感じなかった。

妻は茶の間の椽《えん》側に坐《すわ》り、竹の皮の鎧《よろい》を拵《こしら》えていた。妻のいまわりはその為に乾反《ひそ》った竹の皮だらけだった。しかし膝の上にのせた鎧はまだ(＊7)草摺《くさず》りが一枚と胴としか出来上っていなかった。

「子供は？」と僕は坐るなり尋ねた。

「きのう伯母さんやおばあさんとみんな鵠沼《くげぬま》へやりました。」

「おじいさんは？」

「おじいさんは銀行へいらしったんでしょう。」

「じゃ誰もいないのかい？」

「え、あたしと静やだけ。」

妻は下を向いたまま、竹の皮に針を透《とお》していた。しかし僕はその声に忽《たちま》ち妻の譃《うそ》を感じ、少し声を荒らげて言った。

「だって櫛部寓って標札が出ているじゃないか？」

妻は驚いたように僕の顔を見上げた。その目はいつも叱られる時にする、途方に暮れた表情をしていた。

「出ているだろう？」

「ええ。」

「じゃその人はいるんだね？」

「ええ。」

妻はすっかり悄気《しょげ》てしまい、竹の皮の鎧ばかりいじっていた。

「そりゃいてもかまわないさ。俺はもう死んでいるんだし、――」

③**僕は半ば僕自身を説得するように**言いつづけた。

「お前だってまだ若いんだし、そんなことは兎《と》や角《かく》言いはしない。唯《ただ》その人さえちゃんとしていれば、……」

妻はもう一度僕の顔を見上げた。僕はその顔を眺めた時、とり返しのつかぬことの出来たのを感じた。同時にまた僕自身の顔色も見る見る血の気を失ったのを感じた。

「ちゃんとした人じゃないんだね？」

「あたしは悪い人とは思いませんけれど、……」

しかし妻自身も櫛部某《なにがし》に尊敬を持っていないことははっきり僕にわかっていた。ではなぜそう言うものと結婚したか？　それはまだ許せるとしても、妻は櫛部某の(b)**卑**しい所に反《かえ》って気安さを見出している、――僕はそこに肚《はら》の底から不快に思わずにはいられぬものを感じた。

「子供に父と言わせられる人か？」

「そんなことを言ったって、……」

「駄目だ、いくら弁解しても。」

妻は僕の怒鳴るよりも前にもう袂《たもと》に顔を隠し、ぶるぶる肩を震わせていた。

「何と言う莫迦《ばか》だ！　それじゃ死んだって死に切れるものか。」

僕はじっとしてはいられない気になり、あとも見ずに書斎へはいって行った。すると書斎の(＊8)鴨居《かもい》の上に(＊9)鳶口《とびぐち》が一梃《いっちょう》かかっていた。

腕枕をさせ、ま横にこちらを眺めていた。

「三時だ。」

「もう三時。あたし、まだ一時頃かと思っていた。」

僕は好《い》い加減な返事をしたきり、何ともその言葉に取り合わなかった。

「うるさい。うるさい。黙って寝ろ。」

①**妻は僕の口真似をしながら、小声にくすくす笑っていた。**が、暫《しばら》くたったと思うと、赤子の頭に鼻を押しつけ、いつかもう静かに寝入っていた。

僕はそちらを向いたまま、(＊3)説教因縁除睡鈔《せっきょういんねんじょすいしょう》と言う本を読んでいた。これは和漢天竺《わかんてんじく》の話を享保《きょうほう》頃の坊さんの集めた八巻ものの随筆である。しかし面白い話は勿論《もちろん》、珍らしい話も滅多にない。僕は君臣、父母、夫婦と(＊4)五倫部の話を読んでいるうちにそろそろ睡気《すいき》を感じ出した。それから枕もとの電燈を消し、じきに眠りに落ちてしまった。

夢の中の僕は暑苦しい町をSと一しょに歩いていた。砂利を敷いた歩道の幅はやっと一間か九尺しかなかった。それへまたどの家も同じようにカアキイ色の日除けを張り出していた。

「君が死ぬとは思わなかった。」

Sは扇を使いながら、こう僕に話しかけた。②**一応は気の毒に思っていても、その気もちを露骨に表わすことは嫌っているらしい話しぶりだった。**

「君は長生きをしそうだったがね。」

「そうかしら?」

「僕等はみんなそう言っていたよ。ええと、僕より五つ下だね」とSは指を折って見て、「三十四か? 三十四くらいで死んだんじゃ、」――それきり急に黙ってしまった。

僕は格別死んだことを残念に思ってはいなかった。しかし何かSの手前へも羞《はず》かしいようには感じていた。

「仕事もやりかけていたんだろう?」

Sはもう一度遠慮勝《が》ちに言った。

「うん、長いものを少し書きかけていた。」

「(＊5)細君《さいくん》は?」

「達者だ。子供もこの頃は病気をしない。」

「そりゃまあ何よりだね。僕なんぞもいつ死ぬかわからないが、……」

僕はちょっとSの顔を眺めた。Sはやはり S自身は死なずに僕の死んだことを喜んでいる、――それをはっきり感じたのだった。するとSもその瞬間に僕の気もちを感じたと見え、厭《いや》な顔をして黙ってしまった。

暫く口を利かずに歩いた後、Sは扇に日を除けたまま、大きい缶づめ屋の前に立ち止った。

「じゃ僕は失敬する。」

缶づめ屋の店には薄暗い中に白菊が幾鉢も置いてあった。僕はその店をちらりと見た時、なぜか「ああ、Sの家は(＊6)青木堂の支店だった」と思った。

「君は今お父さんと一しょにいるの?」

「ああ、この間から。」

「じゃまた。」

僕はSに別れてから、すぐにその次の横町を曲った。横町の角の飾り窓にはオルガンが一台据《す》えてあった。オルガンは内部の見えるように側

ア　森に行きなさいという筆者の主張は、目的や意味を求めて森に行くのではなく、自然という人間の意識とは無関係に存在するものに触れ、予期できない体験をすることで、「ああすればこうなる式」ではない思考へのまなざしを獲得させようとするものであるのに、それを理解せず、森に行く目的や意味を求めようとして「森に行くと何があるのですか」と質問してしまう現代人の思考を批判しているということ。

イ　森に行きなさいという筆者の主張は、自身も虫捕りを趣味としている筆者からの、身体に良い影響を与えるための助言であるが、森は自然であり、自然とは人間の意識でつくったものではなく、人間がリスクをコントロールできないものであるため、現代人がそのリスクを計算し、リスクに見あうだけのメリットを求めて「森に行くと何があるのですか」と質問してしまうことを、残念に思っているということ。

ウ　森に行きなさいという筆者の主張は、人間の意識でどうにかできるものではないリスクのある自然の中で、何が起こるかわからない面白さを体験したほうが良いという助言であるが、それに対して、自然よりも面白いものが多くある環境に暮らすことに慣れてしまっているために「森に行くと何があるのですか」というふうに考え、準備された面白さしか享受しようとしない現代人の在り方を嘆いているということ。

エ　森に行きなさいという筆者の主張は「ああすればこうなる式」ではない思考へのまなざしを獲得させようとする助言だが、それに対し「森に行くと何があるのですか」と問うことは、人間の意識ですべての因果関係を理解しようとすることにほかならず、そうした思考法は、現代ではすでに通用しないものであるため、現代人は自らの頭で理論的に考えて行動することができないと批判しているということ。

オ　森に行きなさいという筆者の主張は「ああすればこうなる式」ではない思考へのまなざしを獲得させようとする助言だが、現代人は、森といえば森林浴のために行くのであるというふうに意識から入って考えてしまい、実際に行ってみて何があるのかを見たり、予期しえない出来事を体験したりすべきだということが理解できず、筆者が説明しても間違った質問をするので、筆者は怒りをあらわにしているということ。

問七　――部⑤「富士山は、どこから登っても頂上は同じです」とあるが、これはどのようなことを表す比喩か。本文の言葉を用いて具体的に説明しなさい。

二　次の文章は芥川龍之介「死後」の全文である。これを読んで、後の問いに答えなさい。

……僕は(a)床へはいっても、何か本を読まないと、寝つかれない習慣を持っている。のみならずいくら本を読んでも、寝つかれないことさえ稀《まれ》ではない。こう言う僕の枕もとにはいつも読書用の電燈《でんとう》だの(＊1)アダリン錠の罎《びん》だのが並んでいる。その晩も僕はふだんのように本を二、三冊(＊2)蚊帳《かや》の中へ持ちこみ、枕もとの電燈を明るくした。

「何時?」

これはとうに一寝入りした、隣の床にいる妻の声だった。妻は赤児に

ないものを一つ選びなさい。

ア　農家から無農薬で栽培された米や野菜を取り寄せて食べる。

イ　トレーニングジムに通い、体を鍛えて、均整のとれた体にする。

ウ　空き地を大きな公園にして、樹木を植え、池や遊具を作る。

エ　部屋に空気清浄機を設置し、除菌効果の高い洗剤で洗濯する。

オ　クラス替えで、席が隣になった女の子に恋をして、告白する。

問四　――部②「予想していた質問が案の定、出たので、ちゃんと褒めてきました」とあるが、どういうことか。その説明として最も適当なものを選びなさい。

ア　筆者は、畳の上での合理的な動き方を追求し稽古した人の動きは美しく見えるという話を女子学生にしたが、そのような話をすると、現代の女子学生が必ず、どうすれば自分も美しく見られるのかということを質問することを承知しており、自己のスタイルや内面を磨く前に美しく見える動作を教えてもらおうとすることに対して、皮肉の念を込める意味で「褒めてきた」と言っている。

イ　筆者は、畳の上での合理的な動き方を追求し稽古した人の動きは美しく見えるという話を女子学生にしたが、そのような話をすると、現代人が必ず、そのように美しく見える動きを身につける方法を知りたがるということを承知しており、自分の話の本質を理解できていないが故に生じる質問を、想定通り行ってきたことに対して、皮肉の念を込める意味で「褒めてきた」と言っている。

ウ　筆者は、茶道などでは畳の上で合理的に動く方法を追求するのであり、その動きを稽古して身につけた人の動きが優雅に見えてくるという話を女子学生にしたが、現代の学生は茶道などに触れる機会が少ないため、茶道の動きを身につける方法を質問してくることが多く、この時も、自分の想定通り同様の質問が出たため満足し、いい質問であるという意味で「褒めてきた」と言っている。

エ　筆者は、茶道などでは畳の上で合理的に動く方法を追求するのであり、その稽古によって作られるスタイルこそ美しいという話をしたのに、女子学生は、どのようにしたらそうした動きが身につくのかという質問をしてきたため、自分が一度説明したことと同じことを説明させるような質問しかできない女子学生に対して皮肉の念を込める意味で「褒めてきた」と言っている。

オ　筆者は、茶道などで、畳の上で合理的に動くためには、誰しもまず動作を試行錯誤しながら合理的な所作を発見していかなければならないという話をしたのに、頭で理解するのではなく実際に体を動かすことが重要であるという話の根本を理解せず、美しい動きを行う方法を女子学生が質問したため、予想どおり程度の低い質問が出たことに満足して、「褒めてきた」と言っている。

問五　――部③「ああすればこうなる。だから、ああしてみよう。こういう思考の仕方が習い性になっている。これが間違いのもとなのです」とあるが、なぜ筆者は「ああすればこうなる。だから、ああしてみよう」という「思考の仕方」が「間違いのもと」だと述べているのか。その理由を、傍線部のあとから、37ページの下段21行目までの内容を踏まえて、説明しなさい。

問六　――部④「そういう質問をするようだから、だめなんだよ」とあるが、どういうことか。その説明として最も適当なものを選びなさい。

る。ここまで読んでくださった方には、もうおわかりだと思います。たとえば、森林浴のためとか言ってしまえば、もうそれ以上のことは経験できません。意識から入っていくと、体験できることが限定されてしまいます。そういう人に限って、行ってみたけれど、たいしたことなかったとかなんとか、ぶつぶつ言う。こういう人の人生は貧相だと思います。ああすればこうなる式では、おもしろいわけがない。「生まれたから死にました。以上終わり」、となってしまう。人生はいらないということになりかねない。

　自然はリスクそのものだと言ってもよいと思います。もちろん、都市にも、犯罪や交通事故など、都市ならではの予測できない危険は付きものですが、自然と相対している場合とは［B］のでしょう。ちょっとしたことですべてが変わります。虫捕りは自然の中でしかできないこともあって、賭け事みたいなところがあります。天気がいいかどうかは虫捕りに大きな影響があります。でも、天候を自分で決めることはできません。天気予報やさまざまな情報を利用しますが、そういう準備にも限界があります。

　ある時のこと、ブータンに虫捕りに行きました。山からの帰り道、ガイドさんの知り合いのお宅に寄って、お茶を淹《い》れてもらったことがあります。しばらくしておいとましましたが、あと三〇分話が長引いていたら、その後の予定はすべて吹っ飛んでいました。というのは、三〇分後大雨が降って道路が(c)**スンダン**されてしまったからです。もしそのタイミングで腰を上げなかったら、一週間は帰れなかったでしょう。

　虫捕りひとつとってみても、リスクなんて計算していたら、やっていられません。そう考えていくと、人生はロシアン・ルーレットみたいなものであって、ことあらためて賭け事をする必要はないことになります。だから、ぼくは賭け事をしません。

　だから、本当は森じゃなくてもいい。川、海、空、あるいは自分の体と、入り口はどこでもいいのです。その人に訴えるものはそれぞれ違っています。ぼくの場合、森に関心をもち始めたのは、虫からでした。虫と森は切っても切れない関係にあります。自然には、どこから入ってもよく、すべてがつながっています。⑤**富士山は、どこから登っても頂上は同じです**。自分の体に関心をもつ人は、自然にも関心をもつようになるはずなのです。

（養老孟司『養老孟司の幸福論　まち、ときどき森』）

《注》＊1　メタメッセージ……記事、広告、宣伝などを見た人が読み取る、直接には表現されていないメッセージや表面に現れている意味以上のメッセージのこと。

＊2　V・S・ラマチャンドラン……カリフォルニア大学サンティエゴ校の脳認知センター教授および所長。神経科学者。

＊3　サンドラ・ブレイクスリー……NYタイムズなどに寄稿する著名なサイエンス・ライター。

問一　＝＝部（a）～（c）のカタカナを漢字に直しなさい。

問二　［A］、［B］に入る語として最も適当なものを選びなさい。

A　ア　砂上の楼閣《ろうかく》　イ　机上の空論
　　ウ　氷山の一角　エ　青天の霹靂《へきれき》

B　ア　五十歩百歩な　イ　雲泥の差がある
　　ウ　紙一重な　エ　馬が合う

問三　――部①「都市の生活やそこでの流行は、意識がつくらなかったものをみな排除しようとします」とあるが、その具体例として**適当で**

大切なのだ、と。このことは理解しました。でも、どうしたら、そうできるんですか」。

今の人はすぐそう聞く。でも、そんなこと、当人が実際に体を動かして何かをやってみなければわからないじゃないか。③**ああすればこうなる。だから、ああしてみよう。こういう思考の仕方が習い性になっている。これが間違いのもとなのです。**あらかじめ、意識から入っていっていることの証です。

（＊2）V・S・ラマチャンドランと（＊3）サンドラ・ブレイクスリーによって書かれた『脳のなかの幽霊』（角川文庫）は、幻肢《げんし》（切断された、ないはずの手足に痛みなどを感じる症状）や半側《はんそく》空間無視（体の半分のあらゆる刺激を認識できなくなる症状）などを観察して、脳の不思議に迫ったものです。ふつうの人が考えている体はまさに幽霊で、実体がないことを明かしました。

近代人は、意識が体に先立つと考えます。そして、体は、意識でコントロールできるものだと結論しています。そこから出てくるのは、自分の体は自分が動かしているのであって、間違っても、勝手に動いているわけではないという考え方です。

でも真実は、意識は部分、体が全体なのです。一生の時間を考えれば、何かを意識している時間のほうが少ないはずです。それに対して、体は四六時中いつも存在しています。それを納得できない人は、歩いてみることです。歩こうと思って意識して歩いたら、ふつうに歩くことはできないはずです。足がもつれるかもしれません。意識が体を動かしていると言っても、最初に歩こうと思っただけにすぎないのです。

ここでも、こう言う人が出てきます。「では、体が意識から解放されるためには、どうしたらいいんですか」と。そうではないのです。気がつかなくてはいけないのは、体のことをわかっているつもりでいるかもしれないけれども、それが幻想だということ。このことが理解できれば、ああすればこうなる式に体を支配しようとはしないはずです。

ただ、こう言うと、今の人は不安で仕方がないはずです。「自分」だと思っていたものが、じつはそれは正体不明なんだよ、と言われていることになりますから。

最近はアメリカでも、意識は［ A ］だとする脳科学の本が出版されるようになりました。だまし絵など、二次元空間に描かれているだけなのに立体的に見えてしまう絵がありますが、この現象は、物質としての脳が、その絵を解釈をしながら見るためだと考えられています。意識は二次元の平面であることがわかっていて、そう見ようとしても、意識ではない部分が、それを（b）**ハバ**み、立体として見てしまうということです。

間違う人がよくいるのですが、五官に訴える物体としての体と、機能としての体は異なっています。脳は機能として言えば、心です。つまり、「脳」と「心」と言う時には視点が変わっているわけです。脳と言う時には、物質的・感覚的に捉えている。触れば触った感じがするし、匂いをかげば匂いもある。食べれば味があるし、叩けば音がする。見ようと思えば見える……。しかし、心はそうはいきません。まったく見えない。だから、心は概念的であるわけです。

私はよく森に行きなさいと言います。でも、そうすると、たいていは、「森に行くと何があるのですか」という質問が返ってきます。私からすると、「④**そういう質問をするようだから、だめなんだよ**」と言いたくな

【国　語】（五〇分）〈満点：一〇〇点〉

【注意】・記述は解答欄《らん》内に収めてください。一行の欄に二行以上書いた場合は、無効とします。
・記述の解答は句読点も一字として数えること。

一　次の文章を読んで、あとの設問に答えよ。

最近、週刊誌でよく見かけるタイトルのひとつに、「寝たきりにならない食事特集」というようなものがあります。先日、ある雑誌で対談をしたのですが、その時に手渡された最新号を見ると、「死ぬまで寝たきりにならないための食生活」と大きな文字で書いてありました。「なんで、こんなのやるの」と聞くと、「これをやると売れるんですよ」、「三度目なんですよ」と返事が返ってきました。

雑誌のほうは、「こういうものを食べなさい」、あるいは、「ああいうものは食べてはいけません」と言っているだけなんです。でも、こういうメッセージを出し続けると、それを読んでいる人は何を理解するか。それは、「体は、意識でコントロールできるものである」ということです。「こうすれば、寝たきりにならない」、というのは、つまり「ああすれば、こうなる」という思考法です。この思考法は強力、強烈で、人の人生をつまらなくし、場合によっては人を不幸にしている原因のひとつです。もし、「ああすれば、こうなる」ですべてがすむなら、世の厄介ごとはほとんど解消してしまうでしょう。そして同時に、そういう世界は、生きていてもおもしろくない。

ことは食事だけにとどまらない。手を替え品を替え、「ああすれば、こうなる」式の情報が発信され続けている。それで人々は、「要するに意識的に日常生活をコントロールすれば、寝たきりにならないですむんだな」と了解するわけです。これも、暗黙のうちに形づくられている（＊1）メタメッセージです。

はっきり言いますが、このメタメッセージはウソ。それならなんで人は死ぬんだよ、ということです。意識で体がコントロールできるなら、死にたくないと思っている人は死なないですむはずです。

（中　略）

健康のためのダイエットやジョギングが流行《はや》っているようですが、私からすれば、あんなのはみんなウソです。サプリメントも、その効果はあやしいものです。①**都市の生活やそこでの流行は、意識がつくらなかったものをみな排除しようとします**。脳からすれば、体は「汚れたもの」となり、意識でそれを徹底的に（a）**ソウジュウ**しようとする。本当に体に関心がある人、体を気遣っている人はどうするか。答えははっきりしていて、体に聞くわけです。意識に聞いたって、仕方ありません。

先日のことですが、女子学生に「女性と体」という話をしました。茶道などが典型ですが、どうやったら畳の上で合理的に動けるかを追求してきました。それで、所作の形が決まっていった。所作を身につける稽古を続けていくと、その人の動きが優雅に見えてくる。そういう人の美しい動作は、たとえ大勢の中にまぎれていても目に飛び込んでくるものなのだと話しました。学生たちはおおいに納得しました。

一通り話をして、最後に質問の時間をつくりました。②**予想していた質問が案の定、出たので、ちゃんと褒めてきました**。女子学生いわく、「先生は、スタイルがどうだからということできれいに見えるわけではないとおっしゃいました。人が美しく感じるのは、動きであり、所作が

解答用紙集

○月×日 △曜日　天気（合格日和）

◆ご利用のみなさまへ

＊解答用紙の公表を行っていない学校につきましては、弊社の責任において、解答用紙を制作いたしました。

＊編集上の理由により一部縮小掲載した解答用紙がございます。

＊編集上の理由により一部実物と異なる形式の解答用紙がございます。

人間の最も偉大な力とは、その一番の弱点を克服したところから生まれてくるものである。――カール・ヒルティ――

東京学参株式会社

渋谷教育学園幕張中学校(1次)　2024年度

◇算数◇

※ 154%に拡大していただくと，解答欄は実物大になります。

1

(1)	通り
(2)	通り
(3)	通り

2

(1)	①	cm^2
	②	枚
(2)		cm^3

3

(1)				倍
(2)	ア		イ	

4

(1)	cm
(2)	（HI の長さ）　：　（IC の長さ）
(3)	倍

5

(1)	cm^3
(2)	cm^3
(3)	（立体 C の体積）　：　（立体 D の体積）

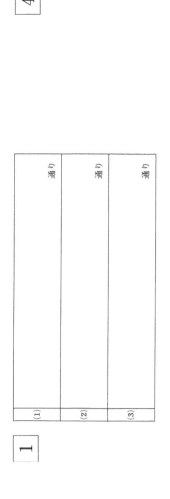

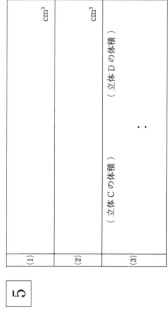

渋谷教育学園幕張中学校(1次)　2024年度　　◇理科◇

※ 154%に拡大していただくと，解答欄は実物大になります。

1

(1)	黒紙	しぼりの穴		
(2)	① A	B	② A　cm	B　cm
(3)	①	②	③　cm	④ 光源の形 ・ 穴の形
	⑤　cm	⑥ 光源の形 ・ 穴の形		
(4)	① L' ＝　cm	②		
(5)	① 大きく ・ 小さく	② 高い ・ 低い	③	

2

(1)			
(2)	サフラワーイエロー	カルタミン	プルプリン
(3)	(i)		
	(ii)		
(4)			
(5)			
(6)			
(7)			
(8)			

3

(1)	① 自転 ・ 公転	② 10° ・ 15° ・ 20° ・ 30°	
	③ 6 ・ 12 ・ 24	④ 10° ・ 15° ・ 20° ・ 30° ・ 60°	
(2)	① 15° ・ 30° ・ 45° ・ 60° ・ 90°	② 15° ・ 30° ・ 45° ・ 60° ・ 90° ・ 180°	③ 東 ・ 南 ・ 西 ・ 北
(3)			
(4)			
(5)	① 東 ・ 西	②	③

4

(1)	テッポウウオ	コイ	メダカ
(2)			
(3)	実験		
	結果		

渋谷教育学園幕張中学校(1次)　2024年度

◇社会◇

※ 141％に拡大していただくと，解答欄は実物大になります。

1

問1　問2　問3　問4

問5

問6　問7

問8

問9

問10　問11　問12

2

問1　ア　イ

問2　問3　問4　問5　問6

問7　問8　問9

問10

40

問11

80

3 問1

問2　問3　問4

問5

問7　問9　問10　問11　現象

問8

問6

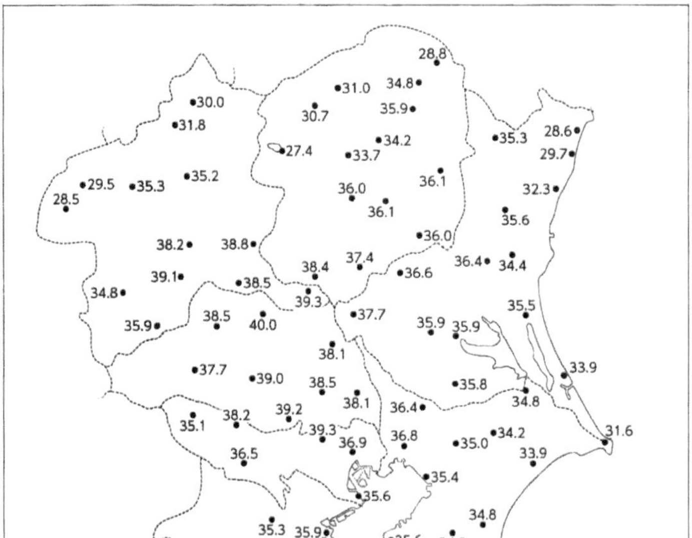

◇国語◇

渋谷教育学園幕張中学校（１次）　２０２４年度

※１５２%に拡大していただくと、解答欄は実物大になります。

解答はていねいに書くこと。
記号や句読点も一字に数えること。

一

問一　a　b　c

問二

問三

問四

問五

問六

問七

二

問一　a　b　c

問二　i　ii　iii　iv

問三

問四

問五

問六

問七

問八　1　2　3　4

渋谷教育学園幕張中学校(2次)　2024年度

◇算数◇

※ 154%に拡大していただくと，解答欄は実物大になります。

1

(1)	
(2)	個
(3)	

2

(1)	①	cm²

(1) ②

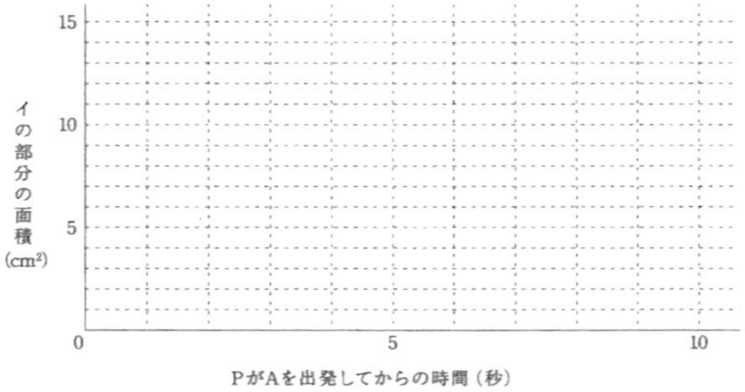

(2)	①	
	②	

3

(1)	通り
(2)	通り
(3)	通り

4

(1)	cm
(2)	AB：AF ＝　　：

5

(1)	個
(2)	種類
(3)	cm³

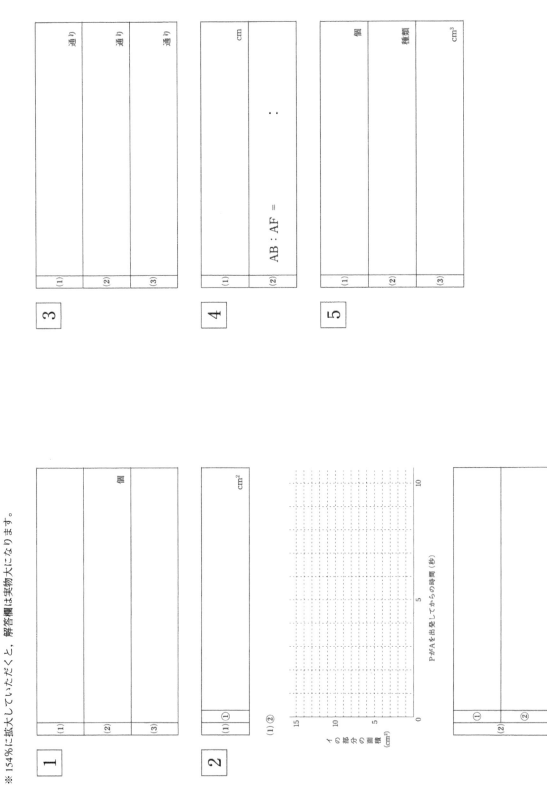

◇理科◇

※ 154%に拡大していただくと，解答欄は実物大になります。

1

(1)	① N ・ S	② 引き付けあい ・ 反発し
	③ N ・ S	④ 引き付けあう ・ 反発する
(2)	記号	理由
(3)		
(4)		
(5)	① 秒	② 秒

2

(1)		
(2)	あ	い
(3)	mg/L	
(4)	① カルシウム濃度 mg/L	マグネシウム濃度 mg/L
	② 炭酸カルシウム mg	炭酸マグネシウム mg

3

(1)		(2)	km
(3)	倍	(4)	km
(5)	km		
(6)		(7)	

4

(1)		
(2)		
(3)	個	
(4)	①　低い ・ 高い	②　体内から体外 ・ 体外から体内
	③　低い ・ 高い	④　体内から体外 ・ 体外から体内
	⑤	
(5)		
(6)		

渋谷教育学園幕張中学校(2次)　2024年度

◇社会◇

※141％に拡大していただくと，解答欄は実物大になります。

1

問1

問3

問2

問4 (1)

(2)

(3)

問5

問7

問9

問10

問6

問8

2

問1

問2

問3

問4

問5

問6

問7

問8

問9

問10

問11

(64)

(80)

問12

(10)

(20)

3　問1　　問2

問3　(1)　市　(2)　(4)

(3)

問4　(1)　(2)

問5　(1)

(2)

問6　(1)

(2)

◇国語◇

渋谷教育学園幕張中学校（２次）　２０２４年度

※　１５２％に拡大していただくと，解答欄は実物大になります。

解答はていねいに書くこと。

一

問一　a　b　して　c

問二　1　2

問三

問四

問五

問六

問七

問八　旅行　旅

二

問一　a　b　c　d

問二

問三

問四

問五

問六

問七　(一)　(二)

渋谷教育学園幕張中学校(1次)　2023年度

◇算数◇

※ 154%に拡大していただくと，解答欄は実物大になります。

1

(1)	通り
(2)	通り

2

(1)	
(2)	

3

(1)	cm^2
(2)	cm^2

4

(1)	①	度
	②	cm^2
(2)		cm^2

5

(1)	
(2)	

(3)

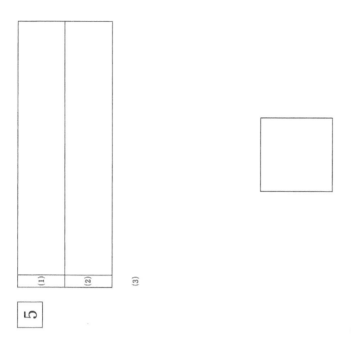

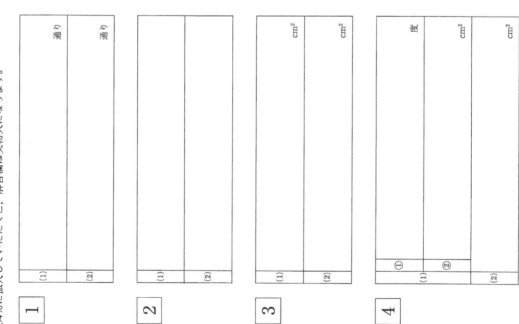

※ 154%に拡大していただくと，解答欄は実物大になります。

1

(1)	①	②　上 ・ 下		
(2)	①P波　秒	S波　秒	②　秒	③　km
(3)	午前　時　分　秒			
(4)	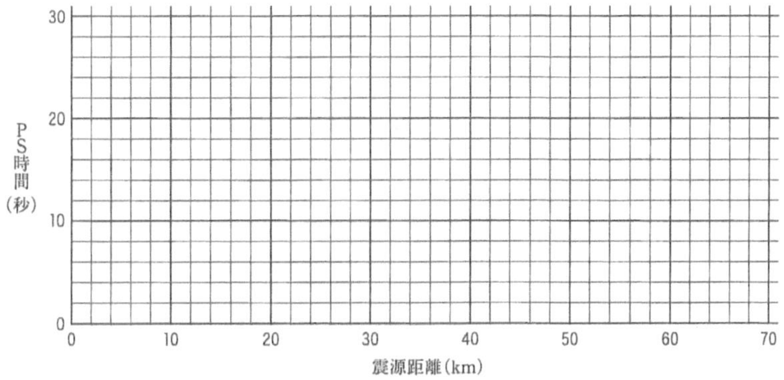			
(5)	① 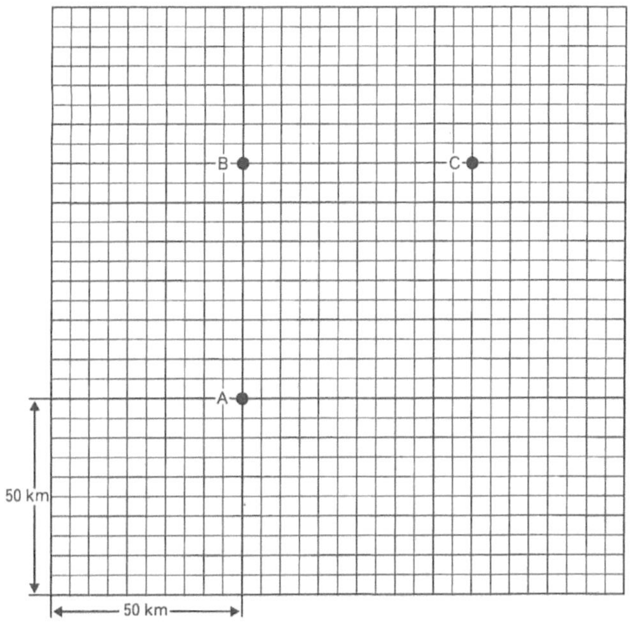			
	②　倍			

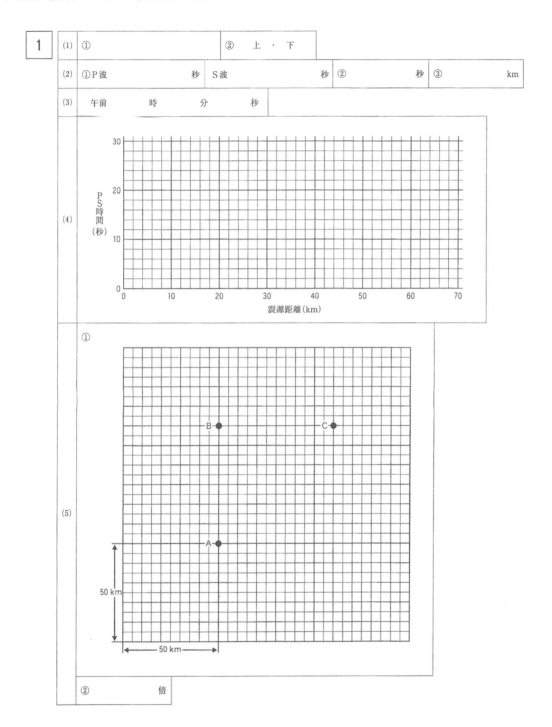

2

I

(1)	
(2)	

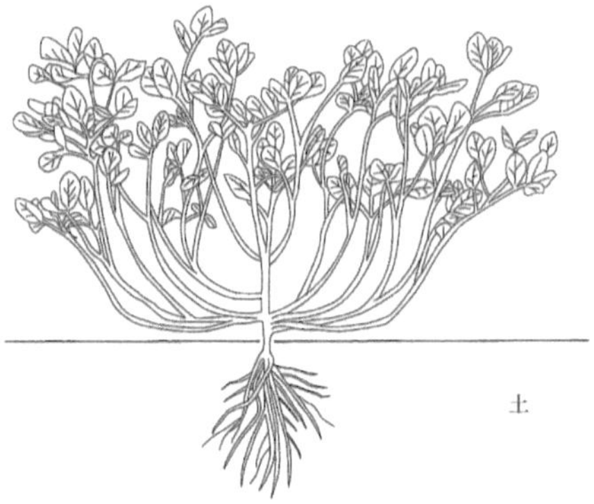

(3)					
(4)					
(5)	(ｉ)	(ii)	(iii)		
(6)			(7)		
(8)	(ｉ)	(ii)	(9)		

II

(1)	回目	(2)	kcal	(3)	%		
(4)							
(5)							
(6)	①	②	③	④　気体　・　液体　・　固体			

3

(1)	(ｉ)　g	(ii)　cm	
(2)	①　kg	②　cm	③
(3)	PRと①の関係	PRと②の関係	PRと③の関係
(4)	(ｉ)　秒		
	(ii) Tが最も小さくなるモーター	Tが最も大きくなるモーター	

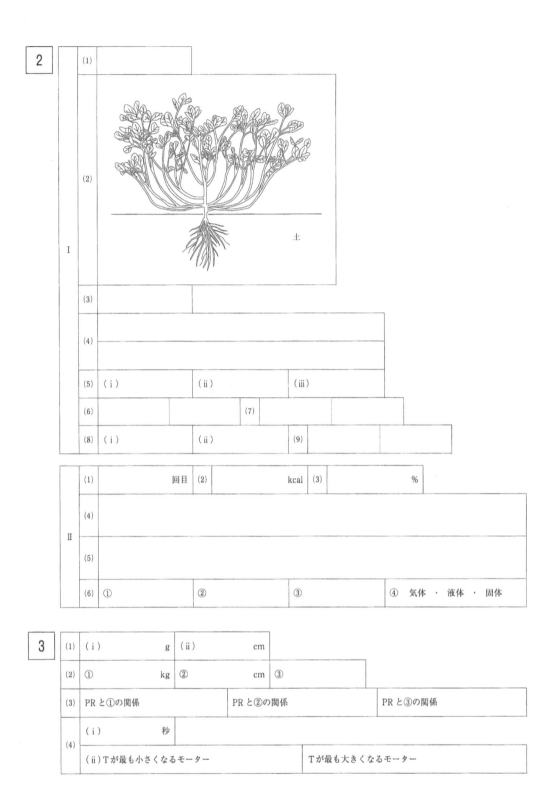

渋谷教育学園幕張中学校(1次)　2023年度

◇社会◇

※ 141％に拡大していただくと，解答欄は実物大になります。

1

問1　問2　問3　問4　問5

問6　問7　問8

問9

問10

問11　問12

2

問1　問2　問3　問4

問5　問6

問7

問8

(32)

問9

(16)

問10

(10)

3 問1　問2

問3

問4　問5　問6

問7

問8　問9

問11

問10

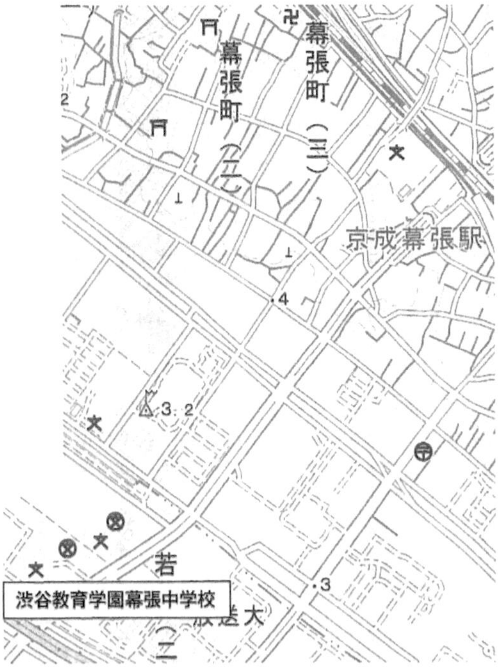

※解答を書き込みしやすいようにうすく印刷しています。

◇国語◇

渋谷教育学園幕張中学校（１次）　２０２３年度

※１５２％に拡大していただくと、解答欄は実物大になります。

解答はていねいに書くこと。
記号や句読点も一字に数えること。

一

問一　a　b　c

問二

問三

問四

問五

問六

問七　マーク・トウェーン　　シクロフスキー

二

問一　a　b

問二

問三

問四

問五

問六

問七

問八　(一)　(二)

渋谷教育学園幕張中学校(2次)　　2023年度

◇算数◇

※ 147%に拡大していただくと，解答欄は実物大になります。

1

(1)	回	
(2)	個	
(3)	いちばん大きい数	いちばん小さい数

2

(1)①

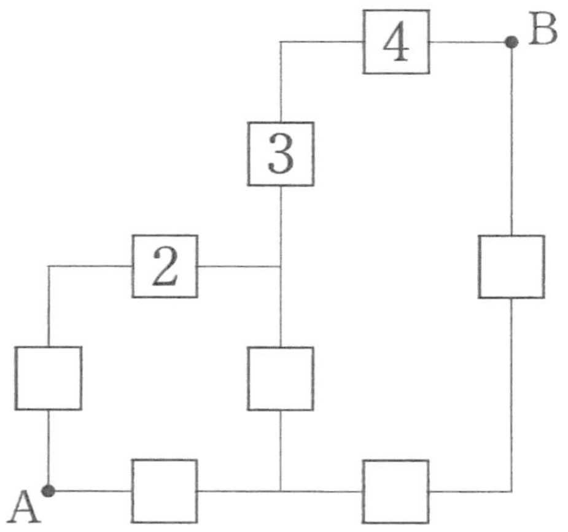

(1)	②		③	通り
(2)	①		②	通り

3

(1)	個
(2)	駅から　m

4

(1)	①	(BP)　:　(PC)
	②	(DQ)　:　(QE)
(2)		倍

5

(1)	cm^3
(2)	cm^2
(3)	cm

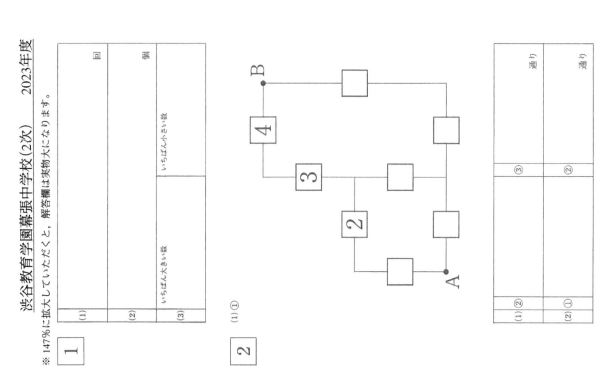

渋谷教育学園幕張中学校(2次)　2023年度

◇理科◇

※ 154％に拡大していただくと，解答欄は実物大になります。

1

（Ⅰ）

(1)	天気図①	天気図②		
(2)	ア　上がり ・ 変わらず ・ 下がり	イ　上がる ・ 変わらない ・ 下がる		
	ウ　高く ・ 低く	エ　上昇 ・ 下降	オ　高気圧 ・ 低気圧	カ　上昇 ・ 下降
(3)				
(4)				
(5)				

（Ⅱ）

(1)				
(2)				
(3)	倍	(4)	倍	
(5)	固体	液体	気体	
(6)				
(7)	小さい方から(　　　)(　　　)(　　　)			

2

(1)	①　　　　g	②　測定部に押し付けて　・　測定部から引き離して
	③　　　　g	④　測定部に押し付ける　・　測定部から引き離す
	⑤　　　　g	⑥　測定部に押し付ける　・　測定部から引き離す

(2)	測定 1
	測定 2
	測定 3
(3)	①
	②
(5)	①　　　　m/s
	②　(4)のグラフに示しなさい
(6)	m/s

(4)

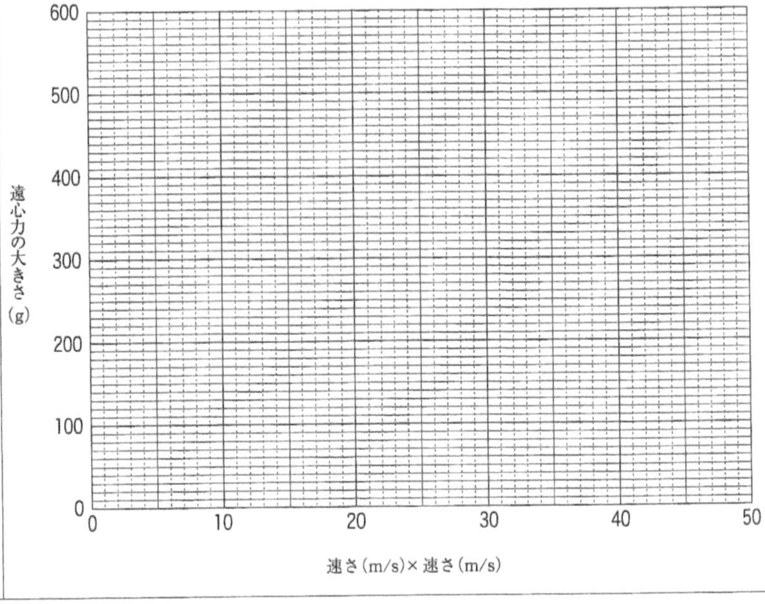

3

(1)	じん臓	心臓	肝臓	(2) ■	○
(3)	①　　　　mL	②　　　　g	③　　　　g		
(4)	①　上がる　・　下がる	②　高く　・　低く	③　増える　・　減る		
	④　増やす　・　減らす	⑤　増え　・　減り			
(5)	①　塩分　　　倍	糖　　　倍	尿素　　　倍		
	②				
(6)					

◇社会◇

※ 141%に拡大していただくと，解答欄は実物大になります。

1

問1　(1)　生活に余裕のある家庭が

ことで、経済格差を調整していくこと。

(2)　教

(3)

(4)　(5)　(7)

(6)

問2　(1)

(2)

(3)

(4)　X　Y

2

問 1

問 2　問 3　問 4　問 5　問 6

問 7　問 8　問 9　問 10

問 11

(40)

問 12

(24)

3

問 1　湖

問 2

問 3

問 4　問 5　問 6　問 9

問 7

問 8

問 10　A　発電　B　発電

◇国語◇

渋谷教育学園幕張中学校（２次）　２０２３年度

※１５２％に拡大していただくと、解答欄は実物大になります。

解答はていねいに書くこと。

一

問一　a　　b　　c　しく　d　る

問二

問三

問四

問五

問六

問七

二

問一　a　い　b

問二　ア　イ　ウ

問三

問四

問五

問六

問七

問八

渋谷教育学園幕張中学校(1次)　2022年度

◇算数◇

※ 154%に拡大していただくと，解答欄は実物大になります。

1

(1)	個
(2)	周
(3)	□ 周

2

(1)	通り
(2)	通り
(3)	通り

3

(1)	①	②
(2)	A　cm	B　cm
	C　cm	

4

(1)	cm
(2)	cm^2

5

(1)	（(ア) の面積）：（(イ) の面積）
(2)	（点Bを含む立体の体積）：（点Eを含む立体の体積）

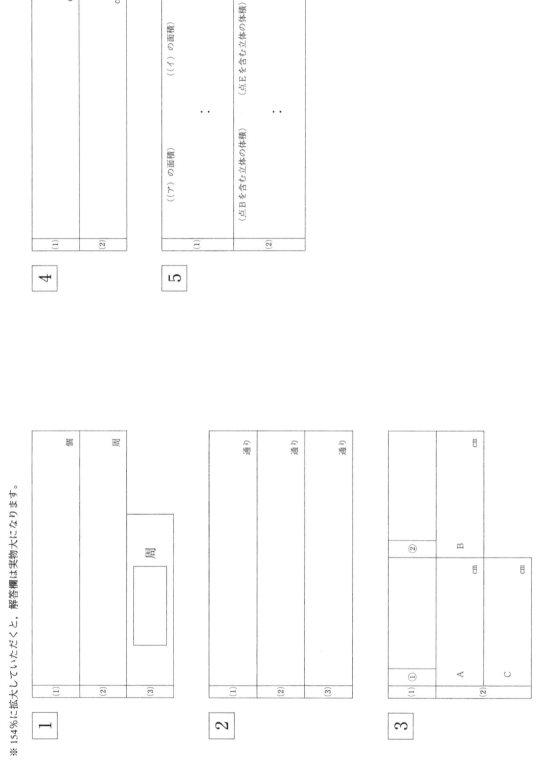

渋谷教育学園幕張中学校(1次)　2022年度

◇理科◇

※ 154%に拡大していただくと，解答欄は実物大になります。

1

(1)			
(2)	① g	② cm^3	
(3)		たね12粒の重さ	たね12粒から失われた水の重さ
	A	g	g
	B	g	g
	C	g	g
(4)	mL		
(5)			
(6)			

2

(1)	アスパラギン	アスパラギン酸	
(2)	(あ)	(い)	
(3)	種類		
(4)	(ア)	(イ)	(ウ)
	(エ)		
(5)			
(6)			

3

(1)	①　上昇　・　下降	②　$\frac{1}{2}$ ・ $\frac{1}{3}$ ・ $\frac{1}{4}$	③　$\frac{1}{5}$ ・ $\frac{1}{10}$ ・ $\frac{1}{25}$ ・ $\frac{1}{250}$
(2)	①　上昇　・　下降	②　明るく　・　暗く	③　2 ・ 5 ・ 15 ・ 30
	④　上昇　・　下降	⑤　高い　・　低い	
(3)			
(4)			
(5)	①　A　・　B	②　青い　・　赤い	③　青い　・　赤い
(6)	明るい赤い星は、暗い赤い星と比べて(　　　　　　　　　　　　)。		

4

(1) ① 秒 ② 秒

(2)

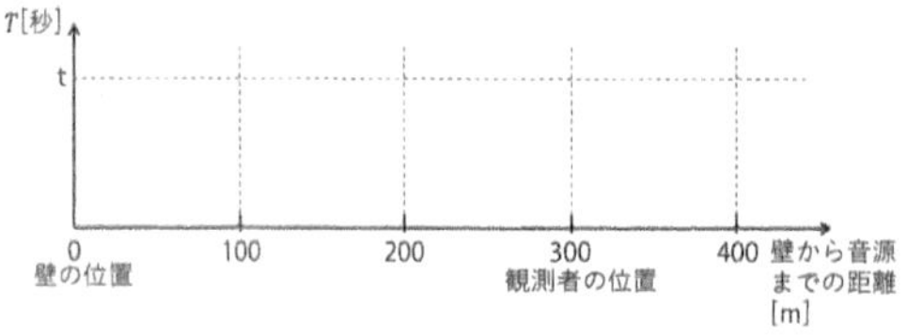

(3)

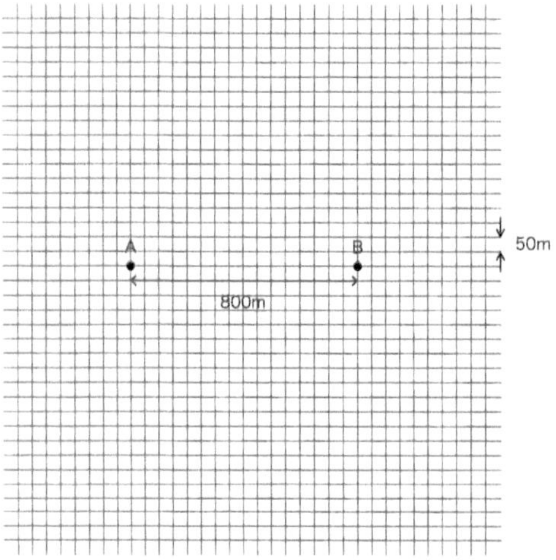

(4)

(5) ① 秒

②

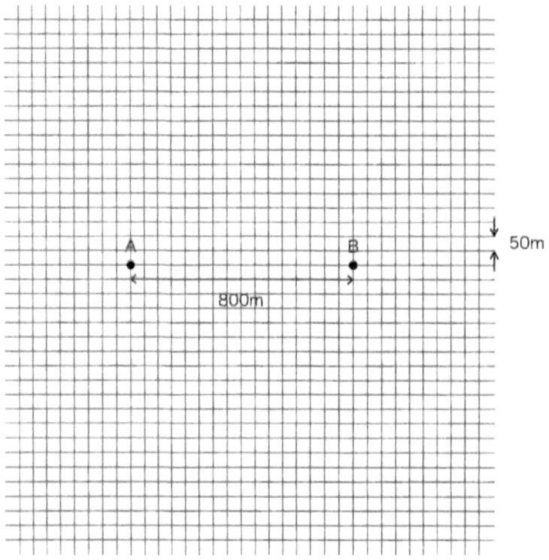

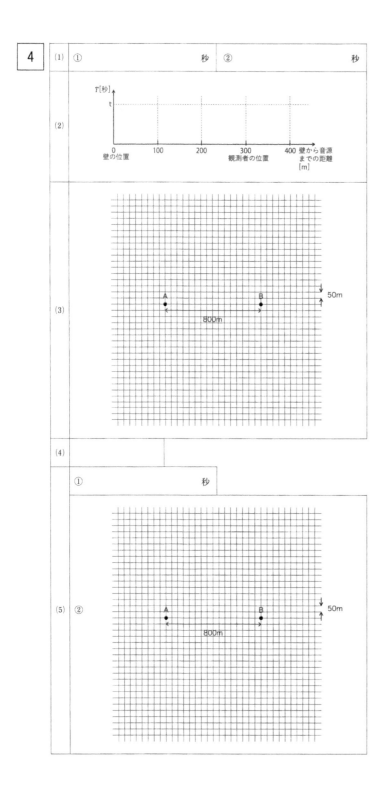

渋谷教育学園幕張中学校(1次)　　2022年度

◇社会◇

※ 141％に拡大していただくと，解答欄は実物大になります。

1　問1　問2　問3

問4

問5　問6　問7　問8　問9

問10

問11　問12

2　問1　問2　問3　問4

問5　問6　問7　問8

問9

(5)

問10

(32)

問11

(48)

3 問1 　　年間　問2 　問3

問4

問5 　問6

問7 イ 　　海流　ウ

問8

問9

問10

問11

◇国語◇

渋谷教育学園幕張中学校（１次）　２０２２年度

※１５２%に拡大していただくと、解答欄は実物大になります。

解答はていねいに書くこと。
記号や句読点も一字に数えること。

一

問一　a　（り）　b　（ぶ）　c

問二　X

問三

問四

問五

問六

問七

問八

二

問一　a　b　c

問二

問三

問四

問五

問六

問七

問八

問九

問十

問十一

渋谷教育学園幕張中学校(2次)　2022年度

◇算数◇

※ 147%に拡大していただくと，解答欄は実物大になります。

1

(1)	通り
(2)	通り
(3)	通り

2

(1)	番目
(2)	番目
(3)	番目

3

(1)	分
(2)	分後

4

(1)

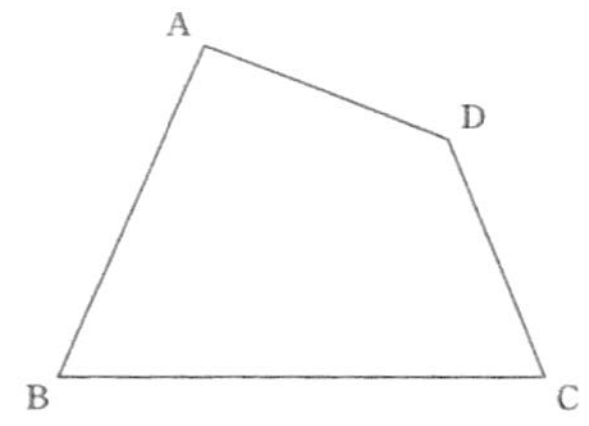

(2)	倍

5

(1)	(辺)	(2)	本
(3)	(Cの体積)　：　(Dの体積)		

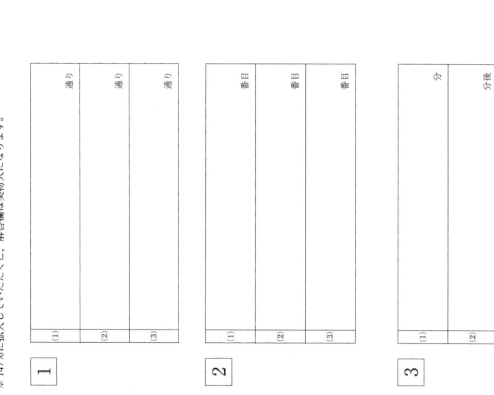

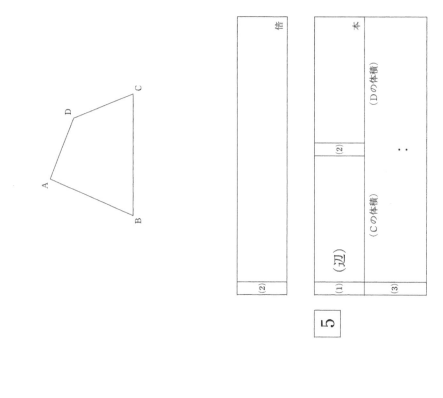

渋谷教育学園幕張中学校(2次)　2022年度

◇理科◇

※ 154%に拡大していただくと，解答欄は実物大になります。

1

(1)

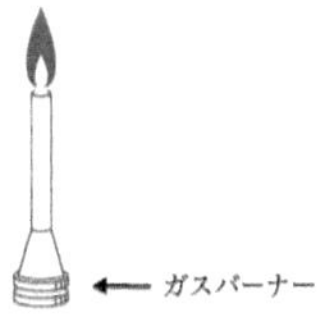

(2)	記号	理由		
(3)	ア	イ	ウ	
(4)				
(5)				

2

(1)		
(2)		
(3)		
(4)	①　同じ　・　異なる	②
(5)		

3

(1)	あ	い	う	
(2)	あ	い		
(3)	①　大きい　・　小さい	②　大きく　・　小さく	③　遠く　・　近く	④　遠い　・　近い

4

(1)

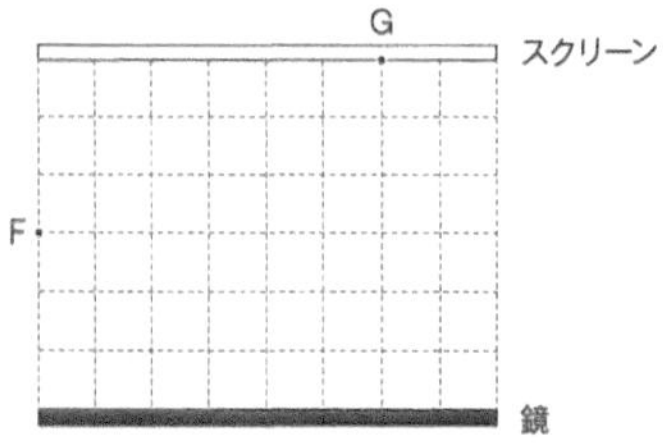

(2)

(3)

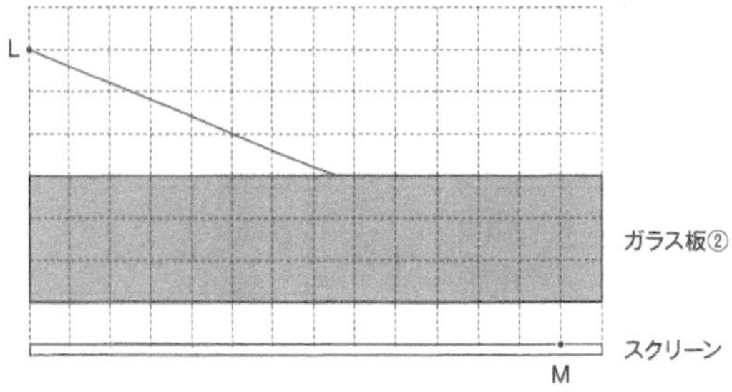

(4)

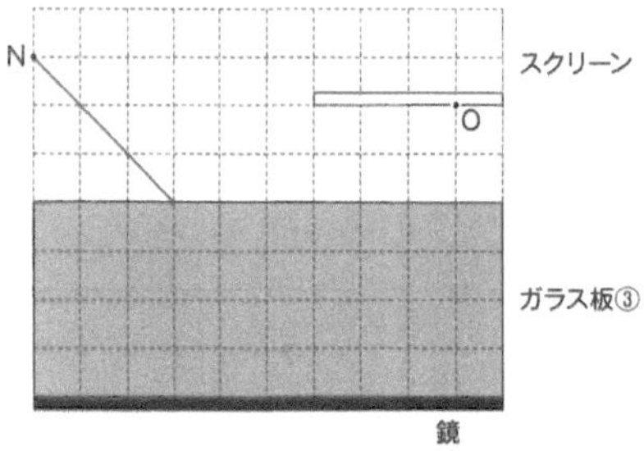

(5)

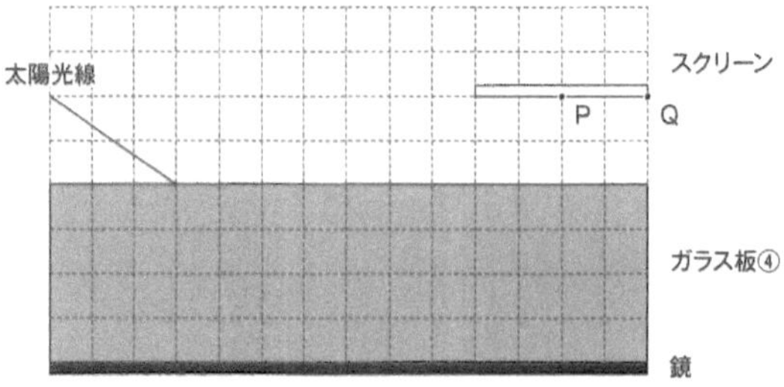

(6) 青 ・ 緑 ・ 黄 ・ 赤

渋谷教育学園幕張中学校(2次)　2022年度

◇社会◇

※ 141%に拡大していただくと，解答欄は実物大になります。

1

問1　ア　　目標　　イ

問2　問3　問4　問5　問6

問7　問8　問9　問10　問11

問12

2

問1　問2　問3　問4　問5

問6　問7　問8

問9

(10)

問10

問11

(32)

問12

(24)

3 問1

問2 (1)

(2) 海流

問3 (1)

(2) 現象名

発生要因

(3)

(4)

問4 (1)

(2) 丘陵

(3)

問5 (1)

(2)

◇国語◇

渋谷教育学園幕張中学校（2次）　2022年度

※ 152％に拡大していただくと，解答欄は実物大になります。

解答はていねいに書くこと。
※欄には記入しないこと。

一

問一 a　b　c　d

問二

問三

問四

問五

問六

問七

問八

二

問一 a える　b ば　c　d し

問二

問三

問四

問五

問六

問七

問八

問九

東京学参の

高校別入試過去問題シリーズ

＊出版校は一部変更することがあります。一覧にない学校はお問い合わせください。

東京ラインナップ

あ 愛国高校（A59）
青山学院高等部（A16）★
桜美林高校（A37）
お茶の水女子大附属高校（A04）
か 開成高校（A05）★
共立女子第二高校（A40）★
慶應義塾女子高校（A13）
啓明学園高校（A68）★
国学院高校（A30）
国学院大久我山高校（A31）
国際基督教大高校（A06）
小平錦城高校（A61）★
駒澤大高校（A32）
さ 芝浦工業大附属高校（A35）
修徳高校（A52）
城北高校（A21）
専修大附属高校（A28）
創価高校（A66）★
た 拓殖大第一高校（A53）
立川女子高校（A41）
玉川学園高等部（A56）
中央大高校（A19）
中央大杉並高校（A18）★
中央大附属高校（A17）
筑波大附属高校（A01）
筑波大附属駒場高校（A02）
帝京大高校（A60）
東海大菅生高校（A42）
東京学芸大附属高校（A03）
東京農業大第一高校（A39）
桐朋高校（A15）
都立青山高校（A73）★
都立国立高校（A76）★
都立国際高校（A80）★
都立国分寺高校（A78）★
都立新宿高校（A77）★
都立墨田川高校（A81）★
都立立川高校（A75）★
都立戸山高校（A72）★
都立西高校（A71）★
都立八王子東高校（A74）★
都立日比谷高校（A70）★
な 日本大櫻丘高校（A25）
日本大第一高校（A50）
日本大第三高校（A48）
日本大第二高校（A27）
日本大鶴ヶ丘高校（A26）
日本大豊山高校（A23）
は 八王子学園八王子高校（A64）
法政大高校（A29）
ま 明治学院高校（A38）
明治学院東村山高校（A49）
明治大付属中野高校（A33）
明治大付属八王子高校（A67）
明治大付属明治高校（A34）★
明法高校（A63）
わ 早稲田実業学校高等部（A09）
早稲田大高等学院（A07）

神奈川ラインナップ

あ 麻布大附属高校（B04）
アレセイア湘南高校（B24）
か 慶應義塾高校（A11）
神奈川県公立高校特色検査（B00）
さ 相洋高校（B18）
た 立花学園高校（B23）
桐蔭学園高校（B01）
東海大付属相模高校（B03）★
桐光学園高校（B11）
な 日本大高校（B06）
日本大藤沢高校（B07）
は 平塚学園高校（B22）
藤沢翔陵高校（B08）
法政大国際高校（B17）
法政大第二高校（B02）★
や 山手学院高校（B09）
横須賀学院高校（B20）
横浜商科大高校（B05）
横浜市立横浜サイエンスフロンティア高校（B70）
横浜翠陵高校（B14）
横浜清風高校（B10）
横浜創英高校（B21）
横浜隼人高校（B16）
横浜富士見丘学園高校（B25）

千葉ラインナップ

あ 愛国学園大附属四街道高校（C26）
我孫子二階堂高校（C17）
市川高校（C01）★
か 敬愛学園高校（C15）
さ 芝浦工業大柏高校（C09）
渋谷教育学園幕張高校（C16）★
翔凜高校（C34）
昭和学院秀英高校（C23）
専修大松戸高校（C02）
た 千葉英和高校（C18）
千葉敬愛高校（C05）
千葉経済大附属高校（C27）
千葉日本大第一高校（C06）★
千葉明徳高校（C20）
千葉黎明高校（C24）
東海大付属浦安高校（C03）
東京学館高校（C14）
東京学館浦安高校（C31）
な 日本体育大柏高校（C30）
日本大習志野高校（C07）
は 日出学園高校（C08）
や 八千代松陰高校（C12）
ら 流通経済大付属柏高校（C19）★

埼玉ラインナップ

あ 浦和学院高校（D21）
大妻嵐山高校（D04）★
か 開智高校（D08）
開智未来高校（D13）★
春日部共栄高校（D07）
川越東高校（D12）
慶應義塾志木高校（A12）
さ 埼玉栄高校（D09）
栄東高校（D14）
狭山ヶ丘高校（D24）
昌平高校（D23）
西武学園文理高校（D10）
西武台高校（D06）
た 東京農業大第三高校（D18）
は 武南高校（D05）
本庄東高校（D20）
や 山村国際高校（D19）
ら 立教新座高校（A14）
わ 早稲田大本庄高等学院（A10）

北関東・甲信越ラインナップ

あ 愛国学園大附属龍ヶ崎高校（E07）
宇都宮短大附属高校（E24）
か 鹿島学園高校（E08）
霞ヶ浦高校（E03）
共愛学園高校（E31）
甲陵高校（E43）
国立高等専門学校（A00）
さ 作新学院高校
（トップ英進・英進部）（E21）
（情報科学・総合進学部）（E22）
常総学院高校（E04）
た 中越高校（R03）＊
土浦日本大高校（E01）
東洋大附属牛久高校（E02）
な 新潟青陵高校（R02）
新潟明訓高校（R04）
日本文理高校（R01）
は 白鷗大足利高校（E25）
ま 前橋育英高校（E32）
や 山梨学院高校（E41）

中京圏ラインナップ

あ 愛知高校（F02）
愛知啓成高校（F09）
愛知工業大名電高校（F06）
愛知みずほ大瑞穂高校（F25）
暁高校（3年制）（F50）
鶯谷高校（F60）
栄徳高校（F29）
桜花学園高校（F14）
岡崎城西高校（F34）
か 岐阜聖徳学園高校（F62）
岐阜東高校（F61）
享栄高校（F18）
さ 桜丘高校（F36）
至学館高校（F19）
椙山女学園高校（F10）
鈴鹿高校（F53）
星城高校（F27）★
誠信高校（F33）
清林館高校（F16）★
た 大成高校（F28）
大同大大同高校（F30）
高田高校（F51）
滝高校（F03）★
中京高校（F63）
中京大附属中京高校（F11）★
中部大春日丘高校（F26）★
中部大第一高校（F32）
津田学園高校（F54）
東海高校（F04）★
東海学園高校（F20）
東邦高校（F12）
同朋高校（F22）
豊田大谷高校（F35）
な 名古屋高校（F13）
名古屋大谷高校（F23）
名古屋経済大市邨高校（F08）
名古屋経済大高蔵高校（F05）
名古屋女子大高校（F24）
名古屋たちばな高校（F21）
日本福祉大付属高校（F17）
人間環境大附属岡崎高校（F37）
は 光ヶ丘女子高校（F38）
誉高校（F31）
ま 三重高校（F52）
名城大附属高校（F15）

宮城ラインナップ

さ 尚絅学院高校（G02）
聖ウルスラ学院英智高校（G01）★
聖和学園高校（G05）
仙台育英学園高校（G04）
仙台城南高校（G06）
仙台白百合学園高校（G12）
た 東北学院高校（G03）★
東北学院榴ヶ岡高校（G08）
東北高校（G11）
東北生活文化大高校（G10）
常盤木学園高校（G07）
は 古川学園高校（G13）
ま 宮城学院高校（G09）★

北海道ラインナップ

さ 札幌光星高校（H06）
札幌静修高校（H09）
札幌第一高校（H01）
札幌北斗高校（H04）
札幌龍谷学園高校（H08）
は 北海高校（H03）
北海学園札幌高校（H07）
北海道科学大高校（H05）
ら 立命館慶祥高校（H02）

★はリスニング音声データのダウンロード付き。

都道府県別 公立高校入試過去問 シリーズ

- 全国47都道府県別に出版
- 最近数年間の検査問題収録
- リスニングテスト音声対応

公立高校入試対策 問題集シリーズ

- 目標得点別・公立入試の数学（基礎編）
- 実戦問題演習・公立入試の数学（実力錬成編）
- 実戦問題演習・公立入試の英語（基礎編・実力錬成編）
- 形式別演習・公立入試の国語
- 実戦問題演習・公立入試の理科
- 実戦問題演習・公立入試の社会

高校入試特訓問題集 シリーズ

- 英語長文難関攻略33選（改訂版）
- 英語長文テーマ別難関攻略30選
- 英文法難関攻略20選
- 英語難関徹底攻略33選
- 古文完全攻略63選（改訂版）
- 国語融合問題完全攻略30選
- 国語長文難関徹底攻略30選
- 国語知識問題完全攻略13選
- 数学の図形と関数・グラフの融合問題完全攻略272選
- 数学難関徹底攻略700選
- 数学の難問80選
- 数学 思考力―規則性とデータの分析と活用―

〈ダウンロードコンテンツについて〉

本問題集のダウンロードコンテンツ、弊社ホームページで配信しております。現在ご利用いただけるのは「2025年度受験用」に対応したもので、**2025年3月末日**までダウンロード可能です。弊社ホームページにアクセスの上、ご利用ください。
※配信期間が終了いたしますと、ご利用いただけませんのでご了承ください。

中学別入試過去問題シリーズ

渋谷教育学園幕張中学校　2025年度

ISBN978-4-8141-3217-1

[発行所] 東京学参株式会社
〒153-0043　東京都目黒区東山2-6-4

書籍の内容についてのお問い合わせは右のQRコードから ⇒

※書籍の内容についてのお電話でのお問い合わせ、本書の内容を超えたご質問には対応できませんのでご了承ください。

2024年6月28日　初版